HAUTEFAYE

GEORGES MARBECK

HAUTEFAYE

L'Année terrible

ÉDITIONS ROBERT LAFFONT
PARIS

On trouvera, à la fin du volume,
une carte de la région d'Hautefaye.

Si vous désirez être tenu au courant des publications de l'éditeur de cet ouvrage, il vous suffit d'adresser votre carte de visite aux Éditions Robert LAFFONT, Service « Bulletin », 6, place Saint-Sulpice, 75279 Paris Cedex 06. Vous recevrez régulièrement, et sans engagement de votre part, leur bulletin illustré où chaque mois, vous sont présentées toutes les nouveautés que vous trouverez chez votre libraire.

ISBN 2-221-01056-6

AVANT-PROPOS

Le 16 août 1870, un mois après la déclaration de la guerre à la Prusse, quelques jours après l'annonce des premiers désastres sur le front de Lorraine, dans la chaleur d'un été torride, plusieurs centaines de paysans, venus comme chaque année à la foire d'Hautefaye, petit village de dix maisons perdu dans la campagne du Périgord, s'en prennent avec une violence inouïe à un homme jeune, connu et estimé dans la région, l'accusent à tort de souhaiter la défaite de la France, d'envoyer de l'argent à l'ennemi, d'avoir crié : Vive la République ! L'homme qui, bien que réformé, vient de s'engager comme simple soldat et doit partir dans deux jours combattre les Prussiens, proteste de sa bonne foi, s'efforce de convaincre ses agresseurs qu'ils se méprennent. Mais la foule, échauffée par le vin, égarée par des rumeurs sans fondement, aveuglée par le désir de trouver à tout prix un responsable à ses malheurs, sourde aux protestations de celui qu'on a montré du doigt, l'invective de plus belle. Des menaces, elle en vient aux actes, attaque l'homme à coups de poing, à coups de bâton, à coups de pied. Toute une population hargneuse se rue sur la victime désignée par quelques-uns, hurlant à la mort du « Prussien ». Des vieillards, des enfants s'acharnent avec une hallucinante férocité, sans se soucier de savoir si les accusations lancées contre cet homme sont le moins du monde justifiées. Faute d'avoir réussi à le pendre à une branche de cerisier, des enragés l'attachent à un travail à ferrer les bœufs, lui arrachent des ongles de pied, le martyrisent à coups de sabot, à coups de crochet dans la tête, le traînent en sang dans l'unique ruelle du bourg aux cris de : Vive l'Empereur ! Vive la France ! tentent de l'écarteler, dressent un bûcher, le jettent encore vivant sur le bois mort, demandent aux plus jeunes enfants de craquer l'allumette, dansent autour des flammes avec des déhanchements obscènes, triturent le « cochon qui grille », recueillent de sa graisse sur du pain, en mangent et se réjouissent à l'idée que le gouvernement va leur verser une paie pour les récompenser d'avoir accompli cet exploit héroïque !

Immédiatement colporté de bouches à oreilles le bruit des scènes de barbarie d'Hautefaye sème l'horreur et la panique dans la région. L'affaire est évoquée à la Chambre des Députés dans les fièvres des nouvelles désastreuses qui arrivent de la guerre. Le ministre de l'Intérieur fait hâter les poursuites, demande un châtiment exemplaire. Une soixantaine de personnes sont arrêtées. Entre-temps Napoléon III capitule à Sedan, l'Empire s'écroule. Le 4 septembre la République est proclamée. Vingt et un prévenus sont finalement inculpés et jugés aux assises de la Dordogne, le 21 décembre 1870 : tous paysans et artisans honnêtes de treize à soixante-douze ans, sans passé judiciaire. Au cours du procès, aucun d'entre eux n'a pu énoncer le moindre grief contre leur victime. « C'était un brave homme, disent-ils. On nous a trompés, nous étions ivres... »

Un brave homme écorché, torturé, brûlé vif par des braves gens. Telle est la physionomie singulière du crime d'Hautefaye, répétition « exemplaire » dans la France rurale de la fin du XIXe siècle d'un rite de violence sociale vieux comme le monde : le meurtre de la victime émissaire.

Quatre des accusés sont condamnés à mort et guillotinés sur la place minuscule du bourg, sous les yeux de la population.

Survenu dans les profondeurs du pays en pleine guerre, commis sous l'Empire au nom du souverain, jugé sous la République, à la veille de la Commune de Paris, au nom de la civilisation, le crime collectif d'Hautefaye n'a guère laissé de trace dans l'Histoire. A Hautefaye même et dans les environs le bûcher, puis la guillotine ont imprimé dans la mémoire collective le souvenir d'un tel cauchemar, que pendant trois générations, les gens ont préféré se taire et oublier.

Pourtant cet épisode dramatique de l'Année terrible qui en connut tant d'autres est beaucoup plus qu'une sombre affaire locale. C'est à l'échelle d'un hameau reculé l'irruption, fulgurante, à un moment critique de notre Histoire, de toute la « sauvagerie » contenue d'une société villageoise ordinairement paisible. Irruption que rien de précis ne donnait à prévoir et qui aurait pu se produire ailleurs, avec la même déconcertante soudaineté d'un phénomène volcanique né d'une fracture de l'écorce terrestre.

La tragédie d'Hautefaye a ceci de particulier que ses origines sont diffuses, ses circonstances fortuites, à la fois lointaines et proches, nationales et régionales, en tout cas indissociables des événements politiques qui ont secoué le pays dans les derniers mois du Second Empire. Evénements peu glorieux de notre passé récent — et, pour cette raison, volontiers méconnus. Evénements qu'il m'a paru indispensable de retracer dans la première partie de ce récit, parce qu'ils ont créé le climat qui a rendu possible la transe meurtrière des voraces d'Hautefaye, avivé leur délire de cruauté, nourri leur ivresse de sang et de feu.

G. M.

Hautefaye, 30 octobre 1869.

Tout d'un coup le vent s'est levé. Le vilain vent qui plume les arbres, glace les joues, apporte le grésil et fait venir aux oreilles le tintement lointain des cloches de Varaignes. Anna pousse sa brouette chargée de topinambours sur le chemin qui monte de Ferdinas à travers les jachères, les taillis de chênes, les friches mangées de genévriers. Jolie comme un bouquet, la petite Mondout va sur ses dix-huit ans. Bon mollet, bonne nature, poussée dru, elle marche d'un pas allègre, la pointe de son fichu d'indienne entre les dents. Ses sabots ferrés sonnent sur les cailloux. Bruit régulier, cadencé, qu'accompagnent le grincement continu de la roue et le vacarme des chiens. Le jour baisse. C'est l'heure où l'on rentre les bêtes. De loin en loin, les abois se répondent dans la campagne, ici rogues, bourrus de mâtins, là aigres et frénétiques de roquets. Certains à peine audibles, couverts par le bruissement du vent dans les feuillages roussis, semblent venir du fond des bois. Y aurait-il quelque loup dans les fourrés de Beaussac ? Va-t-on cet hiver encore « les » entendre à la nuit tombée s'approcher des villages, rôder dans les couderts, gratter à la porte des étables, hurler sous la lune ?

Les froids sont arrivés de bonne heure, cette année. Ils ont surpris le monde en plein travail dans les champs. Il a gelé pour la Saint-Martin, et l'autre matin on a cassé la glace dans les mares pour donner boire aux vaches. Du jour au lendemain il a fallu arrêter les labours et se dépêcher de rentrer les dernières récoltes. Tout le monde s'y est mis : les drôles, les vieux et même les invalides. On a fait ce qu'on a pu mais il y a eu du dégât, beaucoup de dégât. La moitié des châtaignes a gelé, et ce qui reste est gros comme rien ou cussoné. Déjà que la sécheresse de cet été avait tout brûlé : les prés, les blés, les maïs, les haricots, les noix, les raves... C'est à pleurer ! Dire qu'on entend quelquefois des gens d'Angoulême ou de Paris, des marchands, des voyageurs qui vous disent que la vie à la terre est douce et tranquille, qu'il n'y a qu'à se baisser pour récolter et un tas de foutaises de ce genre ! Le vent à assommer les chèvres s'engouffre par rafales dans les jarisses, secoue les taillis, soulève des tourbillons de feuilles sèches. Les branches craquent. Anna presse le pas. Aiguë, sifflante, une voix lui arrive aux oreilles.

— Meifio-té, pito ! Meifio-té ! (Méfie-toi, petite !)

C'est Marcelline, la goitreuse de Fayemarteau qui ramasse du fagot. Couverte de noir, cassée en deux, loqueteuse, la pauvre femme perd la tête, déparle du matin au soir, débite à tous les gens qu'elle croise des histoires à n'y rien comprendre et leur annonce des malheurs, qui quelquefois arrivent. Pour sûr qu'elle a mauvais œil, la vieille. Il y en a même qui disent qu'elle aurait « biqué » avec le diable. Mais les gens racontent tellement de choses qui leur viennent en dormant, qu'ils finissent par y croire pour de bon ! Ils ont baptisé Marcelline La Lébéroune, variété femelle des lébérous, ces monstres mi-loups, mi-chrétiens condamnés par quelque maléfice, à errer, la nuit, dans les campagnes, le corps enveloppé d'une fourrure, qui se jettent sur le dos des promeneurs attardés, se font porter à travers bois jusqu'à la pointe du jour, mangent les chiens, couvrent les filles et reprennent, au petit matin, la figure tranquille d'un voisin, d'un parent, de quelqu'un que l'on peut très bien fréquenter, et que parfois l'on soupçonne, sans en avoir jamais la preuve, d'être lébérou, comme le vieux Roussille, de Rapevache, qu'on a trouvé mort au fond de son puits, une patte de chien dans la bouche. Elevée dans la maison du Bon Dieu, Anna n'est pas fille à croire à tous ces racontars que le monde colporte autant par méchanceté que pour empêcher les drôles d'aller traîner loin des maisons à la nuit tombante. N'empêche qu'elle aurait mieux aimé ne pas entendre La Lébéroune lui siffler aux oreilles, une veille du jour des Morts.

Passé le petit bois, le chemin s'incline en pente douce le long du pré de chez Delage jusqu'au bas de la montée d'Hautefaye qui ferme l'horizon du côté du couchant. La petite Mondout active encore le pas, se laisse entraîner par sa brouette. Le soleil, descendu presque à ras de terre, lui brasille dans les yeux. Un soleil rouge, bordé de longues traînées de nuages qui diffusent la clarté du soir sur toute la largeur du ciel. Encore du mauvais temps demain ! Une colonie d'étourneaux tournaille en vol serré au-dessus des labours, s'étire, roule, se resserre, vrille, s'émiette dans le vent fou... Là-bas, sur la route de Mainzac, un cabriolet attelé à un cheval blanc monte au petit trot vers le bourg avec des tintements de grelots. C'est souvent qu'Anna le voit quand elle mène pâturer ses brebis, le fils aîné de « chez ces messieurs de Monéys », toujours occupé avec quelque métayer à soigner ses récoltes, à faire défricher ses landes, à essayer de nouvelles cultures, à éclaircir ses garennes, à replanter ses taillis. Ce n'est pas de lui qu'on pourrait dire qu'il se moque de la terre ni de ceux qui la travaillent. Ce n'est pas de lui non plus, qu'Anna Mondout pourrait avoir à craindre le mauvais œil une veille de jour des Morts. Chez elle, tout le monde l'aime bien « Monsieur Alain ». Et pour cause : il a prêté de l'argent sans intérêt à son oncle, le jour où il a voulu agrandir l'épicerie, il a fait obtenir un secours à sa mère, veuve depuis treize ans. Il a même offert une plaque à la mémoire de son père à mettre sur sa tombe, au nouveau cimetière. Quand il vient manger la soupe à l'auberge, Monsieur Alain s'assoit sans façon à la table commune, boit le chabrol, sort son couteau, taille le lard à son tour, demande des nouvelles de tout le monde, s'inquiète de la besogne de chacun. On le sent chez lui dans la maison du Bon Dieu et on prend toujours plaisir à l'écouter parce que ce n'est pas souvent qu'on rencontre un monsieur qui « parle si bien et se croit si peu ». On espère beaucoup, dans le pays, du grand projet qu'il a mis sur pied pour assécher les marécages, drainer les pâtures, rendre labourables les mouillères. Mais il paraît que l'Empereur se fait tirer l'oreille pour envoyer les sous, ce qui ne manque pas de faire grimacer Le Bon Dieu qui trouve que Napoléon ferait mieux d'utiliser son argent à enrichir nos pauvres campagnes plutôt que de gaspiller des millions pour envoyer nos jeunes soldats se faire égorger en Chine ou au Mexique.

Fondu dans la verdure roussâtre, à peine plus élevé que les buissons, le bourg d'Hautefaye se profile à contre-jour dans la lumière du soir. A gauche, un peu isolée : la Maison d'école, tenue par M. Lachaud, un petit homme maigre qui dit qu'il ne sera vraiment fier de son pays que le jour où chaque citoyen saura lire et écrire. Ce qui lui a valu de s'entendre répondre par M. le curé qui aime bien le chatouiller, qu'il lui faudra vivre encore cent ans s'il veut mourir fier.

Un peu à droite de l'école : l'église, toute petite, à la mesure de la population de la commune et du zèle des paroissiens mâles qui, le dimanche matin, préfèrent aller boire le coup, battre la carte, blagasser ou simplement rester chez eux à curer les étables, plutôt que d'aller se faire asperger d'eau bénite avec les femmes et les filles. Chacun ses affaires ! Et la religion ce n'est pas plus l'affaire des hommes que de cuire la soupe ou ravauder les fonds de culottes. Notre-Dame d'Hautefaye fut pourtant jadis un haut lieu de ferveur populaire où l'on venait en pèlerinage tous les ans au mois d'août et qui servait d'étape aux piétons de la foi en route pour Saint-Jacques-de-Compostelle. Mais avec les siècles, ce beau rayonnement de la Vierge des hautes futaies est allé en mourant. Depuis le temps que le pauvre monde demande au ciel de faire des miracles et qu'il ne voit rien venir, les gens ont fini par se dire qu'il valait mieux se débrouiller sans Dieu. Encore que pour les baptêmes, les mariages, les enterrements, ceux qui montrent les cornes à la Sainte Vierge et les dents au curé, trouvent tout naturel, indispensable même, d'aller faire un petit tour à l'église. Et il n'est pas rare de voir tel vieux réfractaire qui a bouffé du tricorne toute sa vie, demander dans son dernier soupir qu'on aille chercher « l'homme en robe » pour lui fermer les yeux.

Un peu en contrebas de l'église : le presbytère, haute bâtisse, robuste, bien assise sur le roc, où habite l'abbé Saint-Pasteur, curé d'Hautefaye depuis trois ans, un grand gaillard des Pyrénées dans la force de l'âge, sanguin, coléreux, qui taloche volontiers, quelquefois brutalement, les petits mécréants qui gloussent au catéchisme, sortent des lézards de leurs poches et les lui lancent dans les jambes quand il a le dos tourné. A droite du presbytère, de l'autre côté du chemin de Ferdinas, au-dessus du potager de chez Mondout : la maison de chez Mathieu, le vieux maréchal-ferrant, maire de la commune. Un gros homme qui ne se plaît jamais tant qu'avec sa sangle bleu-blanc-rouge nouée autour du ventre et son aigle à la boutonnière, insignes de sa fonction qu'il arbore pour un oui ou pour un non, histoire de bien montrer que c'est lui qui gouverne dans son village, comme l'Empereur gouverne dans le pays. On ne l'aime pas trop chez Mondout, le père Mathieu, mais on est bien obligé de le supporter, d'autant que Le Bon Dieu fait partie du conseil municipal, où il a du reste été élu à une plus forte majorité que le vieux qui n'est pas près de lui pardonner.

Après la maison du maire, son travail à ferrer, sa forge, ses étables, le bourg se termine. La route descend, en suivant la pente des prés, droit sur Mainzac dont on aperçoit le clocher pointu, là-bas, dans la plaine, en Charente, à deux kilomètres. Quant aux autres maisons d'Hautefaye, huit ou dix tout au plus, avec les granges et les étables, elles sont cachées sur l'arrondi de la butte, derrière l'église et la mairie. Tout à fait à droite, au-dessus du chemin de Mainzac, le long des peupliers qui filent sur la ligne d'horizon en bordure du chemin de l'Age d'Ambelle : le champ de foire, plus étendu que le bourg lui-même. Champ de foire renommé dans tout le pays, qui attire deux fois par an une foule innombrable de paysans, d'artisans, de forains, de propriétaires, de maquignons, de marchands, de rouliers, venus souvent de cinquante ou soixante kilomètres pour affaire, ou simplement pour voir de belles bêtes, rencontrer du monde, se changer les idées. A quelques siècles de distance, le culte des bœufs gras a détrôné celui de la Vierge Mère, le démon du négoce a rogné les ailes au Saint-Esprit. Notre-Dame d'Hautefaye n'attire plus la multitude des pèlerins. Mais le marché aux ânes, le parc aux gorets, les alignements de broutards font courir le monde au foirail.

Hormis ses deux grandes foires annuelles, Hautefaye est un bourg comme tant d'autres, isolé dans ce fond de campagne montueuse couverte de grands bois, repliée sur elle-même. Campagne du Haut-Périgord entre Mareuil et Nontron, aux confins des Charentes et du Limousin, où derrière chaque coteau, au bord de chaque ruisseau, se compose et se recompose un autre paysage, presque un autre pays aux perspectives courtes, isolé du voisin par le relief d'un pré, le haut d'une futaie, le retour d'un talus, offrant ici ou là, et comme par surprise, une échappée vers un lointain bleuté. Pays de terres maigres, rouges, caillouteuse, accidentées, changeantes, avec de grandes étendues incultes, des brandes envahies de bruyères et d'ajoncs tout juste bons à couper pour servir de litière aux vaches, des pelades d'herbe claire, paradis des genévriers, purgatoire des moutons, des mouillères où stagnent des eaux mortes qui empoisonnent le bétail, propagent les fièvres et les épidémies.

Au siècle du chemin de fer et du télégraphe électrique, le paysage d'ici est resté à peu près ce qu'il était au temps des chaises à porteurs et des arquebuses. Mêmes champs, petits, pentus, au ras des taillis, ombrés de deux ou trois noyers, mêmes carrés de vignes bien exposés sur le penchant des coteaux, mêmes gros vieux châtaigniers, soigneusement entretenus, râtissés au pied, parce qu'ils fournissent toujours la nourriture première des campagnes, mêmes prés en creux où des bergères toutes jeunes ou très vieilles mènent dix brebis, trois vaches ou cinq chèvres. On a bien entendu dire qu'avec le train on va de Périgueux à Paris en douze heures alors qu'il fallait presque une semaine avec la patache. Mais ce n'est pas ça qui fait pousser l'orge plus vite, ni presser le pas des bœufs. Du reste, à part quelques soldats, on compterait sur les doigts de la main les gens de la commune qui ont entendu siffler un train. Quant aux moissonneuses mécaniques à chevaux et à ces grosses machines à battre qu'on voit tourner avec leur locomobile à vapeur aux fêtes des comices agricoles, bien rares sont ceux qui pensent être un jour assez riches pour pouvoir se servir de ces monstres à la place de la bonne vieille faucille ou du fléau ancestral. C'est peut-être bon pour les gros propriétaires de la Charente qui cultivent des hectares en plaine. Sûrement pas pour le petit paysan du Nontronnais qui travaille un recoin de talus.

Pas plus que le paysage, la vie à Hautefaye et dans les alentours n'a beaucoup changé depuis des siècles. La Révolution a bien retiré aux seigneurs le privilège honni de réduire les paysans au servage, donné à chacun le droit de posséder une terre et d'être maître chez soi. Mais la plupart des grandes propriétés des environs sont restées entre les mains des arrière-petits-enfants desdits seigneurs ou ont été rachetées par des familles bourgeoises de la ville qui se sont enrichies dans le commerce, la régie, l'entreprise, la spéculation, la chicane, et se donnent volontiers des airs de hauteur que bien des descendants de vieilles familles nobles du pays n'ont pas, ou n'ont plus, habitués depuis beau temps à se sentir à l'aise parmi les paysans au milieu desquels ils ont toujours vécu, se plaisant même à entretenir avec eux une espèce de familialité réciproque de bon aloi, code coutumier de respect mutuel, auquel ne souscrivent pas tout à fait les nouveaux riches, les parvenus qui veulent avant tout « du rapport » et n'ont pas fini d'étancher leur soif encore neuve de considération, même s'ils prônent à mi-voix des idées avancées, se disent républicains, démocrates, disciples de Voltaire, admirateurs de Jean-Jacques.

Gentilshommes de bonne souche, gentillâtres en quête de quartiers, bourgeois en mal de blasons ou messieurs à leur place, la plupart des propriétaires importants de la région font cultiver leurs domaines par des métayers baptisés colons avec qui ils partagent, en principe de moitié, les récoltes et les produits de l'élevage. Colons qui composent avec les journaliers, les commis, les domestiques, la part la plus nombreuse de la population du pays. Ceux qui ne possèdent d'autre bien matériel que leurs bras, leur dos, ceux de leur femme et de leurs enfants, d'autre capital que leur force de travail qu'ils louent à « ces messieurs » qui disposent d'étendues vastes ou moins vastes à exploiter, sans être nécessairement des « affameurs », des « coquins de riches » ou des « cochons à égorger », comme on l'entend dire quelquefois de la bouche des enragés, des « rouges » qui voudraient toujours voir le pays à feu et à sang. A côté des métayers, journaliers, domestiques, commis, issus du même monde, leur ressemblant comme des frères, vivent les petits propriétaires, ceux qui ont pu, eux-mêmes ou leurs parents, à force de labeur et quelquefois grâce à la générosité d'un maître reconnaissant acquérir, agrandir un lopin de terre, un bout de garenne qui suffit à peine à nourrir, à chauffer leur famille, mais auquel ils sont attachés avec une âpreté viscérale parce que cette parcelle de propriété foncière leur fournit quelque chose de plus précieux encore que le pain et le bois : le sentiment de leur indépendance, de leur dignité dans le corps social. Ce carré de terre pauvre, c'est leur part de fierté arrachée à l'adversité qui les a fait naître nu. Territoire inviolable qui se confond avec leur être. Citoyenneté inscrite sur le cadastre, comme le nom d'un chef-lieu de canton est inscrit sur les cartes de France. Presque tous les habitants du bourg appartiennent à la classe des petits propriétaires. Hautefaye est une des rares communes des cantons de Nontron et de Mareuil, peut-être la seule, où il n'y ait pas de château, alors que dans certaines communes voisines, on en découvre au détour de chaque colline, au creux de chaque vallon, en particulier dans les vallées de la Belle et de la Nizonne que le baron de Verneilh-Puiraseau, historiographe de la région, baptise pompeusement la « rue de Varenne du Périgord ». Si l'on voulait pousser la comparaison, on pourrait dire de la commune d'Hautefaye qu'elle est son « Faubourg du Temple ». Petites propriétés, petites gens, mais citoyens à part entière, au moins pour la moitié masculine de la population. Depuis vingt ans, le peuple des campagnes a fait son entrée dans la vie politique de la nation en recevant des mains généreuses de la République de 48, restauratrice du suffrage universel, le droit d'élire ses représentants. Droit que ce peuple s'est empressé d'exercer pour foutre dehors ladite République et plébisciter l'homme à qui il s'est désormais dévoué corps et âme. L'envoyé de la Providence, ami des paysans, dispensateur de la pluie et du beau temps, le seul dont on puisse être sûr qu'il empêchera le retour des droits scélérats de la féodalité que les nobles et les curés, dit-on, « ne demandent qu'à ressortir de leurs armoires », le seul aussi qui pourra barrer la route aux excités de la Sociale, « aux rouges, aux partageux des villes qui veulent faire la loi à la campagne et taxer les remueurs de terre », le seul en un mot capable de protéger Jeannot la Misère contre la rapacité des coquins de tous poils qui en veulent à son carré de topinambours et à son bas de laine mille fois reprisé : Louis-Napoléon Bonaparte, empereur des Français ! Presque un dieu pour les paysans qui l'ont élu, tambour en tête, bulletin oui au chapeau. Monarque sorti tout couronné des urnes villageoises, monarque dont bien peu pourtant savent lire le nom, faute d'avoir appris l'alphabet, parce qu'un enfant de paysan à l'école, c'est deux bras en moins à la maison et autant de bénéfices qu'on ne fera pas rendre à la terre !

D'un vif coup de rein, Anna Mondout pousse sur les brancards de sa brouette de topinambours pour attaquer la montée du bourg entre le mur du presbytère et le jardin potager de son oncle. Après le tournant, le chemin se rétrécit pour former l'unique rue d'Hautefaye qui mène de la cure au champ de foire, desservant à peu près toutes les maisons, sur deux cents mètres à peine. Là-haut, un chien aboie dans les talons d'une vache, les deux drôles de chez Mercier tournent le coin de la route de Nontron et courent derrière, en agitant leurs bâtons.

— Aqui Bloundo ! Aqui ! Véqué !...

Une femme sort de l'épicerie serrant d'une main son châle noir sur son cou, tenant de l'autre une bouteille d'huile et un paquet de macaroni. Elle croise Anna devant la ruelle de chez Mathieu.

— Brr ! c'est bien un temps à fêter les morts.

— Vivement la Saint-Jean !

— C'est sûr...

Passé l'église et le terre-plein de l'ancien cimetière à gauche, la nièce du Bon Dieu arrive enfin chez elle. Chez elle, c'est « chez Mondout », la maison qui fait l'angle à droite, sur laquelle ceux qui savent peuvent lire, peint au-dessus de la porte : *Hôtel-Tabac,* et sur le volet, ces mots écrits à la main :

« Chas Moundou dit Lu Boun Deu,
lu po ei boun, lu vi ei dou,
la gent benaisés »

(Chez Mondout, dit Le Bon Dieu, le pain est bon, le vin est doux les gens heureux.)

Hôtel ! Pour un citadin aimant son confort, ce serait peut-être beaucoup dire. Mais pour les gens d'ici cela dit bien ce que ça veut dire. L'auberge Mondout est une de ces maisons comme on en trouve presque dans chaque bourg, où l'on vient boire et manger la soupe, assis à la table commune, avec les gens de la famille. Une maison où l'on peut aussi sortir le casse-croûte de sa musette, tirer de son carnier un fameux lièvre traqué à la brune, loin des oreilles du garde champêtre, le donner à faire mijoter à Judith, la femme de l'aubergiste, et se le manger avec de « bons collègues ». Quant au coucher, il y a une petite chambre sur la cour avec deux grands lits, trois chaises, une table, un seau d'eau. Et pour les jours de grand passage, c'est-à-dire deux fois par an, au moment des foires, il y a, comme dit Le Bon Dieu, une belle grange où il ne pleut pas avec du foin de premier choix et trois vaches grasses qui tiennent plus chaud qu'un feu de bois blanc.

Anna pose sa brouette, enlève ses sabots, pousse la porte et entre dans la salle d'auberge en même temps que le Sillou Mazière, un métayer de Plambeau qui vient acheter son tabac. Il regarde la petite Mondout d'un œil goguenard.

— On sera mieux au lit que sur les chemins, ce soir.

— C'est ce vent qui est mauvais...

Une bonne odeur de soupe aux couennes flotte dans la maison du Bon Dieu et les conversations vont bon train. C'est l'heure où les voisins, les amis de la maison, les gens de passage se retrouvent après la journée de travail, pour boire un coup, discuter, passer le temps, apprendre les dernières nouvelles, pendant qu'à côté, dans la cuisine, les femmes soulèvent le couvercle des marmites, taillent le pain, battent les œufs, sortent les assiettes... Comme presque tous les soirs, dans la salle, il y a quelqu'un dans un coin qui fait la lecture du journal à haute voix pour ceux qui ne savent pas lire et n'entendent que le patois — c'est la majorité dans les environs. Le Bon Dieu qui, lui, sait lire, écrire et compter comme personne, reçoit chaque jour « au facteur » *l'Echo de la Dordogne*. On est sûr en venant à l'auberge que l'on aura des nouvelles fraîches. Ce soir, c'est Martial Villard, le fils du conseiller, qui fait la lecture, traduit, commente le journal. Il parle bien L'Avocat ! C'est un garçon très instruit qui travaille chez un notaire à Angoulême. Arrivé de cet après-midi pour passer la Toussaint chez lui, il n'a pas manqué de s'arrêter à l'auberge où il aime à retrouver les uns et les autres, et principalement Nani, la deuxième fille du Bon Dieu qu'il verrait bien « à son doigt ». Question politique, il a ses idées, le Martial. Ce n'est pas le paroissien à se laisser chanter n'importe quoi aux oreilles et c'est souvent que la conversation s'échauffe quand il est quelque part. Surtout s'il y a en face de lui des « Napoléoniards bâtés », espèce fort répandue par ici, et dont il aperçoit quelques beaux spécimens dans le cercle des buveurs qui l'écoutent. Le Brethenoux, par exemple, ce grand rouquin de Charentais, dit Le Mexicain, qui passe son temps à courir les auberges et les foires, se pavane, coiffé d'un sombrero, cherchant toujours à mettre la discussion sur l'Empereur à qui il voit des ennemis partout, traîtres au pays, fomentant à longueur d'année des complots pour le chasser des Tuileries, ramener un Bourbon ou un Ledru-Rollin qui livrera la France aux étrangers !

Ancien adjudant des Zouaves, Le Mexicain s'autorise pour faire valoir ses hantises, des longues années qu'il a passées dans les armées impériales. « Vendu » à vingt ans quatre mille francs par son père à un « marchand d'hommes » de Bordeaux, il est parti se battre en Crimée à la place du fils d'un marchand de biens de Barbezieux. Il a bouffé du

Cosaque à l'Alma, de l'Autrichien à Solferino, du Chinois à Pékin, du Péon au Mexique, où il fait gloire d'avoir étranglé des « rebellitos » de ses mains. C'est du reste sur le cadavre de l'un d'eux qu'il a pris son fameux sombrero. Réformé, on ne sait trop pourquoi, Brethenoux est revenu au pays après le désastre de Queretaro. Avec ses airs de côté, ses sous-entendus mielleux, c'est un personnage louche sur qui roulent toutes sortes de racontars. On entend dire qu'il travaille pour la préfecture, moucharde dans les gendarmeries, fait l'agent électoral pour les candidats officiels... Rien de tout cela n'est vraiment prouvé, mais ce qu'il y a de sûr, c'est que chaque fois qu'il y a de la chamaillerie politique dans l'air, on voit planer l'ombre du sombrero. Il passe aussi pour un foutu noceur, le Brethenoux, et on lui prête de drôles d'histoires, d'ailleurs contradictoires. Certains jurent l'avoir vu, des soirs de frairie, rouler dans les fossés des drôlesses pas très propres. D'autres assurent qu'il aurait « l'aiguillette nouée » suite à une blessure mal placée et que ce serait pour cette raison qu'il aurait quitté l'armée, attrapé ce caractère bizarre, soupçonneux, se mêlant de faire la leçon à tout le monde parce que, lui, a touché la botte de Napoléon à Montana, lui, il s'est fait couler des bonbons dans la bouche par les jeunes Piémontaises qui se jetaient au cou des vainqueurs d'Italie, lui, il a craqué l'allumette au palais d'été de Pékin, lui, il a vu conspirer les cardinaux et les généraux monarchistes dans le dos des états-majors, lui, il a maté les « rouges » sur le pavé de Belleville... Chez Mondout, où il vient souvent pour un oui ou pour un non, on n'a guère de sympathie pour ce loustic, surtout Anna qui ne supporte pas ces petits yeux de goret qu'il colle sur elle avec insistance. Et tout à l'heure, quand elle l'a aperçu en traversant la salle, elle s'est dépêchée d'aller à la cuisine retrouver sa mère, sa tante et ses cousines. Cela dit, l'auberge du Bon Dieu est une maison accueillante, et l'on sert à boire au Mexicain comme aux autres, sans trop s'occuper de lui, surtout s'il ne brasse pas trop d'air et ne se mêle pas à casser les oreilles de tout le monde avec ses histoires d' « Empereur trahi ». Ce soir, c'est à peine si on l'a remarqué. Il est resté dans son coin à causer, avec un collègue de Feuillade, de la neige qui est tombée l'autre soir à Piégut, le jour du marché. Et l'aubergiste ne s'est même pas soucié de l'avoir à l'œil, comme ça lui arrive quelquefois.

Assis à son petit comptoir, devant le placard au tabac, son grand livre ouvert devant lui, porte-plume à la main, Le Bon Dieu récapitule tranquillement ses comptes du mois d'octobre. Comptes de l'auberge, mais aussi de l'épicerie que tiennent, de l'autre côté de la rue, sa fille et son gendre Jean Lavaud. Une épicerie où l'on trouve de tout : de l'huile d'arachide, du riz, de la morue, des clous, de la toile, des harnais, des graines, de la vaisselle, des sabots vernis, des cravates de soie, du vermicelle, de la doublure... Un vrai bazar de campagne qui a fait la réputation d'Elie Mondout autant que son auberge et attire une clientèle nombreuse des villages de la commune et même des bourgs des environs qui n'ont pas la chance d'avoir un magasin si bien approvisionné. Parti de fort peu, Elie Mondout, travailleur infatigable, a réussi à grossir son bien autant grâce à son sens aigu du commerce que par goût de rendre service à tout le monde. Entouré d'une large famille, il fait figure, avec ses cheveux blancs comme neige et sa moustache fournie, de bon patriarche. Chacun, chez lui, a sa tâche : Judith, sa femme, et Marguerite, la veuve de son frère, font la cuisine de l'auberge. Nani, la seconde et Anna la fille de Marguerite, soignent les bêtes de la basse-cour, gardent les vaches et les moutons, tirent le lait, font le fromage, servent à boire. Jacquou et Pierrot, les deux commis cultivent la propriété, quelques hectares de terre et de pâtures hérités du père, l'ancien maréchal d'Hautefaye.

De tous les habitants du bourg, Elie Mondout est à coup sûr l'homme le plus aimé, le plus respecté, et il y a longtemps qu'il serait maire s'il avait accepté, comme le Mathieu, son vieux rival, de courber l'échine devant ces messieurs de l'administration, de recevoir des consignes de la sous-préfecture, ainsi que le veut le régime qui nomme les maires, leur fait prêter serment de fidélité et obéissance à l'Empereur. Sans être un opposant à l'Empire, Le Bon Dieu se fait une idée du bien public qui ne s'accorde pas avec ces principes en vigueur, et tout compte fait, il se sent mieux là où il est, qu'à la place du maréchal-ferrant à la tête de la municipalité, obligé de se demander à chaque fois qu'il a envie de péter si ça va plaire ou déplaire au gouvernement. Derrière le comptoir de son auberge, le buraliste d'Hautefaye est mille fois plus à son aise que le gros, sous son cordon bleu-blanc-rouge. Du reste les gens de la commune et des alentours viennent beaucoup plus volontiers le trouver, lui, quand ils ont des affaires à arranger, que le maréchal qui a toujours peur de se faire taper sur les doigts par le sous-préfet. Ce n'est pas pour rien qu'on a surnommé Elie Mondout Le Bon Dieu. C'est un homme de parole sur qui on peut compter, qui fait confiance à ses concitoyens autant que crédit à ses clients qu'il appelle tous par leur petit nom.

« Sillou à Plambeau, quatre paquets de tabac... 1,50 F. » L'homme dont Elie vient d'inscrire de son écriture fine la petite dette sur son grand livre, c'est François Mazière, colon de Jean Antony, propriétaire dans la commune, un client comme tant d'autres qui a son compte chez Le Bon Dieu. Il vient tous les deux ou trois jours faire un petit tour à l'auberge où il connaît tout le monde, discute volontiers le bout de gras avec Pierre et Paul. Plutôt grande gueule, le Mazière, du genre taillé à la hache. Les mains dans les poches, il s'approche en se dandinant, du lecteur de nouvelles qui depuis un moment capte toute l'attention de son auditoire avec la page des « faits divers ».

— Alors, il a avoué ? lance-t-il de sa voix bourrue de meneur de bœufs.

— Non pas, il est bien trop crapule pour ça ! répond Pierre

Jarreton, dit Besille, un cousin du Bon Dieu. Mais toutes les preuves sont contre lui.

— Alors, il est bon pour passer au « coiffeur ».

— Ça c'est sûr ! Et plutôt deux fois qu'une. Pour un citoyen qui a égorgé une femme grosse, ses cinq drôles et empoisonné le mari, c'est pas cher payé !

Ce citoyen dont on parle c'est Troppmann, l'assassin de la famille Kinck. Troppmann le monstre de Pantin ! dont un paysan a découvert le 20 septembre dernier, en labourant son champ de luzerne, les innocentes victimes : six cadavres affreusement mutilés. Troppmann le « Juif allemand », dont le nom seul fait depuis deux mois trembler les chaumières, déchaîne l'imagination journalistique et détourne l'attention des lecteurs de gazette de l'agitation politique parisienne qui s'aggrave de jour en jour. A l'auberge du Bon Dieu, comme dans tous les mastroquets de France et de Navarre, Troppmann est devenu un sujet de conversation quotidien avec tout ce que son « horrible crime » éveille de visions d'épouvante, d'imagerie sanglante, de rêveries d'échafaud.

— Ce n'est pas chez nous qu'on verrait une sauvagerie pareille ! grogne le Mazière.

— Je voudrais bien en être aussi sûr que toi ! hoche Martial Villard. Les chrétiens sont les mêmes partout. Le crime n'a pas de patrie.

— En tout cas, on n'a jamais vu la guillotine dans nos coins, et c'est tant mieux.

— Oh ! on la verra bientôt pas loin d'ici.

— Où as-tu pris ça ?

— Là, dans le journal, pardi ! Ecoute un peu : « Le nommé Léau comparaissait le 15 de ce mois devant la cour d'assises de la Charente, sous l'accusation d'avoir assassiné un vieillard de soixante-quinze ans qui tenait des sommes importantes cachées dans sa maison. Le jour de l'arrestation de Léau, on a trouvé, enfouis sous un tas d'avoine, plus de 45 000 F en pièces de 5 F. Léau est un homme de soixante-deux ans, grand, mince, nerveux. Ses traits sont durs, son regard mauvais. Il assiste aux débats sans émotion, répond brièvement aux questions qui lui sont adressées. M. Bernard, procureur impérial, a soutenu l'accusation. Me Ganivet a défendu l'accusé. Le jury ayant rendu un verdict pur et simple, sans circonstances atténuantes, la cour a prononcé la peine capitale. L'exécution de Léau aura lieu sur l'une des places publiques d'Angoulême. »

Et L'Avocat poursuit.

« Périgueux : La prochaine session de la cour d'assises de la Dordogne s'ouvrira lundi prochain. Six affaires seront jugées : meurtre avec préméditation, tentative d'homicide, viol, attentat à la pudeur, vol qualifié, vol domestique... » Je continue. « *Le Charentais* relate qu'un assassinat a été commis sur une femme dont le cadavre a été retiré de la

Charente au faubourg de L'Houmeau. La victime avait le visage affreusement meurtri par de nombreuses blessures dont une à la tempe tellement profonde qu'elle seule était mortelle. La face de la malheureuse était comme aplatie par un instrument contondant. La foule... »

Le Bon Dieu fronce le sourcil.

— Dis donc, L'Avocat ! il n'y a pas des histoires plus gaies, dans ta feuille.

— Guère, mon pauvre ! Sinon elle ne se vendrait pas. Les gens ont besoin de se faire frémir à la veillée.

— C'est en parlant de malheurs qu'on les fait arriver.

— Té, tu veux une nouvelle jauvente, t'en voilà une, poursuit Martial en reprenant sa lecture, avec un petit sourire. « Avant de quitter Constantinople pour l'Egypte où elle va présider aux fêtes d'inauguration du canal de Suez, l'impératrice a assisté, au palais Dolma-Bagtché, à un grand dîner donné en son honneur par le Sultan. Sa Majesté a goûté à tous les plats du menu dont voici la liste :

Consommé à l'impériale,
Paupiettes à la reine, Beurek,
Bar à la Validé,
Poulardes à la Toulouse,
Côtelettes de chevreuil aux truffes,
Cailles à la Lucullus,
Chaud-froid de filets de dindonneau à l'anglaise,
Punch impérial, Kouzu Kébab,
Faisans et bécasses rôtis,
Buisson de crustacés, Bamiès,
Artichauts garnis de pois,
Truffes au champagne,
Pilaf, Croustade d'ananas en sultane,
Loukoums, Baklavas,
Bombes glacées à la Mogador,
Gradin de pâtisseries. »

— Eh bé, foutre ! Elle pourrait bien nous inviter de temps en temps l'Espagnole, ça noùs changerait des châtaignes, rousquaille Le Sillou.

Philosophe, Le Bon Dieu commente :

— Oh, tout ça ne vaut pas un bon farçi aux échalotes, arrosé d'un petit coup de blanc de Poutignac.

Brusquement, une voix rêche grince dans l'angle de la fenêtre.

— Hé ! qu'est-ce qu'ils disent de Napoléon, dans ton journal ?

Tous les regards se tournent vers l'auteur de cette question brutale : Le Mexicain, bien sûr ! Ç'aurait été bien étonnant qu'il ne dise pas son mot, le grand rouquin.

— C'est bien joli de nous raconter ce qu'a mangé l'Eugénie, mais on aimerait savoir combien de régiments l'Empereur a envoyé dans

Belleville pour aligner les rouges. J'espère qu'il ne fera pas de quartier avec ces bédouins qui veulent nous ramener leur vérole de socialisme !

Un silence général s'est installé dans l'auberge du Bon Dieu, comme si chacun attendait une jolie prise de bec entre Le Mexicain et L'Avocat. Mais Martial esquive.

— Pour l'instant, l'Empereur soigne sa maladie.

Comme piqué au vif, Brethenoux se dresse.

— Quelle maladie ?

— Eh bé, les rhumatismes. C'est écrit dans tous les journaux.

— Dans quels journaux ? hurle Le Mexicain. Dans les torche-cul de la Sociale !

Martial garde son sang-froid, d'autant qu'il sait que d'autres, autour de lui, sont prêts à prendre le parti du Charentais.

— C'est écrit dans les journaux du Gouvernement : *L'Echo de la Dordogne, Le Nontronnais, L'Union nontronnaise, l'Etoile de Ribérac.*

Pas convaincu, Le Mexicain.

— Ceux qui font croire que Napoléon est malade sont des traîtres ! Ils veulent sa perte et complotent contre lui. On les connaît : les rats d'église et les rouges. Ils s'entendent comme cochons en noce pour faire la guerre à l'Elu du peuple !

Inquiet, Le Bon Dieu se fâche.

— Eh là ! Eh là ! Doucement. Si vous voulez faire des discussions politiques, allez voir dehors. Je ne veux pas de ça ici.

— Ce n'est pas de politique, qu'on parle, c'est de l'Empereur ! grogne Le Mexicain.

— Allons, ne joue pas au plus malin, Brethenoux. Tu as déjà foutu la pagaille chez moi, un soir. C'était une fois de trop. Tu m'as promis que ce serait la dernière. Alors calme-toi ! Laisse le monte écouter les nouvelles. Personne ne te dérangera.

Besille, Dubois et quelques autres approuvent Le Bon Dieu. Mais certains comme Mazière ou Manem n'auraient pas été mécontents de voir la discussion s'envenimer un peu. Ailleurs, Martial Villard, ne se serait pas gêné pour moucher Le Mexicain, mais il respecte trop Le Bon Dieu pour se risquer à faire de l'agitation à l'auberge. Il préfère câliner des yeux la Nani que de faire la leçon à des ânes. La Nani vient justement d'entrer dans la salle en compagnie d'Anna. Les deux cousines portent, chacune dans leurs bras, une pile d'assiettes et Judith suit avec la soupière fumante. L'assistance retrouve sa gaieté, Le Bon Dieu son humour.

— Té, voilà nos couennes à l'impériale !

Compiègne, le même jour.

— Monsieur le duc et Madame la duchesse de Mouchy !... Mouchy ! Son Excellence le maréchal Canrobert !... Monsieur Viollet-Le-

Duc !... Viollet-Le-Duc !... Son Excellence Monsieur Pierre Magne et Madame !... Monsieur Havas !...

Le comte et les comtesses Welles de Lavalette !...

Ciel bas, vent glacé, pluie fine. La nuit des Morts tombe sur le palais impérial. Des laquais en perruque poudrée, livrée à la française, allument les lampadaires de la cour d'honneur bruissante du va-et-vient des équipages, du claquement des fouets, des appels de l'aboyeur, de l'activité du personnel. Depuis le milieu de l'après-midi, les voitures aux armes de l'Empereur font la navette entre le château et la gare de Compiègne pour acheminer la « série », c'est-à-dire la centaine d'invités que Napoléon III convie chaque semaine, pendant le mois qu'il passe à Compiègne. Chasse à courre, chasse à tir, promenade en forêt, visite de Pierrefonds somptueusement restauré par Viollet-Le-Duc, soirées théâtrales, charades, improvisations, papotage au coin du feu, jeux de palet, loto, réussites, piano mécanique, mazurkas, cotillons, curées aux flambeaux, feux d'artifice... Quiconque n'a pas humé l'air de Compiègne, partagé les menus plaisirs d'automne de Sa Majesté ne connaît rien à l'Empire, disent les habitués !

Une à une, les dernières voitures d'invités cueillis à la descente du train spécial de Paris passent la grille d'entrée entre la garde à cheval, décrivent, sur le pavé de la cour, un grand arc de cercle et vont s'arrêter devant les marches du perron d'honneur. Des valets de pied en habit vert, boutons dorés aux armes, gilet écarlate galonné d'or, parapluie à la main, s'empressent, abaissent les marchepieds et d'un geste prévenant aident les passagers à descendre. Le maréchal des logis de semaine s'avance vers chaque nouvel arrivant, lance son nom d'une voix forte à l'adresse des gens de service.

— Son Excellence Monsieur Schneider !... Leurs Altesses le prince et la princesse Murat !... La baronne de Talleyrand-Périgord !... Monsieur et Madame Chevreau !...

Titres et patronymes résonnent dans la galerie des colonnes, ricochent sur les lèvres de la valetaille. L'employé commis d'avance à chaque invité, huissier ou valet de pied selon le rang du personnage, s'approche, s'incline, le précède sur les marches du grand escalier, traverse avec lui l'immense salle des gardes entre deux haies de « cent-garde », géants barbus à bonnet à poil, sabre au clair, véritables statues de cire, et le conduit par le dédale des corridors jusqu'à l'appartement numéroté qui lui a été attribué, tandis que des hommes de peine montent les bagages par les escaliers de service. Chaque semaine, ce rituel d'accueil de la série se répète avec la précision d'une machinerie théâtrale minutieusement réglée qui ne laisse pas d'émerveiller les fervents de Compiègne.

Là-haut, dans un ajour du mur dissimulé par la corniche, deux regards gourmands observent en catimini le défilé des invités du jour. Lady Bolton, née Olga Massimi, veuve napolitaine et consolée d'un vieux diplomate anglais, fait les honneurs de la série à la ravissante Armelle Pillée, débutante à la cour. Volcanique, troublante en diable, la belle Olga a su faire valoir ses charmes pompéiens aux yeux insatiables de Louis-Napoléon du temps où rien n'arrêtait sa fougue. C'est à travers Sa Majesté — qu'en privé, elle appelle tout bonnement Luigi — qu'Olga avait rencontré, puis épousé le vieux Lord Bolton, mort d'épuisement sur les flancs de cette vésuvienne callipyge. Agile de l'esprit et des reins, Milady a joliment mené sa barque dans les eaux impériales, et rien de ce qui touche les entours du Prince et de son gouvernement ne lui est étranger. Pour ne perdre aucun détail de l'entrée du monde dans la salle des gardes, elle a sorti de sa bourse une petite paire de jumelles nacrées qu'elle passe de temps en temps à la délicieuse Armelle tout ouïe. Olga est intarissable. Elle sait tout sur tous, lâche avec une grâce exquise et un suave phrasé italien les pires rosseries sur la société des élus dont elle se grise à longueur d'année.

— Tiens, le baron Haussmann ! Je le croyais en disgrâce.

— En disgrâce ?

— Les embellissements de Paris ont un peu trop embelli sa fortune, cara ! On dit qu'il a prélevé sur le budget de la ville plus de 600 millions pour son usage personnel.

La belle Armelle écarquille les yeux.

— 600 millions !

— Il a acheté des terrains, des immeubles dans tout Paris, au nom de sa femme, de ses enfants, de ses neveux, de ses beaux-frères. Ses filles sont les plus beaux partis de France. Mais peut-être pas pour longtemps. Les libéraux ont juré d'avoir la peau du baron. Si Ollivier entre au gouvernement, ce pauvre Giorgio sautera dans le quart d'heure qui suit.

Derrière la famille Haussmann, une jeune femme entourée d'un homme raide, nonchalant, d'allure anglo-saxonne et d'un gros personnage plus âgé, imposant, très décoré, se fait remarquer par sa voix haute, sa bimbeloterie autour des bras, son rire en cascade.

— Voilà Manivelle ! s'esclaffe Olga.

— Manivelle ?

— Marie-Léonie Welles de Lavalette, la fille de Rouher. La malheureuse a bien du mal à se faire à l'idée que son père n'est plus chef du gouvernement. On la voit tous les ans à Compiègne. L'Empereur l'a fait sauter sur ses genoux quand elle était petite fille et même un peu après.

— Mais pourquoi Manivelle ?

— Parce que chaque fois qu'elle vient ici, elle se précipite sur le manche du piano mécanique de Luigi pour faire danser tout le monde. Elle a un poignet de sapeur. Même le maréchal Canrobert ne tient pas aussi longtemps qu'elle. Le gros qui marche à sa droite, c'est le marquis de Lavalette, son beau-père, ambassadeur à Londres et conseiller privé de Luigi. Le grand sec qui lui prend le bras c'est Samuel Welles, son mari, le fils d'un banquier de Boston. Le marquis l'a adopté en épousant sa mère quand il était en poste à Washington. Comme le pauvre garçon n'était pas bon à grand-chose, le marquis l'a fait élire député de la Dordogne. Un gentleman du Massachusetts représentant les paysans du Périgord au corps législatif ! Irrésistible, non ? Il n'a plus qu'une idée en tête, le grand Samuel, c'est de devenir ministre. Tiens justement, le voilà qui va faire sa cour à Duvernois.

— Beau profil, ce Duvernois.

— Beau masque, tu veux dire ! C'est la nouvelle coqueluche de l'Empereur. Fatigué de tirer à boulets rouges sur le régime. Il bat maintenant le tambour pour l'Empire dans le journal qu'il a fondé avec l'argent de Luigi. Tout ça pour nous amener au gouvernement son ami Emile.

— Emile ?

— Ma ! Ollivier, l'homme qui louche tellement sur le pouvoir qu'on ne sait jamais de quel œil, il vous regarde. Depuis sa victoire aux élections, il se cache à Saint-Tropez avec la petite Marseillaise qu'il a fourrée dans son lit. Ils sont en pleine lune de miel. Duvernois tient la boîte aux lettres. Il fait la navette entre Saint-Tropez, les Tuileries et Compiègne. Dépose sur la table de nuit d'Ollivier les avances de l'Empereur et sur celle de l'Empereur les conditions d'Ollivier.

La Belle Olga braque de nouveau ses jumelles vers l'entrée.

— Ah ! le ministre des Finances. Son Excellence Pierre Magne. Encore un Périgourdin ! Un vrai, celui-là. Parti de rien, il est devenu tout, et conseiller privé de l'Empereur avec le marquis de Lavalette et le gros Baroche qui secoue son chapeau, là-bas derrière la colonne...

Un homme de belle prestance, la quarantaine, monocle, redingote bleu nuit, vient d'entrer et traverse la salle comme s'il passait en revue les cent-gardes.

— Ciel, le chevalier Gréda ! Parents, bouclez vos filles ! Maris, garez vos femmes !

La douce Armelle, qui commençait à s'ennuyer un peu, tend le cou.

— Ah ! c'est tout de même autre chose que tous vos barbons décorés.

— Je te le présenterai, cara ! Mais attention c'est un rapide. Toutes les « cocodettes » d'Eugénie y sont passées.

— Où est-il ? Je ne le vois plus.

— Là, il est caché par Viollet-Le-Duc.

— Les moustaches ?

— Non, les moustaches, c'est Auguste Havas.

— L'Agence ?

— Soi-même. Les mauvaises langues l'appellent le vice-ministre de l'Intérieur parce qu'il passe tous les jours prendre ses consignes au ministère et filtre les dépêches qu'il envoie à la presse.

— Et le chevalier ?

— Il a disparu, le traître. Je te dis, c'est un rapide !...

Pendant que les derniers invités défilent dans la galerie des gardes, Louis-Napoléon, chemise dégrafée, assis à la table de toilette de son petit appartement, se maquille. Penché sur le miroir, l'Empereur étale, de ses gros doigts un peu gourds, du fond de teint sur son front dégarni, grisâtre, creusé de fortes rides, puis sur le pourtour de ses yeux enflés de vilaines bouffissures, puis sur ses pattes d'oie, puis sur les veinules violacées de ses ailes de nez... Il noircit les poils blancs de ses sourcils, se poudre, roule les pointes de ses moustaches de chat, lisse sa barbiche, rougit légèrement ses lèvres sèches... Sa Majesté a beau user des meilleurs produits préparés par son fournisseur de cosmétiques, elle ne retrouvera jamais son visage fringant de prince-président si bien peint, il y a vingt ans, par Alfred de Dreux. Et ce n'est pas le cours actuel des choses qui pourrait retarder le mouvement de la décrépitude que Louis-Napoléon voit de saison en saison, s'inscrire un peu plus profondément dans ses traits. Depuis l'écrasement de l'Autriche par la Prusse à Sadowa, depuis la déroute de la France au Mexique, il lui semble que le pouvoir d'Etat qu'il a su si bien, pendant tant d'années, cristalliser autour de sa personne, identifier à son nom, va se désagrégeant inéluctablement comme un édifice rongé par une maladie de la pierre. D'élection en élection, l'opposition au régime se renforce, l'agitation révolutionnaire, d'abord sourde, diffuse, se manifeste maintenant au grand jour dans les rues de Paris, menaçant à tout instant de tourner à l'émeute... Napoléon III a congédié Rouher, son « ministre à poigne », symbole de l'empire autoritaire, « vice-empereur » détesté par une partie croissante de l'opinion. Il s'est engagé devant la nation à hâter la libéralisation du régime promise depuis plusieurs années déjà, mais indéfiniment retardée par son entourage. Il a décidé de former un nouveau gouvernement pour promouvoir les réformes, mener à bien la renaissance des libertés politiques : libertés parlementaires, liberté de la presse, liberté de réunion... Mais rien de tout cela ne semble devoir désarmer l'opposition légale et révolutionnaire. Au contraire, les fractures de l'édifice impérial ne font que s'approfondir et ce n'est pas un ravalement de façade qui empêchera la rupture des appareils...

Trois petits coups heurtent à la porte. Napoléon III sort de ses pensées, relève la tête, reste un moment sans répondre. De nouveau trois coups retentissent, un peu plus forts.

— Entrez.

La porte s'ouvre doucement. Un garçon de quatorze ans au regard fragile, en habit de soirée de velours noir, coiffé comme un premier communiant, paraît.

— Ah c'est toi, Loulou.

Un peu gauche, mollasson, le prince impérial s'avance vers son père.

— Il va être sept heures, papa. Nos invités nous attendent...

Dans le salon des cartes aux murs illustrés de plans monumentaux du palais, du parc, de la forêt de Compiègne, les invités de série arrivent, se congratulent, bavardent. Les hommes sont en frac, cravate blanche, culotte boutonnée aux genoux, bas de soie. Les militaires, en uniforme, toutes décorations dehors. Les femmes en toilette de bal à grand décolleté. Sept heures sonnent à la pendule. Le bruit des conversations baisse. D'un mouvement général réglé par l'étiquette, l'assistance se déplace vers la porte du fond. Les hommes se rangent d'un côté en suivant l'ordre des préséances, les femmes de l'autre. Les derniers conciliabules s'estompent, comme si dans la tête de chacun avaient retenti les trois coups. Habit et culotte bleu pâle, tricorne Louis XV, épée au côté, deux huissiers s'avancent à pas lents vers les deux battants de la porte qu'ils ouvrent avec un bel ensemble. Le premier chambellan se montre, lève le menton et lance d'une timbre sonore en roulant les « r ».

— L'Empereur !

Surprise, ce n'est pas l'Empereur qui apparaît, mais Loulou. Un léger sourire passe sur les visages alignés. Imperturbable, le chambellan rectifie.

— Le prince impérial !

Immédiatement derrière son fils, qu'il a poussé devant lui, d'un geste ostensible et paternel, l'Empereur paraît, en habit de soirée bleu nuit, bas de soie noire, escarpins vernis, poitrine barrée du grand cordon de la Légion d'honneur. Court sur pattes, Louis-Napoléon marche les jambes un peu arquées, d'un pas traînant, avec un léger dandinement qui trahit une articulation douloureuse. Un sourire bienveillant, nuancé de mystère irise ses traits maquillés, exprimant peut-être le secret amusement qu'il éprouve d'avoir pris au dépourvu l'aboyeur et ses invités en inversant l'ordre des entrées en scène, comme s'il avait voulu l'espace d'un instant, anticiper sa succession en projetant Loulou à sa place sur le trône de l'Empire. Légèrement en retrait, à la droite de Louis-Napoléon, une femme souriante, un peu forte, en robe de moire mauve à crinoline s'avance.

— La princesse Mathilde !

Affable, l'Empereur salue les hommes en ligne qui s'inclinent respectueusement. Sa Majesté se fait présenter ceux de ses invités qu'elle ne connaît pas, échange avec chacun un mot de circonstance, associe le prince impérial à ses civilités. La princesse Mathilde se porte vers les dames qui, l'une après l'autre lui font la révérence. Puis chacun change de côté. L'Empereur salue les dames, la princesse les messieurs. D'un sexe à l'autre, le visage de Louis-Napoléon s'est éclairé d'un ton. Son œil d'amateur, toujours un peu vague, glisse lentement sur les épaules nues et les grands décolletés.

Les salutations terminées, l'assistance se disperse dans les salons, par petits groupes, entre lesquels circulent les valets poudrés portant des plateaux de ruolz chargés de verres de champagne, d'apéritifs, de sirops qu'ils présentent aux invités dans le brouhaha grandissant des exclamations, des compliments, des conversations d'avant-dîner. Atmosphère un peu guindée, mais traditionnellement plus détendue qu'aux Tuileries et à Saint-Cloud. A Compiègne, on s'amuse !

Pourtant, à écouter ce qui se chuchote ici ou là dans la périphérie des salons, il semble que cette année, on s'amusera moins que d'habitude. L'impératrice est en Orient, mais c'est surtout de l'Empereur que l'on parle, de bouche à oreille, en prenant garde à qui vous écoute.

— On dit que c'est la prostate.

— Pozzi parle d'un chancre à la vessie.

— Il fait du sang, je le tiens de Léon, son valet de chambre, Excellence.

— Vous avez vu sa démarche...

— Il paraît qu'il a des crises atroces.

— Il souffre par où il a péché, ma chère !

— En tout cas, cela ne l'empêche pas de danser comme un jeune homme !

— Il est bourré d'opium...

— Regardez ! Tous ses médecins sont là : Nélaton, Evans, Sée, et Conneau, son inséparable Conneau qui ne le quitte pas des yeux.

— Allons, allons, il ne faut pas dramatiser. L'Empereur a des rhumatismes, comme tout le monde.

— Et quelques soucis politiques.

— Tout ira mieux quand il aura trouvé un nouveau chef de gouvernement.

— Depuis qu'il a débarqué Rouher, il...

— Pardon ! Sa Majesté n'a pas débarqué Rouher. En lui donnant la présidence du Sénat, il l'a mis en réserve de l'Empire. Vous pouvez être sûr qu'avant six mois, il l'aura rappelé. Rouher est le seul homme d'Etat qui nous reste. Ce serait un malheur pour le pays de l'enterrer.

— Assurément amiral, mais dans la situation actuelle, le retour de Rouher me semble bien improbable. Emile Ollivier a gagné les élections, l'Empereur ne peut pas faire autrement que de l'appeler au gouvernement. Cette fois, nous n'y couperons pas.

— Si l'impératrice était là, cela ne se passerait pas comme ça, croyez-moi !

— Pour mater les Rochefort et les Gambetta, il faut un homme aux nerfs d'acier, une force, vous m'entendez ! Ollivier est un beau parleur, mais c'est une anguille...

— Oh, c'est bien simple, le jour où Ollivier est nommé, mon mari et moi, nous partons pour la Californie et nous prenons la nationalité américaine. Nous apprendrons la ruine de l'Empire par les journaux. Mais au moins, nous ne verrons pas ça de nos yeux...

1er novembre.

Le dernier train du soir vient d'entrer en gare de Compiègne. Dans la foule anonyme des voyageurs qui envahissent le quai, un homme en redingote noire, fripée, haut-de-forme enfoncé sur les yeux, cache-col sur la figure, hâte le pas, rase la muraille, traverse furtivement la salle des pas perdus, arrive dans la cour. Derrière lui quelqu'un sort de l'ombre, lui tape sur l'épaule, l'entraîne vers une voiture garée à l'écart...

Un quart d'heure plus tard, après un détour par le bord de l'Oise, le coupé, tous feux éteints, entre au palais par une porte latérale et pénètre dans la cour des offices. Les deux hommes en noir descendent de voiture. Le voyageur baisse son cache-col, chausse ses petites lunettes. Son compagnon lui parle avec un fort accent corse.

— Pardonnez-moi, monsieur Ollivier de vous faire passer par les communs, mais Compiègne est infesté de regards malveillants.

— Ah, les journalistes, toujours les journalistes ! Ils vous donnent bien du souci, monsieur Piétri ! grelotte le député du Var en faisant chanter son accent provençal.

— Oui, les journalistes et leurs fournisseurs. Ils s'infiltrent partout...

L'œil soupçonneux, le secrétaire particulier de l'Empereur jette un regard circulaire.

— Bientôt, on en trouvera dans les garde-robes du palais. Comme dit mon homonyme, le préfet de police, tout se perd, même le droit à l'incognito ! Par ici, Monsieur le député.

Les deux hommes montent un escalier étroit, traversent une succession de corridors dont Piétri ouvre et referme à mesure les portes à clé...

A dix heures moins une minute, le député du Var se retrouve comme par enchantement, seul dans la bibliothèque de l'Empereur, cirée de frais, devant une belle flambée, sans avoir rencontré âme qui vive dans ce palais où logent une centaine d'invités et quelque deux cents personnes de service.

Etrange figure, cet Emile Ollivier avec son air de vieux jeune homme, ses petites lunettes métalliques, ses yeux de travers, ses sourcils dissymétriques, charbonneux, sa chevelure négligée, ses épais favoris frisottés débordant sur son col, son gros menton mou, son petit rictus amer au pli des lèvres, son cou grassouillet. Dans un compartiment de 3e classe, on le prendrait pour un pion attardé ou un curé défroqué...

Dix heures sonnent au carillon de la pendule aux aigles. Machinalement le député du Var sort sa montre pour la mettre à l'heure impériale. A cet instant, un panneau de la bibliothèque aménagé en porte secrète pivote. Napoléon III entre à pas feutrés. Ollivier, surpris, boutonne sa redingote.

— Sire...

— Bonsoir, cher monsieur Ollivier, merci de vous être dérangé et pardonnez-moi de vous avoir obligé à un peu de mise en scène, mais je crois qu'il importe dans les circonstances présentes, pour vous comme pour moi, que nous soyons discrets. Depuis que nous avons donné à la presse son indépendance, elle se répand beaucoup et nous devons prendre quelques précautions. Oh, je ne suis certes pas mécontent que les journaux puissent s'exprimer librement. Cela nous permet de compter nos ennemis et de réagir en conséquence.

L'Empereur parle d'une voix aimable, traînante avec de fortes tonalités germaniques. Un valet apporte du thé, dépose sur une table ronde, la théière, les tasses, le sucrier, allume une petite lampe à alcool. Napoléon III l'arrête dans son élan.

— Laissez Albert, nous nous servirons nous-mêmes... Asseyez-vous, cher monsieur Ollivier. Vous prendrez bien une tasse de thé.

Les deux hommes se font face. Ollivier attrape la théière, tourne le bec vers l'Empereur.

— Permettez-moi, Sire...

Louis-Napoléon tend sa tasse en porcelaine de Sèvres marquée du N couronné, et commente.

— C'est un mélange russe que me fait envoyer le Tsar. J'espère que vous l'aimerez.

— Il a un parfum exquis.

L'Empereur prend un sucre avec une pince d'argent à patte d'aigle, l'avance vers la tasse de son visiteur.

— Un ? Deux ?...

— Un seul, Sire.

Les deux hommes tournent leur cuillère dans leur tasse. Napoléon III regarde Emile Ollivier dans les yeux.

— La situation est grave, monsieur Ollivier. C'est la liberté qui est en péril. Nous sommes à la veille d'une émeute. Certes, nous la réprimerons. Le pouvoir en a la force et par l'appel au peuple, il peut tout reprendre. Mais ensuite ? Ensuite, quelle sera la conduite la meilleure ? J'aimerais connaître votre opinion sur ce point, monsieur Ollivier.

Le député du Var qui allait porter à ses lèvres sa tasse de thé brûlant, la repose.

— Sire, je ne crois pas que nous soyons à la veille d'une émeute, non franchement, je ne le crois pas. Une forte agitation tout au plus. Quoi qu'il en soit, j'ai la conviction que pour parer à cette éventualité, ou pour réduire cette agitation, si par malheur elle tournait mal, il n'y a qu'une conduite à tenir, c'est d'affirmer et d'affermir le régime libéral inauguré par Votre Majesté. Pour cela, il faut un gouvernement déterminé, cohérent. Plus il y a de liberté, plus le pouvoir a besoin d'être fort. Or, depuis dix mois, votre gouvernement se perd en hésitations, s'épuise en vaines querelles. Face à une presse déchaînée, nous voyons un ministère louvoyant, désarticulé. Cela n'est pas du libéralisme, c'est de la défaillance...

L'Empereur impassible roule la pointe de sa moustache. Ollivier se redresse sur son fauteuil.

— Croyez-vous, Sire, que si j'étais aux affaires, je tolérerais une minute que messieurs Gambetta, Rochefort et leurs amis prêchassent impunément la révolte, et qu'à la tribune, dans les journaux, dans les réunions publiques on pût se dire irréductible ? Oh, je ne ferais aucun procès de presse, c'est-à-dire d'opinion, mais je ne ménagerais aucun séditieux, d'où qu'il vienne, où qu'il soit. A une condition toutefois, c'est que je fusse un gouvernement de liberté. Croyez-moi Sire, Votre Majesté n'a rien à craindre de la liberté pourvu qu'elle se contente de constituer un ministère déterminé, cohérent, conforme aux nouvelles orientations que vous avez voulu imprimer à l'Empire. Un ministère composé d'hommes nouveaux, prêts à défendre votre politique sans ambiguïté. Dans le gouvernement actuel, il y a trop de personnes, de grandes capacités sans doute, mais usées par l'exercice prolongé du pouvoir et les facilités des situations acquises. En politique, comme en amour, si je puis me permettre cette comparaison, il faut savoir se renouveler. Il y a en France, deux ou trois cents personnes à introduire d'une manière ou d'une autre dans la vie publique. Elles n'attendent que le moment de mettre leur talent et leur ambition au service de l'Empire libéral. C'est à ce prix que Votre Majesté trouvera les ressources d'énergie propres à transformer le régime et que plus tard, elle pourra léguer au jeune prince impérial un État solide dans un pays libre et confiant. Si j'étais aux affaires, Sire, avec la certitude de pouvoir agir durablement, je saurais quoi répondre à tous ces beaux esprits qui prêchent la révolution faute d'avoir réussi dans le vaudeville !...

15 novembre.

Aujourd'hui, Sainte-Eugénie, grand bal au palais en l'honneur de l'impératrice absente. Polkas, valses, mazurkas... Toute la soirée, l'orchestre de la garnison de Compiègne a fait danser les deux cents invités de la semaine sous les ors et les stucs de la galerie des fêtes dans l'éblouissement des lustres aux mille bougies, le frôlement des taffetas, le balancement des crinolines, le flottement des queues-de-pie, le scintillement des épaulettes. D'une humeur de rose, Louis-Napoléon a dansé toute la soirée avec une vigueur et un entrain propres à démentir tous les bruits sinistres qui circulent sur sa santé. Essoufflée, radieuse, la belle Armelle Pillée qui vient de tourner une valse endiablée dans les bras de Sa Majesté, fend la foule des invités en s'éventant, émue et ravie des démonstrations admiratives qui fusent sur son passage. Olga Bolton, contente du beau succès de sa pouliche, la prend par le bras et lui parle à l'oreille.

— Bravo Bella ! C'est un triomphe. Tu as donné des ailes à Sa Majesté !

— Elle m'a épuisée. Quels muscles ! Elle vous soulève de terre d'un bras...

— Depuis que Luigi a envoyé l'impératrice en voyage, il a rajeuni de vingt ans.

— Alors pourquoi tout le monde raconte qu'il est malade.

— Des ragots, cara ! n'écoute pas toutes ces méchancetés. C'est son « Ougénie » qui le rend morose, quand elle est là, sur ses talons, avec ses scènes perpétuelles, ses caprices de modiste, ses combinazione. Et puis, tu sais, Luigi, c'est un grand comédien. Je parie que ça arrange ses affaires qu'on dise qu'il est malade.

— Vous croyez ?

— Ma ! la politique, c'est tout du théâtre. Comme l'amour ! Chacun se fabrique un personnage, ou plusieurs, récite son rôle, sans y croire, mais avec le désir farouche d'arriver à son but...

Il est minuit. Les musiciens font une pause. Les rafraîchissements circulent dans la galerie des fêtes. Mais là-bas autour de l'Empereur, le chambellan et des huissiers s'agitent, demandent aux invités de s'écarter de Sa Majesté. Un valet de pied apporte un tabouret. Le maréchal des logis de semaine et des officiers du palais, prient aimablement l'assistance de baisser la voix.

— Chut ! Chut !

L'Empereur, souriant, un papier à la main, monte sur le tabouret, reste un moment immobile, jusqu'à ce que le murmure des dernières conversations s'évanouisse, puis s'adresse à la foule de ses hôtes, sur le ton de quelqu'un qui est heureux d'annoncer une bonne surprise.

— Mes bons amis, je ne voudrais pas laisser s'achever cette belle et joyeuse soirée dédiée à notre chère impératrice, sans avoir le plaisir de vous faire part d'une nouvelle qui me parvient à l'instant par dépêche de Port-Saïd. L'impératrice, comme vous le savez est arrivée depuis quelques jours sur les côtes d'Egypte où elle a été accueillie par le khedive Mohamed Ismaïl Pacha et par celui que l'on appelle désormais « Le Grand Français » : j'ai nommé Son Excellence le vicomte Ferdinand de Lesseps.

D'un même cœur toute l'assistance applaudit.

— Vive l'impératrice ! Vive monsieur de Lesseps ! Vive le khédive ! Vive l'Empereur !

L'Empereur rayonnant lève la main. Un musicien tapote son tambour à petits coups de baguette. Le silence revient. Louis-Napoléon poursuit.

— Voici le texte de la dépêche : « Port-Saïd, le 15 novembre. Mon bien cher Louis. Tout est paré pour le grand moment historique de l'Orient et de l'Occident réunis. Demain matin à l'aube, « l'Aigle » entrera dans le canal des Deux Mondes suivi des quatre-vingt-cinq navires de haut bord venus de toutes les mers. Le 17, nous serons à Ismaïlia. Le 18, nous traverserons les lacs amers et le 19, nous arriverons à Suez, sur la mer Rouge. On nous annonce, à chaque étape, les fêtes les plus somptueuses. Ce dont on ne saurait douter à voir les trésors dépensés par le khédive pour célébrer le chef-d'œuvre de notre Grand Français. Bien affectueusement à toi et à Loulou. »

Applaudissements, vivats redoublent sous les lustres. L'Empereur ému, ajoute un dernier mot.

— Vos témoignages d'affection, mes chers amis, me vont droit au cœur. Je suis heureux que nous ayons cette occasion de nous joindre par la pensée, à Eugénie qui, cette année, pour la première fois depuis notre mariage s'est privée du plaisir de venir passer l'automne à Compiègne. A son intention et en hommage à tous ceux qui ont travaillé à la magnifique réalisation française du canal de Suez, je vous invite tous à danser le « Carillon de Dunkerque ». Maestro !

Le chef d'orchestre lève sa baguette, tient en suspens ses musiciens et attaque d'un geste vigoureux. L'Empereur descend de son tabouret, entre dans la danse avec tous ses invités qui fredonnent en mesure.

— *Im-pru-dent, té-mé-rai-re. A l'instant, je l'es-pè-re, dans mon jus-te courroux, tu vas tom-ber sous mes coups. Je bra-ve ta me-na-ce ! E-tre moi, quelle au-da-ce ! Avan-ce donc, pol-tron ! Tu trem-bles ! Non-non-non !...*

Après « Le Carillon », « La Boulangère ». Hommes et femmes se prennent par la main. Louis-Napoléon radieux conduit la farandole en sautillant à travers la galerie et les salons voisins.

— Quelle ardeur ! s'écrie la belle Olga. Il va toutes nous mettre sur les genoux.

Louis-Napoléon, qui s'est retiré discrètement de la salle des fêtes, entre dans sa bibliothèque. Essoufflé, pâle, les traits crispés, la sueur perlant sur son maquillage, il fait de douloureux efforts pour mettre un pied devant l'autre et se laisse tomber dans son fauteuil. Bouche ouverte, front plissé, il renverse la tête en arrière pour reprendre son souffle, se presse le bas-ventre. On frappe. L'Empereur esquisse un mouvement des lèvres, sans trouver la force de répondre. La porte s'entrouvre. Le visage d'un homme sec, front dégarni, collier de barbe, apparaît : le docteur Conneau, médecin personnel, ami de toujours de Sa Majesté. Il se précipite.

— Louis !

Il prend le pouls de l'Empereur, sort sa montre.

— Louis, comment vous sentez-vous ?...

Napoléon III ne répond pas, continue à souffler douloureusement, la bouche ouverte. Conneau remet sa montre dans son gilet, dégrafe le col de l'Empereur, lui passe un coussin sous la nuque, écoute son cœur, regarde ses yeux : un peu de noir à sourcils a coulé sur la tempe. Prévenant, Conneau sort son mouchoir et l'éponge.

— Louis !

Napoléon III, dans un soupir, articule un mot incompréhensible, tourne ses yeux mi-clos vers son cher médecin. Conneau lui prend les mains, touche son front. Napoléon III s'apaise, fait effort pour regarder son médecin.

— Cher ami... mes douleurs... affreux...

Conneau dégage le ventre de Sa Majesté, lui applique la main sur la vessie. L'Empereur grimace de souffrance.

— Cela m'a pris en dansant... comme un coup de baïonnette... Il faut faire quelque chose... C'est affreux...

— Respirez bien à fond, Louis. Je vais vous donner votre calmant.

Conneau sort un tube de son gilet, remplit un verre d'eau, tend des pilules à l'Empereur...

Peu à peu Napoléon III reprend ses esprits. Ses douleurs s'apaisent, Conneau lui tient la main, lui parle avec douceur.

— Louis. Je ne saurais trop vous conseiller de vous faire examiner par Nélaton, tant qu'il est à Compiègne.

— Il veut m'ouvrir, le diable !

— Il veut vous soulager, c'est le plus éminent spécialiste que nous ayons en Europe. Vous pouvez avoir confiance.

— En lui, oui. Mais c'est ma carcasse qui m'inquiète.

— Vous avez un corps d'une étonnante vigueur. Seule votre vessie est un peu fragile. Il vous suffit de prendre quelques précautions élémentaires et d'éviter les exercices trop violents... Je vais vous préparer du thé léger avec un peu d'opium, cela vous fera du bien et vous dormirez calmement.

— Oh ! Henri, vous êtes bien bon... Je me sens déjà mieux. Je vais retourner au salon.

— Reposez-vous, Louis, reposez-vous...

— Il faut que j'aille retrouver mes invités et ma cousine Mathilde. Je suis parti sans saluer personne. C'est inutile d'inquiéter le monde et d'alimenter les rumeurs.

Un quart d'heure plus tard, maquillage rectifié, l'Empereur souriant rentre dans la galerie des fêtes, prend le bras de la princesse Mathilde, charmante comme toujours, passe au milieu de ses invités, leur fait des grâces tandis que l'orchestre joue en sourdine. Passant devant le buffet Louis-Napoléon s'exclame :

— Nos invités n'ont plus rien à manger !...

Sa Majesté se tourne vers un majordome.

— Eh bien ! mon ami, qu'attend-on pour garnir ce buffet ?

L'homme de service se penche à l'oreille du souverain.

— Sire, il n'y a plus un morceau de pain aux cuisines et tout est fermé dans Compiègne à cette heure.

— Qu'on aille à la caserne ! Nous ferons comme à la guerre ! Nous mangerons du pain de munition. Avec du foie gras et du champagne. Cela fera d'excellents sandwiches !

19 novembre.

Lugubre ironie du destin, au moment où le canal des deux mondes s'ouvre à la circulation des paquebots, pour la gloire de l'Empire, un autre canal se bouche, pour le supplice de l'Empereur. Depuis sa crise de l'autre soir, Louis-Napoléon éprouve, de nouveau, les plus grandes difficultés à pisser. Ses douleurs lancinantes à la vessie ne le lâchent plus. Torturé toute la nuit par une envie atroce impossible à satisfaire, il n'a pas fermé l'œil malgré toutes les pilules d'opium qu'il a absorbées et n'a laissé au fond de son vase que du sang et du pus. Ce matin, à bout de souffrance, il s'est décidé, sur les conseils pressants de son cher et fidèle docteur Conneau, à faire venir, dans le plus grand secret, Auguste Nélaton.

Penché sur le bas-ventre du souverain étendu dans l'alcôve de son arrière-chambre sur cour, le vieux professeur de clinique chirurgicale tâte centimètre par centimètre, de ses doigts roses et grassouillets, l'aine dure, ballonnée, brûlante, pour localiser l'inflammation, éprouver l'ampleur du mal, dénicher le caillou, si caillou il y a. A chaque pression, Louis-Napoléon, le visage crispé, laisse échapper un râle de profonde douleur, agrippe d'une main le montant du lit et de l'autre la main consolante d'Henri Conneau. Le professeur Nélaton poursuit patiemment son examen.

— Sire, je vais demander maintenant à Votre Majesté de bien vouloir prendre une position fort peu majestueuse, mais la médecine ne peut se prononcer qu'après un examen complet et minutieux. Il me faut visiter votre prostate.

— Ho, vous savez, docteur, articule l'Empereur d'une voix exténuée, il y a des jours où toutes les majestés du monde ne sont rien auprès d'une minute de répit.

— Ne désespérez pas, Sire, la médecine fera tout ce qui est en son pouvoir pour vous soulager.

Aidé de Conneau, Napoléon III se retourne sur son lit et s'offre, jambes repliées sous le ventre, joue gauche appuyée sur l'oreiller, moustache cassée en deux, à l'inspection du professeur qui enfile son majeur dans un doigtier de caoutchouc et l'enduit de vaseline.

— Décontractez-vous, Sire. Ce ne sera pas long.

Mais l'anus impérial dévoré d'hémorroïdes est aussi douloureux que la vessie. Louis-Napoléon mord son oreiller, étouffe dans les plumes un long gémissement. Nélaton explore avec précaution.

— Sire, puis-je vous demander de bien vouloir tousser deux fois, et puis ce sera fini.

Louis-Napoléon s'exécute. Le professeur Nélaton, la tempe appuyée contre la fesse du souverain, le regard posé sur l'infini, concentre toute son attention à discerner la nature des aspérités qu'il touche du bout de son doigt.

— Voilà, Sire. C'est fini. Pardonnez-moi de vous imposer toutes ces misères, mais il n'y a de médecine que fondée sur un diagnostic sans complaisance.

L'Empereur se retourne, le visage en sueur, et respire à pleins poumons.

— Maintenant vous allez me sonder, je présume...

— Nous n'avons guère le choix, Sire. Il ne faut surtout pas laisser l'infection encombrer plus longtemps votre vessie sous peine de voir la cystite s'aggraver dangereusement. Ce sera bref et vous vous sentirez infiniment soulagé. J'ai fait confectionner un nouveau modèle de sonde en gomme souple, beaucoup moins douloureux que les précédents et beaucoup plus efficace. Allongez-vous, Sire. Reposez-vous un moment, le temps que mon dévoué confrère aille faire bouillir de l'eau.

Le docteur Conneau sort. Louis-Napoléon regarde le professeur Nélaton dans les yeux.

— Dites-moi le fond de votre pensée, professeur, j'ai la « pierre », n'est-ce pas ?

Nélaton garde une seconde le silence sans quitter le regard de l'Empereur et répond en praticien consciencieux.

— Honnêtement Sire, je ne suis pas en mesure, dans la minute présente, de vous donner une réponse formelle ni dans un sens ni dans l'autre. Sauf dans les cas extrêmes, la présence d'un calcul dans la vessie est toujours difficile à établir avec certitude. Je ne peux que constater, dans l'immédiat, une vive inflammation du col et un engorgement de la prostate, mais ces symptômes peuvent avoir bien d'autres causes que la « pierre ». Je ne saurais trop conseiller à Votre Majesté de ne pas s'alarmer outre mesure. Les sombres pensées ne font qu'aggraver les affections de cette sorte. Prenez du repos, Sire. Evitez les réunions trop prolongées, surtout en station assise, les veillées tardives. Mangez légèrement, méfiez-vous des sauces épicées, des nourritures grasses, des alcools. Buvez beaucoup, en dehors des repas : des infusions, du thé léger, de l'eau claire. Ne fumez pas trop. Faites de l'exercice. La marche à pied au grand air vous fera le plus grand bien. Allez à la chasse à tir, tous les jours, si le cœur vous en dit. Mais je vous déconseille formellement de monter à cheval. Ce serait courir le risque d'entretenir la suppuration de votre vessie et de retarder indéfiniment la guérison. Mais surtout que Votre Majesté essaye de ne pas trop penser à son mal. C'est peut-être le plus sûr moyen pour qu'il finisse par vous oublier.

20 novembre.

Pour douloureuse qu'elle fût, la sonde du professeur Nélaton, a soulagé l'Empereur au-delà de ce qu'il attendait. Le petit soleil qui perce ce matin au carreau de sa chambre achève de le réconforter. Douillettement allongé dans sa chaise longue gondole, les pieds bien au chaud, une grosse veste d'intérieur à brandebourgs sur le dos, Louis-Napoléon lit, crayon à la main, un document extrait d'un carton confidentiel étiqueté : « Succession, Conseil de Régence ». On frappe à la porte. Trois petits coups.

— Entrez.

Le prince impérial paraît en tenue de chasse à courre : habit vert à la française galonné d'or à parements rouges, cravate et gants blancs, bottes à l'écuyère, tricorne Louis XV à plume blanche. Un vrai petit prince de comptine, ce Loulou.

— Papa, vous ne venez pas chasser à courre ?

— Non mon ami, j'ai du travail. J'ai convoqué ces messieurs du conseil privé pour cinq heures. J'ai d'importantes questions à leur soumettre. Il me faut préparer cette séance. Si j'ai le temps, j'irai chasser à tir à deux heures, pour profiter de ce beau soleil.

Immobile, muet, la paupière un peu tombante, comme sa mère quand elle est contrariée, Loulou paraît au bord de verser une larme. Son père fronce le sourcil.

— Eh bien, mon fils qu'est-ce qui t'arrive ?

— C'est notre dernière chasse de la saison. Monsieur de la Moskowa nous annonce un grand vieux cerf et nous promet un lancer hors pair.

— Je n'en doute pas Loulou. Mais le docteur Conneau m'a recommandé du repos.

— Vous avez l'air soucieux, papa.

L'Empereur se lève, s'approche de son fils, le serre dans ses bras.

— J'ai les soucis de la France, mon chéri. J'ai les soucis de quelqu'un qui t'aime et veut te laisser un pays prospère, libre et gouvernable. A ce propos, je serais content que tu assistes désormais aux séances du conseil, pour que tu commences à apprendre, au contact des hommes de gouvernement, ton métier d'Empereur.

— Mais, Papa, ce n'est pas un métier, c'est...

— C'est un métier. On peut hériter d'une couronne. Mais l'art de gouverner un pays, cela s'apprend jusqu'à son dernier soupir...

La sonnerie d'une fanfare résonne du côté du parc. La main sur l'épaule de son fils, Napoléon III l'entraîne doucement vers la porte.

— Allez, va. Ne fais pas attendre ces messieurs de la vénerie.

Fragile, Loulou pose ses yeux d'oiseau égaré sur le visage gris de son père et s'éloigne en faisant sonner ses bottes sur le parquet. L'Empereur en pantoufles se coule par la porte secrète dans la bibliothèque, s'avance de son pas ralenti par l'arthrite jusqu'à la fenêtre, allume une cigarette et regarde sous le soleil pâle chatoyer les couleurs de son équipage devant les grands arbres déplumés du parc couvert de gelée blanche. Ces habits de velours vert, ces parements rouges, ces galons d'or, ces tricornes façon monarchie, ces bottes, ces éperons d'argent, ces cuivres, tous ces fins cavaliers qui paradent autour du prince de la Moskowa, grand veneur de sa maison flanqué de ses lieutenants le baron Lambert et le marquis de Latour-Maubourg, escorté des écuyers, le baron de Bourgoing, le comte de Castelbajac, le prince Poniatowski, le marquis de Caux... Comme tout cela lui paraît fugitif, irréel soudain.

La main sur son tricorne prêt à s'envoler, Loulou arrive à grandes enjambées. Le capitaine Duperré, son aide de camp, s'empresse, lui prend le genou et le met en selle sur son barbe noir un peu court. Droit comme un i, le petit Napoléon IV caracole au devant de ces messieurs. Fanfare ! galop ! La vénerie impériale s'enfonce sous les futaies vers le Puits d'Antin où les attendent les piqueurs et la meute. Napoléon III écrase sa cigarette et retourne à son dossier « Succession, Conseil de Régence ».

Privé de cheval et de chasse à courre par le professeur Nélaton, mais bien décidé à secouer sa lassitude morbide de ces derniers jours, Louis-Napoléon, sitôt sorti de table, a enfilé ses knikerbookers, chaussé ses guêtres, endossé son veston de tweed feuille-morte, coiffé son petit feutre bombé orné d'une plume de faisan et sifflé Néro... Rien de tel qu'une bonne partie de chasse à tir pour vous dégourdir les jambes, vous fouetter le sang, vous remuer les idées. L'Empereur a entraîné, avec lui son indispensable Conneau, Viollet-Le-Duc, vieil « abonné » de Compiègne, Clément Duvernois, l'homme lige du futur chef de gouvernement et quelques invités de série qui se sont levés trop tard pour suivre le courre du cerf. Parmi eux : le flegmatique député américain de la Dordogne Samuel Welles de Lavalette et sa sautillante petite comtesse qui adore chausser les bottes et faire « peuter la poudrre », comme elle dit en imitant l'accent des paysans du Périgord, électeurs de son mari. Accompagnent également l'Empereur, le marquis de Beauregard, son lieutenant de chasse, huit officiers qui portent ses fusils, ainsi que de M. Gastine-Renette qui inspecte chaque arme après usage. Le taillis des tirés impériaux s'étend sur plusieurs kilomètres entre l'Oise et la route de Soissons, percé d'une dizaine d'allées parallèles distribuées autour du layon de Sa Majesté soigneusement sablé, quotidiennement ratissé. Tout ici est conçu, agencé, entretenu pour que chaque partie de chasse à tir du souverain soit un éblouissant jeu de massacre. Depuis ce matin, des soldats de la garnison de Compiègne ont battu les bois des environs pour pousser le gibier vers le taillis, gorgé à l'heure qu'il est de lièvres, de chevreuils, de faisans, de lapins, de perdreaux... Et de crainte encore de manquer, des rabatteurs, des hommes de troupe, des laquais sont cachés dans les buissons avec des panières pleines, apportées de la faisannerie du Palais, que l'on ouvrira au passage de l'Empereur pour qu'à la lettre le gibier lui détale sous les brodequins.

Arrivés au lieu-dit Les Buissonnettes, les invités se répartissent à l'entrée des layons latéraux, tandis que Louis-Napoléon suivi de son escorte s'avance dans le layon central, embrassant du regard cette immense étendue qui se déploie en s'incurvant mollement jusqu'à l'infini.

Là-bas, au loin, des oiseaux s'envolent. Et là, tout près, dans les buissons, on entend des craquètements de faisans et des appels de rabatteurs. Néro excité bondit d'un bord à l'autre du layon. L'Empereur se tourne vers son officier de chasse.

— Mon cher marquis, je sens qu'aujourd'hui nous allons nous surpasser.

— Je n'en doute pas, Sire, le temps s'y prête.

Redingote et haut-de-forme, M. Gastine-Renette arme un superbe fusil et le présente à l'Empereur.

— Sire...

— Ah, je vais faire connaissance avec cette petite merveille !

Louis-Napoléon regarde, soupèse le fusil précieux, caresse l'acajou, effleure les ciselures. Frr ! Un faisan jaillit du buisson, s'élève, traverse le layon. Rapide, l'Empereur épaule et tire, un coup, deux. Fauché en pleine ascension, le gros oiseau tombe lourdement en perdant quelques plumes. Néro détale. Rayonnant, Napoléon III se retourne vers l'homme en haut-de-forme.

— Ah oui ! Une merveille ! Une grande merveille ! Et d'un moelleux à l'épaule. C'est à peine si j'ai senti la décharge.

Le marquis de Beauregard approuve, prend le fusil des mains de l'Empereur et lui en passe un autre, identique.

— Voici son frère, Sire. Monsieur Gastine-Renette vous offre la paire.

L'Empereur comblé, se tourne de nouveau vers son armurier.

— Eh bien ! cher ami, pour la peine, je vous passe immédiatement commande d'une paire identique, aux armes de l'Empereur d'Autriche. L'archiduc est homme à apprécier les bijoux de cette qualité. Je me ferai un plaisir de lui envoyer ce cadeau. Trois faisans vrombissent au-dessus du taillis. L'Empereur met en joue. Deux coups, deux touchés.

— De mieux en mieux, Sire ! s'exclame le marquis.

— Attendons la suite, attendons...

On passe un nouveau fusil à l'Empereur. Le gibier sort comme par enchantement des buissons. Napoléon III foudroie un lièvre, rend son fusil, en prend un autre, tire, tue à chaque pas qu'il fait. C'est un véritable ballet de fusils qui passent, repassent de mains en mains. De celles de l'Empereur, à celles du marquis, de celles du marquis à celles des officiers, de celles des officiers à celles de M. Gastine-Renette...

— Sire, un chevreuil !

L'Empereur tire et l'abat droit devant lui au milieu du layon. Puis un perdreau, puis un faisan, puis deux lièvres, puis un lapin...

— Fichtre, une bécasse !

— Pan !

L'Empereur tire avec une adresse diabolique. Les cadavres d'animaux jonchent le sol. Des faisans blessés battent des ailes, se tordent dans la poussière. Derrière le souverain, des hommes courbés, en culottes à la française et bicorne de côté, ramassent les bêtes mortes, achèvent les oiseaux, les jettent dans des grands sacs de toile. Et le carnage continue, et le quadrille des fusils. Comme si Louis-Napoléon voulait par cette fureur d'abattre, conjurer le spectre de sa propre mort qui le hante la nuit, au fond de son lit, lorsque ses douleurs à hurler reviennent à la charge, l'empêchent de dormir, de pisser, de penser...

Dans l'épaisseur du taillis, un officier active ses hommes.

— En place pour le bouquet final !

Les fantassins tapent les fourrés à grands coups de bâtons.

— Ramenez au centre ! ramenez au layon !

Tout ce qui remue dans le bois, détale, s'envole pour aller se faire tuer par Sa Majesté.

— A vous ! ordonne l'officier en s'adressant aux soldats porteurs de panières. Lâchez tout !

Un à un les couvercles s'ouvrent. Des dizaines de faisans dorés, tout plumage déployé, montent des buissons comme des fusées de carnaval et retombent comme des paquets de son, sous la mitraille de l'Empereur et de ses invités. La petite comtesse Welles de Lavalette qui recharge pour son mari, se pâme.

— Quel feu d'artifice Samuel ! C'est magique. Voilà ce qui nous manque en Périgord. Des bouquets de faisans dorés !

Le député anglophone de la Dordogne lève les sourcils.

— Il nous manque aussi une liste civile, mon cœur.

— Ça viendra, mon ami, ça viendra !

Marie-Léonie baisse le ton et s'avance à l'oreille de son mari.

— Clément Duvernois m'a encore assuré tout à l'heure qu'Ollivier ne voulait personne d'autre que vous à l'Agriculture. Votre portefeuille est sur sa table de nuit.

— God ! Vous connaissez Emile, c'est un Marseillais, il a le temps de changer dix fois d'avis avant de présenter son cocktail de gouvernement à l'Empereur !

Une heure plus tard, devant un pavillon du parc, Louis-Napoléon, cigarette au bec, contemple son tableau de chasse, gigantesque nature morte sur fond de gazon anglais. Le marquis de Beauregard, carnet en main récapitule.

— Cinq chevreuils, soixante-six lièvres, deux cent trente-trois lapins, quatre-vingt-dix-sept faisans, onze perdreaux, une bécasse. Soit : quatre cent treize pièces ! Votre Majesté avait raison de dire qu'elle se surpasserait.

L'Empereur hoche la tête.

— Une bécasse ! ce n'est pas très brillant.

— Sire, c'est la seule que nous ayons vu cet automne.

— En tout cas les soldats nous ont fait une bonne battue. Vous leur donnerez à chacun une paire de lapins. Ça les changera du hachis parmentier.

Dans la foule des curieux en admiration devant l'exploit de l'Empereur, un enfant est là, au premier rang les yeux sur la malheureuse bécasse. Attendri, Napoléon III s'approche de lui, se penche.

— Comment t'appelles-tu, mon petit.

L'enfant, intimidé, baisse les yeux.

— Na-po-léon.

L'Empereur sourit.

— C'est un bien joli nom, tu sais.

— Mon papa est palefrenier. Il s'appelle Chapeau...

— Et toi, qu'est-ce que tu feras quand tu seras grand.

— Moi, je veux monter en ballon.

— Ah, c'est un beau métier !

Napoléon III se baisse, attrape la bécasse et la tend à l'enfant.

— Tiens, Napoléon, prends ça pour toi. C'est le meilleur morceau.

L'enfant saisit l'oiseau par les pattes et s'en va en courant. Du côté du bois, le bruit d'une fanfare résonne. Un groupe de veneurs de retour de la chasse à courre débouche de l'allée. Loulou qui est parmi eux, pousse son cheval pour arriver le premier près de son père.

— Papa, nous avons pris le grand vieux cerf ! Il s'est fait battre quatre heures. Il a débouché en plaine derrière Bois-Joli. On a sonné hallali aux étangs de la Reine. Monsieur de Montebello a servi la bête de haute main.

— Tu veux me donner des regrets, coquin.

— Regardez, le voilà !

Montée sur une charrette, tête en bas, la dépouille du grand vieux cerf aux bois magnifiques arrive sous les yeux de l'Empereur.

— En effet ! Voilà qui nous promet une belle curée aux flambeaux pour ce soir ! Mes félicitations, messieurs.

Un groupe de piqueurs, trompes en bouche, sonne *La Royale* pour l'Empereur qui écoute, immobile, appuyé au montant de la charrette. Sorti du naseau de la bête morte, un filet de sang éclabousse la pointe du brodequin de Sa Majesté.

Une bonne odeur de havane, de cire, de café turc, de thé au jasmin flotte dans le fumoir, une pièce plutôt basse, tout en longueur que l'Empereur a fait mettre au goût du jour, c'est-à-dire au goût de son fidèle Viollet-Le-Duc restaurateur du château de Pierrefonds. Poutres néo-gothiques, papier peint bistre à motifs losangés, lourds drapés de damas à passementeries... L'espace est surchargé de consoles, de guéridons, de tables à jeu, et d'une quantité de sièges capitonnés de toutes les formes : canapés en oreilles d'éléphants, chaises gondoles, fauteuils crapauds, indiscrets, poufs, tapissés de calicot glacé à fleurs sur fond vert d'eau. Un énorme lustre de bronze doré et quatre torchères massives à trois foyers baignent cet intérieur réservé aux messieurs d'une chaude lumière qui contraste agréablement avec le jour gris qui décline aux carreaux. Mais ce qui saute aux yeux dès qu'on pénètre au fumoir, ce sont les trophées de cerfs dont les ramures resplendissantes, déployées au milieu de chaque panneau tout autour de la pièce font venir aux oreilles des échos de fanfares. Hallalis mémorables ! Devant la cheminée d'inspiration haute-époque, ornée d'un lambrequin brodé, les six membres du conseil privé de Napoléon III bavardent en se chauffant les pieds : le distingué Drouyn de Lhuys avec ses épais favoris laineux, le trouble Persigny aux moustaches copiées sur celles de Sa Majesté, le gélatineux Baroche, l'aimable Pierre Magne au grand front dégarni, le lourd marquis de Lavalette à la figure en passe-crassane, le terne maréchal Vaillant tout en épaulettes à franges et feuilles de chêne dorées. Des valets de service s'affairent autour de ces messieurs, leur proposent du thé, du café, du chocolat, des toasts, des pâtisseries, des cigares et cigarettes... La porte s'ouvre. L'Empereur en redingote grise, tenant par le bras l'insaisissable Loulou costumé de velours grenat, s'avance vers ses conseillers.

— Merci messieurs, d'avoir pris le temps de venir jusqu'à nous malgré toutes vos occupations. J'ai demandé qu'on vous introduise dans cette pièce : nous y serons mieux que dans la salle du conseil pour causer autour d'une tasse de thé, au coin du feu.

Entrés dans le fumoir sur les brisées de l'Empereur, deux valets de pied se sont plantés au beau milieu de la pièce. Chacun d'eux porte un plateau couvert d'une cloche de ruolz. Napoléon III serre la main des dignitaires, invite d'un geste enveloppant Loulou à l'imiter.

— Mon fils a exprimé le désir de participer à notre entretien. Je crois que c'est une bonne chose qu'il s'initie aux questions que nous avons l'habitude d'évoquer en conseil privé. Je lui ai demandé de ne pas hésiter à nous poser des questions sur tous les points qui pourraient lui paraître obscurs.

Tout en parlant, l'Empereur pose un œil sur les deux valets de pied.

— Eh bien, mes amis, que portez-vous là avec tant de mystère !

Le premier valet présente avec déférence son plateau à l'Empereur, soulève la cloche.

— Sire, les premières truffes de la saison que Son Excellence Monsieur Magne offre à Votre Majesté.

L'Empereur se retourne vers le ministre des Finances.

— Ah, mon cher ministre, vous connaissez mes péchés !

Louis-Napoléon pointe le doigt sur la cloche du second valet :

— Et ça ?

D'un même mouvement que le précédent, le domestique soulève le ruolz, avance son plateau.

— Les premières truffes de la saison que Son Excellence Monsieur le marquis de Lavalette offre à Votre Majesté.

Napoléon III est comblé.

— Vous vous êtes donné le mot, messieurs !

Les deux dignitaires ouvrent la bouche en même temps. Magne parle le premier d'une voix affable avec un fond d'accent périgourdin.

— Ce sont les hasards de la saison, sire !

Le marquis de Lavalette enchaîne d'une voix timbrée du faubourg Saint-Germain.

— Sire, les truffes sont arrivées cette année en Périgord avec un bon mois d'avance.

Le ministre des Finances argumente.

— A cause des gelées précoces, sire. Nos paysans annoncent une récolte exceptionnelle. Les marchés de Périgueux embaument.

L'Empereur, émerveillé, prend du bout des doigts une très grosse truffe, la regarde, l'approche de son immense narine gauche qu'il a plus renflée que la droite et hume avec volupté.

— Quel parfum troublant !

— Le diamant noir de la cuisine ! disait Brillat-Savarin, insinue le gras Baroche.

— Noir comme l'âme d'un damné disent les paysans de chez nous, instruit Pierre Magne.

— Ils le disent en patois, affûte le marquis, ambassadeur de France.

— Négro coumo l'âmo d'un dômna ! lance le ministre des Finances qui n'est pas homme à renier son enfance populaire dans les faubourgs de Périgueux.

L'Empereur s'amuse, essaie de répéter, de son gosier germanique le phrasé gascon de son ministre.

— Négro coumo l'âmo d'un dômna ! roule le ministre des Finances du Périgord, cher Monsieur Magne !

— Oh, il ne m'en reste que des bribes, Sire. C'est pourtant ma langue maternelle.

L'Empereur flaire toujours avec concupiscence l'énorme truffe, la fait tourner entre le pouce et l'index.

— En tout cas messieurs, je compte bien que nous nous damnions tous, ce soir, pour cette perle rare.

Le marquis de Lavalette commente.

— Celle-ci a été trouvée à Saint-Martial-de-Valette, une petite commune de la circonscription de mon fils. C'est un de ses fidèles électeurs qui lui en a fait cadeau pour Votre Majesté.

— Ah, que votre fils me donne son nom ! Je remercierai de ma main.

— Celles-là viennent de Savignac-les-Eglises, Sire, place le ministre des Finances. C'est un de mes cousins qui les récolte lui-même avec sa truie.

Le marquis élève le débat.

— Sire, les truffes sont avec les paysans dévoués à Votre Majesté les deux produits les plus précieux de notre terre du Périgord.

— Sans oublier quelques ministres de grand mérite ! salive l'Empereur en replaçant la grosse truffe sur le ruolz.

— Ah, si toute la France votait comme la Dordogne, Votre Majesté n'aurait pas de souci à se faire ! mâchonne Baroche le gras.

— Et si les truffes pouvaient pousser sous le pavé de Belleville ! Nous n'aurions pas si souvent besoin d'y envoyer la troupe pour calmer les agités, soupire le maréchal Vaillant trop serré dans son uniforme.

Ce fin mot militaire distrait les redingotes. L'Empereur allume une cigarette.

— A propos, ce Gambetta qui tonitrue aux Folies-Belleville n'est-il pas lui aussi du pays des truffes ?

— Gambetta est né à Cahors, Sire, précise le ministre des Finances. C'est le fils d'un émigré italien. Avec les idées qu'il affiche, il n'avait aucune chance de se faire élire dans le département du Lot, tout aussi dévoué à Votre Majesté que celui de la Dordogne.

— C'est pourquoi il est allé chercher sa clientèle à Belleville et dans les bas-quartiers de Marseille.

— Les paysans du sud-ouest se méfient comme de la peste de l'agitation des villes, poursuit l'ambassadeur de France. Les appels à la révolte n'ont, grâce à Dieu, aucune prise sur eux. Ce sont des hommes de bon sens, toujours profondément attachés à l'Empire et à Votre Majesté, Sire.

— Et pas seulement ceux du sud-ouest, intervient Persigny sorti subitement de sa somnolence. Toute la France rurale demeure fidèle à Votre Majesté. Elle veut l'ordre et la paix. Il ne faut surtout pas se laisser impressionner par les excités de Belleville.

— N'oublions pas que les paysans forment l'immense majorité du corps électoral, laisse tomber le sentencieux Baroche.

L'Empereur acquiesce d'un mouvement des lèvres qui fait vibrer ses pointes de moustache.

— Certes, et nous saurons leur demander le moment venu de manifester avec éclat leur attachement à la dynastie. Mais puisque les truffes nous ont amenés à la politique, je vous propose, messieurs, de passer à notre ordre du jour.

Louis-Napoléon invite les dignitaires à s'asseoir autour d'une table à jeu. Les deux valets remettent les truffes sous cloche et s'éloignent. L'Empereur poursuit de sa voix traînante aux sonorités wurtembergeoises.

— Je voudrais examiner avec vous trois grandes questions auxquelles j'ai particulièrement réfléchi ces jours-ci. D'abord la constitution du nouveau gouvernement, ensuite l'attitude de la France à la veille du Concile, enfin les dispositions à prendre pour ma succession au cas où, pour une cause quelconque, je ne serais plus en mesure d'exercer mes fonctions. Oh, soyez rassurés ! Je n'ai nullement l'intention de me retirer ou d'abdiquer et je ne me sens pas davantage un pied dans la tombe, mais il me semble que ces choses-là doivent être réglées en toute sérénité et suffisamment à l'avance pour ne pas risquer de se trouver un jour dans le cas d'avoir à prendre des mesures hâtives, dangereuses pour la pérennité du pouvoir et la santé du pays. Je suis heureux que mon fils qui un jour héritera de la lourde tâche de gouverner la France ait dès aujourd'hui connaissance du contenu de mon testament politique dont je voudrais maintenant vous donner lecture...

Loulou, saisi par les paroles de son père, troublé par ces cinq regards de plomb qui pèsent sur lui, se sent tout à coup tragiquement confronté à son destin tracé d'avance. Il a beau serrer les fesses et les mâchoires, rentrer les lèvres, sortir le cou, presser de ses mains moites les accoudoirs de son fauteuil pour garder un maintien à la hauteur de la situation, il se sent comme happé par un vide intérieur effrayant. Seules les larges arborescences du trophée de vieux dix-cors qui garnit le panneau en face duquel il est assis, semblent pour l'instant capables d'accrocher le lambeau qu'il lui reste d'attention au réel. Si la princesse Mathilde qui sait si bien percer les masques, pouvait surprendre à travers la raie du paravent chinois l'expression de détresse qui passe à la seconde présente sur le visage de Loulou, elle ne manquerait pas de se dire :

— Ce pauvre enfant a l'air bien perdu ! Je ne lui vois décidément pas l'empire sur les épaules.

La nuit est tombée. La tête et la peau du grand vieux cerf recouvrent les morceaux sanguinolents de l'animal dépecé, jetés en vrac devant les marches de la cour d'honneur. De part et d'autre de la viande, deux haies de valets de pied en grande livrée, culotte courte, gilet écarlate, perruque poudrée s'étirent jusqu'à la grille du château, brandissant à bout de piques des étoupes trempées d'esprit-de-vin qui flambent dans le vent froid, projettent sur le gris des façades des ombres vacillantes nimbées de lueur verdâtre et colorent les visages d'une phosphorescence livide. Une vingtaine d'invités ont pris place au balcon de la salle des gardes, parmi lesquels la princesse Mathilde, les six dignitaires membres du conseil privé de l'Empereur, la princesse de Metternich, le comte et la comtesse Welles de Lavalette, Clément

Duvernois, Viollet-Le-Duc, Auguste Havas, le duc de Montebello, le chevalier Gréda, la belle Napolitaine, la charmante Armelle Pillée...

De sourds grognements s'élèvent du côté des grilles, précédés d'une vive lueur rougeâtre. La meute arrive conduite par les valets de chiens en habit vert, bas de coton blanc, torche à la main. Firmin, le maître d'équipage, marche en avant, entouré des piqueurs, trompe sur l'épaule. Les hommes rangent les chiens en ligne de bataille le long des grilles, derrière lesquelles les bonnes gens de Compiègne s'entassent pour prendre leur part de la fête impériale, sous l'œil bonasse des deux géants barbus en bonnet à poil qui montent la garde. Excités par l'odeur et la vue de la viande, les vautres lèvent les pattes, tendent le nez. Les valets tirent sur les laisses, les gourmandent d'une voix forte.

— Là ! Là ! Là !...

Au balcon, les invités s'écartent. L'Empereur s'avance flanqué du tendre Loulou.

Rangés en demi-cercle autour de la meute, les piqueurs d'un même mouvement virevoltant du coude, mettent la trompe à la bouche et entament *La Royale.* Saisis par le hourvari les chiens frémissent, poussent de longs aboiements rauques. Les valets retiennent.

— Là ! Là !...

La main gauche appuyée sur la balustrade de pierre, Louis-Napoléon, voûté, laisse filer son regard vers les lointains, bride imperceptiblement les paupières, aspire une longue bouffée de sa cigarette, comme pour mieux se laisser envahir par le souffle revigorant de la fanfare qui perce la nuit froide. La sonnerie s'achève. On n'entend plus que des abois sourds. Aux marches de l'entrée, juste au-dessous de Son Impériale Majesté, un valet attrape la tête du cerf par les bois, soulève la dépouille, la présente à la meute. La viande morte luit au feu des étoupes. Les chiens électrisés hurlent, tendent le cou, se dressent sur leur train arrière. L'attention des spectateurs se concentre sur les gueules ouvertes, les crocs, les babines, les langues gonflées, fumantes. Firmin le maître d'équipage venu se placer au centre du perron est immobile, jambes écartées, fouet en main. Il regarde l'Empereur, attend un signe. Lentement Louis-Napoléon lève la main droite en regardant dans les yeux le maître d'équipage.

— Allez, Firmin !

Sa voix métallique a claqué comme un coup de cymbales. Firmin abaisse son fouet. Vacarme effrayant. La meute a bondi. En quelques secondes elle arrive ventre à terre. Firmin la laisse s'approcher au plus près, et au dernier instant relève vivement son fouet. Les chiens emportés par leur élan se cassent en deux, glissent sur les pavés gras, se culbutent, rugissent, s'arrêtent, le nez sur la viande. La silhouette menaçante, terrible du maître d'équipage, se dresse au-dessus du tas, le fouet prêt à cingler. Les vautres, écrasés sur le sol, reculent en avalant leurs abois.

Au balcon, l'Empereur plisse des yeux, secoue légèrement la tête, se lisse la barbiche.

— Superbe ! clame le duc de Montebello.

— Bravo Firmin ! lance Clément Duvernois.

— Encore ! soupire la petite comtesse de Lavalette.

La meute refoulée par le geste figé de Firmin, fouet levé, a repris sa position de départ le long des grilles. L'Empereur fait un signe de tête au maître d'équipage qui de nouveau abaisse son fouet. Les bêtes enragées chargent sus à la viande ! Mais pour la deuxième fois Firmin lève son fouet, brisant net le galop furibond.

Le balcon tressaille. Les badauds derrière les grilles murmurent, plaignent les malheureuses bêtes obligées de ramper à reculons, le dos tordu, l'échine dans les épaules...

Pour la troisième fois, le valet présente la tête du cerf et Firmin abaisse son fouet. Les chiens se ruent avec des hurlements à s'écorcher la gorge. Mais Firmin, cette fois, ne relève pas son fouet. Le valet emporte en courant la tête du grand vieux cerf dont la peau lourde et visqueuse traîne sur le gravier. Crocs en avant, les chiens plongent dans le tas de viande avec une hallucinante voracité, déchirent la chair morte, s'arrachent les morceaux de la bouche, broient les os, aspirent des boyaux entiers. Les mâchoires claquent, les gorges s'étranglent. Masse confuse, fébrile d'échines tachetées qui se chevauchent, de queues qui battent, de pattes, de museaux rougis qui fouillent. Des bêtes repoussées sur les bords prennent leur élan, sautent dans la mêlée, la gueule ouverte. D'autres filent à l'écart avec d'énormes morceaux de mou ou d'intestins, harcelés aussitôt par des gloutons furieux qui en veulent à leurs prises. Un valet fait claquer son fouet pour ramener les vautres à la curée. Au balcon on se délecte. Seule la princesse Mathilde, un peu en retrait, pensive, semble ne pas prendre le moindre plaisir à ce spectacle. Derrière les grilles, le bon peuple se hausse sur la pointe des pieds, se bouscule pour ne pas perdre une miette du repas des fauves que les valets porte-flambeaux, immobiles comme des réverbères, regardent de côté sans tourner la tête. Des feux de Bengale s'allument autour de la cour carrée, embrasent toute la scène d'une lumière écarlate comme s'il fallait que se diffusent jusqu'aux plus hautes corniches du palais impérial la couleur de la viande et l'ivresse du sang.

Côté cour, le spectacle s'achève. Côté parc, la fête continue. Après la curée froide aux flambeaux, feu d'artifice ! L'Empereur invite son monde à se rendre au salon des cartes pour être aux premières loges. Les derniers invités de la dernière soirée de Compiègne descendent par petits groupes au rez-de-chaussée, traversent les corridors et les galeries en bavardant. L'Empereur prend un moment à part le maréchal Vaillant et lui chuinte à l'oreille :

— Maréchal j'ai réfléchi à votre objection au sujet d'Emile

Ollivier. Ce qui importe avant toute chose, croyez-moi, c'est de désarmer l'opposition. Et à ce propos le choix d'un homme qui a constamment...

La suite se perd dans le brouhaha des conversations et la musique de l'orchestre qui joue en sourdine une mazurka. La princesse Mathilde marche seule en serrant son châle sur ses épaules. La princesse de Metternich se rapproche d'elle à petits pas rapides, la prend par le bras et lui roule de sa voix câline hongroisement timbrée :

— Eh bien, ma chère, vous me paraissez bien sombre ce soir. Auriez-vous des tracas ?

La princesse Mathilde continue à marcher un moment sans rien dire, puis regarde son amie dans les yeux.

— On ne peut rien vous cacher ma chère Pauline...

La princesse de Metternich serre Mathilde de plus près et lui parle avec une douceur que le roulement de ses r et la mélodie de ses syllabes rendent infiniment touchante.

— Dites-moi ce qui vous tourmente. Nous avons toutes nos petites misères. J'en prendrai ma part.

— Vous êtes bien bonne, mais c'est plus grave que ça... J'ai des pressentiments.

— Diable ! des pressentiments, un soir de fête.

— Précisément... Je ne peux pas me défaire de l'idée que cette fête est la dernière que nous verrons à Compiègne. Je sens flotter sous ces lustres où nous avons passé tant d'heures exquises depuis bientôt vingt ans, comme un air de fin de règne.

— Mais c'est affreux, Mathilde.

— Je ne vous le fais pas dire.

A ce moment une jeune femme pousse un cri. La petite comtesse Welles de Lavalette vient de voir entrer par la fenêtre ouverte, une chauve-souris qui tourne, affolée, autour des moulures du plafond. Voilà qui n'est pas fait pour chasser les pressentiments de la princesse Mathilde qui se serre frileusement contre l'épaule de sa bonne Pauline Sandor, princesse de Metternich.

— Vous voyez bien, les vampires entrent au château.

— Non, ma bonne, ce n'est qu'une malheureuse chauve-souris qui veut passer l'hiver au chaud.

Du côté du parc, des fusées crépitent. Des gerbes de lumière jaune d'or, écarlate, verte, jaillissent au-dessus des grands bois noirs. La foule des invités se presse autour des fenêtres et s'émerveille. Demain Louis-Napoléon quittera Compiègne et ses menus plaisirs... A jamais.

Palais des Tuileries, 2 janvier 1870.

Dans le salon des chambellans, devant la haute cheminée de marbre rouge, garnie d'une pendule figurant Hermès appuyé sur les Heures, de deux chandeliers torsadés aux arborescences compliquées, de deux vases de Sèvres boursouflés montés en lampes à pétrole, de deux lourdes torchères de bronze doré à tête de satyre, pattes de bouc, foisonnement végétal, douze messieurs pleins d'eux-mêmes, en redingote, plastron, chaîne de montre, favoris, entourent l'Empereur assis, les jambes croisées dans son large fauteuil de bois doré coiffé de l'aigle essorante, le bras droit appuyé sur le bord de la table couverte d'un tapis de velours à franges parée d'un encrier en argent massif, dans le godet duquel sont plantées deux plumes d'oie. Les douze personnages sont parfaitement immobiles, silencieux, torse bombé, figés dans une attitude qui se veut avantageuse et digne. Ils font comme partie du décor. A la gauche de l'Empereur, un peu en retrait, la main droite posée sur le dossier du fauteuil, le pied gauche légèrement avancé sur le moelleux parterre d'Aubusson à verdures : Emile Ollivier, ministre de la Justice et des Cultes, chef du gouvernement qui porte son nom à dater de ce jour. Gouvernement annoncé d'hommes nouveaux mais qui compte pas mal de têtes déjà vues, de personnages plutôt âgés et que la presse du matin qualifie déjà de « ministère des bonnes volontés ». Gouvernement terne, composé à force de tractations et d'atermoiements pour des questions de personnes, d'un dosage huit pour quatre, centre-droit centre-gauche.

Dix heures sonnent. On n'entend que le bruit de la pendule, le chuintement des bûches, le battement de la pluie sur les vitres, tant les douze ministres sont attentifs à garder la pose, à éviter le moindre remuement de visage ou d'étoffe, arborant le rictus solennel des grands constipés. Napoléon III affiche toujours, quant à lui, cet œil vague, ce regard lointain, un peu de côté, perdu dans les brumes d'un songe indicible. Clac! On a entendu clac. Une voix sous une étoffe a dit : — parfait! Aussitôt les douze masques se sont décrispés, les bustes se sont tassés, les redingotes se sont mises à bouger, les lèvres à chuchoter.

— Merci monsieur Le Jeune! mâche l'Empereur de sa voix traînante d'Outre-Rhin, à l'adresse du photographe qui a lâché sa poire. Avec vous, je suis sûr que le gouvernement du 2 janvier fera bonne figure devant la postérité.

— Sire, le développement le dira!

Napoléon III se lève et se tourne vers ses ministres.

— Eh bien messieurs, il ne me reste plus qu'à vous présenter tous mes vœux. Au seuil de cette année 1870, une tâche difficile vous attend. Celle de m'aider à transformer l'Empire dans le sens de la liberté que souhaite la nation. Je sais que vous la remplirez avec courage et dévouement. Mais je voudrais attirer votre attention sur la nécessité d'agir en toutes circonstances avec la fermeté qui s'impose. Ceux qui ont juré de mettre à mal nos institutions, de diviser le pays, ne reculeront devant aucune bassesse pour tenter de par... venir... à leurs...

Quelque chose a bondi au milieu du groupe de ministres, interrompant le propos de l'Empereur : un singe du genre macaque vêtu d'un uniforme de zouave ! L'animal saute sur la table au milieu des papiers, semant la stupeur sur le visage de ces messieurs.

— Holà ! s'écrie l'Empereur. Qu'est-ce que c'est ?... Oh, encore lui !

Deux huissiers plongent sur la bête qui attrape une plume d'oie et s'esquive.

— Mais enfin, est-ce qu'on ne peut pas laisser une fois pour toutes cette bestiole dans sa cage !

— Sire, répond l'un des huissiers, il force tous les verrous ! Son Altesse le prince impérial l'avait enfermé dans un cagibi, il a démonté la serrure.

— Jocko, Jocko ! crie l'autre huissier lancé à la poursuite du singe qui s'échappe.

Les ministres ahuris, se sont écartés. Ils regardent d'un air gêné, mi-apeuré mi-amusé, Jocko perché sur le dossier du fauteuil impérial.

— Vous ne craignez rien, messieurs, rassure l'Empereur, c'est le singe apprivoisé que le sultan de Constantinople a offert à l'impératrice. Il est tout fou mais pas dangereux.

Les huissiers rusent pour essayer de prendre l'animal par surprise. Mais ce n'est pas avec un macaque qu'il faut jouer au plus fin.

— Jocko ! crie l'Empereur d'une voix autoritaire.

Du haut de la cheminée, entre la pendule et une des lampes à pétrole, le petit zouave regarde Napoléon III d'un air effronté en mordillant sa plume d'oie. Les ministres ne savent pas s'ils doivent rire ou s'offusquer. Visiblement, monsieur Le Jeune regrette de ne pas avoir eu le temps de remettre une plaque dans son appareil. Il aurait pu faire un bel instantané pour sa collection privée.

Paris, rue Notre-Dame-de-Lorette, 10 janvier.

Consommé de chasseur,
Tourain paysanne,
Foie gras frais au verjus,
Brochet farci,
Fricandeau de Nontron,
Oie rôtie aux marrons,
Truffes sous la cendre,
Filet de bœuf sauce Périgueux,
Fromages,
Pièces montées,
Bombe surprise.

Coteaux de Brantôme, Pomerol,
Saint-Estèphe, Haut-Brion 1848,
Monbazillac,
Champagne,
Café,
Liqueurs.

Ils sont une quarantaine à table, barbes pleines, chevelures abondantes, costumes sombres, cravates flottantes, gilets fantaisie, tous copieusement échauffés par les plats et les vins qu'on leur a servis. Le bruit qu'ils font est à la mesure de leur appétit : formidable brouhaha d'exclamations, de propos tonitruants qui fusent en jets croisés d'un bord à l'autre de la table, de rires énormes qui éclatent à pleins gosiers et roulent de convive en convive, de verres qui se cassent d'un revers de manchette.

Les pièces montées viennent de faire leur entrée, portées par des serveurs en spencer noir, col cassé, nœud papillon blanc, qui les présentent à l'assistance. Chacune figure les ruines de la Bastille en nougatine d'où sort glaive en main, en haut d'un éboulis de choux à la crème, une Marseillaise en sucre. Applaudissements et vivats saluent le passage des douceurs. Ce joyeux banquet se déroule dans le petit salon-théâtre qu'Etienne Carjat s'est fait aménager dans le prolongement de son atelier photographique. La table est dressée en fer à cheval devant la scène miniature garnie d'un rideau de velours rouge. Les murs sont ornés de banderoles où on lit : Vive La Marseillaise ! Liberté, Egalité, Fraternité ! et de guirlandes tricolores qu'on retrouve en chemin de table. Tout autour de la pièce et de chaque côté de l'avant-scène, de superbes quincias jettent leurs palmes souples et légères sur cet univers expressément viril.

Tout le monde connaît Etienne Carjat. Tout le monde, c'est-à-dire tout ce que Paris compte d'artistes, d'écrivains, de publicistes en vogue. Tous ou presque sont venus au moins une fois poser devant l'objectif sûr, pénétrant, de ce peintre caricaturiste passé maître dans l'art du portrait photographique au point de mettre en balance la réputation de Nadar. Républicain fervent et qui ne s'en cache pas, Carjat laisse à MM. Braun, Pierson, Disderi, Le Jeune et autres Flamant tout loisir d'arpenter les palais impériaux pour aller tirer le portrait à Napoléon III, à ceux de sa maison et aux officiels du moment, sur fond de lampas ou de bergères capitonnées. Ce qui l'intéresse, lui, c'est de placer un ami ou quelqu'un dont le visage a retenu son attention devant un fond neutre, uni, sans reflet, sans potiche, sans colonne, ni prie-dieu ni chauffeuse pour saisir dans sa lentille l'expression fugitive, l'attitude, le geste révélateur d'un tempérament, d'un état d'âme et de fixer son image sur sa plaque au collodion. Poète et dramaturge à ses heures, brillant causeur, hôte spirituel, amateur de havanes et de beau linge,

Carjat est aussi célèbre pour ses raouts que pour ses portraits. Il convie régulièrement son monde dans des formes dont il a le secret : « Samedi prochain, MM. Carjat et Cie resteront chez eux. Une soirée intime, exempte de faste et de crinoline, réunira leurs amis dans les salons de la rue Notre-Dame-de-Lorette décorés pour la circonstance.

« On fera de la musique, on s'exercera à la danse, mais on ne se livrera point à la lecture de poèmes didactiques.

« Pendant l'intervalle des chants et des concerts, des rafraîchissements circuleront parmi les invités, des conversations animées s'établiront et des hommes en renommée d'esprit feront jaillir des étincelles, si le temps le permet.

« Cette petite fête sera éclairée par la franche gaieté des convives et absolument dépourvue de lumière électrique.

« Une mise modeste est de rigueur. L'habit noir et les chiens seront sévèrement refusés à la porte par un suisse robuste. »

Edmond de Goncourt qui fréquenta un temps avec son frère Jules les salons d'Etienne Carjat a griffonné sur son carnet : « On y retrouve tout le monde des brasseries, toutes sortes de poètes inédits, de gloires anonymes, un tas de grands hommes que j'ignore et qui me le rendent bien, des rapins chevelus, des acteurs, des chanteurs, des popularités de feuilles de chou, ce qui remue, s'encense et s'éclabousse en famille dans les petites gazettes. » Si le tendre Edmond avait poussé la chronique jusqu'à donner des noms, on y aurait à coup sûr trouvé ceux de Gustave Courbet, Alphonse Daudet, Paul Verlaine, Léon Gambetta, Jules Vallès Gustave Doré... Sans oublier ce pauvre Charles Baudelaire mort il y a trois ans, après des jours d'agonie, des mois de souffrance, de délabrement physique et moral. Souvenir douloureux à jamais présent dans la mémoire d'Etienne Carjat qui sut si bien mettre à nu sur ses plaques sensibles le cœur torturé du poète, faire rendre à ses révélateurs — avec quelle intensité ! tout le spleen de l'auteur du *Vin de l'assassin.*

Les quarante convives achèvent de prendre à la petite cuillère ce qu'il reste de Bastille en nougatine dans leur assiette. Etienne Carjat les a réunis ce soir à sa table pour fêter le millionième exemplaire vendu du journal *La Marseillaise,* dernier-né de la presse d'opposition. Lancé en décembre par Henri de Rochefort, député de Belleville, et ses amis républicains « irréductibles », *La Marseillaise* connaît depuis les tout premiers numéros un succès fulgurant qui commence à donner bien du souci à Son Excellence Emile Ollivier. Ce succès, *La Marseillaise* le doit à la véhémence de ses positions ouvertement révolutionnaires, mais peut-être davantage encore au talent corrosif de Rochefort, son inspirateur et des collaborateurs dont il a su s'entourer : Gustave Flourens Ernest Lavigne, Lissagaray, Jules Vallès, Ulrich de Fonvielle, Jules Claretie, Paul Lafargue, Jenny Marx... Toute la rédaction du journal est là ce soir, autour de la grande table, aux côtés des amis personnels de Carjat et de Rochefort qui soutiennent *La Marseillaise* et partagent ses positions avec ardeur. On reconnaît parmi eux bon nombre de têtes connues du monde des arts, des lettres et de la politique : Gustave Courbet, Gustave Doré, Victor Shoelcher, Léon Gambetta...

Un bruit cristallin de verres qu'on frappe en cadence du dos de la cuillère fait baisser peu à peu le vacarme des conversations. Quelqu'un va parler. Les regards se portent vers le centre de la table. Rochefort s'est levé. Etonnante silhouette de ce personnage longiligne au faciès blême, anguleux : cheveux montés en flamme au sommet d'un front immense, pommettes saillantes, fine moustache, petite barbiche, œil gris et acéré de rapace. Rochefort est impassible, mais d'une impassibilité qui capte toute l'attention à cause de ce qu'elle dégage d'intensité diabolique. Le brouhaha est tombé. Un silence religieux règne maintenant dans le petit salon-théâtre. Toute l'assistance est suspendue aux lèvres de l'orateur qui instinctivement rentre ses joues comme pour mieux aiguiser sa pensée.

— Citoyens ! Mes amis ! S'il y a une forme de gouvernement que Montesquieu n'avait pas prévue dans son inventaire des systèmes politiques, c'est bien celle qui sévit en France, aujourd'hui ! Je veux parler de la Jockocratie. Je dis bien la Jo-cko-cratie ! Du nom de Jocko, Jocko ! ce macaque en pantalon qui habite le palais des Tuileries. Jocko !

Les mots jaillissent de la bouche de Rochefort comme des gerbes d'étincelles, irradient le visage des convives.

— Jocko ! voilà où nous en sommes après dix-huit ans d'un pouvoir odieusement personnel fondé sur la terreur, la proscription, l'étouffement des libertés, le mensonge officiel : au règne de la singerie ! Singerie d'un Empereur à bout de souffle qui croit se composer, avec de la poudre de riz, une figure de prince libéral ! Comme si un seul d'entre nous pouvait oublier les cent cinquante mille citoyens transportés dans les bagnes de Cayenne, de Nouvelle-Calédonie, de Lambessa ! Cent cinquante mille citoyens condamnés aux travaux forcés, à la torture, aux fièvres, à la mort sans phrase dans les mines de sel. Pour quel crime ? Pour avoir cru à la République que le triste sire qui nous gouverne s'était publiquement engagé à respecter le 28 juin 1848, à la tribune de l'Assemblée nationale. Singerie d'un Empereur parjure qui prétend défendre les droits des ouvriers et fait tirer sur les mineurs en grève. Onze morts cet été à la Ricamarie ! Deux femmes tuées à bout portant ! achevées à coups de baïonnette dans la bouche. Et la petite Jenny, onze ans, atrocement mutilée par les chassepots de ces braves soldats du général Cousin-Montauban. Celui-là même qui a gagné son titre de comte de Palikao pour avoir fait massacrer trente mille Chinois et dirigé le sac du palais d'été de Pékin ! Singerie d'un monarque qui avec çà se dit socialiste et ami du peuple ! Sans doute parce qu'un jour dans sa jeunesse, pour s'évader de prison, il s'est travesti en prolétaire avec les vêtements du plâtrier Badinguet qui du coup lui a collé au front pour la postérité son plus beau sobriquet : Badinguet, Empereur des Français ! Singerie d'une famille qui sous le patronyme frelaté de Bonaparte, se croit propriétaire de la volonté nationale ! D'une famille dont l'un des membres, le plus ténébreux, le plus dépravé — j'ai nommé le prince Pierre — prétend nous donner des leçons de patriotisme et vient outrager notre ami Paschal Grousset en le traitant publiquement de traître dans *L'Avenir de la Corse.*

Vives réactions dans l'assistance. On siffle. Des poings s'agitent.

— A mort les Bonaparte !

— Vive Paschal !

Paschal Grousset, assis non loin de Rochefort, se lève, désigne des mains ses voisins de table.

— Mes deux témoins sont là : Fonvielle et Victor Noir !

Victor Noir se lève à son tour, géant aux épaules carrées, visage juvénile et poupin, verbe faubourien.

— Nous la crèverons cette altesse de baudruche !

Des convives applaudissent, d'autres s'esclaffent. Rochefort toujours impassible, la pupille fulgurante, calcule son prochain effet. Des verres tintent. Des lèvres font chut ! le silence revient.

— Singerie d'un régime qui n'a cessé de nous claironner aux oreilles : « l'Empire c'est la paix » et n'en finit pas d'aventurer nos frères et nos enfants dans des expéditions funestes dont la dernière en date fut un véritable désastre. Nous savons aujourd'hui ce qu'a coûté à la France le guêpier mexicain, cette « grande pensée du siècle » chère à M. Rouher : six mille morts, 336 millions de francs et risée du monde. Vive l'Empereur !

On applaudit. Pince-sans-rire, Rochefort lève la main.

— Merci pour lui !

L'assistance s'amuse. L'orateur poursuit.

— Singerie d'un gouvernement qui a pour nouveau commis un homme dont le principal mérite aux yeux du monarque, est d'être un renégat ! Renégat de lui-même et de son propre père : Démosthène Ollivier, ardent républicain de 48, jeté en prison après le coup d'Etat et proscrit de la nation pendant huit ans ! Singerie d'un corps législatif institué pour faire les lois au nom de la volonté populaire, mais réduit au rôle servile de chambre d'enregistrement des volontés du prince. Singerie d'un suffrage prétendument universel, dénaturé par le système des candidatures officielles, vicié par la dictature de l'administration, corrompu par les malversations électorales en tous genres dont nous avons pu mesurer la scandaleuse ampleur aux dernières élections... On pourrait continuer à l'infini ce tableau grimaçant du bas-empire des Bonaparte ! Nous le connaissons trop et depuis trop longtemps ! Pourtant en ce début d'année 1870, je vois — nous voyons tous — se développer quelque chose de nouveau dans le paysage politique. Ce quelque chose, c'est notre sentiment, chaque jour plus tangible, que le carnaval va finir. L'Empire est grabataire ! Son maquillage n'arrive plus à cacher le mal qui le ronge. La gangrène l'envahit jusqu'à l'os. Ses chairs se décomposent ! Le peuple horrifié, se détourne avec des haut-le-cœur. Il voit à quel point l'homme de décembre l'a abusé. Il sait que le moment est venu de ne compter que sur ses propres forces pour se donner à lui-même la seule forme d'organisation politique et sociale qui nc le trahira pas : la République !

Un tonnerre d'applaudissements éclate autour de la table. Tous les convives se lèvent, crient d'un même souffle, leur coupe de champagne à la main :

— Vive la République !

Rochefort lève aussi son verre, fait chorus avec ses amis. Tous boivent à la santé de la République. Un homme en chapeau melon s'approche de Rochefort, lui donne un document. Rochefort y jette un coup d'œil, le pose sur la table et poursuit.

— Lorsque le 10 décembre dernier, il y a tout juste un mois, nous nous sommes réunis pour mettre en chantier notre journal, beaucoup d'entre nous, quelle que fût l'ardeur inébranlable de leurs convictions, ne pouvaient s'empêcher d'avoir au fond d'eux-mêmes quelques craintes pour l'avenir. Notre projet n'était-il pas un peu trop beau pour faire long feu ? Lancer un journal qui s'intitule *La Marseillaise* et se déclare ouvertement républicain, n'était-ce pas une provocation sans lendemain, une folie suicidaire, sous un régime qui a proscrit l'hymne de Rouget de Lisle, l'a ravalé au rang de chant séditieux qui conduit celui qui le fredonne tout droit au commissariat et sur les bancs des tribunaux comme cela s'est encore vu il y a quelques jours, à Lodève, à Montrouge et dans le Pas-de-Calais ? Des amis qui ne passent pas pour timorés nous avaient dit : — Si vous arrivez à quatre numéros, ce sera déjà un beau résultat. En effet, dès le deuxième, le ministre de l'Intérieur nous refusait l'autorisation de vente sur la voie publique et nous obligeait à payer un droit de timbre exorbitant pour nous asphyxier. Mais ce n'est pas un timbre qui peut bâillonner *La Marseillaise ! La Marseillaise* vit et prospère ! Les tirages montent tous les jours. En moins d'un mois, nous avons vendu plus d'un million d'exemplaires de notre journal !

Rochefort prend le document que lui a apporté l'homme au chapeau melon et le déroule devant l'assistance.

— Rigault vient de m'apporter de l'imprimerie la morasse de *La Marseillaise* de demain matin. Vous pourrez y lire noir sur blanc, en première colonne, une nouvelle réjouissante pour nous tous : « Par arrêté, en date du 8 janvier 1870, la vente sur la voie publique a été rendue au *Rappel,* au *Réveil* et à *La Marseillaise.* »

Un tonnerre d'applaudissements roule de nouveau dans le petit salon-théâtre. On lève son verre, on donne de la voix, on claque des mains, on tape sur la table.

— Vive *La Marseillaise !* Vive *La Marseillaise !* Vive *La Marseillaise !*

Rochefort vide sa coupe de champagne avec volupté puis élève la main pour suspendre les acclamations.

— Oui mes amis, nous venons de remporter une bataille dans la guerre d'usure que mène nuit et jour le ministère contre la presse de liberté, mais notre victoire d'aujourd'hui ne nous empêche pas de rester vigilants. Nous savons ce que valent les libéralités du pouvoir impérial. Ce ne sont jamais que des faveurs passagères, des concessions suspensives qu'un ministre insomniaque peut rayer d'un trait de plume un matin de mauvaise digestion. Quelle garantie avons-nous que nos droits seront respectés ? Quelle garantie avons-nous que nous ne serons pas une fois de plus dupes et victimes des caprices de l'arbitraire ?

— La révolution ! La République ! clament des convives.

— Oui mes amis, le moment est venu de le dire. Le succès magnifique rencontré par *La Marseillaise* qui s'affirme chaque jour de façon plus éclatante, n'est pas seulement celui d'un journal. C'est celui d'une force dont notre journal est l'expression. Force immense, populaire qui se dresse contre le gouvernement des macaques en jaquette ! Une force que le pouvoir ne peut plus attaquer de front sans risquer l'émeute et le sang. Une force qui n'a plus longtemps à attendre pour voir la maison Badinguet s'effondrer d'elle-même sous le poids de ses atrocités, de ses mensonges, de son mépris, de ses fautes. Une force prête à édifier sur les décombres de l'Empire, la jeune République fière et généreuse que nous désirons du plus profond de nous-même !

Cette fois toute l'assistance se lève, porte un toast à la République. Rochefort se tourne alors vers un côté de la table particulièrement animé.

— C'est à cette République que je pensais tout à l'heure en écoutant à la chambre notre ami le citoyen Gambetta défendre avec la formidable ardeur qui n'appartient qu'à lui, l'honneur de ces deux malheureux soldats déportés en Afrique, condamnés aux bataillons disciplinaires pour avoir commis l'inconcevable délit d'assister à une réunion politique ! J'ai encore dans l'oreille l'écho de ses phrases qui tombaient comme de la mitraille sur la tête des députés médusés et je ne suis pas près d'oublier l'ombre pathétique que j'ai vu passer sur le visage d' Emile Ollivier lorsque Gambetta lui a lancé cette apostrophe : « Vous n'êtes qu'un pont entre la République de 1848 et la République à venir, et ce pont nous le passerons ! »

De nouveau des applaudissements éclatent. Tous les regards sont maintenant braqués sur Léon Gambetta. Avec sa grosse tête carrée, son visage borgne, sa crinière de jais, sa barbe en broussaille, son bréchet en avant, ses allures débraillées, ses grands gestes, son verbe chaud, envoûtant, dévastateur, le jeune député de Marseille est devenu depuis quelque temps l'orateur patenté de l'opposition radicale au corps législatif, l'organe léonin des « irréductibles », le tribun superbe et redouté qui flagelle à vif les chairs tombantes de l'Empire et de ses thuriféraires. Après une séance épuisante à l'Assemblée où il s'est littéralement vidé de sa parole, il a tenu à venir chez son cher Carjat fêter *La Marseillaise,* malgré les réticences qu'il éprouve au fond de lui envers le personnage d'Henri de Rochefort, ci-devant marquis de Luçay, parisien jusqu'à la pointe des cheveux, plus homme d'esprit que fin politique, qui a débuté dans le journalisme comme plumitif d'une feuille légitimiste et s'est essayé au vaudeville avant de donner tête baissée dans la diatribe anti-Bonaparte. Du plat de la main ou du manche de leur couteau, les convives frappent en cadence le rebord de la table.

— Gam-bet-ta, un dis-cours ! Gam-bet-ta, un dis-cours !

Gambetta fait signe des deux mains qu'il ne veut pas parler. Les convives insistent. Ses voisins le prennent par les sentiments.

— Allez Léon !

L'enfant du bazar gênois de Cahors se laisse attendrir. Du coin de sa serviette, il éponge la sueur qui perle sur son front, et se lève en s'appuyant de tout son poids sur la table. On entend des ah ! et des chut ! Gambetta complètement aphone, se racle la gorge et s'adresse à l'assistance d'une voix sourde aux tonalités méridionales.

— Mes amis ! Ce n'est pas avec le gosier que j'ai ce soir que je pourrai prononcer le moindre discours. Je me suis épuisé tout aujourd'hui à faire rendre raison au général Lebœuf, ministre de la Guerre, des outrages que l'armée impériale ne cesse de faire subir aux enfants du peuple. Je voudrais simplement vous dire avec ce qu'il me reste de timbre tout le plaisir immense que j'éprouve à me trouver ici ce soir pour fêter avec vous l'admirable réussite de *La Marseillaise.* Je suis heureux de voir réunis autour de cette table tant de visages amis dont je lis les noms chaque jour, au bas des articles de votre journal : Rochefort, Millière, Flourens, Vallès, Lissagaray, Victor Noir... Vous tous qui défendez avec la même passion nos plus chères convictions, je vous salue. *La Marseillaise* porte haut notre drapeau ! *La Marseillaise* vaincra ! Vive *La Marseillaise !* Vive la République !

Tonnerre d'applaudissements. L'homme fort de la gauche radicale a parlé. Il a prononcé la parole incantatoire que tout le monde attend de lui, et tout le monde la reprend trois fois à pleins poumons.

— Vive la République ! Vive la République ! Vive la République ! Vive Gambetta !

Les serveurs passent et repassent le champagne. Des convives enthousiastes vont serrer vigoureusement la main de l'orateur. Peu à peu le calme revient. Un voisin de Rochefort s'est levé. La cinquantaine, front dégarni, moustache rousse à la gauloise, visage sévère, élégance stricte : Jean-Baptiste Millière, gérant de *La Marseillaise* parle d'une voix grave, sans effet oratoire.

— Citoyens, mes amis, au nom de tous ceux qui animent notre journal, je remercie le citoyen Gambetta de ses chaudes paroles qui nous vont droit au cœur. Nous formons, quant à nous, le vœu d'avoir à reproduire longtemps ses discours vibrants dans les pages de *La*

Marseillaise. Léon, nos colonnes te sont fraternellement ouvertes. Nous travaillons à la même cause. Nous préparons le même avenir à la France !... Mais je voudrais maintenant m'adresser à celui qui a eu l'idée de nous réunir ce soir, chez lui, pour fêter *La Marseillaise* et qui a préparé cette soirée avec le même talent méticuleux et discret, le même amour qu'il apporte à réaliser ses étonnants portraits photographiques. J'ai nommé Etienne Carjat. Au nom de tous, merci Etienne ! Merci de ta magnifique hospitalité qui, une fois de plus, nous a fait passer un moment inoubliable.

On applaudit Millière. On applaudit Carjat. On lève son verre à la santé du maître de maison.

— E-tienne ! E-tienne ! Un discours !

Cheveux ondulés en arrière, visage fin, barbiche, gilet de satin, monocle en sautoir, Etienne Carjat est ému. Ses invités insistent. Il finit par se lever et parle d'une voix douce presque féminine.

— Mes chers amis, c'est à moi de vous remercier du fond du cœur. Votre présence si fraternelle, si chaleureuse me flatte et m'honore. Mais je tiens à vous rappeler que je ne suis pas seul responsable de l'initiative et de la préparation de cette soirée. Nos amis Jules Vallès, Gustave Doré, Victor Noir y ont contribué autant que moi. Quant au menu périgourdin auquel nous avons joyeusement fait honneur, il a été composé par notre ami Alcide Dusolier qui est aussi fin bec qu'il est fine plume !

Tous les visages se tournent vers l'homme assis à la droite de Léon Gambetta. Un bel homme ! comme disent les dames de province à l'heure du thé en coupant leur moka à la petite fourchette, un bel homme au profil racé de setter irlandais avec son sourcil un peu tombant, sa paupière plissée, son visage long, régulier, sa barbe souple et fournie. Publiciste, critique littéraire, ce fils de bourgeois périgourdin élevé dans la tradition républicaine s'est acquis un début de notoriété parisienne en publiant un assez bon livre sur Barbey d'Aurevilly. Tenté par le roman, mais un peu mal à son aise sur le terrain de la fiction, il n'a pas encore trouvé son souffle. Ses *Propos littéraires et pittoresques de Jean de la Martrille* n'ont pas dépassé le cercle de ses intimes. A la vérité Alcide Dusolier est habité d'un démon plus puissant que celui de la littérature : le démon de la politique. Et dans ce domaine, il a trouvé son maître : Léon Gambetta, dont il est devenu compagnon fidèle et ami dévoué.

— Alcide ! Alcide ! scandent les convives qui ont un appétit de discours aussi solide que leur coup de fourchette.

Alcide ne peut pas leur refuser le plaisir de sa langue bien tournée, de sa voix bien articulée aux inflexions caressantes du sud-ouest. Une bonne occasion pour lui de s'essayer au discours politique devant un parterre d'orfèvres. Il a certes la gorge un peu serrée, mais l'épreuve le stimule.

— Mes amis, puisque Etienne Carjat vient aimablement d'évoquer le Périgord, je voudrais si vous me le permettez, dire un mot de ce pays dont je suis pétri. Non pour vous parler de truffes ou de foie gras, encore que ce soient des sujets dignes du plus haut intérêt, mais pour revenir un instant à la politique et vous faire entendre un son de cloche, qui pour n'être pas tout à fait celui qu'on entend dans les rues de Belleville, me semble appeler toute notre attention. Certes, les mouvements d'opposition à l'Empire ont pris ces temps derniers une ampleur qui a de quoi nous réjouir. Mais ces mouvements, nous le savons tous, se manifestent principalement à Paris et dans quelques grandes villes : Lyon, Marseille, Bordeaux... En revanche, dans la profondeur des campagnes le paysage est tout autre. Les populations paysannes, dans leur immense majorité, continuent de vouer à l'Empereur un culte aveugle, dont beaucoup de citadins ne peuvent se faire une idée. Un culte qui tire sa force des plus ténébreuses superstitions du monde de la terre. Autant Badinguet est abhorré à Belleville, autant « Napouléoun » comme on dit en patois, est vénéré dans les hameaux perdus de la forêt Barade ou les vallons du Nontronnais. Rappelle-toi Jules Vallès, notre tristesse, notre effroi, un soir d'élection à La Rochebeaucourt. Tous ces paysans chauffés à blanc par les agents électoraux et le vin de noah qui beuglaient à n'en plus pouvoir : Vive l'Empereur ! Que nous serait-il arrivé, je te le demande, s'ils avaient pu lire dans nos yeux la couleur de nos opinions ?

— Couic ! lance Jules Vallès de sa place en faisant le geste de se couper la gorge.

— Oui, il y a quelque chose d'effrayant dans ces scènes d'idolâtrie convulsive entretenues à longueur d'années par la sérénade des agents du pouvoir, du préfet au garde champêtre en passant par les députés, les maires, les conseillers généraux, les juges de paix. Il faut voir la population des villages les soirs de 15 août pour la fête de l'Empereur : les illuminations, les fanfares, les harangues, la liesse, les beuveries. Il faut voir ça pour comprendre que ce n'est pas demain que les paysans de chez nous brûleront leur idole Bonaparte. Et les campagnes du Périgord ne sont pas les seules à nous donner ce spectacle. Toi Claretie, tu pourrais nous en dire tout autant du Limousin, et toi Babaud-Laribière, des Charentes, et toi Lavertujon, des pays de la Garonne !

Les intéressés acquiescent d'un hochement de tête.

— La vérité, c'est qu'il y a dans les campagnes françaises des millions et des millions de paysans pour la plupart illettrés, misérables, qui croient encore dur comme fer à la providence impériale dont on leur a tellement rabâché les bienfaits. Des millions et des millions d'hommes à qui la République fait peur. Plus peur encore que le retour des anciens droits féodaux dont l'étrange rumeur circule périodiquement sur les champs de foire. Contre cette République qui vient des villes j'en connais beaucoup, tout autour de chez moi, qui sont prêts à lever les fourches et à sortir le vieux fusil à pierre. Si un métayer du Périgord s'était trouvé assis ce soir à cette table, je peux vous assurer que ce qui s'est dit sur la personne de l'Empereur et sur le régime l'aurait littéralement épouvanté — à condition bien sûr qu'il comprît le français. Je ne dis pas cela pour diminuer notre enthousiasme, mais simplement pour lui donner cette nuance de réalisme cher à notre ami Gustave Courbet.

Débordant sa chaise de toute sa rondeur massive, Gustave Courbet la pipe à la main, répond à Alcide d'un sourire jovial. Alcide boit une gorgée de champagne et remet la vapeur.

— Le peuple des faubourgs de Paris qui fait les révolutions peut certes proclamer la République et nous porter au pouvoir. Mais la République digne de ce nom ne s'implantera définitivement en France que le jour où elle aura l'adhésion du peuple des campagnes qui, jusqu'à nouvel ordre, reste le plus solide soutien du régime impérial. Pour faire aimer la République aux paysans, il faudra du temps, beaucoup de temps et de patience. Le progrès des idées dans le fond des campagnes ne va pas à la vitesse du télégraphe électrique. Surtout si l'on songe que dans certaines de nos régions rurales les neuf dixièmes des hommes et des femmes ne savent ni lire ni écrire et ne comprennent pas ou à peine le français ! Je sais que les rédacteurs de *La Marseillaise* sont conscients de cette importante question. J'ai lu avec plaisir dans le numéro d'hier l'article de Deleure : *Politique d'un paysan du Cher.* Mais je crois qu'il est urgent au plus haut point de nous atteler à la tâche énorme de faire comprendre à nos frères des campagnes que la République n'est pas le Diable, mais le seul système d'organisation politique capable de garantir leurs droits et de promouvoir leurs libertés. Ce n'est que lorsque nous y serons parvenus que nous aurons la certitude que cette République qui s'annonce n'aura pas manqué son entrée !

On applaudit Dusolier presque autant que Gambetta.

— Les paysans avec nous ! La République au village ! Vive l'Auvergne rouge ! Dusolier à l'Agriculture !

Tout à leurs acclamations les convives commencent seulement à s'apercevoir que l'éclairage de la pièce a diminué. Postés devant chaque lampe à pétrole, les serveurs baissent insensiblement les flammes. Le bruit des voix s'estompe en même temps que la clarté. Il ne reste bientôt d'allumés sur les candélabres à bougies disposés sur la table qui enveloppent le salon-théâtre d'une lumière ombreuse. Les derniers chuchotements s'évanouissent. On frappe les trois coups. Des chaises grincent. Des convives toussotent. Le rideau se lève. On voit naître de la nuit la silhouette d'une jeune femme coiffée d'un bonnet phrygien, vêtue d'une ample tunique de voile très léger retenue à la taille, qui laisse voir ses formes pleines et gracieuses. De la main droite elle brandit un sabre et de la gauche tient un drapeau tricolore aussi léger que son vêtement. Elle est parfaitement immobile, figée dans une attitude allégorique de marche triomphale. Statue vivante de *La Marseillaise.* Dans la coulisse, une soufflerie s'est mise en marche qui fait flotter les pans aériens de sa tunique, les longues mèches ondulées de sa chevelure fauve débordant de son bonnet phrygien et la soyeuse bannière bleu-blanc-rouge. La toile de fond s'éclaire. On voit se dessiner sur un ciel crépusculaire les ruines de la Bastille en flammes, d'où sort une troupe sombre de sans-culottes, de va-nu-pieds, de fiers-à-bras hirsutes ou coiffés de grands chapeaux, armés de piques, de fusils à baïonnettes, de faux, de hallebardes. Foule du « grand soir » électrisée par *La Marseillaise* vivante dont la nudité si finement tamisée capte toute l'attention de ces messieurs.

— Foutre, le beau modèle ! glisse Arthur Ranc à l'oreille de Jules Vallès en ajustant son pince-nez. Etienne ne doit pas s'embêter.

— C'est Gustave qui l'a déniché.

— Courbet ?

— Non, Doré. C'est lui qui a peint le panneau.

Allegro ma non tropo, les premières mesures de La Marseillaise montent de derrière le décor.

Marseillaise suave, légère, aussi légère que le flottement des étoffes, jouée au violon, chantée par un chœur de jeunes filles et comme remise en musique par Offenbach. Un frisson de plaisir passe dans l'assistance. Quelques convives se lèvent sans bruit. D'autres les imitent et bientôt tous se retrouvent debout à écouter au garde-à-vous l'hymne révolutionnaire devenu sous Badinguet, le chant de ralliement des républicains. L'orchestre invisible achève le premier couplet et après un silence amorce le refrain :

— Aux armes citoyens !...

Un nuage de confettis tombe du ciel sur la Marseillaise de chair toujours figée dans son attitude guerrière, tourbillonne sous l'effet de la soufflerie. Grand moment d'émotion pour ces messieurs ! Brusquement, un brouhaha s'élève dans le fond de la pièce. Deux personnes sont entrées précipitamment, dans l'obscurité. Des convives sursautent.

— Ça y est, v'là les cognes !

— Rochefort ! Où est Rochefort ? crie un des hommes qui vient d'entrer.

On reconnaît Habeneck, le secrétaire de rédaction de *La Marseillaise.* Ouf !

— Tu nous a foutu une sacrée trouille, farceur !

— On t'a pris pour le commissaire du quartier.

— Où est Rochefort ? insiste Habeneck.

— Là-bas, à l'avant-scène, comme toujours.

Habeneck, une lettre à la main, se fraye un passage au milieu des convives.

— Désolé de troubler l'orgie, mais il y a urgence.

Ces messieurs de *La Marseillaise* sont surpris de cette précipitation de leur secrétaire, d'ordinaire si calme.

— Rochefort ! Le secrétaire du prince Bonaparte encadré de deux domestiques trapus vient de déposer ce pli au journal avec ordre de te le remettre séance tenante.

Rochefort fronce le sourcil.

— Oh, pas d'affolement ! Un torchon des Bonaparte, ça peut toujours attendre.

— Le gaillard m'a dit que c'était de la plus haute importance.

— Ce qui est important pour un Bonaparte est insignifiant pour le peuple ! lance Gustave Flourens.

Rochefort prend le pli et s'approche de la rampe lumineuse. L'enveloppe porte bien le cachet du prince Bonaparte. Il l'ouvre d'un geste nerveux, parcourt la lettre. Des confettis tombent sur sa redingote et dans ses cheveux flamboyants. Sur scène, la Marseillaise aux belles cuisses n'a pas bougé. Elle tient toujours son sabre de bois et son drapeau de tulle en plein vent d'un air vengeur. La pauvre fille qui a subitement perdu la vedette claque des dents. Etienne Carjat, bon prince, lui jette un paletot sur les épaules.

— Va te rhabiller, ma biche !

— Eh bien mes amis, annonce Rochefort visiblement troublé, la provocation continue ! Hier c'était Grousset, aujourd'hui c'est moi.

— Un duel ?

— Oui un duel. Le bougre a des fourmis dans les doigts ! Paschal, si tu le manques, j'en fais mon affaire.

— Les Bonaparte, il vaut mieux les tuer deux fois, répond Paschal Grousset, c'est plus sûr.

— Rochefort, lis-nous un peu la prose de ce gros lard qu'on rigole, s'écrie Jules Vallès.

Du fond de la salle, le volumineux Gustave Courbet intervient de sa voix puissante.

— Dis donc Jules, insulte tant que tu veux les Bonaparte mais pas les gros lards, sinon tu auras affaire à un adversaire de poids !

— Pardon Gustave ! Je retire mon qualificatif. Mais sache qu'il ne me serait jamais venu à l'idée de te l'attribuer à toi, la plus fine brosse de ce siècle.

— Bon, bon, n'en parlons plus... Rochefort, lis-nous un peu la prose de ce sagouin de Bonaparte.

— Il n'y a pas de sagouin ici j'espère, ironise le député de Belleville.

L'assistance s'amuse. On approche une lampe. Rochefort lit, d'une voix forte, le poulet du prince Bonaparte.

— « Monsieur, après avoir outragé chacun des miens, vous m'insultez par la plume d'un de vos manœuvres. Mon tour devait arriver. Seulement, j'ai un avantage sur ceux de mon nom, c'est d'être un particulier, tout en étant Bonaparte. Je viens donc vous demander si votre encrier est garanti par votre poitrine. J'habite non dans un palais, mais 59, rue d'Auteuil. Je vous promets que si vous vous présentez, on ne vous dira pas que je suis sorti. Mes témoins sont Messieurs Paul de Cassagnac et della Rocca. Pierre Napoléon Bonaparte. »

Après une seconde de silence l'assistance réagit.

— C'est un guet-apens ! N'y va pas, Rochefort !

— Les Bonaparte sont tous des assassins !

— Je suis ton témoin Rochefort, crie un convive.

— Moi aussi !

— Moi aussi !

— Nous sommes tous tes témoins, crie Jules Vallès.

— Pas de précipitation mes amis ! Pierre Bonaparte est en train de perdre son sang-froid. Il lui faut un duel par jour, il aura ce qu'il mérite. Paschal Grousset a été provoqué, j'ai été provoqué. Nous nous battrons.

— Oui, nous nous battrons, clame Paschal Grousset. Ulrich de Fonvielle et Victor Noir sont mes témoins. Ils iront demain porter ma réponse au loustic !

— Nous le cueillerons au saut du lit, grasseye Victor Noir. Il verra de quel bois se chauffent ceux de *La Marseillaise.*

Rochefort, un peu inquiet, calme son monde :

— Méfiez-vous quand même, c'est un soudard, il a fait le coup de feu dans la Légion. Il tire sans sommation.

Paris, Auteuil, 10 janvier.

Calés l'un contre l'autre au fond d'un fiacre, sur la banquette au capiton avachi, ballottés par la trépidation des pavés, Paschal Grousset, Ulrich de Fonvielle et Victor Noir se taisent. Coiffés de hauts-de-forme, gantés beurre frais, habillés comme pour une visite de fiançailles, les trois hommes ont l'air pensif, vaguement soucieux. Un beau soleil d'hiver filtré par la vitre poussiéreuse leur chauffe les genoux. La voiture longe le quai, rive droite, en direction de Chaillot. A chaque pont ou presque, il a fallu s'arrêter à cause des embouteillages. Mais passé l'Alma, la voie s'est dégagée. Les beaux équipages en promenade ont pris le chemin de l'Etoile et du Bois de Boulogne pour aller faire florès du côté des lacs où le patinage fait fureur depuis que le thermomètre est à la glace. Le cocher des trois journalistes de *La Marseillaise* fait claquer son fouet pour rattraper le temps perdu. Ulrich de Fonvielle allume un cigarillo. Victor Noir engoncé dans son paletot tout neuf de la Belle Jardinière laisse traîner son regard chagrin sur les eaux turbulentes de la Seine qui charrient des glaçons. Paschal Grousset tire sa montre.

— Deux heures moins vingt. Presque trois quarts d'heure que nous avons quitté la rue d'Aboukir et nous ne sommes pas encore au Trocadéro.

Ses voisins hochent la tête, mais n'ouvrent pas la bouche. La voiture longe à bonne allure les hauteurs de Passy. Fonvielle cherche des yeux la maison de Balzac. Après le pont de Grenelle, le cocher oblique à droite en direction d'Auteuil. Les rues se rétrécissent, la ville prend un air de province avec ses maisons coquettes, bien entretenues, entourées de jardins aux arbres taillés, tristes en cette saison mais qui déborderont de verdure au printemps.

Paschal fait signe au cocher de ralentir l'allure.

Les trois hommes regardent vers l'extérieur.

— Le voilà ! dit Victor Noir qui ouvre aussitôt la portière et appelle un homme en pelisse qui bat la semelle près d'un marchand de marrons.

— Hé, Sauton !

Sauton arrive, monte dans la voiture en marche.

— Allez, allez ! ordonne Grousset au cocher qui fait claquer son fouet.

Quelques minutes plus tard le fiacre se gare en face du nº 59 de la rue d'Auteuil, un hôtel particulier de construction récente, d'aspect plutôt massif avec une avancée en rotonde. Les quatre journalistes descendent de voiture, défroissent leur paletot, ajustent leur haut-de-forme, échangent un mot rapide et se séparent deux par deux. Grousset et Sauton se dirigent vers un bureau de tabac, Noir et Fonvielle traversent la rue d'un pas décidé en direction de la porte d'entrée du 59. Victor, taillé en hercule, joufflu, glabre, vêtu de sombre. Ulrich, petit, mince, barbu, en pantalon clair. Un domestique s'avance.

— Messieurs, vous désirez ?

— Nous désirons voir le prince Pierre Bonaparte.

— Qui dois-je annoncer ?

Les deux visiteurs présentent leurs cartes.

— Si ces messieurs veulent bien avancer jusqu'au parloir, je m'en vais voir si le prince peut les recevoir.

En montant les marches du perron, le domestique argumente avec un assez fort accent corse.

— Le prince a dû garder la chambre aujourd'hui à cause d'une mauvaise grippe. Ce matin il a contremandé toutes ses visites...

— Il se dégonfle, glisse Victor Noir à l'oreille de son camarade.

Cinq minutes plus tard une femme de chambre entre dans le parloir.

— Si ces messieurs veulent bien me suivre jusqu'au salon.

Machinalement les deux hommes tâtent leurs poches et emboîtent le pas derrière la duègne, traversent une salle d'armes gardée par deux armures en pied, hallebarde à la main. Un véritable musée de l'armement, de la massue au chassepot, en passant par toutes les variétés de braquemarts, piques, épieux, sabres, arbalètes, mousquetons, escopettes, rifles, pistolets, revolvers... Ces messieurs montent l'escalier sous l'œil d'aigle d'un Napoléon Bonaparte en premier consul grandeur nature. Au premier, on les introduit dans un grand salon en arrondi. La pièce est encombrée de gros meubles de bois doré, genre baroque vénitien. Des pistolets à pierre sont accrochés au mur ainsi qu'un grand portrait photographique de Napoléon III. Des journaux de toutes provenances sont éparpillés sur une table. Un buste de l'impératrice trône sur la cheminée. Les visiteurs se découvrent par politesse mais gardent leur chapeau à la main. La femme de chambre les invite à s'asseoir dans deux grandes bergères recouvertes de velours grenat et referme la porte sur eux. Visiblement mal à l'aise dans ce décor et tout de même un peu inquiets sur l'issue de leur démarche, les deux journalistes se lèvent, tournent, regardent par la fenêtre, cherchent des yeux Grousset et Sauton sur le trottoir d'en face. Brutalement une porte s'ouvre. Le prince déboule dans le salon, vêtu d'une grosse veste de laine à brandebourgs et d'un pantalon d'intérieur flottant. Il a le visage gras, congestionné, la barbe large, les cheveux plaqués en accroche-coeur sur la tempe, le ventre rond. Il attaque à brûle-pourpoint d'une voix enrouée, sifflante, désagréable.

— Vous venez de la part de Rochefort, je présume.

— Monsieur, nous venons, Victor Noir et moi-même, de la part de Paschal Grousset pour remplir une mission que cette lettre vous expliquera.

— Vous n'êtes donc pas les manœuvres de M. de Rochefort ?

— Monsieur, nous venons pour une autre affaire qui fait suite aux propos que vous avez publiés dans *l'Avenir de la Corse.* L'honneur de notre ami Paschal Grousset est en jeu. Veuillez, je vous prie, prendre connaissance de cette lettre.

D'un geste brusque le prince prend la lettre, s'approche de la fenêtre, la parcourt et la froisse dans ses gros doigts.

— J'ai provoqué M. de Rochefort parce qu'il est le porte-drapeau de la crapule. Quant à M. Grousset, je n'ai rien à lui répondre. Est-ce que vous êtes solidaires de ces charognes ?

— Monsieur, nous venons chez vous loyalement remplir le mandat que nous a confié notre ami.

— Etes-vous solidaires de ces misérables, oui ou non ? répète le prince d'un ton rogue.

Victor Noir irrité, s'avance en allongeant le bras vers le prince.

— Nous sommes solidaires de nos amis, Monsieur !

Se sentant menacé Pierre Bonaparte gifle Victor Noir de la main gauche, et de la droite sort de sa poche un revolver à dix coups. Une détonation claque. Victor touché à bout portant, étouffe un cri, bondit en arrière, s'engouffre dans la porte qui ouvre sur le corridor. Le prince continue à tirer. Il vise Ulrich de Fonvielle qui se protège derrière une bergère et sort de la poche de son paletot un petit revolver fermé dans un étui. Voyant son adversaire armé, le prince se recule, barre la porte d'entrée, continue à tirer. Fonvielle saute en arrière, enfonce une porte, arrive dans un billard, se rue sur le palier en hurlant :

— A l'assassin !

La dernière balle du prince a troué son paletot.

Ulrich court vers l'escalier.

— A l'assassin !

Sur chaque marche des gouttes de sang marquent le passage de Victor Noir. Les mêmes traces se poursuivent en zigzag sur le parquet de la salle d'armes et le dallage de l'entrée.

— A l'assassin !

La voix de Fonvielle résonne dans le hall désert.

— Victor !

Victor n'est plus qu'une masse effondrée qui vomit son sang à même le caniveau.

Une femme pousse un cri de l'autre côté de la rue. Le cocher du fiacre accourt. Ulrich se précipite sur le corps de son camarade. Les deux hommes arrivent à peine à remuer ce colosse trop lourd pour eux deux. Ils parviennent quand même à le mettre sur le dos. Victor râle. La balle est entrée droit au cœur. Le plastron et les habits neufs de la Belle Jardinière du plus jeune rédacteur de *La Marseillaise* sont maculés de sang. Grousset et Sauton arrivent affolés.

— Nom de Dieu ! Qu'est-ce qui s'est passé ?

— Cette crapule lui a tiré dessus à bout portant.

A quatre ils parviennent à redresser le buste de Victor. On dirait que son regard a bougé.

— Victor ! Victor !

Ulrich lui prend les joues, les tapote, implorant de toutes ses forces un signe de vie sur le visage exsangue de son camarade.

— Il a remué les lèvres, murmure Sauton.

Effectivement dans un ultime sursaut, Victor semble vouloir articuler une parole.

— Vvfff... lar... Ré...

Mais ses yeux chavirent, sa tête se renverse. Ulrich lui ferme les paupières et s'adresse à ses amis d'une voix étranglée.

— Le malheureux, il a voulu crier une dernière fois : Vive la République !

Neuilly, 12 janvier.

— Bonaparte assassin ! Bonaparte assassin !

Sous la pluie battante, deux cent mille Parisiens de la ville et des faubourgs sont descendus dans la rue pour célébrer l'enfant du peuple assassiné par le cousin de l'Empereur, et le porter en terre. Massée autour de la maison du passage Massena où Ivan Salmon dit Victor Noir vivait dans un logement modeste avec son frère et sa belle-sœur, la foule trempée jusqu'à l'os, les pieds dans la boue glacée, scande son émotion, hurle sa colère. Une femme montée sur une carriole à charbon crie, la main tendue en direction du premier étage :

— Donnez-nous le cadavre ! Il appartient au peuple. Nous l'emmènerons au Père-Lachaise en passant par les Tuileries.

— Au Père-Lachaise ! au Père-Lachaise ! reprend la foule.

Et elle répète inlassablement ses clameurs.

— Bonaparte assassin ! Dix-huit ans ça suffit ! La Sociale au pouvoir !

Dans l'intervalle des forains font l'article.

— Demandez des beignets !

— Chauds les marrons !

Des femmes vendent des bouquets d'immortelles jaunes. Des crieurs de journaux proposent l'*Eclipse* représentant sur toute la première page le portrait de Victor Noir sur son lit de mort, dessiné par Gill.

— Le cadavre à deux sous ! Demandez !

Un débitant de vin met une barrique en perce à l'entrée de son échoppe.

— Un verre à l'œil à qui criera : « A bas l'Empire ! Vive la République ! »

Le gros rouge redonne du gosier aux brailleurs. On trinque à l'insurrection. Des membres de l'Internationale en foulards rouges distribuent des professions de foi.

— Prolétaires de tous les pays, unissez-vous !...

Un orateur de rue à longue barbe grise et chemise noire de carbonaro rêve tout haut d'un nouveau 48.

— Citoyens ! l'heure de la révolution a sonné. Tous derrière Blanqui ! Marchons sur l'Hôtel de Ville. Proclamons la Commune insurrectionnelle de Paris ! Délivrons le pays des ennemis du peuple et des buveurs de sang ! Dressons des barricades !...

Mais la foule s'impatiente. Elle veut « son » cadavre. La levée du corps était prévue pour midi. Elle a été reportée à deux heures. On dit que la famille s'oppose à ce qu'on transporte le défunt au Père-Lachaise. Qu'elle veut l'enterrer au cimetière de Neuilly où elle a son caveau... Il pleut toujours. On patauge. Un vendeur de journaux passe, chemise de lin, casquette.

— Demandez *La Marseillaise !* Le numéro saisi par la préfecture. L'appel de Rochefort, le portrait du mort !

On se presse autour de lui. *La Marseillaise* bordée de noir circule de main en main. Elle porte comme l'*Eclipse* le portrait mortuaire de Victor Noir, chemise tachée de sang, ouverte sur sa poitrine trouée. Au-dessus du dessin : le texte en gros caractères de l'article de Rochefort. Celui qui a entraîné la saisie immédiate du numéro. Tout le monde veut avoir lu de ses yeux ce morceau de bravoure, même ceux qui ne savent pas lire.

ASSASSINAT du citoyen Victor Noir par le prince Pierre-Napoléon Bonaparte.

J'ai eu la faiblesse de croire qu'un Bonaparte pouvait être autre chose qu'un assassin !

J'ai osé m'imaginer qu'un duel loyal était possible dans cette famille où le meurtre et le guet-apens sont de tradition et d'usage.

Notre collaborateur Paschal Grousset a partagé mon erreur, et aujourd'hui, nous pleurons notre pauvre et cher ami Victor Noir, assassiné par un bandit : Pierre-Napoléon Bonaparte.

Voilà dix-huit ans que la France est entre les mains ensanglantées de ces coupe-jarrets qui, non contents de mitrailler les républicains dans les rues, les attirent dans des pièges immondes pour les égorger à domicile.

Peuple français, est-ce que décidément tu ne trouves pas qu'en voilà assez ?

A défaut du « peuple français » enfoncé pour le plus grand nombre dans la nuit des campagnes et la dévotion impériale, le peuple de Paris, le petit peuple des grands soirs, si longtemps comprimé par le pouvoir impérial, bridé par les préfets à poigne, épié par les mouchards, sabré par les « sergeots » a répondu en masse à cet appel aux armes délicatement ganté de la forme interro-négative. La foule, une foule énorme, submerge ce quartier du marché de Neuilly d'habitude si paisible, se presse autour de la maison du mort. Une foule comme on n'en a pas vue depuis les journées sanglantes de 48 : des ouvriers, des employés, des artisans, des boutiquiers, des vagabonds, des sans travail, des gavroches. Des petites gens mais aussi des bourgeois radicaux, des étudiants, des artistes, des penseurs et des femmes, beaucoup de femmes, « grand signe, comme dit Jules Vallès. Quand les femmes s'en mêlent, quittent le fourneau et brandissent le torchon noir, c'est que le soleil se lèvera sur la ville en révolte. » Rien de tel que le cadavre d'un enfant du peuple assassiné par un « gros » pour électriser le peuple, mobiliser ses énergies, cristalliser ses pulsions. Rien de tel que le corps froidi d'un martyr pour chauffer la foule et la dresser comme un seul homme contre le pouvoir en place. *Est-ce que décidément tu ne trouves pas ?...* Un éclair d'espoir a jailli dans le ciel des existences obscures. Espoir d'ébranler un bon coup le régime exécré, et qui sait ? peut-être de l'abattre en un soir. La populace a pris au mot Henri Rochefort, ce fils de marquis qui a jeté sa particule aux orties, pour devenir « le porte-drapeau de la crapule » ! Il lui faut sa journée. Et sa journée passe par le Père-Lachaise, les Tuileries, le Palais Bourbon, l'Hôtel de Ville. Les souvenirs fulgurants de 48, les grands espoirs confisqués par l'Empire ressurgissent intacts de la mémoire populaire. Il y a vingt-deux ans quand tout avait commencé, il y avait aussi un cadavre dans l'air, celui de la duchesse de Praslin criblée de trente coups de couteau, assassinée par son mari, un pair de France, cousin du roi. Il y avait aussi l'image d'un despote au pouvoir depuis dix-huit ans, l'image d'un pays livré au bon plaisir d'une caste « aux mains avides et corrompues »...

— Mais cette fois, disent les plus enragés, on ira jusqu'au bout. On a la force du nombre et la leçon de l'Histoire. On ne se laissera pas damer le pion par un autre Badinguet. Pillons les casernes, rallions les recrues, retournons les chassepots contre la garde impériale, brûlons les Tuileries, brisons les aigles, proclamons la République du peuple et tenons-la envers et contre tout, quitte à nous faire passer sur le corps par un escadron de chasseurs !

Henri de Rochefort quant à lui, à l'heure qu'il est, se trouve dans la maison du mort en proie aux vertiges d'une situation dont il est le démiurge mais qui commence à le déborder joliment. Le soir du crime tout le monde était d'accord, lui le premier, pour faire à Victor Noir des funérailles monstres et conduire sa dépouille de Neuilly au Père-Lachaise en traversant Paris en cortège aux cris de Bonaparte assassin ! Cette vision, il l'avait dans la tête en rédigeant son appel au peuple. Mais le lendemain matin, *La Marseillaise* était saisie, l'autorisation d'inhumer Victor Noir au Père-Lachaise refusée. Les parents du mort décident que l'enterrement aura lieu à Neuilly dans le caveau de famille. Rochefort se rallie à cette décision. Mais les révolutionnaires purs et durs, Gustave Flourens en tête, ne l'entendent pas de cette oreille. Autorisation ou pas, ils veulent que l'on porte en triomphe dans Paris le corps de l'enfant du peuple assassiné et qu'on l'enterre au Père-Lachaise.

— C'est la volonté du peuple. Il est descendu en masse dans la rue pour ça. Nous n'avons pas le droit de le décevoir. La révolution est commencée. Nous devons la conduire à son terme, l'arme à la main.

Les prudents, les réalistes supplient Rochefort et Louis Noir de ne pas céder aux pressions des extrémistes. L'armée est partout. Elle a pris position cours de la Reine, au Palais de l'Industrie, au Champ de Mars, au Palais-Bourbon... Les soldats sont consignés dans les casernes, les chassepots sont chargés. Paris est un camp retranché. Des troupes arrivent de Versailles.

— Ils ont des mitrailleuses et des canons, nous n'avons que des revolvers de poche et des canifs. Au moindre incident, ce sera la tuerie. La répression sera terrible. Nous n'avons pas le droit d'envoyer le peuple à l'abattoir !

Harcelé, tiraillé entre les uns et les autres, secoué par les clameurs de la foule, épuisé, livide, Rochefort qui n'a pas mangé ni dormi depuis trois jours s'est assis un instant dans la petite pièce qui servait de bureau, d'atelier et de bibliothèque à Victor Noir. Il demande un verre d'eau.

— Prenez du rhum, lui propose un journaliste anglais.

— Non merci ! Je n'en prends jamais.

— Quand on est chef de parti et qu'on défaille un jour comme aujourd'hui, on prend du rhum !

A ce moment quelqu'un entre. Un homme roux, hirsute.

— Rochefort ! Où est Rochefort ?

— Quoi encore !

— Citoyen, on n'attend que votre signal. Que décidez-vous ? Voulez-vous marcher sur Paris, oui ou non ?

— Qui vous donne le droit de me questionner ?

— Le peuple ! Vous êtes son représentant. C'est à vous de le conduire.

— Je n'ai pas de conseil à recevoir de vous.

— Tant pis, mais songez à ce que vous faites. Vous êtes notre élu, vous devez nous guider. Vous seul avez de l'influence pour entraîner la foule. Vous ne le voulez pas. La responsabilité de la défaite retombera sur vous. Le peuple dira que vous avez trahi votre mandat.

— C'est son droit, monsieur ! Et si vous avez voté pour moi, vous devez savoir que je me suis engagé publiquement à rendre mon mandat dès que le collège de mes électeurs en manifesterait le désir.

— Je me ferai un plaisir de le leur rappeler !

Une porte s'ouvre doucement au fond de la pièce. La silhouette d'un homme de haute stature, les yeux rougis de chagrin, apparaît.

— Messieurs s'il vous plaît, un peu de respect pour le mort. Soyez aimables de parler moins fort.

Dans la pièce voisine, le corps de Victor Noir est étendu sur son lit, un lit tout simple à barreaux métalliques. Il a le buste relevé par deux gros oreillers. Narines dilatées. Bouche entrouverte, il esquisse un sourire comme s'il avait voulu emporter dans la tombe cet air de défi qu'il promenait dans la vie, aux terrasses des cafés, dans les réunions publiques, les salles de rédaction. Il porte la chemise à plastron qu'il portait chez le prince Bonaparte, ouverte sur sa blessure mortelle, son pantalon de casimir tout neuf et ses gants beurre frais. Il n'y a dans la pièce pour tout décor, qu'une bougie allumée posée sur une planche entre les barreaux d'une échelle double. Au pied du lit, une jeune fille de seize ans, prostrée sur une chaise, hagarde à faire peur, regarde fixement le cadavre en tordant nerveusement l'étoffe de sa robe. Amélie Aubenas devait épouser aujourd'hui même l'enfant du peuple assassiné. C'est pour la cérémonie que Victor s'était fait couper un costume à La Belle Jardinière... A côté de la malheureuse, un homme s'affaire en silence autour d'un gros appareil photographique posé sur un pied. Etienne Carjat est venu faire un dernier portrait du mort. La tête sous son chiffon noir, il déplace l'appareil pour trouver le bon angle. L'opération paraît compliquée. Il s'approche de Louis, le frère de Victor, lui parle à l'oreille.

— Il n'y a rien à faire, je n'ai pas assez de lumière. Il faut approcher le lit de la fenêtre.

— Je t'en prie Etienne, dépêchons-nous.

— Ce ne sera pas long, demande à deux personnes de nous aider.

Louis Noir sort, ramène Jules Vallès et Alcide Dusolier. Les quatre hommes déplacent le lit mortuaire vers le jour, sous le regard effrayé d'Amélie.

Carjat place son appareil.

— On n'y voit rien aujourd'hui. Il faut ouvrir.

Jules Vallès tourne l'espagnolette, ouvre la croisée en grand. Le mugissement océanique de la rue envahit la chambre du mort. Secoué au cœur par la tempête, Etienne Carjat oriente son objectif, fait sa mise au point, installe sa plaque. Jules Vallès et Alcide Dusolier, immobiles dans l'embrasure de la fenêtre, regardent dehors, hypnotisés par cette masse humaine, gigantesque, serrée sous la pluie torrentielle, qui clame à perdre haleine la Marseillaise. Muets, transportés, les deux hommes pleurent. Jamais depuis qu'ils luttent avec toute l'ardeur de leurs convictions républicaines contre la « dictature des Bonaparte », ils n'ont vu une foule si nombreuse exprimer avec une telle véhémence sa détermination d'en finir avec Badinguet. Jamais l'Empire ne leur a paru si près de sa fin. Il leur semble qu'en ce jour gris de janvier le rapport des forces politiques en présence dans le pays a basculé de façon irréversible dans le sens de l'Histoire, comme si la balle tirée par le prince Bonaparte était un coup que le pouvoir bonapartiste tout entier s'était porté à lui-même. Jules Vallès tourne la tête, pose ses yeux baignés de larmes sur le visage inerte de Victor Noir que Carjat vient enfin de fixer sur sa plaque au collodion.

— C'est égal, on a raté une belle occasion de lui faire les funérailles qu'il méritait. Il aurait fallu emporter son cadavre encore chaud. On l'aurait assis dans un tombereau, comme en 48 les fusillés du boulevard des Capucines et la foule aurait crié aux armes le long des rues. On l'aurait hissé à *La Marseillaise,* on l'aurait étendu sur la table de rédaction, couvert d'un linceul rouge. On aurait monté la garde toute la nuit, le peuple aurait défilé en silence autour de sa dépouille et au matin, on l'aurait transporté à bout de bras à travers Paris...

Alcide Dusolier s'approche de Jules Vallès, lui passe le bras sur les épaules d'un geste fraternel.

— Jules mon bon, la révolution ne fait que commencer. Elle ne se fera pas en un jour. Et crois-moi, il n'y a rien à regretter. L'Empire est aux abois. Il est prêt à tout pour mater l'insurrection. Un sanglier n'est jamais si dangereux que blessé à mort. La police et l'armée sont sur les dents. Elles tireront à vue. Ce sera le carnage. Il faut l'éviter à tout prix.

La foule vient de finir de chanter la Marseillaise. Il y a quelques instants de silence pesant, dramatique, puis les clameurs reprennent.

— Victor Noir au Père-Lachaise ! Victor Noir au Père-Lachaise !

Bouleversé par cette insistance du peuple à vouloir emporter le corps de son frère à Paris, Louis Noir retourne dans la pièce voisine, supplie Rochefort de s'adresser à la rue pour la dissuader de son projet et l'inviter à respecter les vœux de la famille du mort. Le député de Belleville est toujours aux prises avec des partisans forcenés du Père-Lachaise.

— Jamais nous ne retrouverons cette occasion, cette passion populaire, ces deux cent mille poitrines, ces quatre cent mille bras...

Mais cette fois, Rochefort est soutenu par Delescluze, le vieux quarante-huitard réaliste.

— Si nous étions dans Paris il n'y aurait pas à hésiter. Nous aurions les rues pour combattre. Ici hors des murailles, nous serions écrasés. Nous avons les grilles de l'octroi, les fortifications, les Champs-Elysées à passer. Une armée y échouerait.

Louis Noir entraîne Rochefort et Delescluze chez une locataire du second étage qui leur ouvre sa fenêtre. Les trois hommes passent sur le balcon. Louis Noir lève les deux mains.

— La parole est au citoyen Rochefort !

Electrisée, la foule hurle.

— Vive Rochefort ! Victor Noir au Père-Lachaise !

Dans un état second le rédacteur en chef de *La Marseillaise* s'avance jusqu'à la grille du balcon.

— Citoyens !... Citoyens, en présence d'un événement aussi grave, je comprends qu'il est difficile de garder la modération que commandent les intérêts de la belle cause qui est la nôtre. Des obstacles insurmontables nous attendent dans Paris. Le gouvernement, et je le sais de source certaine, a pris des dispositions stratégiques formidables. Il est à peu près impossible de porter le corps de Victor Noir dans Paris. L'ennemi toujours prêt à nous écraser, nous attend de pied ferme. Nous sommes en nombre pour le repousser, mais il est armé et vous citoyens, vous ne l'êtes pas... Traverser Paris serait courir à une mort certaine. Le gouvernement n'attend que ce moment pour en finir avec la République. Notre vengeance, nous l'aurons ! L'occasion, direz-vous, était aujourd'hui sans pareille, nous ne la retrouverons pas. Erreur ! Tous les jours nous en retrouverons de plus favorables que celle que vous croyez perdre aujourd'hui. A la force qui s'opposerait au passage de la liberté, nous opposerons d'abord la force du droit, de la justice, et s'il le faut ensuite, la force armée... Dix jours après sa constitution, le gouvernement glisse déjà sur la pente fatale dont il ne se relèvera pas. Sa chute est proche, inéluctable ! C'est pourquoi je vous demande calme et patience. Conduisons notre frère au cimetière de Neuilly et descendons sans trouble dans Paris. C'est la seule manifestation qu'il nous soit possible de faire aujourd'hui...

Des applaudissements montent de la rue. Mais des voix continuent à crier :

— Non ! Non ! Au Père-Lachaise !

Rochefort est essoufflé, troublé. Delescluze prend le relais. Cheveux blancs, visage sec, paroles énergiques, il harangue la foule comme aux belles heures de février.

— Citoyens ! pour la première fois depuis dix-huit ans le vent souffle dans les voiles. Ne compromettons pas notre cause, la cause de tous les peuples, la cause de la justice. Il faut se conformer aux vœux de la famille de Victor Noir. Il faut laisser le convoi se diriger vers le cimetière de Neuilly.

— Non! Non! répondent des voix dans la foule.

Louis Noir s'avance et prend la parole.

— Je vous en conjure, évitez de nouveaux malheurs. Ne donnez point à la force le droit de sévir.

Rochefort reprend vigueur.

— Nul n'a le droit de violer les droits de la famille. C'est sans bruit, pacifiquement que nous devons conduire notre mort au cimetière de Neuilly. Bientôt nous acquerrons un terrain au Père-Lachaise. Nous exhumerons notre ami et nous le conduirons à travers la ville, au champ de repos que vous aurez choisi.

La foule n'est pas convaincue. Au bas de la maison, Gustave Flourens appelle aux armes.

— Rochefort est un traître! A partir d'aujourd'hui je cesse d'appartenir à la rédaction de *La Marseillaise.* Il faut marcher sur Paris avec nos poinçons, nos couteaux de cuisine, nos revolvers de poche. Les chassepots ne pourront rien contre la volonté du peuple!...

Mais le dernier mot reste à Rochefort. Peu avant trois heures on descend la bière à bout de bras, par le petit escalier de la maison. Des amis de la famille font cercle autour du corps en tenant un cordon. Un groupe de manifestants décidés à enlever le mort bondit sur un des chevaux, le dételle, le pousse en arrière, brise le cercle, arrache le cordon. Un début de bagarre s'engage sur le cercueil de « l'enfant du peuple assassiné ». Mais les amis de la famille repoussent les assaillants. On glisse la bière dans la voiture, on réattelle le cheval. Le corbillard s'ébranle sur le sol détrempé. Après un moment d'hésitation, la foule s'écarte. Tout le monde se découvre, un cortège se forme derrière le convoi. Un cortège interminable qui grossit à chaque tour de roue. Des milliers et des milliers d'hommes, de femmes ruisselants d'eau de pluie glacée. Immédiatement derrière le corbillard, Rochefort, le visage décomposé marche d'un pas somnambulique. Ulrich de Fonvielle est à sa droite, vêtu de son paletot troué par la balle de Pierre Bonaparte. Des mains le lui déchirent au passage pour en garder un morceau, comme relique. On se bouscule autour de lui comme autour d'un martyr ressuscité. On l'écrase. Il étouffe, pâlit, chancelle. Rochefort assailli, lui aussi, s'évanouit. On le saisit sous les bras, on le transporte chez un épicier de l'avenue de Neuilly. On lui claque les joues, on le couvre d'un châle de bonne femme. Et on lui fait boire du rhum!... Il est à peine revenu à lui que ses amis lui demandent son mot d'ordre.

— Pas à Paris! Pas à Paris! répète-t-il d'une voix évanescente.

Profitant d'un moment de confusion, quelques farouches du Père-Lachaise conduits par Flourens ont bondi à l'avant du corbillard pour tenter de lui faire faire volte-face. Ils ont de nouveau dételé les chevaux. Mais la foule réagit. Des dizaines de bras saisissent le timon de la voiture et quelques minutes plus tard le corps de Victor Noir fait son entrée dans le petit cimetière de Neuilly tiré et poussé par une centaine d'ouvriers, de bourgeois, de forts en thème. Au bord de la fosse Ulrich de Fonvielle, le paletot en lambeaux, adresse d'une voix pathétique un dernier adieu à son camarade.

— Je jure sur cette tombe et devant le peuple souverain que Victor Noir a été lâchement assassiné par Pierre Bonaparte. Si nous n'obtenons rien de la justice impériale, nous aurons recours à la justice du peuple. Elle ne nous manquera pas celle-là ! Victor Noir mon ami, mon frère, toi qui as arrosé de ton sang la demeure d'un prince pour la liberté, je te vengerai ! Le peuple te vengera !...

Dix mille poitrines se soulèvent.

— Vengeance ! Vengeance ! Mort aux Bonaparte ! Vive la République !

Emergeant des redingotes et des blouses, un groupe de citoyennes conduites par Louise Michel jure de porter le deuil jusqu'à ce que « Justice soit faite ».

Autour du cimetière la foule qui n'a pas pu entrer piétine dans la boue. Les citoyens s'impatientent.

— Alors maintenant, qu'est-ce qu'on fait ?...

Certains décident de rentrer chez eux.

— Nous sommes floués, monsieur. La crève ! voilà tout ce que nous aura apporté cette journée. Je vous jure qu'ils ne m'y reprendront plus.

— Tous les mêmes, ces journalistes ! Des mots ! Des mots ! Mais quand il s'agit de passer aux actes, il n'y a plus personne !...

On entend un brouhaha du côté de l'avenue de Neuilly. Un fiacre crotté, boueux s'avance dans la cohue.

— C'est Rochefort ! Voilà Rochefort !

Le député de Belleville régénéré passe la tête par la portière et s'adresse à la foule.

— Au corps législatif ! Tous au corps législatif !... Et le fiacre fait volte-face en direction de Paris. La foule reprend le mot d'ordre.

— Au corps législatif ! Au corps législatif ! Un cortège se reforme et se met en marche derrière la voiture du député de Belleville. L'avenue de Neuilly est noire de monde, sur toute sa longueur. Une marée humaine monte vers Paris en chantant la Marseillaise et le Chant du Départ. Il a suffit d'un mot de Rochefort pour remettre l'espoir au cœur de toute une population qu'un mot de ce même Rochefort avait fait descendre dans la rue. La pluie s'est arrêtée. Lentement, l'atmosphère se dégage. Une belle clarté illumine soudain cette fin de journée. Là-bas, à l'horizon la masse sombre de l'arc de triomphe se découpe sur le ciel rougeâtre dans une trouée de nuages... Des milliers, des dizaines de milliers d'ouvriers de toutes les corporations, en blouse, en casquette portant leurs insignes, marchent au coude à coude avec des étudiants en uniforme d'école, des employés, des petits bourgeois en redingote et haut-de-forme, des femmes en fichu, des artistes en chapeau mou, des lingères, des modistes, des cousettes, des lycéens, des apprentis, des typographes... A l'avant de la colonne, une petite fille assise sur les épaules de son papa porte au bout d'un bâton un ballon rouge qu'elle agite comme un drapeau, des femmes, des enfants poussent sur des petites voitures des mutilés : bras coupés, jambes de bois, gueules cassées... On lit sur une banderole : « Honneur aux victimes du 2 décembre. » Ce sont les rescapés des massacres qui ont suivi le coup d'Etat de 1851. Derrière eux des rangées d'hommes marchent en se tenant par le bras. Les bannières se succèdent : « Transportés à Cayenne. Transportés en Nouvelle-Calédonie. Déportés à Douhera. Déportés à Lambessa »... Un homme seul tient une pancarte : « Evadé de Bicêtre ». Un autre, bandeau sur l'œil : « Fusillé à Alger le 3 juin 1852 »... Entre les chants, deux cent mille gorges répètent à l'unisson sur l'air du rappel les mots de la journée.

— Bonaparte assassin ! Vengeance ! Vengeance !

Porte Maillot, des masses sombres hérissent la place de chaque côté de l'avenue de la Grande-Armée. La « cogne » en rangs serrés attend les manifestants que rien ne semble devoir arrêter. Les invectives fusent.

— Police complice ! Les sergeots au poteau ! Mort aux vaches !...

Les visages se contractent sous les bicornes. Les mains serrent les casse-tête cachés sous les grands manteaux. Les manifestants armés caressent au fond de leurs poches, revolvers, canifs, poinçons... Un groupe d'agents charge, une bagarre éclate, des manifestants sont blessés. Mais la police vite débordée par la multitude, recule, s'écarte. Le peuple passe. La révolution attaque l'avenue de la Grande-Armée au pas cadencé.

— Aux armes citoyens ! Formez vos bataillons !...

Par les rues latérales, on aperçoit des troupes en faction. Pantalons rouges, guêtres blanches, armes aux pieds. Rochefort avait raison : l'armée est partout. Plusieurs régiments d'infanterie et de cavalerie occupent le cours de la Reine, prêts à intervenir. L'artillerie attelée est au Palais de l'Industrie. Des escadrons de chasseurs à cheval, sabres au poing, ferment le bas des Champs-Elysées. Le bruit court que c'est le maréchal Canrobert qui commande la manœuvre. La colère se déchaîne.

— Mort au boucher du boulevard Poissonnière ! crie une femme aux deux jambes coupées.

Et toute la cohorte des mutilés répète :

— Mort au boucher !

Au seul nom de Canrobert des souvenirs de cauchemar remontent à la mémoire de ceux qui ont vu et vécu les horreurs de la Sainte-Barbe. C'était le 4 décembre 1851, au début de l'après-midi. La troupe avait pris position sur les boulevards pour enfoncer les dernières barricades républicaines dressées dans le quartier : onze pièces de canons sont en batterie de la porte Saint-Denis au Gymnase. Les habitants se pressent aux balcons. La foule des promeneurs et des curieux regarde le va-et-vient des soldats dont la plupart sont en état d'ivresse avancée. Des artilleurs titubent en portant une caisse d'obus, se foutent par terre. Les passants rigolent. Soudain un coup de feu claque, du côté de la rue du Sentier, tiré en l'air par un chasseur. En quelques secondes c'est le drame.

— Feu à volonté sur les bédouins ! Tirez ! Tirez, nom de Dieu ! Tuez tout !...

La troupe charge, tire sur tout ce qui bouge dans la rue, aux fenêtres, dans les boutiques. Hommes, femmes, enfants, vieillards, infirmes s'effondrent. On entend des hurlements atroces, des bruits de vitrines qui volent en éclats. Les canons pointés dans l'axe du boulevard Poissonnière crachent sur les bédouins. Des passants ont le ventre ouvert, la tête arrachée par des obus.

— Lardez-les ! Lardez-les tous ! Comme en Kabylie ! Comme à Constantine ! hurle un officier à ses hommes qui tirent à bout portant sur des gamins acculés dans une porte cochère.

— Tirez aux femmes ! éructe un colonel.

— Rentrez dedans comme il faut ! reprend un lieutenant.

Et les hommes tirent sur les femmes avec une rage effrénée, les poursuivent dans les corridors, déchirent leurs robes à la baïonnette, leur déchargent le fusil entre les cuisses.

— Tiens, voilà pour toi mignonne !

Une femme enceinte court affolée. Des lanciers la rattrapent. Coups de crosse dans le ventre. Le bébé sort. On l'écrase à coups de talons sur le trottoir, comme un cafard.

— Un socialiste de moins !

— Comment est-ce possible ? sanglote une boulangère qui a deux fils aux armées. Ces soldats sont nos enfants ! Comment peuvent-ils...

Une balle lui fracasse la mâchoire. La malheureuse s'écroule. Les enfants s'amusent. Le massacre est un jeu de hasard. Les paris sont ouverts.

— Tiens le p'tit vieux là-bas à côté du kiosque ! Une bouteille de gnôle que tu ne le descends pas d'un coup.

Pan ! le vieil homme s'effondre.

— Alfred tu me dois une fiole, n'oublie pas !

Les sous-offs excitent leurs hommes.

— Frappez bordel ! Saignez tout ! Chapardez tout !

La boucherie dure plusieurs heures. Les semelles cloutées glissent sur le sang et la cervelle humaine. Les artilleurs avinés trébuchent sur les cadavres, se tirent dessus. Rue de la Grange-Batelière, on met les corps en tas. On dénude ceux des jeunes filles et on les expose cuisses ouvertes, fesses en l'air. La nuit tombe. Plus un bédouin ne bouge. L'ordre règne dans le Sentier. La musique militaire défile sur les pavés de l'abattoir : les guêtres blanches sont rouges, poisseuses. Demain corvée de lessive ! De la chaussée d'Antin à la Bastille, on dresse des tables à même le charnier. On grille des saucisses, on flambe des omelettes au rhum, on vide des chopines, on pompe des cigares. On chante des rengaines.

Zon, ma Lisette,
Zon, ma Lison,
Zon, ma Lisette et la Lison,
Zon ! Zon !

On va chercher des filles dans les bordels. On se les passe de main en main. On les culbute sur les tables. A la guerre comme à la guerre ! Après la victoire, l'orgie. Après le sang, le foutre.

— A toi Robert !

Pour combler mon amour
Faisons sur ma couchette
Ce que la nuit, le jour
Chacun fait en cachette
Zon ma Lisette
Zon ma Lison...

Les braves soldats ont bien mérité leur récompense. Ils ont nettoyé les boulevards de la vermine républicaine : des passants, des badauds, des habitants paisibles, des marchands de coco, des médecins, des ramoneurs, des boulangères... Ils ont noyé le « spectre rouge » dans le sang du premier venu. Rien ne s'oppose plus à l'irrésistible ascension du prince Louis-Napoléon Bonaparte. Le second Empire est fondé sur les corps éventrés qui jonchent le caniveau.

Zon, ma Lisette
Zon, ma Lison...

Ces braves soldats, c'étaient les hommes du général Canrobert. Un brave lui aussi, qui s'était fait la main en Algérie sur les « sidis » pour le compte de Louis-Philippe et la gloire du royaume. Dix-huit ans après c'est ce même Canrobert, devenu maréchal de France qui attend de pied ferme les deux cent mille « bédouins » arrivés de Neuilly en marche sur l'Etoile. Il a pris position au rond-point des Champs-Elysées avec son état-major, prêt à balayer l'avenue, comme il a balayé les boulevards en 1851. L'autorité civile est à ses côtés, représentée par le ministre de l'Intérieur. Mais ce pauvre Chevandier de Valdrôme raide sur son cheval avec son haut-de-forme, sa redingote noire, son écharpe blanche autour du ventre, son air de petit avoué de sous-préfecture, n'impressionne guère le valeureux maréchal aux moustaches cirées façon Napoléon III. Héros de l'Alma, de Solférino, de

Magenta, Canrobert entend rester maître du terrain et seul juge de la situation.

— Que comptez-vous faire maréchal, en cas d'émeute ? lui demande un colonel des Zouaves.

— Mon Dieu ! C'est bien simple. Ils ont leur cadavre, je veux le mien. Jusque-là je ne bouge pas. Mais sitôt qu'ils m'auront démoli un homme, rrran !

— Comment rrran !

— Eh bien je jetterai s'il le faut quarante mille hommes par terre, mais il me faudra cinq minutes pour calmer Paris.

Un général de brigade renchérit.

— Nous n'allons tout de même pas livrer la France à des voyous qui veulent planter le drapeau rouge sur un tonneau de merde !

L'Etoile passée, le cortège descend les Champs-Elysées en suivant toujours la voiture de Rochefort. Le flot humain déferle sur toute la largeur de l'avenue, escorté sur les trottoirs par des colonnes de sergents de ville sourds aux invectives que leur vomit la foule. La nuit tombe sur Paris. Des becs de gaz s'allument. Une formidable rumeur monte de cette masse en mouvement : le mot « assassin » chanté sur l'air du rappel avec en fond sonore le bruit régulier de milliers de chaussures qui martèlent la chaussée. Du côté du rond-point des ordres claquent. Les culasses grincent, les sabres cliquettent. Les sabots des chevaux battent le pavé. Le ministre de l'Intérieur précédé de trois tambours, s'avance sur l'avenue à la rencontre de la foule qui descend. Entre lui et le front du cortège, la chaussée est déserte sur deux cents mètres. D'instant en instant le grondement sourd se rapproche. En haut, un homme en fiacre et derrière lui la révolution en marche : 200 000 citoyens armés de canifs. En bas, un cavalier, trois tambours et derrière lui, l'armée prête à faire feu. Un signe du maréchal, et c'est la boucherie.

La révolution n'est plus qu'à cent pas de l'armée. Le ministre de l'Intérieur lève le menton. Les tambours roulent. Son Excellence M. Chevandier de Valdrôme crie à toute force de sa voix nasillarde.

— Au nom de la loi, dispersez-vous ! Première sommation !

Les quatre cent mille souliers continuent à battre la chaussée. Rochefort saute de voiture, s'avance vers le ministre de l'Intérieur entouré d'un escadron de chasseurs à cheval, l'épée au poing. Un commissaire de police se précipite.

— Halte-là !

— Je veux passer !

— Vous ne passerez pas. On va charger.

— Je suis Henri Rochefort, député au corps législatif.

— Alors c'est vous qu'on sabrera le premier.

Les tambours roulent pour la deuxième fois.

— Au nom de la loi, dispersez-vous ! Deuxième sommation !

La révolution n'est plus qu'à quarante pas. Rochefort se retourne et lui fait face. Moment d'hésitation terrible. Sous la poussée du cortège en marche, le député de Belleville recule, lève les bras. La foule gronde, se cabre comme la meute de Compiègne devant le fouet levé de Firmin. Les tambours roulent. Les chassepots pivotent, canon en joue. Deux cent mille gorges se serrent. Rochefort hurle.

— Halte ! Halte !

A vingt pas de l'armée, la révolution s'arrête net. La colonne se fissure. La masse humaine se disloque, fuit par les rues latérales. Les sergents s'écartent pour la laisser passer. La République n'est plus pour ce soir.

Nous étions deux cent mille, étouffant nos sanglots,
Prêts à mourir debout devant les chassepots...

Palais des Tuileries, une heure plus tard.

Dans une pièce éteinte de la galerie du bord de l'eau, trois silhouettes figées se profilent devant la fenêtre entrouverte. Napoléon III en uniforme de chef des armées, Eugénie en noir, Loulou en grenat écoutent la rumeur de l'émeute qui monte de la rue. L'impératrice a les lèvres pincées, le maintien raide, le regard hautain. Elle a posé son bras sur l'épaule de son fils qui retient son envie de pleurer. L'Empereur impassible, la bouche et l'œil déformés par un étrange rictus, tire sur sa cigarette.

— Si ces braves gens savaient combien il est facile d'entrer ici, nous ne coucherions pas ce soir aux Tuileries, laisse-t-il tomber d'une voix caverneuse.

L'impératrice sursaute et ferme la fenêtre d'un mouvement précipité.

— Ugénie !

— Il faut appeler immédiatement Lefuel qu'il renforce nos grilles.

— Ce n'est pas un architecte qui dissuadera le peuple d'entrer, s'il y est vraiment décidé. Les grilles n'ont jamais empêché les révolutions, au contraire.

— La liberté de la presse non plus ! Depuis le temps que les journaux nous traînent dans la boue et que nous laissons faire.

— Tu n'as qu'à pas les lire.

— Cet Ollivier est un dangereux rêveur. Jamais Rouher ne nous aurait amené une insurrection pareille.

— Ollivier est le seul trait d'union qui nous reste avec le peuple.

— Le peuple, le peuple... Une bande de pillards et d'incendiaires ! fulmine Eugénie.

— Une bande de pillards et d'assassins de qui nous tenons notre légitimité.

L'impératrice pointe le doigt vers la rue.

— Nous ne la tenons pas de ceux-là, en tout cas.

— Il n'appartient qu'à nous de les reconquérir.

— Sabre au clair ! Je compte sur Canrobert pour...

— Canrobert a reçu mes ordres. Mais c'est au pouvoir civil qu'il appartient de rétablir l'ordre et la confiance dans le pays.

— Et que comptes-tu faire avec le pouvoir civil ?

— Patience, j'ai mon idée.

Eugénie bout.

— Une bonne guerre ! Voilà ce qu'il nous faut pour sauver ce royaume en quenouille. Et une victoire éclatante. Magenta ! Solférino !...

L'Empereur coupe brutalement.

— Non, Madame ! Plus de guerre. Nous n'en avons eu que trop. L'Empire libéral doit s'imposer par la paix et la liberté. Les militaires ne savent que tirer. Ils nous font autant de mal que de bien. Nous devons autre chose aux prolétaires que des balles de chassepot.

Sur ce mot, l'Empereur tourne les talons et gagne la porte en traînant la jambe, dos voûté, cigarette au bec. Eugénie serre contre elle la tête de son fils et lui murmure :

— Le pauvre...

Ministère de la Justice, tard dans la nuit.

Debout derrière son bureau, sous un portrait monumental de l'Empereur en pied, Emile Ollivier écoute le ministre de l'Intérieur qui vient de lui rendre compte des derniers événements. Monsieur Chevandier de Valdrôme envisage les décisions à prendre. Il parle d'un ton pète-sec avec un petit cheveu sur la langue.

— Excellence, vous n'avez qu'un mot à dire et *La Marseillaise* cesse d'exister à partir d'aujourd'hui. Je préviens le préfet de police. Il envoie ses hommes rue d'Aboukir et...

— Mon cher ministre, je crois qu'il faut agir avec beaucoup de prudence dans la situation actuelle et surtout ne rien entreprendre qui puisse attiser l'agitation. Nous avons saisi le numéro d'aujourd'hui parce qu'il contenait un appel à l'émeute. Nous verrons le numéro de demain. S'il ne contient rien de tel, nous le laisserons paraître. Réprimons les actes illégaux sans porter atteinte à la liberté de presse. Pour ce qu'il en est du prince Bonaparte, puisqu'il s'est constitué prisonnier, faites savoir partout que la justice suivra son cours, avec fermeté, sans complaisance, dans les formes prévues par la constitution. Je ne regrette qu'une chose, c'est que le prévenu en tant que membre de la famille impériale ne puisse pas comparaître devant un jury ordinaire, comme un simple citoyen. La procédure de haute cour ne me semble pas judicieuse. Mais enfin, les textes sont là. Nous ne pouvons pas les changer pour la circonstance. Quant à Rochefort, je m'en charge. Je porterai l'affaire devant le corps législatif au grand jour, et là je me fais fort d'obtenir des députés l'autorisation de poursuites. Les Gambetta et les Jules Favre vont hurler, mais nous aurons pour nous une majorité écrasante, croyez-moi !

Palais-Bourbon, 17 janvier.

Après une séance houleuse, Emile Ollivier obtient par 222 voix contre 34 la levée de l'immunité parlementaire d'Henri Rochefort et l'autorisation de poursuites contre lui.

— Le pays ne veut pas de « journées », lance le chef du gouvernement, il doit donc poursuivre ceux qui le provoquent. Quant à moi je demande à Dieu, comme unique faveur, de m'accorder de quitter le pouvoir sans avoir répandu une goutte de sang.

— Il ne vous faut pour cela qu'un éclair de bon sens, cingle Gambetta.

Rochefort pour sa part, accueille la décision du corps législatif avec son humour habituel.

— Je n'aurai pas la naïveté d'empêcher le gouvernement de commettre de nouvelles fautes, car les fautes que commet l'Empire, c'est la République qui en profite !...

Place de la Roquette, 19 janvier.

Dans la nuit glacée, une rumeur sourde monte de la foule. Il y a des gens partout : sur la chaussée, aux balcons, dans les arbres, sur les toits. La lune vient de sortir de l'ombre de la terre derrière laquelle elle est restée cachée plus d'une heure. On aperçoit maintenant distinctement son contour cerné d'un halo à travers le voile peu épais des nuages. L'éclipse est passée : un autre spectacle commence, sous la lueur blanchâtre des réverbères, l'ombre portée des bois de justice s'étire à la surface du pavé gras. L'échafaud est dressé sur une estrade devant la porte de la prison, entouré d'un carré de cent vingt gardes de Paris, de trente gendarmes à cheval en bonnet à poil, rangés en demi-cercle face au public et de deux larges cordons de soldats spécialement requis pour parer aux risques d'incidents que fait peser le climat d'agitation de ces derniers jours. Rien ne bouge sur le théâtre du supplice. La plancher de la guillotine est désert. Le grand fauteuil adossé à la muraille d'où l'exécuteur a surveillé une partie de la nuit le travail des menuisiers, est vide. Un formidable bourdonnement de voix, de cris, de refrains s'élève de la foule massée sur la place. Les spectateurs s'impatientent, l'attention constamment fixée sur le vantail de la porte dont on attend de minute en minute qu'il pivote sur ses gonds pour livrer enfin à ces milliers de regards voraces, bouffis de sommeil, rouges d'absinthe, l'image nécessairement lamentable de celui dont toute la France attend le dernier cri, le « cri coupé », comme disent les chroniqueurs spécialisés : Troppmann ! le monstre de Pantin. L'homme qui depuis six mois gonfle la trésorerie des gazettes à sensation, concentre sur son nom toute la vindicte des braves gens, offrant à leurs secrets appétits de férocité un aliment rêvé qu'ils vont enfin pouvoir consommer la conscience tranquille.

L'exécution devait avoir lieu le 21 janvier. Mais l'impératrice a demandé expressément qu'on l'avançât au 19 pour prévenir « l'inconvenance » qu'il y aurait que la tête d'un odieux assassin tombât le jour anniversaire de la décapitation d'un roi de France. Le décor est planté. Les figurants sont en scène. L'accessoire est en place. L'exécuteur, M. Heindereich, dit Indric, plus connu sous le nom de Monsieur de Paris, a vérifié lanterne en main, chaque jointure, chaque boulon, chaque ressort, chaque rivet et procédé à l'essai de rigueur. Tout est prêt pour le dernier tableau. Les spectateurs les mieux placés sont là depuis la veille. Ils ont passé la nuit enroulés dans des édredons à boire de l'alcool, à jouer à la manille, à se disputer des places, à débiter des histoires salaces, à chanter en chœur « Fanchon la Catin » et « Le Curé Silbande », entrecoupant leurs ritournelles de :

— Ohé ! Troppmann, fallait pas qu'y aille !...

Quelques groupes isolés ont risqué de brèves Marseillaises, quelques « Bo-na-parte a-ssa-ssin », sur l'air des lampions, deux ou trois : Vive la République ! Mais la présence massive de la troupe n'a pas incité les manifestants à forcer la voix.

A la Roquette les bonnes places, celles où l'on peut « voir », sont comptées, et les fervents du spectacle innombrables. Des commerçants du quartier ont loué des bancs, des chaises, des tabourets de cinq à vingt francs selon l'emplacement. Des propriétaires ont cédé des bouts de balcon et des coins de fenêtre, de cent à deux cents francs. Un monsieur fort distingué qui se plaignait du prix d'un balconnet au deuxième étage d'une maison donnant droit sur la porte de la prison s'est entendu répondre vertement :

— Mais vous n'y songez pas ! Avec une exposition pareille, vous ne perdrez pas un mouvement. Pour La Pommeraye, on m'en a offert trois cents francs et pour Momble trois cent vingt !

La plupart des très bonnes places ont d'ailleurs été réservées par des personnalités : avocats, médecins, banquiers, écrivains, artistes, dont beaucoup ont lu l'enquête admirablement documentée sur le déroulement des exécutions publiques de la place de la Roquette que

Maxime Du Camp vient de faire paraître dans la *Revue des Deux Mondes* de cette quinzaine, et qui n'épargne aucun détail du scénario de mise à mort des condamnés. Maxime Du Camp lui-même est en coulisse. Invité personnel de Monsieur Claude, directeur de la prison, il a convié quelques amis dont Victorien Sardou et Ivan Tourgueniev à suivre de l'intérieur le parcours du condamné depuis sa cellule jusqu'à la lunette en passant par la salle de toilette. L'heureux auteur de *Fernande* tient le coup, mais le romancier russe commence à regretter sérieusement de s'être laissé embarquer dans cette galère. Aux périphéries de la place, c'est la grande bousculade. Hommes, femmes, enfants de toutes conditions, de toutes apparences s'écrasent pour apercevoir un haut de montant, un coin de panier, un reflet d'acier, ou faute de mieux, un bonnet à poils. Des garçons agiles se font la courte-échelle, grimpent aux arbres, s'asseyent sur les branches, se sifflent d'un marronnier à l'autre, poussent des cris d'oiseau. Tout à l'heure, un commis charcutier s'est fracassé le dos en tombant de tout son poids sur le pavé... Des marchands ambulants vendent des photographies de Troppmann et des « canards » illustrés racontant en détail « l'horrible crime ».

— Demandez le portrait du monstre !

— Le récit complet du massacre !

— Toute la vie du tueur de Pantin en images !...

Des rôtisseurs forains proposent des frites, du pied de cochon, des andouillettes, des moules, des beignets et même du pâté de tête, ce qui ne manque pas de déclencher des rires lourds, des plaisanteries huileuses. De vieux habitués de la place de la Roquette, fanatiques de l'échafaud, qui pour rien au monde ne manqueraient une exécution capitale, n'en finissent pas d'égrener leurs souvenirs. Ils ont vu en 1854 Lescure mordre jusqu'au sang la main du bourreau avant de s'allonger sur la bascule. Ils ont vu en 1857 l'abbé Verger qui avait assassiné son évêque en criant : A bas les déesses ! se débattre furieusement, se rouler sur l'estrade et hurler la tête dans la lunette : Vive Jésus-Christ ! Ils ont vu Lemaire, l'homme qui tuait pour qu'on parle de lui dans les journaux, se jeter de lui-même tête la première dans la lunette. Ils ont vu en 1864, La Pommeraye, le médecin empoisonneur, s'évanouir en voyant le couperet. Ils ont entendu en 1867, Avinain « le tueur de bouchers » crier en montant les marches : Adieu, enfants de France ! N'avouez jamais, c'est ce qui m'a perdu ! Des gens agglutinés autour de ces puits de science les écoutent d'une oreille avide, les pressent de questions, veulent des détails. Véritables encyclopédies vivantes du couperet, ces messieurs sont intarissables. Orsini, Lescure, Verger, Lemaire, La Pommeraye, Avinain, Momble... Les noms des criminels décapités depuis vingt ans sonnent dans leur bouche comme des noms de bataille dans la bouche d'un vieux soldat. Ils savent, de minute en minute ce qui se passe derrière la porte, à l'intérieur de la prison. L'œil sur leur montre, ils informent les néophytes.

— Tiens, on lui enlève la camisole.

— Ah, on lui passe les lanières aux pieds.

— C'est l'heure de la « toilette », on lui rase la nuque...

De même que les putains historiennes des *Cent vingt journées de Sodome* racontent les plus hauts exploits de la débauche universelle pour fouetter l'imagination des libertins et les mettre en belle humeur, les épiciers narrateurs de La Roquette redisent les fastes de la Veuve pour préparer l'assistance à la transe capitale. Un vieillard tiré à quatre épingles regrette tout haut le temps héroïque qu'il a connu, où les exécutions avaient lieu l'après-midi, place de Grève devant une foule immense, dans un décor magnifique, sur un échafaud très élevé d'où les condamnés pouvaient voir avant de mourir la Seine, Notre-Dame et la Conciergerie. Ses grands souvenirs à lui se nomment Castaing, Papavoine, Lacenaire, Avril...

— Ah, croyez-moi, c'était autre chose que ces condamnés expédiés à la sauvette au petit jour dans ce recoin sombre. Vous verrez que bientôt on guillotinera les criminels à huis clos dans le fond des prisons. Si vous voulez mon avis : la justice a honte d'elle-même. Et quand la justice d'un pays a honte d'elle-même, c'est que ce pays est bien malade. D'ailleurs, il n'y a qu'à voir ce qui se passe en France depuis quelque temps...

Voyant son mari aborder un terrain dangereux, une petite dame emmitouflée sous une capeline de fourrure, le prend par le bras.

— Edmond, mon ami, le boulanger de la place vient d'ouvrir. Venez donc prendre une brioche chaude.

Un grand jeune homme sans chapeau, enveloppé dans une sorte de houppelande, portant les cheveux très longs et une belle barbe, s'en prend à un narrateur et à son public béat.

— Vous n'avez pas honte de vous repaître de pareilles horreurs. La guillotine est une machine criminelle et la peine de mort une lâcheté sociale qui nous ravale tous au...

Le malheureux n'a pas le temps d'achever sa phrase qu'une dizaine de badauds subitement furieux couvrent sa voix de coups de sifflet, de hou ! hou !, de vociférations imbéciles.

— Pauvre innocent, va donc te mettre au lit, si ça ne te plaît pas d'être ici ! On t'y verra, le jour où un autre Troppmann viendra rendre visite à ta femme et à tes enfants, une hache à la main !

— Vous donnez envie de vomir !

— Oui c'est ça Nestor, va-t'en dégobiller tranquille dans ton paradis terrestre...

Ce que ces braves gens ne savent pas, c'est que Nestor habite une mansarde, rue de la Roquette et qu'il aurait bien du mal à dormir avec le chambard qui secoue le quartier depuis hier soir.

Par les rues adjacentes, piétons et voitures continuent d'affluer venant grossir encore la foule énorme qui s'entasse depuis des heures autour de la place dans un brouhaha qui va crescendo. Une foule qui sent la vinasse, le graillon, la poudre de riz. Une foule où se frottent tous les mondes : bourgeois, truands, manœuvres, fonctionnaires, dandys, soldats, domestiques, cocottes, harangères, rentiers... Tous attirés comme des mouches par une viande avancée. D'élégants noctambules en pelisse d'astrakan, écharpes de soie, viennent avec leurs compagnes en bijoux et plumes d'autruche humer la populace du fond de leurs coupés aux volets d'acajou percés d'un trèfle, histoire de finir une nuit qu'on a commencée en allant applaudir aux variétés *Les Brigands,* le dernier opéra-bouffe d'Offenbach, ou Mademoielle Déjazet dans *Les Pistolets de mon Père.* On passe à la Roquette comme on irait au Grand Guignol. Pour le frisson ! Et en attendant les trois coups, on envoie le cocher chercher des punchs chauds dans un mastroquet borgne... Feutre en avant, pantalon jaune à carreaux serré aux cuisses, des gandins de la Mouffe, des « petits crevés » qui ont fait la fermeture chez Mabille, couru la crevette dans les bals de barrière, promènent leur cambrure en se plaignant de ne rien voir si ce n'est les bicornes des sergents et les shakos des soldats.

— Remboursez ! Remboursez !

Des filles de carrefours, des pierreuses de la Bastille, des putains des boulevards sont venues profiter de l'aubaine. Les nuits d'exécution sont toujours des nuits de grosse gratte. La plupart sont saoules. Elles n'hésitent pas à racoler ouvertement le chaland, à détailler sans ambages les offres de services, à déboutonner leur corsage, à ouvrir leur jupe, comme s'il fallait à tout prix, quand la loi exhibe en grande pompe son maximum de rigueur, repousser d'un cran le minimum ordinaire de décence publique. Une grande Marseillaise de la porte Saint-Denis au visage en lame de couteau, outrageusement fardée, se vante d'une voix éraillée devant ses copines de trottoir d'avoir levé quarante-trois michés à la file dans sa nuit. Dix de mieux que pour Momble le 5 août dernier ! Il faut dire que « l'horrible exploit » du monstre de Pantin a autrement remué les imaginations que le triste forfait de son prédécesseur, et que son châtiment a drainé une masse de spectateurs affamés bien plus considérable. La grande bagasse n'en finit pas de se réjouir avec son timbre ravageur du Vallon des Auffes.

— L'odeur du sang leur serre les roubignes et les fait débourrer fissa ! Dommage que Monsieur Indric ne soit pas tous les soirs à la planche !...

Une vieille femme édentée raconte à qui veut l'entendre que Troppmann était client chez elle. Un client comme on n'en fait plus.

— La crème des hommes ! Jamais une grossièreté, jamais une menace. Un monsieur ! qui ne serait pas parti sans laisser un petit cadeau sous le traversin.

La malheureuse a les larmes aux yeux.

— C'est toujours les meilleurs qui partent !...

Le bruit court dans un groupe de permissionnaires de la caserne du

Prince Eugène que deux moukères se font « ramoner » dans le fourgon d'un teinturier en station à l'angle de la rue du Père-Lachaise. Un des soudards jure qu'il a vu le véhicule ballotter, assure qu'elles font des prix pour les militaires. Les recrues fouillent leurs poches, comptent leur monnaie. L'un d'eux tire sa montre.

— Hé les bleus ! On ne va tout de même pas manquer Troppmann pour deux négresses qui vont nous refiler la chtouille !

Sept heures moins sept. Première lueur du jour. Des ordres claquent autour de l'échafaud. La porte s'ouvre. Troppmann paraît, tenu en laisse par Monsieur de Paris, colosse en redingote et haut-de-forme. La foule rugit.

Maigre, figure en triangle, front immense avec un toupet de cheveux, bras ligotés derrière le dos, jambes entravées, l'homme a eu un mouvement de recul. Il s'est légèrement affaissé en voyant l'échafaud dressé devant lui. Vivement les aides du bourreau se sont serrés contre lui et l'aumônier de la prison s'est approché pour lui dire un mot. Hardiment, Troppmann se redresse, regarde la guillotine en face, se redresse encore, tant qu'il peut, se tourne vers l'aumônier, lui parle. Le prêtre l'embrasse sur les deux joues et lui donne à baiser un crucifix. Troppmann lève de nouveau les yeux sur le couperet, se retourne encore vers l'aumônier qui l'embrasse une dernière fois et le bénit. D'une vive poussée de l'épaule, l'exécuteur et ses aides entraînent le condamné vers les dix marches. L'homme monte péniblement, gêné par ses lanières aux chevilles. Les clameurs tombent. La foule se tait. Silence plus assourdissant que les plus assourdissantes clameurs. L'homme est debout face à la lunette ouverte sur le vide. On entend hennir des chevaux. La main soignée du bourreau s'abat sur le cou rasé de frais, pousse brutalement l'homme contre la planche à bascule qui pivote sur son axe. Mais Troppmann s'est raidi, bombe le dos, rejette la tête de côté, évite la lunette et vient buter contre le montant de la machine. Un tressaillement court dans la foule. Les aides se précipitent, empoignent le supplicié, le redressent. Troppmann se débat, attrape une main entre ses dents, mord de toute sa force. Un aide lui assène son poing sur l'oreille, rugit entre ses dents :

— Tout doux, cannibale !

Heindereich tire l'homme par la touffe de cheveux qu'on lui a laissée sur le haut du crâne, l'amène en avant et lui emboîte violemment le cou dans le bas de la lunette dont le haut s'abaisse aussitôt. Troppmann hurle. L'exécuteur tourne le bec de cane. On entend un bruit de rail. C'est fait. La tête tombe dans la sciure avec un bruit mat. Deux gros jets de sang s'écrasent sur l'acier. On tire le corps mutilé qui roule dans la panière. Un profond soupir monte de la foule qui se remet à bruire. Des mains battent, des voix crient :

— Vive Monsieur de Paris !

— Vive la justice !

— Vive l'Empereur !
— Mort aux assassins !

Dans le fond des campagnes du Périgord, on entendra bientôt :
— Té, le Troppmann est passé au coiffeur.
Et des parents diront à leurs coquins de fils :
— Si tu continues petit, tu finiras comme Troppmann.

Plein jour sur la scène du supplice. Le fourgon chargé des deux morceaux du condamné se met en route pour le « champ des navets ». Deux hommes en blouse de travail coupent le cordon des soldats, se précipitent sous l'échafaud, sortent leurs mouchoirs et les imbibent du sang de Troppmann... Dans l'arrière-cour d'un marchand d'immortelles de la rue des Rats en face du Père-Lachaise, le garçon charcutier tombé de l'arbre du haut duquel « il voyait tout », agonise dans des douleurs atroces. Personne ne s'en soucie.

De retour de la place de la Roquette, des bandes de jeunes gens excités, ivres, vont défiler sur les boulevards, chantent la Marseillaise, crient :
— Vive la République ! Vive Rochefort !
Interpellés par la police, les plus éméchés sont conduits au « violon », poursuivis pour cris séditieux, incitation à la violence sur la voie publique.

Au palais des Tuileries dans son lit à colonnes, l'Empereur n'a pas réussi à trouver le sommeil. Ses douleurs à la vessie l'ont torturé toute la nuit. De nouveau du sang et du pus.

Le Creusot, 20 janvier.

Les douze mille ouvriers mineurs des établissements Schneider & Cie sont en grève. Ils réclament la gestion de leur caisse de prévoyance totalement contrôlée jusqu'ici par la direction qui prélève chaque semaine une fraction de leur salaire. Eugène Schneider, propriétaire des usines, député de la Loire, président du corps législatif, refuse énergiquement les revendications de son personnel et fait envoyer la troupe. Trois mille soldats, chassepot à la bretelle investissent les ateliers et la mine sous le commandement du général comte de Palikao. L'Association Internationale des Travailleurs s'indigne : « Veut-on une nouvelle hécatombe de prolétaires ? L'Association proteste contre ces gens qui, non contents de détenir toutes les forces économiques, disposent de toutes les forces sociales pour le maintien de leurs iniques privilèges... »

22 janvier.

La sixième chambre correctionnelle de Paris condamne MM. Rochefort, Grousset et Deleure, gérants de *La Marseillaise,* à six mois de prison et 7 500 francs d'amende à eux trois. Emile Ollivier réclame l'exécution immédiate du jugement.

7 février.

Rochefort arrive en voiture au 51, rue de Flandre devant la salle des réunions publiques de *La Marseillaise* où il doit prononcer une conférence sur Voltaire au profit des détenus politiques. Des hommes en blouse massés devant l'entrée l'acclament, se pressent autour de lui, l'entraînent vers une cour dont les grilles se referment. Ce sont des mouchards de la préfecture déguisés en ouvriers. Quatre sergents sortent de l'ombre, saisissent au corps le directeur de *La Marseillaise.* Un commissaire de police tombe du ciel, mandat d'amener à la main.

— Monsieur Rochefort, au nom de la loi, je vous arrête...

Une demi-heure plus tard, Rochefort est écroué à Sainte-Pélagie, l'ancien couvent des filles repenties transformé en prison spéciale des détenus politiques et auteurs de délits de presse.

Dans la salle de réunion de *La Marseillaise* archicomble, les bruits du guet-apens tendu à Rochefort et de son arrestation éclair déchaînent la colère de l'assistance. Gustave Flourens qui préside la séance, assis à la tribune se dresse sur sa chaise :

— Citoyens, l'attentat est consommé ! Je déclare le gouvernement déchu et la révolution permanente.

Il tire la lame de sa canne épée et sort de sa poche intérieure un revolver.

— Armons-nous tous et marchons contre l'Empire pour défendre les lois et le suffrage universel violés en la personne d'Henri Rochefort, notre représentant.

Debout sur les bancs le public rugit.

— Armons-nous ! Vive Rochefort ! Vive la République !

Flourens, arme au poing, se tourne vers le commissaire de service chargé du maintien de l'ordre, le saisit au col.

— Je vous arrête ! Venez avec moi dire à vos agents de ne pas broncher. Un geste de trop et vous êtes mort.

Figé, blême, le commissaire essaie d'attendrir Flourens.

— Monsieur, j'ai une femme et des enfants...

— Moi aussi ! Faites ce que je vous dis et vous les reverrez. Les républicains n'assassinent pas, eux ! Avancez calmement et tout ira bien pour vous. Et maintenant, camarades ! Sortons tous en chantant la

Marseillaise. Allons avertir les groupes, alerter le peuple. Tous dans la rue ! Vive la bataille ! Vive la république universelle ! Al-lons, en-fants de la pa-tri-i-e, le jour de gloire est ar-ri-vé ! Con-tre nous de la ty-ranni-e...

Toute l'assistance entonne le chant « séditieux », emboîte le pas derrière Gustave Flourens qui pousse devant lui le commissaire, revolver dans le dos. Dehors, les sergents de ville qui allaient investir la salle, s'arrêtent net en voyant le commissaire pris en otage.

— Dites-leur de nous laisser passer, ordonne Flourens.

— Laissez passer ces messieurs !

Les policiers s'écartent, toute la troupe des amis et partisans de Rochefort s'avance sur la chaussée, entre deux haies de policiers ahuris.

— Aux ar-mes, ci-toy-ens ! For-mez vos ba-tail-lons ! Mar-chons ! Mar-chons ! Qu'un sang impur a-breuve nos sillons !...

Journalistes, ouvriers, militants prennent position par petits groupes dans le faubourg, brisent des palissades, vident des camions, retournent des voitures, renversent des omnibus, déchaussent les pavés, dressent des barricades aux cris de Vive la Révolution ! Vive la Commune de Paris !

En quelques minutes, le feu de l'insurrection qui couvait depuis l'enterrement de Victor Noir à Neuilly, s'est rallumé dans Belleville. On cherche des armes. Des rédacteurs de *La Marseillaise* en relation avec des militaires anti-bonapartistes et des réfractaires du contingent vont parlementer dans les casernes les plus proches. Pour parer au plus pressé, Flourens, paletot sur le bras, épée d'une main, revolver de l'autre, tenant toujours le commissaire Barlet à sa merci, pénètre avec quelques partisans dans le théâtre de Belleville. La petite troupe traverse la salle, saute les fauteuils, passe dans la coulisse, se faufile entre les décors, tombe enfin sur le magasin des accessoires, ressort armée de hallebardes et de fusils de scène...

La nuit s'avance. Il fait froid. Le faubourg est barricadé depuis la rue Puebla jusqu'au canal. On attend des armes, on attend des soldats en rupture de régiments. On attend le peuple. La police arrive. Sergents en rangs serrés, armés de casse-têtes. Un escadron de gardes municipaux à cheval, sabre au clair, attaque de front les barricades. Des pavés volent. Mais les émeutiers, trop peu nombreux pour résister, décrochent. Deux d'entre eux sont grièvement blessés par les forces de l'ordre. Flourens lui-même acculé contre une porte cochère manque d'être transpercé. Il abandonne la bataille et va se réfugier chez un ami.

— C'est foutu pour cette nuit !

8 février.

Sur l'impériale de l'omnibus AD, Château d'Eau-Pont de l'Alma, trois hommes frigorifiés, serrés l'un sur l'autre lisent d'un même œil *La Marseillaise* du jour. Un article incendiaire signé de tous les rédacteurs du journal dénonce l'arrestation de Rochefort.

Jamais affront plus sanglant n'est tombé sur la joue d'un peuple. Plus qu'une insulte, c'est une provocation !

Collaborateurs, amis, coreligionnaires politiques de Rochefort, nous continuerons de tenir haut et ferme le drapeau qu'il tenait avec nous. Ce drapeau c'est le drapeau de la démocratie sociale, de la revendication implacable. C'est le drapeau du peuple. Il nous conduira à la victoire, le jour où le peuple le voudra bien.

A la tribune du corps législatif, Emile Ollivier se défend de vouloir jeter de l'huile sur le feu. « Nous apportons un sentiment d'humanité dans la répression. Si nous voulions agir avec brutalité, toute cette agitation ne durerait pas cinq minutes. Si elle se prolonge, c'est que nous ne voulons pas qu'il y ait, si c'est possible, d'autre sang versé que celui des défenseurs de la loi. »

En fin d'après-midi, la police fait une descente au siège de *La Marseillaise.* Tous les rédacteurs du journal sont arrêtés. L'agitation reprend aussitôt dans la rue. On dresse de nouvelles barricades à Belleville, faubourg du Temple. Le peuple est plus nombreux qu'hier. Les forces de l'ordre aussi, et plus nerveuses. Dès huit heures et demie, les sergents chargent boulevard Montmartre et, malgré les vœux pieux du chef du gouvernement, matraquent avec violence les passants dont la plupart ne sont que des curieux. On relève sur le macadam des dizaines de blessés graves. Toute la nuit le combat fait rage autour des barricades. La dernière à résister, celle de la rue Saint-Maur, défendue par quarante ouvriers est prise et reprise trois fois. Elle tombe au petit matin.

Le 9 février, la troupe et la police tiennent la ville en main. Paris est « calme ». Les beaux quartiers respirent. Belleville étouffe sa rage. Des membres de l'Association des Travailleurs publient un manifeste : *La souveraineté populaire est foulée au pied. L'indignation est à son comble. Pour la première fois depuis dix-neuf ans, des barricades se sont élevées. Le sang des citoyens désarmés, quelquefois d'enfants inoffensifs, a coulé sous les charges de policiers féroces. La révolution morale est faite. N'obstruons pas la route par une impatience bien légitime, mais qui pourrait devenir désastreuse. Au nom de la république sociale que nous voulons tous, au nom du salut de la démocratie, nous invitons nos amis à ne pas compromettre une telle situation. Chaque heure nous donne des chances nouvelles, car chaque heure diminue les forces du despotisme et augmente les nôtres. Nous touchons au but. Ne restons pas inactifs. Entre le bonapartisme et la France, la scission est consommée. Agissons par la propagande et surtout par l'organisation. Hâtons le triomphe définitif, mais ne le compromettons pas par une action trop précipitée.*

Angoulême, 17 mars.

Emotion au chef-lieu de la Charente. Une quarantaine de pensionnaires du lycée, en révolte contre l'autorité du surveillant général, se barricadent dans les dortoirs, brisent les grilles des fenêtres, se font apporter par leurs camarades externes, du pain, du saucisson, du tabac, de l'eau-de-vie, brûlent des mannequins d'édredons aux cris de : Mort aux pions ! A bas Rassetapoil ! Vive la liberté ! Vive la République !

Un début d'incendie se déclare. Le proviseur, l'inspecteur d'académie, le maire d'Angoulême viennent sur les lieux, haranguent les potaches, les appellent au calme et à la raison. Des bordées d'injures accueillent ces messieurs et une pluie de projectiles : règles, chaussures, encriers, grammaires latines, pots de chambre, *gradus ad Parnassum...*

Les pompiers et les gendarmes cernent l'établissement. On surveille tous les abords pour empêcher le ravitaillement des insurgés. Après un jour et une nuit de résistance, les élèves affamés se rendent. On les remet à leurs familles. Angoulême respire. Rassetapoil donne sa démission, le proviseur la refuse.

Le Creusot, 22 mars.

Les ouvriers-mineurs de la Compagnie Schneider se remettent en grève. Le mouvement menace de s'étendre à tout le bassin minier. Le 4e régiment de chasseurs à pied, le 6e et le 11e de ligne en tenue de campagne investissent le terrain. Chaque soldat reçoit 29 cartouches.

Paris, 23 mars.

Jules Simon présente au corps législatif un projet de loi intitulé : *La peine de mort est abolie...*

La question est renvoyée à l'étude des bureaux.

Tours. 25 mars.

Après sept jours d'audience, la haute cour de justice rend son verdict dans l'affaire du meurtre de Victor Noir. Le prince Pierre Bonaparte est acquitté. Le frère de la victime est « condamné aux dépens envers l'Etat du procès criminel ».

Ce verdict provoque un sursaut d'indignation dans la population républicaine. Belleville est en effervescence. Les troupes sont consignées. La police cerne le quartier.

Palais des Tuileries, 1er avril.

Huit heures vingt-cinq. L'Empereur tire la dernière bouffée de sa première cigarette et dépose le mégot dans une petite coupe d'argent ciselée que lui présente Léon, son vieux valet de chambre. Un peu de cendre est tombée sur la manche de sa redingote de fine serge grise.

— Sire, laissez-moi épousseter Votre Majesté.

A petits coups délicats, Léon manie la brosse de crin à dos d'ivoire. La porte s'ouvre. L'Empereur précédé d'un huissier, avance de sa démarche nonchalante dans la galerie. On dirait qu'il se laisse glisser mollement sur le tapis épais. Un soleil vif pénètre par les grandes baies vitrées. Un soleil de printemps qui fait briller les ors, chanter les pourpres, ressortir le galbe voluptueux des nymphes de marbre rose. L'Empereur se sent gai, presque insouciant. En tout cas sûr de lui. C'est peut-être la première fois depuis de longs mois. « J'ai mon idée, avait-il répondu sèchement au soir du 12 janvier, à l'impératrice effrayée des cris de la populace qui montaient jusqu'au palais. » Cette idée ne l'a pas quitté. Les drames, les difficultés auxquels s'est heurté son nouveau gouvernement n'ont fait que la fortifier en lui. Il s'y est accroché comme à une planche de salut. Aujourd'hui, sa décision est prise. Il l'a arrêtée seul, dans l'intimité capitonnée de son appartement. Personne ne lui fera changer d'avis. C'est bien ce qui lui procure, ce matin, cette sensation de soulagement, ce sentiment que la situation s'est retournée, que tout lui redevient favorable, comme aux belles heures de l'Empire ascendant. Même ses douleurs lancinantes à la vessie qui l'ont torturé tout cet hiver semblent avoir complètement disparu. Aurait-il évacué à son insu ce maudit caillou sans avoir à passer par les effroyables sondes des Nélaton, Sée et autres Conneau.

Lentement Louis-Napoléon descend le grand escalier à colonnes, suit un long corridor et arrive devant une grande porte surmontée d'une inscription en lettres d'or : *Salle du Conseil.* L'huissier ouvre la porte. Une grande table recouverte d'un tapis vert occupe le centre de la pièce. Elle est entourée d'une douzaine de fauteuils vides, garnie d'un sous-main et d'une carafe devant chaque place. Un rai de soleil entre par la croisée entrouverte sur le jardin. On entend roucouler les pigeons, bruire un jet d'eau. Emile Ollivier, debout près de la cheminée s'avance, le visage chiffonné.

— Sire...

Napoléon III lui laisse à peine le temps de le saluer.

— Bonjour, monsieur Ollivier. Je vous ai prié de passer un peu plus tôt pour vous faire part de ce que je vais annoncer tout à l'heure au Conseil. J'ai décidé de faire appel au peuple pour ratifier le senatus-consulte instituant l'Empire libéral.

— Donc, le plébiscite...

— Oui, cher monsieur Ollivier, le plébiscite. Je sais que cette procédure n'a pas tellement votre faveur. J'ai moi-même longtemps hésité. Je mesure les risques d'une telle entreprise, mais ma décision est prise. Dans le climat d'agitation incessante que nous connaissons depuis des semaines, c'est la seule chance que nous ayons de ramener l'ordre et le bon sens dans ce pays. L'analyse des derniers rapports des préfets que m'a transmise votre collègue de l'Intérieur, me confirme que les Français dans leur immense majorité restent fermement attachés à l'Empire et à ma personne. En particulier les populations rurales. Nous aurions tort de nous laisser impressionner par la turbulence de quelques agités qui viennent brailler sous nos fenêtres. Paris ou plutôt Belleville n'est pas toute la France, Le Creusot non plus, même si ce conflit doit être traité avec sérieux et humanité. Croyez-moi, monsieur Ollivier, si nous obtenons un OUI massif de la France profonde, de la France auvergnate, bretonne, béarnaise, l'Empire libéral est définitivement fondé, la dynastie confirmée, et les révolutionnaires isolés n'auront plus qu'à rentrer chez eux, en attendant des jours meilleurs. La sagesse paysanne sauvera une fois de plus le pays de l'anarchie.

— Sire, je vous mentirais, si je vous disais que votre décision me surprend. C'est vrai que je la redoutais. Mais hier soir, quand Votre Majesté m'a fait mander pour ce matin huit heures et demie, j'ai compris que vous alliez me parler d'appel au peuple. Il m'a fallu toute la nuit pour me faire à cette idée. Mais aujourd'hui mon parti est pris. Je ferai tout ce qui est en mon pouvoir pour que ce plébiscite soit un triomphe.

Un large sourire éclaire la face de l'Empereur, fait vibrer les pointes de ses moustaches de chat.

— Je n'en attendais pas moins de vous, monsieur Ollivier. Je souhaite que le scrutin ait lieu au plus tard dans un mois. D'ici là, il va falloir mobiliser toutes les énergies dont nous disposons pour convaincre la nation de l'importance du choix que nous lui demanderons de ratifier. L'ordre contre l'anarchie, la liberté contre la révolution. J'attends du gouvernement qu'il agisse avec vigueur dans ce sens. Que chaque ministre use de son autorité pleine et entière auprès de l'administration dont il a la charge pour se ménager le concours de tous ceux qui sont en position d'éclairer l'opinion et de stimuler le zèle des populations qui nous sont favorables. Je compte aussi que vous mettiez personnellement à profit les bonnes relations que vous entretenez avec les principaux dirigeants de la presse pour donner le maximum de publicité à la grande campagne que nous allons lancer sur toute l'étendue du territoire en faveur du OUI. Nos adversaires ne négligeront rien pour répandre leur fiel dans les gazettes. Il faut leur montrer par une victoire éclatante que ce fiel n'est qu'une goutte d'eau dans l'Empire.

Ollivier pris au dépourvu devant tant de détermination acquiesce en ministre dévoué.

— Sire, Votre Majesté peut compter sur moi. Je vous promets au nom de tout le gouvernement une activité dévorante.

Le chef du gouvernement a appuyé le mot « dévorante » d'un fort retour d'accent marseillais.

Paris, 3 avril.

Séance houleuse au corps législatif. Léon Gambetta prend la parole pendant deux heures pour démontrer que l'appel au peuple est un leurre. Il développe son argumentation avec un talent et une vigueur qui forcent l'admiration de ses adversaires.

— La souveraineté populaire n'existe que là où le parlement, nommé par tous les citoyens, possède la direction et le dernier mot dans le traitement des affaires politiques. S'il existe un pouvoir qui puisse tenir le parlement en échec, la souveraineté est violée...

Et il conclut :

— Le suffrage universel c'est la souveraineté nationale perpétuellement agissante : or, il n'y a qu'une forme de gouvernement adéquate au suffrage universel. Cette forme, vous me permettrez de ne pas la taire, puisqu'elle est sur mes lèvres, parce qu'elle est dans mon cœur : c'est la forme républicaine.

— Ne vous y trompez pas, murmure un député bonapartiste à l'oreille de son voisin. Le parti républicain a trouvé mieux qu'un orateur de premier ordre. Il peut saluer en lui son homme d'Etat, son chef.

Le lendemain, la presse quasi unanime salue l'apparition dans le firmament politique d'une étoile de première grandeur.

« L'événement du jour, note *Le Figaro,* c'est la séance du corps législatif. Il y a vraiment en France un talent de plus : c'est M. Gambetta. Il a occupé la tribune pendant deux heures. Lorsqu'il est descendu, tout le monde reconnaissait en lui un légitime héritier des Mirabeau, des Royer-Collard, des Berryer. »

Paris, 23 avril.

Le cliquetis des manipulateurs morse, les vibrations des électro-aimants, le murmure des conversations, le piétinement du parquet emplissent d'une rumeur incessante la salle du télégraphe du ministère de l'Intérieur. Pièce spacieuse, éclairée de larges verrières, où s'alignent de part et d'autre d'une enfilade de piliers, des rangées de pupitres équipés d'appareils à émettre et recevoir les dépêches télégraphiques. Sur un écriteau fixé au-dessus de chaque pupitre, on lit le nom du chef-lieu de département auquel l'appareil est relié : Dijon, Bordeaux, Colmar, Châteauroux, Rennes, Marseille, Alger... D'un coup d'œil circulaire, on parcourt ainsi toute l'étendue du territoire national, colonies comprises. C'est de là que partent sous forme d'impulsions électriques les directives quotidiennes que le gouvernement adresse aux fonctionnaires locaux : préfets, procureurs, etc., chargés de faire régner l'ordre et la loi dans l'ensemble des circonscriptions administratives de l'Empire. Assis à chaque pupitre, un employé en redingote actionne son manipulateur alimenté en courant voltaïque par la « salle des piles » ou déchiffre une dépêche en provenance du département, dont le texte s'inscrit en morse sur une bande de papier que déroule son appareil récepteur. Dans les travées, entre les rangées de pupitres, des hommes en paletot, des huissiers, des employés des Postes, des commis vont et viennent, apportent des plis, en emportent, lisent des dépêches, interpellent des employés, reçoivent des instructions... Seul point d'immobilité et de silence dans cet espace bourdonnant : le buste en plâtre de Napoléon III couronné de lauriers, posé au fond de la salle sur une colonne au-dessus d'un gros poêle de faïence. La porte principale vient de s'ouvrir. Un chef de service au visage long à gros favoris en « battoirs » entre, flanqué de quatre hommes en blouse qui tiennent des papiers. D'un mouvement de manchette, il désigne les quatre coins de la salle et leur donne un ordre bref. Les commis passent dans les travées et posent sur chaque pupitre le texte d'une dépêche en soufflant à l'oreille de l'employé :

— Expédition prioritaire !

Quelques instants plus tard, tous les manipulateurs sont en marche.

Appel solennel du gouvernement à tous les fonctionnaires. Messieurs, en 1852, l'Empire a demandé à la nation la force pour assurer l'ordre. En 1870, l'ordre assuré, il lui demande la force pour fonder la liberté.

Confiant dans le droit qu'il tient de huit millions de suffrages, il ne remet pas l'empire en discussion, il ne soumet au vote que sa transformation libérale.

Voter OUI, *c'est voter pour la liberté.*

Le parti révolutionnaire qualifie d'attentat contre la souveraineté nationale l'hommage que l'Empereur rend à la souveraineté nationale en consultant le peuple, et il conseille de voter NON.

Les vrais amis de la liberté, malgré les dissentiments de détail, marcheront avec nous. S'abstenir ou voter NON *ce serait fortifier ceux qui ne combattent la transformation de l'Empire que pour détruire avec lui l'organisation politique et sociale à laquelle la France doit sa grandeur.*

Au nom de la paix publique et de la liberté, au nom de l'Empereur, nous vous demandons à vous tous, nos collaborateurs dévoués, d'unir vos efforts aux nôtres.

C'est aux citoyens que nous nous adressons. Nous vous transmettons non pas un ordre, mais un conseil patriotique. Il s'agit d'assurer à notre pays un tranquille avenir, afin que, sur le trône comme dans la plus humble demeure, le fils succède à son père.

A la vitesse de la lumière, l'impulsion gouvernementale se diffuse sur toute l'étendue du réseau télégraphique d'Etat qui relie le poste central parisien aux bureaux des dépêches de chaque préfecture. De jour en jour, d'heure en heure, depuis l'annonce officieuse du plébiscite et comme à chaque fois qu'on entre en période électorale, l'activité s'intensifie dans les bureaux et les couloirs du ministère de l'Intérieur. Toute l'administration est mise sur le pied de guerre pour imposer à l'opinion les vues du pouvoir et faire triompher l'intérêt dynastique.

A quelques pas de la salle du télégraphe, le bureau de la publicité électorale a pour mission permanente d'agir sur les citoyens par l'intermédiaire des journaux dévoués ou carrément stipendiés. Ce bureau a été réorganisé au printemps 1869 sous le précédent ministère, à la veille des élections législatives, dans le but d'accroître l'emprise de l'administration sur le corps électoral et de combattre avec des armes plus efficaces la presse d'opposition dont les feuilles se multiplient et dont l'audience se développe dangereusement dans le pays, de scrutin en scrutin. L'action du bureau s'exerce d'abord sur la presse départementale, mieux contrôlée et beaucoup plus perméable aux interventions administratives que la presse parisienne. Deux « sections spéciales » opèrent dans ce sens : la section de lecture et d'examen des journaux, la section de publicité départementale.

A la première section, un système de lecture comparatif des journaux de l'opposition et du gouvernement a été mis sur pied, qui permet à un seul et même lecteur de suivre exactement les phases de la lutte politique, département par département, et d'établir un relevé quotidien de tous les faits électoraux, professions de foi, etc., qui peuvent intéresser le bureau des élections. Un compte rendu est transmis chaque jour au cabinet du ministre. « Il donne lieu à une correspondance active et confidentielle avec les préfets quant aux rectifications ou communiqués qu'il y a lieu de faire insérer dans les journaux des départements. »

A la deuxième section, un peloton de rédacteurs prépare chaque jour « des séries de correspondances, des cadres d'articles d'inspirations diverses, de renseignements, etc., destinés aux colonnes de la presse locale ». L'insertion et le commentaire de la *Lettre à un électeur*, dans plus de quatre-vingts journaux, est réalisable en moins de trois jours. Le ministre est désormais en mesure de provoquer telle publication ou telle polémique partout où il lui convient, dans un délai très bref.

La mise en place de ces « sections spéciales » s'est accompagnée d'une intervention directe sur la presse locale. Le ministère a adopté un plan de subvention et d'assistance rédactionnelle destiné à étoffer cette presse, à s'assurer de son dévouement, à accroître la part réservée à la publicité électorale, à recruter des rédacteurs aux ordres. La situation de chaque département a fait l'objet d'un examen minutieux. On a passé au crible l'ensemble des journaux, revigoré les feuilles de choux et dépêché aux quatre coins de la France des plumitifs de Paris pour réveiller les rédactions endormies.

Le ministère de l'Intérieur s'est doté également de modes d'intervention plus subtils, plus insidieux pour contrer l'influence de l'opposition et peser sur l'opinion. En particulier par le canal des agences de presse qui alimentent les journaux en copie. Le ministère de l'Intérieur a décidé d'user pleinement de « l'espèce de monopole » acquis à la maison Havas pour la correspondance télégraphique, dont elle fait le service à des journaux de toutes les opinions et dans tous les départements. « La correspondance Havas est de tout temps en relations quotidiennes avec le ministère. Chaque fois qu'un démenti ou une rectification, ou une nouvelle utile doit être mise en circulation à bref délai, elle la condense sous la forme télégraphique et la répand dans toute la France. On s'est entendu avec elle pour que ce service atteigne un plus haut degré d'intensité, et remplace toutes les communications qu'on ne jugera pas convenable de faire directement. On peut juger de l'importance capitale de ce moyen de publicité rapide si l'on songe que M. Havas sert trois cent sept journaux. »

Quant à la presse parisienne plus coriace que la presse départementale, on a prévu pour elle au ministère un traitement particulier : « L'opposition ne recule devant aucun sacrifice pour répandre dans les cercles, dans les petits centres et surtout dans les cabarets, des feuilles démocratiques, particulièrement *Le Siècle* et *Le National* à 5 centimes. Cette propagande redouble au moment des élections... Il importe donc de rétablir l'équilibre d'influence, et tout au moins de ne pas laisser la place libre à l'action des adversaires. » Le ministère s'y est employé activement. D'abord en se servant des propres organes de l'état. Le plus répandu dans les départements est *Le Petit Journal Officiel*. C'est un puissant instrument de publicité. Il a donc été convenu « qu'une place serait réservée dans *Le Petit Officiel* à une sorte de compte-rendu des faits électoraux ».

Cela dit, on sait bien au ministère de l'Intérieur que *Le Petit*

Officiel, si fort que soit son tirage, n'est pas forcément le potage préféré du petit peuple des consommateurs de gazettes. Si l'on veut agir sur l'opinion qui se propage aux comptoirs des estaminets, dans les ateliers, sur les foires, il faut l'atteindre à travers ce qui excite l'imagination populaire, entretient ses rêves, nourrit ses passions. Cela c'est l'affaire du *Petit Journal*. Avec ses chroniques de faits divers, ses reportages, ses comptes rendus judiciaires présentés comme autant de petits romans à épisodes, ses feuilletons à faire pleurer les chaumières et marcher les soldats, *Le Petit Journal* à 5 centimes doit son succès sans précédent dans l'histoire de la presse à l'intuition de son directeur Polydore Millaud et au talent de ses rédacteurs qui excellent à faire mousser l'anecdote, à pincer l'émotion, à caresser les instincts, bref qui savent trouver le ton juste, direct, qui plaît aux cochers de fiacres, aux employés de magasins, aux cabaretiers de villages...

Le ministère de l'Intérieur, jaloux par nature de toute espèce de pouvoir qui lui échappe, ne pouvait pas ne pas chercher à manœuvrer à son profit un appareil d'opinion aussi conséquent : *Le Petit Journal*, qui tire à 250 000 exemplaires, n'est pas politique, mais il pénètre dans les classes populaires. M. Millaud, son directeur, d'accord avec le service de la presse du ministère, a commencé à publier un certain nombre de portraits personnels des ministres, des membres principaux de la majorité, etc. Ces portraits, très habilement faits, côtoient la politique sans l'aborder. Ce journal prépare en outre la publication d'un roman militaire du premier empire, conçu dans un sens opposé aux déclamations et aux romans politiques de l'opposition dirigés contre l'armée. Ce roman sera fourni par le cabinet de l'Empereur. Enfin, M. Millaud étudie les moyens de donner les lithographies des divers candidats à un prix des plus minimes, diffusées par colportage sans débours pour le ministère.

Emile Ollivier, qui a si souvent exercé son éloquence, quand il n'était encore que député du Var, à vitupérer la dictature du pouvoir impérial sur les journaux, le système des candidatures officielles, les pressions électorales en tous genres, n'a pas cru devoir, une fois promu chef du gouvernement priver monsieur Chevandier de Valdrôme de cette belle machine à influencer les honnêtes gens, si habilement perfectionnée par monsieur de Forcade La Roquette, son prédécesseur à l'Intérieur. Machine de plume, de papier et de manipulateurs morse.

Les électeurs du Var, quant à eux, comptent bien que, de là-haut, « Mimile » ne les oubliera pas. Une dépêche vient justement de tomber sur le pupitre de Draguignan de la salle du télégraphe :

Adjoint au maire de Brignoles à Son Excellence Emile Ollivier. Veuve Toulga réclame le bureau de tabac promis. S'il était possible de faire diligence avant le jour du scrutin, ce serait du meilleur effet sur un groupe d'électeurs du quartier.

Absorbé par le déchiffrement de sa dépêche, l'employé de Draguignan n'a pas remarqué l'espèce d'agitation qui se fait depuis un instant du côté de la porte principale. Son voisin le pousse du coude.

— Tiens, v'là le buraliste !

L'employé lève le nez et voit s'encadrer dans la porte Son Excellence Emile Ollivier en personne, courtaud, trapu, l'air affairé, entouré du ministre de l'Intérieur, du vicomte de Vougy, directeur du télégraphe et suivi de deux commis qui portent sous les bras des piles de papiers. Le directeur du télégraphe invite le chef du gouvernement à s'avancer vers le fond de la salle. Des employés se lèvent à son passage. Le bruit des manipulateurs baisse. Tous les regards se posent sur Emile Ollivier qui s'incline en passant, à droite et à gauche, pour saluer ces messieurs du télégraphe. Il glisse un mot qu'on n'entend pas à leur chef de service : à coup sûr un compliment sur la prodigieuse activité que déploient tous ces fonctionnaires zélés. Arrivé devant le poêle, sous le buste couronné de l'Empereur, Son Excellence se tourne vers la salle. Le silence s'installe. Seuls quelques électro-aimants continuent à vibrer. Le chef du gouvernement prend la parole.

— Monsieur le ministre, monsieur le directeur, messieurs, je m'en voudrais de vous déranger trop longtemps en pleine activité. Je sais le surcroît de travail que vous donne la préparation du plébiscite et le zèle avec lequel chacun de vous accomplit sa mission. C'est précisément la raison pour laquelle j'ai tenu à venir personnellement vous remercier, au nom de l'Empereur et du gouvernement, de votre précieux concours. J'ai apporté avec moi le texte de la proclamation solennelle que le chef de l'état a rédigée de sa main à l'adresse du pays tout entier. L'Empereur me l'a remis ce matin en exprimant le souhait que chaque électeur puisse en avoir connaissance dans le plus bref délai. La copie de ce texte va vous être distribuée. Je vous demande de l'expédier aussitôt à messieurs les préfets en leur demandant de la transmettre à leurs sous-préfets qui la transmettront eux-mêmes aux maires de toutes les communes qui se chargeront de l'adresser à la population par voie d'affiches, d'annonces publiques et de missives. J'ai fait remettre cette même copie à M. Havas pour qu'il la communique aux trois cents journaux desservis par la correspondance télégraphique. Ainsi, de proche en proche, la parole du souverain pénétrera tous les foyers de l'Empire, jusque dans les hameaux les plus reculés et les colonies les plus lointaines.

Sur un signe du ministre de l'Intérieur, les commis se sont mis à distribuer le texte de la proclamation dans les travées. Le chef du gouvernement poursuit.

— Je voudrais vous dire en terminant, combien je suis impressionné, ému même, quand je vois fonctionner cette merveille de l'industrie de notre siècle qu'est le télégraphe électrique surtout lorsqu'elle est au service de la paix publique et de la liberté. Merci messieurs d'en être les agents dévoués. Vive le télégraphe ! Vive l'Empereur !

Tous les employés de la salle se lèvent, crient comme un seul homme : Vive le télégraphe ! Vive l'Empereur ! et se rassoient.

Les manipulateurs se remettent à crépiter. Emile Ollivier, suivi du ministre de l'Intérieur, du directeur du télégraphe, du chef de service, se dirige à pas lents vers la sortie, bercé par la rumeur électrique des appareils qui semble lui procurer une jouissance certaine. Il passe devant le pupitre de Draguignan. L'employé se lève et s'incline. Le chef du gouvernement s'adresse à lui avec cette espèce de familiarité bruyante et affectée des officiels en tournée.

— Draguignan ! Voilà qui me va droit au cœur. Que dit-on chez moi aujourd'hui ?

— Excellence, une dépêche vient juste de m'arriver pour vous.

— Ah, très bien !

L'employé remet le pli au chef du gouvernement qui lui serre la main et s'éloigne avec un sourire satisfait. La veuve Toulga aura son bureau de tabac.

Quelques minutes plus tard, tous les manipulateurs sans exception sont en marche. Le texte de la proclamation de l'Empereur file sur le réseau des préfectures.

Français,

Je m'adresse à vous tous qui, dès le 10 décembre 1848, avez surmonté tous les obstacles pour me placer à votre tête, à vous qui, depuis vingt-deux ans, m'avez sans cesse grandi par vos suffrages, soutenu par votre concours, récompensé par votre affection. Donnez-moi une nouvelle preuve de confiance. En apportant au scrutin un vote affirmatif, vous conjurerez les menaces de la révolution, vous assoirez sur une base solide l'ordre et la liberté, et vous rendrez plus facile, dans l'avenir, la transmission de la couronne à mon fils.

Vous avez été presque unanimes, il y a dix-huit ans, pour me conférer les pouvoirs les plus étendus ; soyez aussi nombreux aujourd'hui pour adhérer à la transformation du régime impérial. Une grande nation ne saurait atteindre tout son développement sans s'appuyer sur des institutions qui garantissent à la fois la stabilité et le progrès.

A la demande que je vous adresse de ratifier les réformes libérales réalisées dans ces dix dernières années, répondez OUI. *Quant à moi, fidèle à mon origine, je me pénétrerai de votre pensée, je me fortifierai de votre volonté, et confiant dans la providence, je ne cesserai de travailler sans relâche, à la prospérité et à la grandeur de la France. Napoléon. Palais des Tuileries, le 23 avril 1870.*

Le coup d'envoi est donné. La campagne officielle est ouverte. Les dépêches gouvernementales tombent en cascade sur les bureaux télégraphiques de toutes les préfectures de France.

Ministère de la Justice à tous les procureurs généraux. Dites à tous les juges de paix, à tous les magistrats que je les verrai avec plaisir dans les comités plébiscitaires... Donnez-moi des renseignements exacts sur l'attitude du clergé dans votre ressort. Emile Ollivier...

Ministère de l'Intérieur à tous les préfets. Demandez aux maires de chaque canton de constituer des comités plébiscitaires cantonaux animés par les notables de chaque commune. Chevandier de Valdrôme...

Instruction publique à tous les inspecteurs d'académie. Demandez à vos instituteurs d'agir activement en faveur du plébiscite, principalement dans les communes rurales...

Tout ce que le pays compte de corps constitués, d'autorités temporelles et spirituelles, de notabilités provinciales et villageoises est requis de faire valoir, chacun dans son aire d'influence, l'ordre bonapartiste contre les « démagogues », les « exaltés », les « rouges » qui veulent « semer la confusion dans les esprits et livrer la France à l'anarchie ».

Mareuil-sur-Belle (Dordogne), le même jour.

Le chef-lieu de canton est en fête. Un groupe de notables a eu l'idée de faire revivre aux habitants un moment du passé féodal de leur bonne ville. Thème de la cavalcade : une visite des barons de Biron, de Beynac et de Bourdeille au baron de Mareuil. Le temps est magnifique. Les festivités commencent à la sortie de la messe. Un quincaillier déguisé en charlatan du Moyen Age s'installe au milieu de la place, propose des poudres et des remèdes magiques à base d'escargots pilés, de suie, de cervelle de loup, de sang de poulet, de fiente de souris, pour soigner la goutte, l'haleine puante, les fistules, le cocuage... Il vend ses drogues au profit de la caisse des pauvres. Les villageois, les paysans goguenards font cercle autour du camelot. Arrive un meunier habillé en troubadour qui chante au son de sa vielle le *Salut d'Amour* d'Arnaud de Mareuil.

Bel m'es quan lu vens m'alena
En abril ans qu'entre mais
Et tota la noit serena
Chanta l'rossinhols el jais...

Le baladin sillonne les rues, suivi des bonnes gens, et s'arrête devant chaque maison pour donner l'aubade...

Vers deux heures, de jeunes paysans, attifés en archers, postés sur les tours et les remparts du château annoncent l'arrivée des nobles visiteurs. Les trois cavaliers entrent dans Mareuil par la route de Saint-Pardoux. On sonne de la trompe. La grosse porte cloutée s'ouvre. Le seigneur du lieu, à cheval, sort, escorté de ses hommes d'armes, s'avance sur le pré et attend l'arrivée de ses pairs. Les trois cavaliers s'approchent au petit trot de l'entrée du château. Le baron de Mareuil leur souhaite la bienvenue et les invite à visiter le chef-lieu de son fief. Plumes au chapeau, pourpoint de velours, épée au côté, musique en tête, les quatre barons parcourent sur leur monture d'apparat, les rues de Mareuil-sur-Belle, pavoisées en leur honneur. Le bon peuple les acclame. Quatre mille personnes venues de Nontron, de Ribérac, de Brantôme et de toutes les campagnes environnantes font cortège aux seigneurs ressuscités qui marchent de front dans une attitude « digne et martiale ». Les paysans endimanchés n'en ont jamais tant vu.

— Oh di, qu'ei bé brave ! (C'est bien joli !)

De temps en temps le baron de Mareuil adresse d'un geste bienveillant un salut au public des fenêtres qui s'émerveille de voir Victor Danède remplir si fièrement son rôle. On l'applaudit avec chaleur.

Ce Victor est un ancien chasseur des armées d'Italie, rescapé de Magenta, médaillé de l'Empire. Dans la rage du combat contre les Autrichiens, il a reçu un furieux coup de lance en pleine poitrine. Avant de tomber, il a eu le temps de foudroyer son agresseur de deux coups de feu. Laissé pour mort sur le champ de bataille, Victor a réussi à se traîner jusqu'à une cour de ferme où des ambulanciers l'ont recueilli. A force d'endurance et d'amour pour l'Empire, l'enfant de Mareuil-sur-Belle a survécu. Sa blessure refermée, il est rentré au pays couvert de gloire. Hardi cavalier, soldat invincible, Victor Danède a bien mérité d'incarner un preux chevalier pour la Saint-Georges et de faire revivre le temps d'une belle journée de printemps la devise des seigneurs de Mareuil encore lisible sur le mur du château : « Ré qué Diou ». Rien que Dieu.

Leur longue parade villageoise achevée, les quatre barons rentrent au château. Dans l'enceinte fortifiée, une table de soixante couverts est dressée autour de laquelle prennent place les notables de Mareuil et leurs invités. Gens titrés pour la plupart, de vieille et moins vieille noblesse, habitant les castels des environs. Monsieur le curé bénit le pain. La conversation est de bon aloi, la gaieté franche et honnête, le vin du pays gaillardement bouqueté. On boit à la santé des barons et bien sûr, force discours fleurissent au dessert. Le baron de Vassal, un vrai, viticulteur prospère de Gouts-Rossignol célèbre « l'émouvante évocation du passé chevaleresque de cette noble contrée des vallées de la Belle et de la Nizonne, la plus riche du Périgord en gentilhommières et pieuses traditions ».

— Comme il est réconfortant quand le présent et l'avenir nous donnent tant de raisons d'inquiétude de se replonger dans l'atmosphère sereine et colorée du bon vieux temps. Surtout si l'on songe que tout le bénéfice de ces festivités ira aux plus humbles familles de ce canton...

Le comte de Valbrune, quant à lui, se félicite que la cavalcade de Mareuil due à des initiatives purement privées se soit déroulée dans l'ordre le plus parfait, en dehors de toute intervention des autorités.

— Un beau succès des principes décentralisateurs qui nous sont chers !...

Victor Danède quant à lui, raconte pour la centième fois l'histoire de son coup de lance à Magenta.

Après le banquet, retraite aux flambeaux. Et pour clore la journée : bal au son de la chabrette et de la viole d'amour, jusqu'à trois heures du matin. Cinquante centimes l'entrée au profit de la caisse des pauvres de Mareuil-sur-Belle.

Hautefaye, 27 avril.

Un coq chante. Le jour se lève, pâle lumière jaunâtre au-dessus de la masse obscure des bois. Quelques étoiles et la lune à son dernier croissant luisent encore dans le ciel voilé d'une légère brume qui monte de la terre. Une journée radieuse s'annonce. Un âne brait. Des volets grincent. Le bourg s'éveille.

Dans un réduit attenant à la porcherie des Mondout, Anna accroupie devant un grand chaudron à cuire la « bacade », active le feu à grands coups de soufflet. La lueur du foyer éclaire ses bonnes joues légèrement rosies. Elle resterait bien encore un moment à se chauffer les mains. Mais dans les étables, les porcs grognent, tapent du groin sur les portes. Lestement la nièce du Bon Dieu se relève, attrape ses seaux et monte d'un pas alerte l'étroite venelle qui donne sur la place. Le bruit de ses sabots résonne dans le village encore désert. Passé le coin de la petite halle où se vend le grain les jours de foire, Anna entend du bruit derrière elle. Quelqu'un sort de l'ombre en poussant un long hurlement de loup... C'est encore le drôle de chez Delage. Il ne manque jamais une occasion d'embêter le monde avec ses mauvais tours, principalement les filles. Tête cachée sous sa pèlerine, il vire autour d'Anna en poussant son long cri langoureux.

— Hoouh !...

Un éclair de fureur traverse le regard de la petite Mondout.

— Je t'ai vu Lajou ! Attends un peu que je prenne un bâton.

L'enfant-loup part en courant. Sa voix ululante se perd sur le chemin de Mainzac.

— C'est le lébérou ! qui attrape lous Moundou-hou !...

Anna hausse les épaules et presse le pas. Arrivée à la citerne, elle trouve la Maria, de l'Age d'Ambelle, qui peste en tirant son seau.

— Fi de garce, l'eau a bien baissé ! Si ça dure cette sécheresse, on va bientôt sucer les pierres !

Anna lui donne un coup de main. La Maria continue de roumer en patois.

— Ça va faire comme l'été qu'il a fait si chaud. Même la fontaine du Brouillac était à sec. Il a fallu aller tirer dans le Bandiat avec les bœufs et les barriques. Té, c'est l'année que ton pauvre père est mort... Je m'en rappelle comme d'hier. Il avait attrapé un chaud et froid en remontant les tonneaux de ces fonds. Les fièvres l'ont attrapé, et en trois jours. Lui qui parlait si bien ! Ah c'est bien malheureux qu'il ne puisse pas te voir aujourd'hui que tu es une belle fille. Et une si bonne petite !

La vieille plonge sa main déformée dans son seau à moitié rempli.

— Regarde-moi cette eau, comme elle est propre ! Elle va bien finir par nous empoisonner. Tu devrais le dire à ton oncle, lui qui est conseiller, qu'il nous fasse creuser un puits.

— Il le sait bien, même le maire. Ils disent que c'est les sous qui manquent.

— Ils n'ont qu'à écrire à Napoléon. Il en a bien assez lui, pour payer à boire à son monde. Par la même occasion, on pourrait lui demander de nous envoyer la pluie. Il soupe tous les soirs avec Dieu le Père. Il n'a qu'à lui donner le mot...

Sans s'arrêter de parler, la Maria accroche ses deux seaux aux extrémités d'un joug en bois qu'elle se pose sur les épaules et s'en va en boitant.

— Allez adieu ma belle, et garde-toi bien de l'aversier !

Anna reste un moment à regarder la vieille femme s'éloigner. Le soleil levant lui chauffe les joues, éclaire son visage d'une lumière ambrée. Depuis l'automne, ses traits se sont encore arrondis, ses lèvres se sont ourlées. La nièce du Bon Dieu a toujours cet air bonne fille un peu farouche, mais quelque chose d'intensément charnel s'est épanoui en elle. Ses yeux noirs ont pris un éclat troublant, d'autant plus troublant qu'elle paraît toujours aussi réservée, modeste, peu bavarde, tout en frémissements intérieurs.

D'un mouvement souple, précis, vigoureux, marqué de la ténacité paysanne, elle remonte ses deux seaux et les emporte en les tenant appuyés sur un cerceau de bois qu'elle s'est passé autour des hanches. Sur la place, elle croise un attelage tiré par deux bœufs que guide un homme en blouse, son aiguillon à la main. Les grosses roues de bois ferrées crissent sur le gravier.

— Adi, Anna !

— Bonjour, Gabi.

Anna passe son chemin sans s'attarder. Le Gabi se retourne et l'appelle en pointant son aiguillon par terre sur un morceau de ferraille.

— Eh petite ! Ce ne serait pas le fer de ton sabot ?

Anna surprise regarde sous son pied.

— Ça se pourrait bien. Je ne l'ai pas senti tomber.

Le Gabi le ramasse et le tend à la petite Mondout.

— Ça porte bonheur ma belle ! Pense à quelque chose de bon qui peut t'arriver.

Mais Anna n'a guère le temps de penser à elle. Les porcs affamés braillent, secouent leurs portes. Il faut les faire manger, curer les étables, changer les litières. Après les porcs, les vaches. Il y a le foin à descendre, les mangeoires à garnir, le lait à tirer, les veaux à faire téter... Après les vaches, les moutons. Et après les bêtes, les gens. Anna aide sa mère et sa tante à l'auberge. Elle tue les volailles, plume les poulets, vide les lapins, sert la soupe aux hommes, récure les faitouts, lave la vaisselle, essuie la table, balaie la salle... Chaque jour que Dieu fait, la petite Mondout répète ces gestes avec l'obstination tranquille et résignée des filles de la campagne qui n'ont d'autre horizon que celui du village où elles sont nées, d'autre explication à ce qu'elles éprouvent que ce qu'elles entendent dire et redire chez elles, à leurs voisins les soirs à la veillée, à monsieur le curé qui lui au moins sait ce qui se passe dans l'autre monde même s'il veut un peu trop vous faire honte des idées qui vous viennent en dormant.

Anna sort de la bergerie, un agneau crevé à la main. Elle croise le Janou, son cousin qui vient d'ouvrir l'épicerie.

— Encore un !

— Le cinquième en huit jours ! Le diable est chez nous.

— Eh bé, c'est pas encore cette année qu'on va porter les bottes !

La petite Noémie en sabots, tablier et fichu court vers Anna l'attrape par la jupe, lui tend un œuf qu'elle a sorti de sa poche.

— Tiens Nanou, fais-le-moi cuire dans la bacade, c'est pour emporter à l'école.

La gamine repart en courant. Anna la rappelle.

— Mimie ! Tu diras à ton pépé que la Brunette est au taureau.

En passant devant la porte de l'auberge, la petite drôle crie de sa voix aiguë.

— Pépé ! Pépé ! La Brunette est au taureau !...

Anna descend maintenant vers le bas du bourg. Sa mère l'appelle.

— Nanou ! Tant que tu vas chercher aux lapins, tu me porteras de l'oseille pour l'omelette !

Arrivée à hauteur de l'église, Anna tourne à gauche, s'engage dans la ruelle. Cette ruelle, c'est le domaine de Mathieu, le maréchal-ferrant, maire d'Hautefaye. L'homme est campé, jambes écartées, en haut des trois marches en arrondi de la porte d'entrée de sa maison, la plus grosse du village après le presbytère. Quignon de pain et fromage dans une main, couteau dans l'autre, le bonhomme casse la croûte en regardant d'un œil sourcilleux ce qui se passe en face, dans son atelier. Petit, large, carré, le cou rentré dans les épaules, le front bas à forts bourrelets osseux, coiffé d'un feutre noir à bords larges, la figure épaisse, rouge, les pommettes saillantes, encadrées de gros favoris grisonnants, le nez poreux, la lèvre rentrée, le ventre boudiné dans une veste de drap sombre sur laquelle s'évase le col immense de sa chemise de lin fermée d'une floque de coton noir, le maréchal d'Hautefaye incarne l'autorité de l'Etat en paysan madré et soupçonneux. Nommé maire de la commune le 30 août 1865, il a prêté serment d'obéissance à la constitution et de fidélité à l'Empereur devant le préfet de la Dordogne, ce qui n'est pas une mince prérogative dans ces campagnes dévouées corps et âme à « Napouléoun ». De la pointe de son couteau de poche, il coupe un gros bout de pain, un petit bout de fromage, les enfourne dans sa bouche, mâche lentement, sans quitter des yeux son atelier. Sur la porte ouverte de sa maison qui sert de mairie les soirs de conseil et les jours d'élections, est placardée une affiche : « Préfet de la Dordogne. Classe 1869. Avis de tirage au sort des conscrits... »

Pieds nus, Anna s'avance, son panier sur le bras, ses sabots à la main. Un bovin mugit...

— Bounjour, Moussûr le méro.

Mathieu qui ne l'a pas vue arriver a un mouvement de surprise.

— Té ! Adi Moundounette. Qu'est-ce qui t'arrive ?

— J'ai tombé le fer de mon sabot, monsieur le maire.

— Tu es trop vaillante pardi !

— C'est que le travail ne manque pas chez nous !

Le vieux maréchal regarde le dessous des sabots qu'Anna lui montre.

— Tant qu'à faire, on va te remettre les deux.

Il pointe son couteau vers l'atelier.

— Va-t'en trouver le commis, il t'arrangera ça dès qu'il aura une minute.

— C'est que je ne voudrais pas trop les attendre. Les vipères frayent. Il ne fait pas bon marcher pieds nus ces jours-ci.

— Pour sûr ma belle, mais le travail ne manque pas chez nous non plus. Les pratiques nous arrivent avant le jour, tu vois bien.

Anna traverse la ruelle. Deux hommes en tablier de cuir piquent au cul un bœuf énorme pour le faire avancer entre les quatre poteaux de bois d'un travail à ferrer. L'animal renâcle, arque le cou, s'esquive. Les deux hommes s'énervent, piquent, jurent en patois.

— Tu vas y aller, bourrique !

A force de coups et de cris, ils parviennent enfin à faire entrer l'animal dans l'appareil. Brutalement, le Raymond lui abaisse sur le cou le joug fixé entre les poteaux avant, lui attache les cornes avec de fortes lanières de cuir, lui prend le mufle entre les arcs d'acier de la muselière pendant que le bouvier lui passe sous le ventre deux grosses sangles de corde. Le commis-maréchal les accroche aux griffes du tour, plante une barre d'acier à l'avant et actionne la mécanique vers le bas pour enrouler les sangles. Le bois grince, le « renard » cliquette, les cordes se tendent, compriment l'abdomen énorme du bœuf qui essaie encore de se débattre. Mais ses pattes remuent dans le vide. On les attache l'une après l'autre aux quatre poteaux du travail, sabots retournés, pour les ferrer à l'aise.

— Eh bé nom de Dieu, il nous en a fait voir ce fi de garce, peste le Raymond en tirant sa boîte à outils.

Gracieuse, craintive, Anna s'approche à pas menus.

Le Raymond lève les yeux sur elle.

— Si tu veux te faire ferrer, ma belle, tu vois comment il faut qu'on te mette.

— Ce n'est pas moi qu'il faut ferrer, c'est mon sabot.

— Eh bé, fais-moi voir ça.

Anna lui met ses deux sabots sous le nez. Le commis-maréchal les prend, les tourne, les retourne dans ses mains noires, crevassées.

— Ils sont tous les deux à changer, mignonne.

— Peut-être bien.

— Bon, reviens à midi, tu seras chaussée comme une demoiselle.

Le commis-maréchal pose bruyamment les deux sabots sur l'enclume. Anna s'éloigne en regardant où elle met les pieds. Le Raymond la suit des yeux, échange un coup d'œil goguenard avec le bouvier qui farfouille dans sa poche. Le bœuf mugit.

— Tais-toi, cornard ! peste le Marcel en lui piquant le cul.

En bas de la ruelle, Anna croise monsieur le curé qui sort de l'église. Avec sa large carrure, son gros cou, son fort accent des Pyrénées on l'imaginerait plutôt berger des montagnes que desservant d'une paroisse.

— Bonjour, ma fille.

Anna qui ne parle que patois a toujours du mal à trouver ses mots avec l'abbé Saint-Pasteur qui ne parle qu'en français.

— Bonjour Monssûr le curé, vous ne tirez point l'angélus eimati ?

— Ce pauvre Zillou n'est jamais pressé de venir sonner les cloches.

— Té, le veiqui là-bas.

Un petit bonhomme bossu, sans âge, dévale la rue du bourg en boitant. Chapeau de paille crevé, sans-culotte à l'ancienne rapiécée... le drôle a tout pour faire un bon sonneur : il est sourd-muet.

Anna poursuit son chemin en passant par l'ancien cimetière entre l'église et l'épicerie de son oncle. Le curé qui a quelque chose à lui dire la rattrape, lui parle à voix basse.

— Dis donc petite, tu diras bien à ta mère que je vous accompagnerai jeudi après-midi pour transporter vos défunts dans le nouveau cimetière.

Anna fait la moue. Comme tout le monde à Hautefaye, la nièce du Bon Dieu pense que ce n'est jamais bon quand un village remue ses morts. Surtout qu'il y a parmi ces morts, les restes de son père.

— Ils étaient pourtant bien là, à notre vue.

— Eh oui ma fille, mais tu sais que la mairie a décidé il y a plus de huit ans que tous les caveaux devaient être installés là-bas. Il ne reste plus à transporter que les tombes des familles Glangetas et Mondout.

Anna lève les yeux sur le curé et le regarde sans rien dire, avec cette façon étrange qu'elle a parfois de dévisager le monde. Vaguement mal à l'aise, l'abbé Saint-Pasteur tourne les talons.

— Bon, il est temps que j'aille dire ma messe. Bonne journée, ma fille. Et n'oublie pas de me porter des fleurs pour l'église...

La petite Mondout se dirige vers une charrette garée près d'un caveau ouvert et chargée d'une pierre tombale sur laquelle est posée la plaque ronde de porcelaine décorée d'un saule pleureur que le vicomte Alain de Monéys a offerte à la mémoire de son père. Anna monte sur une dalle, pose les yeux sur l'inscription funéraire et se récite de tête le texte qu'elle ne sait pas lire :

« Ici repose Nicolas Mondout, mort à Hautefaye le 22 septembre 1856, chéri des siens, douloureusement regretté de tous ceux qui l'ont connu. Priez pour lui. »

Un moment, elle reste immobile, les mains sur le ventre, perdue dans ses pensées. Tout d'un coup, un bruit derrière elle la fait sursauter. Elle se retourne. Deux paires d'yeux braqués sur elle dépassent au ras d'une fosse ouverte. C'est Pierre Brut, le fils du maçon de Fayemarteau et son cousin Faurillou qui travaillent à reboucher les caveaux. Les deux garnements ont fait tomber une planche en se contorsionnant pour regarder sous les jupes de la nièce du Bon Dieu. Anna hausse les épaules et s'en va vers le chemin de Bel-Air.

Les trois coups de l'angélus sonnent. Anna se signe, marmonne son « Je vous salue Marie » et disparaît derrière les prunelliers. Plumes hérissées, jabot gonflé, croupion tendu, thorax frémissant, un gros dindon fait rouler dans sa gorge un long roucoulement d'extase.

Le Grand Gillou.

— Allez ! Allez ! Billia, Rougé ! Allez !...

Pesant de tout son poids sur les manches de l'araire à timon de bois, le laboureur en tablier de cuir et chapeau de paille active ses bœufs. Sa femme en fichu noir, bâton sous le bras, sabots aux pieds, marche lentement devant l'attelage en tricotant. Le bouvier l'invective autant que ses bêtes.

— Guide, Marie ! Guide le rouge !

— Aqui Rougé ! obéit Marie sans s'arrêter de tricoter.

La terre est sèche, trop sèche pour labourer. Le socle racle, le fer crisse sur les cailloux, le bouvier peste.

— Marie, arrête de tricoter, guide !

Marie imperturbable, continue à monter ses mailles, en suivant le sillon. Le bouvier insiste.

— Marie, arrête de tricoter, guide !

Marie s'obstine.

— Ecoute Félix, si j'arrête de tricoter, je m'en vais.

Le bouvier secoue la tête.

— Ah, fi de la mai, quelle couenne !

— Les gilets des drôles ce n'est pas toi qui vas les faire !

— Ils ont bien le temps de porter des gilets, l'hiver n'est pas pour demain !

Marie s'est arrêtée, les bœufs aussi. Elle regarde son homme. Le Félix crache, secoue la tête.

— Bon allez, tricote si tu veux mais guide pour l'amour de Dieu ! Allez allez !

Marie tape les bœufs au museau.

— Aqui, Billia, Rougé !

L'attelage se remet en marche. Félix pique la terre. Marie pique la laine.

Dans la partie labourée du champ, le Robert sème le maïs à la volée. Derrière lui des enfants accroupis sur le sol, tranchou en main, enterrent les grains... Toute la famille Bourrinet est là, au travail sur cette petite parcelle de terre en pente, à l'orée d'un bois de chênes au bord du chemin de Javerlhac à Fontroubade.

De loin en loin dans le paysage accidenté des alentours, en bordure des garennes, le long des prés, au bas des pelades, d'autres parcelles de terre, de vignes où d'autres familles s'activent courbées sous le soleil méchant d'avril. Dans le lointain des voix appellent, des vaches mugissent et là, tout près, dans l'épaisseur des hautes branches, le coucou ressasse son cri.

Arrivée au bout du sillon à ras du chemin, Marie s'arrête. Les bœufs soufflent. Félix lâche d'un geste de colère le manche de la charrue.

— Ah piti, piti !

— Qu'est-ce qu'il y a, Félix ?

— Il y a que ça ne veut pas piquer. C'est trop sec, tu vois bien. Autant aller dormir que de labourer aujourd'hui.

— Ça finira bien par pleuvoir, tout de même.

— Tu crois ça toi !

— Et sans doute plus que nous ne voudrons.

— Ce sera trop tard ! Encore une année de rien !

— Ne te fais pas de mauvais sang, Félix. C'est l'aversier, on n'y peut rien. Allez, viens casser la croûte.

Marie roule son tricot, se penche sur un panier recouvert d'un linge et posé au pied d'un chêne. Elle sort une miche de pain, de la pointe de son couteau, trace une croix sur la croûte et coupe un bon morceau qu'elle tend à son homme. Elle lui passe ensuite du fromage blanc et une bouteille de piquette. L'homme tire son canif et se met à manger tranquillement à côté de sa femme qui se taille une tranche en serrant la grosse miche contre elle.

Un pas lourd se rapproche. Félix lève la tête.

— Té, voila le facteur.

— Lui au moins il n'est pas pressé de voir la pluie!

Casquette verte à passepoil rouge, blouse de lin bleu, sac de cuir en travers, chaussures à clous, bâton noueux à la main, Léon Glangetas fait sa tournée. Trente-deux bons kilomètres tous les jours, quand ce n'est pas trente-huit ou quarante. Ce matin, il a le sac bourré. Il est bon pour le grand tour.

— Bonjour piéton ! lance Félix d'une voix forte.

— Bonjour braves gens et bon appétit !

— C'est-i' la pluie que vous nous portez dans votre sac ?

— Rien que le beau temps du facteur !

Le bouvier hoche la tête.

— Eh bé, vous ne mangerez pas votre aise de haricots cette année.

— Je mangerai bien des fèves, quand même !

— Oh, c'est mal parti pour !

Imperturbable, le facteur fouille dans son sac, tire un pli. Félix s'étonne.

— Une lettre ? Pour nous autres ?

— Bourrinet Félix, au Grand Gillou. C'est bien vous ?

— Ah pour sûr ! s'écrie Marie. Il n'y en a pas deux comme lui.

— Qui peut bien nous écrire ?

— Je crois bien que c'est Napoléon, insinue le facteur.

— Napoléon, quel Napoléon ? Celui de Lombardière, le gendre à Sicaire le boulanger ?

— Mais non ! celui d'Eugénie.

— L'Empereur ?

— Oui l'Empereur. Lisez, vous verrez bien.

Le bouvier qui ne sait pas lire et ne parle que patois regarde la lettre à l'envers. Le facteur la lui retourne dans la main. Gêné, Félix regarde sa femme.

— Napoléon, mais qu'est-ce qu'il nous veut ?

— Te faire voter, pardi.

— On a déjà voté l'année dernière.

Le facteur explique :

— L'année dernière, c'était pour son député. Cette année, c'est pour lui.

— Mais puisqu'il est en place, pourquoi faut-i' voter pour lui ?

Marie pointe son couteau.

— Il y en a qui veulent le virer, sans doute ?

Félix tord sa bouche pleine.

— Toujours les mêmes ! Les curés, les rouges, les feignants !...

— Oh, moi je ne fais pas de politique, coupe le facteur.

— Ni nous autres.

— Il y a bien assez de travail chez nous, insiste Marie.

Le bouvier reste un moment silencieux à regarder fixement la lettre. C'est le texte imprimé de la proclamation de l'Empereur pour le plébiscite, accompagné de quatre bulletins OUI à découper. En haut de la terre, les enfants courbés piquent le maïs. Félix appelle d'une voix forte.

— Jantou ! Jantou !

Un drôle de dix ans lève le nez.

— Hé !

— Véqué qui !

Le Jantou arrive en courant. Félix propose au facteur de manger un morceau.

— Non, non. Je n'ai pas le temps. Regardez ce pilot de lettres. Pour nous autres, la politique c'est toujours du travail en plus et pour le même prix !

— Alors un coup de piquette !

— Ah, une gorgée, c'est pas de refus.

Marie tend la bouteille au facteur. Jantou retire un caillou de son sabot. Félix lui donne la lettre de l'Empereur.

— Té, toi qui vas à l'école, fais-nous un peu la lecture.

Le facteur boit un coup à la bouteille. L'enfant regarde la lettre d'un air ahuri. Son père le secoue.

— Eh bé lis !

Le Jantou se met à lire d'une voix monocorde et mécanique d'écolier, en patoisant les mots et en roulant les r.

— Napouléoun par la grâce de Diou et la volounté nationale, Emperour des Français. A tous présents et à venir, salut !...

Le bouvier se découvre. Le facteur prend congé.

— Allez bonne journée !

— Pareillement, factour. Et grand merci à vous !

Jantou s'est arrêté de lire. Félix s'énerve.

— Eh bé, lis donc, bougre d'âne ! C'est pas fini. Et doucement qu'on comprenne.

Jantou poursuit sa lecture sur le même ton.

— Je m'adresse aujourd'hui personnellement à vous qui, depuis vingt-doux ans, m'avez sans cesse grandi par vos souffrages, soutenu par votré concours, récompensé par votre affectiou. Donnez-moi une nouvelle prouve de counfiance, en votant OUI au scrutin du 8 mai prouchain. Vous conjurerez les menaces de révolutioun, vous consoliderez les bases d'un régime fondé sur l'ordre et la liberté, vous rendrez plus facile, dans l'avenir, la transmissiou de la couronne à mon fils...

Napoléon III a-t-il pensé, au moment où il dictait ces phrases à son secrétaire en tirant sur sa cigarette de tabac turc, en caressant du bout de ses bottines le moelleux velours du tapis de son cabinet, au petit paysan qui les lirait dans un français incertain à son père au garde-à-vous au coin d'une terre à maïs ?

Fontroubade.

Bientôt huit heures. Le soleil, déjà haut dans le ciel bleu intense, chauffe la terre et fait monter des sous-bois une forte odeur d'humus. La végétation en pleine sève ne demande qu'à s'épanouir mais il lui faudrait de l'eau et il n'a pas plu depuis un mois et demi. L'herbe des prés qui avait si bien verdi au début de mars ne pousse plus et commence par endroits à jaunir. Les feuilles tendres des châtaigniers se fripent. Les blés sèchent. La nature souffre. Léon Glangetas marche sur le chemin d'Hautefaye en suivant la bordure des taillis pour se tenir à l'ombre, l'œil sur les fourrés, le bâton prêt à casser les reins de la première vipère qui se montrera. Même si c'est une couleuvre ! De temps en temps, il fait un geste de la main, hausse les épaules, remue la tête, parle tout haut, se répond à lui-même. La route est moins longue quand on se raconte des histoires !... C'est qu'aujourd'hui il faut passer partout, s'arrêter dans chaque hameau, frapper à chaque maison. L'Empereur n'a oublié personne. Pas même ses ennemis. Oh, ce n'est pas qu'il en ait beaucoup par ici. On les compterait sur les doigts d'une main. Au moins ceux qui ne s'en cachent pas, comme Manem à Connezac, Rougier au Repaire, Ribeyrolle à Maconty. Pour eux, c'est une lettre perdue. Mais il faut quand même la leur porter. Autrement ils vont encore faire un bruit de tous les diables, crier partout que l'Empereur se moque du pauvre monde, qu'on les persécute, qu'ils sont des citoyens comme les autres, qu'ils ont droit à la considération publique et Dieu sait quoi encore !... Ce n'est jamais bon quand ces gens-là se mettent à remuer.

Arrivé à la cafourche du chemin de Connezac, le facteur s'arrête, réfléchit. Va-t-il poursuivre sa tournée des villages de ces côtés ou va-t-il d'abord passer à Hautefaye et revenir par là après manger ? Il relève sa casquette, s'éponge le front du revers de sa manche, tire sa grosse montre, regarde l'heure, longuement. Té ! il va piquer droit sur La Cigale et le Lac Noir en coupant par les bois. Il rejoindra ensuite le chemin de La Farge, passera au Maine Rousset, au Petit Château, à Connezac où il se débarrassera d'un colis pour monsieur le comte de Galard de Béarn qui lui laissera une bonne pièce et lui versera un verre de vin vieux. De là il descendra vers Beaussac, déposera le courrier du bourg au garde champêtre qui s'est proposé de le distribuer en attendant que le facteur de Mareuil reprenne sa tournée. Ensuite il passera à Bretanges donner les lettres de ces messieurs de Monéys. Il continuera par Maconty, La Garde, Poutignac, Plambeau, Fayemarteau... Avec un peu de chance, il trouvera bien à monter sur quelque charrette de rencontre pour faire un bout de chemin et il sera à Hautefaye à midi pour la soupe. Au bourg les tables ne manquent pas. Si ce n'est pas chez Mousnier ou Delage, ce sera chez Mondout ou encore chez Mathieu. Il y a un bon pilot de papiers et d'affiches pour la mairie. Sûr que le maréchal va dire à sa teigne de sortir le pot de grillons et qu'il ira lui-même dans sa cave tirer la goutte...

Le bruit d'une carriole sort brusquement Léon Glangetas de ses réflexions, une petite carriole couverte, attelée à un âne qui marche au pas et que personne ne semble conduire. Un roquet blanc à taches noires, attaché par une ficelle au montant de la voiture suit au petit trot. Des peaux de lapins se balancent sur les côtés, des ferrailles brimbalent.

Arrivé à hauteur du facteur, l'âne s'arrête. Le chien jappe. Le facteur tourne autour de la roulotte, cherche le conducteur. Personne. Il l'appelle. Pas de réponse. Il écarte légèrement la toile de sac rapiécée qui ferme l'arrière de la carriole. Ce n'est qu'un amoncellement de vieux chiffons, vieux journaux, paillasses crevées, faitouts cassés, habits en loques. Une paire de poulets ficelés par les pattes et une gravure jaunie de Napoléon Ier à Austerlitz pendent au fond du fatras.

— Y'a quelqu'un ?

Toujours pas de réponse. Le roquet aboie. Soudain quelque chose se dresse, sort du tas de guenilles : un homme d'une soixantaine d'années, visage chafouin, teint gris, crâne déplumé, chapeau de paille troué.

— Ah Piarrouty, tu es là !

— Eh pardi ! Tu crois que je laisserais galoper mon bien tout seul Avec tous ces romanichels qui rôdent sur les chemins !

Le facteur fouille sa sacoche. Le chiffonnier lève le menton.

— Dis donc Léon, tu n'as pas vu mon garnement ces jours-ci ?

— Ton fils ?

— Si on peut appeler ça un fils.

— Ma foi non. Il n'est pas à Nontronneau ?

— Ma bonne femme l'a foutu dehors ! Mais tu comprends, sa classe tire au sort le mois prochain. S'il ne se présente pas, ils le porteront déserteur.

— Peut-être qu'il aura trouvé une place chez quelqu'un.

— Bouh ! Il est feignant comme un curé. Il traîne, il galope. Ah, s'il y a quelque femelle à patouiller, il n'est pas le dernier, tu peux me croire. Il y en a qui l'ont vu à Mareuil, à la cavalcade : il était déguisé en monsieur, fanfaronnait, se pavanait, faisait le fier. Je te dis qu'au régiment, ça n'ira pas comme ça. Ils vont l'aligner, le gouillat !

— Mais s'il tire un bon numéro, il n'ira pas au régiment.

— C'est justement, on m'a parlé de quelqu'un de Javerlhac, un monsieur, qui chercherait un remplaçant pour son fils qui ne veut pas partir soldat.

— Tu veux le vendre donc, ton fils ?

— Oh ça me fera bien dépit, mon pauvre, mais il faut bien qu'il trouve à s'occuper. Autrement il va finir bohémien ou chiffonnier, comme moi. A l'armée ils le dresseront, ils le pousseront. Il est grand et fort, il peut monter caporal, sergent et même général ! Quand il aura appris à écouter, il saura commander, fais-moi confiance.

— Ecoute Piarrouty, si des fois je le vois, je lui parlerai.

— Ah tu es bien brave, Léon ! Attends que j'attrape la chopine.

— Oh non-non, merci ! Je n'ai pas le temps.

— Ah tu vas bien trinquer, quand même.

Piarrouty plonge la main dans ses chiffons, sort une bouteille et lance un coup d'œil gourmand au Léon.

— C'est du noah de Rossignol. Il vient du château de Jaurias où j'ai débarrassé un grenier. C'est du bon. J'ai même le gobelet !

Le chiffonnier tend un verre poisseux au facteur qui se fait prier et le lui remplit à ras bord.

— Là, ça va, ça va, merci.

Léon qui avait tout de même un peu soif, choque son verre sur la bouteille pour trinquer avec Piarrouty et boit d'un trait. Le visage du chiffonnier s'éclaire.

— Ça revigore, n'est-ce pas ?

— Fi de garce ! Ça tape sur les cornes.

— Oh les tiennes ne sont pas si longues que les miennes ! Allez une autre gorgée, Léon.

— Non, non. Je m'en vais. J'ai du chemin à faire aujourd'hui.

— Eh bé, ça te donnera des jambes.

Le facteur rend le verre à Piarrouty.

— Allez adieu !

A peine parti, il revient sur ses pas et tend une lettre au chiffonnier.

— Té, j'oubliais ton courrier.

— Qu'est-ce qu'on me veut ?

— C'est Napoléon qui t'écrit.

— Hé farceur !

— Dis donc Piarrouty, j'ai la casquette, je ne plaisante pas.

Piarrouty qui ne sait pas lire, tord le nez, tourne et retourne la lettre, l'ouvre et voit l'aigle impérial tamponné sur le papier. Le seul signe qu'il sache déchiffrer. Le facteur s'impatiente.

— C'est l'Empereur qui te demande d'aller voter pour lui le 8 mai.

Le chiffonnier ouvre sa bouche ébréchée, retire son chapeau, se met au garde-à-vous, lève sa bouteille.

— Vivo Napoléoun !

Léon Glangetas prend congé. Piarrouty boit au goulot et rappelle le facteur.

— Hé Léon ! Si des fois tu casses la croûte avec l'Empereur, passe-lui le mot pour mon drôle. Qu'il le place dans un bon régiment !

— Compte sur moi, Piarrouty ! Je lui dirai ce qu'il faut.

Vallée de la Nizonne.

Flancs vert foncé, portières armoriées, capote ouverte, l'élégante calèche du château de Bretanges, attelée à un orlov blanc comme neige, roule avec un bruit de grelot sur la petite route poudreuse qui suit les méandres du ruisseau en direction de Champeaux, le long d'une rocaille sèche où s'accrochent des buis et des chênes rabougris aux tonalités vert tendre. Le cocher en veste de droguet à l'ancienne et chapeau bleu, un peu tassé sur son siège, l'air bonhomme, dévoué avec son grand nez tombant et son menton en galoche, active sa bête en claquant la langue et en bruitant des lèvres. Sur la banquette, deux messieurs, mollement balancés par la suspension de la voiture carrossée par Lelorieux sont en conversation. De leurs mains gantées, ils désignent par instant, un site du côté de la Nizonne ou un point du plan cadastral déplié sur leurs genoux. De part et d'autre du cours d'eau, s'étendent des terrains marécageux, incultes, envahis de roseaux avec, par endroit, des bouquets de vergnes aux branches tortueuses, des saules, des osiers, des peupliers sauvages, toute une végétation de sol mouilleux, de terres inondables.

Alain de Monéys d'Ordières a les traits fins, le visage long, un peu charnu, les yeux bleus, le front dégarni, les cheveux blonds ondulés en arrière. Il porte favoris et moustache. Une élégance discrète et de bon ton : veste et gilet de drap gris perle, panama, nœud de soie rayé bleu et blanc. Son allure et ses manières sont celles que l'on prête volontiers aux gens de son monde — et que beaucoup n'ont pas — avec quelque chose de réservé, d'affable et surtout un air d'infinie bonté qui transparaît dans son regard à la fois prenant et fragile. Une nature douce, sensible, attentive à la souffrance des autres. Difficile de lui donner un âge : il a des expressions jeunes, mais sa calvitie précoce, ses favoris, son maintien le vieillissent. Il a trente-quatre ans.

Son interlocuteur, sans être ordinaire, est un homme plus carré, brun, vif, presque sanguin. Il a la barbe pleine, bien taillée, l'œil jovial, le geste rapide, l'esprit pratique, la mise bourgeoise. Il porte un canotier sombre, un costume marron à ganse plus foncée et un nœud flottant à pois. C'est M. Bouteillé, ingénieur des Ponts et Chaussées.

Les deux hommes parlent du projet de drainage de la vallée de la Nizonne et du ruisseau de Beaussac qu'Alain de Monéys a mis sur pied en 1867 et qu'il s'est engagé à mener à bonne fin pour le compte des propriétaires riverains. Il s'agit d'aménager le système d'écoulement pour assécher les paludes, assainir la contrée, rendre cultivables des hectares de terre en friches empoisonnés par les eaux stagnantes, bref de transformer cette contrée insalubre en paysage riant et prospère.

Alain de Monéys pointe le doigt sur le plan cadastral.

— Voilà, nous sommes ici. La ligne de peupliers, là-bas, marque la limite du périmètre inondable. La parcelle en question longe la rivière en amont jusqu'au chemin.

— Vous avez enfin obtenu l'adhésion du riverain ?

— Oh, ça n'a pas été sans mal, croyez-moi. C'est un de ces petits propriétaires ombrageux qui se méfie par principe de toute innovation.

— Mais qui ne sera pas le dernier à en profiter !

— Il nous a vu venir d'un très mauvais œil. Pourtant, tous ses voisins ont adhéré. Légalement, nous aurions pu le contraindre puisque le plan d'assainissement est reconnu d'utilité publique. Mais je ne tenais pas à en arriver là. Nous sommes allés le voir avec d'autres riverains et, à force de palabres, de promesses, nous avons fini par le convaincre. Il s'imaginait qu'on voulait lui prendre son terrain pour faire passer une ligne de chemin de fer ! Il a même été jusqu'à faire écrire à l'Empereur pour lui demander quelles étaient exactement ses intentions. Il n'arrivait pas à admettre cette idée pourtant toute simple d'un groupe de particuliers qui s'associent pour entreprendre en commun des travaux dont chacun va tirer directement profit. Il imaginait je ne sais quel complot contre lui. Enfin, il a signé. Devant douze témoins !

On aperçoit sur le terrain, du côté de la Nizonne, une équipe d'arpenteurs en train de faire des visées avec un niveau à lunette et une règle de mire. Alain de Monéys touche l'épaule du cocher.

— Pascal, arrête-nous là, je te prie.

— Bien, Monsieur le vicomte.

Pascal tire doucement sur la bouche du cheval qui ralentit l'allure en secouant la tête et s'immobilise. Alain poursuit sa conversation avec l'ingénieur.

— J'ai demandé au géomètre de faire tout de suite un relevé complémentaire de façon que nous puissions englober dans le plan de drainage toute la partie qui se trouve en amont du moulin. Je pense que vous n'y voyez pas d'objection ?

— Je n'y vois que des avantages, mon cher. Nous pourrons brancher notre collecteur plus haut et profiter d'une plus forte déclivité, ce qui réduira d'autant les risques de stagnation des eaux en hiver.

Alain montre du doigt un petit moulin à eau en contrebas de la route.

— J'ai aussi rencontré Boutandon le meunier. Il souhaiterait qu'on établisse un raccordement qui lui permettrait d'augmenter sa force motrice en été et mieux de la contrôler en période de crue. Il propose de prendre à sa charge le réaménagement de son bief.

Monsieur Bouteillé scrute le site en stratège avisé.

— C'est tout à fait réalisable. A condition toutefois de rattraper une partie des eaux en aval du moulin pour alimenter notre réservoir d'irrigation. Nous étudierons ça règle en main, sur le plan de drainage.

Alain fait signe à Pascal de repartir. Les grelots se remettent à tinter.

— De toute façon, j'ai dit à Boutandon de venir à l'assemblée de la commission le 12 mai à Beaussac. C'est un homme très coopératif, que je connais depuis toujours. Son beau-frère est un de nos meilleurs métayers.

— Dites-moi, la Nizonne a joliment baissé depuis un mois.

— Je suis né ici, je n'ai jamais vu ça. D'habitude, elle descend à ce niveau en juillet-août et encore pas tous les ans. Tout se détraque, cette année.

— Oh il pleuvra la semaine prochaine, les élections approchent !

— Ce n'est pas ce que dit Nick, la grenouille de *L'Echo de la Dordogne.* Il annonce une sécheresse persistante.

— Heureusement que les météorologistes se trompent quelquefois ! En tout cas, ce serait le moment ou jamais de commencer nos travaux.

— Dieu vous entende, mon cher ! Dieu, c'est-à-dire l'administration. Quand vous pensez qu'il y aura bientôt deux ans que nous avons déposé le dossier à la préfecture et que nous n'avons toujours pas obtenu les autorisations légales. Sans parler des subventions ! Ce n'est pourtant pas faute d'avoir relancé ces messieurs. J'ai encore vu le préfet la semaine dernière chez mes cousins de Bellussière. Il me répond invariablement : « J'attends toujours l'accord de Paris. » L'année dernière, j'ai fait intervenir Lavalette, père et fils, Magne et même mon oncle le sénateur Hector de Galard. On a donné à chacun des assurances, qu'ils m'ont transmises. On m'a certifié, il y a six mois, que le projet était à la signature. Mais entre-temps le gouvernement a changé. Alors j'ai écrit au nouveau ministre de l'Agriculture. Un attaché de cabinet m'a répondu au bout de deux mois que la décision dépendait du ministère des Travaux publics. Au ministère des Travaux publics, on m'a fait dire qu'il fallait l'accord du ministère de l'Intérieur... On me dira bientôt de m'adresser au ministre de la Guerre qui me répondra que le dossier est sur le bureau du garde des sceaux.

— S'il y est, il y est pour un moment. Avec ce plébiscite, Monsieur Ollivier a d'autres chats à fouetter que de s'occuper des marais de la Nizonne.

— Surtout qu'il doit savoir par ses agents électoraux que les gens d'ici sont tous des inconditionnels de l'Empire. Ah, s'il y avait un électorat flottant, des voix à conquérir, il ne dédaignerait pas de se pencher un peu sur nos tourbières.

— Hé oui, les campagnes du Périgord sont trop dévouées pour qu'on se soucie d'elles en haut lieu. Et notre projet n'est pas le seul à moisir. J'en connais combien d'autres dans le département, suspendus au bon vouloir des employés de bureau parisiens.

— Des projets qui seraient pourtant si utiles au développement rural et au progrès de l'agriculture dont les officiels nous rebattent les oreilles à chaque réunion des comices agricoles, pendant que l'administration fait tout pour nous décourager.

— Ce sont les gaietés de la centralisation à outrance, mon cher ! Nous connaissons ça par cœur aux Ponts et Chaussées.

— C'est d'autant plus grotesque que l'autorisation d'un projet purement local comme le nôtre, ne devrait relever que de la compétence du sous-préfet. Tout irait tellement plus vite.

— Les sous-préfets ne sont plus que des exécutants mineurs.

— Tout juste habilités à signer un permis de chasse ! Ce brave Labatut soutient notre projet depuis le début, mais qu'est-ce qu'il peut faire ?

— Envoyer des rapports...

— Si j'étais économiste, je m'amuserais à calculer ce que coûte chaque année à la nation l'inertie administrative.

— Vous seriez vite débordé.

— En tout cas, j'ai fait une estimation de ce que devrait rapporter chaque année aux riverains le projet d'aménagement de la vallée de la Nizonne. Pour les seules communes de Saint-Sulpice, Rudeau et Beaussac, plus de mille hectares de terres incultes seront transformés en pâturages. A huit francs les cent kilos de foin, pour un rendement moyen de quatre tonnes à l'hectare, on arrive à un revenu total de 320 000 francs, répartis entre les différents propriétaires. Certes ce n'est pas l'Eldorado, mais pour la région c'est un enrichissement substantiel qui produira encore ses effets dans cent ans.

— Cher ami, je crois que vous devriez vous présenter au conseil général et même à la députation. Ce serait le plus sûr moyen de faire avancer notre projet.

— Oh, j'ai bien assez d'être adjoint à la mairie de Beaussac. Mes ambitions politiques ne dépassent pas l'horizon de mon village. Les affaires du monde d'aujourd'hui amènent à trop de compromissions. Je préfère cultiver mon jardin. Je ne suis guère voltairien, mais j'ai une faiblesse pour Candide.

Alain sort sa montre.

— Dix heures vingt ! Je vous emmène à Bretanges.

— Vous êtes trop aimable. Ce serait avec plaisir, mais Labatut m'attend à Nontron, pour parler de ce fameux projet de viaduc ferroviaire qu'il ressort à chaque élection de son chapeau.

— C'est vrai qu'à Nontron, il y a une opposition à calmer.

— Surtout pas mal d'électeurs hésitants à séduire. Ces messieurs de l'administration sont sur le pied de guerre. Les promesses vont bon train, c'est le cas de le dire : ils sèment à tout vent de la graine de locomotive.

La calèche entre dans le bourg de Champeaux. Des poules affolées coupent la route en caquetant. Un chien aboie. Des enfants dépenaillés, pieds nus, arrivent en courant pour voir qui vient, mais n'osent pas trop s'approcher. Une femme, occupée à sortir du fumier d'une étable, les appelle brutalement.

— Véques-qui !

Pascal arrête la calèche devant l'église.

Un coupé noir est garé à l'ombre d'un gros marronnier. Assis au pied de l'arbre, le cocher de M. Bouteillé remet sa casquette, se lève et va ouvrir la portière de la voiture.

— Donc, rendez-vous le 12 mai à Beaussac.

— Cette fois je compte sur vous à déjeuner et j'espère que d'ici là nous aurons du nouveau. Reparlez-en au sous-préfet. Les électeurs de Beaussac comptent sur lui. Le drainage de la Nizonne coûte tout de même moins cher qu'une ligne de chemin de fer !

Le coupé de l'ingénieur prend la route de Nontron. Un paysan, sa tranche sur l'épaule, traverse la place. Il reconnaît Alain de Monéys.

— Bonjour monsieur le comte.

— Hé, bonjour Sicaire ! Tout le monde va bien chez toi ?

— Ça irait mieux avec de l'eau, monsieur le comte. Ces chaleurs vont nous apporter la misère. Mes deux veaux ont la maladie.

— La diarrhée ?

— Oh non pas ! Ils ont pris les fièvres dans les marécages. Nos prés sont empoisonnés. Vivement que vous fassiez curer la Nizonne ! Ça empêchera peut-être nos bêtes de crever.

— Si ça ne tenait qu'à moi, mon pauvre, il y a longtemps que ce serait fait !

Alain de Monéys descend de calèche et accompagne Sicaire dans son étable. Les deux hommes se parlent en patois.

— Tu as vu le vétérinaire ?

— Bouh ! Le vétérinaire, j'en sais autant que lui et ça me coûte moins cher. J'ai fait prévenir Combaut le sourcier de Saint-Front...

Le châtelain en panama et bottes de cuir, le paysan en casquette et sabots disparaissent dans l'ombre de l'étable...

Plambeau.

Ici on appelle ça un village. C'est plutôt un hameau : cinq métairies ramassées le long d'un chemin tortueux qui sépare la commune d'Hautefaye de celle de Beaussac en haut d'une colline boisée. Cinq métairies et une maison de maître à l'entrée du village, une maison rectangulaire solide, rustique où habite la famille Antony. Des bourgeois campagnards qui ont agrandi leur bien patiemment de génération en génération depuis la révolution à force de travail et d'économie. Jean, fils de Jean, mort cet automne, vit en bon père de famille dans une relative aisance, avec sa femme Anna et Antonin, leur fils de vingt ans, des revenus de la propriété que cultivent quatre métayers : Cloche, Pougnet, Fort, Mazière et leurs familles.

Agriculteur averti, propriétaire actif, M. Antony veille de près aux affaires de son domaine. A l'heure qu'il est, il parle devant la métairie de Mazière, avec un homme en blouse noire, chapeau à larges bords, qui porte une panière d'osier : François Corteille dit Dambat, hongreur de son état vient d'arriver à Plambeau pour castrer une paire de taurillons qui remplaceront bientôt les deux bœufs de Mazière devenus vieux et poussifs. Dambat est réputé pour son tour de main qu'il tient de son père, de son grand-père et même «de plus haut ». Personne dans le pays n'a jamais entendu dire qu'il ait manqué un bœuf. Quand on le voit passer au trot sur les routes aux rênes de son petit char à banc avec son grand galure et ses larges bacchantes, on le salue chapeau bas.

A grands cris, le Mazière tire de l'étable Le Mignon : un beau roux bien campé et qui promet. Ebloui par la lumière brutale du jour, le taurillon s'énerve, tire de toute sa force sur la corde, secoue la tête, saute. Le paysan attrape un bâton, frappe au museau, braille, jure, déjoue les ruses. Avec son front bas, sa pointe de moustache, son profil de blaireau, Mazière n'est pas homme à se laisser mener par un veau ! Tout le monde le regarde faire : M. Antony, Détou, son domestique, Dambat, Fort, la Jeannette, une petite brune à l'œil vif, des drôles du village et Léon Glangetas le facteur.

— En voilà un qui ne veut pas se laisser couper, constate le Détou.

— Mets-toi à sa place ! plaisante le facteur.

— C'est qu'ils le sentent, intervient Dambat qui connaît son affaire. J'en ai vu qui cassaient leurs chaînes, prenaient le courir, et pour les rattraper, bonsoir !

— Oh avec Mazière, rassure M. Antony, il ne risque pas d'aller bien loin ! Je n'en connais pas deux comme lui pour tenir les bêtes.

Le nez dans sa sacoche, le facteur sort trois lettres et un journal qu'il remet à M. Antony.

— Il y a aussi une lettre pour votre colon.

— Laissez-la-moi, je la lui remettrai quand il aura attaché son veau et n'oubliez pas de passer chez nous vous faire payer à boire par la Mariette.

— Vous êtes bien bon monsieur Jean, mais je n'ai pas le temps de m'arrêter aujourd'hui.

M. Antony regarde machinalement les lettres qu'il tient à la main.

— Ah, c'est donc Napoléon qui vous fait tant courir, ce matin. Il ferait bien d'apprendre à lire à son monde avant de lui écrire.

Léon Glangetas se penche à l'oreille de M. Antony.

— Ça n'empêchera pas le monde de voter pour lui.

— Les yeux fermés !

— Et la fleur au chapeau.

Le facteur prend congé de l'assistance. Mazière finit d'attacher le Mignon, le nez en l'air, à l'anneau scellé dans le mur de la grange pendant que Détou et Fort lui passent des cordes aux pattes arrière pour les tenir écartées. Dambat approche un petit tabouret, s'assied, sort un linge de sa panière et commence à manipuler doucement les couilles du jeune taureau de ses doigts agiles, à travers la toile pour mieux les saisir. Le Mignon sursaute. Mazière lui tient la tête par les cornes et l'invective avec brutalité. Dambat pétrit calmement en homme de l'art et commente pour le fiston du métayer, qui veut tout savoir.

— La première chose c'est de bien décoller les testicules de l'enveloppe. Ensuite on les fait tourner, l'un après l'autre, sur eux-mêmes, autour des cordons, pour tordre les canaux et empêcher la semence de passer. Et puis doucement on les fait remonter dans le ventre. Le gauche d'abord, ensuite le droit. Une fois qu'ils sont bien en place tous les deux, on fait une bonne ligature des bourses pour les empêcher de redescendre et le tour est joué. Au bout de quelques semaines les glandes sèchent, les cornes commencent à se recourber, le taureau devient bœuf, bon pour le service !

Dambat travaille la bête en douceur, lui parle d'une voix câline. Le Mignon souffre, mais ne s'agite plus. Sa respiration forte, haletante dilate ses naseaux. Des filets de bave coulent sur les cailloux.

Appuyé sur une charrette M. Antony, son pince-nez sur les yeux, lit *L'Echo de la Dordogne* que vient de lui porter le facteur. Mazière s'approche.

— Eh bé notré moussûr, les nouvelles sont-elles bonnes ce matin ?

— Pas tant que ça, Sillou ! La pluie n'est pas pour demain.

— Té, si vous nous faisiez un peu la lecture, notré moussûr.

— Ma foi, pourquoi pas.

M. Antony lit d'une voix lente pour que Mazière qui n'entend guère que le patois puisse comprendre.

— « La sécheresse qui sévit sur notre région depuis trois semaines inquiète à juste titre les agriculteurs. Les fourrages n'arrivent plus à pousser et quantité de propriétaires se voient dans l'obligation de vendre à perte leur bétail. Le marché de mercredi à Périgueux a été très mauvais. Les cours du bœuf s'effondrent et si la température de fournaise persiste, on peut s'attendre à une débâcle catastrophique. Sur le marché des vins, les perspectives ne sont guère plus encourageantes. Les débouchés extérieurs diminuent de jour en jour depuis un an. L'Angleterre n'achètera bientôt plus une goutte de vin français. Encore une illusion du libre-échange qui s'envole. »

Mazière fronce le sourcil.

— Qu'ei co qu'ei lu libré-change ?

— C'est une invention de l'Empereur qui est en train de ruiner notre agriculture, comme elle a ruiné nos forges.

— Ah notré moussûr, ne dites pas de mal de Napoléon ! Si nous ne l'avions pas, il y a longtemps qu'on nous aurait mangés, nous autres paysans.

— Qui donc t'aurait mangé ?

— Eh pardi les coquins du roi, les commissaires de la République... Ils s'y entendent joliment ceux-là pour saigner le pauvre monde, d'après mon père qui les a connus.

M. Antony regarde Mazière par-dessus son pince-nez.

— Tu sais Sillou, Napoléon, ça lui arrive aussi de se tromper, comme toi et moi.

— S'il se trompe c'est qu'il y en a dans sa maison qui le trompent. Et l'Eugénie n'est pas la dernière. Elle fricotte dans son dos avec le pape. Ces deux-là manigancent des choses qui pourraient bien ne pas arranger nos affaires. Napoléon est trop occupé pour avoir tout le temps l'œil sur elle et trop brave pour la soupçonner !

— Ça par exemple, tu es joliment bien renseigné !

— Je ne plaisante pas, notré moussûr. C'est Campot, mon cousin de Teyjat qui me l'a dit. Il était aux armées en Italie. Il en a entendu de belles sur l'Espagnole. Tout le monde disait là-bas qu'elle faisait des complots avec les Bourbons et les évêques pour nous ramener la royauté.

— Si tu crois toutes les balivernes qu'on raconte, mon pauvre, tu n'as pas fini de t'empoisonner la vie. Té justement, il t'a écrit ton ami Napoléon. Il te donne sûrement des nouvelles fraîches de sa dame.

M. Antony, amusé par les propos de son métayer, lui tend la lettre de l'Empereur. Mazière n'a pas l'air d'y croire.

— Regarde, c'est envoyé à ton nom : Monsieur Mazière François à Plambeau, Hautefaye par Javerlhac, Dordogne, avec le cachet et l'aigle.

Mazière relève son chapeau, se gratte la tête, sourit en coin et prend le pli de sa grosse main caleuse de meneur de bœufs.

— Hé bé je vous remercie, notré moussûr.

— Ce n'est pas moi qu'il faut remercier, c'est Napoléon.

— Ah pour sûr, que je lui paierais bien à boire s'il venait à passer par ici, comme à vous, notré moussûr !

M. Antony sort de sa poche sa lettre à lui.

— Tu sais Sillou, l'Empereur m'a aussi écrit.

— Eh pardi, il sait que vous êtes un brave homme !

— Pourtant je ne suis pas toujours d'accord avec lui.

Mazière pensif, tourne et retourne sa lettre et lève les yeux sur son maître d'un air gêné.

— Vous ne me la liriez pas par hasard, notré moussûr ?

— Bien sûr que si je vais te la lire et même en patois, pour que tu n'en perdes pas un mot.

Un long mugissement retentit. M. Antony et son colon portent leurs regards sur le Mignon.

— Té notre bœuf est fait ! notré moussûr.

Bretanges.

Ecartelé d'or à un lion de gueules et d'azur à trois bandes d'argent... Les armes des Monéys d'Hautefort, de la Chatie, d'Ordières, de Sibioux, de la Madeleine et autres lieux, surmontées du casque féodal, brillent au soleil de midi. Chevalière au doigt, le comte Amédée fait doucement coulisser le tube de cuivre pour parfaire la mise au point de sa lunette d'approche. Debout sur le terre-plein du château, le père d'Alain scrute l'horizon en attendant le retour de son fils. Le ciel est limpide, l'air léger. C'est un plaisir de promener lentement son œil sur ce panorama printanier éclatant de verdure, de suivre la pente douce des prés, le contour des taillis, le dessin moutonnant des frondaisons, le tracé sinueux des chemins, d'épouser les moindres accidents de ce paysage familier en pleine éclosion, de s'attarder au balancement d'une branche, de surprendre un envol d'un ramier, de regarder le passage d'un troupeau, le cheminement d'un attelage, le travail d'une famille de métayers dans une terre, l'arrivée d'une voiture au manoir de Poutignac dont les élégantes poivrières se découpent sur la butte juste en face de Bretanges.

Gentilhomme cultivé, passionné de sciences naturelles, de météorologie, de paléontologie, d'agronomie, lecteur fervent et attentif de Buffon, de Cuvier, de Geoffroy Saint-Hilaire, de Darwin, de Humboldt, et plus récemment de Boucher de Perthes dont les découvertes sur « l'homme antédiluvien et ses œuvres » ont réveillé en lui des enthousiasmes d'étudiant, le comte Amédée de Monéys a toujours quelque chose à observer ou à découvrir dans ce site qu'il a sous les yeux depuis bientôt trente ans. Jour après jour il note ses observations sur le temps, la croissance de la végétation, l'état des récoltes, le passage des oiseaux migrateurs... Et quand il rentre de ses longues promenades à pied, il a les poches bourrées de trouvailles pour son herbier, ses collections de minéraux, de fossiles. Mais son plaisir d'amateur avide de curiosités scientifiques n'est jamais aussi grand que lorsque la chance l'a fait tomber sur un silex taillé ou une pointe de flèche qui lui donne à rêver aux tribulations des hommes préhistoriques dont on sait maintenant avec certitude qu'ils hantaient les vallées et les grottes du Périgord.

Ces bois, ces coteaux, ces prés, ces terres qu'Amédée de Monéys connaît, arpent par arpent, pour avoir tant de fois parcourus, à pied, à cheval, par tous les temps, pour les besoins de la propriété ou pour son délassement, bien plus qu'un décor rustique sont pour lui comme un paysage intérieur, comme une carte de géographie à l'échelle de son existence, où sont inscrits en grandeur vraie, les mouvements de son cœur, les perspectives de sa pensée, les cheminements de sa réflexion, le tracé de ses efforts, l'horizon de ses croyances, les traverses de ses doutes. Toute sa vie en somme. Ces étendues vallonnées, vertes et bruissantes l'été, sombres et désolées l'hiver font partie de son être comme les terres d'Hautefort, de la Chatie, d'Ordières, de Sibioux... ont fait partie jadis de l'être de ses ancêtres dont le plus lointain, de qui l'on a retrouvé trace, est un certain Peyre de Monéis, chevalier d'Hautefort en 1272, comme l'atteste un morceau de parchemin découvert par son oncle Adolphe chez un vieux curé de Périgueux.

Enfant de Guyenne, né en Poitou, élevé en Saintonge, Amédée de Monéys s'est fixé au Périgord au moment de son mariage avec Magdeleine-Louise de Conan, dernière descendante du nom des seigneurs de Connezac, Hautefaye, Plambeau et autres places, se rapprochant ainsi, avec plaisir du pays de ses origines. Après quelques années passées à Connezac dans sa belle-famille, le comte Amédée est venu s'installer avec les siens au logis de Bretanges que sa femme avait reçu en héritage d'un oncle qui le tenait du marquis Jean-Romuald de Monéys lequel avait déjà en son temps épousé une Magdeleine de Conan de Connezac qui lui avait apporté Bretanges dans sa dot. Dot d'une Conan à un Monéys, legs d'un Monéys à un Conan et retour aux Monéys à travers une Conan, la propriété de Bretanges rebondit de génération en génération d'une famille à l'autre depuis le début du siècle. Maire de Périgueux sous la restauration, homme spirituel, fortuné, légitimiste ardent, volontiers romantique, auteur de cantates et de vaudevilles, le marquis de Monéys avait fait de Bretanges une propriété d'agrément où il recevait toute la bonne société de son temps, donnait des fêtes, se plaisait à faire jouer les pièces de sa composition dans un petit théâtre de verdure dont on distingue encore le dessin arrondi dans un bosquet du parc. Amédée qui venait, dans sa jeunesse, en séjour chez son oncle garde un souvenir émerveillé de ces après-midi d'été où toute une compagnie aimable, insouciante, enrubannée, soyeuse, allongée sur les parterres de gazon applaudissait les artistes qui déclamaient et chantaient sous les arbres. Epoque bénie où tout semblait gai, léger, hors des aspérités du monde et du temps.

Terrien dans l'âme, plus homme pratique que bel esprit, plus agronome que mondain, et passablement moins fortuné que son oncle le marquis, le comte Amédée, sans altérer le charme de Bretanges, l'a transformé en exploitation agricole moderne, productive, propre à lui fournir les revenus dont il a eu besoin pour faire vivre sa famille, élever ses cinq enfants, payer les études d'Alain, le séminaire de Gaston, doter Marie-Radegonde et Angèle. Au fil des années, il a remis en état les vieux bâtiments, agrandi les métairies, outillé ses colons, rendu à la culture des hectares de friches, amendé les sols, multiplié le cheptel, acquis des parcelles de terre et de taillis pour étoffer ses domaines de Puyloubard, du Maine du Bost et surtout celui du Lac Noir, sur la commune d'Hautefaye, où il a implanté une nouvelle métairie et rénové une vieille tuilerie. Après vingt ans de patiente entreprise, son exploitation « commence à ressembler à ce qu'il a voulu en faire ». La satisfaction qu'il en éprouve est d'autant plus grande qu'Alain, son fils aîné, dès la fin de ses études, a décidé de rester à Bretanges pour se consacrer tout entier à la propriété et poursuivre sa mise en valeur : lui qui a passé toute sa jeunesse dans les livres et qu'on aurait plutôt vu courir une carrière de littéraire s'est découvert une vocation de gentilhomme terrien débordant d'activité et d'initiative. Cela malgré sa constitution physique plutôt délicate et sa démarche boitillante, séquelle d'une mauvaise chute qui date de son enfance. Confiant dans les capacités de son fils qui a su se faire aimer des métayers et apprécier de tous, Amédée de Monéys lui a, depuis quelques années déjà, laissé le soin de diriger et de gérer l'exploitation, heureux de pouvoir à soixante-quatre ans consacrer ses vieux jours aux lectures, aux observations, aux réflexions qu'il n'a pas eu le loisir de mener à bien pendant tout le temps qu'il a passé à s'occuper de la propriété. Retiré des affaires domestiques, il s'est aussi retiré des affaires publiques. Il a quitté, il y a quatre ans, son siège au conseil municipal, laissant, là encore, le soin à son fils de se présenter à sa place. Elu, à une plus forte majorité que lui, c'est-à-dire à la quasi-unanimité de ses concitoyens, Alain a été nommé adjoint au maire presque aussitôt, pour le plus grand bonheur de son père. « J'ai un fils qui a les pieds sur terre, un autre les yeux au ciel, aime à répéter Amédée, je peux m'offrir le luxe d'une retraite philosophique. »

Très attaché aux valeurs positives de la noblesse, qu'il conçoit à la manière des premiers chevaliers, comme un principe généreux qui ne vous donne des droits que dans la mesure où vous souscrivez d'abord à vos devoirs et obligations notamment à l'égard de ceux qui dépendent de vous, le comte de Monéys n'est pas tendre avec les noblaillons qui se servent de leurs titres, vrais ou faux, comme d'un perchoir aux vanités du haut duquel ils s'autorisent à « en imposer au tiers et au quart » sous le prétexte qu'ils sont nés, ou se croient tels. Il est de ceux qui regrettent que la noblesse ne soit pas restée ce qu'elle était à l'origine : un ordre ouvert, vivant, auquel chaque nouveau venu avait à faire ses preuves avant de pouvoir prétendre à un rang. Au lieu de cela, elle est devenue un univers clos, rigide, replié sur son catalogue de privilèges héréditaires. Et c'est ce qui a fait sa perte. Homme de tradition, Amédée croit à l'évolution de la société et au progrès, qu'il comprend en lecteur de Darwin comme une adaptation vitale aux transformations du monde. C'est parce que l'ancienne monarchie n'a pas su s'adapter à son temps qu'elle a été balayée par les horreurs de la Révolution. Si l'esprit de Montesquieu avait soufflé un peu plus fort sur les hommes de l'Ancien Régime et celui de Tocqueville sur ceux de la Restauration, on aurait peut-être évité bien des malheurs au pays. Malheurs que les ascendants d'Amédée ont éprouvés comme beaucoup d'autres, dans la tourmente révolutionnaire. Aucun d'eux, même aux pires moments, n'a voulu émigrer, ni même quitter sa région, mettant un point d'honneur à rester là où ils avaient toujours vécu. Amédée se rappelle encore avoir vu son grand-père s'user en vaines démarches pour que soit restituée à sa famille la terre d'Ordières confisquée à tort comme bien d'émigré. C'est avec ce même souci de faire face aux vicissitudes du siècle et de rester « garant de ce que l'on est », que le comte Amédée avait accepté d'être maire de Beaussac en 1848 et pendant toute la durée de la République, au moment où toutes les vieilles haines ressortaient, menaçant à tout instant de dégénérer en expéditions punitives et de rallumer la guerre civile dans les campagnes. Servi par son tempérament généreux, son esprit positif, il a réussi à désarmer les passions, à réconcilier ceux qui se disaient irréconciliables. En 1852, quand Louis-Napoléon a fait appel au peuple pour rétablir l'Empire, Amédée de Monéys, malgré son peu de sympathie pour le bonapartisme a fait campagne en sa faveur, parce que ce lui semblait le plus sûr moyen de ramener durablement la paix et la concorde dans sa commune. Les cent trente-quatre électeurs de Beaussac ont voté comme un seul homme, OUI à Napoléon III, y compris les quelques républicains enragés et légitimistes intraitables. Sa mission accomplie, le comte Amédée, est rentré dans le rang, se contentant de son seul mandat de conseiller municipal. Le rôle qu'il a joué à cette période et son attitude lui ont valu une haute estime de la part de l'immense majorité de ses concitoyens. Estime que lui et les siens se sont attachés à continuer de mériter en devenant des bienfaiteurs de Beaussac. C'est ainsi que Louise, sa femme a mis à la disposition de la commune une maison du bourg qui lui venait de son père, pour y installer une école de filles, ouverte à toutes les enfants des environs. Elle a fait venir des sœurs de Sainte-Anne-de-la-Providence qui apprennent aux petites drôles patoisantes à parler français, à lire, à compter, à broder, les initient aux bonnes manières et leur dispensent une solide instruction religieuse. Chaque année, le jour de la fête de l'école, tout Bretanges descend au bourg pour voir et entendre les élèves enrubannées jouer la comédie et chanter « Il pleut bergère » devant la foule attendrie des parents. Témoins ou bénéficiaires des bontés de « ces messieurs dames de Bretanges », les habitants de Beaussac et les paysans des environs ne leur ménagent pas les éloges. C'est souvent qu'on les entend dire avec un brin d'emphase : Ces gens sont la providence du pays.

Favorisés par la naissance et la fortune, les Monéys, n'en ont pas moins eu leur part de malheur. Alexandre, leur fils aîné, est mort en bas âge du croup et Adhémar, le troisième, dont l'obscure silhouette, animée d'un perpétuel balancement comme les grands animaux en captivité, se dessine, là-haut, devant la fenêtre ouverte de sa chambre, Adhémar, le jumeau de Marie-Radegonde, âgé de vingt-neuf ans, est né mongolien. Entouré de l'affection patiente de tous, il passe le plus long de ses journées entre les quatre murs nus de sa chambre, meublée d'un lit Henri II dont on a démonté les colonnes, d'un coffre à bois, d'une table, de trois tabourets, et d'un crucifix avec sa branche de buis bénit que l'on n'a pas manqué de renouveler il y a deux semaines, le jour des Rameaux. Pascal, le cocher du château, dévoué comme un ange gardien à « Monsieur Adhémar », lui monte trois fois par jour ses repas, le fait manger, le change, le soigne, lui parle, l'amuse avec une bonhomie touchante. Malgré ses apparences rugueuses, sa gestuelle parfois inquiétante, Adhémar est un être infiniment sensible, sociable même. Il aime la compagnie et répond toujours avec fougue aux marques d'affection que lui manifestent ses parents, ses frères, ses soeurs, les familiers de la maison. Mais ses élans ne sont jamais aussi forts que lorsque Alain, son aîné, monte le voir, lui apporte des noix ou du raisin, l'emmène en cabriolet, le promène dans les allées du parc, les chemins de terre, les sous-bois, s'arrête avec lui chez les métayers, visite les étables, pénètre dans les chais, goûte le vin nouveau... Il y a entre Alain et Adhémar, depuis la petite enfance, comme une passion amoureuse, indestructible, nourrie de mille petits gestes, de signes, de sourires, de tout un langage brut, pré-humain, ineffable, fait de mimiques, de bruits rauques du gosier, de claquements de langue, d'esquisse de mots en voie d'articulation... Leur père qui ne se lasse pas de réfléchir aux phénomènes de la nature, se plaît à voir dans cette étonnante idylle qui unit le plus intelligent de ses fils et le plus démuni, un effet particulièrement harmonieux de l'attraction qu'exercent l'une sur l'autre la part d'animalité et la part de divin qui cohabitent en nous pour le meilleur, et parfois pour le pire.

Profitant de cette matinée radieuse, Mme de Monéys est venue, en attendant l'heure du déjeuner, tenir compagnie à son mari, toujours plongé dans le tube de sa lorgnette. Elle a porté son tambour à broder et s'est assise dans un fauteuil d'éclisse, à l'ombre du tilleul au feuillage tout neuf. Avec sa longue jupe bouffante de soie noire, serrée haut à la taille, son corsage aux manches évasées, boutonné jusqu'au cou, avec son bonnet de dentelle tuyautée, noué sous le menton, ne laissant dépasser de ses cheveux gris que les racines sur le dessus du front et deux anglaises de chaque côté du visage, Louise de Monéys a bien l'apparence de ce qu'elle est. Femme de devoir, réservée, stricte, entrée dans la condition d'épouse et de mère comme on entre en religion, dévouée à son mari, à ses enfants, et à Dieu dont ils sont tous, à ses yeux, les créatures d'élection. Dévouée aussi à sa maison qu'elle a voulu à l'image de ses piétés familiales. Epouse et mère devant l'Eternel, elle ne perçoit les choses du monde qu'à travers l'existence des siens, de même que jeune fille, elle ne les percevait qu'à travers l'existence de ses parents, de ses oncles, de ses cousins, tous issus ou alliés des cinquante familles de bonne noblesse, qui, dans les siècles passés, ont semé tout autour de Mareuil, de Brantôme, de Verteillac, leurs castels, manoirs, gentilhommières et autres maisons fortes, imprimant à cette contrée un charme féodal qui fait toujours monter à l'imagination l'écho des olifants, le grincement des armures, le branlement des hennins, le soupir des damoiseaux, l'accent des troubadours. Pendant plusieurs siècles, les seigneurs de Conan de Connezac, d'une lointaine origine bretonne, étendirent leurs droits de main morte, de haute et basse justice, de chasse et de pêche, perçurent leurs taxes, péages, bénéfices, sur nombreuses paroisses des environs, Beaussac, le Graulges, Rudeau, Ladosse, Lussas, Hautefaye... jusqu'à la Révolution qui porta un vilain coup à leur fortune. Bretanges, « Terre des Bretons », fût au XVIIIe siècle la résidence de régisseurs chargés de faire valoir leurs biens et de lever leurs impôts. Les temps ont changé et contrairement aux extravagantes rumeurs qui reviennent de temps en temps dans les conversations d'auberge et les propos de foire, donnant à croire que « les nobles et les curés s'apprêtaient à rétablir les anciens droits féodaux », ce n'est certes pas à Bretanges qu'on rêve d'exhumer les terriers ! Les sujets autour desquels tournent les pensées de Louise de Monéys, dernière descendante directe des seigneurs de Connezac, ce sont les grossesses de Marie et d'Angèle, le baptême des petits-enfants, le projet de mariage d'Alain avec Marie-Gabrielle de Vassoigne, qu'elle serait si contente de voir aboutir avant la fin de cette année : Alain aura trente-deux ans le 9 juillet, et Marie-Gabrielle est tellement la femme qu'il lui faut ! C'est aussi le retour de Gaston du séminaire de Saint-Sulpice : va-t-il entrer dans les missions, partir des années pour l'Afrique, comme il y songe quelquefois, ou devenir curé de campagne dans le diocèse, comme on le souhaite sans le lui dire, parce que sa vocation ne regarde que lui ? Le seul point aveugle dans le champ des visions maternelles de Louise de Monéys, c'est Adhémar. Impossible de penser à ce qu'il va devenir, parce qu'il ne peut pas devenir autre chose que ce qu'il est, identique à lui-même au fil des années. A vingt-neuf ans, comme à dix-neuf, mêmes balancements, mêmes grimaces figées, même voix informe, mêmes regards bridés de tendresse à vous tirer les larmes. Il paraît que passé trente ans, la vieillesse vient tout d'un coup chez les mongoliens, qu'ils se ratatinent en quelques mois et meurent tout ridés, comme les pommes aux derniers jours de l'hiver... Toujours planté, là-haut, dans l'embrasure de sa fenêtre, Adhémar, depuis un moment a cessé de se dandiner. Bouche ouverte, sourcils relevés, il fixe avec insistance, quelque chose ou quelqu'un, là-bas, au loin, du côté du chemin d'Hautefaye, dans la direction précise où son père a braqué sa longue-vue.

— Ah, voilà Alain ! annonce M. de Monéys à sa femme.

— Il nous amène l'ingénieur ?

— Il nous amène un arbre.

— Comment dites-vous ?

— Je dis : il nous amène un arbre.

— Un arbre ?

— Oui un arbre. Il est seul dans la voiture avec un arbre vert, on dirait une espèce de palmier. Vous savez bien qu'Alain s'est mis dans la tête de transformer le parc en arboretum d'essences rares.

La conversation retombe. D'un geste lent et précis, M. de Monéys plie sa longue-vue, la replace dans son étui, prend sur le plateau du courrier le dernier numéro des *Annales de la Société d'Agriculture de la Dordogne,* s'assied dans un fauteuil.

Pierre, le vieux jardinier en blouse bleue et chapeau de paille, traverse le terre-plein de droite à gauche en poussant sa brouette chargée de pots de fleurs. La comtesse de Monéys lève le menton, tourne un peu la tête et appelle d'une voix flûtée.

— Marguerite !

Une femme d'une quarantaine d'années, drue, bien en chair, portant coiffe et tablier, apparaît sur le seuil d'une porte latérale.

— Madame la comtesse m'a appelée ?

— Oui Marguerite, tu diras à Françoise d'enlever le couvert de l'invité. Monsieur Alain revient seul. On pourra passer à table dès qu'il sera là.

Mme de Monéys parle d'une voix lente, surveillée avec des intonations du sud-ouest. Marguerite, nature, lui répond de son fort accent campagnard.

— C'est que les pintades ne sont pas tout à fait assez rôties Madame la comtesse. Le feu ne veut pas tirer aujourd'hui.

— Eh bien tu nous diras quand ce sera prêt.

— La bonne cuisine n'attend pas, elle se fait attendre, lance plaisamment M. de Monéys.

— Monsieur le comte est trop bon.

— Mais non, mais non, Marguerite. Tu sais que M. de Lagarde a parlé de tes farces truffées au roi des Belges.

— Le roi des Belges ne les a pas goûtées, Monsieur le comte.

— C'est tout comme, Marguerite.

La cuisinière disparaît dans sa cuisine en marmonnant. M. de Monéys se remet à sa lecture, Madame à sa broderie. Le jardinier repasse en sens inverse, sa brouette vide. Adhémar à sa fenêtre, les yeux écarquillés, le front plissé, regarde toujours vers le chemin des métairies. La sonnaille des grelots se rapproche, et les sabots de l'orlov. Alain arrive. Adhémar se dandine.

Par une croisée ouverte du rez-de-chaussée, on aperçoit la silhouette d'une jeune servante, on entend des bruits de porcelaine et d'argenterie. Mme de Monéys appelle de nouveau.

— Françoise !

La jeune soubrette se montre à la fenêtre, une assiette et un verre à pied à la main.

— Oui, Madame la comtesse.

— Tu nous porteras le sirop d'orgeat, de l'eau bien fraîche et trois verres, je te prie. Monsieur Alain doit avoir bien soif.

— Bien, Madame la comtesse.

Le bruit de la calèche est maintenant tout proche. Les traits d'Adhémar s'animent. Un large sourire se dessine sur son visage bigle, son dandinement s'accélère. Il se gratte l'épaule. La calèche au cheval blanc entre au château. Des chiens aboient. M. et Mme de Monéys lèvent les yeux, la cuisinière sort la tête par la fenêtre de la cuisine, le jardinier pose sa brouette et se met les mains sur les hanches. Un vol de pigeons blancs passe. Alain descend de voiture. Il porte sous le bras son plan cadastral roulé dans un étui en cuir. Ossian et Mervim bondissent, virevoltent autour de l'équipage. De sa fenêtre, Adhémar tout heureux salue son frère en agitant une cuillère en bois qu'il tient dans la main gauche. Alain lui répond en agitant de la même façon son étui cylindrique, et s'adresse au jardinier.

— Pierre tu seras gentil d'aider Pascal à sortir la plante qui est dans la voiture et de la porter ici, devant la maison.

— C'est « plo » le bananier que vous avez annoncé, Monsieur Alain.

— C'est un palmier de Chine, Pierre.

— Té !

Alain s'avance vers sa mère et l'embrasse.

— Quelle chaleur !

— Ton père dit que c'est la comète.

— Ce n'est pas moi qui le dis. C'est l'Académie des sciences. Il y a même un paléontologue du Collège de France qui prétend que nous serions entrés dans une période de changement climatique irréversible.

— En tout cas, si ça continue, je ne sais pas où nous irons chercher le fourrage. Les prés sont brûlés avant même d'avoir poussé. La Nizonne à Champeau est presque à sec, les terres labourées sont comme du macadam.

— Et le baromètre continue de monter.

Françoise apporte les rafraîchissements, pose le plateau sur la table de jardin. Alain retire sa veste de drap et la tend à la jeune servante.

— Tiens Françoise, tu me porteras mon veston de lin, je te prie. Je ferai le service.

— De suite, Monsieur Alain.

Alain sert du sirop à sa mère.

— Une larme...

— Et beaucoup d'eau, je connais vos goûts, maman.

— Merci, mon fils. Tiens, tu regarderas, il y a une lettre de ton frère. Il annonce qu'il viendra dire sa première messe à Bretanges pour Pentecôte. Il va falloir mettre la chapelle en état.

— Et vous allez avoir de l'ouvrage pour finir son trousseau.

— Ah, si je n'avais pas ces affreux rhumatismes, il y a un joli moment que tout serait prêt.

— Vous avez presque terminé les ornements blancs.

— J'ai encore des fils d'or à passer dans la chasuble et la chape à doubler. Tes sœurs m'aideront à finir le reste.

Alain remplit un verre pour son père et le lui porte. M. de Monéys tient sa brochure ouverte et regarde son fils.

— Toi qui connais les bons auteurs, tu vas sûrement me dire qui a écrit ces mots...

Il lit d'une voix bien articulée en roulant un peu les r :

— « D'un marais fangeux, d'une vallée sans vie, couverte de joncs et de flaques d'eau où barbotent les canards sauvages, où grouille ce peuple tapageur qui, chose étonnante aujourd'hui, demande à grands cris un roi, l'homme peut composer un paysage riant, harmonieux, aussi propre à ravir le poète qu'à satisfaire l'homme pratique. »

Alain sourit.

— Mais c'est le texte de ma communication à la société d'agriculture. Il est arrivé ?

— Tu vois que tu connais tes bons auteurs, acquiesce M. de Monéys en tendant à son aîné le numéro des *Annales de la Société d'agriculture de la Dordogne.* C'est bien tourné, ça coule de source, ça chante bien.

— Si ça pouvait chanter à l'oreille de ces messieurs du ministère, ça ne serait pas de l'encre perdue.

Alain regarde avec plaisir son texte imprimé, sur l'assainissement des vallées. Amédée de Monéys répète de mémoire une phrase de son fils.

— « Ce peuple tapageur qui, chose étonnante aujourd'hui, demande à grands cris un roi... » N'y a-t-il donc plus que les grenouilles pour demander un roi ?

— Le peuple des chaumières ne demande que son Empereur.

— C'est plutôt l'Empereur qui redemande son peuple. Le facteur nous a porté sa prose. Je dois dire que je préfère la tienne.

— L'Empereur redemande son peuple, et il l'aura. Vous pouvez être sûr que pas une voix ne lui manquera dans nos campagnes. Pas même la vôtre, je présume. A moins que vous ne souhaitiez voir la France aux mains des Rochefort et des Gambetta.

— Fichtre ! Les marquis rouges et les francs-maçons ! Je laisse ça à ton camarade Dusolier et à ses amis enragés.

— Alcide n'est pas un enragé. C'est un idéaliste. Il rêve à la république des sages, à la République de Platon, à la démocratie vertueuse, éclairée par les citoyens philosophes. En classe de rhétorique, on l'appelait Saint-Just. Il lui ressemblait du reste, avec son grand chapeau et ses longs cheveux ondoyants...

Mme de Monéys qui s'est remise à sa broderie intervient.

— C'est tout de même comique de penser qu'il a demandé la main de la fille d'un légitimiste à tous crins.

— Louis de Reilhac n'est pas mécontent de redorer son blason, fût-ce avec la fortune des Dusolier.

— Acquise en spéculant sur les biens que la République nous a confisqués.

— C'est une façon de rendre à César ce qui était à César. Avec le temps, tout finit par s'équilibrer. La bourgeoisie républicaine dès qu'elle a quatre sous, ne pense qu'à blasonner. Vous verrez qu'un jour, les enfants Dusolier prétendront au titre de comte de Château-Rocher

— Dieu merci, je ne le verrai pas.

Alain ouvre son courrier déposé sur la table.

— Ah ! Tout arrive !

— Qu'est-ce que c'est, demande son père.

— Une lettre de la préfecture : « Monsieur le Directeur, suite aux demandes de subventions que vous avez présentées au profit du Syndicat pour l'amélioration de la vallée de la Nizonne et du ruisseau de Beaussac, nous avons l'honneur de vous annoncer qu'une première tranche de crédits sur les fonds de l'Etat de 3 000 F vous est accordée ainsi qu'un complément de 1 000 F sur les fonds départementaux, conformément à la proposition avancée par le conseil d'arrondissement de Nontron, dans sa session du, etc. » Quatre mille francs, ce n'est pas le pactole, mais ça va nous permettre de commencer les travaux. Il faut que je prévienne Bouteillé au plus tôt.

— La campagne plébiscitaire est ouverte, les fonds publics se débloquent ! Le préfet veut s'assurer nos voix.

Alain se ressert un verre d'orgeat.

— Pour une fois que notre pauvre canton va un tout petit peu en profiter, ça s'arrose.

Alain, réjoui, lève son verre en souriant à son frère mongolien qui, de là-haut, ne le quitte pas des yeux et semble éprouver de façon quasi mimétique chaque état d'âme de son frère. Françoise apporte le veston de lin d'Alain soigneusement plié sur son bras. Mme de Monéys déplie le vêtement sacerdotal qu'elle est en train de broder.

— Tiens Alain, avant d'enfiler ton veston, j'aimerais que tu passes sur tes épaules la chape de ton frère. Je voudrais voir si elle tombe bien.

— Gaston a une plus forte carrure que moi, maman.

— Je me rendrai tout de même compte. Françoise, veux-tu placer ça sur les épaules de Monsieur Alain, je te prie.

Françoise prend la chape brodée et la déploie sur les épaules d'Alain.

— Elle vous va très bien, Monsieur Alain.

M. de Monéys apprécie.

— Oh ! tu es parfait. Si Gaston se défroque, tu pourras prendre sa place.

Mme de Monéys fronce le sourcil.

— Amédée ! Comment pouvez-vous mettre en doute la vocation de Gaston.

— Je plaisante, mon amie, je plaisante !

— Pas avec ça, Amédée !

Alain, la chape de son frère Gaston sur le dos, sourit. A l'étage, Adhémar, bouche ouverte, les yeux sur son frère, s'amuse à taper le rebord de la fenêtre avec sa cuillère en bois.

— Maman, ne m'avez-vous pas dit un jour que j'étais fait pour entrer dans les ordres ? interroge Alain.

— C'est possible, mais maintenant j'aimerais bien te voir marié. Je suis sûre que ton père ne serait pas mécontent non plus de voir le nom des Monéys d'Ordières...

— Oh, je n'ai pas de conseil à donner à Alain, coupe son père, surtout pour ces choses-là.

Pierre le jardinier, et Pascal le cocher, arrivent en portant le palmier en pot qu'ils ont sorti de la calèche. M. de Monéys s'émerveille.

— Oh ! le beau Chamoerops ! *Chamoerops excelsa,* si je ne me trompe, ou palmier à chanvre.

— Exact, c'est celui qu'Albert nous a promis. Il vient des fameuses graines qu'il a rapportées de sa campagne de Chine, très exactement de Tchou-San, au large de Shangai. C'est la seule espèce de palmier qui supporte une température de moins douze, moins treize degrés. Les Chinoises se tressent des chapeaux avec la fibre du tronc.

— J'ai justement lu, il y a quelque temps, dans la *Revue horticole de Bordeaux* un article du directeur des serres du Muséum qui suggérait que l'on propageât sa culture au sud de la Loire pour en tirer de la ficelle imputrescible et de la bourre à matelas.

— C'est plutôt une plante d'ornement.

— Vous trouvez ça beau, intervient Mme de Monéys. On dirait une tête de loup déplumée avec cette vilaine barbe sur le tronc.

— En grandissant, il prendra une belle allure. Vous savez qu'il peut atteindre huit à neuf mètres de haut.

— Je ne le verrai pas.

— Il y en a un magnifique à La Grave, chez le duc Decazes. Il dépasse le deuxième étage du château.

Quelque chose, lancé du premier, tombe aux pieds du palmier. C'est la cuillère en bois d'Adhémar. Alain la ramasse et regarde sa mère.

— Tiens, Adhémar a faim !

Mme de Monéys appelle le cocher.

— Pascal, tu seras gentil de monter le déjeuner de Monsieur Adhémar.

— Bien, Madame la comtesse, j'y vais.

Alain va se mettre sous la fenêtre de son frère qui s'est posé maladroitement sa serviette blanche sur les épaules pour l'imiter revêtu de la chape de Gaston. Alain lui fait comprendre d'un geste qu'il va lui renvoyer sa cuillère.

— Allez attrape... Hop !

Alain lance, Adhémar tend la main, mais manque la cuillère. Alain recommence une fois, deux fois. A la troisième, il envoie la cuillère à l'intérieur de la chambre. Adhémar tout content bat des paumes.

On entend tinter la cloche du château. Marguerite, tablier sur le ventre, arrive de la cuisine.

— Si ces Messieurs Dames veulent bien passer à table, les pintades sont rôties à point.

Mme de Monéys pose son ouvrage, Monsieur sa lecture, Alain enfile sa veste et tout le monde se dirige vers la salle à manger.

Le calme de midi enveloppe le logis de Bretanges. On n'entend plus que le bruit assourdi de l'argenterie heurtant la porcelaine, le murmure lointain des voix, le frou-frou des pigeons qui s'envolent, le bourdonnement des abeilles dans les lilas.

Adhémar à sa fenêtre, sa serviette nouée autour du cou, le regard absent, dévore la cuisse de pintade qu'il tient à pleine main.

Hautefaye.

A toute volée, le commis-maréchal bat le fer rouge. Le métal sonne et résonne dans la tête d'Anna qui accuse chaque coup de marteau d'un léger froncement de sourcils. Le costaud en rajoute. Il prend un malin plaisir à montrer sa force à la petite Mondout au regard si doux, aux formes si pleines. Ce n'est pas tous les jours qu'on a une jolie drôle à ferrer. Sûr que le Raymond lui dirait bien deux mots au coin d'un bois. Il l'a épiée plus d'une fois à travers la lucarne du fond de l'atelier quand elle est au jardin à tirer des poireaux ou couper de l'oseille. De la voir courbée sur la terre, les hanches arrondies, le cul en l'air, lui fait monter de ces envies, Boudi ! C'est souvent qu'il faut qu'il aille se finir dans le réduit aux ferrailles. De sa grosse pince de forge, le fier-à-bras saisit le fer rouge et le trempe dans l'eau trouble en regardant du coin de l'œil la nièce du Bon Dieu.

— Je t'ai trouvé deux bons fers de bourrique, avec ça tu pourras danser la doucette !

— En tout cas j'espère qu'ils me tiendront deux ans.

— Hé paubré, tu auras le temps de marier ton dernier avant qu'ils soient usés !

La sonnerie d'un clairon interrompt brusquement le duo du forgeron et de la bergère. Anna et le Raymond lèvent les yeux. En face de l'atelier, de l'autre côté de la ruelle, des hommes se sont assemblés devant la porte de Mathieu, sur laquelle luit une affiche encore toute humide de colle : *Proclamation de l'Empereur...*

Coiffé d'un vieux bonnet à poils, vêtu d'un haut d'uniforme délavé de grenadier d'Empire, épaulettes dorées, jambe de bois, guêtre au mollet, sabot au pied, Sainte-Hélène, quatre-vingt-neuf ans, sonne la charge aux villageois du haut des trois marches de la mairie.

— Té, le Mathieu a sorti son fantôme, raille le Raymond.

Tout le monde dans le pays connaît Sainte-Hélène, un des derniers survivants de la Grande Armée. Il a perdu sa jambe à la Bérésina et

Napoléon Ier lui a épinglé de sa main la Légion d'honneur sur la poitrine en lui adressant ces paroles immortelles :

— Chevalarias, tu es un brave ! La France n'oubliera jamais le sang que tu as versé pour la patrie. Je suis fier de toi.

La France n'a pas oublié, mais Léonard Chevalarias, lui, a oublié que Napoléon Ier était mort ou n'a jamais voulu le croire. Il est persuadé que l'Aigle d'Austerlitz est toujours en exil à Sainte-Hélène. Il attend son retour d'un jour à l'autre depuis cinquante-cinq ans. Et ce n'est pas la peine d'aller lui raconter que le caporal est passé de l'autre côté depuis belle lurette. D'abord Chevalarias est sourd comme une tonne de plomb, ensuite il a des arguments qui vous laissent sans réponse.

— La preuve qu'il va revenir, c'est qu'il a envoyé son petit neveu aux Tuileries pour faire astiquer les parquets et reluire les cuivres le temps qu'il arrive.

Chevalarias n'est plus à l'âge où l'on change d'idées facilement. Alors ma foi, pourquoi le contrarier. Autant le laisser dans son rêve. Si cela lui fait plaisir de s'imaginer que Napoléon continue d'arpenter son île la main dans le gilet, cela ne fait de mal à personne, et ça amuse les drôles. D'ailleurs, on ne s'ennuie jamais avec Sainte-Hélène. Comme il n'entend rien, qu'il ne sait pas lire et que sa mémoire s'est arrêtée à 1815, il ne raconte que de belles histoires d'un temps qu'il est le dernier du canton à avoir connu. Il faut l'entendre, les soirs, à la veillée, égrener ses souvenirs de grognard. Il faut voir ses yeux se noyer aux seuls noms de Marengo, de Wagram, d'Austerlitz, de Smolensk. Ah, Smolensk ! La Moskowa ! derniers feux de la gloire avant la déroute et le cauchemar. Pourquoi a-t-il fallu que le terrible hiver arrive. Non, il ne méritait pas ça Napoléon Bonaparte, lui qui savait si bien parler aux enfants des campagnes parties tambours battants, cocarde au chapeau, aigle à la blouse, lui qu'on était prêt à suivre au bout du monde parce qu'on était fier de lui, fier de son pays, fier de soi aussi, comme on ne l'avait jamais été avant, sous la royauté, au temps des derniers Bourbons.

Avec ce qu'il lui reste de souffle, c'est toute la légende des soldats paysans de l'Empire, inscrite en traits de feu dans son corps mutilé, que le patriarche claironne aux oreilles des habitants d'Hautefaye. Légende si chère à la mémoire du peuple des campagnes que la Révolution a libéré du servage et que lui, Napoléon le Grand, avec son code et son chapeau, a conforté dans ses droits. En 1789, Sainte-Hélène avait huit ans. Ses parents ne possédaient rien : ni terre, ni bête, ni maison, ni vaisselle. Ils travaillaient comme journaliers au hasard de la besogne et du bon vouloir des seigneurs. Autant dire qu'ils n'étaient rien. Sous son bonnet à poil, ses épaulettes, ses boutons dorés, ses aigles sur le corps, Léonard est devenu tout, par la grâce de l'empereur des Français.

Légende dorée des chaumières dont Napoléon, le neveu, a su si bien s'auréoler aux yeux des laboureurs, des métayers, des forgerons, des feuillardiers, des scieurs de long, de toute cette population sans lecture aux mains calleuses, à la figure tannée, au parler sonore, qui vit loin des villes dont elle se méfie, accrochée à la terre, enfermée dans le cycle sans fin des travaux saisonniers, esclave des intempéries, coupée du monde industriel dont les progrès qu'elle perçoit au bruit d'une locomotive ou d'une batteuse à vapeur l'inquiètent plus qu'ils ne l'émerveillent, même quand ces progrès sont faits pour faciliter son travail, alléger sa peine. Ce qui attache tant ces paysans à leur Empereur d'aujourd'hui, ce n'est pas le tunnel sous le Mont-Cenis, le télégraphe électrique, la machine à coudre, le palais de l'Industrie, le crédit foncier, le canal de Suez, la Samaritaine, l'Opéra de Paris, c'est qu'il soit, lui, Napoléon III, l'héritier, le continuateur de Napoléon Ier, monarque élu au suffrage universel, garant des acquis de la Révolution de 89, protecteur des droits que les manants ont arrachés aux châtelains, à commencer par le droit de posséder ne fût-ce qu'une infime parcelle de terre ou de taillis. Droit sacré, passion viscérale que tout autre qu'un Bonaparte, roi ou république, ne songerait qu'à reprendre aux paysans, comme cela s'est vu en 1848 avec l'impôt des 45 centimes. Louis-Napoléon, disait-on quand le bruit de son retour d'exil a couru dans les campagnes, est le seul en France assez riche pour ne pas avoir à envoyer ses gendarmes, ses collecteurs de fonds, ses huissiers pour étrangler le pauvre monde. Il paiera l'impôt à notre place !

Rien de mieux pour entretenir dans l'âme paysanne cette confiance aveugle en Napoléon, ce culte farouche de l'homme providentiel, bienfaiteur de la terre que d'entendre les récits héroïques de Marengo, d'Austerlitz, le roulement du tambour, la sonnerie du clairon.

En haut des trois marches de sa maison pavoisée, le maire d'Hautefaye bombe le torse. Pas peu fier, le bonhomme d'avoir sous la main un ressuscité de la Bérésina pour mettre en musique la proclamation de Napoléon III. Devant la porte de la mairie, ils sont une bonne dizaine du bourg ou d'à côté à se demander si Sainte-Hélène arrivera au bout de son morceau. Il y a le vieux Delage, ses fils et son petit-fils, celui qui fait le loup-garou pour faire peur aux filles, Jean Lavaud l'épicier, Jacquou son commis, Mousnier l'aubergiste, Mercier le charpentier, Brouillet le boulanger, Jardry l'adjoint, François Antony et Pierre Villard, deux conseillers, Jean Duconger, Elie Bonnithon et quelques autres. L'air de rien, Mathieu fait le compte des présents et note dans sa tête les absents : Lachaud l'instituteur, Saint-Pasteur le curé et bien entendu Elie Mondout : Le Bon Dieu est pourtant conseiller et il habite la porte à côté. Ce serait la moindre des choses qu'il soit là quand on fait la propagande de l'Empereur. Pour sûr qu'il veut encore se faire remarquer !

Des femmes aussi se sont approchées, curieuses et attendries de la prouesse de Sainte-Hélène. Des enfants jouent aux soldats : le petit Napoléon Nadaud, coiffé du fameux chapeau en papier journal, armé d'un sabre de bois, le pouce dans la bouche, sonne la charge et conduit une troupe de gouillassous du village à l'assaut d'un tas de fumier.

Dans l'atelier, le Raymond n'en finit pas de ferrer le sabot d'Anna, un œil sur Sainte-Hélène, l'autre sur la blouse bien garnie de la petite. Il s'y reprend à trois fois pour planter ses clous. D'habitude, il n'est pas si maladroit.

Un dernier effort, une dernière mesure et le mutilé de la Grande Armée achève son morceau de bravoure. Dans l'assistance, ce n'est qu'un cri.

— Vivo Sent-Eléno !

Les hommes applaudissent, se découvrent, lèvent leur galure.

— Vivo Sent-Eléno ! Vivo Napouléoun !

Le vieillard essoufflé, la larme à l'œil, sourit de sa bouche sans une dent. Mathieu le prend par le bras.

— Ah ! Sainte-Hélène, tu es plus vaillant qu'un conscrit.

Le grognard toujours perdu dans son rêve, soliloque en patois :

— Je savais bien qu'il reviendrait. Il est rendu à Fontainebleau, n'est-ce pas ? Il est revenu, il est revenu...

Le maire acquiesce du bonnet, puis se retourne vers l'assistance.

— Mes amis, avant d'aller trinquer à la santé de Sainte-Hélène et de Napoléon, je m'en vais vous lire la proclamation que Sa Majesté l'Empereur a adressée à tous les Français.

Sainte-Hélène délire toujours :

— Je le savais bien qu'il reviendrait... Je le savais. Vivo l'Emperour ! Vivo lu vencéire de l'Austerlitz !

Tout le monde l'applaudit. Mathieu sort de sa poche le texte de la proclamation de Napoléon III et la lit d'une voix lente en la traduisant en patois. L'assistance écoute avec respect et dévotion. Après le dernier mot, les vivats éclatent, les chapeaux se lèvent.

— Vivo l'Emperour ! Vivo l'Emperour !

Le maire invite alors son monde à boire le coup.

— Allez Sainte-Hélène, viens trinquer. C'est Napoléon qui paye !

On fait entrer le patriarche et les hommes emboîtent le pas derrière lui. Les femmes restent dehors à deviser. Dans l'atelier, le Raymond qui a autant soif qu'envie d'asticoter la petite Mondout, plante ses derniers clous.

— Te voilà ferrée pour tes noces, ma belle ! Et si tu es en peine de futur, viens me trouver. Je t'en connais un qui fera bien ton affaire.

Ses deux sabots dans les mains, Anna les entrechoque bruyamment fer contre fer sous le nez du Raymond, comme font les bergères pour faire fuir le loup.

— Eh bé, dis donc, il ne fait pas bon se frotter à tes moutons !

— Tu demanderas à ton patron de mettre ça sur le compte de la maison.

— Pour toi, ça n'ira pas chercher bien loin. Tu me fais la bise et c'est payé.

— Tu attendras bien la Saint-Jean !

— Oh ! je te connais ! A la Saint-Jean, tu me diras d'attendre la Saint-Sylvestre. Vous êtes toutes les mêmes ! Bonnes qu'à promettre...

Anna chausse vivement ses sabots ferrés de neuf.

— Tu t'en trouveras bien une à Mainzac ! Tu n'es pas manchot.

En passant devant chez Mathieu, la petite Mondout s'arrête un moment. Par la porte ouverte, elle voit La Grosse qui verse à boire aux hommes. Pour une fois qu'elle se met en frais, cette vieille truie avec son groin tordu et ses poils au menton ! Il faut bien que ce soit Napoléon qui paie, pour qu'elle se mette en frais. Le vin râpeux de l'Empereur fait le tour de la table. Les villageois trinquent bruyamment autour de Sainte-Hélène et M. le maire assis sous une gravure jaunie de Napoléon III jeune, accrochée au mur. Le Raymond, qui ne veut pas être de reste, court rejoindre les autres chez son patron.

— Hé Anna, tu viens trinquer ?

— Je trinquerai quand les femmes voteront.

— Hé bé, ce serait du joli ! Autant faire voter les oies.

Paris, 1er mai.

« Activité dévorante » à la salle du télégraphe du ministère de l'Intérieur. Je dévore, tu dévores, il dévore... L'injonction de Son Excellence Emile Ollivier aux fonctionnaires a fait fortune. Du haut en bas de la pyramide, tout le monde dévore pour faire avaler la propagande officielle, gaver en profondeur le corps électoral dont on attend qu'il exprime massivement, dimanche prochain, son OUI à l'Empereur. On a eu beau faire appel à des surnuméraires, les employés du télégraphe sont sur les dents. De service jour et nuit, c'est à peine s'ils ont le temps d'aller boire un canon chez le bougnat de la rue Saint-Simon. Aujourd'hui c'est le bouquet : un complot ! Comme si on n'avait pas assez de travail avec le flot des consignes électorales à transmettre et des dépêches préfectorales à transcrire. Tous les manipulateurs crépitent.

« *Hier, aux courses de Longchamp, un homme a été arrêté dans l'enceinte du pesage. Il était venu pour assassiner l'Empereur. Heureusement Napoléon III, prévenu assez tôt, ne s'était pas rendu dans la tribune. Tout porte à croire que cet acte est lié à la nouvelle tentative de complot contre le chef de l'Etat, découverte ces jours derniers par la police. Plusieurs suspects sont déjà sous les verrous. Des armes et des explosifs ont été saisis. L'Association Internationale des Travailleurs serait gravement compromise* ».

Voilà de quoi réveiller le zèle des ronds-de-cuir et les manches de lustrine dans les sous-préfectures ronronnantes, de quoi surtout émouvoir les populations villageoises plus soucieuses de la montée des blés, plus inquiètes de la sécheresse que des incertitudes d'un régime dont elles ne voient autour d'elles que des partisans farouches.

Toujours bavard, l'employé du pupitre de Gap se penche à l'oreille de son voisin de Draguignan.

— Tu y crois toi, à cette histoire de complot ?

— T'as bien de la chance d'avoir le temps de te poser ce genre de question. Voilà dix jours que mes bretelles ont craqué. Je n'ai pas trouvé une minute pour aller à la Samaritaine.

— Le mercier du coin de la rue de Varenne en a d'extra-solides.

— C'est de la saleté ! Elles te scient les épaules et ne tiennent pas trois semaines.

L'employé du pupitre de Gap sort de sa poche un morceau de journal.

— Ecoute ce qu'ils disent dans *La Marseillaise* de ce matin : « Encore un complot qui arrive juste à temps pour remplacer le dernier auquel personne ne croyait plus. Le spectre rouge s'use. Il ne fait plus peur. Comment effrayer la province ? On découvre un nouveau complot contre la personne de l'Empereur. Et cette fois, rien n'y manque : ni les bombes, ni les revolvers à six coups, ni les poignards, ni le régicide qui avoue tout ce qu'on veut dès le premier jour, qui dénonce ses complices, sur qui on trouve des lettres des plus compromettantes, des listes, des listes complètes de suspects. Un plébiscite digne de ce nom se devait d'avoir son complot. Le voilà, il est arrivé, dans toute sa splendeur. Haro sur les démocrates ! »

L'homme du pupitre de Draguignan écoute sans écouter, en tripotant fébrilement le mécanisme de son récepteur.

— Ça y est, cette fois mon électro-aimant est foutu. Je vais avoir le temps de filer à la Samaritaine. Mécanicien ! Mécanicien, s'il vous plaît ! Draguignan en panne !

Dans les travées, des commis distribuent sans arrêt des textes de dépêches.

— Expédition immédiate ! Expédition immédiate !

Les yeux dévorent, les poignets battent, les manipulateurs grésillent, les piles chauffent, le gouvernement pilonne.

Justice à procureur général de Lyon... Arrêtez sur-le-champ tous les individus qui dirigent l'Internationale. La situation s'aggrave. Emile Ollivier.

Justice à procureur général d'Aix-en-Provence... A-t-on saisi l'Internationale à Marseille ? Elle y existe certainement. On me dit que les réunions de Marseille sont d'une intolérable violence. N'hésitez pas à faire un exemple et surtout, frappez à la tête : les avocats, les messieurs plutôt que les pauvres diables. Emile Ollivier.

Justice à procureur impérial de Draguignan... Poursuivez les principaux signataires de la lettre collective qui circule dans les chambrées. Emile Ollivier.

Préfet de la Somme à Son Excellence M. le Ministre de la Justice et du Culte... Suite à votre dépêche chiffrée aux évêques et en l'absence de Mgr Escoffon, M. le vicaire général du diocèse m'assure que nous pouvons compter sur le concours actif de messieurs les curés. Ils inviteront du haut de la chaire leurs paroissiens à aller voter en faveur du plébiscite.

Procureur général de Montpellier à Son Excellence M. le Garde des Sceaux... Nous venons d'arrêter un certain Desormes qui a tenu hier soir dans un cabaret de la ville des propos scandaleux sur la personne de l'Empereur et crié : Vive la République ! Il se dit ouvrier typographe. Il est en réalité correspondant du journal La Marseillaise. *Je vous adresse un rapport sur cet individu.*

Procureur général de Metz à Justice... Les juges de paix de l'arrondissement de Sedan proposent de faire battre le tambour le jour du vote deux heures avant la fermeture du scrutin. Ils connaissent les campagnards et savent que pour eux, rien ne remplace l'appel énergique du tambour. De Gerando, procureur général.

Procureur général de Toulouse à Justice... Mon substitut de Saint-Giron s'est préoccupé de faire voter les pâtres qui ont quitté leurs villages pour les pâturages des montagnes. On s'est entendu avec les gardes forestiers.

Compagnie des chemins de fer de Charente à Son Excellence M. le Ministre des Travaux publics... Ne pourrait-on pas hâter la décision concernant la mise en chantier du tronçon Angoulême-Saintes. L'annonce de cette décision aurait le meilleur effet sur les populations intéressées.

Cardinal Billiet à Son Excellence M. Emile Ollivier... Tout le clergé de Savoie votera et fera voter oui.

Hautefaye.

Serrées derrière le bélier, les brebis trottinent sur le chemin du Maine-Aujaud le long des prés pentus, des brandes, des terres à luzerne, de l'avoine en herbe, sous l'œil du Finaud, chien noir au poil bourru qui bat de la queue. Anna suit son troupeau d'un pas souple, alerte, les poignets repliés sur les bouts de son bâton qu'elle tient appuyé sur ses épaules. Elle a l'air gai, insouciant, en accord avec le paysage printanier qui l'entoure. Elle égrène en marchant des onomatopées patoises autant pour activer ses moutons que pour le plaisir de babiller. Sa voix douce et mélodieuse se mêle aux bêlements des moutons, aux jappements du Finaud, au chant du coucou, au bruissement des cri-cri. Le soleil tombe abrupt, filtré de loin en loin par le feuillage tendre des chênes... Tableau éternel, cher aux imaginations bucoliques, de la jeune bergère poussant son troupeau dans un chemin creux.

La petite Mondout et ses brebis arrivent sur une pente de terre maigre envahie de genévriers où pousse une herbe rêche, tout juste bonne pour les moutons. La campagne environnante forme de ce côté comme un cirque de verdure sans habitation aucune. Le troupeau qui connaît sa pâture se répand au milieu des arbustes à la recherche des touffes de verdure fraîche. Anna s'arrête à mi-hauteur à l'ombre d'un bouquet de genévriers d'où elle peut surveiller son troupeau. Elle aime ce lieu écarté où elle se sent seule, tranquille, à l'abri des curieux. Elle pose son bâton, retire son châle, dénoue son tablier, l'étend sur le sol et d'un geste désinvolte, lance une jambe en l'air, puis l'autre pour se débarrasser de ses sabots. Moundounette a porté avec elle, dans son sac de grosse toile, un bon pilot de laine bourrue. Mais aujourd'hui, elle n'est pas d'humeur à filer. Il fait trop beau pour ça. Enfin, trop beau pour elle. Pas pour les moutons qui ne trouveront bientôt plus rien à manger, si ces chaleurs sèches ne finissent pas. Elle s'agenouille sur son tablier, s'assied sur ses talons, relève les manches de sa blouse, dénoue son mouchoir de tête, enlève ses peignes, déroule son chignon, laisse couler ses longs cheveux bruns sur ses épaules et lentement les démêle. Loin du bourg, Anna se déprend peu à peu de sa réserve villageoise, ses gestes s'arrondissent, ses mouvements, ses attitudes s'alanguissent. Pour un peu, elle déboutonnerait son corsage et laisserait déborder ses seins au grand jour. Mais comme dit le curé, l'œil de Dieu est partout et les langues de vipère ne demandent qu'à siffler... Tout d'un coup le Finaud aboie. Quelqu'un ?... Anna se lève, lance une pierre au mâtin.

— Aqui Finaud ! Teiso-té ! (tais-toi !)

Avant de se rasseoir, elle va faire un tour dans les buissons, relève ses jupes et s'accroupit. Coudes sur les genoux, menton sur les paumes, regard dans le vague, la nièce du Bon Dieu fait pipi sur la terre rouge et craquelée. Le Finaud se remet à aboyer. La bergère baisse ses jupes et tend le cou vers le chemin pour voir si oui ou non quelqu'un rôde autour des pâtures. Son regard se fige. Ce qu'elle croit voir et qu'elle voit, c'est un chapeau qui dépasse des buissons d'aubépine. Un chapeau qui avance en suivant le tracé du sentier, en bas des genévriers. Un petit chapeau melon aux bords étroits, comme on n'en voit guère dans les campagnes. Pudique, Anna prend ses cheveux, les tire en arrière. Elle ne voudrait pas qu'on la voie sans son mouchoir de tête... pourtant elle aimerait bien savoir qui coiffe ce petit chapeau melon... Là-bas, en avant du chemin, il y a une trouée dans les buissons. Elle y pose les yeux, attend. Une silhouette s'encadre dans la verdure. C'est lui ! Elle en était sûre, aussi sûre que le feu qui lui monte aux joues. Brun, bouclé, vif, franc du sabot, son petit galure sur le nez, le Ricou chemine en sifflotant. Un gars bien d'ici, mais avec un petit air de la ville. Et pour cause : il revient de Périgueux, où il a passé presque un an à apprendre son métier. Baluchon sur l'épaule, il rentre au pays. Mais, ce n'est pas tellement son chemin de passer par ici pour aller au Repaire. Sûr qu'il a son idée. Le voilà qui monte dans les genévriers.

Pieds nus dans les chardons, la nièce du Bon Dieu retient son souffle. Si elle s'écoutait, elle jouerait bien à cache-cache avec lui, crierait hou-hou ! et s'esquiverait en courant. Mais que penserait-il d'elle, de la voir décoiffée, en cheveux ! Non ce ne sont pas des façons de se montrer comme ça à un homme, même si c'est celui à qui on pense tous les jours. A pas de chat, la petite Mondout tourne autour du bouquet de genévriers. Le Ricou est maintenant tout près d'elle. Mais Finaud veille. D'un trait, il déboule la gueule ouverte dans les jambes de l'intrus, l'attaque au mollet. Ricou saute en l'air, évite le monstre et redescend au galop vers le chemin de Grand-Aujaud, la main sur son chapeau. De derrière les branches, Anna le regarde disparaître. Elle a envie de rire, elle se met à pleurer.

Le Repaire.

Le soleil a tourné. Le Ricou marche toujours, son baluchon sur l'épaule, mais il ne siffle plus « Dis-moi Nanou »... Il a l'air pensif, soucieux même. En passant à Fayemarteau, il a trouvé Jeannot Maspinard à sa meule en train d'affûter des lames de faux. Tout contents de se revoir, les deux garçons qui ont été à l'école ensemble, tiré aux merles, braconné les mares, couru la louloute, fait les cent coups, ont vidé une bonne chopine et taillé le jambon pour fêter la « retroubade ». Ils ont parlé des récoltes, de la vie au pays, du gibier, des bergères et bien entendu du prochain tirage au sort. Une affaire qui tracasse bien le Ricou, ce foutu tirage ! Comme elle a tracassé le Jeannot l'année dernière, et comme elle tracassera son petit frère dans deux ans. Une chance sur trois ! Voilà tout l'espoir que vous laisse la loterie aux recrues. Et si par malheur le Ricou tire un mauvais numéro, il lui faudra tout quitter, son pays, la bergère de son cœur, la vie qu'il a choisie, pour aller faire le zouave pendant sept ans ! Sept ans ! Il peut en arriver des avanies en sept ans !... Oh ce n'est pas que le neveu de Rougier Le Rouge ait peur d'aller au feu. S'il le fallait il saurait prendre le fusil et se battre comme il faut. Mais le képi, les épaulettes, le pas cadencé, le coup de bouc au commandement, ça n'a jamais été son rêve, et l'idée qu'il pourrait à la Saint-Jean se retrouver à moisir dans une caserne lui mange le foie. Une belle cochonnerie, ce tirage au sort !

Principalement pour le pauvre monde. Pour les conscrits nés dans une famille fortunée, ce n'est pas la même chose : s'ils tirent un mauvais numéro, ils peuvent toujours se payer un remplaçant qui partira aux armées à leur place, un « cochon vendu » comme on les appelle, c'est-à-dire un enfant de la misère qui sera bien content de toucher quatre sous pour porter les guêtres plutôt que de crever de faim dans une masure pleine de bouches à nourrir. Et dire que les gens acceptent ça comme la tombée des feuilles ou le passage des vanneaux !

Le Jeannot, lui au moins, a eu la main jauvente. Au tirage de sa classe, il a tiré le 129. Un des meilleurs numéros du canton : *exempté définitif !* Et ce n'est pas lui qui se serait vendu sur le marché des cochons. Pourtant son père n'est pas riche. Mais il a voulu rester libre d'arranger sa vie à son idée : il fera le charron. Adroit comme il est, il ne manquera pas de pratiques dans la contrée et sera bientôt maître chez lui. Il ne lui restera qu'à trouver une petite, vaillante au lit autant qu'au foyer. Et pour ça, il ne manque pas d'outillage ! Ce que le Ricou ne sait pas et que son « collègue » s'est bien gardé de lui dire, c'est que qu'il a une idée bien arrêtée, le Jeannot. Cette idée, c'est la petite Mondout.

Passé le bois de l'Ane, Ricou arrive au Repaire, un étrange édifice rectangulaire, massif, rapiécé avec les restes d'une ancienne cénobie fortifiée encore visible aux embrasures ogivales et aux pierres de grand appareil pris dans l'épaisseur des murs. Dépendance du château de Poutignac, le Repaire est resté des décennies, peut-être même des siècles dans un état de quasi-abandon, servant à l'occasion de rendez-vous de chasse, de bergerie, de hangar à charrettes, de grenier à foin jusqu'au jour où Gaston Rougier, de retour de Lambessa, dépossédé de tout, s'est entendu avec M. de Lasfond pour y habiter en échange de quelques travaux de charpente et de menuiserie. Voyant ça, des gens du voisinage n'ont pas manqué de s'étonner qu'un châtelain connu pour ses sentiments monarchistes donne l'hospitalité à un républicain farouche qui disait en 48 qu'il fallait brûler les châteaux et pendre leurs propriétaires ! Mais c'est oublier un peu vite que M. de Lasfond et Rougier Le Rouge ont au moins une chose en commun et non des moindres : leur aversion définitive pour l'Empereur et le régime bonapartiste. Aversion que Gaston Rougier a pour sa part payé de six ans de déportation en Algérie, de la perte de ses droits civiques et de la confiscation de presque tout son bien.

— Hé Dantoun ! Aqui Dantoun ! Couché Dantoun !

Du plus loin qu'ils se sont aperçus, Ricou et le Danton, le chien de son oncle, se sont précipités l'un sur l'autre pour se faire une fête. Danton bondit, jappe, mordille. Mais le Ricou a vu quelqu'un d'autre à saluer : Marianne, la vieille vache limousine à laquelle son oncle s'est attaché comme à une fidèle compagne : elle est née le 25 février 1848, jour de la proclamation de la République, et des quelques biens qu'il tenait de son père, c'est le seul qu'il ait retrouvé à son retour de proscription. Un miracle que la pauvre bête n'ait été ni vendue ni volée ! Gaston a juré de ne jamais s'en défaire. Dût-elle devenir aveugle ou bancale, la Marianne mourra de vieillesse, chez Rougier Le Rouge.

Ricou s'approche de la quarante-huitarde aux belles cornes, lui caresse le mufle.

— Hé bé, Marianne, tu sès toujours bravo et jauvente...

Un drôle de bruit tire le Ricou de ses mamours, un bruit de percussion métallique. En bordure du taillis, son oncle, monté sur une échelle appuyée à un chêne, la tête cachée dans les branches, entourée d'un nuage d'abeilles tape à grands coups de gourdin sur le cul d'une bassine. Ricou s'élance.

— Hé Tountoun !

Mais le Gaston continue à battre comme un sourd sur sa bassine. Les abeilles autour de lui font un raffut du diable. Ricou appelle, appelle. Enfin, une tête coiffée d'un chapeau de paille sort des branches.

— Ah c'est toi ! tu tombes bien. Viens un peu m'aider à ramasser cet essaim.

Pas trop rassuré, Ricou s'avance. Des centaines d'abeilles lui bourdonnent aux oreilles.

— Tu ne risques rien, petit ! Ce sont des rouges, elles ne piquent pas les sans-culottes. Attrape la bassine et tape ! Ça va les faire poser.

Ricou boutonne son col de chemise, baisse son petit chapeau sur ses yeux, rentre ses mains dans ses manches et s'approche de l'échelle au pied de laquelle son oncle a étendu un linge, posé les deux morceaux d'une ruche de paille tressée et l'enfumoir. Rougier tend la bassine et le gourdin à son neveu.

— Allez tape !

Les abeilles s'énervent. Ricou fait la grimace.

— Tape, fi de garce ! Elles vont foutre le camp.

Ricou tambourine. Rougier lance à la volée de la terre sur l'essaim. Bientôt, sous l'effet conjugué du bruit et de la pluie de graviers, les abeilles se resserrent, font grappe autour de la reine, s'accrochent à une branche basse du chêne. Ricou continue son sabbat.

— Bon, arrête de taper ! Cette fois on les tient. Attrape la fourche et monte-moi le fond de la ruche.

D'un coup sec, Ricou plante les dents de fer dans la paille tressée et présente la panière.

— Plus haut ! Plus haut !

Rougier secoue la branche. L'essaim se détache et se répand dans l'osier.

— Ne bouge plus, j'arrive.

Ricou figé, vert de peur, la tête dans les épaules, disparaît sous son gilet. Des abeilles lui vrombissent autour des yeux.

— Allez petit, attrape l'enfumoir et souffle !

Rougier pose la panière grouillante sur le linge, la coiffe du couvercle de la ruche. Ricou presse frénétiquement l'enfumoir.

— Bon, ça va. Elles finiront bien d'entrer toutes seules, les demoiselles...

Ricou attrape la bassine, le gourdin et s'éloigne vivement des abeilles. Son oncle le suit. Sans âge, la figure sèche, burinée, l'œil malin, l'ancien proscrit de l'Empire s'adresse à son neveu d'un ton à la fois bourru et chaleureux.

— Eh bé, maintenant on peut se souhaiter le bonjour.

— Bonjour Tountoun.

Rougier recule.

— Ah non ! Maintenant que tu es en âge d'être soldat, appelle-moi Gaston.

— Bon... bonjour Gaston.

— Eh bé, tu vois, ça vient tout seul.

— Oui, Tount... euh Gaston.

— Dis donc petit, tu as trouvé un bien beau chapeau !

— C'est ma mère qui me l'a payé pour mon brevet.

— Alors te voilà télégraphiste, cette fois.

— Le plus dur, ç'a été l'orthographe.

— Eh bé, tu vas pouvoir me l'apprendre.

— Mais tu sais écrire, Toun... Gaston.

— Oh foutre non ! Sinon j'aurais parlé dans les journaux... Ah ! dis donc, j'ai une bonne nouvelle pour toi. Dusolier m'a fait dire par Manem qu'il pourrait te faire avoir une bonne place aux expéditions de Périgueux. Il est ami avec le maire. Il paraît que c'est un tout rouge comme nous autres.

— Ça m'irait bien pardi ! Mais il y a ce foutu tirage. Si j'ai la poisse, je suis bon pour mes sept ans. Et sept ans dans l'armée de cette crapule de Badinguet, putain ! Je préférerais encore sept ans de galère. Et ce n'est pas toi qui vas me payer un remplaçant. D'ailleurs, je ne voudrais pas envoyer un pauvre bougre faire le pantin à ma place !

— Ne t'ennuie pas, petit. Quelque chose me dit que tu auras bonne main.

— Ah, tu crois, toi ?

— Tu n'auras qu'à toucher les cornes de la Marianne le matin du tirage. Elle n'a jamais trahi son monde, la vieille.

Rougier et Ricou s'approchent de la vache qui fixe les deux hommes de son gros œil bonasse.

— Tu ne sais pas ce qu'elle a fait hier, cette foutrasse ? Elle a bouffé la lettre de l'Empereur que m'avait portée le facteur.

— Fi de loup ! C'est bon pour l'empoisonner.

— Oh, ça ne risque pas. Elle est solide comme un mur. Hé ma jolie ? Elle enterrera l'Empire, la gueuse, et moi avant !

— Ah non, Gaston ! tu ne vas pas partir avant le croque-mitaine des Tuileries, tout de même.

— Bouh ! Du pas de boiteux que marche la Sociale, ce n'est pas demain qu'on sera débarrassé de ce bandit. Hier au bourg, ils ont tous crié comme des ânes : Vive l'Empereur ! Et ce pauvre Mathieu est allé chercher son perroquet. Il lui a foutu un bonnet à poil, et en avant le clairon ! Le pauvre diable n'a rien compris. Il a cru une fois de plus qu'on annonçait le retour du cabot de Sainte-Hélène. Il parlait de faire le voyage à Toulon pour aller lui toucher le paletot. C'est avec ces misères-là qu'on nous fait la politique aujourd'hui. Et les gens sont assez couillons pour se laisser clouer le nez. Je préfère ne pas y penser, té ! Viens voir un peu dans la grange. J'ai quelque chose à te montrer

Ricou n'en croit pas ses yeux.

— Un vélocipède !

— Et un vrai ! Mieux qu'à l'exposition universelle.

— Eh bé nom de Dieu ! où as-tu trouvé ça ?

— Dans ma tête de bois, pardi ! Ça te fera gagner du temps pour porter les dépêches. J'ai lu dans le Nontronnais que les Postes de Paris allaient en fournir aux facteurs pour leurs tournées.

Emerveillé du travail de son oncle qui a façonné les roues, forgé le cadre, construit le pédalier, Ricou lui saute au cou.

— Oh, ne me remercie pas, petit, ça me fait autant plaisir qu'à toi Mais tu es arrivé un jour trop tôt, je n'ai pas eu le temps de monter la selle. Té, la voilà. Il ne me reste plus qu'à la visser. J'espère que ça ira

— Pour sûr que ça ira, ça ira.

Ricou qui a besoin de manifester sa joie, attrape la bassine d'une main, de l'autre le gourdin et se met à tambouriner, à danser, à chanter

— Ah, ça ira, ça ira, ça ira !
Les aristocrates à la lanterne !

Rougier conquis, entraîné, ramasse une tôle, un bâton et accompagne son neveu dans sa danse barbare, en patoisant le refrain des sans-culottes

— Ah, co n'iro, co n'iro, co n'iro !
Lous aristoucrates a la lanterno !
Ah, co n'iro, co n'iro, co n'iro !
Lous aristoucrates, nous lous aurem !

Périgueux, 2 mai.

La vapeur siffle. Dans un fracas d'acier, le train de Paris entre en gare tiré par une Crampton dernier modèle, rutilante, pavoisée aux couleurs de l'Empire. Une grosse fumée noire s'étale sous la verrière ensoleillée, assombrissant tout à coup l'atmosphère féerique de ce quai inondé de lumière, couvert de guirlandes, chatoyant d'uniformes et de taffetas. Les freins crissent. Le chef de gare engoncé dans sa veste à boutons dorés, cornet à la bouche, drapeau rouge sous le bras, crie avec un bel accent des Eyzies :

— En arrière, messieurs dames s'il vous plaît !

Des porteurs en blouse de grosse toile bleue, sabots aux pieds, poussent en courant leurs chariots. Le conducteur, la gueule charbonneuse, les yeux rougis, soigne sa manœuvre. Les pistons battent, une cloche sonne, le convoi s'arrête net. On déroule un tapis rouge. La musique militaire attaque : cor, tubas, trombones, cymbales, grosse caisse... Elle a pris place au milieu du quai, un peu en avant de la porte de sortie décorée de drapeaux tricolores montés en éventail sur écussons chiffrés du N impérial. Galons dorés, plumes au bicorne, ceinture de soie blanche, épée au côté, M. Boffinton, préfet de la Dordogne attend au garde-à-vous, accompagné d'un groupe d'officiels en redingotes, uniformes, soutanes : les sous-préfets de Sarlat et de Nontron, le commissaire de police, le colonel du régiment, le juge de paix, l'ingénieur en chef de la Compagnie d'Orléans, le vicaire général, le député Paul Dupont... Ces messieurs sont venus accueillir à sa descente du train le grand homme du département, providence des Périgourdins : Son Excellence Pierre Magne. Enfant du pays, fils d'un teinturier du faubourg des Barris, ancien expéditionnaire à la préfecture devenu conseiller général, député, ministre, sénateur, membre du conseil privé de Napoléon III, cet auguste personnage, dignitaire de l'Empire incarne depuis dix-huit ans, aux yeux du souverain la ferveur bonapartiste des habitants de la Dordogne et aux yeux des habitants de la Dordogne, les bienfaits du régime. Au nombre de ces bienfaits viennent en première place les lignes de chemin de fer qui sillonnent le département de Périgueux à Coutras, de Périgueux à Brive, de Périgueux à Limoges, de Périgueux à Agen ainsi que les ateliers de la Compagnie d'Orléans. C'est sous l'impulsion de l'honorable Pierre Magne, du temps où il était ministre des Travaux publics, que ces lignes ont été construites. Pour prix de sa reconnaissance, la ville de Périgueux qui doit aussi au grand homme ses embellissements comme Paris doit les siens à Haussmann, a baptisé Pierre Magne la grande rue ouverte il y a dix ans entre les boulevards et le pont des Barris. Homme de confiance de l'Empereur, parlementaire conciliant et plutôt libéral, ministre des Finances avisé du précédent gouvernement, Son Excellence ferait partie de l'actuel où il aurait figuré à la fois la continuité et l'ouverture, si une valse hésitation n'était venue à la dernière minute compromettre la combinaison initiale qu'avait imaginée Emile Ollivier. Les Périgourdins l'ont regretté, plus encore, à vrai dire, que Pierre Magne lui-même qui, au soir d'une carrière bien remplie, prestigieuse d'homme public aspire à couler avec les siens une existence plus tranquille partagée entre son hôtel particulier de l'avenue Montaigne à Paris et le château de Montaigne en Périgord qu'il a acquis il y a quelques années et remis à grands frais au goût du jour en conservant intacte la « Librayrie » où l'auteur des Essais se plaisait à écrire et à méditer ses maximes de sagesse antiques, gravées au fer rouge dans les solives du plafond.

Un employé de la Compagnie d'Orléans en gants blancs vient d'ouvrir la portière du wagon spécial dont on entrevoit le décor luxueux, capitonné, douillet comme un boudoir. La haute stature du grand homme en redingote bleu nuit et haut-de-forme apparaît en haut du marchepied suivie de deux personnes qui l'ont accompagné dans son voyage : le comte Welles de Lavalette, député de la circonscription de Ribérac et Nontron, et la petite comtesse toujours aussi diablement cocodette que lorsqu'elle appuie sa main droite sur l'épaule de l'Empereur quand elle valse avec lui sous les lustres de Compiègne. D'un geste prévenant, l'employé de la Compagnie avance sa main gantée vers l'avant-bras de Son Excellence. Mais M. Magne, avec sa courtoisie habituelle et son exquise politesse, s'écarte pour laisser passer devant lui la petite Welles qui attaque le marchepied en rouscaillant contre la hauteur des marches, assez fort malgré la musique pour que l'employé qui lui tient le coude d'une main ferme, l'entende.

— Les constructeurs de wagons ne pensent décidément pas aux femmes !

Le comte de Lavalette s'efface quant à lui devant le grand homme en faisant chanter son irrésistible accent de Boston.

— Je vous en prie Excellence, tout Périgueux vous attend.

— Quelle corvée ! moi qui viens pour me reposer, murmure l'ancien ministre des Finances.

M. Magne avance son brodequin de chevreau noir délicatement guêtré sur la marche inférieure en adressant un sourire bienveillant à l'employé de la Compagnie qu'il appelle par son prénom : c'est le fils de son ancien jardinier de Trélissac qu'il a fait rentrer au P.O.

— Bonjour Paul ! Alors tout le monde va bien, chez toi ?

— Ça va pas trop mal, Excellence. Les drôles finissent leur coqueluche.

— Ce beau temps va leur faire du bien !

— C'est sûr, Excellence.

Bicorne à la main, le préfet salue la petite comtesse.

— Mes hommages, madame. J'espère que vous avez fait un voyage agréable.

— Très bon monsieur le préfet, très bon, à part ces tunnels entre Châteauroux et Limoges où on meurt d'asphyxie.

— J'espère madame, qu'on inventera un jour des locomotives à l'électricité qui n'enfumeront plus les tunnels.

Marie-Léonie éclate de son petit rire nerveux de dindon. Le préfet s'avance vers le grand homme. La musique joue en sourdine.

— Excellence, permettez-moi de vous souhaiter la bienvenue dans votre Périgord.

— Quel accueil ! Monsieur le préfet. Moi qui pensais arriver incognito. Après toutes ces agitations parisiennes, j'ai besoin du calme des bois. Je n'ai jamais eu autant d'occupations que depuis que j'ai quitté les Finances.

M. Boffinton, arrivé dans le département en novembre dernier avec une solide réputation de « préfet à poigne », s'approche de l'oreille du grand homme.

— Excellence, je suis ici pour protéger votre tranquillité. Le commissaire de police m'a prévenu hier soir que des excités guettaient votre arrivée pour venir faire du tapage et brailler la Marseillaise. J'ai pensé qu'il était de mon devoir d'occuper le terrain avec ces messieurs. Les esprits sont surchauffés, et cette propagande forcenée des révolutionnaires n'arrange rien. Nos ennemis agissent maintenant au grand jour.

M. Magne hoche imperceptiblement la tête et répond au préfet d'un ton mesuré d'homme d'Etat attentif à garder sa hauteur de vue et sa sérénité.

— Il n'y a pas eu d'incidents graves, tout de même ?

— Graves non, mais qui pourraient le devenir si nous relâchions notre vigilance. Nous en parlerons plus à loisir dans ma voiture, si vous m'accordez l'honneur de vous accompagner.

Le comte Welles de Lavalette avec son large nœud papillon parallèle à ses moustaches, s'avance à son tour vers le préfet, suivi de la nurse qui tient dans ses bras le dernier né du ménage, filleul de l'Empereur et de l'impératrice. M. le préfet salue monsieur le député, complimente la maman, fait risette au bébé et entraîne les arrivants vers le groupe de notabilités locales.

« Excellence, monseigneur, colonel, monsieur le président, monsieur le juge de paix, monsieur le sous-préfet, monsieur le directeur, madame la comtesse... » On se donne du titre en veux-tu en voilà, avec force courbettes. La musique s'arrête. Le préfet s'adresse au grand homme, comme s'il avait en face de lui Napoléon III en personne.

— Excellence, je crois que je ne trahirai les sentiments d'aucun d'entre nous en vous disant que nous avons été profondément bouleversés par les dépêches qui nous ont appris hier l'odieux attentat auquel l'Empereur a échappé...

Des murmures d'acquiescement circulent parmi les officiels.

— Ah oui alors !

— C'est une honte !

M. Boffinton poursuit.

— Grâce à Dieu, la police a pu agir à temps et nous avons été bien aise d'apprendre que les poseurs de bombe étaient sous les verrous.

Nouveaux murmures dans l'assistance.

— La guillotine pour ces gens-là.

— Les républicains à Cayenne !

Le colonel se penche à l'oreille du vicaire général.

— Vous allez voir qu'ils vont les relâcher.

— Dieu les jugera, colonel.

Le préfet baisse le ton.

— Excellence, vous avez sans doute des précisions à nous donner sur ce triste événement. Que dit-on aux Tuileries ?

— Oh vous savez, l'Empereur en a vu d'autres ! Il n'est pas homme à se laisser abattre par les entreprises de la canaille. Je me suis entretenu longuement hier avec lui en tête à tête. Il était gai et détendu. C'est à peine si nous avons évoqué cette affaire.

Le député Paul Dupont intervient.

— L'Internationale des Travailleurs est une fois de plus l'âme du complot.

L'honorable Pierre Magne, égal à lui-même, répond calmement, d'un ton presque désabusé.

— On le dit. On dit même que ces messieurs voulaient profiter du plébiscite pour abattre l'Empire et faire proclamer la République ! Mais vous savez...

L'assistance commente en sourdine.

— La République des partageux !

— La République des assassins !

— Ce serait du joli !

Le grand homme reste imperturbable.

— Je crois, messieurs, qu'il ne faut pas dramatiser. Il y aura toujours des irréductibles. Le tout, c'est de les empêcher de nuire en affirmant partout la légitimité impériale. Dans l'immédiat, l'essentiel est de faire en sorte que le plébiscite de dimanche soit un triomphe éclatant pour l'Empereur et sur ce point nous savons tous ce que nous commande notre devoir...

Arrivé en haut de la rue de Bordeaux, le landau de la préfecture entre sur la place Bugeaud et tourne sur le cours Montaigne. Son Excellence a pris place à la droite du préfet. Le comte de Lavalette, la comtesse et le député Paul Dupont sont assis en face, serrés sur la banquette de cuir rembourré. Derrière l'attelage préfectoral, des voitures de l'entourage suivent en cortège, à commencer par la calèche de Napoléon Magne, le fils du grand homme, carrossée par Belvalette, tirée par deux grands chevaux noirs à longues crinières. Un somptueux équipage à la mesure des goûts et de la fortune de cet enfant béni des dieux qui s'est fait construire à Trélissac un énorme château affreusement victorien.

Des promeneurs, des badauds aux terrasses des cafés, des gens à leur fenêtre reconnaissent le grand homme, l'applaudissent au passage. Son nom court sur le boulevard. Des applaudissements éclatent.

— Vive Monsieur Magne ! Vive Monsieur le sénateur ! Vive l'Empire ! Vive Napoléon !

Un gros homme en gilet sur un balcon agite un drapeau à pointe d'aigle. Monsieur Magne répond aux vivats avec un sourire de circonstance et des petits mouvements de main, tout en conversant avec M. Boffinton.

— Entre nous, mon cher préfet, dans cette affaire de complot, j'ai le sentiment que la police a fait preuve d'un excès de zèle.

— Vous voulez dire qu'elle aurait monté l'affaire de toute pièce ?

— Diable ! je n'irai pas jusque-là. Je laisse cette pensée à nos détracteurs. Disons que ces messieurs ont un peu grossi les choses à un moment où les journaux ne pouvaient que leur donner une immense publicité.

— En tout cas, l'effet produit nous est joliment favorable. A la réunion du comité plébiscitaire que présidait hier soir notre ami Paul Dupont, la salle était pleine à craquer d'électeurs indignés contre les fauteurs de trouble et les ennemis de la société. Nous avons fait acclamer dix fois le nom de l'Empereur.

Le député de Périgueux confirme.

— C'est un fait que sur les populations rurales l'effet est foudroyant. Depuis l'ouverture de la campagne pour le plébiscite, les paysans ne savaient pas clairement pourquoi on leur demandait de voter. Maintenant, ils savent que c'est la personne de l'Empereur qui est en cause. C'est lui qu'on menace. C'est lui qu'il faut défendre. Le comité a convoqué pour cet après-midi une centaine de maires de petites communes. Nous allons pouvoir les mobiliser sur un objectif simple, clair : la défense du souverain et la chasse aux comploteurs qui veulent mettre le pays à feu et à sang.

Le préfet renchérit.

— Il y a huit jours, je disais au ministre de l'Intérieur : si nous voulons gagner, il faut créer un courant électrique, autrement nous aurons toutes les peines du monde à mettre les paysans en mouvement. Il aura fallu cet incident pour créer ce courant. A nous maintenant de le faire passer jusqu'au plus profond du corps électoral. Nous montrerons aux populations que l'autorité de l'Empire est inébranlable. Qu'elle défendra coûte que coûte l'ordre et la liberté des honnêtes gens contre la vermine socialiste.

Le comte Welles de Lavalette approuve et commente avec ses intonations du Massachusetts.

— D'autant que nos adversaires ne reculent devant aucune excentricité pour jeter le trouble dans les esprits.

— Assurément, acquiesce le préfet. J'ai dû intervenir personnellement avant-hier pour calmer une bande de jean-foutre qui s'étaient rassemblés sur les allées de Tourny devant la salle de réunion du comité avec la ferme intention de troubler la séance. Ils brandissaient un torchon rouge au bout d'un manche à balai, criaient des saletés contre le souverain et l'Empire, chantaient la Marseillaise, faux d'ailleurs. Les meneurs n'avaient pas dix-huit ans. Ce sont des élèves du lycée. Ils se réclamaient de Louis Mie, l'avocat rouge, qui avait déjà perturbé la séance de la veille de ses interventions intempestives. Après une demi-heure de palabres, j'ai réussi à les calmer. Mais cela n'a pas été sans mal. Les plus jeunes étaient les plus enragés. C'est tout de même malheureux de ne plus pouvoir compter sur les instituteurs et les professeurs pour inculquer le sens civique à nos enfants ! Cela augure bien mal du développement de l'instruction publique.

— En tout cas, ces jeunes gens ne sont pas en âge de voter, fait remarquer le grand homme. Ils ne risquent pas d'infléchir le vote de dimanche. Et d'ici à leur majorité, ils ont le temps de revenir à de meilleurs sentiments. Il faut que jeunesse se passe.

— J'en conviens, Excellence. Mais ce qui est plus grave, c'est que l'exemple vient d'en haut. La contagion républicaine gagne les honnêtes gens.

— A commencer par ce bon docteur Guilbert, maire de notre bonne ville de Périgueux, précise Paul Dupont.

Pierre Magne plisse le front.

— C'est pourtant un homme de qualité, un esprit tempéré dont la science et le dévouement infatigable à la cause publique méritent notre estime.

Le préfet développe.

— Eh bien à présent, Excellence, Guilbert est ouvertement passé dans le camp des irréductibles. Il a pris la tête du comité anti-plébiscitaire du département en entraînant derrière lui la quasi-totalité des conseillers municipaux. Ces messieurs mènent une violente campagne contre les institutions avec l'appui du *Progrès de la Dordogne*.

— Et la bénédiction du Grand Orient, souligne Paul Dupont.

— Il faut que je fasse surveiller de près les Loges du département, laisse tomber le préfet.

— Je croyais que les maçons s'interdisaient de faire de la politique, fait remarquer le député anglophone de Ribérac et Nontron.

— Allons donc ! s'exclame Paul Dupont. Je me suis laissé dire que Gambetta soignait joliment sa popularité aux « Amis Persévérants » de Périgueux. Son ami Alcide Dusolier, le fils de l'ancien commissaire de la République, est un gradé de la Loge, tout comme Guilbert.

Quand les frères Trois Points quittent leur tablier, c'est pour brandir le drapeau rouge. Tenez à propos de Guilbert, lisez plutôt la profession de foi qu'il a fait distribuer dans les boîtes aux lettres de Toulon. Pierre Dupont sort un papier de sa poche et le donne à lire au grand homme...

Au moment où l'on parle de lui dans le landau préfectoral qui aborde les allées de Tourny, en bas des boulevards, derrière la Tour Mataguerre, dans un local prêté par l'imprimeur Rastouil, le docteur Guilbert préside une réunion du comité anti-plébiscitaire de Périgueux à laquelle assistent des cheminots, des ouvriers du P.O., des artisans, des commerçants et même des petits employés de la préfecture. Quelques vieux ennemis du régime, proscrits de l'Empire pour leurs activités politiques en 1848, sont venus soutenir le maire de Périgueux et ses amis : Louis Mie, l'incorruptible de la rue Eguillerie, auteur de pamphlets virulents contre le régime, Jean-Baptiste Chavoix et Marc Montagut d'Excideuil, Pierre Delbetz de Bergerac...

Participent également à cette réunion quelques jeunes loups de la génération d'après 48 qui apportent à la cause du sang neuf, un radicalisme mordant et de solides ambitions. Fils de familles bourgeoises et fortunées de la région, pour la plupart brillants sujets diplômés des facultés, qui ont pris le vent des idées nouvelles dans les cercles parisiens, ils portent beau, parlent clair, brûlent d'être dans leur province les porte-drapeau de la République qui piaffe. Ils sont venus de leur chef-lieu de canton qu'ils considèrent déjà comme leur fief politique : Albert Theulier, de Thiviers ; Albert Garrigat, de Bergerac ; Alcide Dusolier, de Nontron...

L'atmosphère de la réunion est d'autant plus animée que l'on sait qu'en ce moment même les autorités impériales défilent sur les boulevards. Une bonne occasion de faire cliqueter, sous les ogives du vieux Périgueux, les armes, au moins verbales, de la révolution en marche. On invoque les aînés : Ledru-Rollin, Victor Hugo, Raspail, Victor Schoelcher, Marc Dufraisse le vieux tribun de Ribérac en exil à Zurich, qui ébranlait en 48 les colonnes de l'Assemblée de ses discours incendiaires. On invoque également les nouveaux venus de l'opposition : Rochefort, Jules Vallès, Flourens, mais surtout celui qui, ces derniers mois, a fait lever l'espoir en attaquant de plein fouet le régime détesté avec une « fougue magnifique », une « rigueur implacable » : le fils d'épicier de Cahors, presque un homme de chez nous : Léon Gambetta ! On distribue des journaux républicains, des paquets de tracts, des bulletins NON à découper, des professions de foi anti-bonapartistes imprimées chez Charles Rastouil : une quantité de paperasses à glisser sous les blouses, à faire circuler dans les ateliers, sur les marchés, au fond des cabarets de campagne pour ouvrir les yeux des paysans aveuglés par les mirages de l'Empire, égarés par les flonflons de la préfecture.

Papillon noir, plastron glacé, redingote impeccable, barbe au carré, regard aimable et sensible, le docteur Guilbert, debout sur l'estrade, attend que le silence revienne pour s'adresser à ses concitoyens et amis. Tout le monde tient en haute estime ce médecin psychiatre à la curiosité scientifique et sociale toujours en éveil qui consacre tous ses loisirs au bien public tant à la mairie qu'au sein de diverses associations médicales, agricoles, littéraires qu'il gratifie de son savoir encyclopédique et de sa belle culture. Il prononcera une conférence sur d'Alembert à l'association des bibliothèques populaires, aussi bien qu'il adressera à la société d'agriculture une communication sur les bienfaits de la vaccine, l'organisation de l'enseignement dans les fermes-écoles ou l'introduction d'une nouvelle espèce de maïs. Même avec ses fous, le bon docteur fait preuve d'une imagination thérapeutique peu commune en leur donnant à réaliser des ouvrages ou des tâches dans lesquels ils peuvent donner libre cours à leur délire. Le lit monumental dans lequel il couche à Barbadaud a été sculpté par un de ses malades : un chef-d'œuvre d'art brut patho-gothique foisonnant de formes cabalistiques, de motifs extravagants...

Pour l'heure, le docteur Guilbert affirme sa détermination politique. Il parle d'un ton ferme, convaincant, mais avec prudence et en faisant appel à la raison de son auditoire plus qu'à ses passions.

— Citoyens, les circonstances sont solennelles ! Quand l'Empereur, quand ses ministres, quand ses agents se précipitent dans la mêlée électorale, pour nous dicter notre vote, il est de notre droit le plus élémentaire je dirais même de notre devoir de nous interroger sur la nature des libertés qu'on prétend nous octroyer. On nous dit qu'il s'agit de ratifier les réformes libérales apportées à la constitution de 1852. Mais je vous le demande, pourquoi interroger la nation, puisque c'est sous la pression de l'opinion publique que l'Empereur s'est décidé, après des années d'atermoiements, à apporter à cette constitution quelques modifications, d'ailleurs notoirement insuffisantes ?... A la vérité, ce plébiscite est un piège. Ce qui est en jeu, derrière la question qui nous est posée, c'est le pouvoir personnel qui ne veut pas abdiquer. C'est le pouvoir personnel qui cherche à se retremper dans le vote populaire. C'est le passé qui veut se faire absoudre et lier indissolublement l'avenir.

Travailleurs des villes et des campagnes ! qui depuis 1860 entendez parler d'améliorations successives et voyez, chaque jour, vos charges et vos impôts s'aggraver, repoussez le plébiscite. Dédaignez les attaques de vos adversaires qui cherchent à faire passer vos justes aspirations pour un danger social. Protestez contre ceux qui vous traitent de perturbateurs. Parlez un langage d'homme libre ! Votez NON. Non à l'arbitraire. NON au pouvoir personnel !...

Dans le landau préfectoral qui arrive devant les grilles de la préfecture, Son Excellence Pierre Magne, qui vient de lire le tract antiplébiscitaire signé du maire de Périgueux manifeste son étonnement.

— C'est clair et sans détour. Je connais Louis Guilbert depuis longtemps. Je connais ses penchants. Mais j'avoue que je n'imaginais pas qu'il en arrivât à des positions si extrêmes.

— Un psychiatre qui prend le parti des fous, on aura tout vu ! s'exclame le député anglophone de Ribérac et Nontron, content de son effet.

— Brr, ça donne le frisson ! frémit la petite comtesse.

Le préfet mi-amusé, mi-agacé par les états d'âme du couple Welles de Lavalette, rassure son monde.

— Heureusement qu'on peut compter sur le solide bon sens de nos braves paysans. Ils ne sont pas près de se laisser gagner par les rodomontades des propagandistes de la révolution, fussent-ils diplômés de la faculté. Ce qui compte à leurs yeux en ce moment c'est que l'herbe pousse et que leurs bœufs se vendent cher. La politique, pour eux, se fait au pré, à l'étable, sur les foires. Pas dans les journaux qu'ils ne savent pas lire, ni dans les boîtes aux lettres qu'ils ne possèdent pas, encore moins dans les réunions publiques où ils ne mettent pas les pieds. Si la providence pouvait leur envoyer une bonne pluie d'ici au 8 mai, ce serait le meilleur argument en notre faveur !

— Je vous conseille, monsieur le préfet, de télégraphier à l'Empereur dans ce sens, conclut le grand homme avec une pointe d'humour qui ne lui est pas habituelle.

— J'ai déjà fait une demande auprès de l'évêché, Excellence, mais sans grand succès !...

Le concierge et son fils ouvrent le portail de l'hôtel de la préfecture. Pastiche d'un palais renaissance, mâtiné d'hôtel Louis XV, l'édifice flambant neuf resplendit au soleil comme un décor d'opérette sur fond d'azur. Même les magnolias aux feuilles vernissées semblent avoir été posés là par un accessoiriste consciencieux. Le cortège des visiteurs défile sur l'avant-scène : landaus, calèches, victorias, coupés... L'autorité impériale se donne en représentation à soi-même. Des passants applaudissent derrière les grilles. Ce soir, on valsera dans les salons de la préfecture au profit des caisses de secours mutuel du département. On lèvera sa coupe de champagne à la santé de l'Empereur, de l'impératrice, du prince impérial et on interrogera à mi-voix les habitués des Tuileries sur la santé de Sa Majesté en trempant son biscuit...

Dans la grande salle des allées de Tourny transformée en salle de banquet, plus de deux cents convives attablés écoutent attentivement l'honorable député Paul Dupont, président du comité plébiscitaire de Périgueux, propriétaire de *L'Echo de la Dordogne*, le journal gouvernemental du département, exalter une fois de plus les bienfaits de la providence impériale. Notables ruraux, maires, conseillers municipaux de petites communes des arrondissements de Ribérac et Nontron... le comité a convié ces messieurs dans le but évident de chauffer leur ferveur dynastique à l'approche du plébiscite, et surtout de stimuler leur zèle électoral auprès des populations des campagnes pour qu'elles répondent un OUI franc et unanime au scrutin du 8 mai.

Beaucoup de ces élus ruraux appartiennent au monde paysan. Ils en ont la mine et la mise : petits propriétaires cultivateurs de leurs parcelles, artisans, régisseurs, ils parlent le même langage et vivent à peu près la même vie que la masse des métayers, domestiques, journaliers, mais avec cette différence, capitale pour un paysan, qu'ils sont maître chez eux et qu'ils savent lire et écrire. Le père Mathieu est de ceux-là. Il est venu d'Hautefaye en charretou avec Jardry son adjoint, flatté de se faire payer la soupe par Napoléon, pas mécontent non plus de se montrer à ces messieurs du gouvernement, assuré de toute façon que son monde votera OUI comme un seul homme dimanche prochain.

Parmi ces mêmes élus se trouvent aussi bon nombre de châtelains issus pour la plupart de la noblesse du pays qui a conservé d'importantes propriétés et une certaine influence sur les populations des campagnes en particulier dans le canton de Mareuil. Tous n'ont certes pas la fortune du marquis de Lagarde, maire de Saud-Saint-Angel dont les domaines agricoles et forestiers remarquablement exploités occupent les trois quarts du territoire de sa commune et débordent largement sur les voisines. Certains vivent chichement, sans tapage, dans leur manoir en partie délabré, du faible revenu d'une ou deux métairies qui leur permet tout juste de refaire de temps en temps une toiture. Mais tous ou presque ont été nourris de la tradition monarchique de droit divin restée vivace dans ces familles que les bourgeois parvenus, bien souvent plus riches qu'eux, plus rigides dans leurs préjugés, plus raides avec les « petites gens », qualifient volontiers de nobliaux ou de fruits secs, plus du reste par principe et parce qu'au fond ils envient leurs lignées, leurs titres et leurs châteaux qu'ils copient avec emphase et mauvais goût, que pour quelque autre raison mieux fondée.

Décorés ou non de l'ordre de Saint-Louis, bien des châtelains du Périgord considèrent toujours les Bonaparte comme d'affreux usurpateurs et ne seraient assurément pas fâchés de voir le comte de Chambord assis sur le trône de France. Quelques-uns même soutiennent ouvertement les prises de position du marquis de Campagne qui fait figure en Dordogne de chef de file du parti légitimiste. Mais après dix-huit ans d'un régime qui a plutôt servi leurs intérêts sans trop choquer leurs croyances, d'un régime qui surtout a assuré l'ordre, développé les richesses, maintenu les valeurs essentielles, les plus nombreux ont fini par se faire une raison. Mieux vaut ça qu'un nouveau 48. Plutôt l'Empire que la gueuse République ! Plutôt la France prêtée aux Bonaparte que livrée aux Jacobins. Il en est même, parmi les gens titrés de la région, qui ont épousé franchement le régime en place et n'ont pas cru déchoir à y exercer de hautes fonctions comme le marquis de Lavalette, père adoptif du député anglophone de Ribérac et Nontron, ambassadeur de France à Londres, ancien ministre de l'Intérieur et des Affaires étrangères, membre du conseil privé de l'Empereur, ou encore le comte Louis-Hector de Galard prince de Béarn, sénateur, maire de Larochebeaucourt, propriétaire du splendide château Renaissance qui domine le village de toute sa majesté. Issus de familles de la région, ces grands notables appartiennent, il est vrai, par leur train de vie, leurs relations, leurs idées, à la caste parisienne au pouvoir. Caste autant haute-bourgeoise qu'aristocratique, plus large dans ses vues, plus ouverte dans ses alliances, plus mobile dans ses choix que la noblesse périgourdine restée sur ses terres. Confinée dans l'horizon étroit de ses halliers, ancrée dans ses préventions héréditaires, resserrée sur ses espérances nostalgiques, plus attachée à ses titres qu'à sa fortune, à sa parentèle qu'aux honneurs du temps présent, cette noblesse rurale, souvent peu fortunée, se tient en général à l'écart de la vie politique. Elle laisse aux notables bourgeois, notaires, avocats, médecins, négociants, marchands de biens toute latitude de faire carrière dans cette voie. En fait de mandats électifs, ses aspirations ne dépassent guère l'échelon municipal et cantonal parce qu'en fin de compte, elle tient plus à conserver son influence locale qu'à s'inscrire dans une réprésentation nationale où elle ne se reconnaît guère. Ces familles à qui l'on reproche facilement d'être hautaines, voire dédaigneuses, sont à la vérité généralement bien plus proches des paysans que ne le sont les notables bourgeois, citadins provinciaux ou parisiannisés, qui représentent les populations des campagnes, parlent en leur nom au corps législatif et dans les instances officielles.

A la table des élus du canton de Mareuil qui écoutent le discours fleuve de l'honorable député Paul Dupont, ont pris place Henri de Maillard et Alain de Monéys, respectivement maire et adjoint de la commune de Beaussac. Propriétaire important, châtelain respecté, descendant des seigneurs de Lafaye, apparenté à toutes les vieilles familles des environs, constamment réélu au conseil municipal, Henri de Maillard préside aux destinées de sa commune depuis seize ans. Il a succédé à son cousin Amédée de Monéys qui s'est définitivement retiré du conseil en 1865, pour laisser la place à son fils. Nommé adjoint le 20 mai 1866, Alain de Monéys, qui a juré à ce titre « fidélité à la constitution et obéissance à l'Empereur », en séance solennelle, seconde activement son oncle Henri qui voit en lui son successeur. Les deux hommes administrent leur municipalité en hommes avisés, consciencieux de la même façon qu'ils administrent leurs biens familiaux et font valoir leurs domaines agricoles. Ils jouissent l'un et l'autre de la considération et de l'estime de leurs concitoyens, avec en faveur de « Monsieur Alain » un supplément d'affection qui tient au caractère doux, au naturel bienveillant, serviable du fils aîné de « ces messieurs de Bretanges », qualités que les habitants de Beaussac apprécient d'autant mieux qu'ils n'ont guère de sympathie pour son cousin « Monsieur Camille », le fils du maire, qu'ils trouvent fier et feignasse, plus occupé à galoper la chevrette qu'à arranger les affaires du monde.

Henri de Maillard et Alain de Monéys se sont rendus à l'invitation du comité plébiscitaire non point avec l'idée de se faire payer la soupe par l'Empereur comme le maréchal-ferrant d'Hautefaye, ni « pour se faire bien voir des autorités », mais plus simplement pour souscrire à une obligation de leur charge. En tant qu'élus de leur commune et responsables de celle-ci aux yeux du pouvoir impérial qui les a nommés maire et adjoint, c'est à eux qu'il incombe de préparer, d'organiser le scrutin de dimanche à Beaussac, de veiller à ce que les opérations de vote se déroulent conformément à la loi et à l'intérêt national, de s'assurer que tous leurs concitoyens valides se rendront aux urnes et bien entendu voteront comme il faut. Sur ce dernier point, le maire de Beaussac et son adjoint n'ont pas plus de souci à se faire que le maire d'Hautefaye. Paysans ou villageois, personne à Beaussac ne veut la révolution. Pas plus du reste que dans les communes environnantes : Ladosse, Champeau, les Graulges, Puyrenier, Lussas... Même le vieux Manem, de Connezac, qui a si longtemps fait figure d'original en se faisant appeler « citoyen » et en venant certains soirs d'ivresse siffler la Marseillaise aux oreilles du comte Louis-Hippolyte de Galard, l'oncle d'Alain de Monéys, semble avoir mis beaucoup d'eau dans son vin, au propre comme au figuré.

Si l'on devait craindre en ce printemps 1870 sinon des vélléités d'opposition du moins quelques réactions hostiles au gouvernement sur les bords de la Nizonne, ce n'est pas des métairies qu'elles viendraient mais plutôt des logis nobles où l'on s'est passablement inquiété, ces derniers temps, des orientations du ministère d'Emile Ollivier qui, sous couleur de libéralisme, tolère une presse incendiaire et des réunions publiques où l'on tient des propos révoltants contre l'ordre, la religion et la société, ce qui risque à la longue de troubler l'opinion et de gâter l'esprit des braves gens. Soucieux d'entretenir sur leur fief un climat pacifique, Henri de Maillard et Alain de Monéys s'efforcent, chaque fois qu'ils en ont l'occasion, de calmer les appréhensions de leurs amis et parents, même s'il leur arrive de les partager. L'adhésion unanime de la population à la personne de l'Empereur qui représente une sorte de moyen terme entre les aspirations opposées des uns et des autres leur apparaît comme un facteur de cohésion et d'harmonie sociale, bien précieux dans un monde où les hommes n'ont que trop tendance à s'entre-déchirer. Henri de Maillard et Alain de Monéys ne sont certes pas bonapartistes dans l'âme et ils ne se privent pas entre eux de sourire des outrances auxquelles donne parfois lieu le culte superstitieux que les paysans vouent à Napoléon, mais le « fétichisme impérial » leur semble tout compte fait un principe d'utilité publique bien commode pour assurer l'ordre et maintenir en place les hiérarchies et les valeurs auxquelles ils tiennent.

Debout sur l'estrade de la salle Tourny décorée de part et d'autre du buste de Napoléon III, de banderoles où on lit : « l'Empire c'est la paix, OUI à la prospérité des campagnes, NON à la révolution », l'honorable Paul Dupont sort de sa manche de redingote un mouchoir de soie et se tamponne le front, qu'il a haut et dégarni. Il faut dire que le député de Périgueux a rudement payé de sa personne pour faire entendre aux oreilles des édiles ruraux une aria que leur chantent depuis dix-huit ans sur tous les tons, MM. les préfets, sous-préfets, et autres, avant chaque élection, aux fêtes des comices agricoles, aux défilés des bœufs gras, aux anniversaires des victoires de l'Empire, aux premiers coups de pioche des nouveaux tronçons de voies de chemin de fer... et qu'ils entonnent eux-mêmes les jours de 15 août pour la fête de l'Empereur, aux inaugurations de bascules publiques, aux frairies, aux baptêmes de cloches... Trois quarts d'heure de bel canto électoral pour redire dans une langue débordante de passementeries et d'adjectifs, les inépuisables bienfaits de la providence impériale, pour exalter « l'immense sollicitude de l'auguste souverain, ami des paysans, protecteur de l'agriculture qui a su encourager avec une suprême clairvoyance, une énergie indomptable les progrès de la science, des arts et des techniques qui apportent la prospérité dans les campagnes et le bonheur dans les foyers ». L'assèchement des marais, la fertilisation des landes, le développement du machinisme, la sélection des espèces, l'amendement des sols, le drainage, la lutte contre les épidémies, les fermes-écoles, l'engraissement des oies, les machines à coudre de l'impératrice envoyées aux mères de familles nombreuses... C'est un inventaire complet de dix-huit ans de munificences qu'a dressé l'infatigable député pour en attribuer les mérites au génie omnipotent de Napoléon III et inciter au nom du comité plébiscitaire les édiles à les faire hautement valoir aux yeux et aux oreilles de leurs chers administrés. Trois quarts d'heure de vocalises pour vanter l'excellence d'un régime qui, ayant assuré l'ordre et dispensé le bien-être, peut maintenant s'offrir le luxe d'apporter la liberté.

— Tous les régimes antérieurs, inaugurés par une crise politique ou sociale, ont marché de la liberté proclamée ou conquise vers une compression toujours croissante. L'Empire au contraire, s'est avancé par étapes dans la voie libérale, et il en est arrivé aujourd'hui, sans secousses, sans qu'une seule émeute ait ensanglanté les rues de Paris, à pouvoir ouvrir la plus large issue au droit de discussion et au contrôle de l'opinion et des chambres. L'autorité n'a rien perdu de son prestige, la liberté a bénéficié de la force acquise au pouvoir. Ce n'est point une monarchie improvisée par l'émeute, obligée de lutter pied à pied avec ses complices ou avec ses victimes, c'est une monarchie nationale, et pourrait-on dire républicaine au sens noble de ce mot, une monarchie issue de la volonté du pays et acceptée comme un arbitre nécessaire des intérêts rivaux, qui vous demande, à cette heure, de lui manifester votre confiance active...

L'Empereur vous adresse aujourd'hui un appel solennel. A vous qui l'avez constamment soutenu et encouragé dans toutes les améliorations qu'il a réalisées. Après dix-huit années de paix intérieure et de prospérité, il a plus que jamais besoin de vous pour parachever son œuvre et la défendre contre une poignée d'agitateurs cyniques prêts à tous les complots pour faire prévaloir leurs désastreuses fantasmagories. L'Empereur réclame votre concours pour donner à la France sa nouvelle constitution. Une constitution qui consolidera pacifiquement nos conquêtes sociales, épanouira vos libertés et vous associera plus intimement à la gestion des affaires. Au nom de Sa Majesté, le comité plébiscitaire de Périgueux vous demande de donner une preuve éclatante des sentiments qui vous animent, de décourager par votre attitude énergique les entreprises criminelles de tous les démolisseurs ameutés contre le seul gouvernement qui depuis 1789 ait osé demander au suffrage universel de consacrer sa légitimité. Forts de ces certitudes, vous entraînerez sans peine la masse de vos concitoyens à répondre sans hésitation aucune un OUI unanime à l'Empereur au scrutin de dimanche. Vive la France ! Vive l'Empereur !

Tous les convives se lèvent, verre de Monbazillac à la main, portent un triple toast à l'Empereur et boivent à sa santé le vin doux du pays. L'honorable député ajoute un mot.

— Messieurs, avant de nous séparer, je voudrais au nom de tous les membres de cette assemblée, saluer la présence parmi nous de Son Excellence, monsieur le sénateur Pierre Magne, membre du conseil privé, qui a tenu malgré ses nombreuses occupations à venir en personne apporter sa souscription au comité plébiscitaire de Périgueux.

Le député de la Dordogne se tourne vers le grand homme qui vient d'entrer dans la salle et s'est assis discrètement avec les officiels entre le comte Welles de Lavalette et M. Romain Bonnet, directeur du Crédit agricole.

— Excellence, permettez-moi de vous exprimer au nom du comité plébiscitaire toute notre chaleureuse gratitude et de vous dire combien votre présence ici aujourd'hui nous honore.

Toute l'assistance manifeste bruyamment son admiration.

— Vive monsieur Magne ! Vive monsieur le sénateur !

Modeste, comme toujours, le conseiller privé de l'Empereur incline légèrement la tête en signe de remerciement et d'un petit mouvement de la main manifeste aux convives de modérer leurs transports. Mais MM. les maires n'ont pas tous les jours l'occasion d'avoir à leur portée quelqu'un qui touche de si près Sa Majesté et qui saura lui exprimer leurs bons sentiments de bouche à oreille. Le grand homme se lève et s'adresse avec son aisance tranquille, affable aux élus ruraux.

— Monsieur le président, messieurs les députés, messieurs les maires, messieurs les conseillers municipaux, je connais depuis longtemps votre attachement indéfectible à l'Empereur et au régime qui, depuis dix-huit ans, assure la paix dans nos campagnes, travaille sans relâche à l'épanouissement de notre agriculture. Aussi, je suis heureux de vous transmettre de vive voix les affectueuses pensées de notre bien-aimé souverain avec qui je me suis entretenu dans la journée d'hier, peu après que la police eût découvert l'odieux complot qui se tramait contre son auguste personne et qui grâce à Dieu, a pu être déjoué à temps. Loin de se laisser ébranler par les menées criminelles de ceux qui prétendent jeter la confusion et le désordre dans le pays, l'Empereur, confiant dans sa destinée, a continué de vaquer, avec la plus parfaite sérénité, aux affaires de la France. Quand je lui ai dit que j'allais me rendre en Périgord pour passer quelques jours avec les miens, il m'a répondu avec son aimable sourire : — Ah, monsieur Magne, vous avez bien de la chance ! Vos compatriotes sont des hommes pleins de sagesse et de mesure. Dites-leur combien je leur suis reconnaissant de l'affection exemplaire dont ils m'ont donné depuis tant d'années de si touchants témoignages. Leur fidélité me fortifie. Je continuerai, tant que Dieu me prêtera vie, à me pénétrer de leurs désirs et je ferai tout ce qui est en mon pouvoir pour faire entrer jusque dans les plus humbles foyers de votre belle contrée, les fruits de la prospérité et du progrès. Dites-leur enfin qu'au moment où je fais appel à leurs suffrages pour assurer le renouveau de nos institutions, je ne doute pas qu'ils exprimeront une fois encore la voix de la raison et du bon sens qui fait la force de la nation et la solidité de l'Empire.

Tandis que les applaudissements et les vivats retentissent dans la salle, des membres du comité plébiscitaire distribuent à MM. les maires le texte imprimé d'un message à l'Empereur ainsi libellé :

« *A SA MAJESTÉ L'EMPEREUR,*
le comité de la commune de...

SIRE,

Au moment où Votre Majesté soumet à la sanction du Peuple français le Plébiscite de la Constitution libérale, la folie démagogique a armé contre vous le bras d'un assassin.

En donnant à l'Empire la Liberté pour base, vous avez vaincu la Révolution. Elle comprend si bien sa défaite, qu'elle n'a plus aujourd'hui d'autres armes que celle du crime.

Sire, La France est avec vous !
DIEU VOUS PROTÈGE ! »

La feuille sort de l'imprimerie Paul Dupont. Elle porte au verso l'adresse de l'auguste destinataire au Palais des Tuileries et un timbre bleu pâle de 20 centimes à l'effigie du même. Il ne reste plus qu'à apposer au recto le nom de la commune, la signature des conseillers municipaux et à remettre le pli au facteur.

Vallée de la Nizonne, 4 mai.

Sous la pluie et l'orage qui gronde, un tilbury, capote rabattue en avant, monte la côte de Bernardières le long d'une rocaille qui surplombe le lit de la rivière. Des rafales de vent à tout rompre secouent les arbres. A croire que les éléments se déchaînent pour mieux signaler au monde l'arrivée de la pluie après laquelle on désespère depuis des semaines et des semaines. Va-t-on enfin voir reverdir les prés, lever les maïs, monter l'eau dans les puits, gonfler les légumes ?

Calés au fond de la banquette, Alcide Dusolier et le docteur Guilbert en redingote et haut-de-forme font grises mines. La foudre claque. La jument frémit. Une gerbe de pluie balaie le visage des deux hommes. Dusolier, mains gantées, serre les rênes.

— Le diable roule ses noix !

Le médecin sort son mouchoir, s'essuie le visage.

— Beau temps pour l'agriculture !

— Mauvais pour la révolution ! Les paysans vont encore remercier l'Empereur de leur envoyer la pluie.

— Et j'en connais qui ne se feront pas faute de le leur rappeler.

— Hé oui, mon bon, c'est la force satanique du bonapartisme de parler le langage des superstitions.

— Et le drame de la République de parler celui de la raison.

— Autant parler chinois aux paysans d'ici.

Un éclair jaillit, tout proche. Le tonnerre craque. La foudre est tombée sur un frêne. La jument s'emballe. Le maire de Périgueux s'inquiète.

— Je crois, mon cher, que nous ferions bien de nous arrêter là-bas, sous ce rocher.

— Vous avez raison. Ariane a une sainte horreur de l'orage : elle nous foutrait bien dans la Nizonne. Tenez, prenez les rênes. Je vais descendre l'arrêter.

Abrités sous un roc en forme d'auvent, les deux hommes dissertent tranquillement en attendant la fin de la tourmente. L'homme de lettres a sorti de sa poche un petit calepin. Il lit une note de lecture au maire de Périgueux.

— Voilà : « C'est avec le second des Bonaparte que le pouvoir d'Etat est entré en France dans la force de son âge. Ce pouvoir ne plane pourtant pas dans les airs. Bonaparte représente une classe bien déterminée, et même la classe la plus nombreuse de la société française : celle des paysans parcellaires. Les Bourbons étaient la dynastie de la grande propriété foncière, les Orléans la dynastie de l'argent, les Bonaparte sont la dynastie des paysans. Les paysans constituent une masse énorme dont les membres vivent tous dans la même situation, mais isolés les uns des autres : chaque paysan, confiné avec sa famille dans l'horizon étroit de sa parcelle, ne se sent pas réellement solidaire de son voisin, bien qu'il ait les mêmes intérêts de classe. Il n'existe en fait entre les paysans parcellaires qu'un lien purement local, mais aucune communauté réelle, aucune liaison nationale, aucune organisation politique. C'est pourquoi ils sont incapables de se défendre, de se représenter eux-mêmes. Leurs représentants doivent leur apparaître comme leurs maîtres, comme une autorité supérieure, comme une puissance gouvernementale absolue qui les protège contre les autres classes et leur envoie la pluie et le beau temps. La tradition historique française a fait naître dans l'esprit des paysans français la croyance miraculeuse qu'un homme portant le nom de Napoléon leur rendrait toute leur splendeur. Et il se trouva un individu qui se donna pour cet homme parce qu'il s'appelait Napoléon sans qu'il soit même prouvé qu'il ait une goutte de sang de celui dont il se dit le neveu. La dynastie des Bonaparte ne représente certes pas le paysan révolutionnaire, mais le paysan conservateur ; non pas le peuple campagnard qui veut, par son énergie, renverser la vieille société, en collaboration étroite avec les villes, mais, au contraire, celui qui, enfermé dans sa parcelle, veut être sauvé et avantagé par le fantôme de l'Empire. La dynastie des Bonaparte ne représente pas le progrès, mais la foi superstitieuse du paysan, non pas son jugement, mais son préjugé, non pas son avenir, mais son passé, non pas ses Cévennes, mais sa Vendée. » Ce n'est pas mal vu, n'est-ce pas ?

Le docteur approuve.

— Diagnostic irréfutable ! De qui est-ce ?

— Du philosophe allemand Karl Marx.

— L'homme de l'Internationale ?

— Lui-même. Il a écrit ça en 1852. C'est exactement le point où nous en sommes après dix-huit ans de Badinguite aiguë, ici dans ce pays de la Nizonne que mon grand-père appelait la petite Vendée du Périgord.

— Les croquants ont pourtant brûlé des châteaux pas loin d'ici.

— Certes, et je les en crois toujours capables, mais nos braves paysans comme dit ce pauvre Welles de Lavalette avec son porridge dans le gosier, n'ont pas brûlé dans leur tête le principe monarchique. Ils ont toujours besoin d'un seigneur et maître pour se sentir protégés contre « l'aversier ». C'est-à-dire contre tous les malheurs réels ou imaginaires qui peuvent s'abattre sur eux : la grêle, les loups, les huissiers, la guerre... Leur seigneur et maître n'est plus le châtelain de la paroisse que la Révolution a bouté dehors. Mais c'est Badinguet avec ses moustaches cirées et son œil glauque. Badinguet que personne ici n'a jamais vu et que certains campagnards arriérés prennent encore pour Napoléon Ier.

— Ce qu'il y a de fou, c'est que ces gens continuent de croire dur comme fer à la bienfaisance de l'Empire alors même que leurs conditions d'existence ne cessent de se détériorer surtout comparées à celles des commerçants. L'enquête agricole de 1866 l'a bien montré ! le nombre des jeunes paysans qui quittent la terre faute d'y trouver de quoi vivre et vont se louer comme manœuvre à bas prix dans les grandes villes augmente d'année en année. Les campagnes se dépeuplent inexorablement et les faubourgs de Bordeaux, de Paris, de Lille se garnissent d'une masse informe de pauvres bougres qui s'entassent dans des taudis, traînent la misère, sombrent dans l'alcoolisme, le vice, la maraude, quand ils ne deviennent pas purement et simplement candidats au crime. Les campagnes se dépeuplent, les bagnes se remplissent.

— Vive l'Empereur ! Et notre seule industrie locale se meurt. Les dernières forges du Périgord qui offraient des débouchés à nos bois éteignent leurs derniers feux, l'une après l'autre, ruinées par le traité de libre-échange, alors qu'il aurait fallu les moderniser pour affronter la concurrence et donner de l'ouvrage aux gens du pays. Autour d'Hautefaye et de Lussas, il suffit de se baisser pour ramasser du minerai de fer. Mais non ! on préfère acheter du fer anglais et laisser crever nos usines. Vive l'Empereur !

— Et nos cultures de chanvre ruinées par les textiles russes. Et nos colzas, nos camelines, nos olivettes coulées par les arachides africaines et le pétrole américain ! Et la laine de nos moutons étouffée par les laines d'Australie, de La Plata, du Cap ! Et notre blé concurrencé par le blé russe, américain, chilien ! Et notre eau-de-vie détrônée par l'esprit de grain anglais et prussien !

— Allez donc dire ça aux paysans, ils vous répondent que si nos produits ne se vendent plus c'est la faute des ennemis de l'Empereur qui complotent dans son dos, trahissent ses intentions. A commencer par les républicains. Si le cours des bœufs gras s'effondre, si le pain est trop cher, c'est à cause des rouges. Et vous ne le leur enlèverez pas de l'idée ! Il faut voir comment ils traitent les quelques isolés qui sont restés fidèles à la République de 48 ! Tenez ce Rougier d'Hautefaye que la Commission mixte a envoyé au bagne de Lambessa et dépouillé de tout. Il vit en paria dans son trou à rats, méprisé même des enfants qui accrochent des casseroles à la queue de sa pauvre vache. C'est pourtant le meilleur des hommes, droit, honnête, fin comme l'ambre, étonnamment cultivé pour un paysan.

— Je dois vous dire mon cher, que vous avez un joli mérite d'entreprendre une carrière politique dans une pareille circonscription. A Paris ou dans une grande ville, avec tous les appuis sur lesquels vous pouvez compter, vous aviez un avenir tout tracé, aux côtés de votre ami Gambetta qui est allé chercher sa clientèle à Belleville plutôt que de soulever des montagnes dans le fond du Quercy.

— Léon mène sa barque comme il l'entend et cela ne réussit pas mal à notre cause. Mais si personne ne se décide à soulever les montagnes de la France rurale, nous aurons encore un Badinguet ou un Loulou au pouvoir dans cinquante ans. Nous savons assez que si les républiques se proclament à Paris, c'est à la campagne qu'elles s'enterrent. C'est donc ici, dans les profondeurs du pays qu'il faut transformer le monde, préparer patiemment l'avenir. Supposez que demain Paris marche sur les Tuileries, Rochefort et Flourens en tête. Supposez que par miracle l'insurrection triomphe. La République est proclamée. Nous crions victoire, tous nos amis crient victoire ! Nous nous dépensons jour et nuit pour imposer la légalité nouvelle. Mais croyez-vous sérieusement que cette République ait des chances de durer plus qu'un été si le peuple des campagnes, c'est-à-dire la majorité des Français, reste ce qu'il est, continue de penser comme il pense ? L'âme paysanne aura tôt fait de nous engendrer un nouveau Badinguet, avec le premier énergumène venu qui se prendra pour Napoléon. C'est donc cette âme paysanne qu'il faut entreprendre de transformer. C'est elle qu'il faut purger de ses démons !

— C'est une entreprise de missionnaire, mon bon !

— Le crucifix en moins !

— La chaîne d'union en plus !

— Pour moi, c'est une tâche autrement plus passionnante que d'aller prêcher des convaincus aux Folies-Belleville. C'est ici sur le roc de l'obscurantisme rural que sont venus se briser les espoirs de nos pères. Et quand je pense à nos pères, je pense au mien, représentant du peuple, commissaire de la République en 48 et à mon aïeul montagnard de la première heure qui a fait le coup de sabre en 1792 et portait la violette à la boutonnière sous la Restauration. C'est ici entre Bandiat et Nizonne, qu'ils se sont battus toute leur vie contre l'emprise millénaire des châteaux et des soutanes. C'est ici, dans ce pays de garennes et de terre à châtaignes, où sont accrochées mes rêveries d'enfant, que j'ai décidé de continuer le combat avec tous nos amis. Il y a à Nontron et dans l'arrondissement, toute une génération nouvelle de républicains convaincus fermement décidés à débarrasser nos campagnes de la peste bonapartiste. Voyez Albert Theulier, Pécon-Laugerie, mon cousin Antonin Debidour, même votre beau-frère le docteur Roby-Pavillon. Et parmi les plus jeunes, étudiants ou lycéens, vous verrez que bon nombre feront parler d'eux avant longtemps : André Picaud, Just Pabot-Chatelard, Lucien Laforest... Nous travaillerons ensemble à faire pénétrer dans les campagnes l'esprit républicain et le sens de la démocratie. Non point en mettant le pays à feu et à sang, mais en expliquant patiemment aux gens où sont leurs véritables intérêts. Je ne me fais pas plus d'illusions que vous sur les résultats de ce foutu plébiscite. Après ce battage effréné de l'administration, s'il nous reste 5 % de NON dans le Nontronnais ce sera un beau résultat. C'est curieux, voyez-vous, mais cela ne me décourage en rien. Au contraire, cela me stimule. Cette unanimité des ruraux en faveur des Bonaparte me paraît plus facile à retourner qu'une opinion mitigée. Précisément parce qu'elle a quelque chose d'artificiel. Elle est comme un mirage, un trompe-l'œil qui masque les antagonismes réels. Elle est le produit d'une illusion collective passagère.

Le psychiatre hoche la tête.

— Passagère, passagère... Les illusions collectives ont la vie dure, mon cher, elles sont autrement plus coriaces que les réalités. C'est comme le délire d'un grand aliéné : si un psychopathe décide de prendre son vase de nuit pour le Grand Mufti, vous pouvez toujours essayer de le désabuser ! Le culte de l'Empereur-providence est la folie des paysans, leur religion. Et les religions depuis le temps qu'on les renverse et qu'elles ne cessent de renaître de leurs cendres toujours aussi bardées de fanatisme et d'intolérance !

— Grâce au ciel, le bonapartisme n'a pas dix-huit siècles, bientôt dix-neuf, d'existence derrière eux ! Et Badinguet n'a pas l'ascendant du corbeau de Bethléem. Il nous faudra du temps, je n'en doute pas. Dix ans, peut-être vingt, car c'est essentiellement une affaire d'instruction, mais je suis sûr que nous parviendrons à faire comprendre aux campagnards à quel point l'Empire a abusé de leur crédulité et ce jour-là, je vous prie de croire qu'ils ne seront pas près de se laisser abuser par un nouveau charlatan.

— Ah mon cher frère, si tous les républicains de cœur avaient votre détermination, il est sûr que les choses changeraient plus vite dans ce département. En tout cas, vous pouvez compter sur moi et sur tous mes amis démocrates de Périgueux, de Bergerac, de Sarlat pour faire corps avec vos amis de Nontron.

— Et réciproquement mon cher Louis, les républicains de Périgueux peuvent compter sur le soutien actif des républicains du Nontronnais. Laissons passer les vêpres plébiscitaires. Nous nous attaquerons ensuite aux choses sérieuses. Gambetta m'a promis de venir cet été en Périgord avant les municipales. Je le logerai à Bonrecueil. Ce n'est pas que mon vieux manoir soit bien confortable. Mais je lui donnerais la chambre bleue. Il dormira dans le lit de mon aïeul près du guéridon où sont encore posées sa cocarde et ses épaulettes comme s'il les avait dégrafées hier soir de retour de Valmy. Léon a bien ri quand je lui ai dit que les hobereaux du voisinage appelaient encore Bonrecueil « La Jacobinière » ou « Le Château Rouge ». Je crois que c'est ce qui l'a décidé à venir !

Hautefaye.

L'orage est passé. Le ciel a repris sa tonalité bleu intense. Les rayons du soir de ce printemps trop beau font luire le feuillage des ormeaux et l'herbe flétrie des prés. Mais ce n'est pas encore cette malheureuse averse qui va faire sortir les haricots. Décidément l'Empereur est bien avare de ses bienfaits, pour quelqu'un qui veut se faire plébisciter !

Le tilbury qui vient de quitter le bourg caracole sur la route de Nontron. Alcide Dusolier et Louis Guilbert ont eu le temps malgré la pluie, de passer chez Manem à Connezac et Chez Rougier au Repaire, histoire d'entretenir la flamme et de trinquer un petit coup à la santé de la République à quelques jours du plébiscite. Alcide leur a laissé à l'un et à l'autre une vingtaine d'exemplaires de la profession de foi anti-plébiscitaire adressée aux électeurs de la Dordogne, qu'il a fait imprimer chez Rastouil. Un véritable réquisitoire, en quatorze pages, contre le régime honni, doublé de l'esquisse d'un programme de gouvernement républicain, l'ensemble développé sur un ton vif, familier, accessible aux intelligences villageoises avec des exemples pris dans la vie de tous les jours. Un petit chef-d'œuvre de vulgarisation politique bien dans l'esprit des almanachs à un sou que les colporteurs distribuent les jours de frairie. Le texte est signé pudiquement : « un ami de l'ordre », et accompagné de bulletins NON à découper. Manem et Rougier ont promis de faire passer discrètement ces papiers à tous ceux de leur connaissance que cette livraison explicative et enthousiaste pourrait décider à voter NON, ou au moins à se poser des questions. En passant au bourg, le médecin et l'homme de lettres se sont arrêtés un moment chez Elie Mondout. Ils ont posé gants et hauts-de-forme sur le noyer massif de la grande table noirâtre où l'on coupe le cochon. Ils ont parlé de la sécheresse, du prix du pain, du prochain tirage au sort des conscrits... L'aubergiste et Jean Lavaud son gendre ont chacun « payé » à ces messieurs une bonne tournée de pineau. Mais pas un mot du plébiscite. Et Alcide s'est bien gardé de sortir sa « propagande » de la malle de tilbury. Encore s'il avait vu Elie, seul à seul, loin du monde, il aurait pu lui glisser les feuilles et lui parler à cœur ouvert. Il connaît assez Le Bon Dieu et sa famille, pour savoir qu'il est de ceux qui accepteraient volontiers la République. Mais l'homme de lettres, châtelain à Bonrecueil, fils de notable, ne peut pas dans l'état actuel de l'esprit public des campagnes se permettre de prêcher ouvertement pour le NON, dans une auberge. Pas plus d'ailleurs que le buraliste, conseiller municipal d'Hautefaye, ne peut se permettre d'avoir l'air de prêter une oreille complaisante à un pareil son de cloche, même si tout le monde sait dans la commune qu'il est loin d'être toujours d'accord avec Mathieu dont il a toujours refusé d'être l'adjoint. Elie Mondout ne se gêne guère pour traiter le maire de tête de cochon et c'est souvent que les deux hommes se bouffent le nez aux séances du conseil. L'autre soir encore, il y a eu un joli grabuge : on les a entendu brailler depuis la ruelle du maréchal jusqu'à chez Delage à l'autre bout du bourg. Néanmoins, s'agissant d'un scrutin pour l'Empereur, Elie Mondout, investi aux yeux de la population comme les autres conseillers d'une parcelle de l'autorité impériale qui nomme les maires et les adjoints, les privant ainsi d'être les représentants exclusifs des gens qui les élisent, ne peut moralement pas laisser planer le moindre doute sur son intention de vote qu'il exprimera dimanche en faisant bien voir à tout le monde, du même geste ostensible que ses collègues de la mairie, qu'il dépose dans l'urne un bulletin OUI.

— Au lieu de dépenser des millions pour une élection faite d'avance le gouvernement ferait mieux de nous donner de quoi refaire nos chemins !...

C'est le seul coup de coude que Le Bon Dieu ait pu donner à Alcide en le reconduisant au tilbury. Alcide n'en attendait pas davantage.

Emoustillés par l'eau-de-vie de Manem, le cassis de Rougier, le pineau de Mondout, le médecin et l'homme de lettres ont perdu en chemin un peu de leur gravité bourgeoise. Foin de considérations sentencieuses ! L'heure n'est plus aux sombres analyses de la conjoncture politique. La conversation sautille.

Et quand le tilbury s'est trouvé arrêté par le troupeau d'Anna de retour du Gros Poirier, Alcide a lancé à la jeune bergère un « Bonsoir ma belle ! » chantant et suave que le maire de Périgueux s'est empressé de commenter.

— Fichtre la jolie fille ! J'en connais qui garderait volontiers les moutons avec elle.

— Quand nos bergères se mettent à être belles, elles sont plus belles que les plus beaux modèles de Delacroix !

— Vous pensez à *l'Orpheline au cimetière* qui est au Louvre.

— Entre autres.

— C'est vrai que beaucoup de filles ici sont très typées. C'est un détail qui m'a frappé quand je suis venu m'installer en Périgord, il y a dix ans. Ce ne sont pas les roses et plantureuses Picardes de mon enfance.

— Les Arabes sont passés par ici, mon cher ! Au retour de Poitiers, les cavaliers d'Abderame ont campé dans nos bois. Ces gaillards ne devaient pas y aller par quatre chemins avec les petites Pétrocoriennes. J'y pense quelquefois quand je vois ces regards chauds, ces peaux ambrées, ces crinières noires qui se cachent un peu trop sous les mouchoirs de tête... Hélas, les beautés se fanent vite dans nos campagnes ! Le travail de la terre, les grossesses répétées ont tôt fait de durcir les traits, de tasser les corps. A quelques années d'intervalle, on a souvent peine à croire que telle ou telle métayère hommasse ait pu être jolie et désirable à souhait. Je me rappelle avoir pris, quand j'avais dix-huit ans, quelques libertés avec une jeune servante de mes grands-parents dont la beauté et les formes admirables m'ont hanté tout un été. Eh bien quand je l'ai revue par hasard sept ou huit ans plus tard, femme d'un feuillardier, mère de cinq enfants, lourde, négligée, sale, miséreuse, j'ai été épouvanté.

— Oh vous savez, il y a bien des bourgeoises que l'abus de sucreries, la vie sédentaire, la neurasthénie ne mettent pas dans un meilleur état.

— Trop de moka...

— Pas assez de gigot pour les bergères surtout ! Quand on pense que dans les trois quarts des familles paysannes on ne mange de la viande qu'une fois par an, pour carnaval !...

Arrivés à hauteur d'un chemin de terre qui débouche à droite de la route, les passagers du tilbury voient venir un cavalier coiffé d'un feutre gris, vêtu d'une élégante veste cintrée. Alcide se penche pour le regarder.

— Tiens, je crois bien que c'est mon vieux camarade Alain de Monéys !

— Monéys, Monéys... Celui qui s'occupe du drainage de la Nizonne ?

— Lui-même. Vous le connaissez ?

— Je le vois aux réunions de la Société d'agriculture. Il a fait récemment une communication très remarquée sur l'aménagement des vallées. Et mon beau-frère Roby-Pavillon est son médecin de famille. C'est un ami à vous ?

— Nous avons passé cinq ans ensemble dans la même boîte à curés. Au collège de Pons en Charente inférieure.

— Ah, les bons Pères !

— La cravache et le goupillon vous voulez dire ! Ils ont fait de lui un chrétien exemplaire et de moi un libre penseur devant l'éternel. Cela ne nous empêche pas de nous aimer comme des frères. Si tous les croyants étaient comme lui, on finirait par prendre au sérieux le mystère de la Sainte-Trinité ! C'est un garçon exquis. Il est plus jeune que moi. Il était en troisième quand j'étais en rhétorique. Mais on se retrouvait toujours pour jouer Corneille ou Racine aux distributions des prix et les dimanches, à St-Martial-de-Mirambeau, chez son oncle Adolphe qui était aussi mon correspondant au collège.

Alain de Monéys qui a reconnu son ami d'enfance se dirige au trot vers le tilbury. Alcide penché à l'extérieur de la voiture, s'adresse à lui comme s'ils jouaient sur une scène.

— Polyeucte !

Alain lui répond sur le même mode.

— Néarque !

— Où pensez-vous aller ?

— Au temple où l'on m'appelle.

— Quoi ! Vous mêler aux vœux d'une troupe infidèle ! Oubliez-vous déjà que vous êtes chrétien ?

— Vous, par qui je le suis, vous en souvient-il bien ?

— J'abhorre les faux dieux.

— Et moi je les déteste.

— Je tiens leur culte impie.

— Et je le tiens funeste.

— Fuyez donc les autels.

— Je les veux renverser...

Alain a un trou. Il cherche dans sa mémoire. Alcide lui souffle la fin du vers.

— Et mourir dans un temple, ou les y terrasser.

— Et mourir dans un temple, ou les y terrasser... Ah Alcide, tu vas encore me souffler le prix de déclamation française !

— Et toi celui de grammaire grecque !

— Penses-tu ! Je ne sais même plus conjuguer...

Alcide arrête sa pouliche, Alain arrête son alezan. Les deux bêtes se flairent. Les trois hommes se serrent la main. Alcide prend l'avant-bras de son camarade.

— Eh bien, mon bon, comment te portes-tu ?

— Comme mes tabacs, j'attends la pluie, la vraie, celle qui mouille la terre en profondeur. Si nous ne l'avons pas avant la nouvelle lune, comme dit Bissou mon métayer, les zouaves n'auront que leur pompon à fumer et leurs semelles à chiquer.

— Ils se consoleront avec la chopine. Le vin sera bon cette année ?

— C'est toi qui le dis, poète ineffable ! Laissons passer l'été, on verra en septembre comment sont les vendanges. D'ici là, il peut se passer bien des choses : la grêle, le mildiou, les sauterelles, la guerre !...

Alcide s'étonne.

— La guerre ? Ne parle pas de malheur.

— Est-ce qu'on sait, du train où vont les choses !

— Mieux vaut tous les mildious et toutes les sauterelles du monde ! intervient le docteur Guilbert. Alain approuve. Alcide ironise.

— L'Empire, c'est la paix !

Alain coupe court.

— La guerre est la plaie de tous les régimes. N'en parlons plus, tu as raison. Ça porte la guigne. Je ne sais vraiment pas pourquoi ce mot m'est sorti de la bouche...

Alcide change de sujet.

— C'est toi qui as planté tous ces petits pins au Maine du Bost ?

— Oui, ce sont des plants que j'ai fait venir des Landes sur les conseils du marquis de Lagarde. Il en a planté des quantités autour de La Pouyade. Ils viennent très bien en terrain maigre. C'est un bon moyen de tirer un peu de revenu de nos brandes. Tu devrais en semer sur les côteaux de Bonrecueil...

Après les pins, la Nizonne. Alain annonce la mise en chantier prochaine du projet d'aménagement de la vallée. Un projet dans lequel Alcide est partie prenante pour ses terres de Bonrecueil qui bordent le cours d'eau. Il se rendra à la réunion des propriétaires riverains que présidera Alain le 12, à la mairie de Beaussac. Contents d'avoir l'occasion de se revoir bientôt, les deux anciens élèves des bons Pères de Pons se séparent. Le cavalier escorte le tilbury jusqu'à l'embranchement du chemin qui mène à Bretanges par le bois de Beaussac et salue d'un aimable coup de chapeau le médecin et l'homme de lettres qui poursuivent leur route vers Nontron.

Comme il se doit, on parle de celui qu'on vient de quitter.

— C'est bien son grand-père qui était maire de Périgueux sous la première Restauration ?

— Le marquis de Monéys était son grand-oncle. Il avait fait tailler dans une charmille du parc de Bretanges un petit théâtre de verdure où il donnait, les soirs d'été, des représentations de ses propres vaudevilles pour le plaisir de sa famille, de ses voisins et de ses métayers dont certains jouaient parfois les utilités, déguisés en gardes ou en garçons d'auberge. Je me rappelle qu'à l'époque où nous déclamions ensemble, Alain avait voulu faire revivre le théâtre de Bretanges. Il m'avait donné à lire des pièces de son grand-oncle. L'aimable marquis avait un certain talent et pas mal d'esprit. Ce n'était pas Scribe, ni Paul de Kock, mais cela valait largement Saintine ou Théodore Anne. J'ai entendu dire à mon père qui n'était guère complaisant avec le marquis, que sa comédie-vaudeville *L'Antiquaire et la Momie* avait connu un joli succès au théâtre de Périgueux dans les années 40.

— Belle époque où l'on pouvait être tour à tour maire d'une ville et vaudevilliste municipal.

— Qu'est-ce que vous attendez pour vous essayer au théâtre !

— Vous êtes bien bon, mon cher, mais je n'ai pas votre talent littéraire.

— Oh, je serais tout à fait incapable d'écrire un vaudeville !

— Hélas, les fonctions politiques sont devenues trop absorbantes pour qu'on puisse les mener en dilettante comme au temps du marquis de Monéys.

— Le cher homme composait aussi des cantates à la gloire de l'Ancien Régime. Il en a fait jouer une pour fêter le passage de la duchesse d'Angoulême à Brantôme en 1815. C'était l'époque où toute la noblesse de la Nizonne s'était mise sur le pied de guerre pour soutenir le roi. Je vous parlais de la petite Vendée du Périgord, ce n'est pas un vain mot. Un jour en fouillant dans les archives de la mairie de Saint-Sulpice de Mareuil, je suis tombé sur la copie d'une supplique adressée à Louis XVIII par quarante-deux gentilshommes des environs qui se flattaient d'avoir combattu en Allemagne dans l'Armée des princes contre les troupes de la Ire République française. Ils juraient amour, fidélité, dévouement au roi, à son auguste famille et se déclaraient prêts à verser tout leur sang pour défendre envers et contre tous, les droits de Sa Majesté au trône de ses ancêtres, renouvelant ainsi l'antique serment des guerriers français. Les noms des signataires sont ceux de toutes les familles qui habitent encore dans cette contrée de la Nizonne : les Conan, les Pindray d'Ambelle, les Duchassaing, les Bellussière, les Galard de Béarn, les Rastignac, les Saint-Exupéry, les Maillard de Lafaye... C'est d'ailleurs un marquis de Maillard de Lafaye, conseiller général, maire de Saint-Sulpice à l'époque, grand-père du maire actuel de Beaussac qui a rédigé la supplique et présidé la députation des gentilshommes. Toutes ces familles sont encore monarchistes. Elles vivent de l'héritage moral de leurs ancêtres comme de leur héritage foncier. Je ne connais guère que les Pabot du Chatelard, de Teyjat, et encore pas tous, pour avoir brûlé leur particule et épousé ouvertement les idées démocratiques et le rationalisme voltairien.

— Et les Monéys ?

— Comme leurs voisins et alliés, les Monéys sont légitimistes de cœur, orléanistes de consolation et bonapartistes de convenance, quoi qu'avec un réel loyalisme, en tout cas de la part d'Alain qui se sent lié par le serment de fidélité qu'il a prêté à l'Empereur en tant qu'adjoint au maire de Beaussac. Les Monéys se flattent avec raison qu'aucun ancêtre de leur nom en ligne directe n'a émigré, ni en Allemagne ni ailleurs. Mais ils sont apparentés aux Conan, aux Bellussière, aux Maillard, aux Galard de Béarn, qui eux, ont fourni leur contingent d' « Allemands » à l'Armée des princes. Je me rappellerai toujours la belle colère d'Alain dans la salle d'études du collège un jour que je lui avais dit pour le taquiner que ses ancêtres s'étaient battus contres les miens à Valmy. « Jamais un Monéys d'Ordières n'a trahi sa patrie, monsieur ! » m'a-t-il répondu rouge de fureur. « Retire ce mot ou cet affront se lavera au fleuret non moucheté. » Je me suis excusé. Mais il m'en a tenu rigueur un certain temps et je m'en suis voulu de l'avoir taquiné sur ce point d'autant qu'il ne s'était jamais permis de me dire comme certains de ses cousins que mes ancêtres avaient guillotiné les siens. De tous les fils de hobereaux que j'ai fréquentés, Alain est celui qui a l'esprit le plus ouvert. C'est un aristocrate généreux, tolérant, sans infatuation aucune. Un de ses métayers m'a dit un jour : « Ah, Monsieur Alain, ce qu'on aime chez lui, c'est qu'il n'est pas fier. » Croyez-moi, c'est le plus grand compliment qu'un paysan puisse adresser à un vicomte !

— Vous n'avez pas cherché à le convertir à la République ?

— Il fut un temps où nous avions des discussions philosophiques sans fin. Il m'appelait Saint-Just, je l'appelais Saint-Paul. Maintenant, nous nous voyons moins souvent. Il a ses convictions, j'ai les miennes, nous les respectons mutuellement. L'idée de la République ne lui donne pas la jaunisse comme à beaucoup de ses parents. Certes je ne l'imagine pas chantant la Marseillaise à genoux, mais je le connais assez pour savoir qu'il accepterait sincèrement le régime républicain s'il s'instaurait sans effusion de sang et selon les vœux de la majorité des citoyens. En attendant, il fera voter OUI dimanche à Beaussac. Il est pour l'ordre établi comme toutes les notables du voisinage. Le monarchisme latent des châtelains fait chorus avec le bonapartisme fétichistes des paysans. Il n'y a dans ces fonds de campagne, entre ces deux couches sociales extrêmes, aucune classe intermédiaire, aucune bourgeoisie instruite, de tradition rationaliste et d'aspiration républicaine, capable de désabuser les paysans et d'en imposer aux monarchistes.

Nontron.

Le jour tombe. La petite ville est déserte. C'est l'heure où les bonnes gens sont à table. La plupart des contrevents sont fermés, principalement les persiennes des maisons bourgeoises où l'on est plus soucieux de se sentir chez soi et moins regardant aux dépenses de chandelles que dans les masures des basses rues. Seuls quelques chiens, croisés de toutes les races de sous-préfecture, errent au petit trot, reniflent les murs, fouillent les caniveaux. La place de la Cahüe, autrement dit de la cohue est un grand décor vide avec son hôtel de ville à l'italienne à cinq arcades, déjà pavoisé de drapeaux tricolores et d'aigles impériales comme pour bien affirmer que l'issue du vote de dimanche ne fait de doute pour personne. Un bruit de voiture à cheval se rapproche. Le tilbury arrive de la place du Canton et remonte à bonne allure la grand-rue. Peu avant la Cahüe, il vire à droite dans la rue Notre-Dame et va se garer sur la gauche dans un renfoncement où sont remisées des charrettes. L'homme de lettres et le médecin descendent de voiture, défroissent leur redingote, rajustent leur haut-de-forme et prennent chacun à la main une mallette noire. Ils marchent d'un pas ferme, rapide, insconsciemment cadencé. Le bruit de leurs talons résonne dans la rue léthargique. Huit heures sonnent à Notre-Dame des Clercs. Alcide Dusolier et Louis Guilbert pivotent à gauche avec un bel ensemble et attaquent la rue Brune, une mauvaise ruelle sombre aux galets disjoints, luisants des averses de l'après-midi. En haut, la voie fait un coude. Là se trouve une maison haute, d'allure classique dont tous les volets sont clos jusqu'au grenier. Les deux hommes regardent derrière eux et s'avancent vers la porte d'entrée, une porte pleine en bois clouté avec un heurtoir de bronze en forme de main de jeune fille, et un petit guichet grillagé. Alcide croise le regard de son compagnon et frappe deux coups successifs puis un troisième après un silence. Quelques instants plus tard le guichet s'ouvre. On devine un visage. Quelques mots se chuchotent. La porte s'entrebâille. L'homme de lettres fait entrer le médecin et emboîte le pas derrière lui. Le personnage de la porte, petit, gros, noiraud, barbe pleine et gants blancs, serré dans une redingote sombre, incline la tête et referme promptement. Les trois hommes échangent le salut rituel. Ils se tapent trois fois sur l'épaule gauche avec la main droite : deux coups, un silence, un troisième coup et ils s'embrassent trois fois. Un flambeau illumine le corridor porté par une statue de femme en bronze dont le socle porte ces deux mots : FIAT LUX. Le cerbère en gants blancs frappe à une porte du fond toujours selon le même code : deux coups rapides suivis d'un troisième. Sans attendre de réponse, il ouvre et pénètre avec Dusolier et Guilbert dans un petit salon au décor d'époque révolutionnaire où flotte une odeur de fumée de cigares et d'encens. Une douzaine d'hommes réunis en petits groupes s'arrêtent de bavarder et se tournent vers les arrivants. Ils sont tous en redingote noire, cravate et gants blancs, portent un petit tablier de soie brodé autour de la taille, un large cordon de moire bleue en écharpe ou en sautoir et une épée. Le plus âgé de ces messieurs, Antoine Debidour, cinquante ans, avocat à Nontron, vénérable de la loge, s'avance.

— Ah ! mes très chers frères, nous n'attendions plus que vous.

— Hélas ! vénérable maître, nous avons été pris par l'orage, lance Alcide d'une voix forte.

— Et suivis par des loups, je parie ?

— De loin, de loin, répond Alcide avec un geste évasif.

— Il paraît qu'il y en a une jolie bande dans le bois de Rudeau, intervient Marc Queroy, le pharmacien.

— Manem, de Connezac, nous a affirmé qu'en revenant de couper de la litière dans ses brandes, il était tombé l'autre soir nez à nez sur un vieux loup gris énorme. Plus gros qu'un gros veau !...

Dès qu'on parle des loups, tout le monde a son mot à dire.

— Il paraît qu'une battue est prévue pour demain au départ de Beaussac, annonce Félix Passerieux, l'horloger.

— Non, non c'est une chasse à courre organisée par Pindray d'Ambelle, le lieutenant de louveterie, avec l'autorisation de la préfecture, précise Jean Marquet, le notaire de Piégut.

— On ne devrait pas autoriser les chasses à courre en cette saison. Elles font beaucoup plus de dégâts dans les cultures que les loups n'en font dans les bergeries, proteste Emile Millet-Lacombe, propriétaire à Saint-Pardoux la Rivière.

— Privilège de veneurs ! s'exclame Pierre Bourdalet, le vieux percepteur.

Après les loups, les hommes et les lumières... Le vénérable de la loge prend le docteur Guilbert par le bras et se tourne vers l'assistance.

— Mes frères, je ne crois pas avoir besoin de vous présenter l'honorable frère Guilbert de la respectable loge Les Amis Persévérants et l'Etoile de Vésone réunis...

L'un après l'autre, les frères saluent affectueusement le frère Guilbert ainsi que le frère Dusolier, membre de la loge de Nontron qui l'a élu aux fonctions d'orateur. Les deux hommes revêtent les insignes de tenue : tablier, cordon, gants blancs, glaive. A gauche du petit salon, une porte à deux battants est entrouverte sur une pièce aveugle, profonde, où brûlent six grands cierges. Un climat d'intense mystère se dégage de ce lieu très clos qui capte irrésistiblement l'attention et invite au recueillement. C'est le temple flambant neuf de la loge de Nontron. Le plafond est bleu ciel semé d'étoiles d'or, les murs bleu sombre ornés des emblèmes maçonniques : l'équerre, le compas, l'étoile des compagnons... Sans oublier la chaîne d'union figurée en trompe-l'œil qui court sous la corniche tout autour du sanctuaire. Le sol est en damiers noirs et blancs. Une estrade à trois marches s'élève au fond de la pièce où sont disposés à droite le pupitre de l'orateur, à gauche celui du secrétaire, au centre la chaire du vénérable, derrière laquelle l'œil rayonnant de la liberté, brodé sur un étendard, inscrit dans un triangle, marque l'orient et jette ses mille faisceaux de lumière symbolique sur ce petit temple de sous-préfecture qui sent la peinture fraîche.

La cérémonie va commencer. Les douze membres de la loge entrent dans le saint des saints et prennent place : apprentis et compagnons sur les colonnes latérales, premier et deuxième surveillants à leur petite table de part et d'autre de l'entrée, orateur et secrétaire à leurs pupitres, vénérable à sa chaire. Seul le frère Guilbert reste à l'extérieur du temple dont le frère couvreur ferme la porte. Un silence extrême se fait dans le sanctuaire. Le vénérable, maillet en main, prend la parole.

— Aujourd'hui, 4e jour du 5e mois de l'année de la vraie lumière 5870, la respectable loge de Saint-Jean de Jérusalem, sous le titre distinctif de L'Avenir de Nontron régulièrement constituée à l'orient de Nontron et fraternellement réunie sous le point géométrique connu des seuls vrais maçons, dans un lieu très éclairé, très régulier et très fort, où règnent l'union, le silence et l'équité, ouvre ses travaux au 1er grade symbolique à midi plein. A l'ordre du jour : tenue d'installation de la loge et consécration du temple, présidée par le frère Guilbert représentant le vénérable frère Gaillard de la respectable loge Les Amis Persévérants et l'Etoile de Vésone réunis et délégué par le grand maître de l'ordre.

Le vénérable Debidour frappe trois coups de maillet. A ce moment, on entend heurter à la porte les trois coups rituels. Le vénérable redonne trois coups de maillet et dit :

— Debout mes frères, à l'ordre et glaives en main pour accueillir le frère Guilbert.

Le frère couvreur ouvre la porte. Le frère Guilbert paraît. Il avance d'un pas et s'arrête sur le seuil du temple. Le vénérable descend de sa chaire, s'approche de Guilbert, le salue, lui remet son maillet et l'invite à prendre place à l'orient. D'un même mouvement, les frères, debout, en rang face à face sur les deux colonnes latérales brandissent leurs épées en avant pour former la « voûte d'acier » sous laquelle passent le vénérable et le délégué du grand maître. Guilbert monte sur l'estrade. D'un geste fraternel, le vénérable lui donne sa chaire et s'installe un peu en retrait sur une chaise. Le délégué du grand maître de l'ordre invite les frères à s'asseoir et ouvre la cérémonie par quelques lectures réglementaires. Après quoi il laisse revenir dans la loge le plus parfait silence pour que chacun s'en pénètre. Il frappe alors trois coups de maillet sur sa table et dit :

— Frère 1er surveillant et frère 2e surveillant, informez les frères qui décorent vos colonnes respectives que je vais procéder à l'installation de la respectable loge L'Avenir de Nontron constituée au rite français à l'orient de Nontron.

Le frère 1er surveillant assis à droite de la porte frappe trois coups de maillet et dit :

— Frère 2e surveillant et frères qui décorez ma colonne, je vous informe que le vénérable maître va procéder à l'installation de la respectable loge L'Avenir de Nontron constituée au rite français à l'orient de Nontron.

Le frère 2e surveillant assis à gauche de la porte frappe trois coups de maillet et dit :

— Frères qui décorez ma colonne, je vous informe que le vénérable maître va procéder à l'installation de la respectable loge L'Avenir de Nontron constituée au rite français à l'orient de Nontron.

Guilbert frappe trois coups de maillet et dit :

— Debout mes frères et glaives en main.

Tous les frères se lèvent et brandissent leurs glaives. Guilbert poursuit.

— A la gloire du Grand Architecte de l'Univers, au nom et sous les auspices du Grand Orient de France, en vertu des pouvoirs à nous délégués pour l'installation à l'orient de Nontron d'une loge de rite français sous le titre distinctif de L'Avenir de Nontron, nous déclarons la respectable loge L'Avenir de Nontron installée.

Le frère Beaussoleil jette une cuillerée d'encens sur un charbon ardent. De lourdes volutes odorantes emplissent le sanctuaire. Guilbert dit :

— De même que cette vapeur s'élève vers le ciel, et que ce parfum se répand dans cette enceinte, nos pensées et nos sentiments peuvent monter jusqu'à Dieu et embrasser toute l'humanité, si nous allumons dans nos cœurs ce feu sacré qu'on appelle l'amour du bien et de nos semblables...

Les frères debout, immobiles se recueillent en silence.

— Mes frères, élevons nos cœurs vers la source du bien et de la vérité, vers le régulateur suprême des mondes, vers l'autorité souveraine d'où émanent ces lois sublimes que l'étude fait découvrir et dont les applications plus étendues constituent le progrès. Consacrons ce temple au Grand Architecte de l'Univers. L'ignorant le méconnaît. L'homme vicieux le blasphème, le franc-maçon le proclame et l'honore. Que de cette loge, la maçonnerie répande son enseignement et ses bienfaits, qu'elle rayonne au midi, au nord, à l'occident et à l'orient.

Guilbert marque une pause et poursuit :

— Au nom du Grand Orient de France, le temple élevé par la maçonnerie nontronnaise ayant été reconnu juste, parfait et couvert, est inauguré à l'orient de Nontron ce 4e jour du 5e mois de l'année de la vraie lumière 5870. Nous faisons des vœux ardents pour le bonheur des maçons qu'il abritera et pour la prospérité de leurs travaux.

Guilbert hausse le ton :

— A moi, mes frères, par le signe, la triple batterie et l'acclamation !

Les frères posent leurs glaives, les officiers leurs maillets. Tous se tiennent à l'ordre : main droite à plat sur le haut de la poitrine, et dans un parfait ensemble, les yeux fixés sur le vénérable, la font glisser vers l'épaule droite puis descendre le long du corps. Ils battent ensuite trois fois des mains toujours selon le code maçonnique : deux coups, un silence, un coup. Puis tendent le bras droit en avant et clament d'une voix forte :

— Liberté !

Ils battent des mains trois fois et clament :

— Egalité !

Ils battent des mains trois fois et clament :

— Fraternité !

Ils battent des mains trois fois et se retrouvent tous à l'ordre, main droite au-dessous du cou. Guilbert dit :

— Prenez place, mes frères.

Les frères se rasseyent, gardent un moment le silence. Guilbert parle.

— Mes frères, la règle, l'équerre, le compas et le niveau ont fonctionné. Les ouvriers ont fini leur journée et accompli leur tâche : apprentis, compagnons, maîtres vous voilà réunis pour inaugurer cet atelier que vous avez construit ensemble et que surmonte le glorieux rameau d'acacia. Cet atelier est un temple élevé à la gloire du Grand Architecte de l'Univers, il est destiné à servir d'abri aux amis de la vertu et de la vérité. On y pratiquera le culte des bonnes œuvres. Il sera un fructueux instrument de propagande des idées maçonniques. *Exegi monumentum aere perennius !* Ce soir, chacun de vous peut répéter le mot du poète : « J'ai achevé un monument plus durable que l'airain. » Ce temple est votre œuvre à tous, l'œuvre de vos mains, de votre esprit et de votre cœur. Chacun de vous y a porté fraternellement sa pierre. Il est la manifestation sensible de vos talents et de votre idéal. Talent, idéal qui prennent toute leur force par le travail que notre ordre considère comme une des lois impérieuses de l'humanité. Le travail qui vivifie toutes nos richesses, toutes nos facultés en même temps qu'il est source de bonheur et d'indépendance. Regardez ce siècle où nous vivons : tous ces immenses progrès de la science, des arts, des techniques. Comment aurait-on pu les mener à bien sans le travail patient et acharné de générations d'hommes qui cherchent dans la réalisation de ces progrès mêmes, les chemins de la perfection à laquelle chaque vrai maçon aspire plus que quiconque ? Pensez à ces vers de Victor Hugo qui a su si bien saisir de sa plume ardente et vigoureuse le mouvement de notre époque.

Ce siècle est grand et fort, un noble instinct le mène,
Partout on voit marcher l'idée en mission ;
Et le bruit du travail, plein de parole humaine,
Se mêle au bruit divin de la création.

Certes, direz-vous, si le travail est l'honneur de l'humanité, ses œuvres n'en sont pas moins périssables. Que reste-t-il aujourd'hui de ces puissantes cités qui furent des hauts lieux de la civilisation. Tyr, Athènes, Memphis, Ninive, Babylone, Carthage, Rome ?... Quelques champs de ruines où rêver à la fragilité des empires ! Et que restera-t-il de Paris dans deux mille ans d'ici. Là encore le même Victor Hugo nous donne sa réponse quand il imagine trois monuments restés debout :

Notre-Dame, la Colonne Vendôme, l'Arc de Triomphe, trois points d'un triangle sublime.

Alors tu seras éternelle et complète,
Quand tout ce que la Seine en son onde reflète
Aura fui pour jamais ;
Quand, de cette cité qui fut égale à Rome,
Il ne restera plus qu'un ange, un aigle, un homme,
Debout sur trois sommets.

La maçonnerie représente ce qui ne périt point, ce qui anime et ce qui unit toutes les générations. Elle est à la fois le culte de l'ange, de l'aigle et de l'homme, c'est-à-dire du génie, de la vertu et du travail. Prenant chaque jour un rang plus considérable comme institution humanitaire, elle ne peut se contenter indéfiniment de la parole et de l'écriture pour manifester sa grandeur et exercer son influence. Il lui faut des œuvres de pierre. Il lui faut des ateliers et des temples comme celui-ci, où d'année en année de nouveaux venus viendront avec leurs outils se pénétrer de notre idéal. Cet idéal indestructible dont nous sommes tous les propagateurs actifs et persévérants. Cet idéal qui postule la croyance en un être suprême, principe unique, invisible qui repousse également le fanatisme et la superstition dont les ténèbres hélas, n'ont pas fini d'obscurcir notre monde. Que sous la voûte de ce sanctuaire on adore ce centre vers lequel convergent et d'où émanent toutes les lois immuables, éternelles et bienfaisantes qui régissent les mondes. Enseignons à nos adeptes et aux profanes que l'homme ne peut rien de beau et de bien s'il prend son caprice pour guide, tandis qu'il accomplit des miracles et des merveilles en obéissant aux lois qu'il n'a point faites, en s'associant aux forces qui l'environnent. A l'homme qui cherche par le travail à pénétrer les secrets de la nature, l'être suprême livre le feu du ciel qu'il refusa à l'orgueilleux Prométhée. Gloire et bonheur, vérité et justice partout et pour tous avec son aide. Il est l'architecte des mondes. Nous sommes ses ouvriers. Il fit du travail notre constante obligation. Nous espérons de sa bonté notre meilleur salaire. J'évoquais tout à l'heure, mes frères, ces immenses progrès matériels de la société nouvelle qui transforment nos conditions d'existence, allègent nos peines et nos souffrances, facilitent nos échanges, embellissent nos villes, prolongent notre vie. Mais que valent ces progrès s'ils ne s'accompagnent pas du progrès tout aussi considérable de nos mœurs, de nos institutions, de notre vie sociale et spirituelle ! Vous connaissez tous le vieux précepte de Rabelais :

Science sans conscience n'est que ruine de l'âme !

Le monde profane nous donne l'exemple d'une marche en avant des idées et des consciences dont le mouvement semble bien depuis quelque temps s'accélérer et s'étendre. La tolérance des opinions différentes, l'égalité des droits, l'attention aux malheurs des autres, l'indulgence pour les égarés, la solidarité des intérêts, la fusion des races, l'entente des nations, la lutte contre l'ignorance et la misère... Lequel d'entre nous pourrait-il rester indifférent à ces impératifs qui traduisent les aspirations profondes du monde civilisé ? Mobilisons-nous, mes frères. Soyons la phalange pacifique et infatigable de cette grande œuvre. Ce que réclament le plus les hommes de notre temps c'est la paix, l'union et la dignité de chacun. Travaillons par nos préceptes et notre exemple à encourager ce progrès des consciences et des cœurs. Que cette belle loge que vous venez d'édifier à l'orient de Nontron soit un haut lieu pour la pratique de ces vertus agissantes. Que ce temple soit avec l'aide du Grand Architecte de l'Univers le temple du travail, de la concorde et de la générosité.

J'ai dit mes frères.

Impressionnée par ce beau travail oratoire, toute l'assistance garde un profond silence, de rigueur dans les temples. Le frère Guilbert invite alors le vénérable de la loge à reprendre sa place à la chaire. Le frère Debidour remercie avec chaleur au nom de tous ses frères, le frère Guilbert de « ses mots de lumière » et donne la parole au frère orateur de la loge. Alcide Dusolier se lève, reste un moment pénétré de silence et parle de sa voix harmonieuse, convaincante.

— Vénérables maîtres et vous tous mes frères en vos grades et qualités. C'est une belle fête que nous célébrons aujourd'hui et qui fera date dans l'histoire de notre ville. Une bien belle fête pour les maçons de l'orient de Nontron, mais aussi pour toute la famille maçonnique à laquelle nous appartenons du plus fort de notre être. Les mois qui viennent de s'écouler ont été particulièrement féconds en fêtes de cette nature. A Lyon, à Toulouse, à Bordeaux, au Havre, des loges se fondent, des temples s'inaugurent et nous gardons tous ici le plus vif souvenir des magnifiques cérémonies qui ont marqué l'année dernière l'inauguration et la consécration de ce chef-d'œuvre d'architecture maçonnique qu'est le temple des Amis Persévérants et l'Etoile de Vésone réunis édifié à l'orient de Périgueux. Cette éclosion de sanctuaires maçonniques partout en France et jusque dans les toutes petites villes comme la nôtre est le signe de la vitalité de notre ordre dont le vénérable frère Guilbert nous a si éloquemment rappelé la mission actuelle. C'est en me plaçant, mes frères, dans le droit fil de sa pensée que je voudrais maintenant vous inviter à fixer votre attention sur une catégorie de nos frères profanes particulièrement nombreuse dans nos cantons, mais dans son immense majorité, totalement étrangère aux mobiles qui nous animent. Je veux parler de nos frères des campagnes, de nos frères paysans, métayers, journaliers, petits propriétaires enfermés dans l'horizon minuscule de leur carré de terre et noyés dans la pénombre de leur masure. Vous avez tous, mes frères, dans l'esprit, pour l'avoir vu maintes et maintes fois, l'image du paysan chez lui. Le père devenu vieux, pelotonné sous le manteau de la cheminée où il essaie de réchauffer ses jambes mal vêtues. Il a l'air triste et craintif. Dieu sait ce que ses fils réservent à l'ancien travailleur qui maintenant n'est plus bon à la charrue, qui ne rapporte plus rien et semble, parmi les gens de la maison, une lande inculte parmi des champs de blé ! Chaque poignée de châtaignes qu'il mange est un vol fait à ceux qui travaillent. C'est pourquoi les fils ne lui laissent pas toujours le loisir de mourir. Quelques années que le pain est cher, ils étranglent le père ou le descendent dans le puits, ou l'étouffent sous un matelas, mais habilement, savamment, doucement, avec mille précautions filiales, de façon que les gens de justice n'y puissent rien voir. Quelquefois, ils sont arrêtés dans le meurtre par cette considération qu'ils auront à payer des frais d'enterrement. Ah ! ce n'est pas pour les deux bœufs de la chanson qu'ils donneraient la vie de leur femme Jeanne, mais pour un mouton maigre valant quatre francs ! Ils sont moins durs à l'enfant, inutile d'abord autant que le vieillard, mais qui, bientôt, vers cinq ou six ans, pourra garder les oies sur le champ d'autrui, et mener la vache laitière paître le gazon du gouvernement semé par le cantonier le long de la grand-route. Et avant cet âge, le petit ne coûte rien, couvert à peine, avec des restes de vêtements, nourri de bribes de châtaignes et de patates dans l'assiette de la mère. Nul ne perd du temps à le surveiller. Il vaque librement, braille, se roule à sa fantaisie par l'unique chambre de la métairie ou par la basse-cour, pêle-mêle avec les cochons et la volaille moins bien soigné seulement ! Mûrier sauvage, il pousse au hasard, sans culture. Et quand le fruit est mûr, bon à cueillir, quand l'enfant robuste peut gouverner les bœufs à la charrue, il n'a rien coûté. C'est comme s'il naissait à quinze ans ! Le métayer, qui sait le prix de l'argent, sait que plus il a d'enfants, et plus il fait rendre à la terre, et plus il est riche. Comme Cornélie, il voit en eux « ses bijoux », mais lui il ne fait pas de métaphore ! Par là s'expliquent ces familles nombreuses parmi les paysans qui, seuls, au rebours des autres classes, accomplissent encore le précepte biblique : croissez et multipliez... Pour le paysan qui n'a qu'un instinct, qu'un sentiment, qu'une passion : posséder, dérober une brassée de maïs dans un champ, un boisseau d'orge dans la grange, c'est attenter à tout ce qu'il a de cher et de sacré, à ce qui est le but entier, exclusif de sa vie. Parfois, il fait lui-même justice des voleurs, et terriblement. Vous vous rappelez certainement cette sordide affaire dans laquelle s'illustra tristement l'ancien propriétaire de l'étang de Saint-Estèphe si jaloux de ses tanches et de ses brochets. L'homme ne s'endormait jamais sans son fusil armé, appuyé au montant du lit, à portée de la main. Chaque soir, la lune levée, quatre garnements des environs allaient jeter le tramail dans le lac. Le propriétaire eut vent de l'affaire. L'homme prend son fusil, le charge de chevrotines et s'accroupit dans les joncs, à la queue de l'étang. Il fit ainsi le guet huit nuits de suite... Au bout de la semaine, il avait tué à coups de fusil trois des maraudeurs et cassé l'épaule au quatrième. Les habitants du bourg applaudirent le propriétaire et donnèrent raison aux coups de fusil. On ne poursuivit point le meurtrier. Pousser la chose, c'eût été provoquer une émeute parmi les paysans ! Tels sont nos frères des campagnes dans leurs rapports mutuels. Leurs rapports avec les autres classes ne sont pas moins instructifs. Humbles, obséquieux, ils flattent le maître de leur voix dolente, traînante et câline comme on flatte avec la main, un chien dont on craint la morsure. Le maître doit toujours rester sur ses gardes s'il ne veut tomber dans leurs ruses toujours ! Vous chassez, on vous appelle :

— Hé, nôtré moussûr ! Presque notre seigneur ! J'ai vu « la » lièvre comme ils disent. Pour sûr, c'est « elle » qui mange nos betteraves. A cette heure, vous la trouverez dans les trèfles, pour sûr, et pour sûr vous la tuerez. Et vous nous ferez bien du plaisir, nôtré moussûr... Ce disant, le métayer tortille, d'un air moitié humble moitié narquois, son bonnet de laine brune entre ses doigts. Ne l'écoutez pas ! S'il vous a dit que le lièvre était dans le champ de trèfle, il court certainement la lande. Et ce soir, quand vous serez rentré au logis, harassé d'avoir battu vainement tous les champs de trèfle d'alentour, le madré paysan décrochera son fusil à pierre, ira se mettre à l'affût et tuera « la » lièvre... Mais pourquoi, direz-vous, pourquoi vous renseignent-ils faussement, lorsque on ne leur demande rien ? C'est que l'instinct de la gouaillerie et de la malveillance est ancré en eux, comme l'insctinct du vol et il peut aller jusqu'à la plus déconcertante férocité. Il est facile, mes frères, pour nous qui les connaissons bien, de se faire une idée des monstruosités de la jacquerie. Dieu nous préserve des révolutions de paysans ! si pittoresques et si chers à l'observation de l'artiste, avec leurs vestes de bure grise, leurs immenses cols de chemise de toile écrue, leurs chapeaux ronds à larges bords et leurs parapluies rouges... Ecoutez-moi, mes frères ! Si je vous ai si longuement parlé, ce soir, de cette classe de la société, la plus nombreuse, la plus dure, la plus rebelle à nos principes, de cette classe dont nous sommes pourtant tous ici, peu ou prou issus ! c'est parce que j'ai la conviction, à l'heure même où ce temple s'ouvre officiellement à nos travaux, qu'une tâche primordiale nous attend, une tâche dans laquelle nous pouvons donner toute la mesure de notre foi maçonnique. Celle de faire pénétrer nos lumières dans le monde ténébreux des campagnes qui nous entourent. Non, ce tableau que je vous ai brossé des mœurs paysannes, pour sombre qu'il soit, n'est pas immuable ! Non, l'âme paysanne n'est pas plus constitutionnellement mauvaise que la nôtre ! Elle est seulement viciée par deux fléaux que les progrès de notre siècle ne sont pas arrivés à vaincre : la misère et l'ignorance. Deux fléaux contre lesquels on entend si souvent d'éloquents discours mais qui restent lettre morte parce que trop de gens favorisés par la naissance, la fortune ou le pouvoir ont assurément tout intérêt à les laisser peser de tout leur poids sur les masses rurales de peur qu'elles se prennent soudain à penser que ce qu'on leur présente comme une fatalité du ciel n'est en vérité qu'un avatar de l'injustice séculaire de notre société. Contre la misère, les progrès de la science, des techniques, de l'agronomie nous donnent des armes. Des armes pour vaincre l'avarice de la terre, les calamités, les épidémies, l'inconfort. Encore faut-il que nous y ajoutions les armes du cœur que sont la solidarité, le respect d'autrui, le sens du partage et de la justice. Contre l'ignorance un même combat s'impose...

Dusolier déroule un grand papier qu'il a sur son pupitre : la carte de l'ignorance française. Elle représente les pourcentages de jeunes gens illettrés par département figurés en nuances allant du noir pour les taux les plus forts au blanc pour les taux les plus faibles, en passant par toutes les densités du gris. La palme de l'ignorance revient au département de l'Ariège avec 67 % d'illettrés. Celle de l'instruction au département de la Meurthe avec 2,32 % d'illettrés.

— Ouvrez les yeux, mes frères, sur cette carte que m'a confiée un de nos frères employé au ministère de l'Instruction publique. Elle nous dévoile l'immensité de la tâche à accomplir pour extirper de notre pays le chancre de l'ignorance et l'analphabétisme, la honte de ce siècle ! Je lis, Dordogne : 49 % d'illettrés, Haute-Vienne 57 % d'illettrés, Corrèze 56,5 % d'illettrés ! Oui quelle honte ! Et quelle tristesse à l'ère de la locomotive, de la vaccine et bientôt de la lumière électrique pour tous que ces taches sombres qui obscurcissent nos campagnes de la Bretagne aux Cévennes, des Pyrénées au Morvan, entretenant autour de nous la barbarie et les superstitions !

Dusolier accroche la carte au mur.

— Combien de générations d'instituteurs s'useront au tableau noir à dégrossir le cerveau des enfants de nos campagnes avant que la poussière de la craie n'arrive à blanchir la carte de l'ignorance française ? Le combat pour l'instruction publique gratuite, obligatoire et laïque, lancé avec courage par notre frère Victor Duruy, est à peine entamé que déjà il se heurte à la sourde résistance des forces de l'obscurantisme qui ne tirent leur puissance que de l'état d'abaissement, de servilité, de résignation dans lequel elles entendent tenir leurs ouailles. Il est de notre devoir de maçon de vaincre ces entreprises rétrogrades partout où elles tentent de s'opposer aux transformations vitales de notre société et au progrès de la civilisation. Le combat pour l'instruction est notre combat comme la lutte contre la misère est notre lutte. Nous le mènerons ensemble dans ce temple et hors de ce temple. Déjà, nous nous sommes, à quelques-uns, réunis cet hiver avec des frères profanes du canton qui partagent nos convictions pour jeter les bases d'une société d'instruction populaire, avec l'espoir qu'elle devienne un instrument de propagation du savoir tout spécialement destiné à nos frères des campagnes qui n'ont pas eu la chance de jouir des bienfaits de l'école. Mais que d'actions à mener dont nous serons les initiateurs, que de travaux à accomplir dont nous serons les ouvriers, pour que nos intentions prennent corps et produisent ces transformations de notre monde dont nous ressentons tous ici l'impérieuse nécessité! Je crois que je ne trahirai la pensée d'aucun d'entre nous, mes frères, en affirmant ce soir à l'heure de la consécration de notre sanctuaire, que l'immensité de l'œuvre à entreprendre loin de nous décourager, nous exalte, parce qu'elle se confond avec l'idéal qui nous habite et qu'exprime avec tant de force notre belle devise en trois points : liberté, égalité, fraternité!

J'ai dit, mes frères.

Comme après le discours précédent, apprentis, compagnons, maîtres se pénètrent dans un profond silence des paroles de lumière du frère orateur. Une expression d'intense recueillement se lit sur leurs visages qu'éclaire la lumière chaude des cierges. Après ces quelques minutes de méditation, le vénérable se lève et prend la parole pour remercier le frère orateur, puis il invite l'assistance à accomplir un dernier rite.

— Nous allons, mes frères, former la Chaîne d'Union.

Tous les membres de la loge quittent leur place et vont se ranger en ovale au centre du sanctuaire. Ils croisent les bras devant eux et se prennent par la main, de part et d'autre du vénérable qui se tient à l'orient et garde les mains libres. Ses deux voisins, le frère Guilbert et le frère secrétaire ont posé leur main libre sur ses épaules. Debidour sort un pli cacheté de sa poche et dit :

— Mes frères, je vais vous communiquer le mot du semestre.

Il décachette l'enveloppe, sort un billet, le lit des yeux, se penche à l'oreille du frère Guilbert et lui chuchote un mot à voix basse. Le frère Guilbert le répète à l'oreille de son voisin et ainsi de suite jusqu'à ce que le mot ait fait le tour de la chaîne.

Un moment plus tard, la cérémonie terminée, tous les frères de la respectable loge L'Avenir de Nontron se retrouvent dans le petit salon voisin. Ils ont quitté cordons, tabliers, épées, gants blancs. Un bouchon saute, le champagne mousse dans les coupes rangées sur la table couverte d'une nappe blanche. Les frères redescendus dans le monde profane bavardent allègrement. On se congratule, on s'interpelle, on rit, on plaisante... Quand tout le monde a sa coupe en main, Guilbert lève la sienne et lance d'une voix enthousiaste :

— A L'Avenir de Nontron!

On boit à L'Avenir de Nontron. Guilbert enchaîne :

— A la liberté!

Tous les verres se lèvent, toutes les bouches répètent :

— A la liberté!

On boit à la liberté. Guilbert poursuit :

— A l'égalité !...

A la fraternité, la plupart des verres sont vides. On ressert une tournée. Toutes les gorges répètent avec une vigueur décuplée :

— A la fraternité !

Et on savoure la fraternité à longues gorgées.

Profitant d'un instant de silence et de la chaleur fraternelle, le frère Durand, propriétaire à La Chapelle-Montmoreau, lève son verre et se met à siffler avec une force inattendue les premières notes de la Marseillaise. Après une seconde de surprise, un deuxième frère l'imite, puis un troisième et bientôt tous les frères de la loge et le frère Guilbert sifflent à pleins poumons, en levant leur verre, l'hymne révolutionnaire. De quoi mettre la gendarmerie à cheval.

Dans la rue Brune, déserte, à peine éclairée par une lointaine lueur venue de la mairie, un homme titube. On l'appelle Tsin-Tsin parce qu'il a fait la campagne de Chine comme fantassin dans l'armée impériale. Il rentre saoul tous les soirs. Quand il est à jeun et qu'il a besoin d'une pièce de cent sous, on lui donne à creuser des tombes au cimetière ou à curer des fossés. Plus par pitié que pour l'ouvrage, qu'il laisse une fois sur deux en plan. Ce soir il a forcé sur le noah, le cépage qui rend fou. C'est à peine s'il arrive à marcher. Il marmonne entre deux hoquets des bouts de conversations dans un sabir mi-français mi-patois à peine compréhensible. Arrivé à hauteur de la maison qui abrite la loge, l'homme s'appuie sur le mur, s'arrête un moment pour essayer de reprendre un peu ses esprits. Il cesse de marmonner, prête l'oreille. On dirait une musique étouffée, lointaine... La Marseillaise ! sifflée en chœur... Tsin-Tsin lève les yeux, les baisse, regarde à droite, à gauche. Bouh ! C'est encore le vin qui lui parle. Il hausse les épaules, éclate de rire. Sa voix s'éraille. Il se remet en marche, s'arrête, titube, rote, repart. Son hoquet se perd peu à peu dans la nuit noire. Un chien passe au petit trot avec un bruit très léger de griffes sur les galets.

Les dernières notes sifflées du refrain séditieux filtrent à travers les volets clos dans la rue déserte. La République pétille à l'orient de Nontron.

Hautefaye, 5 mai, 10 heures du matin.

Assise au bas d'un chêne, Anna file en gardant ses brebis. Le ciel est toujours désespérément bleu, l'air sec, l'herbe jaune. Le coucou tout proche ressasse ses deux notes que d'autres reprennent dans le lointain, sur le même ton à l'infini, comme si aucun point de l'espace ne devait échapper à cette présence lancinante. Bruit régulier qui rend dans la campagne le même effet que le lent tic-tac d'une pendule à balancier dans la salle d'une métairie à l'heure où tout le monde est au travail.

Sensation apaisante et vaguement tragique du temps qui passe avec lenteur, sans accident, sans histoire, égal à soi-même, hier comme demain. Temps où rien n'arrive d'autre que le mouvement répétitif de sa propre avancée. Temps de la fatalité paisible et des saisons qui reviennent. Temps des paysans. Temps des bergères dévidant leur quenouille.

Pieds nus, jambes croisées, sabots près d'elle, Anna pince la laine entre ses doigts déjà durcis à la besogne, tord les brins, enroule le fil autour de la tige de roseau, mais sa tête est ailleurs. Depuis qu'elle a vu danser le petit chapeau melon au-dessus des buissons, elle ne se trouve de pensées que pour le Ricou. De tous les gars qu'elle connaît — et Dieu sait s'il y en a qui lui virent autour ! c'est bien le premier à la remuer comme ça, à lui donner des idées qui lui font monter les rougeurs.

Campé sur son train arrière à côté d'Anna, le Finaud, oreille dressée, gueule ouverte, langue battante, est aux aguets. Il regarde fixement depuis un moment le bois du côté de Plambeau, sans s'occuper des brebis qui paissent un peu plus bas. Anna lève la tête, regarde machinalement dans la même direction que son chien, s'arrête de filer, prête l'oreille : on dirait le son d'une fanfare venue de très loin. La chasse est pourtant fermée depuis longtemps. Oh, ce doit être M. de Lasfond qui s'exerce à la trompe devant son château de Poutignac ou le fils Antony, de Plambeau : c'est souvent lui aussi qui joue du cor pour appeler son monde. On dirait aussi les aboiements d'une meute. Le Finaud gronde... Si c'était le soir, on pourrait dire que c'est la chasse volante qui passe dans le ciel. Mais en pleine journée, et au mois de mai ! Anna écoute sans bouger. Plus rien. On n'entend que le chant des coucous, le vol du bourdon, le bêlement des brebis. Mais le Finaud est toujours sur le qui-vive, la bergère dans ses rêves. Et si c'était le Ricou qui s'amusait à souffler dans une trompe pour lui envoyer des pensées aux oreilles depuis le Repaire... Anna se remet à tordre la laine en jetant de temps à autre un coup d'œil sur ses bêtes. Frr !... Le Finaud détale en hurlant. Là-bas, quelque chose a bondi dans le pré. Le loup ! Un loup énorme, gris, comme Anna n'en a jamais vu. Les brebis affolées fuient au galop du côté de Bel-Air. La petite Mondout jette sa quenouille, attrape ses sabots des deux mains, les frappe violemment fer contre fer.

— Au loup ! Au loup !

Le loup charge les brebis en sautant par moment de côté, la gueule ouverte sur le Finaud qui s'esquive et file ventre à terre vers le taillis. Brusquement l'animal rebrousse chemin, se met à tourner en rond dans le pré. Il a l'air d'une bête aux abois qui cherche à brouiller les voies, plus que d'un fauve affamé sorti des fourrés pour saigner des moutons. Anna fuit vers le bourg.

— Au loup ! Au loup !

Son cri aigu, syncopé se perd en haut du chemin, tandis que de grosses voix résonnent dans le taillis.

— Harlou ! Harlou !

Les piqueux poussent la meute. Derrière eux, une bonne vingtaine de cavaliers galopent dans la broussaille. Tous veneurs distingués des châteaux d'alentour pour qui la chasse est une seconde nature. Aucun de ces messieurs n'aurait voulu manquer une chasse au loup. De toutes les bêtes à courre du pays, c'est celle qui réserve les plus belles surprises, donne les plus vifs plaisirs. Et de surcroît ces chasses sont à leur manière des œuvres de salubrité publique puisqu'elles débarrassent les campagnes de la bête puante par excellence, ennemie héréditaire des paysans et des bergères, dont on se plaint qu'elle infeste les bois, décime les troupeaux, terrifie les drôles et quelquefois les dévore, comme cela s'est vu cet hiver du côté de Miallet où une petite fille s'est fait égorger en revenant de garder les oies. Enfin, c'est ce qu'on dit !

Continuellement sollicité depuis quelque temps par des villageois qui se plaignent des ravages réels ou imaginaires des loups, le comte de Pindray d'Ambelle, lieutenant de louveterie, a décidé, après accord de la préfecture, d'organiser cette grande chasse à laquelle il a prié tous les gentilshommes veneurs de sa connaissance. Un moyen de détruire le prince des nuisibles assurément plus noble et plus sportif que ces battues qui ont lieu quelquefois et pour lesquelles on mobilise toute une population armée de fourches, de bâtons, de haches, de serpes, de coutelas.

Partis de la forêt de Larochebeaucourt, une douzaine de ces messieurs ont commencé par tourner un bon moment à la recherche de deux louvards dont les piqueux du comte de Galard de Béarn avaient relevé des traces fraîches. Mais les bêtes sont restées introuvables. Les cavaliers ont pris alors la direction d'Hautefaye et gagné le bois de Lagarde où M. de Lasfond les attendait avec son équipage et huit nemrods chevronnés pour lancer un grand vieux loup appâté de la veille avec un abat de mulet. Une de ces bêtes qui se font battre toute une journée avant de se laisser prendre. Ces messieurs ont décidé de faire aller le courre dans les bois de Rudeau et de Puycheny où d'autres cavaliers les attendent pour se joindre à la chasse. De là, ils iront en remontant la Nizonne jusqu'à Saint-Front de Champniers et fileront vers le bois de La Pouyade où l'équipage du marquis de Lagarde au grand complet attend lui aussi de pied ferme : dix-huit cavaliers, quarante chiens, des sonneurs éblouissants... Voilà qui promet un hallali peu commun !

Débûché au bas de Poutignac, le grand vieux loup à l'échine grise a emmené la chasse à un train d'enfer en bordure du bois de Beaussac dans des mouillères et des ronciers où les chiens ne l'ont pas lâché. Mais il a fallu qu'il aille se rembûcher après Plambeau dans un taillis encombré de fourrés très épais où la meute a perdu momentanément la voie. C'est peu après que l'animal est venu sortir aux Paillassonnes où il est tombé sur les brebis de la petite Mondout. Enfermé dans cette clairière escarpée, ombrée de genévriers, il continue à danser sur lui-même en bondissant bizarrement de côté comme si son train arrière allait plus vite que son train avant. Branle pathétique de l'animal traqué qui cherche une issue. Pourtant il n'y en a guère, malgré les apparences, dans ce recoin qui d'un côté donne sur le chemin du bourg, de l'autre sur celui de Bel-Air et de Grand-Aujaud, à gauche sur les dépendances d'une métairie que cache un rideau d'arbres et à droite sur une butte de Fayemarteau. Talonnée par les piqueux et les cavaliers, la meute tourne autour des pâtures à travers des baliveaux pour prendre le loup à défaut et le relancer en direction de Lac-Noir. Se sentant cerné, le fauve saute dans un fourré d'ajoncs. Avec un fracas de branches mortes qui craquent, de cris et d'aboiements, chiens et cavaliers sortent des taillis, envahissent au galop les genévrières. La meute un moment indécise vire sur elle-même, puis se rabat d'un trait sur les ajoncs. Le loup bondit. Les chiens hurlent. Les cavaliers se répandent en hautes clameurs. Trompe en bouche, Alpinien du Chatelard et Alexis de Reilhac, le futur beau-père d'Alcide Dusolier, sonnent « le Loup » d'un grand souffle. Les piqueux activent les chiens.

— Allez mes beaux ! Allez mes beaux !

Le comte de Pindray d'Ambelle active les piqueux.

— Serrez les chiens ! Serrez les chiens ! Fernand, serre aux baliveaux !

Le loup n'a pas le choix. Relancé par la meute, il file à découvert sur la butte, dans la direction où veulent le mener ces messieurs. Toute la chasse à ses talons disparaît vers Lac-Noir. Les cris, les abois, les craquements, la fanfare s'évanouissent. Le silence retombe sur la clairière, immanquablement ponctué par le chant du coucou.

Saint-Angel, 5 heures du soir.

Il aura fallu toute la hargne des chiens, toute l'endurance des chevaux, toute la main de ces messieurs pour amener le grand vieux loup sur ses fins : trois équipages au grand complet aux boutons du comte de Pindray d'Ambelle, de M. de Lasfond et du marquis de Lagarde.

En arrivant à La Pouyade après une chevauchée endiablée dans les brandes, les ravins, les fourrés où l'animal n'avait de cesse de se dérober, on pouvait penser qu'avec l'appui de la meute si justement fameuse du marquis et des éminents veneurs de sa maison, on n'allait pas tarder à forcer joliment le fauve dans quelque clairière du côté de Lage ou de Nègrecombe. Présomption ! Il a fallu battre encore pendant plus de quatre heures dans des fonds de garennes impraticables où le loup allait se rembûcher, se retournait contre les chiens, les estropiait de ses crocs... Ce n'est qu'après un long détour par Bonnetière, Puy Hardy, Chevalarias, Boschaud, Laumède, Curegousset et après avoir passé et repassé deux fois la Dronne, qu'on a pu le ramener sur les terres du marquis par le bois du Cocu et l'acculer pour finir contre le mur du petit cimetière de Saint-Angel où il se trouve maintenant aux prises avec la meute à bout de rage. Saisissant spectacle que cet énorme loup gris, à l'œil jaune, luisant, terrible, tapi la gueule ouverte au pied du mur de ce petit cimetière planté contre un bois de chênes en haut d'une pente herbue à l'écart des deux maisons, des quatre marronniers et de la minuscule église romane qui composent le village de Saint-Angel. Saisissant spectacle que cette bête aux abois cernée par une centaine de chiens hurlants et une quarantaine de cavaliers rendus de fatigue mais triomphants, qui se rangent en étoile pour barrer toute refuite.

Le cuivre des trompes scintille. On souhaitait un bel hallali. C'est un hallali royal. Aller se faire prendre par trois équipages réunis à la porte d'un cimetière ! On en parlera longtemps dans les castels, aux soupers de chasseurs. Le grand vieux loup n'a pourtant pas dit son dernier mot. Dans un ultime sursaut, il se tord sur lui-même, se détend de toute sa longueur, passe le mur et plonge à l'intérieur du cimetière, provoquant chez les veneurs un moment de désarroi. Va-t-il sauter le mur d'en face et déguerpir par le bois ? Rapide comme le ressac, la meute vient battre les quatre côtés du cimetière. Les chiens se dressent sur leur train arrière, grimpent aux parois. Les plus hardis sautent. Deux, trois, quatre arrivent à passer de l'autre côté. Les cavaliers se resserrent contre l'enceinte. M. de Brognac descend de cheval et ouvre d'un coup de botte le battant de la porte de bois qui racle le gravier.

— Nous ne pouvons pas entrer tous, messieurs, lance le comte de Pindray d'Ambelle. Respectons nos morts ! Cinq cavaliers seulement, les cinq premiers.

Le comte Alexis de Reilhac, le baron Elie de Riberolle, le vicomte Camille de Maillard de Lafaye, le comte Yvan de Valbrune entrent, avec le marquis de Lagarde qui est chez lui à Saint-Angel, dans ce petit cimetière où reposent des parents, des voisins, d'anciens métayers, d'anciens régisseurs de ses domaines. Les autres veneurs se rangent à l'extérieur, autour des quatre murs, l'œil braqué, du haut de leurs chevaux trempés de sueur, sur ce qui se passe à l'intérieur du carré. Les chiens sont partout, excités au dernier point malgré les efforts des piqueux pour les calmer. Beaucoup se sont engouffrés par la porte ouverte, clabaudent sur les tombes, renversent les pots de fleurs, piétinent les céramiques funéraires. D'autres, perchés sur les murs, vocifèrent.

Crocs dehors, poils hérissés, poitrine battante, prêt à bondir, le loup est ramassé convulsivement sur lui-même au pied de la croix de pierre, au centre du cimetière. A croire que l'animal attend de cette affolante démonstration d'éréthisme où il met tout ce qui lui reste d'énergie, qu'elle paralyse de terreur au dernier instant les chiens, les chevaux et ces messieurs.

Les cuivres virevoltent. Des joues s'enflent. Hallali résonne à tout rompre dans le hallier de Saint-Angel. Minute solennelle, chère au cœur des veneurs. Ces messieurs se découvrent. Les cinq cavaliers se sont placés autour du loup au pied de la croix, un peu en arrière des chiens qui le cernent. De sa main gantée, le vicomte de Maillard saisit le manche de son couteau de chasse.

— Allez Camille ! crie une voix, celle du lieutenant de louveterie.

— Montre-nous ce qu'un Maillard de Lafaye sait faire, claironne M. de Lasfond.

Le cousin d'Alain de Monéys dégaine. La lame nue brille au soleil du soir. Maillard saute de cheval, marche vers le loup. L'animal va bondir. Vif, Camille plonge de toute sa force son couteau sous la gorge du fauve, jusqu'à la garde, et saute en arrière, laissant aux chiens le plaisir d'achever sa besogne.

— Voilà un loup servi de main de maître ! lance le comte de Valbrune en levant sa bombe.

Et tous ces messieurs lèvent leur bombe à l'exploit du jeune veneur.

— Bravo Camille !

La fanfare donne ses dernières mesures, annonçant au monde la mort du grand loup.

— Camille, tu garderas la tête, elle jettera un feu dans le salon de Montchoisi, lance le comte de Pindray d'Ambelle.

— Je ferai naturaliser la bête en pied ! On ne laisse pas pourrir un toutou de ce poil.

Ces messieurs mettent pied à terre pour aller voir le monstre de plus près, pendant que les piqueux tirent, fouet en main, sur les chiens pour les recoupler à la harde avant qu'ils ne déchirent la robe du loup qui crève. Les commentaires vont bon train.

— Tudieu, quel morceau !

— Je parie pour 120 livres.

— Au bas mot, mon bon ! Au bas mot.

— Gris de gris sur l'échine ! C'est le plus beau spécimen que j'ai jamais vu.

— Oh, il y a longtemps que je le connais, ce mâtin-là. J'ai relevé son pied dans la forêt de Horte, cet hiver. Et mes chiens l'ont délogé plus d'un coup.

— Il nous a joliment promenés, le cabot ! Mon cheval est sur les genoux...

Délivré des chiens, le cadavre du grand vieux loup gît la gueule renversée sur le gravier du cimetière, au pied de la croix.

— Voilà qui mériterait une bonne photographie ! s'exclame le comte de Roffignac.

— Au moins on nous croirait, dans le Poitou ! soupire M. de Montamboeuf.

D'un geste sec, Camille de Maillard retire son couteau de la gorge de l'animal, regarde sa lame, l'essuie à même la fourrure du loup à la jointure d'une patte, et rengaine.

Il ne reste plus maintenant à ces messieurs qu'à aller fêter comme il sied cette prise somptueuse. Quatre piqueux chargent la dépouille sur la croupe du cheval de Camille, pendant que d'autres replacent les pots de fleurs et réparent les dégâts des chiens sur les tombes. Ces messieurs remettent le pied à l'étrier, sortent un à un du cimetière en se signant de la croix, se recoiffent de leur bombe et prennent le chemin du château de Lage où une solide collation les attend. Le marquis de Lagarde, grand seigneur comme toujours, a bien fait les choses. Deux immenses buffets sont dressés dans la cour du château, entre les deux grandes écuries modèles, édifiées à grand frais il y a quelques années.

Confits, jambons, foies gras, galantines, volailles truffées, rôtis... Ces messieurs ne resteront pas sur leur faim. Et bien entendu, on boira à satiété de grands verres de Clos-Vougeot en provenance directe du grand crû de Bourgogne dont le marquis est devenu depuis peu l'heureux propriétaire.

Hautefaye, sept heures du soir.

Depuis ce matin, au bourg et dans les environs, on ne parle que du loup. La mésaventure de la petite Mondout a fait le tour des maisons. Surtout qu'il a fallu galoper au diable pour ramener ses brebis que les frayeurs ont poussées jusque dans les fonds de La Meynardie. Vingt fois Anna a répété son histoire aux uns et aux autres avec des tremblements dans la gorge, et même à Monsieur le curé qui lui a dit d'aller réciter une dizaine de chapelets dans l'église pour remercier Notre-Dame d'Hautefaye de l'avoir épargnée. La nièce du Bon Dieu est bien restée une heure à genoux à marmonner au pied de la madone de plâtre qui orne le petit autel consacré à la protectrice du bourg. Ce qui n'a pas manqué de faire dire à ceux qui ne portent pas le confessionnal dans leur cœur, qu'on ferait mieux de monter de bonnes battues que d'aller pleurer la sainte Vierge.

Ce soir encore, après souper, à l'heure où le monde prend le frais sur le pas des portes, le loup hante toutes les conversations. Et pas seulement le vieux solitaire qui a sauté dans les pâtures d'Hautefaye mais tous les loups que chacun a vus ou cru voir, un matin au bord d'un chemin en allant à une foire, un soir en revenant de sarcler, une nuit de vêlage en sortant des étables... Loups énormes, redoutables par définition avec leurs oreilles pointues, leurs yeux comme deux braises, leurs crocs « si longs que des pointes de fourches ». Hordes venues du fond des âges passent et repassent au galop dans les imaginations, sèment l'épouvante, réveillent les vieilles colères.

— Il est grand temps d'en finir avec ces bêtes qui mangent nos bénéfices ! Il faut envoyer une pétition à l'Empereur pour qu'il nous autorise à les exterminer...

Toujours coiffé de son immense sombrero, Brethenoux, l'ancien adjudant de Puebla, venu manger la soupe chez Mondout n'en finit pas de bouffer du fauve. A croire qu'il vit jour et nuit avec des bandes de loups à ses talons. Une dizaine de villageois l'écoutent fulminer entre l'épicerie et l'auberge. Des femmes et surtout des enfants. Quelques hommes aussi, mais avec des sourires goguenards. Ils savent, eux, même s'ils se vantent facilement d'avoir vu le loup, que les fauves ne pullulent pas à ce point dans les bois. Il arrive bien parfois qu'une chèvre ou une brebis disparaisse, mais les ravages qu'ils commettent ne sont pas si terribles qu'on veut bien le dire, en tout cas moins graves que la grêle, la sécheresse et toutes les calamités qui font la misère des campagnes.

Cela dit, il est plus facile de faire payer au loup ses méfaits que de les faire payer à la grêle, à la sécheresse, aux fièvres. Et on peut se venger sur lui de toutes les misères qui arrivent. Ce n'est pas pour rien qu'il rôde si souvent dans les conversations à la nuit tombante, que son ombre couleur de lune plane dans toutes ces histoires extravagantes qu'on raconte à la veillée et auxquelles tant de gens qui n'ont plus douze ans continuent de croire et de faire croire. Comme celles des lébérous, ces hommes-loups qui guettent dans la nuit les promeneurs attardés.

Revenue de ses émotions, et plutôt que de laisser le monde lui manger la tête à force de questions sur le loup qu'elle a eu le malheur de voir sauter du bois, Anna est allée en compagnie de Marie Duconger une voisine, de Nani et de la petite Noémie, s'asseoir un peu à l'écart du bourg à la cafourche des chemins de Nontron et Fayemarteau. Noémie tient l'écheveau, Anne roule sa pelote, Anna tricote, Marie bavarde. Elle parle d'un garçon de Mainzac qu'elle a connu le jour de carnaval et qui depuis, vient faire le merle sous sa fenêtre quand ses parents sont à tailler les vignes. Des trois c'est la plus jeune et la plus délurée. Si elle n'a pas encore « vu le loup » comme on dit, pour sûr qu'elle a dû apercevoir le diable au carreau !

Brusquement Noémie tourne la tête. Les trois jeunes filles lèvent les yeux. Là-bas au fond du chemin, une douzaine de cavaliers arrivent au trot dans un nuage de poussière. Ces messieurs de retour de chez le marquis de Lagarde, regagnent leurs châteaux. Des drôles de Fayemarteau les suivent à toutes jambes pour voir la tête du grand vieux loup qui ballotte sur la croupe du cheval de Camille de Maillard. Ces nobles cavaliers ne sont pas passés inaperçus. Dans tous les villages qu'ils ont traversés, hommes, femmes, enfants sont sortis des maisons, ont quitté leurs charrois, posé leur ouvrage pour venir voir. Plusieurs fois, ils se sont arrêtés pour laisser les paysans s'ébahir. Ce n'est pas tous les jours qu'on a sous les yeux une bête pareille.

— Oh-di ! Eh-la ! Oh-hu ! Hé paubré ! Fi de Louèro !

Toutes les exclamations du glossaire des campagnes se sont égrenées sur le parcours de ces messieurs. Un peu partout les gens sont allés leur chercher, qui une paire de poulets, qui un lapin, qui une douzaine d'œufs, qui un pot de grillon, comme il est d'usage quand quelqu'un a tué un gros nuisible : loup, renard, blaireau, buse... et qu'il passe dans les maisons pour « ramasser les œufs ». Les veneurs ont eu beau dire et redire qu'ils ne voulaient rien, ils ont dû accepter tous les cadeaux des paysans qui se seraient vexés qu'on les leur laissât dans les mains.

Arrivés à la croisée des chemins, les cavaliers freinent leurs chevaux. C'est là qu'ils ont prévu de se séparer. Vive comme la poudre, Noémie lâche son écheveau et court voir ces beaux messieurs en costume. Anna l'appelle.

— Noémi ! Noémi ! Véque'qui ! (Viens ici !)

Le petit démon continue à courir en piaillant de sa voix pointue.

— Lu loup ! Lu loup ! I'an tua lu loup !...

Marie Duconger tend le cou.

— Ma parole elle a raison, ils ont tué le loup.

Les trois jeunes filles se lèvent. Anne et Marie s'approchent, curieuses de voir la bête, mais intimidées par ces messieurs. Anna reste en retrait, son tricot sous le bras. Les cavaliers se disent un dernier mot, se saluent d'un coup de bombe et éperonnent dans toutes les directions. M. de Lasfond et ses deux piqueux vers Poutignac, M. de Raimondias et un ami vers l'Age d'Ambelle, MM. de Brognac, de Langlardie, du Chatelard et leurs piqueux vers La Chapelle-Saint-Robert. Quant à Camille de Maillard, il propose à quatre de ses voisins de regagner Beaussac en passant par la fontaine de Brouillac pour faire boire les chevaux.

Immobile à deux pas du fier cavalier, Noémie regarde avec des yeux ronds la gueule énorme du loup qui pend, crocs à l'air. Pour un peu, elle irait bien lui pincer les oreilles.

— Tu ne l'avais jamais vu celui-là, lance Camille de Maillard en patois.

— Et même tant mieux ! lui répond la petite drôle qui n'a pas sa langue dans sa poche.

— Noémie ! Viens ici, c'est sale, lui crie sa tante Nani.

— Oui méfie-toi mignonne, il n'est qu'endormi, plaisante Camille de Maillard.

A ce moment, Anna restée silencieuse depuis l'arrivée de ces messieurs, s'élance vers la dépouille du loup, armée de son aiguille à tricoter et frappe de toute sa force.

— Auro, tu ne mingares pu nôtres ovelhés ! (maintenant, tu ne mangeras plus nos brebis).

Le cheval fait un écart, le cavalier étouffe un cri. Au lieu d'atteindre le loup, l'aiguille d'Anna s'est plantée dans la cuisse du vicomte.

— Eh malheureuse, tu es devenue folle !

Anna effrayée de son geste, incapable de dire un mot s'enfuit en courant dans le pré voisin. Maillard veut la poursuivre. Mais les autres cavaliers s'approchent.

— Eh bien Camille, qu'est-ce qui t'arrive ?

— Cette petite foutrasse m'a piqué son aiguille à tricoter dans la cuisse en voulant crever l'œil du loup.

Ces messieurs éclatent de rire. Maillard fronce le sourcil.

— C'est tout ce que ça vous fait ?

— Avoue Camille que ce n'est pas triste !

Maillard frotte la tache de sang qui s'agrandit sur son pantalon.

— Elle a frappé comme une sourde, cette peste !

— Tu sauras bien la piquer où il faut, mon bon, lui coule à l'oreille un des cavaliers d'un ton égrillard.

— Je te jure que si elle me tombe sous la main, elle s'en rappellera ! gronde le cousin d'Alain de Monéys en éperonnant son cheval. Allez messieurs, assez perdu de temps, rentrons !

Et ces messieurs s'éloignent avec de grands éclats de rire...

Passée la fontaine du Brouillac, les cinq veneurs, les deux piqueux et les chiens de Camille de Maillard tenus à la harde prennent le chemin de Beaussac. La voie surplombe un pré en creux bordé d'un taillis et de fourrés très épais. Ces messieurs vont au petit trot, soucieux de ne pas forcer leurs chevaux après cette rude journée. L'air fraîchit. Le jour baisse. Les chauves-souris sortent de l'ombre. Le cri tremblé des hulottes monte du fond des garennes. L'étoile du berger clignote et la lune à son premier croissant s'éclaire au-dessus des bois.

Là-bas, en haut de la butte, une lumière s'allume au logis de Bretanges. Marguerite vient de craquer une allumette sous la lampe du vestibule. Ces messieurs terminent de souper. Pascal ne va pas tarder à monter déshabiller M. Adhémar...

Les veneurs chevauchent en silence, bien aises de penser qu'avant une demi-heure, ils auront quitté leurs bottes et pourront s'étirer de tout leur long dans un fauteuil au coin d'une bonne flambée en attendant qu'on apporte sur la table une grande soupière fumante. Soudain un coup de feu claque, résonne dans le creux du vallon. Les chevaux frémissent. Les veneurs sursautent, les chiens aboient.

— Au braco ! Au braco ! crie un des cavaliers, le doigt pointé vers le fond du pré.

A travers les broussailles, un homme court lourdement en dissimulant son fusil sous sa blouse. D'un même mouvement de bride et de talons, ces messieurs virent à gauche, dévalent la pente, prennent l'homme en chasse.

— Pierre, découple les chiens ! crie Camille de Maillard à son piqueux.

Les cinq persacs détalent. L'homme se précipite vers le taillis, trébuche sur un talus, perd un sabot et continue de courir son pied nu dans les ronces. Les chiens arrivent à ses talons. L'homme effrayé s'empêtre dans les broussailles, veut sortir son arme...

— Lâche ton fusil ! hurle Camille de Maillard.

Trois de ces messieurs mettent pied à terre et marchent vers l'homme acculé contre un fourré impénétrable.

— Jette ton fusil !

L'homme lance son vieux mousqueton à silex. Un veneur le ramasse et le brise d'un coup de botte. On empoigne l'homme par les bras. Les piqueux calment les chiens prêts à le déchirer. Maillard s'avance.

— Alors, mon gaillard, on chasse pendant la fermeture.

L'homme hurle en patois.

— J'ai tiré au blaireau ! J'ai tiré au blaireau, Monsieur le comte !

Les veneurs secouent la blouse du paysan. L'homme se débat. Un lièvre encore chaud tombe sur le sol. Un de ces messieurs l'attrape par les oreilles et le brandit.

— Un fameux blaireau ! Camille, regarde un peu.

Maillard éclate d'un grand rire, sort son couteau de chasse et d'un geste fulgurant écorche l'animal et jette les morceaux aux chiens. Puis il s'approche de l'homme tremblant de peur, lui tranche ses bretelles et lui fait sauter le bouton de braguette de la pointe de sa lame. Le malheureux perd son pantalon. On le pousse violemment, il tombe à la renverse dans le roncier.

— Et souviens-toi bandit, que la prochaine fois ce n'est pas tes bretelles qu'on coupera !

Avant de remonter à cheval, un de ces messieurs ramasse le sabot que l'homme a perdu dans sa fuite et le jette au beau milieu d'un fourré d'ajoncs.

Bretanges.

Surpris comme tout le monde au château, par le coup de feu du braconnier, M. de Monéys a sorti sa longue-vue.

— Ils lui ont flanqué une vilaine correction...

Alain s'approche de son père, suivi du colonel son beau-frère et d'Angèle sa sœur. M. de Monéys continue à scruter l'ombre du taillis.

— On dirait Camille, ton cousin.

— Vous êtes sûr ?

— Regarde toi-même.

Alain scrute à son tour.

— C'est une honte ! s'exclame-t-il, indigné.

D'un geste vif, il rend la longue-vue à son père, se tourne vers la fenêtre de la chambre de son frère mongolien et appelle.

— Pascal !

Le domestique passe la tête.

— Oui, Monsieur Alain.

— Descends vite je te prie.

— Bien Monsieur Alain. Je finis de passer sa chemise à Monsieur Adhémar et j'arrive.

— Je t'attends devant les écuries.

M. de Monéys s'étonne.

— Eh bien où vas-tu ?

— Je descends au bois, c'est inadmissible !...

Alain se tourne vers le colonel surpris, lui aussi, de la réaction de son beau-frère.

— Albert ta voiture est attelée, peux-tu me permettre de l'emprunter ?

— Naturellement, mais je t'accompagne...

— Non non, tu es gentil. Pascal va me conduire. C'est une affaire entre voisins. Je serai de retour dans dix minutes. Pascal !...

— Voilà voilà !

La silhouette d'Adhémar en chemise de nuit s'encadre dans la fenêtre de sa chambre. Il agite le bras en direction du taillis où s'est déroulé l'incident. Alain lui fait un signe de la main, hoche la tête et file aussi vite qu'il peut vers les écuries de son pas boitillant. Son père, sa sœur, son beau-frère, interloqués le regardent s'éloigner.

— Quelle mouche l'a piqué ? se demande tout haut sa mère à la fenêtre du salon.

— Monsieur Alain n'aime pas qu'on fasse des misères au pauvre monde, murmure Marguerite la cuisinière.

On entend du bruit au premier. Tout le monde lève la tête. Adhémar tape frénétiquement sur le rebord de sa fenêtre.

Un quart d'heure plus tard, Alain aux rênes du phaéton de son beau-frère est de retour dans l'allée du château. Il fait presque nuit. Le braco, assis à côté de lui, ne dit pas un mot. Mal rasé, le visage écorché, un mauvais galure sur le crâne, l'homme a l'air d'un enfant puni. Alain lui a mis son paletot sur les épaules.

Peu avant la grille du château, un cavalier arrive au galop à hauteur du phaéton. Camille de Maillard, loup en croupe, interpelle Alain sèchement.

— Alors mon cousin ! Tu protèges les bracos, maintenant ?

Alain reste un instant sans répondre, arrête sa voiture et regarde Camille droit dans les yeux.

— Ce qui vient de se passer est révoltant. Ces procédés sont indignes d'un gentilhomme et d'un chrétien ! On n'humilie pas un homme de cette façon, fût-il...

Maillard ne laisse pas à son cousin le temps de finir.

— Un vaurien ! qui pille le gibier sur nos terres. Ce n'est pas la première fois que je l'y prends, cette fripouille !

— Je connais cet homme. C'est un orphelin élevé à l'assistance. Il n'a ni bien ni famille et se trouve sans travail depuis la fermeture des forges du Bandiat.

— Allons donc ! L'ouvrage ne manque pas pour qui veut en trouver. Mais on préfère se nourrir sur le dos du voisin. C'est plus commode et moins fatigant.

— Cela ne nous autorise pas à faire la loi nous-même. Il y a des gendarmes et des gardes champêtres...

Camille de Maillard hausse les épaules.

— Les gardes champêtres, parlons-en ! Ils attrapent plus facilement une cirrhose qu'un braconnier ! Si nous voulons l'ordre et la justice sur nos terres, c'est à nous de les faire régner. L'indulgence et le laisser faire avec les bandits se retournent toujours contre nous : c'est le plus sûr moyen de nous ramener la révolution. Depuis que l'usurpateur s'est remis à caresser l'échine de la canaille, elle se croit tout permis ! J'ai entendu l'autre jour à la foire de Varaignes des braves gens qui voulaient envoyer une pétition à Bonaparte pour qu'il leur accorde en reconnaissance de leur dévouement à sa personne, le droit de piller les châteaux un jour par an, pour Carnaval ! Voilà où nous ont conduit vingt ans de basse démagogie. La canaille se croit tout permis.

— Il y a toujours des fortes têtes pour dire n'importe quoi. Ce n'est pas une raison pour nous conduire, nous, comme la canaille.

— C'est une raison pour nous conduire avec fermeté.

— Traquer un homme comme un gibier, je n'appelle pas ça de la fermeté !

— A ton aise mon cousin ! Mais le jour où les manants de l'Empereur viendront tout casser chez toi, tu verras l'effet de tes bonnes paroles sur leur cervelle de plomb !

— Je ne vois pas pourquoi on viendrait tout casser chez moi. Tu serais bien en peine de me nommer un ennemi à Beaussac ou dans les environs !

— Malheureux, ce ne sont pas tes ennemis qui viendront, mais tes amis ou ceux que tu prends pour tes amis, lui par exemple !

Maillard montre du doigt le braconnier.

— Camille ! Je ne te permets pas d'accuser cet homme. D'ailleurs, il se trouvait sur la terre de Bretanges quand vous l'avez pris. Ce qu'il y faisait ne te regarde pas !

Piqué, Camille se raidit sur son cheval.

— Soit ! Mais regarde bien dans le fond des yeux ceux que tu appelles tes amis. Et vivement qu'Henri V monte sur le trône de France ! Ce jour-là, le monde se remettra sur ses pieds et nous rentrerons enfin dans nos droits légitimes. Bonsoir, mon cousin !

Camille de Maillard, l'homme au loup, serre ses rênes, éperonne d'un coup sec, fait volte-face et s'enfonce au galop dans l'ombre de la charmille. Alain attristé passe la grille du château, arrive dans la cour, se tourne vers son fidèle domestique plus ému encore que lui de cette altercation.

— Pascal, tu seras gentil d'aller chercher dans ma penderie un pantalon propre pour Moïse et tu lui donneras une paire de sabots...

Entendant son nom d'enfant trouvé, le braco tourne la tête vers Alain, le regarde avec un large sourire. A sa fenêtre, Adhémar immobile regarde fixement se rapprocher le phaéton.

Hautefaye, 6 mai.

Neuf coups sonnent à la grande pendule cirée de la cuisine de chez Mathieu, une pièce paysanne aux murs ocre noircis, qui sent le poulet bouilli. D'un côté, la grande cheminée où pendent les marmites, de l'autre un meuble à étagères où sont rangés les registres de la commune, et au-dessus de la porte qui donne dans la chambre, juste en face de l'entrée, le vieux portrait jauni de Napoléon III en chef des armées, rehaussé de deux petits drapeaux tricolores, piqués de chiures de mouches. Les neuf conseillers municipaux ont pris place sur les bancs, autour de la grosse table graisseuse. Tous petits propriétaires de la commune, âgés pour la plupart de cinquante à soixante ans, à l'exception de François Villard et Pierre Jardry qui ont la quarantaine et de Nadaud le doyen d'âge, très diminué, sourd comme un pot, qui va sur ses soixante-quinze ans. Mathieu les a fait avertir hier soir par le Raymond de se trouver sans faute ce matin à la mairie, pour une séance extraordinaire du conseil, ce qui n'a pas manqué de faire roumer Elie Mondout.

— Le voilà encore qui veut nous manger la tête avec son plébiscite !

Il ne s'est pas trompé de beaucoup, Le Bon Dieu. Il n'y a qu'à voir la gueule du maréchal au bout de la table, mâchoires serrées, groin en avant, ventre gonflé sous le ruban bleu-blanc-rouge pour comprendre qu'il n'a pas réuni le conseil pour parler du feu de la Saint-Jean. Il attaque bille en tête .

— Il y a dans la commune des ennemis de la nation qui complotent contre l'Empereur et veulent profiter du vote de dimanche pour foutre la pagaille au pays. J'ai décidé de faire taire ces crapules. Il y a à Hautefaye cent vingt-huit électeurs inscrits il nous faut cent vingt-huit OUI dimanche, comme en 52 !

Mathieu tape du poing sur la table.

— Cent vingt-huit ! vous m'entendez, cent vingt-huit, pas un de moins !

— Et quelques-uns en plus ! ricane Le Bon Dieu.

Le maréchal le fusille des yeux.

— Oh ! Je t'en prie, Elie. Ce n'est pas le moment...

— Mais qu'est-ce tu nous chantes, tu les auras tes cent vingt-huit voix ! Même moi je voterai OUI parce que je ne veux pas faire de parti dans la commune. Quant aux comploteurs, tu les as rêvés. Il n'y en a pas plus que d'hippopotame dans la Nizonne. A chaque élection, Hautefaye vote d'une seule main pour les candidats du gouvernement !

Mathieu, renfrogné, sort de sa poche un papier qu'il déplie sur la table. C'est un exemplaire de la profession de foi anonyme d'Alcide Dusolier, accompagnée de quatre bulletins NON à découper.

— Et ça, qu'est-ce que c'est, si c'est pas la preuve qu'il y en a qui font des complots ?

Les conseillers s'avancent pour regarder, Mathieu poursuit.

— C'est la Marie Thomasson qui l'a ramassé dans un fossé en remontant de laver à la fontaine du Brouillac. Et comme par hasard juste en bas du chemin de chez Le Rouge ! Voilà comment il remercie l'Empereur de lui avoir rendu le droit de vote au 15 août dernier, à lui et tous les proscrits amnistiés. On aurait mieux fait de laisser ces bandits dans les bagnes à casser des cailloux et à nous procurer du sel. Ah il n'a pas mis longtemps à venir se faire inscrire sur les listes, le Rougier. Le lendemain de l'amnistie, il était là. Mais je lui ai dit : Gaston ! l'Empereur a passé l'éponge, j'espère que tu t'en rappelleras quand tu viendras voter...

— Et il t'a répondu, coupe Le Bon Dieu : est-ce que je te demande la couleur de ton mouchoir ?

— Oh ! il aurait mieux fait de se taire.

— Eh bé, moi, je t'aurais répondu pareil. Le bulletin que chacun met dans l'urne, ça ne regarde que soi.

Mathieu tape encore sur la table.

— Tant que je serai maire de cette commune, ça me regardera aussi. Tout le monde a toujours voté proprement ici. Et le préfet nous a félicités pour ça à Périgueux.

Le Bon Dieu insiste.

— Rougier est un homme propre !

Le maréchal explose.

— C'est un révolutionnaire qui a donné la lettre de l'Empereur à manger à sa vache ! A coup sûr, il va nous foutre un bulletin rouge dans l'urne, lui qui n'est même pas né dans la commune !

Quelques conseillers ont envie de rire, mais ne veulent pas trop le montrer. Elie Mondout écarte les bras.

— Eh bé au moins, s'il y a un bulletin rouge dans l'urne, ce sera la preuve que chacun à Hautefaye est libre de voter à son idée et qu'on ne « tamise » pas.

— Je n'en veux pas un seul, de bulletin rouge, vous m'entendez ! c'est bon pour le maire de Lussas ou de Javerlhac d'accepter ça. S'ils veulent se laisser bouffer par la vermine, c'est leur affaire. Moi, je ne veux pas de ça ici ! Rougier a très mauvais esprit. Il est en train de monter les jeunes contre nous. Ils veulent nous ramener la révolution. Il est temps de le rappeler à l'ordre. Il y en a ici qui sont ses voisins. Il faut aller le trouver et lui donner un bon avertissement.

Le Bon Dieu hausse les épaules. Mathieu lève la main vers lui.

— Oh, ce n'est pas à toi que je vais demander d'y aller. Tu le défends parce qu'il prend son tabac chez toi.

— Même qu'il le prendrait chez toi, je le défendrais ! Gaston Rougier est un brave homme. Il a ses idées, c'est son droit. Il a payé plus que nous tous ici pour les avoir. Il a payé de sa liberté de cinq ans de malheur en Afrique et de la perte de tous ses biens. Et malgré ça, il n'est pas plus méchant qu'une tourterelle. Il ne demande qu'à vivre en paix avec ses voisins et à finir ses jours tranquille. Il faut lui foutre la paix ! Il l'a mérité.

Buté, le vieux maréchal fait comme s'il n'entendait rien et s'adresse à Doumain, un conseiller assis à sa droite.

— Toi Jean, tu le connais bien le Rouge...

Plutôt gêné, le Doumain bredouille.

— Oui, je le connais, mais je n'ai jamais eu à me plaindre de lui. Il est même venu m'aider cet hiver à faire véler ma Roussette, tu sais celle qui a la puce. Le veau est arrivé par le cul, j'ai bien cru qu'on ne le sortirait jamais...

Le Mathieu continue son tour de table.

— Et toi Simon, tu n'habites pas loin du Repaire, tu pourrais bien y monter après la soupe et le raisonner. Au moins qu'il s'abstienne s'il ne veut pas voter comme tout le monde.

Le Simon Villard fait la moue. Mathieu passe au suivant. Mais de Jean en Simon, de Simon en Pierre, de Pierre en François, aucun des conseillers d'Hautefaye n'a envie de monter au Repaire faire la leçon à Gaston Le Rouge. Reste le vieux Nadaud, tassé sur une chaise, impotent, gâteux. Une lueur, tout d'un coup, passe sur son regard absent, un maigre filet de voix sort de son gosier exténué.

— Moi j'irai, s'il le faut. Je lui parlerai au Rougier...

Mathieu réfléchit, hoche la tête.

— Eh, mon pauvre Robert, je sais bien que tu irais. Mais à ton âge, tu ne vas pas monter là-haut. C'est aux jeunes de faire leur devoir de conseiller. Mais ne t'en fais pas, c'est moi qui irais lui parler au Rougier, puisqu'ils se défilent tous. Et je saurai bien quoi lui dire pour le faire plier, ce citoyen. Il a des dettes aux impôts. Ces messieurs de la perception ont l'air de l'avoir oublié. On peut le leur rappeler...

Le Bon Dieu se dresse, furieux.

— Bernard ! tu ne vas pas faire ça, tout de même !

— Je ferai ce qui me plaît. C'est moi le maire ici, jusqu'à nouvel ordre. Je suis tenu par mon serment à l'Empereur, un point c'est tout ! Messieurs, la séance est levée. Prochaine réunion : dimanche à six heures sonnantes pour l'ouverture du scrutin plébiscitaire. Vive l'Empereur !

Tous les conseillers se lèvent à l'exception du vieux Nadaud et crient trois fois : Vive l'Empereur ! en regardant le portrait de Napoléon III au-dessus de la porte.

Le Repaire.

— Lâche, Gaston ! Lâche ! Je tiens tout seul !

— Méfie-toi, petit ! Méfie-toi.

Pendant qu'à la mairie, le père Mathieu se monte la cervelle avec les complots imaginaires de Rougier Le Rouge, ce même Rougier galopant comme un gamin, donne à son Ricou sa leçon quotidienne de vélocipède sur le chemin qui descend vers Plambeau. Aujourd'hui pour la première fois, il a laché la selle de son neveu. Il en a le cœur qui bat. Son chef-d'œuvre file comme le vent ! Et le Ricou tient tout seul, se laisse emporter à grande allure sur la pente du chemin.

— Ça roule Gaston ! Ça roule ! Je descends jusqu'en bas...

Essoufflé, ému, rayonnant, Rougier regarde son neveu disparaître, à cheval sur son bolide, pendant que la Marianne broute tranquillement au pied d'un cerisier en fleur. Grisé, le Ricou, son petit chapeau melon sur la tête, lève les jambes comme s'il voulait s'envoler, crie de joie... Arrivé en bas du chemin, il descend du vélocipède et monte à pied du côté de Plambeau, jusqu'au sommet de la butte. De là, il va pouvoir descendre d'une seule traite vers la fontaine du Brouillac, à travers prés. Arrivé au gros chêne, il remonte sur sa selle, regarde la colline dévaler à ses pieds. Et hop ! un coup de sabot, un petit pincement, le voilà parti ! Les drôles de chez Mazière, qui l'ont aperçu, lui courent après en poussant des cris. Le vélocipède prend de la vitesse, vibre sur le sol, saute sur les bosses. Ricou tient bon, suit la lisière du bois, affole un troupeau de brebis, arrive en bas du pré, pique à travers bois vers la fontaine, serpente adroitement entre les arbres... Ce qui devait arriver arrive. La roue avant bute sur une souche. Le Ricou culbute sur son guidon et atterrit brutalement dans les bogues de chataîgnes. Son joli petit chapeau roule au fond du talus. Pas faraud, le neveu du Rouge. Pourvu que personne ne l'ai vu ! Il se frotte la cuisse, grimace, se relève, boite, regarde son pauvre vélocipède tordu, cherche des yeux son galure... Un bel éclat de rire résonne dans le bois... Là, en bas du talus, Anna, à genoux au bord du lavoir, son battoir à la main, s'esclaffe. Lui qui s'était promis de faire à sa bergère la surprise d'une arrivée flambante, à cheval sur ces deux roues... Quelle pelle, mes aïeux ! Et son petit melon tout cabossé, qui flotte sur la mare. Il en pleurerait. Mais sa Nanou est trop bonne fille pour se moquer vraiment de lui.

— Allez, grand cavalier, viens ici te faire soigner il y a de l'eau claire et du linge propre.

7 heures du soir.

Soirée paisible chez Rougier Le Rouge. Assis à califourchon sur une chaise, bras croisés sur le dossier, coude éraflé, le Ricou regarde son oncle, courbé dans la cheminée, en train de faire fondre, dans une louchette posée sur la braise, une pièce d'argent de cinq francs à l'effigie de Napoléon III, fasciné de voir lentement s'effacer, puis se dissoudre dans le métal en fusion le profil à barbiche de l'Empereur. Il regarde son oncle et l'écoute. Pour la centième fois Rougier raconte sa transportation en Algérie après le coup d'Etat du 2 Décembre : la prison, le voyage en fourgon cellulaire de Périgueux à Marseille, quatre-vingt-douze heures de route fers aux pieds sur des routes gelées, quinze jours d'arrêt au fort Saint-Nicolas avec les repris de justice, les puces, les punaises, les poux, les rats, l'ordure, la merde partout ; la traversée à fond de cale dans le paquebot des Messageries Impériales, cinq jours attaché à des barres de fer, Alger, le Lazaret, la casemate infecte, la soupe au mouton pourri, le fouet, le camp de Bourkika, les marais empoisonnés, la dysenterie, les camarades qu'on enterre ; Stora, les chambrées de la prison militaire, les faiteries des Turcos avec les zouaves et les chasseurs d'Afrique, la marche forcée vers Constantine, sans eau, sous un soleil de plomb, la neige dans les Aurès, Aïn-Mlilia, les lacs salés, Batna, Lambessa !... Quatre ans de bagne, quatre ans de désespoir à casser des cailloux... Il lui raconte aussi, à Ricou, l'histoire de son ami Rachid, le bijoutier kabyle guillotiné à Constantine pour avoir poignardé un colon français installé sur la terre de son père. C'est lui Rachid qui a appris à Gaston à fondre l'argent et fabriquer des bagues, comme celle qu'il a entrepris de confectionner ce soir pour son neveu. Une bague qui lui portera chance le jour du tirage au sort des conscrits. Toute une cérémonie ce travail d'orfèvre sur fond d'Afrique et de travaux forcés.

— Gaston ?

— Oui, mon petit.

— Tu ne m'en ferais pas une deuxième... pour une fille ?

Rougier plisse ses petits yeux.

— C'est-i que tu serais fiancé ?

— Non pas ! c'est pour le jour où ça m'arrivera.

— Oh, toi tu t'es trouvé une poulette ! tu ne me diras pas le contraire.

— Je te dis que non...

Tout d'un coup, quelqu'un frappe lourdement à la porte.

— Entrez !

La porte s'ouvre. La silhouette massive de Mathieu apparaît

— Hé, par exemple ! Monsieur le Maire...

— Bonsoir Rougier.

— Bonsoir... Je ne peux pas vous dire qu'on vous attendait, mais finissez d'entrer, monsieur le Maire.

— Je passais devant chez toi...

— A c't' heure ! C'est vrai que ces élections vous donnent bien du travail.

Rougier la Malice regarde du coin de l'œil le maréchal qui mâche ses mots.

— Justement à propos de ces élections, on va te voir à la mairie, dimanche ?

Gaston le Rouge fait l'évasif.

— Ma foi, je n'en sais rien. Je n'ai pas encore réfléchi à ça. J'ai mes toitures à arranger. Je vais m'y attraper dimanche, tant que le petit est là.

Mathieu léger comme une enclume, saisit la perche.

— Tu as bien raison, les toitures ça passe avant tout le reste. Rougier s'amuse.

— Mais, je trouverai bien le temps d'aller voter, sans doute... Mathieu secoue la tête.

— Et bien voter, j'espère.

— Hé pardi ! Quand on vote comme on pense, on vote toujours bien...

Cahin-caha, la conversation se poursuit, entrecoupée de silences. Mathieu y va avec ses gros sabots, Rougier s'esquive, l'asticote, le rassure pour mieux l'inquiéter. Jusqu'au moment où le maire d'Hautefaye sort son artillerie.

— Dis-donc Gaston, il paraît que tu dois de l'argent aux impôts... Si tu te conduis en bon citoyen, je peux dire un mot à ces messieurs, pour que tu n'aies pas les huissiers à ta porte.

Enfoncé dans la cheminée, Rougier se tait. Ricou figé sur sa chaise regarde le feu. Mathieu insiste.

— Et ton neveu va tirer au sort bientôt. On peut aussi s'arranger pour le faire exempter...

Cette fois Rougier éclate.

— Tais-toi Bernard ! Si tu es venu pour me faire chanter les vêpres, tu perds ton temps. Je n'ai d'ordre à recevoir de personne et surtout pas de toi. Tes faveurs, tu peux aller les offrir à qui tu voudras, mais pas à moi. Ça te va bien de parler de mes impôts ! En 48, tu étais le premier à faire signer la pétition contre l'impôt des 45 centimes. C'est toi qui l'a porté au vieux Dusolier. Et en 52 tu as fait voter pour ton Napoléon parce que tout le monde disait qu'il était assez riche pour payer l'impôt à la place des paysans. Si tu crois que je n'ai pas assez payé comme ça, de mes mains, et du peu que j'avais qu'ils m'ont pris. Il faudrait encore que je lui donne des sous à Badinguet pour le remercier d'avoir ruiné ma vie. Baisez-lui les pieds si ça vous dit, envoyez lui vos économies pour faire danser son monde, tant que vous voudrez ! Mais laissez-moi tranquille chez moi, avec lui, mon brave petit, la seule famille qu'il me reste ! « On peut s'arranger pour le faire exempter. » Bougre de cochon ! tu n'as honte de faire une besogne pareille, de jouer avec la misère des autres. C'est ça ton Empire libéral ! Bravo ! Redemandez-en encore. Et dans quarante ans d'ici vous serez encore un peu plus pauvre et un peu plus couillon...

Mathieu, rouge de fureur, tourne les sabots et part en claquant la porte.

Larochebeaucourt, 7 mai.

Aujourd'hui, jour de foire. Paysans, artisans, propriétaires, marchands sont venus nombreux de tous les environs, d'autant plus nombreux que les anciens combattants ont fait savoir qu'ils défileraient en fanfare, et les autorités qu'elles s'adresseraient à la population. C'est à Larochebeaucourt, dernière étape de la tournée des communes rurales de sa circonscription, que le comte Welles de Lavalette, a décidé de donner à ses chers électeurs le couplet final de sa campagne en faveur du « OUI indéfectible et unanime » à l'Empereur. L'ambitieux Samuel a pris soin de déplacer une délégation de journalistes dévoués, pour être bien sûr que l'écho de ses vaillants efforts arrive aux oreilles du gouvernement et de Sa Majesté, et qu'on pense un peu plus sérieusement à lui lors du prochain remaniement ministériel. Une magnifique tribune fleurie, décorée de bannières tricolores, d'aigles dorés, de N couronnés, est dressée sur la place du bourg, où ont pris place toutes les notabilités locales, au premier rang desquelles Son Excellence le comte Louis de Galard, prince de Béarn, sénateur, propriétaire de l'immense château de Larochebeaucourt, bienfaiteur de sa commune. Drapeaux et tambours en tête, les anciens combattants qui ont fait pendant plus d'une heure vibrer les cœurs sous les blouses, lever les chapeaux de paille, courir les sabots, sont venus se ranger de part et d'autre de l'estrade officielle. L'honorable sénateur a adressé quelques mots bien sentis à ses « chers amis cultivateurs » et cédé la parole à Monsieur le Député. Debout sur l'avancée de la tribune, le flegmatique Samuel, pincé dans sa redingote coupée à Londres par un tailleur des Windsor, harangue de sa phonation délicieusement bostonienne quatre cents paysans dont la plupart ne comprennent pas le français.

— L'heure de la méditation et du recueillement est passée. Celle de l'enthousiasme unanime et chaleureux a sonné. Solennellement réunie dans ses comices, la nation va faire demain acte de protestation virile contre tous les agités, propagateurs de désordre qui rêvent encore de renverser le seul gouvernement capable d'assurer la tranquillité et dispenser la prospérité dans nos campagnes. Cultivateurs méritants, artisans laborieux, propriétaires honorables, sages populations rurales, c'est sur vous, vaillants représentants du travail austère, qu'ont le plus pesé les intrigues d'une opposition affolée de renversement. Les lugubres temps d'émeutes ont laissé parmi vous d'odieux souvenirs. Votre implacable bon sens triomphera de toutes les fallacieuses séductions, de toutes les sollicitations funestes. D'un élan unanime vous voterez pour l'Empereur, à qui vous devez dix-huit ans de calme et de sérénité, pour Napoléon III défenseur de votre indépendance, protecteur de vos propriétés convoitées par les meneurs de révolution, les artisans du chaos. Amis des campagnes ! c'est au cri mille fois répété de Vive l'Empereur ! que demain, nous marcherons d'un même cœur au scrutin. Vive l'Empereur ! en qui se résument toutes aspirations généreuses du pays et dont le nom rappelle les plus glorieux souvenirs de notre Histoire. Vive l'Empereur ! rénovateur de l'industrie et du commerce, bienfaiteur de la terre, providence de l'agriculture !

Un hourvari d'applaudissements, de « Vivo l'Emperour », « Vivo Napouléoun » ! répond aux envolées du député anglophone de Ribérac et Nontron. Les chapeaux de paille se lèvent, et les feutres, et les hauts-de-forme, et les casquettes, et les shakos, et les képis, et les bicornes, et les tricornes. Les tambours roulent, les cuivres résonnent. La fanfare attaque *Partant pour la Syrie*.

Dernier tableau. Après la rhétorique en fleur et l'harmonie, la manne tombée du ciel. Le maire de Larochebeaucourt annonce avec un tremblement dans la voix la bonne nouvelle : grâce à la généreuse entreprise de son Excellence Monsieur le sénateur comte de Galard de Bearn, la commune est désormais dotée d'une pompe à incendie dernier modèle, munie de tous ses agrès, identique en tous points à celles dont disposent les sapeurs-pompiers de Paris. Une admirable machine qui permettra enfin de se défendre efficacement contre les incendies qui dévastent si souvent les taillis et les brandes de la région.

Tous les visages se tournent alors vers le chemin du château d'où arrivent au petit trot douze pompiers bottés, ceinturés, casqués, célestes, tirant et escortant leur pompe toute neuve à grand tuyau, dont les accessoires de cuivre et la lance à longue portée scintillent au soleil de l'Empire. Le hourvari reprend.

— Vive les sapeurs ! Vive Monsieur le sénateur ! Vive Monsieur le député ! Vive Napoléon !

La petite comtesse de Lavalette, en décolleté plongeant, habillée comme pour un steeple-chase, se penche à l'oreille de la femme du juge de paix de Mareuil.

— Quelle allure, ces pompiers, tout de même !

— Et quel courage ! Si nous ne les avions pas, avec tous les incendiaires qui courent les bois, y a longtemps que nous serions tous morts brûlés...

Pendant qu'à Larochebeaucourt, les aigles impériales planent sur la frairie, au Repaire un huissier et deux gendarmes se présentent chez

Rougier pour saisir sa vache. Gaston Le Rouge les accueille avec le fusil. Plutôt monter sur l'échafaud que de leur laisser prendre la Marianne, sa « quarante-huitarde aux belles mamelles », née le jour de la proclamation de la République, consolation de ses vieux jours... Devant tant de détermination, l'huissier et ses deux sbires reprennent le chemin de Nontron. Ricou, furieux, saute sur son vélocipède, va trouver Alcide Dusolier, le supplie de faire quelque chose pour son oncle. Le bon Saint-Just promet d'aller voir l'huissier, qu'il connaît fort bien. Il paiera s'il le faut, à la place de Rougier, la malheureuse dette de quarante-sept francs dix-huit centimes qu'on lui réclame.

8 mai.

Temps radieux toujours, béni pour les citadins, inquiétant pour les cultivateurs. Toute la population votante du pays, citoyens mâles de plus de vingt et un ans, défile dans les mairies. Près de neuf millions d'électeurs. Dans les campagnes, inconditionnellement dévouées au régime, le vote prend l'allure d'une fête patriotique à la gloire de Napoléon III. Dans de nombreuses communes rurales, on va au plébiscite musique en tête, bulletin oui au chapeau, et dans certaines mairies de village, suivant une tradition bien établie, on cache la pile des bulletins NON sous bicorne du gendarme, pour que personne, et surtout ceux qui ne savent pas lire, n'aillent s'aviser de piocher de ce côté là. A la sortie du bureau de vote, Monsieur le Maire paye à boire à son monde. On prend de jolies cuitées à la santé de l'Empereur qui, demain, pour sûr, nous enverra la pluie.

A Hautefaye : 92 votants, 92 OUI.

Rougier Le Rouge a passé la journée à « fermer les gouttières » de sa toiture, avec son Ricou.

— Mieux vaut se mettre à l'abri chez soi que d'aller bramer avec les ânes.

Paris, 9 mai.

Ce n'est qu'un cri sous les lustres : Vivent les paysans qui nous ont sauvé l'Empire ! Ce n'est qu'un cri dans Belleville : Mort aux bouseux qui nous ont floué la République ! Toute la nuit, les récepteurs Morse de la salle du télégraphe du ministère de l'Intérieur ont crépité, apportant des profondeurs du pays les résultats du scrutin. Les mains calleuses ont dit OUI, payé des béquilles à Badinguet, taillé un gilet neuf à Loulou.

Triomphant, le duc d'Albuféra, chef du grand comité plébiscitaire, flanqué de son secrétaire M. Janvier de la Motte, court aux Tuileries, porter à l'Empereur les premiers totaux. Napoléon III en redingote gris perle, cravate blanche, entouré de ses proches, reçoit ces messieurs dans la galerie l'Apollon ouverte sur les jardins verdoyants, inondés de soleil. Il jette un coup d'œil rapide sur le papier que lui tend le duc et son masque si souvent diffus, impénétrable, s'éclaire d'un suprême sourire.

— Merci, messieurs ! J'ai mon chiffre.

Puis se tournant vers le prince impérial, radieux comme son papa, Louis-Napoléon l'attire à lui avec une vigueur de fort des halles, l'attrape sous les épaules, le soulève à bout de bras et s'écrie :

— Saluons notre petit Empereur !

A la rédaction de *La Marseillaise*, on salue la victoire Rural III, mais avec des rires jaunes et de la rage dans la voix. Rue de La Sourdrière, dans la salle du comité anti-plébiscitaire, au matin d'une nuit de déconfiture, Léon Gambetta effondré, aphone comme d'habitude, quitte ses amis.

— On en reprend pour vingt ans. Je vais me coucher.

Paris, 20 mai.

OUI : 7 336 434. NON : 1 560 709... Aujourd'hui, proclamation solennelle des résultats du plébiscite et température de canicule. Le canon des Invalides tonne. Il est une heure précise. Au palais du Louvre, Napoléon III, en uniforme de général de division, fait son entrée dans le décor monumental de la salle des Etats où l'attend tout ce que les institutions de l'Empire comptent de hauts personnages civils, militaires, cléricaux, littéraires, scientifiques suant sous les habits brodés, les cols raides, les plastrons, les chapes, les épaulettes, les rabats, les grands cordons... Chacun s'éventant comme il peut de son carton d'invitation aux armes du régime. Suivi du prince impérial en uniforme de lieutenant de ligne, de l'impératrice en grande toilette de soie jaune thé, chapeau de paille de riz à aigrette de diamants, du prince Napoléon, des princesses Mathilde et Clotilde et des dames d'honneur, l'Empereur s'avance sous les vivats de l'assistance, monte les trois marches du trône et va se placer sous l'immense dais aux aigles, lourdement drapé de velours écarlate, semé d'abeilles d'or, garni de gros pompons. Louis-Napoléon arbore son visage indéchiffrable des grands jours, irrisé d'un semblant de sourire. Il s'incline légèrement, salue le parterre des maréchaux, des amiraux, des cardinaux, des dignitaires de tous ordres, déployé au pied du trône, à droite les sénateurs, à gauche les députés, puis il élève les yeux, accuse son sourire et adresse un hommage évanescent aux dames de la cour et du monde assises aux tribunes dans un nuage d'étoffes printanières. L'Empereur relève alors la queue de son habit et s'assied entre l'impératrice et le prince impérial. Le maître de cérémonie lance d'une voix forte cette parole admirable :

— Messieurs, asseyez-vous.

Toutes les queues se relèvent au parterre, et viennent pendre le long des banquettes capitonnées.

— Monsieur Schneider !

Le président du corps législatif monte les degrés de l'estrade impériale, flanqué d'une délégation de députés, s'incline profondément devant Sa Majesté, lui remet le chiffre officiel des résultats du plébiscite et s'adresse publiquement au souverain pour lui faire savoir que la France lui apporte une force nouvelle, une autorité incontestable.

— Noble entreprise qui met décidément notre pays au premier rang des peuples libres !

Napoléon III tend le texte du chiffre à Son Excellence Emile Ollivier, déroule un papier et lit d'une voix traînante son message à la nation.

— Les adversaires de nos institutions ont posé la question : la révolution ou l'Empire. Le pays a tranché en faveur du système qui garantit l'ordre et la liberté. Aujourd'hui, l'Empire se trouve affermi sur sa base. Il montrera sa force par sa modération. Mon gouvernement fera exécuter des lois sans partialité comme sans faiblesse. Il ne déviera pas de la ligne libérale qu'il s'est tracée. Déférent pour tous les droits, il protégera tous les intérêts sans se souvenir des votes dissidents, des manœuvres hostiles. Mais aussi il saura faire respecter la volonté nationale, si énergiquement manifestée, et la maintenir désormais au-dessus de toute controverse... Répandre partout l'instruction ; simplifier les rouages administratifs ; porter l'activité, du centre où elle surabonde, aux extrémités, qu'elle déserte ; introduire dans nos codes, qui sont des monuments, les améliorations justifiées par le temps, multiplier les agents généraux de la production et de la richesse ; favoriser l'agriculture et le développement des travaux publics ; consacrer enfin notre labeur à ce problème toujours résolu, et toujours renaissant, la meilleure répartition des charges qui pèsent sur les contribuables : tel est notre programme. C'est en le réalisant que notre nation, par la libre expansion de ses forces, portera toujours plus haut les progrès de la civilisation.

Je vous remercie, Messieurs, du concours que vous m'avez prêté dans cette circonstance solennelle. Les votes affirmatifs qui tarifient ceux de 1848, de 1851 et de 1852, raffermissent aussi vos pouvoirs et vous donnent comme à moi une nouvelle force pour travailler au bien public. Nous devons plus que jamais aujourd'hui envisager l'avenir sans crainte. Qui pourrait, en effet, s'opposer à la marche progressive d'un régime qu'un grand peuple a fondé au milieu des tourmentes politiques, et qu'il fortifie au sein de la paix et de la liberté ?

Au soir de cette journée mémorable, Paris s'illumine. Dans les salons des Tuileries, éclairés *a giorno* de milliers de bougies, ouverts sur les jardins où se balancent des lanternes vénitiennes, les deux mille invités de Louis-Napoléon valsent avec fougue le *Beau Danube Bleu* de la dynastie régénérée par les paysans.

La soie bruisse. Les mousselines flottent. Les favoris, les barbiches effleurent les épaules nues. Les ors, les diamants, les grands décolletés allument l'œil des généraux satisfaits. L'Empire transpire ses dernières illusions dans la nuit trop chaude pour la saison.

Hautefaye, 29 mai.

Pendant qu'à Paris le joli mois de mai des Tuileries s'achève sur l'air des violons viennois, au fond du Périgord, l'épouvantail des grandes calamités jette son ombre de mort sur la terre craquelée, les pâturages desséchés, les landes brûlées. Ingrat, l'Empereur, que le bon peuple des campagnes a fait renaître de ses cendres, ne lui a toujours pas envoyé la pluie. Depuis le mois de mars, il n'est pas tombé une goutte d'eau. De mémoire de métayer, on n'a jamais vu sécheresse pareille au pays. Les blés s'étiolent, les maïs crèvent, les tabacs languissent, les puits sont à sec, les sources taries. Les bêtes n'auront bientôt plus rien à manger, ni à boire. Les épidémies se déclarent. Là, au bord du chemin de Maconty, dans l'air torride, un nuage de grosses mouches bourdonnent autour d'un cadavre ballonné de vache, qu'une dizaine d'hommes en sueur tirent au bout d'une corde, basculent dans un trou, recouvrent de pelletées de terre. Mazière, le colon des Antony, de Plambeau, pleure la plus belle bête de son étable emportée en trois jours par la maladie. Là-bas, sur la route de Nontron écrasée de soleil, d'autres hommes piquent au jarret des bœufs qui remontent de lourds charrois de barriques d'eau qu'on est allé puiser dans le Bandiat, qui bientôt ne coulera plus... Si encore on pouvait vendre quelques bêtes en attendant des jours meilleurs. Mais les cours se sont effondrés. Les dernières foires ont été catastrophiques. Les vendeurs sont restés avec leurs marchandises sur les bras, faute de trouver preneur même à bas prix.

Partie tout à l'heure de l'église, à la sortie de la messe, une longue procession serpente doucement vers la fontaine du Brouillac. Femmes voilées de noir, enfants dépenaillés et quelques hommes du bourg et des villages, répondent d'une voix chantonnante aux litanies qu'égrennent l'abbé Saint-Pasteur en surplis, encadré de deux enfants de chœur et précédé du Zillou qui porte la croix.

Sancta Trinitas Unus Deus, miserere nobis
Sancta Maria, ora pro nobis

Sancta Dei Genitrix, ora pro nobis
Sancta Virgo Virginium...
Sancta Michael...
Sancta Gabriel...

De loin en loin, la procession s'arrête, le curé d'Hautefaye regarde le ciel dans les yeux et chante de sa voix forte la prière pour demander la pluie.

— *Deus in quo vivimus, movemur et sumus : pluviam nobis tribue congruentem...*

Et le cortège repart, bercé par les « Sancti » et les « Kyrie ».

En bordure de garenne, à l'ombre des arbres Gaston Rougier et Ricou, genou en terre, poignée en main, scient au passe-partout une forte bille de chêne. Ecrasés par la chaleur, en nage, ils s'arrêtent un moment pour souffler, s'éponger, boire un petit coup de piquette au genièvre. Les insectes bourdonnent dans l'air chaud. Depuis les carrières de Lambessa, l'ancien proscrit de l'Empire ne se rappelle pas avoir eu si chaud au mois de mai. Soudain le Ricou tourne la tête vers le haut du chemin.

— Hé ! Ecoute...

La rumeur des « Sancti » et des « Kyrie » se rapproche lentement. Gaston Le Rouge plisse le front.

— C'est encore la paroisse qui veut faire pleuvoir ! Ils ont plébiscité Badinguet pour qu'il leur envoie de la pluie. C'est comme s'ils avaient pissé dans l'urne. Maintenant ils vont tremper la croix dans la fontaine du Brouillac et pleurer Dieu le père, qui va les filouter tout pareil !

Là-haut, dans la trouée du bois, au ras du chemin, la croix tenue par le Zillou apparaît, suivie bientôt des enfants de chœur, de M. le curé, des drôles, des jeunes filles, des femmes, et des quelques fidèles mâles. La procession pénètre sous l'ombre des chênes, emplit la garenne de ses invocations lancinantes. Gaston reprend le manche du passe-partout, tape sur la bille de bois.

— Allez petit ! au travail. Elle ne va pas se finir de scier toute seule, la demoiselle.

Mais, au lieu de se remettre à l'ouvrage, le Ricou se lève et s'approche de la procession.

— Hé ! où vas-tu ?...

Ricou fait un petit signe à son oncle, l'air de dire : attends un peu ! Il enlève son petit chapeau et se glisse dans les rangs, tout contre Anna qui marche tête baissée sous sa résille en serrant son chapelet. Et le voilà qui se met à chanter en chœur avec sa belle.

Sancta Nicolae, ora pro nobis
Omnes sancti Pontifeces et confessores, orate pro nobis
Sancta Anna, ora pro nobis

Saisi, Rougier l'athée regarde son neveu bêler avec les brebis du Seigneur. Pour sûr qu'il a son idée le Ricou et que ce n'est pas l'amour de Dieu qui le fait chanter.

Bretanges.

Le bruit des grelots se rapproche sous la charmille. D'une main douce, Alain active le trot du bel orlov. Un prêtre est assis à côté de lui dans la calèche. C'est son frère Gaston qu'il est allé chercher à Angoulême au train de Paris. Toute la famille est là, dans la cour du château pour accueillir le fils et le frère curé : Louise et Amédée, Marie-Radegonde et Guy son mari, Angèle et Albert, le sien. Adhémar aussi. On l'a vêtu pour l'occasion d'une veste de toile de son père, d'une cravate d'Alain et coiffé d'un grand chapeau de paille. Le cou tendu en avant, immobile, pétrifié, il regarde avec son ineffable sourire prognathique s'avancer la calèche qui amène ses deux frères. Ossian et Mervin les deux setters bondissent. Pascal s'essuie les mains après son tablier, Marguerite arrive de la cuisine, Françoise de la buanderie. Les pigeons blancs rasent les tuiles en vol plané. Beau dimanche de bonheur pour la famille de Monéys au grand complet sous les tilleuls.

Fontroubade, 3 juin.

Moun pèro é ma mèro
Vivo l'amour !
Moun pèro é ma mèro
Vivo la guerro !

Chapeaux noirs, blouses noires, sabots vernis, rubans épinglés, bras dessus, bras dessous, ils marchent tous les cinq au pas cadencé sur la route de Nontron en chantant à tue-tête, précédés de deux anciens : le Riri Feytout qui a ressorti uniforme de zouave et tambour, et le Pierrot Gaudou qui porte son fameux drapeau dans l'aigle duquel est roulé ce mot de son capitaine : « A toi sergent Gaudou, qui as fait voler cet aigle de village en village, de victoire en victoire. »

Partis avant le jour de la mairie d'Hautefaye, les cinq conscrits de la commune s'en vont tirer au sort à la mairie de Nontron. Le Ricou est du nombre. Il a touché les cornes de Marianne avant de partir et son oncle lui a glissé une queue de lézard dans la poche pour conjurer la guigne, mais sous ses petits rubans qui flottent, il n'a pas le cœur en fête. Pas plus du reste que ses camarades qui gueulent tant qu'ils peuvent : *Moun pèro é ma mèro,* pour tromper leur vague à l'âme.

Un sale moment à passer dans la vie d'un garçon, que celui où le pouvoir d'Etat s'en remet à l'arbitraire du hasard pour décider lesquels partiront « faire soldats » pendant sept ans, lesquels resteront au foyer et près de leur belle. L'impôt du sang pèse lourd sur le monde paysan, aggravé encore par le système du remplacement militaire qui permet au père d'un conscrit malchanceux de payer un exempté qui partira à la place de son fils. Le prix d'un remplaçant n'est pas à la portée de toutes les bourses. Seuls les pères de familles aisées peuvent s'offrir ce luxe, et les remplaçants se recrutent nécessairement au sein des familles les plus pauvres. Trouver des candidats au remplacement, c'est la besogne des « marchands d'hommes » qui battent la campagne à la recherche de « cochons vendus », font la chasse aux pères de futurs conscrits, leur proposent des contrats mirobolants qui les engagent à vendre leur fils comme remplaçant, s'il a la chance d'être exempté au tirage. La Maison Pons et Frère, d'Agen, s'est acquis dans la région une solide réputation à mener ce trafic prospère. On voit sur les murs des mairies ses affiches de couleur représentant un beau soldat, bien nourri, à l'uniforme impeccable avec cette légende : « On demande des remplaçants, on fait des avances. » Pour sûr qu'elle les nourrit bien, la Maison Pons, ses « cochons vendus » à offrir à ces messieurs dont le fiston ne veut à aucun prix aller moisir dans une caserne et encore moins entendre les balles siffler à ses oreilles. Elle les nourrit bien, dans de bonnes auberges à Périgueux. Elle leur paye même des filles au « Lancier Polonais », le fameux bordel à soldats du quartier de la Tour Mataguerre, où les futurs remplaçants reçoivent de la main alerte de ces dames leur baptême du feu. « Cochons vendus » prêts à partir à la place d'un autre pour deux mille cinq cents balles, c'est un placement recherché par beaucoup de pères de familles nombreuses qui tirent le diable par la queue, suent sang et eau pour faire manger leur marmaille et se retrouvent avec un grand feignant de fils qui n'écoute rien, ne veut pas se salir les doigts à faire le valet d'étable ou le charbonnier.

En chemin pour le tirage, ceux d'Hautefaye rencontrent ceux de Lussas et Nontronneau. Embarqués dans la même galère, ils se joignent à eux pour brailler encore plus fort :

Vivo l'amour!
Vivo la guerro!

Parmi ceux de Nontronneau, Ricou retrouve son ami Lirette, le fils du Piarrouty le chiffonnier, déjà fin saoul à sept heures du matin : il a vidé la moitié d'une chopine de prune avec son café. Lui, il n'a rien à attendre ni à perdre du tirage. Bon ou mauvais numéro, il partira de toute façon pour sept ans au moins. C'est un « cochon vendu ». Son père a signé devant notaire un contrat de remplacement avec la maison

Pons. La seule lueur d'espoir qui lui reste, c'est de « feinter » au conseil de révision. Et pour ça, il a déjà bien travaillé son motif : il se fera passer pour sourd.

Nontron.

Grand remue-ménage sur la place de l'Hôtel de ville. Les cent cinquante-deux conscrits du canton sont rassemblés devant les marches de la mairie pavoisée, sous l'œil attendri des familles et des bonnes gens qui écoutent leurs petits gars pousser les refrains d'usage.

Bonjour mon ami Vincent
Tu viens de notre village
Veux-tu me faire présent
De ton joli pucelage ?

Oh ! nenni mam'zelle, nenni, nenni-dà
Mon honneur, toujours liroulis garda
Qué pens'rot maman, qui m'a dit : sois sage.

Si la codaqui mi voyot manqua ?
Si la codaqui, si la codaqua
Si la codaqui mi voyot manqua.

A huit heures, les autorités prennent place dans la grande salle du conseil sous le buste de l'Empereur : le docteur Roby-Pavillon, maire du chef-lieu, en écharpe tricolore, le comte de Labatut, sous-préfet de Nontron, en bicorne à plumes d'autruche, les officiers et sous-officiers de recrutement en grand uniforme, les gendarmes, sabre au côté. Après vérification, on jette au fond d'un sac les 152 numéros. Monsieur le Sous-préfet retire son gant de peau, plonge la main et « retourne la salade », pour bien mélanger le hasard. Hasard divisé en trois tranches. De 1 à 51 : bon pour le service, de 52 à 101 : bon pour la réserve, de 102 à 152 : exempté définitif.

A huit heures et demie, on fait monter les conscrits. L'appel commence, commune par commune, conscrit par conscrit. Finis les refrains, finies les bravades. Les visages se tirent, chacun remue son fétiche dans sa tête ou dans sa poche.

— Commune d'Hautefaye !

Ricou tripote sa queue de lézard.

— Lériget Marcellin !

Pas fier, le Marcillou, il s'avance le nez en avant, traînant des sabots, plonge la main dans le sac, farfouille et tire. Quatre ! Bon pour sept ans ! Putain de sort.

— Bordas François !

32. La vérole pour lui aussi.

— Rougier Henri !

Le Ricou y va tête baissée, plonge la main et tire en fermant les yeux. 137. Sauvé ! Le neveu de Gaston relit une deuxième fois, glisse le bon numéro dans le ruban de son chapeau et descend quatre à quatre l'escalier de la mairie. Au bas des marches l'agent local de la maison Pons s'avance tout miel.

— On paie comptant ! Engagez-vous comme remplaçant.

— Désolé ! le cochon n'est pas à vendre. Adressez-vous plus loin.

Hautefaye.

Assise sous les arbres, au bord du pré des Fontaines, où pâturent ses moutons, Anna lève le nez de son tricot. Là-bas un garçon dévale le chemin à la course. Quelques instants plus tard, le Ricou, essoufflé en nage, jette à ses pieds son petit drapeau orné du numéro de la chance.

— Anna, ma belle, je suis ton homme ! viens danser avec un exempté !

Joignant l'acte à la parole, le Ricou soulève sa bergère, la fait tourner, tourner et tombe à la renverse dans les fougères... Mais la nièce du Bon Dieu a trop de vertu pour faire « passer Pâques avant Rameaux », même si ça lui court dans les cuisses.

— Attends un peu, coquin ! on a toute la vie pour ça.

Nontron.

Comme il se doit, les conscrits du canton ont passé leur journée de tirage à boire, à chanter, à ripailler. Et comme toujours les plus excités sont les « cochons vendus ». Quelques-uns d'entre eux sont allés finir la soirée chez Gaby, le cabaretier du faubourg Salomon. Tous ivres morts, ils braillent des refrains de soudards, montent sur les tables, renversent des bouteilles, cassent des verres... Inquiet pour son mobilier, le Gaby les engueule. Mais autant pisser dans un clairon. Lirette, le fils du chiffonnier de Nontronneau se lève et improvise en patois une chanson dans laquelle il s'identifie au gros bourgeois qu'il va remplacer aux armées :

— Je suis notaire à Jumilhac, j'ai des sous gros comme ma panse j' paierai mon dû, patron ! Et la vaisselle en plus !...

Un deuxième « cochon vendu » se lève péniblement et enchaîne .

— Je suis propriétaire à Javerlhac, j'ai des sous gros comme mon cul, j' paierai ma note, patron ! Et le mobilier en plus !...

Les applaudissements fusent. Les verres se choquent. Les « cochons » délirent.

— A toi Gaston !

Le Gaston pousse son morceau de bravoure, entrecoupé de hoquets.

— Je suis marchand de cochons à Ribérac... J'ai des sous gros comme mes boudins... J' paierai ma soupe, patron ! Et ton fusil en plus !...

Le tour de table continue.

— A toi Antoine !

Dans l'état où il est, le pauvre Toinou est bien incapable de chanter. C'est à peine s'il comprend ce qu'on lui demande. Il regarde son verre de vin, l'œil fixe, hébété.

— Allez Toinou, ta chanson ! Allez !

Buté, le pauvre garçon tape brutalement du poing sur la table et hurle :

— I vôlé no tróio ! (je veux une truie)

Mieux que les chansonnettes, le mot déchaîne les conscrits.

— Il a raison, le Toinou, crie Lirette, il nous faut des truies !

Un quart d'heure plus tard, toute la troupe titube, braille dans les basses rues de Nontron en quête de truies. Cinq d'entre eux vont rue des Prisons, frapper à la porte d'une masure où habite La Rosa, une grosse Espagnole qui vit avec sa fille Carmen, travaille en famille les messieurs, les soldats, les voyageurs de commerce, les marchands de bestiaux... Pas regardantes, les deux gitanes, pourvu que les poches soient bien garnies ! Aujourd'hui, jour de tirage, il y a eu la queue toute la soirée. Les « bons numéros » sont venus fêter la chance chez Rosa y Carmen, les « mauvais » s'y consoler. Pour eux, les madones des basses rues font des prix. Elles se rattraperont le jour de la foire avec les maquignons. Les cinq « cochons vendus » tambourinent à la porte qui tarde à s'ouvrir. Rat de cave à la main, mantille sur la tête, œil charbonneux, pommettes luisantes, anneaux aux oreilles, la grosse Rosa entrouvre ses volets, scrute longuement la mine des visiteurs, fait la moue, hésite, et finalement se décide à faire entrer. Les malheureux sont tellement beurrés qu'ils butent à chaque marche dans l'escalier, se tombent dessus, rotent comme des chameaux, font un tapage d'enfer. Le Toinou qui monte dans les talons de la Rosa répète, extasié.

— Voilà ma truie ! voilà ma truie !

Emporté par son idée fixe, il soulève la jupe à volant de la grosse gitane qui se retourne furieuse et lui tape sur les doigts.

— Eh dis donc, toi ! Ici on paie d'abord, on touche ensuite.

En arrivant à l'étage, le Toinou perd pied, s'étale de tout son long dans l'antichambre, vomit sur la carpette râpée. Lirette est pris d'un hoquet effroyable. Gaston attrape une bouteille de crème de cacao, boit au goulot. Cette fois la Rosa se met en colère pour de bon, s'arme d'un balai, appelle sa fille, ordonne aux cinq « voyous » de lui rembourser le nettoyage de son tapis et de débarrasser le plancher illico.

— Ici on n'accepte que les clients corrects. Allez, dehors ! Et vite, si vous ne voulez pas que j'aille chercher les gendarmes.

Bastonnés, les cinq conscrits dégringolent l'escalier plus vite qu'ils ne l'ont monté et se retrouvent « cocus » sur les cailloux de la rue des Prisons, et de rage, pissent sur le mur de Rosa y Carmen, éructent leur misère.

— Putain de sort ! Mort aux truies !

Bretanges, 5 juin.

Veni, sancte spiritu...
Venez ô Esprit-Saint
Et envoyez un rayon de votre lumière.
Venez, père des pauvres,
Venez, distributeur de tous les dons.
Venez, lumière des cœurs...

Dans la petite chapelle du château débordante de fleurs blanches, Gaston de Monéys, revêtu de la chasuble blanche de la Pentecôte, brodée des mains de sa mère, chante sa première messe en famille. Alain et Adhémar, en aube, servent l'office. Alain avec exactitude, Adhémar avec un peu de fantaisie, mais en s'appliquant à imiter les gestes de son frère aîné. Serrés dans le chœur, les parents, les sœurs, les oncles, les tantes, les cousins, les alliés, les gens de la maison chantent avec ferveur le psaume de l'Esprit Saint et répondent aux invocations du jeune abbé de Monéys. Camille de Maillard, l'homme aux loups, chasseur de braco, mêle sa voix à l'assistance.

Après la lecture de l'Evangile et le commentaire de l'Ecriture, Gaston, un peu ému, s'avance vers ses parents pour leur dire toute son affectueuse reconnaissance de l'avoir élevé « dans la lumière de l'Esprit Saint grâce à qui il a su répondre à l'appel de Dieu et avancer pas à pas sur le chemin de la vocation pastorale ».

— Merci, mes très chers parents, de m'avoir appris que la noblesse n'est rien, si elle n'est pas d'abord noblesse du cœur, amour des autres, don de soi. Fidèles à nos plus lointains ancêtres qui mettaient leur point d'honneur à faire rayonner la foi dans leurs moindres actions, vous avez voulu que notre famille demeure un sanctuaire de piétié où chacun d'entre nous, dans la voie qu'il s'est tracée, a pu fortifier son âme et se donner pour règle de répandre, en toutes circonstances, le bien autour de soi. A l'exemple de nos pères, vous nous avez appris que l'amour du prochain n'avait de sens que pour autant que nous fussions capables de lui offrir notre vie en sacrifice...

Gaston évoque à ce propos le souvenir de Tristan de Monéys, lieutenant-gouverneur de Guyenne, écorché vif dans les rues de Bordeaux le 21 août 1548 par des paysans révoltés contre les gabelous, et au-devant desquels il s'était avancé seul, sans armes, sans escorte, pour prendre langue avec eux...

Profondément bouleversés par les paroles de leur fils, Amédée et Louise de Monéys chantent le « Pater » en pleurant. Et toute l'assistance émue reçoit la communion des mains du jeune abbé.

La cérémonie achevée, Gaston s'avance de nouveau dans le chœur, embrasse sa mère, son père, ses frères et sœurs, les domestiques de la maison. Puis, un à un, tous les parents, alliés et leurs enfants viennent lui présenter leurs vœux, tandis qu'Adhémar s'en va tirer la cloche pour annoncer la sortie de la messe et l'heure du déjeuner.

Sur les conseils d'Alain on a dressé une immense table dehors, sous les arbres, pour fêter champêtrement ce beau dimanche de Pentecôte dédié à l'Esprit Saint et à l'abbé Gaston.

Hautefaye, 21 juin.

Décidément, en cet an de grâce 1870, les malheurs de la terre ne finiront pas ! Des pluies tant implorées ce printemps, on n'a pas vu la première goutte. Dieu et l'Empereur ont fait la sourde oreille. Les paysans au désespoir ne savent plus à quel saint se vouer. Le temps des métives est arrivé. Les récoltes seront à l'image des fenaisons : catastrophiques. Rabougris, clairsemés, les blés sont de surcroît mangés par les chardons. Aujourd'hui, premier jour de l'été, le soleil donne dans toute sa rage. Seuls les insectes sont à la fête. Crin-crin lancinant des criquets, des grillons ; bourdonnement des guêpes, des frelons, des taons qui attaquent les bêtes et les gens avec une voracité effrayante. Même les cigales qu'on avait jamais entendues en si grand nombre que cette année, ajoutent leur stridulation rauque à cette rumeur de la désolation. Là, au bord du chemin de Plambeau, sur le carré d'orge du Bon Dieu, les lames de fer grincent en cadence au ras des cailloux, ponctuées de loin en loin par le bruit des pierres à aiguiser. D'un geste large, régulier, les hommes en chapeau de paille, faux à la main, couchent les épis maigres sur le chaume. Derrière eux, les femmes, cassées en deux, ramassent les orges à la faucille dans l'andain, les lient, rangent les javelles tous les trois pas, et, autour d'elles, les drôles glanent les épis épars. Travail harassant pour récolter trois fois rien. Toute la famille est là, même Le Bon Dieu malgré son âge et sa jambe raide. Et des voisins sont venus aider, parmi lesquels Gaston Rougier et le Ricou qui fauche avec une belle énergie, stimulé par la présence d'Anna bras nus, corsage gonflé, fesses relevées, serrant contre elle chaque brassée d'épis. De temps en temps, pour se donner du cœur à l'ouvrage, on chante les vieux refrains des moissonneurs.

En-lau, en lau au brave bouei
En-lau, en lau au brave bouei
N'io uno claro fountaino...

Les hommes entonnent, les femmes reprennent, en couplets alternés. Le Ricou y va à pleins poumons en caressant des yeux sa Nanou qui lui répond en flûtant la ritournelle.

Soudain un cri déchire l'air torride ! Là-bas, au bout du champ, au bord du « joli bois », Marguerite, la mère d'Anna appelle d'une voix aiguë, pathétique.

— Hé venez ! venez ! un homme se meurt !

Les chants s'arrêtent. Tout le monde se précipite. A même les orges coupés, Gaston est étendu, inerte, les yeux ouverts, près de sa faux piquée en terre. Le Ricou se jette sur son oncle, le secoue par les épaules.

— Gaston ! Gaston !

Mort et bien mort, Rougier Le Rouge. Et dire qu'il n'aura pas vu refleurir la République.

Beaussac.

La poudre pète. Camille de Maillard, l'homme au loup, a prié ses amis veneurs à une grande chasse aux rats qui infestent le manoir délabré de La Côte. Pour débusquer les bêtes grises, on a lâché les chiens et de façon à bien les appâter, on a traîné au bout d'une corde, dans l'escalier, les étages, les greniers, les caves, une charogne de blaireau. Fusil en main, ces messieurs fouillent les coins et les recoins du logis, se mettent à l'affût dans l'angle des portes, à l'abri d'un vieux coffre, derrière un chevron, visent au museau, foudroient tout ce qui bouge, et même un chat-huant dérangé par le chahut. Détonations, clameurs, fanfares résonnent sous les combles. Des gros rats fauchés en pleine course sautent en l'air, couinent, chutent sur les planchers avec un bruit mat. Chaque coup soulève des nuages de poussière qui se mélangent aux vapeurs de poudre. Ces messieurs s'excitent, traquent les fuyards et les embusqués. Au bout d'une bonne heure, la place est nette. Plus rien ne remue, plus rien ne gratte dans les plafonds, sous les planchers, dans la tuilée. Les chasseurs s'extasient devant leur superbe tableau : un monceau de cadavres de rats entassés sur une toile de sac, entremêlés de chauves-souris, de loirs, agrémentés de la charogne de blaireau, couronnés du chat-huant. L'homme au loup sonne La Royale. On découple les chiens qui se jettent à la curée...

Non loin du manoir de La Côte, des paysans, occupés à garnir une charrette de paille en plein champ, sous le soleil féroce, ont posé un moment leurs fourches pour écouter et railler ces rumeurs de vénerie hors de saison. Le Sillou Mazière secoue la tête.

— Au moins tant qu'ils chassent dans les greniers, ils ne viennent pas piétiner nos récoltes...

Il est midi, c'est l'heure du casse-croûte. On a soif. Du côté de Malut, il y a une source, une des rares qui ne soit pas à sec cette année mais que son propriétaire surveille jalousement. Le Riri Baritaud pointe le doigt.

— Té, là-bas, il y a de l'eau claire, allons dîner à l'ombre.

— A la fontaine du marquis ? interroge le vieux Picadis.

— Et alors ! Il ne va pas nous manger. D'ailleurs il est mort.

— Oui, mais il y en a qui veille sur son âme, avec le fusil.

— Ils ne vont tout de même pas nous laisser crever de soif !

Les paysans vont, se désaltèrent, cassent la croûte, s'assoupissent un moment sous les saules. Hasard ou intention, des abois furieux les réveillent en sursaut, la meute de ces messieurs fonce sur eux. Ils n'ont que le temps de filer à toutes jambes vers leur charrette sur laquelle ils grimpent pour se protéger. Excités, hargneux, les chiens hurlent, les entourent, sautent. Furieux, les paysans les repoussent à coups de fourches.

— Tu vois bien qu'il n'est mort que d'un œil, ton foutu marquis, peste le Mazière entre ses dents.

24 juin.

Nuit noire, étouffée de chaleur lourde, peuplée du cri des hiboux, du grésillement des grillons, chargée d'odeurs de sainfoin... Ce soir, on fête la Saint-Jean. Dans chaque bourg, dans chaque village la population rassemblée autour d'une haute colonne de fagots, de branchages, de bûches, allume son feu de joie sous la voie lactée. Aucun signe du ciel n'est venu annoncer la fin de la grande sécheresse, mais cette nuit, le monde a décidé d'oublier ses malheurs. On chante, on danse en farandole autour des flammes qui chauffent les joues tannées par la canicule, projettent dans les hauteurs des nuées d'escarbilles. Excités, les garçons et les filles se prennent deux à deux, quatre à quatre par la main, se font lécher par le feu. Les plus hardis, les plus amoureux sautent le brasier en faisant un vœu et vont s'embrasser dans l'ombre. A Hautefaye, Ricou se console de la mort de son oncle entre les bras d'Anna haletante de désir contenu. Trois fois, ils ont percé le feu en se jurant de s'aimer pour la vie...

A quelques kilomètres de là, une autre passion amoureuse bruisse dans la nuit chaude. Assis au « piano-forte », dans le salon de musique du château de la Bréchinie, Alain de Monéys et Marie-Gabrielle de Vassoigne jouent à quatre mains, chantent à deux voix *La Fiancée* d'Appenzel.

Enfin mon cœur d'ivresse
Va palpiter sans cesse
L'objet de ma tendresse
M'assure de sa foi !...

Des papillons de nuit entrés par les fenêtres ouvertes tournoient autour de la lampe, se brûlent les ailes à la flamme de pétrole.

Paris, 1er juillet.

Huit heures du matin. Les docteurs Nélaton, Ricord, Sée, Corvisart, Fauvel, les cinq médecins de l'Empereur se sont réunis chez le docteur Henri Conneau pour confronter leurs diagnostics sur la maladie de Sa Majesté et décider, d'un commun accord, de l'opportunité d'une intervention chirurgicale. Le docteur Germain Sée ouvre l'entretien.

— Messieurs, je suis le plus jeune. Je demande la parole et je la prends. Mon diagnostic ne sera pas long : l'Empereur a la pierre.

Immédiatement, Corvisart proteste.

— Mais non, voyons, l'Empereur a une catarrhe à la vessie un point c'est tout.

Fauvel se récrie.

— Rien de tout ça, messieurs, l'Empereur a un abcès.

Ricord penche pour le calcul. Nélaton se tait. Catégorique Germain Sée hausse le ton.

— L'Empereur a la pierre, et je le prouve. Depuis plus d'un an les urines de Sa Majesté sont muco-purulentes, suite aux hématuries répétées que nous avons tous observées depuis plusieurs années. Dois-je vous rappeler les terribles douleurs dont notre malade se plaint lorsqu'il est en station assise, à cheval ou en voiture. Dois-je vous rappeler la dysurie si fréquente, les spasmes, l'inertie de la vessie. A quoi pouvons-nous rapporter cela, sinon à une pyélocystite calculeuse ? Mes chers confrères, vous ne m'en ferez pas démordre. L'Empereur a la pierre. Rien que la pierre. En conséquence je dis qu'il est temps et grand temps de le sonder en vue d'une intervention sérieuse.

— Comme vous y allez, mon petit ! lance Nélaton aimablement condescendant. Oubliez-vous que notre malade s'appelle Napoléon III ?

— Je ne l'oublie pas plus que vous, Monsieur le professeur. Mais oui ou non êtes-vous pour la pierre ?

— Eh bien oui, je suis d'avis que Sa Majesté a un gros calcul dans la vessie. Mais enfin, songez à la responsabilité que nous assumons en prenant le risque d'opérer l'empereur des Français.

— J'y songe autant que quiconque ici ! C'est bien pour cela que je maintiens ma position. Nous avons affaire à un malade dans un état grave, présentant des accidents menaçants qui peuvent d'un jour à l'autre être fatals. Nous n'avons pas deux moyens à employer : l'opération. Et il faut faire vite.

— Je suis absolument de l'avis de notre confrère, intervient le docteur Ricord. Il faut sonder l'Empereur dès demain. Passé ce délai, nous ne pouvons plus répondre de rien.

— Allons, allons, mes chers confrères, temporise Nélaton, pas d'affolement. La précipitation fait commettre bien des erreurs à la médecine. Laissons passer l'été. Nous verrons en septembre comment a évolué le mal. Et nous prendrons alors les dispositions qui s'imposent...

Après longue discussion et faute de pouvoir s'entendre sur une position commune, les cinq médecins décident de voter. Par trois voix contre deux, sondage et opération sont remis à plus tard.

3 juillet.

Une délégation du gouvernement espagnol a offert la couronne d'Espagne au prince de Hohenzollern qui l'a acceptée.

En provenance de Madrid, cette dépêche tombée sur le bureau du télégraphe claque comme une bombe dans le ciel d'été.

Un prince allemand au-delà des Pyrénées, insondable cauchemar ! La France prise en étau entre deux souverainetés germaniques ! L'ennemi héréditaire au nord et au sud ! L'empire de Charles Quint resurgit des abysses ! Voilà bien de quoi hérisser toutes les plumes du coq gaulois, dresser quarante millions d'ergots ! La presse se déchaîne, communique son hystérie guerrière à toute la population.

Si nous devions supporter ce dernier affront, il n'y aurait plus une femme au monde qui consentirait à donner le bras à un Français, titre *le Gaulois,* avec un cocorico tremblant qui se répercute à l'infini, dans les rues, les cours, les estaminets. En quelques heures, le virus de la guerre gagne comme une épidémie fulgurante l'immense majorité de la population, de ses représentants, des membres du gouvernement et des proches de l'Empereur.

Napoléon III, soucieux de préserver la paix, presse son entourage de ne pas jeter de l'huile sur le feu.

Ems, 9 juillet.

Guillaume, le roi de Prusse, empereur d'Allemagne, en cure thermale, reçoit le comte de Benedetti, ambassadeur de France. Il s'étonne de tout le bruit fait autour de la candidature du prince Hohenzollern à la couronne d'Espagne, affaire familiale dans laquelle il n'est en rien intervenu. Il se fait rassurant.

— Si demain, le prince refuse le trône d'Espagne, je ne le désapprouverai pas.

Bretanges, 10 juillet.

Grand fracas métallique de roues, d'engrenages, de lames en mouvement qui coupent les blés mûrs. Assis sur le siège de la faucheuse-moissonneuse Manny-Roberts nouveau modèle que lui a prêtée le marquis de Lagarde, Alain de Monéys, tenant d'une poigne sûre les rênes des deux chevaux, montre à Pierrot Ridoin, le fils du métayer, comment se servir de cette machine dont l'usage est encore rarissime en Périgord. Là-bas, à sa fenêtre, Adhémar émerveillé suit son frère des yeux. Alain lui fait des petits signes avec son fouet. Au bord des champs, le Pierrot, les mains sur les hanches, bouche bée, regarde faire son maître. Jean Antony est venu en voisin assister à la démonstration. Alain, dans un mouvement impeccable, vire au bout du champ, revient vers son colon, s'adresse à lui en patois.

— Allez Pierrot, à toi maintenant !

— Oh-là ! Monsieur le vicomte est bien plus adroit que moi. Jamais je n'arriverai à mener un bazar pareil.

— Que si tu y arriveras ! ce n'est pas plus compliqué que de conduire une charrette. Il te suffit de bien « tirer droit ».

— Allez, vas-y !

Le Pierrot, pas très rassuré, s'installe sur le siège et commence à moissonner. Alain l'encourage :

— C'est bien ! c'est bien ! Continue, appuie à droite...

Le jeune paysan zigzague bien un peu, mais pour une première fois, il se débrouille bien. Alain l'observe et commente avec Jean Antony les bienfaits du machinisme agricole.

— Une belle invention tout de même ! qui supprime le travail épuisant à la faux et fait la besogne de quatre hommes en cinq ou six fois moins de temps. C'est un progrès considérable.

— Surtout si la guerre est déclarée, laisse tomber Jean Antony, nous allons manquer de bras à la terre.

— Fichtre, ne parlez pas de malheur !

— Vous avez lu les journaux. Les Parisiens défilent sur les boulevards en criant : « A Berlin ! A Berlin ! »

— C'est de la folie ! nos troupes ne sont pas en état d'affronter l'armée allemande. Les uhlans de Bismarck seraient à Paris, avant que nous ayons franchi le Rhin. J'ose espérer que l'Empereur ne se laissera pas manœuvrer par le parti de la guerre.

— Vous êtes bien optimiste !...

Paris, 11 juillet.

Fébrilité à la salle du télégraphe, où l'on attend d'Allemagne d'heure en heure le résultat des démarches insistantes de l'ambassadeur de France pour obtenir le retrait de la candidature de Léopold. Au gouvernement, comme dans les états-majors, on prépare la guerre.

Ministre de l'intérieur à messieurs les préfets...

Devant les menaces que ferait peser sur la paix le maintien de la candidature du prince de Hohenzollern au trône d'Espagne, veuillez me faire connaître au plus tôt l'état de l'opinion de votre département et plus particulièrement l'esprit public des populations rurales dans le cas où l'Empereur se verrait contraint de déclarer la guerre à la Prusse. Demandez à messieurs les sous-préfets d'interroger nommément les maires à ce sujet.

— Expédition immédiate !

Château de Saint-Cloud, 12 juillet.

Une forte odeur de camphre flotte dans les couloirs des appartements impériaux. Depuis la formidable montée de fièvre provoquée dans l'opinion par l'affaire de la couronne d'Espagne, la maladie et les douleurs de Louis-Napoléon se sont brutalement réveillées, comme s'il fallait immanquablement que Sa Majesté souffrît dans son corps chaque soubresaut, chaque crise de la vie nationale. Les docteurs Sée, Ricord et Conneau se relaient à son chevet pour soigner les suppurations de sa vessie et le soumettre aux terribles coups de sonde. Mais ce matin, une immense sensation de soulagement se lit sur le visage de l'Empereur. Le docteur Conneau vient de lui apporter une dépêche d'Allemagne : *Le prince de Hohenzollern a renoncé au trône d'Espagne.*

— Alors, c'est la paix, mon cher Henri ! s'écrie-t-il en embrassant son médecin. Voilà le médicament qu'il me fallait !

Nontron, 13 juillet.

Assis sur des bancs dans le corridor de la sous-préfecture, les maires des petites communes du canton font antichambre. La porte du cabinet s'ouvre. Le maire Connezac sort. L'appariteur appelle le suivant.

— Monsieur Mathieu, Bernard, maire d'Hautefaye.

Le vieux maréchal-ferrant endimanché, suant, se lève et pénètre d'un pas lourd dans le bureau. Costume clair, gilet de soie, cravate flottante, le comte de Labatut lui tend la main.

— Bonjour, Monsieur le maire. Alors comment se porte la commune d'Hautefaye ?

— Elle souffre, monsieur le sous-préfet, elle souffre. La sécheresse nous a fait un mal terrible. Et ce n'est pas fini...

— Hélas, l'administration n'est pas encore en mesure d'agir sur la météorologie. Mais dites-moi, Monsieur le maire, que pense-t-on, chez vous, de la candidature du prince de Hohenzollern à la couronne d'Espagne ?

Ahuri par cette question qui le dépasse complètement, le vieux maréchal-ferrant tripote le rebord de son chapeau.

— Oh... chez nous, les gens n'ont pas bien le temps de s'occuper des Espagnols, ils ont bien assez de souci avec les mauvaises récoltes et le bétail qui ne se vend pas...

— Grand Dieu ! je les comprends. Mais quel est l'état d'esprit général de vos concitoyens devant la situation extérieure délicate à laquelle doit faire face le gouvernement de l'Empire.

— Oh pour ça, vous n'avez pas de crainte à avoir Monsieur le sous-préfet. Tous les électeurs de ma commune, sans exception, ont voté OUI au plébiscite. Ils veulent la paix. L'Empereur nous l'a promise. On est tranquille.

— Et si par malheur, un conflit éclatait avec la Prusse...

Le père Mathieu tord le nez.

— Oh pour ça, personne chez nous ne souhaite la guerre. Mais s'il fallait se battre pour défendre le pays, on se battrait, même avec les fusils à pierre et les fourches. A Hautefaye, il n'y a que des patriotes, Monsieur le sous-préfet...

14 juillet.

« C'est la paix ! » avait soupiré l'Empereur avant-hier. Mais c'était compter sans l'opinion chauffée à blanc par les appels aux armes de la presse assoiffée de sang prussien, sans les ministres bellicistes, sans les généraux, sans l'impératrice qui a lâché dans un beau mouvement du cœur : « Cette guerre, c'est ma guerre » ! Depuis deux jours Eugénie excédée par le pacifisme de Louis-Napoléon ne décolère pas.

— Cette renonciation est inacceptable ! C'est une manœuvre. Il faut exiger de la Prusse des garanties. Tout le pays est prêt à se battre. Des milliers de Parisiens ont crié toute la nuit dans les rues : « A bas la Prusse ! A Berlin ! A Berlin ! » Ce serait une perte irréparable de décevoir ce magnifique élan patriotique des Français. Il y va de l'avenir de la dynastie...

Seul contre tous, l'Empereur résiste, s'accroche désespérément à son rêve de paix. Au conseil des ministres, ses dernières illusions s'évanouissent.

Les partisans de la guerre, d'abord en minorité finissent par emporter l'adhésion de leurs collègues. Emile Ollivier louvoie. Le duc de Grammont, ministre des affaires étrangères est pour une déclaration immédiate des hostilités. Le maréchal Lebœuf, ministre de la guerre, est catégorique :

— Nous sommes prêts, mille fois prêts ! Pas un bouton de guêtre ne manque à notre magnifique armée ! De Paris à Berlin, c'est une promenade, la canne à la main...

A la fin du conseil, on vote : cinq voix pour la guerre, quatre pour la paix.

La mort dans l'âme, Napoléon III s'incline.

— Eh bien, messieurs, puisque vous le voulez, ce sera la guerre.

Le *Journal officiel* publie :

Décret impérial du 14 juillet 1870. Les jeunes soldats de la 2e portion du contingent des classes 1867, 1868, 1869 ainsi que les militaires au service appartenant à l'armée de terre et à l'armée de mer sont appelés à l'activité. Les hommes qui ne se présenteront pas seront signalés par le commandement du dépôt de recrutement et s'il y a lieu poursuivis comme déserteurs...

Forge-Neuve, 19 juillet.

Comme chaque semaine, les gens d'Hautefaye sont descendus au Bandiat avec les charrettes chargées de barriques, faire le plein d'eau pour les maisons et les abreuvoirs. Profitant d'un moment de repos, Anna et Ricou sont allés un peu à l'écart se tremper dans la rivière à l'ombre d'un fouillis de verdure. Accroupis dans l'eau, ils ne laissent surnager que leurs deux visages, immobiles, face à face. Anna a gardé son mouchoir de tête, Ricou son petit melon. Des « demoiselles » aux ailes moirées bleu nuit volettent autour d'eux. Le Bandiat bruisse doucement. Un pivert martelle le bois. Les rais du soleil filtrent à travers le feuillage. Les amants sont seuls au monde, les yeux dans les yeux, le corps fondu dans le lit de la rivière... Soudain Anna tourne la tête.

— Ecoute !... Les cloches de Varaignes.

Ricou prête l'oreille et d'un bond se dresse hors de l'eau, sous l'œil stupéfait d'Anna.

— Le tocsin ! C'est la guerre ! Malheur...

— C'est peut-être un enterrement...

— C'est le tocsin, je te dis, c'est la guerre !

Ricou prend brutalement Anna par la main et la tire de l'eau. La petite Mondout résiste.

— Tu es exempté. Tu ne vas pas partir te battre...

— Mais les autres ! Et les cochons vendus ! Allez, viens !

La voilà donc, l'horrible guerre !
L'ouragan va se déchaîner :
Nous sentirons trembler la terre,
Nous entendrons le ciel tonner ;
Les morts rouleront dans les fleuves
Avec le flot ensanglanté ;
La mitraille fera des veuves !...
Ah ! pleure, pleure, liberté !

Le sabre va régner en maître ;
Le droit suivra le gré du sort,
La justice cessera d'être
Devant la raison du plus fort ;
Les peuples, enivrés de crimes,
Aux Sivas de la royauté
Offriront le sang des victimes !...
Ah ! pleure, pleure, liberté !

Les uhlans, ignobles soudrilles,
S'ils viennent fouler nos guérets,
Prendront les bijoux de nos filles
Pour leurs Gretchen de cabarets ;
Le viol suivra la victoire,
Au nom de la Divinité :
Cela s'appellera la gloire !
Ah ! pleure, pleure, liberté !...

Nontronneau, 21 juillet.

Six gendarmes à cheval traversent au galop le village, obliquent à main gauche devant l'église et vont s'arrêter devant la maison du chiffonnier. Le Piarrouty est sur le pas de sa porte, la mine grise. Le brigadier sort un papier.

— Léonard Pierre, c'est bien chez vous.

— Ma foi oui, c'est mon drôle.

— Pourquoi n'a-t-il pas rejoint son régiment ?

Piarrouty bredouille. La maréchaussée insiste.

— Vous savez qu'on l'a porté déserteur.

Là-bas, un jeune paysan court à toutes jambes vers les bois. Un gendarme pointe son doigt.

— Hé ! Le voilà. En avant !

Volte-face, galop, chasse à l'homme dans les brandes. Lirette est cerné. On l'empoigne.

— Alors, tu ne veux pas aller défendre ta patrie ? Les Prussiens te font peur hé ? Réponds.

Lirette buté ne répond rien, mais tire de sa poche son bon numéro de tirage au sort et le met sous le nez des gendarmes.

— Tu es inscrit comme remplaçant, ton père a signé et touché des sous pour ça. Tu dois partir.

— Je ne suis pas un cochon ! Je ne suis pas un cochon !...

— Tu es soldat. Ta place est à la guerre.

Les gendarmes attachent les mains de Lirette et le ramènent à la maison de son père. Piarrouty a posé l'uniforme de son fils sur la table de la cuisine. Le brigadier prend le képi, le met sur la tête du « déserteur » et lui enfonce d'un coup de poing sur le crâne.

— Allez au feu, capon !

Saint-Cloud, 23 juillet.

Visage de marbre, paupières tombantes, lèvres pincées, l'air hautain, buté, Eugénie écoute Louis-Napoléon dicter à son secrétaire d'une voix laborieuse, de son accent germanique :

Napoléon, par la grâce de Dieu et la volonté nationale, empereur des Français ; à tous présents et à venir, salut. Voulant donner à notre bien-aimée épouse l'impératrice des marques de la confiance que nous avons en elle ; et attendu que nous sommes dans l'intention de nous mettre à la tête de l'armée ; nous avons résolu de conférer à notre bien-aimée impératrice le titre de régente, pour en exercer les fonctions dès que nous aurons quitté notre capitale...

Un imperceptible sourire de satisfaction se dessine sur le visage d'Eugénie. L'Empereur en uniforme de général de brigade signe le texte, le tend à l'impératrice.

— Te voilà reine de France. C'est beaucoup plus que ma vie que je remets entre tes mains...

— Rapporte-nous la victoire, et tout sera sauvé !

— Je ferai tout ce que mes forces me permettront, ce ne sera pas facile. Cette guerre est une folie qu'il n'a pas été en mon pouvoir d'empêcher. Le combat sera dur, très dur, le plus dur que nous ayons jamais eu à mener...

— Lebœuf assure que nous sommes prêts et archiprêts.

— Ce que ne dit pas le ministre de la Guerre, c'est que la Prusse est encore mille fois plus prête que nous...

Le jeune prince impérial en uniforme de sous-lieutenant qui a fait couper ses belles boucles blondes pour accompagner son père à la guerre, paraît.

— Papa, monsieur Lejeune vous attend pour la photographie.

Napoléon III coiffe son bicorne de chef des armées, lève la jambe, s'assied à califourchon sur un tabouret, mais avec d'infinies précautions pour ne pas réveiller ses douleurs. M. Lejeune prépare sa mise au point.

Emue, la princesse Mathilde, qui assiste à la scène, prend Louis-Napoléon à part.

— Tu ne peux pas monter à cheval. Comment feras-tu le jour de la bataille ?

— Tu exagères, ma chère amie.

— Mais non, regarde-toi !

L'Empereur s'approche d'une grande glace.

— C'est vrai que je n'ai pas l'air bien fringant...

A la vérité, c'est un homme à bout de souffle, torturé par la souffrance, hanté par la mort, qui s'assied dans le wagon-salon du train impérial garé à la petite station du parc de Saint-Cloud.

Le convoi s'ébranle. Sur le quai, on crie : « Vive l'Empereur ! Vive la France !... » Napoléon III essaye de sourire, mais de nouveau ses traits se figent. Le train s'engage dans un tunnel. Tout s'enveloppe d'obscurité, et à intervalles réguliers, les trouées de lumière éclairent le masque livide de l'empereur des Français, en proie aux pires ressentiments.

Nontron, 7 août.

Dans la pénombre du soir, la foule s'impatiente. Depuis plusieurs heures, toute la population nontronnaise est dehors, piétine sur la place de l'hôtel de ville, dans l'attente des nouvelles. Les jours précédents, les dépêches arrivaient régulièrement de la sous-préfecture, transmettant les prouesses de l'armée française sur le théâtre de la guerre. Mais aujourd'hui, le télégraphe est resté muet. Des rumeurs inquiétantes circulent. Les mauvaises langues osent parler du recul de nos troupes devant l'ennemi. Mais personne ne veut y croire. On met ça sur le compte des défaitistes, ou pis d'agents de l'étranger qui voudraient profiter de l'incertitude pour manœuvrer les esprits, politiser les événements. Il faut dire qu'aujourd'hui on a voté pour le renouvellement du conseil municipal auquel se sont présentés bon nombre de jeunes candidats, Alcide Dusolier en tête, connus pour leurs idées avancées, leurs sentiments républicains, même s'ils ne les crient pas sur les toits. Là-haut dans la salle du conseil, aux fenêtres grandes ouvertes, ces messieurs dépouillent les bulletins. Des extra-lucides, plantés sous les croisées, augurent déjà de la liste des élus à la fréquence des noms qu'ils entendent revenir dans le brouhaha des bureaux.

Roulement de tambour ! Le commis de la sous-préfecture arrive en courant, une dépêche à la main. On l'applaudit au passage. Il gravit le perron, tend son pli à l'adjoint au maire qui monte sur un tabouret, cherche sa voix et lit d'une voix cave.

— « Après une série d'engagements dans lesquels l'ennemi a déployé des forces considérables, les troupes du maréchal Mac-Mahon ont dû se replier. Nos soldats se sont battus jusqu'au bout avec un magnifique héroïsme. L'épreuve est sérieuse. L'ennemi est sur notre territoire. La retraite s'effectue en bon ordre. Une nouvelle bataille paraît imminente. Les détails sur nos pertes manquent. »

Un silence de mort tombe sur la place de l'hôtel de ville, la population est comme assommée par les mots qu'elle vient d'entendre. Puis quelques protestations s'élèvent.

— C'est une fausse nouvelle !

— Mensonge !

— Trahison !

L'homme qui lit fait signe qu'il a une autre dépêche à communiquer. Le silence revient.

— « Aujourd'hui, 7 août 1870, le département de la Seine est déclaré en état de siège. »

Nontron est consterné. C'est à peine si on ose regarder son voisin.

Un petit homme boiteux, le concierge de la sous-préfecture, arrive essoufflé avec une troisième dépêche que l'adjoint lit aussitôt.

— « Proclamation des ministres...

On entend des coups de sifflet que des voix font taire.

— « Français ! Quelques-uns de nos régiments ont succombé sous le nombre, mais notre armée n'est pas vaincue. Le même souffle intrépide l'anime. Soutenons-la ! Comme en 1792, et comme à Sébastopol, que nos revers ne soient que l'école de la victoire ! Ce serait un crime de douter un instant du salut de la patrie et surtout de ne pas y contribuer. Debout donc ! debout ! Et vous habitants du Centre, du Nord et du Midi, sur qui ne pèse pas le fardeau de la guerre, accourez d'un élan unanime au secours de vos frères de l'Est ! Que la France, une dans le succès, se retrouve plus une encore dans les épreuves. Et que Dieu bénisse nos armes. »

Cette fois plus personne ne doute. La terrible vérité est là, plantée au cœur de toute la ville. Du haut des fenêtres de la mairie, Alcide Dusolier et ses amis entonnent *la Marseillaise,* suivie, après un temps d'hésitation, par toute la population qui depuis vingt ans n'a pas chanté publiquement l'hymne révolutionnaire proscrit par l'Empire. Aujourd'hui, elle le chante comme un cri libérateur, une vengeresse prière.

Demain on apprendra le nom du malheur : Frœschwiller, Wissembourg, Reichshoffen... Reichshoffen ! charge héroïque, effroyable tuerie. L'armée française a repassé les Vosges. L'Alsace est aux Prussiens, et le Nord de la Lorraine.

Au faubourg Salomon, à la sortie de Nontron, les premiers volontaires vêtus de moitiés d'uniforme ou simplement d'une blouse et d'une casquette embrassent leurs parents, étreignent leurs fiancées. Avant d'attaquer la route de Périgueux ou d'Angoulême, ils hurlent *la Marseillaise,* se découvrent et chantent à genoux le couplet « Amour sacré de la Patrie ».

Bretanges, 11 août.

A l'ombre des tilleuls, Alain et Adhémar, face à face, jouent à se claquer les mains. Main droite dans main gauche, main gauche dans main droite, les deux mains ensemble et on fait bravo ! Presque à chaque coup, Adhémar se trompe. Avec une patience à toute épreuve, son frère lui réexplique l'enchaînement.

— Allez, on recommence. Droite !... gauche !... Les deux mains !...

Adhémar a bien du mal à coordonner ses mouvements. Mais le jeu l'amuse et il y passerait sa journée. Un jeune paysan en uniforme s'approche d'Alain. Engagé volontaire, le fils Ridoin vient dire au revoir à ses maîtres. Alain s'adresse à lui avec tendresse, en patois.

— Alors ça y est, tu pars ?

— Il faut bien.

— Alors nous nous retrouverons bientôt.

— Mais vous restez au pays. Monsieur Alain ?

— Non, Pierrot. Je vais demain, à la caserne de Périgueux, résilier ma réforme. Je partirai avec mon cheval. Nous nous battrons ensemble contre les Prussiens...

Longeville-les-Metz, 15 août.

Parti hier du quartier général de Metz, pour aller « combattre l'invasion », Louis-Napoléon a passé la nuit chez le colonel Hénocoque. Mais ce matin à l'aube, il a dû quitter précipitamment la maison prise sous le feu des canons prussiens. Tassé sur sa monture, souffrant horriblement, il s'avance seul à quelque distance de son escorte sur le chemin de Gravelotte. Les balles ennemies sifflent à ses oreilles, les obus éclatent devant lui. Son cheval prend peur. Louis-Napoléon serre les rênes, contient l'animal de toutes ses forces, bombe le torse, reste le front haut dans la mitraille. Comme s'il avait aujourd'hui décidé d'en finir, aujourd'hui 15 août, jour de la fête nationale de l'Empereur. Un beau jour pour mourir au champ d'honneur...

Un aide de camp arrive au galop.

— Sire, c'est de la folie ! Ne restez pas là...

L'officier n'a pas le temps de poursuivre. Il est décapité par un obus.

L'Empereur hagard continue d'avancer. En lisière d'un petit bois, il s'arrête, descend de cheval pour aller pisser contre un arbre, pisser du sang. Visage tordu de douleur, Louis-Napoléon s'agrippe au tronc de toutes ses forces, pousse un cri déchirant. Un lieutenant accourt, met pied à terre.

— Sire, vous êtes blessé ?

— Hélas non.

— Vous souffrez ?

— Abominablement...

Hautefaye.

A l'heure où Louis-Napoléon à bout de désespoir, n'entrevoit d'autre issue à son malheur que l'obus ou la balle perdue qui mettra fin à ses jours, ici, dans le fond du Périgord, on célèbre comme chaque année, avec une ferveur farouche, la fête de l'Empereur, le culte de Napoléon l'invincible, providence de la terre. Avec une ferveur d'autant plus farouche, que des « bandits » voudraient faire croire à une victoire prussienne. Napoléon, battu ! voilà l'impensable pour ceux qui, le 8 mai, on dit OUI comme un seul homme à l'Empereur-dieu, père du peuple des campagnes.

Dans la petite église comble, l'abbé Saint-Pasteur invoque « Marie, mère de Dieu, protectrice des Français, patronne d'Hautefaye, madone des Victoires ».

— Mettons en Elle, mes frères, toute notre humble confiance, toutes les ressources de notre foi. Elle nous donnera la force de vaincre l'ennemi à nos portes et le courage de traverser les terribles malheurs qui s'abattent sur notre pays...

A la fin de la messe, le curé fait chanter à toute l'assistance endimanchée le traditionnel « Te Deum » à l'Empereur.

Dehors, dans le chemin, sur la place, autour de chez Mondout et chez Mousnier des hommes boivent, trinquent, lèvent leur verre à la santé de Napoléon, crient à toute force :

— Vive l'Empereur ! Vive la France ! Mort aux Prussiens !

Les vivats redoublent lorsqu'on voit arriver, monté sur une charrette, un groupe de jeunes mobiles volontaires en partance pour la guerre. Parmi eux se trouve le Ricou qui, malgré sa chance au tirage, a décidé de s'engager aux côtés de ses camarades. Tout le bourg fête les courageux enfants du pays prêts à mourir pour « sauver la patrie en danger et l'Empereur trahi ». Devant l'auberge du Bon Dieu où on a sorti des tables, Anna leur sert à boire. Elle a le cœur gros, la petite Mondout, de voir partir son fiancé avec qui elle se voyait mariée avant la fin de l'été. Foutu 15 août !

Demain c'est la grande foire annuelle. Déjà la foule des marchands ambulants, des forains, des camelots, commence d'arriver à Hautefaye pour prendre les meilleures places autour du foirail à bestiaux. L'homme-ratier, qui tue de gros rats d'un coup de dents, est là avec sa lessiveuse grouillante de bêtes grises, et aussi le vieux Merillou qui fait tirer des coqs à coup de pierres.

— Un sou les trois coups ! Celui qui le tue l'emporte.

D'habitude le camelot baptise chaque victime Judas, Lucifer ou Belzébuth. Aujourd'hui tous les coqs à saigner s'appellent Bismarck.

Hautefaye, 16 août.

Les mouches piquent. Des nuées de mouches, de taons, de tiques harcèlent le bétail, entrent dans les naseaux, agacent les groins, essaiment autour des yeux, se collent aux échines, fouillent les anus... La pluie brève d'hier soir, loin d'avoir rafraîchi l'atmosphère, l'a rendue encore plus lourde, encore plus moite. On est mal. Les guêpes sont mauvaises, les frelons volent bas. L'orage qu'on attend depuis des jours et des jours, le grand orage qui délivre des touffeurs intenables va-t-il enfin craquer ? Même les vieux ne se rappellent pas avoir connu une chaleur pareille et qui dure si longtemps. Le foirail est envahi. Cohue indescriptible, assourdissante de vaches, de bœufs, de veaux, de moutons, de gorets qu'on ne peut plus garder dans les étables faute d'avoir de quoi les nourrir et qu'il faut bien se résoudre à envoyer à l'abattoir. Cohue aussi de chevaux, de bourriques, de mulets qu'on a menés à la foire d'Hautefaye avec l'espoir de les vendre aux officiers de remonte, pourvoyeurs des armées qui battent les campagnes à la recherche de montures et de bêtes d'attelage dont le manque se fait cruellement sentir sur le front de Lorraine depuis la boucherie de Reichshoffen. Les mouches piquent. Les taons s'acharnent. Les animaux deviennent fous. Ils ont beau se secouer, tirer à toute force sur les licous, battre l'air de leur queue, labourer le sol de leurs sabots, les insectes reviennent à la charge. Obligés de se mettre à cinq ou six pour tenir une vache et l'attacher, les hommes, gourdin levé, s'énervent, jurent, frappent sur les mufles, s'acharnent. Mazière, furieux d'avoir à se défaire de ses bœufs, fulmine. Il leur a passé le joug pour les calmer. Mais les bêtes excitées ont arraché leur pieu.

— Piti, piti qu'ei lu diable que nous minjo ! (C'est le diable qui nous mange !)

Les frères Campot, de Teyjat, braillent en ramenant leur vieux cheval, un gros boulonnais, qui a rompu sa corde pour aller se rouler sur le dos dans le champ de luzerne agitant frénétiquement ses quatre fers en l'air. Des propriétaires en costume d'été, canotier, cravache sous le bras, regardent avec inquiétude leurs métayers se démener.

— Ça va mal finir. Je ne sais pas si vous avez déjà assisté à une panique sur le foirail, quand toutes les bêtes rendues furieuses par la chaleur et les mouches arrachent leurs cordes, cassent leurs anneaux, emportent tout, se battent, foncent dans la foule...

— Ne parlez pas de malheur ! J'ai vu ça une fois à Verteillac. C'est la plus belle peur que j'ai eue de ma vie ! Et pourtant j'ai fait la Crimée. Mais croyez-moi, une charge de cosaques, ce n'est rien à côté d'une attaque de bœufs fous.

Certains de ces messieurs commencent à regretter d'être venus.

— C'est de la folie ! Jamais tout ce bétail n'arrivera à se vendre. Je vais dire à mon colon de remmener mes bêtes. On ne peut tout de même pas brader des vaches pleines !

— C'est bien joli à dire, mais il faut avoir de quoi les nourrir. On ne trouve plus une balle de foin à vendre dans le canton et toute l'avoine est raflée par l'armée. Elle part par wagons entiers d'Angoulême et de Périgueux pour la Lorraine.

— Si encore cela pouvait servir à sauver la France de la catastrophe, mais du train où vont les choses...

Instinctivement l'homme qui vient de parler, se sentant écouté par des oreilles indiscrètes, a laissé son propos en suspens. Sans s'apesantir sur les regards menaçants qu'il aperçoit autour de lui, il prend son ami par le bras.

— A propos mon cher, j'ai besoin que vous me donniez votre avis sur un verrat que j'ai vu là-bas à l'entrée du foirail...

Le malaise qu'on a senti s'épaissir tout au long de la journée d'hier est devenu, ce matin, explosif. Depuis la pointe du jour, bêtes et gens affluent par toutes les entrées du bourg et à travers champs. A croire que la population entière des campagnes environnantes est venue s'entasser à Hautefaye dans l'attente anxieuse de quelque chose dont on ne sait trop si cela tient du miracle ou de la catastrophe. Des cohortes de paysans, de journaliers, d'artisans, de forains, de bouchers, de marchands de bestiaux, de meuniers, de forgerons, de chiffonniers... arrivent à pied, à cheval, à dos d'âne, en charrette, en voiture. Les deux chemins qui se croisent au milieu du bourg, la petite place de la halle, les ruelles, le terre-plein de l'ancien cimetière, les cours, les abords du foirail sont envahis d'hommes en blouse, en gilet, en chapeau, en casquette ; de femmes en noir coiffées à l'ancienne ; de jeunes filles en jupe de grosse toile beige et mouchoir de tête à carreaux de couleur ; de drôles dépenaillés qui jouent à la guerre. La foule va et vient dans un fracas incessant de sabots qui martèlent le sol, de voix qui se lamentent, s'interpellent, menacent « les crapules qui veulent notre perte ». Partout des gens gesticulent, lèvent les bras au ciel, serrent les poings, brandissent des bâtons, agitent des fouets... Les auberges et les maisons où l'on sert à boire sont prises d'assaut. Les buveurs se pressent autour des tables, se bousculent aux portes. Les bouteilles passent de main en main, les verres se choquent. On trinque à l'Empereur, à la victoire, à l'écrasement des Prussiens, à la mort de Bismarck et des espions... La piquette au genièvre, le vin de noah, le vin vieux, le pineau, l'absinthe rincent les gosiers asséchés par la canicule et la colère.

Créée en l'an de grâce 1633 par Louis XIII, à la requête de Jacques de Conan seigneur de Connezac, Hautefaye, Plambost et autres lieux, ancêtre direct d'Alain de Monéys, pour répondre au désir des habitants de son fief sur qui il exerçait droit de haute et basse justice, la foire du 16 août à Hautefaye est une foire très courue depuis deux siècles et demi. Sa réputation s'étend fort loin dans les cantons voisins. Elle attire chaque année, pour la Saint-Roch, une foule d'autant plus nombreuse que le bourg situé aux limites des départements de la Dordogne et de la Charente, du Périgord et de l'Angoumois est un carrefour où se retrouvent à date fixe ceux qui parlent rond et ceux qui parlent pointu, ceux qui disent « mounjetes » et ceux qui disent « mon'iettes » pour désigner les haricots. Périgourdins et Charentais : deux populations mitoyennes pétries de vieux antagonismes entre pays d'oc et pays d'oï, toujours portées à se dénigrer l'une l'autre, à s'accuser mutuellement de tous les vices de la terre, à se couvrir de ridicule. Ce qui du reste ne les empêche nullement de commercer ensemble surtout quand chacun garde bien au chaud sous son bonnet l'espoir de rouler l'autre dans la farine.

Foire aux bestiaux et aux marchandises, la foire du 16 août baptisée « foire des valets » est aussi le grand marché de l'embauche. A trois semaines de la Saint-Michel, date à laquelle propriétaires et colons règlent leurs comptes, des gaillards en pleine force « exemptés » au tirage au sort, des fils de cultivateur en surnombre chez eux, des orphelins, des domestiques sans emploi viennent à Hautefaye chercher une place de commis, de garçon d'étable, de palefrenier, de valet de chien, d'homme de peine... Ils portent agrafés à leur gilet des épis de blé ou du crin de cheval. Des métayers renvoyés ou en rupture de « baillette » viennent prendre langue avec un nouveau patron. Des filles, des veuves, des femmes d'ivrognes viennent trouver à se placer comme servante, bonne à tout faire ou nourrice. Tombant le lendemain de la fête de l'Empereur et de Notre-Dame d'Hautefaye réunies, la foire du 16 août, baptisée encore « frairie de la Saint-Roch », est toujours pour les gens de la commune, autant que pour les « étrangers », une suite des festivités de la veille. On ne se rend pas à Hautefaye seulement pour acheter, vendre ou se placer. On y vient aussi pour se promener, voir du monde, rencontrer des parents, des amis, prendre des nouvelles, faire des connaissances. Les garçons approchent les filles. Les filles jaugent les garçons. La journée ne se termine jamais sans que « chez Mondout » ou « chez Mousnier » on donne à danser au son de la chabrette et du violon. Et quand le soir arrive, que les derniers restés s'en retournent, on se prend par la taille sur le bord des chemins, on traîne en lisière des garennes, les mains glissent sur les hanches, les pantalons se gonflent et pour peu que l'aimable démon montre le bout des sabots on va s'attraper un peu mieux derrière un gros chêne ou dans un coin de fougères. Comme dit Brouillassou, le boulanger du bourg, qui d'ailleurs est resté garçon, Hautefaye rime avec fiançailles, tout comme Nontron rime avec clairon.

En ce 16 août 1870, le moins que l'on puisse dire c'est que les esprits ne sont pas à la fête. Il suffit de regarder les mines, d'écouter ce qui se dit pour comprendre qu'on est loin de la gaieté bon enfant qui moutonne d'habitude aux frairies de la Saint-Roch. Cela fait maintenant plus de cinq mois qu'il n'est pas tombé une goutte d'eau. La canicule a tout cramé. Les récoltes sont anéanties. Le bétail continue de crever dans les étables. Il y a quelques jours, un éleveur du Bourdeix au désespoir s'est pendu avec la corde de sa dernière vache en revenant de l'enterrer. Lui qui passait pour le meilleur soigneur de sa commune ! Pour ne pas en arriver là, on vend. Mais les acheteurs ne sont pas épais ces temps-ci et veulent tout emporter pour rien. A la foire de Charras, la semaine dernière, il a fallu ramener à l'étable la moitié du bétail. Une vraie catastrophe ! Quand on pense aux belles affaires qui se traitent d'ordinaire sur le champ de foire d'Hautefaye si justement renommé. Quand on pense à ces palabres sans fin avec les maquignons qui veulent toujours vous faire casser vingt sous sur un veau mais qu'on tient quelquefois une matinée entière pour ne finir de s'accorder qu'après avoir épuisé toutes les ruses, tous les détours du marchandage qu'on fait durer autant pour le plaisir que par âpreté au gain. Aujourd'hui il faut courir après ces messieurs du négoce, bien content quand ils daignent poser les yeux sur le cul de votre bête et offrir la moitié, si ce n'est le tiers, du prix qu'elle a coûté à nourrir ! Quant aux chevaux qu'on espérait vendre aux armées, il faut les laisser pour une poignée de son, par patriotisme, pour défendre le pays en danger et soutenir l'Empereur menacé. Comme si on n'avait pas assez de misère avec cette sécheresse et toutes les calamités qu'elle apporte, il a fallu qu'on nous envoie la guerre. Cette foutue guerre déclarée d'un « cœur léger » pour des motifs incompréhensibles. Cette guerre qu'on annonçait « fraîche et joyeuse » et qui tourne au désastre par la faute des bandits qui ont juré d'avoir la peau de Napoléon, complotent avec l'ennemi et lui envoient des sous ! Froeschwiller, Reichshoffen, Woerth, Forbach... Les consonances funestes à vous écorcher le gosier et les oreilles passent et repassent dans les conversations comme des vols de frelons exacerbés par les touffeurs d'orage. Les noms de défaites que personne n'ose appeler défaites empoisonnent la frairie. Et Dieu sait s'il y a du monde ! On n'en a jamais tant vu dans ce petit bourg de quarante-cinq habitants d'ordinaire si paisible, où la vie va son cours, sans histoire, identique à elle-même depuis des siècles, rythmée par le cycle des saisons et les travaux de la terre dont chacun tire ici sa modeste subsistance. Partout des gens inquiets s'attroupent, font cercle autour de ceux qui ont des nouvelles vraies ou fausses à propager. On fait relire vingt fois à ceux qui savent, un bout de journal souvent vieux de quinze jours ou une lettre reçue du front d'un parent soldat. On se bouscule devant la porte de chez Mathieu sur laquelle est placardé le décret signé de l'impératrice régente appelant sous les drapeaux tous les citoyens valides de vingt-cinq à trente-cinq ans.

— Si c'est pas malheureux d'être obligé de partir quand tout va si mal chez nous !

Pères, mères, frères, fiancées... tous ceux qui ont quelqu'un à la guerre, courent fiévreusement d'un groupe à l'autre en quête de nouvelles. Les quelques renseignements qu'on a par les journaux ou les lettres de soldats se contredisent souvent. Il suffit d'une erreur de transcription pour confondre le 14ᵉ dragon et le 4ᵉ chasseur, le 100ᵉ de ligne et le 10ᵉ d'artillerie. Cela devient dramatique quand il s'agit de l'identité des blessés et des morts. Des visages se figent de stupeur en entendant le nom du « leur ». Des doutes affreux s'installent entre des Sallat Francis et des Sallat François, des Combeau Jean et des Combeau Jacques, des Faure et des Faurie, des Baritaud et des Barataud... Le beau-frère d'un gendarme de Mareuil affole les parents de soldats en affirmant qu'il sait de source sûre que les derniers combats ont été beaucoup plus meurtriers que les journaux ne le disent. Le gouvernement aurait donné ordre de ne pas divulguer tout de suite le nombre des tués pour ne pas inquiéter les populations. Il lit sur un bout de papier des noms que son beau-frère a recopiés au crayon sur une liste confidentielle. Des gens parlent d'aller en délégation à la gendarmerie de Mareuil et à celle de Nontron pour exiger qu'on leur donne immédiatement le nom de tous les enfants du pays morts ou blessés depuis le début de la guerre.

— S'ils refusent de les donner, ce sont des traîtres ! lance un homme en colère, tailleur d'habits à Lussas.

— T'as raison, Lamy ! renchérit un terrassier de Javerlhac, et les traîtres tu sais ce qu'on en fait ?

— Pan ! répond un nommé Lamongie, épaulant son bâton.

— Et si ces cochons de Prussiens envahissent la France, il faut qu'on soit prévenus ! gronde le vieux Moureau, d'Hautefaye, il faut qu'on se prépare à les recevoir. La chasse aux espions et aux traîtres est ouverte...

Insidieuse, la hantise de l'invasion fait son chemin, la psychose de l'espionnage enfle les imaginations. Un marchand de parapluies lit à haute voix la colonne « faits divers » de *L'Echo de la Dordogne* du 13 août :

« A Perpignan on vient d'arrêter un Prussien qui levait le plan de la citadelle, sur le glacis des fortifications... »

— C'est bien la preuve qu'on va les voir arriver ! lance un boucher de Charras.

Le marchand de parapluies poursuit.

— A Tergnier dans l'Aisne, un espion prussien a été interpellé sur le quai de la gare. Il avait sur lui un calepin bourré de notes et de renseignements qu'il s'apprêtait à faire passer à l'ennemi. A Paris, un agent de M. Bismarck a été arrêté au moment où il déposait une lettre dans la boîte du bureau de poste de la Bourse. L'individu était filé depuis le matin par un inspecteur déguisé en bourgeois...

— Il n'y a pas besoin d'aller si loin pour trouver des espions, coupe bruyamment un certain Jean Beauvais dit Roumaillac, scieur de long à Vieux Mareuil. On en a pris un la semaine dernière à Saint-Paul de Lizonne. Et comme par hasard, il sortait du presbytère.

Ce que Roumaillac ne dit pas c'est que ce prétendu espion n'était en vérité qu'un paisible archéologue belge en séjour à Mareuil chez un ami architecte. Pris à parti au moment où il sortait de l'église de Saint-Paul dont il étudiait les peintures murales, conduit à la gendarmerie de Ribérac, Samuel Van Grove a été relâché une heure plus tard avec les excuses du sous-préfet. Son seul crime était d'avoir l'accent de Louvain, et « l'air étranger », ce qui a bien de quoi éveiller les pires soupçons dans la tête d'un paysan périgourdin.

Dans l'atmosphère oppressante de chaleur, de désolation, d'inquiétude catastrophique qui pèse aujourd'hui sur Hautefaye, les faux bruits, les on-dit circulent de bouche à oreille, s'amplifient, se déforment et finalement s'imposent avec une apparence de véracité bien plus décisive que les nouvelles des journaux dont personne n'est à même de vérifier l'exactitude et que l'on peut toujours suspecter d'être du bourrage de crânes. Les affabulations les plus tremblantes prennent corps pour cette raison bien simple que les paysans, à genoux depuis vingt ans devant la toute-puissance de Napoléon leur élu, envoyé de la providence, rempart contre tous les fléaux dont ils se sentent menacés, ne peuvent, ne veulent pas imaginer que cette toute-puissance à laquelle ils ont plus que jamais besoin de croire, puisse être tenue en échec et encore moins vaincue. S'il y a des gens pour le penser ou le laisser dire ce sont des traîtres, des espions, des ennemis, des Prussiens !

Chez Mondout on ne s'entend plus. La salle d'auberge est remplie d'hommes suants d'alcool qui braillent, mangent la soupe, coupent du lard, frottent de l'ail sur des croûtons, s'engueulent. Le Bon Dieu n'a jamais vu une agitation pareille. Tout à l'heure, il a fallu qu'il pousse dehors avec l'aide de son gendre trois excités qui auraient tout cassé. Anna est sur les nerfs. Elle s'est retournée toute la nuit dans son lit tourmentée par les caprices de son soldat et depuis ce matin six heures elle n'arrête pas de verser à boire, de couper du pain, de remplir des assiettes, de descendre à la cave tirer du vin, de courir chercher de l'eau à la tonne, d'aller prendre des provisions au magasin, de laver de la vaisselle, de remettre à leur place les soiffards qui lui passent la main sur les fesses ou veulent lui faire la bise de leur bouche qui empeste la vinasse. Si encore le Ricou venait lui donner un coup de main ou lui parler un peu ! Mais il préfère continuer à boire avec ses collègues de la Mobile, faire du raffut, voir partout des Prussiens comme s'il était déjà à la guerre. Lui qu'elle a entendu dire, il y a de ça un mois, que si on voulait l'obliger à faire le militaire dans les armées de l'Empereur, il déserterait, s'embarquerait avec elle pour l'Amérique ! Plein comme un fût, depuis hier soir, il ne se connaît plus, entre et sort sans même la regarder, crie : « Mort aux espions ! Vive la Mobile ! » et tourne autour de la Marie Duconger qui n'a jamais assez de chrétiens après elle.

— Ce Ricou n'a rien dans la tête ! Ce n'est pas l'homme qu'il te faut.

Quand Nani Lavaud lui a dit ça en lavant les pommes de terre, Anna a eu envie d'envoyer les épluchures à la figure de sa cousine. Maintenant c'est sur la casquette de son coquin qu'elle retournerait bien sa bassine.

Au fond de la salle, des braillards, Charentais pour la plupart, tiennent des propos inquiétants. Une voix couvre toutes les autres, que la nièce du Bon Dieu préférerait ne pas entendre. Campé au coin de la cheminée, tout habillé de blanc, coiffé de son inséparable sombrero pris sur le crâne d'un maquisard de Puebla qu'il a étranglé de ses mains, Brethenoux mécanise le monde avec ses racontars.

— Ceux qui disent que l'Empereur est en difficulté feraient bien de faire attention à eux !

— Ce sont des bandits qui traînent leur corde ! crie un grand gaillard forgeron à Feuillade.

— Je voudrais bien les voir, gémit un bourrelier rondouillard à la denture usée en biseau, surnommé Le Cussou (L'Asticot).

— Oh ce n'est pas difficile, insinue Le Mexicain, toi qui es mince tu n'as qu'à passer sous la porte des presbytères et des châteaux tu les verras bien !

De gros rires éclatent. On appelle Anna pour qu'elle resserve une tournée. Mais la petite Mondout est occupée à tremper la soupe pour des maquignons assis dehors sous la treille, et Le Bon Dieu fait la sourde oreille. Il voudrait bien voir tout ce mauvais monde quitter son auberge. Mais les soiffards n'en finissent pas de dégoiser.

— Pour sûr que ce sont toujours les mêmes, reprend un ami de Brethenoux, ceux qui font monter le prix du pain et ne rêvent que de nous étrangler ! Les curés et les nobles ! Ils ont juré de faire tomber l'Empereur et veulent profiter qu'il est allé battre les Prussiens, pour mettre un roi à sa place qui nous ramènera la dîme, les corvées, la taille et toutes les saletés que nos anciens ont brûlé.

— On a vu ça pas loin d'ici il y a deux ans, nasille un marchand de fromages de Jonzac, quand on s'est aperçu que les curés garnissaient leur église de fleurs de lys, d'épis de blés et de mentions de raisins.

C'était bien que ces messieurs voulaient revenir aux crapuleries de la féodalité.

— O-oh ! à Martron, ils ne sont pas restés longtemps en place les bouquets, se récrie un cloutier, ni à Boresse ni à Cercoux. On est allé trouver le curé le dimanche en plein sermon pour l'obliger à vider ses vases. Il n'a pas traîné à nous écouter le bougre. On était bien six cents avec des bâtons et des faux. Il pissait dans ses dentelles, fallait voir ! On l'a forcé à crier : « Vive l'Empereur ! » devant ses paroissiens et on a brûlé les bouquets sur la place. S'il avait refusé, on foutait le feu à l'église avec lui dedans.

— Vous vous êtes privés d'un fameux rôti ! clame Buisson le forgeron de Feuillade.

— Surtout qu'il était gras comme trois cochons ! le citoyen. Il aurait bien fait huit jours !

— Bouh ! Casser la croûte avec du curé, c'est un coup à s'empoisonner, grince un nommé Pinard, valet de ferme à Lussas.

— Ça te va bien de faire le difficile ! ricane son voisin. Tu manges bien du blaireau, et du vieux !

La tablée s'esclaffe. On réclame de nouveau à boire. Elie Mondout s'énerve.

— Hé doucement vous autres ! Vous n'êtes pas les seuls ici !

Les Charentais ont beau être dans la maison du Bon Dieu, ils ne sont pas là pour entendre chanter la messe, mais pour boire et bavasser leur aise.

— A Sigogne, le curé qui ne voulait pas donner ses bouquets s'est fait aligner comme il faut ! On a tout cassé dans son presbytère ! Il est resté un jour et une nuit enfermé dans son grenier. C'est pour le coup qu'il a failli se faire bouffer par les rats ! Quand les gendarmes sont venus le libérer, il avait les mollets en sang.

— Chez nous aussi, ils ont mis des fleurs de lys et des blés, intervient un charron de Verteillac. A Saint-Paul de Lizonne c'est le juge de paix qui a obligé le curé à les retirer, et pareil au Pizou. Ce sont les mêmes qui souhaitent aujourd'hui la victoire des Prussiens. Le curé de Lusignac a dit, la semaine dernière, après la messe aux appelés qui partaient pour rejoindre leurs corps : « Vous graissez vos bottes pour aller vous faire tuer, moi je reste ! » Et je connais bien dix personnes qui ont entendu celui de Nanteuil se vanter de « garder pour les Prussiens ses mets les plus délicats et son meilleur vin ». Ce sont ses mots !

Le Mexicain, qui n'a rien dit depuis un moment, reprend la parole pour pousser à la roue.

— Dis donc Le Cussou, tu ne veux pas aller voir dans l'église ce qu'il y a comme bouquet !

— Ah foutre non ! Je n'ai jamais mis les pieds dans ces coupe-gorge ! Ce n'est pas aujourd'hui que je vais commencer.

— Allons-y tous, propose le marchand de fromages.

— Pas avant d'avoir bu un coup, proteste Pinard.

Justement Anna arrive, une bouteille à la main. Les trognes se retournent sur elle. Brethenoux l'appelle.

— Qu'est-ce qu'il y a pour votre service, lui répond la petite Mondout méfiante.

— Viens voir ici mignonne, j'ai quelque chose à te demander.

Anna lève le menton.

— Dites toujours.

— Toi qui vas à la messe, tu dois bien savoir s'il y a des fleurs de lys dans l'église.

— Ma foi non, je n'en ai pas vu. Mais qu'est-ce que ça peut bien vous faire de savoir ça ?

— Et des épis de blé ?

Anna se trouble.

— Des épis de blé...

— Oui des épis de blé, insiste Le Cussou. Il y en a, dis-le ?

— Hé pardi, c'est moi qui les y ai mis.

— Et qui t'a dit de les mettre ?

— Personne. J'en mets tous les ans à Saint-Roch pour qu'il nous protège des calamités. Si c'est pas dans vos idées, laissez-moi les miennes.

— On n'a pas de conseil à te donner ma jolie, mais tu ferais mieux de les sortir tes bouquets si tu ne veux pas les faire arriver les calamités, lui vrille aux oreilles Le Cussou.

— Hé bé par hasard...

— Tu ne sais pas ce que ça veut dire de garnir les églises d'épis de blé ? lui demande le marchand de fromages.

Anna remue la tête et pose la bouteille sans répondre. Le Mexicain lui prend le bras de sa grosse main rouquine.

— Tu es trop jeune et trop fraîche pour le savoir. Alors je vais te l'apprendre. Ça veut dire qu'on va nous ramener la dîme, les corvées et tous les droits des curés et des marquis d'affamer les pauvres gens comme toi.

Si Anna osait, elle cracherait à la figure de ce gros porc qui lui donne la chair de poule rien qu'à la façon qu'il a de passer les yeux sur elle. D'habitude elle n'ose pas lui répondre. Aujourd'hui elle se sent capable de lui dire bien haut toutes les saletés qu'elle pense de lui. Mais son oncle l'appelle.

— N'écoute pas leurs âneries. S'ils continuent à faire de l'agitation ici, je les mets dehors.

— Ils parlent d'aller tout casser dans l'église. Il faudrait prévenir monsieur le curé qu'il ferme au verrou.

— Ne t'ennuie pas. Je les tiens à l'œil !

— De jolis cocos, oui ! murmure Dubois un ami de la maison, scieur de long au bourg.

— Qui feraient mieux d'aller défendre leur pays que de rester ici à monter les gens les uns contre les autres, ajoute Thibeau Devars, un petit homme joufflu, marchand de cochons à Lussas.

— Ils vont nous amener la guerre dans les villages. Et lui surtout, le grand rousseau en chapeau blanc.

— C'est un ancien adjudant des Zouaves. Il a fait la campagne de Chine et le Mexique.

— Qu'est-ce qu'il attend pour rejoindre son régiment ?

— On dit qu'il s'en est mis plein les poches en pillant partout où il est passé et qu'il s'est fait réformer pour manger ses sous à l'ombre...

Mais les enragés ne désarment pas.

— Eh Pinard ! passe un peu la bouteille, il y en a ici qui veulent trinquer à la mort des traîtres.

Les vapeurs du noah gonflent les cerveaux. Les délires fusent insidieusement entretenus par Le Mexicain à coups de petites phrases pleines de sous-entendus qu'il laisse tomber, l'air de rien. Délires de longue mémoire qui renaissent périodiquement surtout quand le pain est cher et que les affaires vont mal comme en ce moment. Délires du complot des nobles, des curés et des rouges ligués contre le petit peuple des campagnes et contre Napoléon son élu. Délires qui ont resurgi au printemps 1868 entre Blaye et Jonzac quand le marquis de Lestranges a fait don au curé de Chevanceaux de deux vitraux de saints sur fond de fleurs de lys. Il n'en a pas fallu davantage pour ameuter les paysans et faire dire partout que ces messieurs allaient rétablir pour la Saint-Hubert les anciens droits féodaux et par-dessus le marché l'impôt républicain des 45 centimes. Le tout avec la bénédiction du pape et de l'impératrice Eugénie qui se sont mariés en secret comme chacun sait, et se montent dessus dès que Napoléon a le dos tourné ! La vieille rumeur du retour des droits seigneuriaux, nourrie de toutes les fantasmagories qui hantent l'imagination paysanne, s'est répandue comme un nuage de soufre aux confins de la Gironde, des Charentes et de la Dordogne. Pendant trois mois, des hommes et des femmes en colère ont attaqué des églises, insulté, battu, séquestré des curés, menacé des messieurs à particule, molesté des citoyens paisibles supposés républicains, allumé des feux de joie avec des bouquets de fleurs de lys et d'épis de blé, dansé autour des flammes en criant : Vive l'Empereur ! A bas le tricorne et la calotte ! A bas la République ! Vive le pain à un sou !

Le procureur de la cour impériale de Bordeaux et celui de Poitiers se sont vivement inquiétés de ces manifestations que « rien de réel » ne justifiait. Il a fallu envoyer la maréchaussée dans les villages pour calmer les enragés de Napoléon, plus bonapartistes que tous les Bonaparte réunis, qui demandaient avec une charmante naïveté que l'Empereur leur accordât à date fixe un droit de pillage des châteaux. Il a fallu aussi que MM. les procureurs prient MM. les curés de veiller à ne plus entremêler les bouquets qui décorent leurs autels de fleurs de lys, d'épis de blé ni de quoi que ce soit qui puisse éveiller dans l'esprit des

« campagnards illettrés » toujours prompts à se sentir persécutés par des symboles qui n'en sont pas, l'idée d'un retour possible aux détestations féodales.

Les enragés qui font cercle autour du Mexicain n'en continuent pas moins de se chauffer le bonnet avec les diableries du pape et de l'Espagnole. Ils les voient comme s'ils y étaient, machiner sur l'oreiller le retour de la monarchie en France au profit de Loulou. La marâtre veut asseoir son fiston sur le trône à sa majorité, et le faire sacrer roi par Sa Sainteté Pie IX, sous le nom de Louis XIX. Et pour ça, elle est prête à toutes les fredaines, à toutes les trahisons.

— La preuve qu'elle veut soigner son complot, argumente Le Mexicain avec l'autorité d'un ancien adjudant qui a vu du pays et lit les journaux, c'est qu'elle a télégraphié au mioche de rentrer illico du front. Bien contente d'abandonner Napoléon aux crapuleries des maréchaux cafards, comme ce gros Bazaine qui a déjà fait notre perte au Mexique.

— Une jolie saleté c'te bonne femme ! qui profite que son homme est à la guerre pour lui faire porter les cornes et le faire battre par ses valets.

— C'est comme ceux du pays qui envoient de l'argent aux Prussiens pendant que les nôtres se font aligner ! intervient brutalement une voix en colère qu'on n'avait pas encore entendue. Au lieu de bradasser à table, on ferait mieux d'aller les cueillir et de leur passer la corde !

— T'as raison Sillou ! hurle un métayer de Saint-Germain de Montbron. Mon drôle se bat en Lorraine. Je ne me ferai pas prier pour serrer le nœud.

Ce Sillou qui vient de se joindre au groupe des Charentais n'est pas un inconnu. C'est François Chambort dit Chambard, le maréchal-ferrant de Pouvrière sur la commune de Souffrignac. Une grande gueule de trente-trois ans à qui il vaut mieux ne pas caresser les oreilles. On le rencontre à toutes les foires, sa canne plombée à la main, toujours en pétard contre quelqu'un ou quelque chose. Question besogne, il n'y en a pas deux comme lui pour chausser une paire de bœufs. Il est fort comme un Turc, ne ménage pas sa peine ce qui lui vaut une belle pratique dans les environs. Mais sorti de là, c'est un homme impossible qui terrorise ses commis, mène sa femme à la bride, soupçonne ses voisins pour un oui ou pour un non d'en avoir après elle et après son bien. D'ailleurs il suffit de le voir avec son front épais, ses petits yeux gris enfoncés, ses grosses pommettes rouges et saillantes, son profil de dogue, ses moustaches pendantes, son menton fuyant, pour comprendre que ce n'est pas la compagnie la plus fine qu'on puisse souhaiter. Cela dit c'est un homme direct qui ne vous envoie pas dire ce qu'il a sur le cœur. Autant Le Mexicain est faux, cauteleux, tout en sous-entendus, autant Chambard est entier, violent, soupe au lait. Il a suffi qu'il arrive pour que la tension monte encore d'un cran et que l'on songe sérieusement à passer aux actes. C'est-à-dire que l'on se mette en tête de dénicher dans le voisinage ou même là, tout près, du côté du presbytère, autour du foirail, un de ces messieurs en costume ou en soutane qui souhaite la défaite de l'Empereur, et qu'on l'arrange comme il faut, ne serait-ce que pour faire un exemple qui décourage les autres d'en faire autant.

Le besoin de trouver au plus près des coupables à qui on va pouvoir faire payer tous les malheurs qui s'abattent à la fois sur le monde des campagnes gagne irrésistiblement les esprits en ébullition, se diffuse d'un groupe à l'autre, entretenu par les excités qui vont et viennent. Depuis une dizaine de jours déjà, sur les foires et les marchés, on se montre du doigt tel ou tel de ces messieurs, on prête l'oreille à ce qu'ils disent de la guerre et des combats. On murmure sur leur passage. Mais aujourd'hui la colère gronde et on a pris les gourdins.

Attirés par le coup de gueule de Chambort, les insinuations du Mexicain, le bavardage des Charentais, d'autres buveurs sont venus grossir le cercle. Le bruit de la conversation a baissé d'un ton, mais ce qui se dit n'est pas fait pour rassurer Le Bon Dieu. Cette fois on donne des noms. Un certain Petit, savetier à la Chapelle-Montmoreau dit qu'il a chez lui la preuve que l'abbé Puech curé de Saint-Pancrace a expédié le denier de la paroisse aux Prussiens.

— Je sais où le trouver et j'ai des amis à Cantillac qui ne se feront pas prier pour venir avec nous.

— Il n'y aurait pas plus près que d'aller galoper à Saint-Pancrace ? interroge Brethenoux.

— Si bien ! qu'il y a plus près, éructe Pinard. J'en connais plus d'un qui ne seraient pas mécontents d'aller visiter les caves du château de La Pouyade. Ils en ont entendu de belles par là-bas en allant réparer les serrures du salon.

— Chez le marquis de Lagarde ? demande quelqu'un.

— Oui monsieur ! chez le marquis de Lagarde. Il paraît qu'il y a même de quoi armer un régiment dans son cellier.

— Et de quoi saouler un bataillon !

— Ça c'est sûr, et du bon !

— Raison de plus pour aller y faire un tour.

Ces propos arrivent par bribes aux oreilles de l'aubergiste qui surveille son monde en pliant des paquets de tabac.

— Vous ne croyez pas qu'il faudrait prévenir le maire, lui glisse à l'oreille le marchand de cochons.

— Bouh ! Mathieu est une panoufle.

— Alors, envoyons quelqu'un prévenir les gendarmes de Nontron.

— Encore faudrait-il les trouver. Ces messieurs ne sont jamais là quand on a besoin d'eux.

— Et ceux de Mareuil ?

— Ceux de Mareuil, ils nous diront de nous adresser à ceux de Nontron. Non, il vaut mieux...

Un vacarme interrompt Le Bon Dieu. Ricou vient d'entrer dans l'auberge en hurlant.

— Ils ont tué Lirette ! Ils ont tué Lirette !

Autour de la porte de l'auberge, les conversations s'arrêtent. Tout le monde se tourne vers le jeune mobile qui brandit sa casquette. Anna lui jette un œil noir.

— Qui ?... ont tué Lirette, demande Le Mexicain.

— Eh bé les Prussiens, pardi ! Il est mort à Reichshoffen d'un tir de mitrailleuse dans la tête. Son père vient de l'apprendre par une lettre arrivée à la mairie de Lussas.

— Qui c'est son père ?

— C'est le Piarrouty, le peillaro de Nontronneau.

— Je le connais, s'écrie Pinard. Il l'avait vendu son drôle comme remplaçant.

— Lirette est mort à la place d'un cochon ! clame Ricou.

— Et où est-il ce cochon, qu'on l'égorge ? hurle Buisson.

— Il faut demander au notaire de Javerlhac, répond Ricou. C'est lui qui a fait le certificat.

— Oui, il faut aller à Javerlhac pour savoir le nom de ceux qui envoient nos enfants se faire tuer à leur place, insiste un Charentais.

— Et qui paient les Prussiens pour leur tirer dessus, aboie le maréchal de Pouvrière.

D'un coup la moitié de l'auberge Mondout se vide. Le Mexicain, Chambort, Buisson, Pinard, le Cussou, les Charentais et les autres vont trouver Piarrouty.

— Il est là-bas devant chez Mousnier, pointe le Ricou.

Assis sur un banc, une bouteille de vin à ses pieds, le chiffonnier est prostré, à la fois frappé de douleur de croire son fils mort et bourrelé de remords de l'avoir vendu comme remplaçant. Des hommes se pressent autour de lui, enlèvent leur chapeau et lui serrent la main.

— On le vengera, ton drôle ! Et d'abord en allant faire justice à ceux qui restent à l'ombre pendant que d'autres se font tuer à leur place.

— Ce n'est pas ça qui me le rendra... Oh di ! oh di ! Mon pauvre gouillat, lui qui était si brave !...

— Attends un peu, on l'aura vengé avant qu'il soit nuit.

— Et on les trouvera les cochons qui payent les Prussiens !

Donzeau, le marchand de laine, intervient brutalement.

— Mais taisez-vous donc ! Personne ne peut savoir si son fils a été tué. Je suis conseiller à Lussas : nous aurions été les premiers prévenus. Rien n'est arrivé à la mairie, je vous le garantis.

Il s'approche du chiffonnier.

— Hé Piarrouty, qui t'a donné la nouvelle pour ton fils ?

— C'est quelqu'un de Mareuil, le beau-frère d'un gendarme. Il avait un papier avec les noms.

— Tu l'as lu ce papier ?

— Tu sais bien que je n'ai pas été à l'école. C'est lui qui l'a lu et d'autres aussi. Ils ont bien vu Léonard. C'était écrit.

— Léonard François ?

— Non Léonard tout court.

— Alors, comment peux-tu être sûr que c'est ton fils. Des Léonard, j'en connais au moins trois qui sont à la guerre rien que sur la commune.

— Oui, je sais, il y a mon neveu.

— Alors comment peux-tu croire que c'est ton fils. Et qui c'est d'abord, ce bonhomme de Mareuil qui lit des listes ?

— Est-ce que je sais moi ?

— Alors attends de savoir, au lieu d'écouter le premier couillon venu. Rien ne te dit qu'il est arrivé quelque chose à ton fils. Allez viens boire un coup et n'écoute pas n'importe qui.

Mais le chiffonnier n'a pas l'air convaincu. Il continue de grimacer. Et le bruit de la mort de son fils court toujours dans l'air orageux. Midi approche. La chaleur est intenable, la réverbération du soleil voilé d'une nappe de vapeur blanchâtre brûle les yeux. La foule se serre dans les coins d'ombre, sous les arbres, au ras des maisons, à l'abri des charrettes aux brancards relevés. Des métayers, des éleveurs dégoûtés descendent du foirail en tenant de près leurs bêtes rétives qu'ils n'ont pas voulu « laisser partir pour rien ». Les gens s'écartent. Un homme en blouse noire tire comme un sourd sur un gros cheval qui se cabre, lève le cul. Le maquignon s'énerve, frappe au museau. Les frères Campot, la larme à l'œil, regardent le Pompon partir pour les armées.

— Quelle misère de se défaire d'une bête pareille ! Avec tout le travail qu'il nous faisait.

— Jamais plus on ne retrouvera le même...

On entend mugir les bovins que des bouchers chargent dans les bétaillères, crier des gorets que des marchands empoignent par l'oreille et la queue, braire des ânes promis à l'abattoir. Les paysans furieux jurent leurs grands dieux qu'ils ne se laisseront pas dépouiller de leur bétail. Qu'ils iront chercher l'argent où il est.

— Pendant qu'on crève, il y a des richards qui continuent à s'engraisser sur notre dos. Il faut les piller !

Mazière tempête. Pour rien au monde il ne veut lâcher sa paire de bœufs au prix de farceur qu'on lui offre, à moins que son patron qui « tient de moitié » avec lui son cheptel, lui paye la différence.

M. Antony habitué au caractère ombrageux de son métayer, essaie patiemment de le raisonner.

— Ecoute Sillou, les misères qui nous arrivent me touchent autant que toi. Si tu veux que je fasse réparer ta grange, il faut qu'on partage les bénéfices et les pertes comme on l'a toujours fait. La sécheresse me coûte autant qu'à toi et tu sais que mon fils va partir comme volontaire. Il nous quitte au moment où on a tous besoin de lui.

— Oui notré moussûr, mais vous, vous avez du bien. Moi je n'en ai point. Et si les Prussiens arrivent, nous prennent le peu qu'on a, qu'est-ce que nous allons devenir !

— Allons Sillou, ils ne sont pas encore là. N'écoute pas ceux qui parlent sans savoir.

Les fureurs du foirail viennent grossir la colère des auberges de la place, des ruelles. Les déboires du commerce, les calamités de la sécheresse, les désastres de la guerre, la peur de l'invasion, la psychose des espions cumulent leurs effets, empoisonnent le climat de la frairie. La nouvelle de la mort du fils de Piarrouty, tué au front à la place d'un riche essaime dans la foule, avive les pulsions meurtrières. Le Mexicain distille ses allusions malfaisantes, Chambort agite sa canne de plomb, Buisson avance le poing.

— Si je tiens une de ces crapules, je vous promets que je ne lui laisserai pas le temps de dire sa prière !

Pinard, Le Cussou et d'autres enragés vont traîner leurs sabots sur le chemin du foirail pour épier les messieurs, écouter les conversations, repérer un « coquin de riche » qui pourrait faire l'affaire. L'appétit du sang est là, au creux de la foule, aussi fort que les rayons de midi, que la voracité des taons. Mais ce qui lui manque encore, c'est le nom, le visage clairement désigné, l'homme dont on pourra dire : c'est lui ! Lui, la cause de tous nos malheurs. Tout est prêt pour le sacrifice. On quête la victime.

Par le chemin de Beaussac encombré de gens, de bestiaux, de véhicules, une élégante charrette anglaise attelée à une jument de race se fraye un passage. Le vicomte Camille de Maillard de Lafaye, redingote claire, chapeau gris perle, cravate de soie bleu azur, arrive à Hautefaye accompagné de Jean-Jean, son domestique. L'attelage tourne au coin de la place et va se garer dans la cour de chez François Antony, conseiller municipal à Hautefaye, beau-frère du Bon Dieu et cousin de Jean Antony le patron de Mazière. Une bonne relation de ces messieurs de Maillard. L'homme au loup, cravache à la main, descend lestement de voiture.

— Jean-Jean, le temps que tu dételles, je monte au foirail voir si Geysson a vendu nos bœufs.

Le garçon d'écurie de chez Antony court après Camille.

— J'ai cru entendre que monsieur le vicomte parlait de ses bœufs...

— En effet, Silain, en effet.

— Le métayer de Monsieur le vicomte fait dire à Monsieur qu'il a vendu les bœufs de Monsieur.

— Et bien vendu, j'espère !

Silain s'approche de l'oreille du vicomte et lui dit le prix à voix basse.

— Diable ! C'est tout ce qu'il en a trouvé. Ils étaient pourtant joliment gras.

— Oh, Monsieur le vicomte ne peut pas se figurer comme le bétail se vend mal aujourd'hui. Les marchands disent qu'ils achètent pour les armées.

— Eh bien au moins nos soldats auront de la bonne viande à manger !

— Pour sûr, Monsieur le vicomte, et même tant mieux !

D'un pas décidé, Camille de Maillard se dirige vers la place. Le palefrenier ne le lâche pas.

— Que Monsieur le vicomte se méfie quand même. Les gens n'ont plus leur tête aujourd'hui, avec tout ce qui se passe.

— Ne t'en fais pas Silain, personne ne me veut du mal.

— Oh c'est bien sûr, Monsieur le vicomte...

A peine arrivé sur le chemin qui monte au foirail, le fils du maire de Beaussac voit venir à lui un homme de sa commune qu'il connaît.

— Hé, bonjour Gustave.

— Bonjour Monsieur Camille, ça tombe bien que je vous trouve. J'aurais un renseignement à vous demander. Je ne voulais pas aller déranger votre père pour ça. C'est à propos de mon fils qui est engagé dans la garde mobile...

— Si je peux quelque chose pour toi, mon ami, ce sera avec plaisir.

Gustave tend un papier au vicomte de Maillard qui lui donne les explications qu'il demande. Le bonhomme en profite pour s'enquérir des dernières nouvelles de la guerre.

— Vous lisez les journaux, Monsieur Camille, vous êtes mieux renseigné que tous ces gens qui parlent à tort et à travers.

— Ce que je peux te dire, Gustave, c'est que nos armées ont battu les Prussiens, mais qu'elles ont dû se retirer derrière la Moselle.

A peine Camille de Maillard a-t-il prononcé ces mots, qu'il se sent bousculé par un groupe d'hommes arrivés subrepticement dans son dos.

— Vous êtes une bête ! lui crie en patois Le Cussou de sa bouche de travers. Les Français ne reculent pas. Et en plus c'est votre faute si nous avons été battus : vous envoyez de l'argent aux Prussiens !

Le fier cousin d'Alain de Monéys se cabre.

— Je serais bien sot d'envoyer de l'argent aux Prussiens quand je dois moi-même partir pour combattre. Tu ferais bien de réfléchir à tes paroles, mon gaillard !

— C'est tout réfléchi, beugle Pinard, et moi j'en dirais autant que lui !

Maillard entouré de regards haineux ne se démonte pas.

— Eh bien laissez-moi vous dire que c'est bien malheureux quand l'ennemi est aux frontières que l'on ne s'entende pas mieux entre Français, qu'à Paris et dans certaines villes on crie : « Vive la République ! » et qu'on soit obligé de garder à l'intérieur des soldats pour maintenir l'ordre !

— C'est vous qui en êtes la cause ! hurle Le Cussou.

— Taisez-vous ! vous ne savez pas ce que vous dites ! répond l'homme au loup.

Le groupe des enragés se resserre. Dépassant de la hauteur de son sombrero, Brethenoux l'homme en blanc s'approche, plus faux-jeton que jamais.

— Qui est-ce qui crie : « Vive la République ? »

— Personne ! riposte Camille de Maillard.

— Eh bien criez donc : « Vive Napoléon ! »

— Sans façon ! clame l'homme au loup. Vive Napoléon ! Vive Napoléon ! Vive Napoléon !

Attirés par le bruit de l'altercation, des gens s attroupent, demandent ce qui se passe. Brethenoux leur répond sans vergogne.

— Il a crié : « Vive la République ! »

Les enragés brodent.

— C'est un aristocrate, il envoie de l'argent aux Prussiens pour nous faire battre.

— C'est un traître qui fait tuer les nôtres à sa place.

Mazière s'en mêle.

— Oh, je le connais celui-là. Il a lâché sa meute sur nous, un jour qu'on allait boire à la fontaine de Malut, pendant les métives. On pouvait crever de soif. Il ne fallait pas toucher à l'eau de ces messieurs.

Gustave Grant est indigné.

— Mais vous êtes fous ! C'est le fils du maire de Beaussac. C'est un brave garçon. Il va partir se battre contre les Prussiens.

— Tais-toi farceur ! Si tu prends son parti, on va t'aligner comme lui.

D'autres personnes qui connaissent le vicomte de Maillard et veulent le défendre se font rabrouer de la même façon. L'un d'eux réussit à s'approcher de Camille, lui tape sur l'épaule.

— Sauvez-vous vite, ou ils vont vous tuer.

Maillard se sentant poussé par la foule contre le mur de la maison Delage s'esquive brusquement et saute dans le chemin qui borde le foirail. Le Mexicain s'élance à sa suite. Les enragés suivent en hurlant.

— Tuez-le ! Echarpez-le ! Il a crié : « Vive la République ! »

Maillard lève les bras, crie de toute sa voix.

— Vive Napoléon ! Vive Napoléon !

Impressionnée, la foule hésite un instant. Le vicomte qui vient d'apercevoir ses métayers sur le foirail, court vers eux, se protège derrière ses bœufs. Pierre Geysson et son fils se précipitent.

— Eh bé, notré moussûr, qu'est-ce qui vous arrive ?

— Appelle les autres, venez tous. Il y a une bande d'ivrognes qui veulent m'assassiner.

Huit de ses gens qui par bonheur pour lui n'ont pas quitté le champ de foire accourent, s'interposent entre leur maître et les enragés. Il y a même parmi eux le petit Laurent Rougier qui a tout juste dix ans. Rapide comme il sait l'être, l'homme au loup en profite pour s'échapper. Il redescend à toutes jambes vers le bourg et s'enfuit par la route de Nontron. En passant devant la maison d'école, Mme Lachaud, la femme de l'instituteur, l'appelle.

— Monsieur, monsieur, venez ! on va vous cacher. Ici personne ne vous trouvera.

Mais l'homme au loup préfère continuer. Passé le cimetière, il s'enfonce dans les bois.

Là-bas, du côté du foirail, on entend des gens qui braillent. Furieux d'avoir laissé filer leur prise, les enragés cherchent une nouvelle victime...

Parti aussitôt après le café du château d'Aucor où il a déjeuné à la table de ses cousins qu'il tenait à embrasser à la veille de son départ pour la guerre, Alain de Monéys, panama, veston de lin, arrive au galop sous la longue charmille qui épouse les méandres du chemin au bas de Poutignac, avant la montée d'Hautefaye. Content de trouver un peu d'ombre, un semblant de fraîcheur, il ralentit l'allure de son cheval et machinalement tire sa montre de son gilet. Une heure moins vingt. Il sera exact au rendez-vous qu'il s'est fixé. Jamais Alain n'a manqué une foire d'Hautefaye et cette année, plus encore que d'habitude, il tient à s'y rendre, ne serait-ce que pour saluer ses amis, ses voisins, des gens de connaissance, qu'il ne reverra peut-être pas avant longtemps. Du train où vont les choses, si l'on en croit les dernières dépêches, la guerre risque fort de durer plus que ne l'imaginaient ceux qui l'ont déclarée « le cœur léger », en parlaient comme d'une promenade « la canne à la main » ! Alors autant prendre ses dispositions pour régler le plus possible d'affaires en suspens avant de partir. Alain a promis à ses malheureux voisins du Lac Noir de faire remonter à ses frais leur grange brûlée par la foudre. Il compte bien trouver à Hautefaye un maçon qui pourra commencer les travaux sans tarder. Il lui faut aussi passer au foirail voir si Ridoin a vendu la vieille bourrique de Bretanges dont on a décidé de se débarrasser avant qu'elle ne devienne complètement aveugle. Oh, ce n'est pas qu'il faille en espérer grand profit : quand on voit les cours imposés par les acheteurs à la foire de Charras, la semaine dernière ! Mais si on en tire de quoi payer une herse pour la métairie de Puyloubard, ce sera déjà beau.

Passé le dernier tournant du chemin avant la grande ligne droite ombragée, le cavalier, au petit trot, se serre sur la droite pour laisser le passage à deux jeunes paysans qui descendent d'Hautefaye en activant une vache, deux têtes qu'il connaît de vue sans pouvoir exactement les situer. Avec sa politesse habituelle, Alain de Monéys lève son panama, leur souhaite le bonjour et revient au milieu de la voie. Sans en être absolument sûr, il lui semble que les deux drôles n'ont pas répondu à son salut. Il croit même les avoir entendus hausser la voix dans son dos et ricaner. Instantanément, Alain repense à la conversation qu'il a eue tout à l'heure sur la terrasse d'Aucor avec ses cousins, à l'insistance d'Amat à le dissuader d'aller à Hautefaye : « Avec toutes ces infâmes calomnies que des criminels font courir sur le compte de familles honorables et du clergé, ce n'est peut-être pas le moment d'aller se frotter à la cohue des champs de foire. Tu connais les gens d'ici comme moi. Il ne leur en faut pas beaucoup pour se chauffer la cervelle. La malveillance d'un imbécile, le mot d'un ivrogne et les voilà qui te font un mauvais parti... » Sur le moment, Alain avait trouvé bien excessives ces craintes de son cousin : « Nous ne sommes tout de même pas en 1793 ! Et je pars dans trois jours défendre le pays. Tous les métayers de Bretanges le savent. Ils savent aussi que ça n'arrange pas tellement les affaires de la propriété. Le fils Gaudou s'est même offert de partir pour la guerre à ma place ! Non franchement je ne peux pas imaginer que quiconque puisse venir me faire un mauvais parti. Quand on n'a rien à se reprocher, on n'a rien à craindre. » Amat n'avait pas l'air convaincu : « Dieu t'entende mon bon ! mais quand les mécréants veulent abattre leur chien, ils le disent enragé... » Reviennent aussi à la pensée d'Alain les paroles de sa mère : « Sois prudent mon petit, ne t'attarde pas là-bas. Avant la fin de la semaine tu seras loin, nous nous ferons du souci... »

Alain se retourne, jette un coup d'œil par-dessus son épaule. Là-bas les deux paysans s'éloignent paisiblement avec leur vache, disparaissent au tournant du chemin. Tout est calme sous la charmille. On n'entend que le bourdonnement des frelons dans les hautes branches et le criaillement d'une pie derrière le rideau d'arbre. Pourquoi a-t-il fallu, sur une impression vague, peut-être totalement erronée, qu'il se sente, tout à coup, lui aussi, traversé d'un frisson de terreur. C'est un fait que les nouvelles de ces derniers jours ont semé la consternation dans les campagnes déjà si cruellement éprouvées par la sécheresse, les incendies, la mortalité du bétail. Mais de quoi pourrait-on bien lui en vouloir ! lui qui met son point d'honneur à répondre avec bienveillance et ponctualité à toutes les sollicitations qu'on lui adresse à longueur d'année en tant qu'adjoint au maire de Beaussac, notable de sa commune, aussi bien qu'à titre particulier ou amical. Jamais personne n'est venu lui dire qu'un tel ou un tel avait à se plaindre de lui, et chaque fois qu'il sent qu'un malentendu pourrait s'installer avec quelqu'un, comme cela s'est vu à propos du projet d'assainissement de la Nizonne, il prend les devants, explique patiemment les choses, d'autant plus patiemment que son interlocuteur lui paraît plus méfiant, plus retors. Cette « belle nature » qu'Alain cultive avec une sorte d'esthétisme nimbée de ferveur chrétienne lui vaut assurément d'authentiques sympathies de la part de quantités de gens de toutes conditions. Et que lui, descendant de chevaliers périgourdins, s'engage aujourd'hui, bien que réformé, comme simple soldat, parte avec son cheval faire la guerre aux Prussiens, n'est pas fait pour étonner ceux qui connaissent et estiment son tempérament généreux. Le jeune vicomte Alain de Monéys d'Ordières n'ignore certes pas le vieux fond d'hostilité millénaire des paysans à l'égard des châteaux qui ne manque pas de se manifester chaque fois que les choses vont mal dans le pays, que l'esprit public est troublé. Il sait bien qu'ici et là dans le fond des cabarets à l'heure du chabrol roulent de sombres rumeurs, des accusations aussi absurdes qu'iniques lancées souvent par des Bonapartistes dévoyés, et que des braves gens toujours avides d'explications simplistes à leurs malheurs prennent pour bon argent. Mais autour de Beaussac et d'Hautefaye tout le monde le connaît, lui et sa famille. Tout le monde sait que « ces messieurs de Bretanges » vivent en bonne intelligence avec leurs métayers et leurs voisins, soucieux du bien de leur commune, attentifs à mériter l'estime de tous. Autant de raisons pour Alain de se sentir à l'abri du feu des calomnies. Autant de raisons de ne pas craindre de se montrer à la foire, surtout quand il s'agit de vaquer tranquillement à ses affaires. Alain est de ceux qui s'honorent avec justes raisons qu'aucun ancêtre de son nom n'ait fui son pays, son canton même aux pires moments de la Terreur, alors que tant d'autres partaient pour la Prusse s'enrôler dans l'Armée des Princes avec l'idée de combattre la France des sans-culottes. Ce n'est pas lui, simple soldat en partance pour la guerre qui pourrait aujourd'hui avoir à rougir d'un aïeul « allemand » ou d'une quelconque connivence avec l'ennemi ! Homme de parole, de devoir, d'honneur, Alain a une fois pour toutes choisi son camp. Et son camp c'est son pays.

Quoi qu'il en soit, il n'a pas l'intention de s'éterniser à Hautefaye. Une fois qu'il aura fait le tour du foirail, salué les uns et les autres, rencontré Brut le maçon de Fayemarteau pour la réparation de cette grange au Lac Noir, il se mettra en chemin pour la Bréchinie où Marie-Gabrielle attend sa visite. Alain a glissé dans son portefeuille avant de partir le petit portrait photographique de lui qu'elle veut faire monter en médaillon pour le porter à son cou tout le temps qu'il sera à la guerre.

De penser à Marie-Gabrielle, à cette séparation qui va peut-être durer de longs mois, donne tout à coup à Alain envie de faire volte-face, de cravacher droit sur la Bréchinie sans passer par Hautefaye. Il lève les rênes, ralentit son allure, réfléchit... Non, il est presque arrivé et cela ne le retardera guère de passer à la foire. Il est une heure moins le quart. A trois heures, il sera assis près d'elle à l'ombre des frênes pleureurs. Ils iront marcher, la main serrée, dans les allées du parc, s'enlaceront sous les grands cèdres bleus qui sentent si bon avec ces grandes chaleurs. Trop émus à coup sûr, trop tristes d'avoir à se quitter, ils ne sauront que pleurer dans les bras l'un de l'autre. Pleurer et s'étreindre de tout l'amour qu'ils se sont juré. Marie-Gabrielle insistera certainement pour le garder à souper, mais Alain prendra congé. Il veut être rentré assez tôt à Bretanges pour tenir compagnie à son frère mongolien qu'il a laissé ce matin dans un bien triste état : au moment où Alain quittait Bretanges pour Aucor et Hautefaye, Adhémar qui l'avait suivi dans la cour s'est jeté devant son cheval en écartant les bras pour l'empêcher de partir. Alain et Pascal ont eu beau essayer de le calmer, le malheureux ne voulait rien entendre. Il se roulait dans la poussière entre les piles du portail, poussait des cris affreux : une crise comme celles qui le prenaient autrefois quand Alain s'en allait pour trois mois au collège, mais plus aiguë encore !

Arrivé au bout de la charmille, Alain donne un petit coup d'éperon et attaque au galop la montée d'Hautefaye, sous le soleil de plomb. Moins de dix minutes plus tard, il attache son cheval à l'ombre d'un chêne et se dirige cravache sous le bras, vers le foirail tout proche, un peu surpris de voir, là-bas, tant d'agitation, d'entendre autant de bruit. Au bas du champ de luzerne Pierre Antony, un voisin et ami, petit propriétaire à Beaussac, vient à lui, le salue, s'empresse.

— Ah ! Alain, je vais pouvoir enfin te féliciter de ta magnifique réélection au conseil.

— Merci, Pierre, merci, tu es trop bon.

— L'unanimité s'est faite sur ton nom et ce n'est que justice. On a besoin d'hommes comme toi pour que les affaires de la commune marchent droit. Et tout le monde se réjouit de savoir que tu seras maire de Beaussac avant l'hiver.

— Où as-tu vu ça ?

— On dit que ton oncle veut te laisser sa place.

— On dit, on dit ! Encore faudrait-il que je revienne entier de la guerre.

— Quoi ! tu pars ?

— Je pars jeudi.

Pierre Antony regarde Alain dans les yeux avec émotion.

— Eh bé, malheur ! J'en connais qui vont trouver le temps long...

Venus du foirail, de violents éclats de voix interrompent la conversation des deux hommes. Des gens attroupés gesticulent, remuent leurs bâtons. Pierre Antony s'inquiète.

— Attends, je vais voir ce qui se passe.

Mais Alain voit bientôt s'avancer vers lui une dizaine d'individus qui se sont détachés d'un groupe de paysans attroupés. Un grand gaillard marche devant les autres, vêtu de blanc, coiffé d'un sombrero. Alain fait un pas vers lui.

— Eh bien, que se passe-t-il ?

— Ce qu'il se passe, on va vous le dire, rétorque violemment Le Mexicain. Vous connaissez le sieur Camille de Maillard ?

— Eh parbleu ! C'est mon cousin.

— Eh bé, votre cousin est une jolie canaille ! Il a crié : « A bas Napoléon ! Vive la République ! »

— Mon cousin ? Vive la République ? Mais enfin vous plaisantez.

Brethenoux se tourne vers ceux qui l'accompagnent.

— Est-ce qu'on a l'air de plaisanter ?

Tous font chorus avec Le Mexicain.

— Il l'a crié, on l'a entendu !

— Vous voyez, je ne suis pas seul à plaisanter.

Alain se raidit.

— Ce n'est pas possible ! Mon cousin n'a pas pu crier des choses pareilles. Vous ne me le prouverez pas.

— Eh bé, suivez-moi. Vous allez voir que je vais vous le prouver, et même que ce ne sera pas long.

Pris au mot, Alain de Monéys emboîte le pas. Brethenoux saute le muret qui borde le chemin, entraîne Alain dans le carré de luzerne, envahi d'une cohue bruyante, et s'approche avec lui d'un groupe d'hommes parmi lesquels on reconnaît Le Cussou, Pinard, Mazières, les frères Campot, Buisson, le forgeron de Feuillade, et ses amis charentais.

Le Mexicain lève le bras.

— Que ceux qui ont entendu le sieur Camille de Maillard crier : « A bas Napoléon ! Vive la République ! » lèvent la main.

Trois, quatre, dix, vingt mains se lèvent. Alain blêmit. La foule crie, se rapproche. Des gens qui n'ont pas même entendu la question lèvent la main, demandent à leurs voisins ce qui se passe, qui est ce monsieur. Beaucoup le prennent pour Maillard, sans du reste savoir qui est Maillard. On va au plus simple :

— C'est un traître ! C'est un noble. Il envoie de l'argent aux Prussiens !

En quelques secondes, Alain voit se resserrer autour de lui une masse compacte de visages haineux, de bras armés de gourdins, de fouets, de crochets. De nouveau, les paroles de son cousin Amat lui traversent l'esprit : « La malveillance d'un imbécile, le délire d'un ivrogne et les voilà qui te font un mauvais parti... »

La main crispée sur le manche de sa cravache, Alain regarde les voraces dans les yeux et s'adresse à eux avec une étonnante douceur.

— C'est une méprise, mes amis. Mon cousin est patriote. Je le connais bien. Il n'a pas pu crier : « A bas l'Empereur ! Vive la République !... »

— Mais toi tu le cries ! rugit une voix en patois.

Alain répond en patois, toujours étonnamment aimable.

— Vous vous trompez mes amis ! Je suis soldat. Je pars dans deux jours défendre la France en danger.

Des hommes en sabots, des jeunes garçons, des vieillards arrivent en courant du foirail, passent le muret, envahissent le champ de luzerne, brandissent des gourdins, répètent en patois et en français ce qu'ils entendent dire :

— Il a crié : « A bas l'Empereur ! Vive la République ! » Il envoie de l'argent aux Prussiens. C'est un traître qui fait tuer les braves à sa place.

Mazière agite son aiguillon.

— Je le connais aussi ce cochon-là ! A la foire de Charras, il lisait un journal sur la place. Il a dit : « L'Empereur est foutu ! Il n'a plus de cartouches. »

— C est un traître, crie Buisson. C'est un Prussien ! Il faut le pendre, il faut le brûler !

Et tout le monde reprend en chœur :

— C'est un Prussien ! C'est un Prussien ! Il faut le pendre ! Il faut le brûler !

— Non, mes amis ! Ecoutez-moi. On vous a trompé sur mon compte. Je suis soldat ! Je suis soldat !...

Alain a beau s'évertuer à dire vrai, ses paroles glissent sur le corps sans oreille de la foule en rage. Ricou et ses trois collègues en casquette de la Mobile, montés en première ligne, aboient avec la meute. Alain pose sur eux un regard presque tendre.

— Dans quelques jours nous nous battrons ensemble contre les Prussiens !

— Prussien toi-même ! crie l'aîné des Campot, les yeux injectés de sang.

Son jeune frère bondit par-derrière sur Alain et lui agrippe l'oreille.

— Tu vas voir comme ils vont t'arranger tes amis !

Alain étouffe un cri, cherche à se dégager. Le Cussou en profite pour lui envoyer un coup de poing qui l'atteint sur l'arrière de la joue. Un vieillard s'approche le dos plié, pointe son aiguillon et le blesse au cou. Le sang coule, tache son col de chemise. Tout autour de lui, des gourdins dressés remuent.

— Assommez-le ! Assommez-le !

Alain s'esquive, crie de toutes ses forces :

— Vive l'Empereur ! Vive l'Empereur !

Brethenoux s'interpose, lève les mains.

— Arrêtez ! Laissez-le !

Il attrape Le Cussou par le col de sa blouse, le pousse de côté, écarte les frères Campot, fait reculer Buisson et les autres.

— Le premier qui le touche aura affaire à moi !

Et de toute sa hauteur, l'homme en blanc enlace Alain de Monéys comme s'il voulait l'embrasser.

— Qu'est-ce qui lui prend ? Il le protège maintenant ! crie Pinard.

Mais Alain repousse l'étreinte du Mexicain.

— Lâchez-moi !

— Ils vont vous tuer, mon bon monsieur.

— C'est vous qui l'avez voulu ! Lâchez-moi.

— Alors vous reconnaissez.

— Je n'ai rien à reconnaître. J'ai la conscience tranquille.

Arrivés du foirail, Pierre Antony et son frère, Jacques Dubois un fermier de Beaussac, et deux habitants d'Hautefaye se précipitent entre Alain et la foule.

— Malheureux, vous attaquez un brave homme. Nous le connaissons. C'est l'adjoint du maire de Beaussac. Il a juré fidélité à l'Empereur.

— C'est un parjure ! crie quelqu'un.

— Vous ne savez pas ce que vous dites. C'est un bienfaiteur de notre commune qui part comme simple soldat défendre la patrie.

— C'est un traître ! Il a crié : « A bas l'Empire ! Vive la République ! » C'est un Prussien !

— Mais vous êtes fous ! C'est un Français, un patriote et le plus brave garçon du monde !

Brethenoux désagréable, interpelle les défenseurs d'Alain de Monéys.

— Qui êtes-vous ?

— Nous habitons Beaussac, répond vivement Pierre Antony. Nous connaissons M. de Monéys depuis toujours. C'est un homme sans reproche.

— Oui nous le connaissons, confirme Pierre Jarreton. Et à Hautefaye tout le monde le connaît et l'estime. Vous n'avez qu'à demander chez Mondout ou chez Mousnier.

— Et si tous les Français étaient comme lui, nous n'aurions pas à craindre de voir arriver le Prussien, ajoute Pierre Antony.

— Vous êtes ses amis ! cingle Brethenoux. Vous prenez son parti !

— Oui, nous sommes ses amis et nous en sommes fiers !

Alain éponge sa blessure, redresse son chapeau, se rapproche de ses alliés. Mais des voix s'élèvent du côté des furieux.

— Ils soutiennent le Prussien. Ce sont des traîtres.

— On va les bourrer, comme lui !

Alain s'indigne.

— Ce sont de braves gens, vous n'avez pas le droit !

Pierre Antony reconnaît dans la foule un habitant de Beaussac.

— Toi aussi Girard tu le connais M. de Monéys ! C'est tout ce que tu fais pour le défendre ! C'est du joli !

— Je ne le connais pas.

— Tu mens ! Tu mens ! Dimanche dernier, je t'ai vu lui serrer la main au bureau de la mairie pendant qu'on votait.

— Je n'ai pas voté pour lui.

— Il a bien fait ! crient des enragés. On ne vote pas pour un Prussien !

Plutôt que de poursuivre ce dialogue de sourds, Pierre Antony va prendre Alain par le bras.

— Viens, on va te tirer de là. Ces gens ont perdu la boule.

— Ah ! tu es bien bon Pierre. Sans toi, ils m'écharpaient.

Jarreton s'approche à son tour et s'adresse à Alain en patois.

— Venez, Monsieur de Monéys, on va vous conduire chez monsieur le maire. Il vous protégera contre ces affamés.

Alain réconforté, regarde avec douceur ce protecteur qu'il ne connaît guère que de vue.

— Ah ! mon ami ! Vous aussi vous êtes bien bon. J'accepte volontiers de vous suivre.

— Oh Bésille est un brave homme, tu peux te fier à lui, insiste Pierre Antony.

— Je n'en doute pas.

La voix rêche du Mexicain retentit.

— Où l'emmenez-vous ?

— A la mairie ! Et s'il y a des explications à avoir, elles se feront devant le maire d'Hautefaye, le seul représentant de l'Empereur sur la commune.

D'un mouvement décidé, Pierre Antony et Pierre Jarreton prennent Alain par le bras et l'entraînent vers le bourg. Mais la foule furieuse d'avoir laissé filer Maillard n'est pas prête à lâcher sa nouvelle proie.

— Ne le laissez pas partir ! C'est un Prussien ! Il faut le pendre. Assommez-le !

Le Mexicain, étrangement affolé par la violence qu'il a déclenchée, s'interpose de nouveau.

— Attendez ! Attendez ! On va d'abord s'expliquer à la mairie !

— C'est un Prussien ! On n'a besoin de personne pour s'expliquer, hurle Chambort, le maréchal-ferrant de Pouvrière, en brandissant sa canne plombée. Qui s'associe avec moi ?

Des dizaines de gourdins se dressent. La populace vocifère. Pierre Antony et Bésille soulèvent Alain de terre, lui font passer lestement le muret et se dirigent vers la ruelle qui descend à la place. De nouveaux venus, habitants d'Hautefaye et des environs, leur prêtent main forte. Ils connaissent Alain de Monéys et veulent à tout prix le défendre. Mais la horde des furieux déboule, pille un tas de bois de feu au bord du chemin pour s'armer de « bonnes barres », envahit la rue en hurlant à la mort du cochon. Des gens apeurés, rentrent dans les maisons. Des femmes appellent leurs enfants, tirent leur homme par la blouse. Les portes se ferment. On crie d'une fenêtre à l'autre.

— Ils ont attrapé un voleur ! Ils vont le pendre !

Inquiet, Le Bon Dieu est sorti devant chez lui avec Philippe Dubois le scieur de long du bourg, Pierre Desvars le marchand de cochons, Dambat le hongreur. La cohue les empêche d'apercevoir le « voleur ». Mais ils reconnaissent certains des enragés venus ce matin faire du tapage dans l'auberge. Poussé au milieu de la place, Alain n'est plus qu'à quelques dizaines de mètres de la ruelle du maire. Bousculés, molestés, ses amis ont de plus en plus de mal à le protéger contre les gourdins qui s'abattent comme la grêle. Le Mexicain semble avoir disparu, mais quelques braillards se font remarquer, à la tête des furieux : Roumaillac, le scieur de long de Vieux Mareuil, Brouillet, conseiller municipal de Feuillade, Chambort, le maréchal-ferrant qui fait des moulinets avec sa canne pour ameuter le monde contre le « Prussien ». Chaussé de gros sabots, un certain François Panazol, cousin d'un métayer de Bretanges, rouge, en sueur, court dans tous les sens en agitant son parapluie.

— Ils veulent tuer un brave homme ! Il faut le sauver ! Il faut le sauver ! Venez ! Venez à son secours !

Dambat le hèle.

— Qu'est-ce qui se passe ?

— Ils veulent assassiner le fils de Monéys ! Il faut le sauver. Venez ! Venez !

Le Bon Dieu lève les bras au ciel.

— Ils sont fous, ma parole !

Le vieil homme s'élance dans la mêlée en traînant sa jambe raide. Desvars le rattrape.

— Ecoute Elie, tu ferais mieux de rester à garder ton auberge. On va chercher de l'aide et ramener ce pauvre garçon chez toi. On montera la garde en attendant les gendarmes.

Dubois, Desvars, Panazol, Dambat entrent dans la foule, tentent de s'approcher d'Alain.

— Arrêtez ! arrêtez ! Vous attaquez un honnête homme !

Aussitôt une vingtaine d'excités les entourent.

— Si vous voulez vous faire assommer, continuez à défendre le « Prussien ».

Bouche tordue, écume aux lèvres, Le Cussou aboie.

— Foutez le camp et mêlez-vous de ce qui vous regarde !

— Justement, ça nous regarde ! Nous connaissons cet homme. C'est une honte de s'en prendre à lui...

— Eh bé, on va s'en prendre à toi, puisque tu soutiens un ennemi et ça ne va pas être long.

Panazol reçoit un coup de bâton dans le dos. Desvars évite un coup de poing. Dambat se fait prendre au collet... Ecrasés par le nombre, les trois hommes reculent. Seul Philippe Dubois réussit à se faufiler vers Alain, près de qui il retrouve Jarreton, Antony et Jacques Dubois son cousin, débordés par les furieux qui poussent le « Prussien » vers le bas du bourg. Pas question de le laisser entrer dans la maison du Bon Dieu. Alain et ses protecteurs n'ont plus qu'un seul espoir : la mairie. A condition que Mathieu soit là et veuille bien ouvrir sa porte.

Les yeux collés au carreau de la salle d'auberge, Anna sursaute. Elle vient d'apercevoir le Ricou. Bâton en main, il hurle : « Mort au Prussien ! »

Folle de rage, Moundounette sort de l'auberge, court dans la foule, rattrape son vaurien devant l'ancien cimetière et le tire par le gilet.

— Arrête ! arrête ! C'est un ami de mon oncle, tu ne vas pas l'assommer toi aussi !

Mais le petit soldat est à la guerre.

— C'est un Prussien ! Il faut le tuer avant qu'il nous fusille.

— Arrête ! arrête ! Ce n'est pas un Prussien, bougre de couillon ! C'est un ami de chez nous.

— Eh bé rentre donc chez toi. Ce n'est pas ta place ici. Laisse les hommes défendre la patrie et va-t'en nous tirer à boire !

— Tais-toi ! tais-toi ! lâche ce bâton.

— Fous-moi la paix ! Va-t'en nous tirer à boire, je te dis.

Ricou saisit violemment la main d'Anna, lui tord le poignet, l'oblige à lâcher son gilet, la pousse en arrière et rejoint les enragés

— Mort au Prussien ! Pendez-le !

Mais aujourd'hui, 16 août 1870, la petite bergère d'Hautefaye a bouffé du loup. Elle bondit dans la cohue, talonne le Ricou.

— C'est ton oncle Le Rouge qui aurait été content de te voir bramer avec les ânes de l'Empereur !

Piqué au vif, le jeune écervelé se retourne, brandit son bâton.

— Tais-toi ! Je te défends de parler du Gaston. S'il avait été ici avec nous, il aurait été le premier à bourrer le Prussien.

— Prussien, toi !

Le mot a claqué sur les lèvres d'Anna comme une décharge de fusil. Le petit soldat l'a pris en pleine figure. Tremblant de fureur, il tient son bâton levé, mais pourtant se retient d'assommer sa fiancée, qui le regarde droit dans les yeux et lui tient tête avec un aplomb effrayant. La meute hurlante dégringole le chemin aux trousses du « Prussien », bouscule les amants en pétard, les sépare. Deux excités attrapent Anna par les bras et la débarrassent du passage.

— Allez rentre chez toi, drôlette ! Ce n'est pas la place d'une fille, ici. Quand on aura pendu le Prussien, tu nous serviras la goutte et on te fera lever la jambe. Chaque chose en son temps !

Protégé tant bien que mal par ses quelques amis, Alain se trouve maintenant à hauteur de la cour du presbytère face à la ruelle de la mairie. Mains sur les hanches, écharpe tricolore autour du ventre, le vieux maréchal est planté en haut de ses trois marches, immobile, le front plissé, l'œil biais. Philippe Dubois, Bésille, François Mazerat se débattent comme des diables pour faire parcourir à Alain les quelques pas qui le séparent encore de la porte entrouverte de la mairie. Antony interpelle le Mathieu.

— Monsieur le maire ! Monsieur le maire ! Voilà Monsieur de Monéys que l'on maltraite. Il faut le sauver ! Venez, venez !

Mais le rougeaud, la hure dans les épaules, le nez dans le menton ne bronche pas, et par la fenêtre de chez lui, on aperçoit la gueule renfrognée de sa grosse teigne. Une dizaine de forcenés se mettent en travers de la ruelle, bouchent la voie. Chambort le Chambard mouline et s'égosille.

— C'est un ennemi ! Il crie : « A bas l'Empereur ! Vive la République ! » Il faut le tuer !

Roumaillac enchaîne :

— C'est un noble qui envoie de l'argent pour faire tirer sur nos soldats !

Et le chœur des voraces reprend :

— Mort au traître ! Mort au Prussien !

Irrésistiblement, la meute pousse sa proie vers le chemin de

Ferdinas, sous le regard pétrifié de Félicie que le bruit et les hurlements ont sorti de sa cuisine où elle était à tremper le café pour M. le curé et ses invités. Acculé contre le mur du presbytère, Alain continue de faire front aux brutes de sa voix douce, affable, pathétique à pleurer à force d'être affable.

— Mes amis, vous vous trompez ! Je suis soldat. Je suis prêt à mourir pour mon pays !

— Pour sûr que tu vas mourir, cochon ! lui vomit à l'oreille le jeune Campot en lui attrapant sauvagement les favoris et les cheveux. Mais avant ça on va te faire souffrir.

— Oui, on va le faire souffrir, répète Brouillet.

Et le braillard lui assène un sale coup de bâton qui lui enfonce le panama sur les yeux.

Alain étourdi vacille, s'appuie sur Dubois. Un vieillard, celui qui l'a déjà blessé sur le foirail, s'avance en rampant sous les bâtons et lui plante son aiguillon dans les côtes. La populace applaudit.

— Bravo Parrou ! Bien visé !

Pierre Antony repousse violemment le pépé féroce.

— Malheureux, c'est le fils de M. de Monéys que tu frappes !

Les enragés hurlent.

— Tais-toi ! C'est un Prussien, un cochon de républicain ! Et si tu continues à le défendre on va t'égorger toi aussi.

Brouillet, le conseiller municipal de Feuillade, crie plus fort que tout le monde.

— Bourrez-le, Nom de Dieu ! Ceux qui défendent le Prussien sont des Prussiens !

Bâtons en avant, la foule attaque les protecteurs d'Alain, frappe Pierre Antony et Bésille, les renverse. Dubois résiste, esquive les coups, essaye de calmer les forcenés.

Roumaillac l'attrape.

— Eh bougre ! Tu le protèges. On t'en fera autant. Chambort vocifère :

— Ne laissez pas échapper le Prussien ! Assommez-le !

Buisson et Murguet saisissent Alain, l'arrachent à son dernier allié. Le vieux Parrou, l'œil luisant, revient à la charge, aiguillon en avant, le lui enfonce dans les reins avec un rire barbare. Brouillet prend son élan, lui envoie un coup de sabot dans le cul. La chienaille se déchaîne.

— Allez crie : « Vive l'Empereur ! » cochon de Prussien !

Les gourdins s'abattent avec un bruit mat sur le dos d'Alain.

— Allez crie, bourrique ! crie !

Alain se redresse, prend son souffle, se découvre devant les trognes, lève son chapeau et clame de toute sa force :

— Vive l'Empereur !

— Plus fort, Prussien ! Plus fort !

A pleine gorge, Alain lance encore deux vivats en pâture aux voraces qui le remercient d'une volée de gourdins à tuer un âne. Il veut remettre son chapeau. On le lui arrache. Le panama finement tressé vole dans la meute. Le vieux Parrou l'écrase d'un coup de sabot. Deux drôles se le disputent, s'en coiffent, jouent au « monsieur », se donnent du « baron », se traitent de Prussien. Et la fièvre continue de monter sous le ciel blanc d'orage. Fièvre de sang. Balafré, éreinté, démuni, Alain est à la merci des monstres. Frêle victime au regard perdu de détresse. *Agneau de Dieu ! Toi qui effaces les péchés du monde...*

— Il faut le tuer pour sauver Napoléon ! Il faut le pendre ! l'Empereur nous récompensera.

Là, au bord du chemin, au coin du potager des Mondout, il y a le vieux cerisier sous lequel Anna et Le Ricou se sont embrassés le jour de la Saint-Jean après avoir couru dans le feu. Pierre Brut, dit Pierrette, le fils du maçon de Fayemarteau fait la courte échelle au Ranou, de Mainzac, qui se hisse sur la grosse branche.

— Envoyez la corde !

Trois licols noués bout à bout font l'affaire. Et hop ! Le garnement attrape le filin, bricole un nœud coulant, l'attache à la branche. La foule applaudit. A coups de sabots dans les jambes, à coups de bâton dans le dos, on traîne, on pousse Alain au pied de l'arbre. Spectacle ignoble de la populace s'acharnant sur un homme petit, chétif, boiteux, étranger aux accusations qu'on lui porte. Frairie du meurtre, chienlit de la cruauté, orchestrée et commentée par les plus avinés.

— Il faut le faire souffrir avant qu'il crève, ce saligaud qui veut notre malheur !

— Mes amis ! Ecoutez-moi ! Vous vous trompez. Je pars pour la guerre. C'est un soldat français que vous voulez faire mourir...

— Tais-toi, Troppmann !

Monté sur les épaules de Pierrette, le Ranou tire sur la corde, se suspend pour éprouver le gibet de fortune. Le bois craque, la branche casse, la foule hue les drôles et, frustrée, se venge sur sa victime. Les gourdins sonnent sur sa calvitie.

— Vive l'Empereur !

Les aiguillons déchirent sa veste.

— Vive l'Empereur !

Les triques cinglent ses joues.

— Vive l'Empereur !

Alain saigne, se protège le visage de son coude, serre désespérément sa cravache que les furieux veulent lui arracher. Du côté du presbytère, des gens gesticulent, appellent... Le curé d'Hautefaye, armé d'un révolver vient de sauter le mur de son jardin. Décidé à voler au secours d'Alain, sourd aux conseils de prudence de ses invités : le curé de Mainzac et la famille Antony, de Plambeau, Victor Saint-Pasteur tentent de se frayer un passage dans la foule. Mais les furieux lui barrent la route.

— Laissez-le-nous. C'est un Prussien. Il n'a que ce qu'il mérite.

— Misérables ! c'est votre voisin, un homme de chez nous, un soldat prêt à mourir pour la France. Vous êtes en train de commettre un crime effroyable !

Emportés dans leur délire, les enragés n'ont que faire des paroles d'un homme d'église.

— Vous le défendez parce que, vous aussi, vous envoyez de l'argent aux Prussiens ! Les prêtres et les nobles s'entendent comme larrons en foire pour nous faire battre.

— Taisez-vous ! Vous blasphémez.

— C'est lui qui blasphème. Il crie : « Vive la République ! Vive la Prusse ! »

— Jamais de la vie ! Pas lui. Laissez-moi passer !

De la main droite, l'abbé à carrure d'athlète agite son arme, et de la gauche veut écarter les enragés. Mais les bâtons se lèvent sur lui. Pinard l'attrape par le bras. Le curé se retourne, lui braque son revolver sous le nez.

— Lâchez-moi ! ou je tire.

Pinard lâche, mais un gros homme en blouse s'approche par derrière, et frappe l'abbé Saint-Pasteur d'un coup de parapluie sur la nuque.

— Voilà pour toi feignant !

Redoutant le pire, le desservant de Mainzac, Jean Antony et son fils Antonin en uniforme de Mobile sautent à leur tour dans le chemin, appellent le curé armé.

— Venez, venez ! Ils vont vous assassiner...

L'apparition d'une deuxième soutane n'est pas faite pour convertir les endiablés qui harponnent maintenant le curé de Mainzac.

— Vous aussi, vous défendez le Prussien ! Vous êtes tous les mêmes : des galeux, des traîtres !

— Vous ne savez pas ce que vous dites !

— Criez donc : « Vive la Prusse ! » si vous avez le courage de vos opinions, cingle le Cussou.

— Non monsieur, je crie : « Vive la France ! »

— Et Vive la République ! On vous connaît.

— Non monsieur, je crie : « Vive l'Empereur ! » Et le curé d'Hautefaye aussi. Et Monsieur de Monéys aussi !

— Parfaitement ! intervient l'abbé Saint-Pasteur, nous crions tous : « Vive l'Empereur ! »

— Eh bé, si vous criez : « Vive l'Empereur ! » il faut nous payer à boire. Vous ne manquez pas de vin chez vous. On va trinquer à la santé de Napoléon.

— Bien volontiers ! Je vous attends dans la cour du presbytère. Et Monsieur de Monéys trinquera avec nous.

— Qui c'est-i celui-là ?

— C'est l'homme que vous martyrisez, mécréant que vous êtes !

votre voisin, votre frère ! Un simple soldat que vous attaquez lâchement.

Profitant de la diversion, les protecteurs d'Alain l'ont repris en main. Ils parviennent à lui faire remonter le chemin en direction de la mairie, pendant que M. le curé et ses amis entraînent quelques soiffards dans la cour du presbytère. Antonin Antony, son ceinturon à la main, court prêter main forte à son oncle Pierre, à Bésille et Dubois. Parmi les enragés, il aperçoit Mazière, le métayer de sa famille.

— Eh bé, Sillou ! Toi aussi tu maltraites un honnête homme, un ami de mon père que tu as vu à notre table. C'est du propre !

— Vous n'y êtes pas, Monsieur Antonin, c'est un Prussien !

— Tu as perdu la tête, mon pauvre...

Mais le Sillou a disparu dans la foule. Dubois, Antony, Bésille et quelques autres, parmi lesquels Georges Mathieu le neveu du maire, portent Alain jusqu'aux trois marches de la mairie. Le pleutre maréchal est toujours là, bedaine en avant, sanglée de tricolore, balbutiant.

— Mais faites quelque chose, Bon Dieu ! hurle Pierre Antony. Ces gens sont fous furieux. Vous connaissez Monsieur Monéys ! Il est premier adjoint à la mairie de Beaussac. C'est votre collègue ! Le Mathieu hoche la tête.

— Je le connais, je le connais.

— Alors aidez-nous à le sauver ! Dites à ces sauvages qu'ils sont en train de commettre un crime. Vous avez sorti votre ruban, faites la police chez vous, foutrebleu !

Mais le vieux tremblote sur ses jambes, bafouille :

— Qu'é-qu'est-ce que vous voulez faire sans gendarmes ? Et tous ces gens, qu'est-ce que c'est, d'où viennent-ils ? Je ne les connais point, ce sont des étrangers ?

— Vous les connaissez aussi bien que nous. Regardez Mazière, le métayer de mon cousin, les fils Campot de la Chabrie, Déjeunat, le conseiller de Feuillade, Chambard le maréchal de Pouvrière. Dites-leur qu'ils assassinent un brave homme. Dites-leur de le laisser tranquille, pour l'amour du ciel !

A petits pas méfiants, Mathieu descend ses deux marches, s'avance un peu vers les enragés et bafouille.

— Eh-là !... Eh-là ! Vous autres ! Qu'est-ce que vous faites ? Laissez ce monsieur. S'il est coupable, la justice le dira. Ce n'est pas à vous...

Les voraces couvrent de leurs cris les molles injonctions du maire d'Hautefaye.

— C'est un Prussien ! Il faut le mettre à mort...

Cependant Antony, Dubois et Georges Mathieu, arrivent à mener Alain jusqu'à l'entrée de la mairie. Ils lui font monter les trois marches. Mais d'un coup sec la lourde porte de bois cloutée se ferme, et, de l'intérieur, une main tourne la clé.

Georges Mathieu frappe du poing.

— Ouvrez ! Ouvrez !

Antony hèle le maire débordé par la foule.

— Faites ouvrir votre porte ! Qu'on fasse entrer Monsieur de Monéys.

A ce moment la grosse Marie se penche à la fenêtre pour tirer les volets. Dubois l'appelle.

— Ouvrez-nous ! Ouvrez-nous ! On veut tuer Monsieur de Monéys.

Georges Mathieu, son neveu, la supplie.

— Tata ! ouvre-nous. C'est Monsieur de Monéys qu'on veut faire entrer.

La vieille tord le groin.

— Pour qu'on vienne casser la vaisselle chez nous !

— On ne va pas laisser entrer ces bandits ! Rien que Monsieur de Monéys. Il faut le sauver.

— Ce n'est pas mes affaires ! Adressez-vous au patron !

D'un geste brusque, la mégère ferme ses volets à l'espagnolette et disparaît dans sa tanière. Les voraces passent à l'attaque, molestent Antony, Dubois, Georges Mathieu... Buisson et Mazière saisissent Alain au collet, le leur arrachent des mains. Chambort le barbare fait vrombir sa canne plombée, martèle le sol de ses sabots.

— Il faut le faire souffrir ! le faire périr !

— Non ! Non ! répondent les protecteurs d'Alain. Assassins ! Assassins ! Vous tuez un innocent.

— Il faut le faire souffrir ! Et on en fera autant à ceux qui prennent son parti !

Les voraces frappent les justes, les repoussent vers l'église. Mathieu ballotté, marmonnant, se laisse emporter par le reflux. Alain de nouveau livré aux bêtes, ploie le dos sous les coups et les crachats. Chambort monte les trois marches, se campe à la place favorite du maire d'Hautefaye. Canne plombée en avant, il s'improvise major de sacrifice.

— Attachez le Prussien au travail ! On va le ferrer comme un bœuf.

Mazière et Buisson traînent Alain jusqu'à l'atelier. Les frères Campot l'empoignent d'une main et de l'autre le cognent.

Brouillet y va à coups de sabot dans les tibias, à coups de bâton sur le crâne.

— Vous tuez un soldat ! Vive la France ! Vive l'Empereur ! gémit Alain d'une voix faiblissante.

— Ah tu le dis maintenant, farceur ! ricane Pinard le prognathe, mâchoires serrées, profil accusé.

Chambort descend les trois marches, s'approche du travail, dirige la manœuvre. Le ferrage c'est son affaire. Chez lui, on « fait » maréchal de père en fils. La foule se presse autour de l'appareil, avide d'assister à la torture du Prussien.

— Ficelez-le par les cornes, lance un rigolo.

Les histoires de cornes et de cornards font toujours recette dans les campagnes. On s'en paye une tranche. Des cornes on passe aux « roustons ».

— Il faut le castrer, ce fils de pute ! Il ne viendra plus flairer nos filles.

Les frères Campot, Mazière, le Frédou, Roumaillac attachent Alain entre les quatre poteaux du travail, tête renversée sous le joug, une jambe en l'air, bras tordu, corps cassé, en vrac.

— Vive l'Empereur, Vive la France !

La voix d'Alain s'épuise, sa respiration opressée, haletante, s'entrecoupe de geignements, il s'étrangle, tousse. Le fils Brut déboutonne sa guêtre, un autre tire sur sa bottine, le déchausse. Un troisième s'approche une tenaille à la main.

— On va lui tailler les onglons, comme il faut !

Et le jeune monstre pince l'ongle du gros orteil, tire de toute sa force comme pour arracher un clou. Alain hurle. La foule approuve, s'excite, bastonne, déchire les vêtements du supplicié... A ce moment arrive du bout de la ruelle un groupe de braillards.

— Venez ! Venez ! Le curé paye à boire. Tout le monde est invité !

— Tuons le Prussien d'abord ! On ira visiter les caves du curé ensuite, clame Chambort.

Mais les braillards insistent.

— Venez trinquer ! On reviendra rôtir le cochon avec vous. Laissez-le souffrir un peu. Ficelé comme il est, il ne risque pas d'aller loin.

Le gosier asséché par la chaleur, les cris, la poussière, l'excitation, les voraces ne se font pas prier davantage. L'appel du vin se conjugue à l'appel du sang.

— Allons vider les barriques du presbytère. Après on attrapera le curé, comme le Prussien. On les mettra en croix l'un sur l'autre et on les brûlera.

Quelques volontaires armés de bons gourdins et de fourches montent la garde autour du travail et le gros de la troupe se dirige vers la cour du presbytère... Avant d'aller se rincer le palais, le vieux Moureau, du Grand Gilou, père et grand-père d'une nombreuse famille, s'approche d'Alain pantelant et lui envoie un terrible coup de pied dans la tête qui lui arrache une touffe de cheveux. Il rattrape ensuite ses collègues et se vante de son exploit en montrant la pointe de son sabot rougi du sang du « Prussien ».

— Cette fois, je ne l'ai pas raté.

— Et tu as bien fait, approuve un métayer du baron de Vassal. Tout à l'heure ce brigand a voulu m'embrasser. Je te garantis que je l'ai rudement secoué !

— Tu as raison Fernand, grince Le Cussou. Il faut tuer tous les aristocrates. Et les curés, et les républicains avec ! C'est tout la même racaille ! J'ai vu ton « Monsieur » sur le foirail, tu devrais aller le chercher, qu'on s'occupe de lui aussi !

— Attends un peu qu'on ait bu un coup ! Si quelques braves veulent venir avec moi, on lui mettra la main sur le poil et on l'arrangera comme l'autre.

Sur ces bonnes paroles, la compagnie entre dans la cour du presbytère envahie de soiffards qui boivent au goulot, s'essuient la bouche d'un revers de la main, crient : « Vive l'Empereur ! » en levant leur chapeau. Amélie et le Zillou affolés apportent des bouteilles pleines de la cave. Le curé d'Hautefaye hurle avec les loups.

— Vive Napoléon ! Vive l'Impératrice, Vive le prince impérial !

Le Maire est là, lui aussi, entouré des défenseurs d'Alain qui le supplient de faire preuve d'autorité.

— Vous ne pouvez pas laisser ces bandits assassiner un innocent. Montez sur la table et parlez-leur. Dites-leur que la gendarmerie de Nontron est en route, que vous vous chargez de monsieur de Monéys jusqu'à ce qu'elle soit là, que la justice de l'Empereur tranchera. Vous êtes l'élu de la population, vous avez votre sangle. Ils vous écouteront.

— Pensez donc ! Regardez dans quel état ils sont.

— Eh bé, payez leur à boire vous aussi ! Faites comme monsieur le curé, finissez de les saouler.

— Non, je vous dis. Il faut trouver quelques personnes et conduire monsieur de Monéys à Nontron.

— Mais Bon Dieu ! ça fait une heure qu'on cherche des hommes courageux pour le tirer des griffes de ces abrutis et que tout le monde se défile, vous le premier !...

Pendant qu'en bas du bourg, les voraces se rincent la glotte au vin de messe, en haut, des gens apeurés fuient la foire aux horreurs en poussant leur bétail. Des femmes surtout, qui gémissent, sanglotent que leurs hommes sont devenus fous. La fille d'un métayer de Rapevache, en nage, complètement échevelée sans son mouchoir de tête qu'elle a perdu en voulant empêcher son frère de bourrer le « Prussien », court à perdre haleine en plein champs, piquant au jarret devant elle une paire de bœufs au galop.

— On tue Monsieur de Monéys ! On tue Monsieur de Monéys ! Venez à son secours !...

Sur le chemin de Beaussac, une charrette au trot se rapproche du bourg. Parti après le déjeuner de Bretanges, Pascal vient, comme prévu, à la foire donner à Alain des nouvelles d'Adhémar que Gaston et lui ont réussi à mettre au lit après sa crise de ce matin. Le fidèle serviteur de ces messieurs de Monéys se mange les lèvres. En route, il n'a vu que des gens pressés de rentrer chez eux, lançant des paroles de malheur.

— La guerre est à Hautefaye ! Ils ont attrapé un Prussien, ils sont en train de le saigner...

Des voisins de Beaussac sont venus à lui.

— Hé Pascal, n'y va pas ! Le bourg est aux mains des bandits. Ils ont voulu tuer le fils de notre maire ! C'est la révolution qui revient au pays ! On va à Mareuil, prévenir les gendarmes. Viens avec nous !

Mais Pascal a continué droit devant lui, en activant sa bête. Au bas du chemin de Plambeau, un bûcheron de Buzetière lui a crié :

— Dépêche-toi d'arriver au bourg, ils font du mal à quelqu'un de chez tes messieurs ! On va chercher du monde pour le secourir !

Parvenu au bas du champ de luzerne, Pascal, affreusement inquiet, comprend au premier coup d'œil, que la frairie a mal tourné. Il aperçoit sur le foirail des gens qui gueulent, brandissent des bâtons et des fourches. Il croise un groupe de femmes qui s'égosillent contre un homme ivre qu'elles tirent par la blouse. Il voit la Magdelaine, métayère de Bretanges, venir vers lui, les bras au ciel, hurlant d'une voix déchirée de sanglots.

— Pascal, Pascal ! C'est un malheur ! On assassine notre maître. Là-bas, dans la forge de chez Mathieu. Ils l'ont cloué au travail. C'est un malheur ! C'est un malheur ! Ils l'ont estropié. Il faut le sauver. Abasourdi, le cocher saute de la jardinière du château, tend la bride à Magdelaine en larmes.

— Attache-le. Je m'en vais voir.

Fouet sous le bras, Pascal part en courant pesamment vers la place. Des voix stridentes résonnent derrière lui.

— Méfie-toi ! Ils sont tous enragés, méfie-toi !

Pascal descend la rue du bourg débordante de monde, fend la foule qui piétine devant l'auberge Mousnier, cherche des visages qu'il connaît, passe la route de Nontron et s'arrête au coin de l'épicerie Mondout, effrayé par les cris, la cohue, les gourdins qui s'agitent autour de l'église et du presbytère. Un gros garçon roux, hirsute, débouche de la ruelle de la mairie en brandissant une pince de forgeron.

— On a ferré le Prussien ! Allons vider la cave de ce bandit de curé !

Pascal tremble, n'ose plus bouger. Ce qu'il entend dire lui serre la gorge : le nom de Monéys, mêlé à toute cette colère, confondu avec ceux de Prussien, de traître, de crapule, de cochon... Il voudrait crier aux enragés : « Misérables que vous êtes ! Ce n'est pas un Prussien, c'est un saint homme : Alain de Monéys ! Je l'ai connu tout enfant. Nous avons déniché les pies ensemble. Il aime son prochain comme personne, respecte le pauvre monde... » Mais la peur paralyse le cocher de Bretanges. Que faire devant cette armée de furieux ? Comment venir en aide à celui qu'il a vu naître et à qui il s'honore de porter depuis toujours dévouement et affection ? Sous le coup de l'émotion, il n'a même pas reconnu Dubois et Georges Mathieu qui lui tapent sur l'épaule.

— Eh Pascal ! Viens avec nous, il faut sortir ton pauvre monsieur des mains de ces bandits. C'est affreux ! Il n'y a plus que des lâches ici. Viens vite !

Les trois hommes courent vers l'atelier du maréchal en contournant la mairie par le haut pour éviter de se trouver nez à nez avec les enragés. Passé le coin de la maison du maréchal, Pascal étouffe un cri de frayeur. C'est bien ce bon monsieur Alain qu'il voit là, couvert de sang, accroché au travail, le corps affaissé sur la terre battue, la chemise en lambeau, le pied gauche déchaussé, la guêtre défaite. Ceux qui, tout à l'heure, montaient la garde sont allés boire avec leurs comparses le vin du curé. Dubois et Georges Mathieu en profitent. Ils entraînent Pascal.

— Allez, viens vite, on va le détacher...

Pendant que les deux courageux défenseurs d'Alain se mettent à défaire les cordes et les fils de fer, Pascal bouleversé se penche vers son maître, le prend à bras-le-corps, lui redresse le buste, lui soulève la tête avec précaution. Alain ouvre ses paupières collées de sang. Pascal le serre doucement contre son épaule.

— Oh, Monsieur Alain, dans quel état ils vous ont mis.

Alain remue ses lèvres tuméfiées.

— Pascal, c'est toi...

— Oui, Monsieur Alain, c'est moi. On va vous tirer de là. Ce sont des criminels. C'est une honte.

— Ils m'ont pris pour... un Prussien.

— Ce sont des bandits ! ils méritent le bagne !

— Ils ne savent pas ce qu'ils font.

— Ce sont des bandits, des criminels.

Georges Mathieu, qui a réussi à détacher le pied d'Alain, lui remet sa bottine. Dubois se débat avec « la corde à queue de rat » qui entrave encore le bras du supplicié.

— Ils ont serré comme des cochons !

Georges Mathieu ouvre son couteau, taille dans les nœuds. Pascal sort son grand mouchoir à carreaux, éponge le sang et la poussière coagulés sur le visage d'Alain.

— Tant que ces crapules ont le dos tourné, on va vous conduire chez Mondout. J'irai chercher la jardinière et on vous ramènera à Bretanges.

Alain tousse, se racle la gorge, crache du sang, reprend son souffle. Le secours de ces hommes, la présence affectueuse de Pascal lui redonnent espoir et courage. Il respire profondément.

— Pascal...

— Oui, Monsieur Alain.

— Comment va Adhémar ?

— Monsieur Adhémar a vomi son déjeuner, mais ce n'est rien à côté du mal qu'on vous a fait à vous, Monsieur Alain.

— Et ma mère ? Est-elle prévenue ?

— Madame la comtesse...

Le cocher de Bretanges n'a pas le temps d'achever. Un jeune bouvier armé d'une fourche, vient de faire irruption devant le travail. Il bat le rappel.

— Hé, venez, venez ! Ils ont détaché le Prussien !

— Tais-toi, fils de putain ! lui crie Dubois, et fous le camp d'ici !

Georges Mathieu saisit une barre de fer. Mais le drôle continue d'aboyer. Des bruits de sabots se rapprochent. Dubois et Pascal passent leurs têtes sous les bras d'Alain, le sortent du travail et veulent l'emmener vers le haut de la ruelle. Mais Dubois se prend le pied dans la corde, manque de tomber, Georges Mathieu laisse échapper sa barre de fer en l'aidant à se rattraper. Ils ont à peine parcouru quelques mètres que la troupe des excités, rameutée par le garçon à la fourche, leur fait barrage, les serre contre le mur de l'atelier. Chambort brandit sa canne de plomb.

— Laissez-le ! Ou bien on vous assomme.

— Vous n'avez pas le droit ! C'est un brave homme, qui n'a rien à se reprocher, réplique Dubois furieux.

— C'est Monsieur de Monéys, clame Pascal. Je travaille chez lui depuis toujours. Il n'a jamais fait de tort à personne. Vous êtes des assassins !

— Tais-toi, espèce d'âne ! rugit Mazière en lui poussant violemment l'épaule pour le renverser.

Sous le coup, Alain s'affaisse sur Pascal. Dubois perd l'équilibre en voulant le retenir. Georges Mathieu se rapproche. Une dizaine de bâtons brandis autour de lui sont prêts à s'abattre. Deux voraces tirent Dubois par la veste.

— Traître ! N'y reviens pas ou on t'assomme ! Quatre poignes de fer saisissent Alain et le jettent à genoux devant la mairie. Un garçon en casquette passe en courant, le frappe d'un coup de bâton sur le crâne. C'est le fils d'un feuillardier de Marthon à qui Alain fournit du travail depuis de longues années. Pascal indigné pointe son fouet.

— Picoureau ! Tu viens frapper un ami de ton père. Je lui dirai que tu es un assassin !

— Mon père n'est pas l'ami d'un Prussien. S'il était là, il le bourrerait comme moi. Tu n'es qu'un capon et un mouchard, Tamisier !

Trois, quatre, cinq furieux se précipitent sur Pascal, lui arrachent son fouet, lui cinglent le dos, le font claquer dans ses jambes, sous les rires imbéciles de la foule.

— Regardez comme il danse bien la bourrée, ce gros couillon !

— Assassins ! Assassins ! répète inlassablement le pauvre cocher de Bretanges.

Rallumés par le vin du curé et la nouvelle tentative de leurs « ennemis », les voraces s'acharnent avec une vigueur et une cruauté redoublées sur Alain. On se bat pour l'atteindre. C'est à qui tapera le plus fort, enverra le plus traître coup. Jeunes, vieux, tout le monde y va de sa hargne. Piarrouty, le chiffonnier de Nontronneau, sorti de son abattement de midi, s'avance sous les gourdins, armé de sa balance à crochet. Alain à genoux sur les cailloux, les bras sur la tête, accusant chaque coup d'un cri rauque, offre son âme à Dieu. L'œil vrillé sur lui, le Piarrouty guette l'instant où il va se découvrir le crâne. Et pan ! Il lui assène avec son instrument un coup à tuer un bœuf qui fait gicler le sang d'Alain et l'abat sur le sol.

— Voilà pour mon drôle que tu as fait fusiller à Reichshoffen!

Le peson d'acier de la balance a ouvert une plaie affreuse, si profonde que les enragés croient voir « la cervelle du Prussien ». Persuadés que le chiffonnier a donné le coup de grâce, quelques-uns se reculent, n'osent plus frapper.

Dubois et Georges Mathieu se précipitent pour relever Alain effondré, inerte. François Mazerat maudit le Piarrouty qui exhibe fièrement sa balance maculée de sang.

— Scélérat, on saura te retrouver.

Furieux, le chiffonnier brandit son crochet.

— Si tu veux y goûter, continue à causer!

Chambort fait ronfler sa canne de plomb.

— Allez! Allez! Au Prussien! Au Prussien!

François Chaulet, jeune tailleur de pierre de Varaignes, est révolté.

— Arrête ta comédie, Chambard! C'est une horreur.

— Tais-toi farceur, tu n'es qu'un propre à rien!

Craignant pour ses outils, autant que La Grosse pour sa vaisselle, se voyant déjà pillé par les Charentais, voilà le père Mathieu qui rapplique en agitant le pan de sa ceinture tricolore.

— Dites donc, est-ce que vous allez finir de mettre le désordre chez moi! Laissez ce monsieur, nous allons le conduire à Nontron. Si vous avez des reproches à lui faire, vous irez trouver la Justice.

— La Justice, c'est nous! lance Chambort en transe.

— Justice d'assassins! cingle François Chaulet.

Soutenu par Dubois et Georges Mathieu, soigné par Pascal, protégé par ses amis qui se sont regroupés à une dizaine, Alain a repris connaissance malgré son horrible blessure au crâne qui le défigure et lui inonde le visage. Reconnaissant Chaulet qui s'est approché de lui pour le protéger, il lui couvre les mains de baisers.

— Ah François, mon ami, merci, merci...

Les larmes aux yeux, le jeune tailleur de pierre l'embrasse, sans craindre de se mettre du sang sur les joues. Pour la nième fois, on adjure le maire d'ouvrir sa porte. Mais le vieux poltron montre du doigt la petite étable adossée à sa grange.

— Faites-le entrer là, il y sera aussi bien que chez moi, en attendant qu'on puisse le mener à Nontron.

Toujours harcelés par les féroces, les défenseurs d'Alain l'entraînent, faute de mieux vers l'étable à moutons du maire. La foule agrippe Georges Mathieu et Pascal. Dubois appelle Chaulet à la rescousse. Les deux hommes réussissent à mener Alain jusqu'à la porte basse et le font entrer dans ce misérable réduit où l'on ne peut même pas se tenir debout.

Dans le jardin potager du Bon Dieu, Anna, embusquée derrière les rames de haricots, épie les allées et venues de son écervelé. Sa mère et sa tante, inquiètes de ne pas l'avoir vu revenir à l'auberge, ont envoyé le Jacquou et le Pierrot la chercher. Mais Nanou a bien pris garde de ne pas se laisser voir. C'est plus fort qu'elle, il faut qu'elle traque le Ricou pour l'empêcher d'aller se mettre du sang sur les doigts. Le voilà justement qui sort du presbytère en finissant de vider une bouteille que ce vaurien de Pierrette lui prend des mains pour s'en mettre une pétée de plus dans le gosier. Les deux cocos, qui arrivent à peine à poser un pied devant l'autre, se disputent la dernière goutte, jurent comme maquignons. D'un coup sec, Brut fait voler en éclat, contre le coin du mur, le cul de la bouteille et brandit le tesson.

— Allez Ricou ! Viens ! qu'on s'occupe du Prussien.

Vive comme une belette, Anna saute dans le chemin, court pieds nus vers Ricou, arrive dans son dos, lui attrape son petit képi rouge de mobile et file vers le haut du bourg. Se retrouvant tout couillon sans couvre-chef, le Ricou tourne sur lui-même, la main sur la tête. Pierrette s'étouffe de rire.

— Eh bé caporal, tu te laisses décoiffer par les filles !

Vexé comme un poux, Ricou s'élance.

— La petite garce ! Attends un peu...

Arrivé au coin de la porcherie des Mondout, il aperçoit Anna au fond de la cour de l'auberge qui se faufile dans la grange de son oncle. Il court sur sa trace, pousse la porte, entre, gueule.

— Je t'ai vu, saleté ! Rends-moi ce que tu m'as pris, ou je vais crier partout que tu es une voleuse !

Aveuglé d'être subitement plongé dans l'ombre après le grand jour, il cherche à tâtons, bute sur une brouette.

— Eh merde !...

Rien ne remue dans la grange où s'exhale une forte odeur de foin, si ce n'est les mâchoires des vaches du Bon Dieu qui ruminent, alignées dans la crèche.

— Je t'ai vue, voleuse ! Rends-moi mon képi, si tu ne veux pas aller en prison ! Je t'ai vue..

Le Ricou n'a rien vu, mais il continue de crier comme un perdu après son képi que la petite Mondout a eu le temps de fourrer sous un pilot de foin, avant de se cacher dans l'angle de la porte. Si elle avait le cœur à s'amuser, elle rirait bien de le voir virer autour des charrettes en criant qu'il l'a vue. Cuité comme il l'est, le cache-cache pourrait durer un joli moment. Mais Nanou a plutôt envie de pleurer de le voir dans cet état, la tête montée par des assassins qu'on entend bramer jusqu'ici. Comment, lui qu'elle a vu si doux avec elle, lui qui trouvait toujours à dire contre les crimes de l'Empereur, lui qui n'aurait pas fait de mal à une mouche, comment a-t-il pu en venir à se conduire comme un chien enragé ? Faut-il que le monde soit devenu fou, pour vous changer en un jour un fiancé en buveur de sang... Peu à peu désaveuglé, Ricou fouille des yeux les recoins de la grange où filtrent à travers les tuiles quelques rais de lumière.

— Montre-toi, petite peste ! Et rends-moi mon képi que j'aille bourrer le Prussien.

Cette fois, c'est plus que la Nanou ne peut en entendre sans broncher. Elle sort de sa cachette, pousse la porte, tourne la clé et s'enferme avec son soldat dans la grange.

— Non, tu n'iras pas ! Tu as assez fait le couillon pour aujourd'hui !

Le Ricou sursaute, furibard.

— Attends un peu que je t'attrape, tu verras si je n'irai pas !

Mollet souple, Anna contourne les charrettes, court le long des mangeoires.

— Attrape-moi, si tu peux, mais tu n'iras pas frapper un ami de mon oncle.

— C'est un Prussien !

— Tais-toi ! Vous l'appelez « Prussien » parce que ça vous arrange et que vous êtes pleins comme des fûts ! Regarde-toi, tu ferais mieux d'aller cuver ton vin. Ça t'éviterait de devenir un criminel et de finir au bagne !

— Rends-moi mon képi, voleuse !

— Va t'en te désoûler, tu me fais honte.

— Rends-moi mon képi, je te dis.

— Qu'est-ce que tu veux foutre d'un képi, sur la tête ! Tu ne peux même pas marcher droit. A la caserne, ils te mettraient au cachot !

Ricou s'avance, tangue, lève le poing.

— Ah putain ! Est-ce que tu vas finir de m'empoisonner !

Les fesses appuyées sur la mangeoire, Anna lui tient tête avec le même aplomb que tout à l'heure devant l'église.

— Allez, bats-moi ! Vas-y ! Allez !...

Le Ricou reste un moment, le bras en l'air, à se demander, du fond de sa cervelle imbibée, s'il va prendre au mot la Nanou... Non, il laisse tomber sa main, fait mine de la pousser dans la mangeoire de la Brunette et s'éloigne en graillonnant dans un mi-rire.

— Tu peux le garder, mon képi. Ça ne m'empêchera pas de bourrer le Prussien.

Anna se dresse, la rattrape par la manche.

— Reste ici !

— Je vais où je veux !

— Reste ici !

— C'est'i que...

— Je te le rendrai, ton képi. Mais ne va pas là-bas !

Le Ricou fait la moue, réfléchit et brusquement se retourne, saisit Anna à bras-le-corps, se colle contre elle, la plaque au rebord de la mangeoire de la Brunette qui recule prudemment le mufle.

— C'est moi que tu veux, dis-le...

Anna ne répond rien. Mais son trouble parle pour elle. Peut-être bien qu'elle le veut. Mais elle a aussi peur qu'envie, autant de haine que d'amour pour son soldat ivre mort. Le Ricou la renverse, s'excite sur elle, lui flaire les aisselles, lui lèche la bouche, lui fourrage les seins. Nanou se débat, fait « non » de la tête, mais se laisse prendre. Le Ricou souffle comme un bœuf, lui relève les jupes, lui empoigne les cuisses, les écarte, dégrafe à la diable son beau pantalon rouge de mobile et d'un fort coup de rein plante sa queue au plus humide. La nièce du Bon Dieu pousse un cri. Le petit vandale lui a craqué sa virginité. Mais vaut mieux ça que d'aller martyriser un brave homme...

Assis dans le crottin, au fond du trou à moutons de Mathieu, les vêtements en lambeaux, respirant péniblement, Alain tamponne, avec le pan de sa chemise, son visage que les coups des voraces ont rendu monstrueux. Tout à l'heure, Pierrot Dessiris, un jeune journalier qui vient quelquefois aider à Bretanges, a voulu entrer pour lui porter de l'eau. Horrifié de le voir à ce point défiguré, il s'est trouvé mal... Seul depuis de longues minutes avec une dizaine de brebis folles de peur, Alain a, malgré ses affreuses blessures, repris un peu ses esprits. Il entend à l'extérieur les voix de ses amis qui se battent à un contre dix pour empêcher la meute d'enfoncer la porte. Mais les enragés ne désarment pas. Pierrette et deux autres garnements montent sur le toit de l'étable et commencent à retirer les tuiles pour pisser sur le « Prussien ». Chambort les encourage. Mathieu rouspétant qu'on dégrade ses bâtiments leur demande de descendre. Besse, les frères Campot, Beauvais crient qu'il faut mettre le feu à la bergerie. Le Piarrouty s'approche de la lucarne, montre sa face grimaçante et vomit sa haine aux oreilles d'Alain.

— Tu as pris ton café sur des parquets cirés, nous te le ferons prendre sur le fumier de cette étable.

Soudain la porte s'ouvre. Alain sursaute, se rassure. C'est Philippe Dubois et François Chaulet qui viennent le réconforter. Chaulet s'agenouille, l'entoure de son bras.

— Prenez patience, on va tout faire pour vous sauver. Mais avec des cannibales pareils et un maire dégonflé, ce n'est pas commode.

Dubois sort de sa poche une grappe de raisin et deux figues.

— Tenez, ça vous fera du bien.

Alain prend une figue et remue doucement la tête.

— Merci, merci, vous êtes trop bon.

Oui, cela lui fait du bien de manger des fruits malgré le mal qu'il éprouve à remuer les mâchoires... De nouveau la porte s'ouvre. C'est Pierre Antony. Il pâlit en s'approchant de son ami.

— Oh Alain, les sauvages...

— Vous devriez aller chercher une bouteille d'eau bien fraîche, lui suggère Dubois. Qu'on le fasse boire et qu'on nettoie ses plaies.

— Oui, oui... J'y vais, articule Pierre Antony hagard, en serrant les deux mains d'Alain qui essaye de lui sourire.

— Pierre, je te fais peur, n'est-ce pas...

Dehors, les affamés s'excitent toujours. Boutandon, le meunier de Connezac, qui a pêché les écrevisses avec Alain enfant, Dambat, le hongreur, Georges Mathieu, le boulanger, Mazerat, le cultivateur ont de plus en plus de mal à défendre la porte.

Dubois, sentant approcher de nouveaux dangers, propose à Alain sa blouse et son chapeau de paille.

— Comme ça on vous cachera plus facilement.

Chaulet aide Alain à quitter son paletot, son gilet. Quelque chose tombe de la poche. Chaulet se baisse dans la crotte.

— Votre chapelet, Monsieur de Monéys.

Alain pose sa main sur celle du bon jeune homme.

— Je vous le confie, mon ami. Portez-le à ma mère, si je ne dois pas la revoir... Et prenez ma montre, elle est à vous.

— Oh non, Monsieur de Monéys, c'est la vôtre.

— Prenez-la pour vous, mon ami, laissez-moi le plaisir...

Un gros bruit de sabots contre la porte couvre la voix faible d'Alain. On secoue le battant de l'extérieur. Dubois et Chaulet n'ont que le temps de remettre le paletot d'Alain sur ses épaules nues. La porte s'ouvre. Une demi-douzaine de forcenés pénètrent dans l'étable en vociférant. Les brebis effrayées tournent au galop dans la bergerie et se rencognent, tremblantes, les unes sur les autres. Dubois en gilet, chemise ouverte, couvre Alain de son corps, invente une ruse pour faire sortir les furieux.

— Monsieur de Monéys est soldat. On n'assomme pas un soldat. On le fusille.

— Oui, qu'on me fusille ! lance Alain d'une voix pathétique.

— Vous avez entendu, reprend Dubois. Allez chercher des fusils ! Vous reviendrez quand vous en aurez trouvé.

— On ne fusille pas un Prussien, on l'assomme, hurle Buisson.

— Misérables ! Monsieur de Monéys et sa famille sont la providence du pays, vous n'avez pas le droit de faire une chose pareille. Reculez. Je connais cet homme et je suis fier de le défendre.

— C'est un Prussien ! radote Mazière.

— Tais-toi, espèce d'âne ! Tu le connais toi aussi, Monsieur de Monéys.

Alain se redresse derrière son protecteur.

— Dites-leur que je vais acheter une barrique chez Mondout pour boire avec eux à la santé de l'Empereur.

— Vous entendez ce que dit Monsieur de Monéys. Il va acheter une barrique pour que nous trinquions tous ensemble à la santé de l'Empereur.

— Nous ne buvons pas le vin d'un Prussien !

Cette fois Dubois éclate.

— Vous êtes tous marteaux à la fin avec votre « Prussien ». Est-ce qu'on a jamais vu un Prussien par ici ! Vous en voulez à Monsieur de Monéys parce qu'il est noble, comme s'il avait choisi de naître où il est né. Comme s'il suffisait d'habiter une maison à girouette pour être un bandit ! Je suis paysan comme vous autres, je connais bien cet homme. Je le respecte et je l'aime parce qu'il ne s'est jamais cru au-dessus de quiconque ! Il part pour la guerre comme volontaire et simple soldat malgré sa réforme. J'en sais beaucoup ici qui feraient bien de suivre son exemple. Monsieur de Monéys a été élu à l'unanimité au conseil de Beaussac parce qu'il veut le bien et le progrès de son pays, parce qu'il ne craint pas de partager son bien avec le pauvre monde. Laissez-le en paix et allez chercher vos Prussiens où ils sont. A la guerre ! Au moins vous vous rendrez utiles au pays et vous montrerez un peu plus de courage que de vous acharner à cent contre un !...

— Mais faites-le taire, ce blaireau ! vrombit Chambort en poussant son monde dans le cul-de-basse-fosse. Sortez-le du passage et tirez le Prussien dehors.

Buisson, Mazière, Brut poussent le courageux scieur de long d'Hautefaye dans le fond de l'étable contre le râtelier des brebis, les frères Campot et Licoine arrachent Alain des mains de Chaulet, le traînent dans le fumier par les pieds et les cheveux, jusqu'à la porte. A l'extérieur, Boutandon, Bésille, Dambat, Georges Mathieu, Antonin Antony et quelques autres tentent un dernier assaut, mais les voraces, rameutés en masse par Chambort et Buisson, les dispersent. Sur le seuil de l'étable, les frères Campot et Mazière relèvent Alain, poitrine nue sous son paletot, offrent à la foule enragée sa victime pantelante, défigurée, en sang, monstre à achever sans merci. Impuissants les amis d'Alain pleurent. Frénétiques, les énergumènes salivent. Et l'insoutenable calvaire recommence sous le ciel écrasant. Bâtons, crochets, sabots, triques, crachats pleuvent de nouveau sur le corps grêle de Polyeucte. La procession s'ébranle suivie par toute une population mâle, convulsive, hurlante où chacun se bouscule pour envoyer son coup, imprimer sa marque sur ce corps « étranger », agneau émissaire envoyé par la providence pour exorciser les calamités de la terre et le malheur des braves gens. Le cortège repasse entre la maison close du maire et le travail à ferrer. Piarrouty fait tourner au-dessus de sa tête sa balance à crochet, comme Chambard sa canne de plomb, et blesse encore deux fois, horriblement, Alain à la tête. On arrive devant la porte ouverte de la cour du presbytère envahie de frères ennemis qui se disputent. Chambort invite son monde à boire, oblige le curé à mettre sa dernière barrique en perce. Quelques soiffards reconnaissants rêvent tout haut.

— Il faut attraper le curé, le mettre en croix sur le Prussien, les brûler tous les deux.

Mathieu, indécrottable pantin, agite son ruban bleu-blanc-rouge.

— Laissez ce monsieur, on va le conduire à Nontron...

Et la procession repart en montant le chemin du bourg. Alain tenu par ses bourreaux, ne peut plus marcher. On le porte. Ses pieds traînent, se tordent sur les cailloux. Sa tête hachée de blessures, mâchée de coups, est un globe de sang. Et pourtant, il continue à poser sur les visages de brutes qui l'entourent un regard étrangement vivant. Devant l'ancien cimetière il voit Pierre Antony, Bésille, Dubois et Pascal son frère de lait qui veulent de nouveau l'entraîner chez Mondout.

— Mes amis, oh mes amis, murmure-t-il d'une voix gémissante, je suis perdu. Ne vous...

Un furieux bondit.

— Tu es perdu, mais tu parles encore, tiens !

Coup de bâton sur la tête.

— Crie : « Vive l'Empereur ! » Si tu veux parler.

Et Alain balbutie :

— Vive l'Empereur ! Vive la France !

En passant devant l'auberge Mondout, le Piarrouty quitte un moment le cortège pour aller laver sa balance à crochet couverte de sang dans un baquet d'eau. Le Bon Dieu, hors de lui, l'attrape, le prend par le col.

— Va-t-en d'ici, assassin ! Et ne remets jamais plus les pieds chez moi. Tout le monde chez nous t'a vu frapper un innocent. Dis-toi bien qu'on s'en rappellera.

Bésille veut profiter de l'incident pour désarmer le chiffonnier. Mais Piarrouty furieux se recule et brandit son crochet.

— Fous-moi le camp ! et mêle-toi de tes affaires. J'ai frappé trois fois le Prussien avec ça, et ce n'est pas fini. Ces gredins de nobles sont cause que mon fils est en mille morceaux !

Le Bon Dieu ulcéré, est allé décrocher son fusil.

— Ce n'est pas possible de laisser tuer le fils de Monéys comme ça...

Mais sa femme et sa fille le supplient.

— N'y va pas Elie, ils sont trois cents. Ils vont te tuer et tu n'empêcheras rien...

Depuis plus d'une heure qu'Anna a disparu, l'émotion est à son comble dans la maison du Bon Dieu. Marguerite en larmes, se désole.

— Oh-di ! Oh-di ! Qu'est-ce qui a pu lui arriver, la malheureuse ? Avec tous ces bandits...

Passé le coin de l'épicerie, le cortège poursuit sa montée en direction du foirail. Alain semble avoir perdu connaissance. Sa tête ballotte, sous les coups, d'avant en arrière, de droite à gauche. Décidés à tenter encore une fois l'impossible, ses plus farouches défenseurs se sont regroupés sur la petite place à l'angle de chez Delage et de la maison Mousnier qui fait auberge. Ils ont tiré une charrette devant les noyers pour obliger les enragés à faire un détour. Au moment où Alain se trouve au plus près de l'auberge, ils se précipitent sur lui et veulent l'y faire entrer. Mais, comme chez Mathieu, la porte se ferme brutalement. Si brutalement que le pied d'Alain se prend dans la chatière. Il s'écroule. Ses amis veulent le relever. Les voraces les en empêchent. Effondré sur le seuil, Alain perd son sang par la bouche. Des mouches, des mouches hargneuses, des taons se collent sur ses plaies. Il respire douloureusement, gémit :

— Je suis soldat... Vive l'Empereur...

Spectacle pitoyable qui ne fait que nourrir la cruauté et les délires barbares.

— Tu as envoyé de l'argent pour nous faire battre. Nous allons te tuer et te brûler.

Et pan ! coup de sabot dans la mâchoire... Dubois saute dans l'auberge par une fenêtre, supplie Mousnier d'ouvrir et de faire entrer Alain. Sa femme s'interpose.

— Mais vous n'y pensez pas, ils vont tout nous casser...

Dubois insiste, prend les consommateurs à témoin. Les aubergistes ne veulent rien entendre. La discussion dure, s'éternise pendant que dehors les sabots piétinent Alain, lui labourent le corps, lui écrasent la figure. Mathieu, réfugié chez Delage, se lave les mains, et assiste à la scène aux premières loges, par la fenêtre ouverte. Il interpelle au passage le père Salat, un habitant de la commune qui frappe Alain à coups de bâton.

— Dis donc Moureau ! Tu crois qu'il n'en a pas eu assez comme ça.

— Ecoutez, Monsieur le maire, c'est un coquin, il faut le tuer.

Et le vieux retourne « battre le son ». Scandalisé par l'inertie de Mathieu, un couvreur de la Chapelle Saint-Robert l'engueule.

— Au lieu de faire le malin à la fenêtre, vous feriez mieux de secourir Monsieur de Monéys. C'est une honte ce qui se passe dans votre bourg !

— De quoi vous mêlez-vous, vous ?

— Je me mêle de ce qu'on tue un brave et que vous ne faites rien pour le défendre.

— Qu'est-ce que vous voulez faire ? Mangez-le si ça vous dit !

— Continuez à vous croiser les bras, vous allez voir qu'ils vont finir par le manger !

Alain inerte, ne bouge plus. On le croit mort. Il remue un bras, la tête, un pied. Et on se remet à l'assommer. Soudain, pris d'un incroyable sursaut d'énergie, il se soulève, se dresse sur ses jambes, titube, s'élance, traverse la place en zigzagant, court vers la grange de Mercier, arrache un pieu à une charrette, le serre des deux mains, pointe en avant, et se retourne face aux enragés. Vision de cauchemar ! Alain de Monéys d'Ordières, corps écorché vif, surgi de son coma, renvoyant à ses bouchers l'image de leur inextinguible cruauté. Vision tragique. Lui, le doux, le bon, le croyant, le noble, poussé en sa dernière extrémité à produire cette hallucinante anti-figure de lui-même. Mais avec tout le sang qu'il a perdu, tous les coups mortels qu'il a reçus, il ne tiendra pas longtemps. Ses jambes flageolent, son regard tuméfié, brouillé, distingue avec peine le troupeau des assaillants. Le jeune Campot lui attrape son pieu, le retourne contre lui. Il tombe à la renverse sur les brancards de la charrette de Donzeau, le marchand de laine. Chambort gesticule.

— Rattrapez-le ! Bourrez-le !

Dans un ultime effort, Alain parvient encore à se relever, saisit un autre pieu, se faufile le long du mur de la grange, se traîne, cassé en deux, sous le char à bancs de Mercier, garé dans un cul-de-sac. On le tire par les pieds. Il se cramponne d'une main à la roue de la voiture. A coups de sabot et de bâton sur les doigts, on lui fait lâcher prise. Buisson lui arrache son pieu et de toute sa force lui porte un coup sur la nuque.

— Cette fois, il se tiendra tranquille !

Pieu sanglant d'une main, bâton de l'autre, le forgeron de Feuillade, fier de lui, appelle ses amis.

— Allez venez, maintenant, on va aller chercher le curé et finir son vin vieux.

Cinq ou six furieux descendent la rue en gueulant jusqu'à la cour du presbytère où l'abbé Saint-Pasteur continue à soûler la population à la santé de l'Empereur, s'imaginant détourner les assassins de leur forfait. Désespérément, Dubois, Le Bon Dieu, les Antony, Bésille, Mazerat cherchent à réunir une cinquantaine d'hommes courageux pour arrêter la boucherie. Ils supplient le notaire de Marthon, qui porte son fusil de chasse sur l'épaule, de se joindre au groupe. Mais le bonhomme ne veut pas se mêler de cette affaire et refuse énergiquement de prêter son arme. Pendant ce temps, toute la colère du monde s'abat sur le corps agonisant d'Alain jeté sur les cailloux dans un nuage de mouches. Jean Campot, le bouvier, frappe avec une bûche. Murguet, le garçon de ferme, avec une fourche. Riri, le charbonnier, avec un fléau en disant qu'il « bat le blé ». Feytou, le mineur, « vise les couilles » avec son sabot en répétant :

— Charogne ! Charogne !

Toinou Léchelle, le métayer, « casse les reins » en criant.

— Vipère ! Vipère !

Licoine, le petit propriétaire, y va de son soulier dans la tête. Salat emporte un morceau de joue sous son sabot, Picoureau enfonce la pointe du sien dans l'œil. Et les monstres rigolent, se vantent, jouent aux plus ignobles. Monstres bien de chez nous ! Tous, ce matin encore, honnêtes paysans, artisans consciencieux, citoyens honorables. Braves gens, écharpant un brave homme.

— Il faut brûler le cochon, avant qu'il soit tout à fait mort ! hurle Chambort à la cantonade.

— Il faut le brûler ! répond l'écho. Le brûler et le manger.

— Il faut brûler aussi le curé d'Hautefaye, aboie Buisson, de retour du presbytère.

— Et celui de Mainzac ! Et celui de Lussas ! Et celui de Beaussac ! claironne la foule.

Monsieur le maire fait son petit tour, histoire d'affirmer une fois de plus sa belle autorité sur les perturbateurs de l'ordre public.

— Otez cet homme de là, il gêne.

Chambort, la grande-gueule, pointe son plomb vers le bout du chemin qui mène au foirail.

— Amenez le Prussien, là-haut. Il y a du fagot pour le rôtir.

Besse arrache le dernier lambeau de paletot qui couvre encore la poitrine d'Alain. Mazière et Campot l'attrapent par les pieds, le traînent sur le chemin. Sa tête saute sur les cailloux. Le Sillou a une idée :

— Avant de le cramer, on va l'éjarrer.

Ils se mettent à quatre, deux aux bras, deux aux jambes et tirent comme des bœufs à hue et à dia pour écarteler le « Prussien ». Dans son effort, Campot déchausse le pied d'Alain et se fout par terre, sa bottine dans les mains. Les voraces se payent une minute de rigolade. Après l'écartèlement, la brouette. On traîne Alain par les chevilles en le tournant tantôt d'un côté, tantôt de l'autre, « pour user la roue des deux côtés », on le laisse retomber de tout son poids et ceux qui n'ont pas tapé leur aise, s'en donnent à coeur joie. Chambort électrise les spectateurs qui hésitent à « battre un homme mort ».

— Allez, bourrez-le ! L'Empereur nous récompensera ! Vous aurez une paye du gouvernement.

Un vieil homme en veste noire s'avance timidement, pique l'oreille d'Alain de la pointe de son parapluie et s'éloigne, tout content.

— J'espère que Napoléon ne m'oubliera pas !

Un enfant « vise au groin » avec son lance-pierres. Le petit Thibassou entre sa badine dans la bouche d'Alain. Pierrette promène son bâton ensanglanté comme un étendard. Un vilain chien jaune suit à la trace le corps qui ballotte, léchant au passage les traces de sang. Une foule immonde fait cortège au supplicié. Une foule où se mêlent les enragés, les indignés, les curieux. Quelques femmes insultent les hommes. Le gros sanglé de tricolore est là, bien entendu, agitant son pompon, demandant qu'on conduise le monsieur à Nontron. Pinard, Le Cussou sifflent aux oreilles du monde.

— Aujourd'hui, tout est permis. On peut rôtir les nobles et les curés comme des poulets !

Chemin faisant, on se rapproche du point culminant du bourg, comme s'il était écrit que le calvaire d'Alain devait finir au plus haut d'Hautefaye. On longe le carré de luzerne où tout a commencé à une heure par l'altercation de l'homme au sombrero, disparu dans les airs. On arrive à l'emplacement de l'ancienne mare du foirail pompeusement baptisée le Lac Desséché. C'est là qu'on allume tous les ans le feu de la Saint-Jean. C'est là qu'on va dresser le bûcher. Campot, Mazière, Buisson balancent le corps désarticulé et le jettent sur les pierres du talus en pente douce de la mare. Pinard s'approche, se penche, avance son oreille du visage informe. Alain, étendu sur le dos, légèrement incliné du côté gauche, respire encore, faiblement.

— Il n'est pas mort ! Il n'est pas mort ! On va le brûler vivant !

Et Chambort le Chambard préside aux préparatifs.

— Allons chercher des fagots, du bois, des sarments !

En quelques minutes, les branches, les bûches, les débris de charrettes, les rameaux de châtaigniers « qui pètent en brûlant » affluent de tous côtés. Chambort arrive, une botte de paille dans les bras, suivi d'un paysan furieux qu'on lui prenne la nourriture de ses bourriques.

— Ne t'en fais pas, Gauthier, l'Empereur te la paiera. Elle va servir à sauver la France !

Et l'infatigable maréchal-ferrant jette sa paille sur Alain qui remue le pied droit, comme s'il cherchait encore du fond de son horrible agonie, un dernier reste d'énergie pour échapper à l'enfer du monde. Le fagot, les « broches » de noyer, les bûches de chêne, les planches de sapin s'entassent sur le corps mi-nu du « Prussien ». Chambort demande des allumettes autour de lui. Personne n'en a. Il avise le petit Thibassou, âgé de treize ans tout au plus.

— Té petit, te voilà un sou, va-t-en chercher des allumettes à l'épicerie et porte-nous du papier.

Le drôle part en courant, suivi d'un autre qui compte bien partager le sou avec lui. Dans la foule des hommes se bagarrent. Des femmes les tirent par la blouse, injurient les enragés, Le Cussou écumant, tressaute, lève les bras.

— Il n'y a plus de loi ! Il n'y a plus de loi ! On peut tuer les nobles, les républicains et les prêtres ! Vive l'Empereur, Vive l'Empereur !

— Allons chercher le curé d'Hautefaye ! clament ses voisins.

— Et celui de Mainzac ! Et celui de Lussas !...

Jacques Campot excité comme un jeune taureau grimpe sur le bûcher et le foule avec des déhanchements obscènes.

— Mort au foutu cochon ! Mort au cornard de Prussien ! Vive l'Empereur ! Vive la France !

Thibassou revient avec un paquet d'allumettes et un grand morceau de papier jaune. Chambort jubile.

— Bravo, mon petit ! Va-t-en mettre ton papier sous le nez du cochon.

Et le maréchal appelle la marmaille.

— Approchez, mes enfants ! Il faut que ce soit le plus jeune qui allume le brasier.

Thibassou prend une allumette, la frotte plusieurs fois sur son pantalon, sans pouvoir l'allumer. Il en prend une deuxième qui s'allume du premier coup, et la passe au petit Lajou. Chambort cherche des yeux.

— Il n'y a pas plus jeune ?

Le petit Nadaud qui galope depuis un moment dans les jambes des enragés s'est arrêté pour regarder le bûcher.

— Hé toi, là-bas ! Viens voir un peu ici.

Hasard sublime, le drôle s'appelle Napoléon. Il n'a pas dix ans. Son père l'a fait au retour de Solferino et l'a baptisé du nom de « l'envoyé de la providence ».

— Allez Napoléon ! Viens mettre le feu au Prussien. L'Empereur t'enverra une médaille et une paire de souliers. Viens, mon mignon !

Un homme haletant surgit de la foule.

— N'y va pas Pouléoun ! N'y va pas ! Ces hommes sont des loups ! Si tu les écoutes, les gendarmes viendront te chercher pour te mettre en prison. N'y va pas, mon petit !

Cet homme, c'est Philippe Dubois qui vient d'arriver avec les cinq ou six courageux qui croient encore...

— Qu'est-ce qu'il vient faire, celui-là ! hurle Chambort. Bourrez-le !

Une dizaine de voraces se précipitent sur lui et l'acculent contre le muret du champ de luzerne, qu'il saute lestement pour ne pas se faire assommer. Affolé, le petit Napoléon part en courant, disparaît dans la cohue pendant que Lajou jette son allumette qui lui brûle les doigts. Chambort demande à Thibassou le paquet et fait la distribution.

— Allez, mes enfants ! Allumez ! Allumez !

— Allumez ! Allumez le cochon ! pistonne Jean Campot le lubrique qui se déhanche toujours sur le bûcher. Le phosphore craque sur la toile, sous les sabots. Dubois revient à la charge.

— Eteignez, mes enfants ! Eteignez, mes enfants !

Mais le papier jaune s'enflamme, enflamme la paille et les sarments. Alain a bougé. Il tressaute sous les bûches. Un cri, un long cri rauque monte de sa gorge et s'évanouit dans le crépitement du feu. Campot saute du bûcher en hurlant.

— Le Prussien est mort ! Vive l'Empereur !

Et toute l'assistance, chapeau à la main, vomit trois fois le grand cri dynastique. Bien sèche la paille du pauvre Gauthier, bien sec le fagot des braves gens s'embrasent sur le corps d'Alain qu'on croit voir remuer encore une fois. Ses cheveux, ses favoris flambent, son pantalon s'allume, sa peau grésille, se boursoufle, cloque... Les enragés tressautent, lancent leurs chapeaux et leurs bâtons en l'air.

— Le Prussien crame ! Le Prussien est mort. Vive Napoléon ! Vive la France !

Des gens horrifiés s'enfuient en courant. D'autres figés, hypnotisés, regardent béatement les flammes. Dubois, Jarreton, les Antony, Chaulet, Mazerat, Georges Mathieu, Le Bon Dieu et bien d'autres du bourg et des environs, hommes et femmes, pleurent ce « bon Monsieur de Monéys » qu'ils n'ont pas pu sauver du plus hideux des trépas. Insatiables, les enragés chantent, dansent, boivent autour du bûcher d'où s'élève une vilaine fumée dont l'odeur âcre se répand autour du Lac Desséché.

— Voyez comme il grille bien, le cochon, ricane Duroulet en fouillant de son bâton le corps d'Alain tordu dans les flammes.

Avec une espièglerie de garnement, le terrassier quinquagénaire de Piégut triture l'entrejambe, s'amuse à sortir les « rognons » du Prussien pour les donner à « lécher au feu ». Sa femme le tire par la manche.

— Tu n'es qu'un foutu coquin, viens ! Arrête tes âneries, viens ! Viens, Bon Dieu !...

Mais le Duroulet n'en finit pas de jouer avec le feu et les chairs qui grésillent.

Quel dommage de laisser perdre toute cette graisse.

— C'est sûr ! hoche le Pinard. Avec ce que coûtent les gorets à nourrir !

Le Cussou sort de sa musette un quignon de pain.

— Si quelqu'un veut y goûter...

Les plus voraces des voraces prennent du pain, le rompent, le piquent aux dents d'une fourche, l'avancent dans les flammes et « rincent le cochon ».

— Au moins qu'il nous nourrisse ce pourceau !

Les tartines imbibées de graisse humaine circulent autour du bûcher et des braves en mangent entre deux coups de vin de messe. *Ceci est mon corps... Ceci est mon sang, le sang de la nouvelle alliance...*

— Vive l'Empereur ! Vive la France !

— Remettez du bois sur le Prussien, gronde Chambort. Qu'on finisse de le cuire !

Dans la grange du Bon Dieu, le Ricou étendu sur le foin, ronfle comme un soufflet de forge. Anna s'avance vers lui, se penche, lui pose tout délicatement sur l'oreille son petit képi rouge de mobile, et s'éloigne sur la pointe des pieds. Elle entrouvre la porte, jette un regard furtif à l'extérieur. Il n'y a plus personne dans la cour. Le ciel s'est assombri. L'orage est pour ce soir. Un étrange silence règne, qui a de quoi la surprendre, après le charivari de tantôt. Nanou sort discrètement, rase le mur, contourne la grange, monte vers la route de Mainzac. Arrivée au bord du talus, elle voit des gens qui courent dans le prés, et, là-haut à gauche du champ de foire, l'épaisse fumée noirâtre qui moutonne à contre-jour, les hommes qui braillent, dansent, se démènent autour de la mare. La nièce du Bon Dieu s'arrête, épouvantée. Epouvantée de comprendre que les cannibales sont allés jusqu'au bout de leur besogne, des hommes qu'elle croise sur les chemins quand elle mène paître ses brebis ! Des hommes à qui elle sert à boire et à manger à l'auberge, qu'elle voit passer dans le bourg, qu'elle entend rire et blaguer les jours de frairie... Epouvantée aussi, Moundounette, de sentir, pour la première fois, couler le long de ses cuisses ce liquide tiède, visqueux, étranger, venu de son petit soldat.

La Bréchinie.

Dans le grand salon, croisées ouvertes, persiennes mi-closes, Marie-Gabrielle, assise au « piano forte », rejoue pour la quatrième fois sa romance, en levant de plus en plus souvent les yeux sur le cadran du cartel régence où figure le Temps ailé fauchant le Monde. L'arôme des cèdres que distille la chaleur moite arrive par vagues dans la pièce... Quelques mesures avant la fin du morceau, la tendre et frémissante fiancée d'Alain s'arrête de jouer, se lève, s'approche de la fenêtre, regarde à travers l'embrasure des persiennes. Elle a bien entendu un galop de cheval. Hélas ce n'est pas lui, son aimé ! Des paysans mènent au fouet leurs attelages sur le chemin de Grassac, de retour sûrement de la foire d'Hautefaye. Pourquoi courent-ils si vite, quand il fait si chaud. Ce n'est guère leur habitude... Mélancolique, vaguement inquiète, Marie-Gabrielle laisse son regard se noyer sous les frondaisons du parc. Le vent s'est levé, bruisse dans les hautes ramures ; le vent tiède, électrique, avant-coureur de grands orages. Immobile, superbe dans sa robe à volants pervenche, elle maudit cette guerre qui va lui confisquer, pour des mois, pour toujours peut-être, celui à qui elle a dédié ses jours et ses nuits. Des nuages de moucherons en suspension tourbillonnent dans l'air épais, que perce comme des balles de fusil le vol bas des hirondelles et des martinets. Encore à peine audible dans le lointain, du côté de l'océan, une rumeur sourde se rapproche. C'est la bourrasque qui monte.

— Mon Dieu, faites qu'il arrive avant la pluie, murmure-t-elle presque à haute voix, en retournant s'asseoir au piano.

Bretanges.

Venu du premier, un cri effroyable déchire d'un bout à l'autre le silence des appartements plongés dans la torpeur de cette fin d'après-midi caniculaire. Gaston, son père, sa mère, Françoise, Marguerite se précipitent dans la chambre d'Adhémar. Lui qu'on croyait endormi et définitivement remis de sa crise de ce matin, est là, debout, tout nu, devant la fenêtre, les mains agrippées aux persiennes, la bouche ouverte, le menton en avant, la lippe pendante, les yeux écarquillés, braqués fixement sur quelque chose, dehors. Le malheureux hurle, hurle. Impossible de lui faire lâcher prise, impossible de le calmer. Dès qu'on s'approche, il secoue furieusement les persiennes, redouble son cri... Là-bas, au débouché de la route d'Hautefaye, un homme à la démarche lourde, accablé, tire par la bride le cheval d'Alain, aux étriers ballants. C'est Pascal, le cocher de Bretanges... Adhémar a tout compris, comme ce matin il avait tout pressenti...

Gravelotte, Rezonville.

16 août 1870, luxure du sang ! A l'heure où le jour tombe sur le foirail d'Hautefaye en haut duquel fument encore les cendres du bûcher, là-bas, à l'autre bout de la France, le même jour tombe sur une autre vision d'épouvante, à l'échelle, celle-là, de deux nations en guerre. Trente mille cadavres de soldats prussiens et français et dix mille cadavres de chevaux jonchent à perte de vue les flancs du ravin de Vincelles et les bois environnants : amas indescriptible de corps humains déchiquetés, renversés pêle-mêle au milieu des bêtes éventrées, ou debout, sabre à la main, figés en équilibre, dans la position où les a saisis la mitraille, chaos hallucinant de membres arrachés, de casques, de cuirasses cuivrées où se reflètent les dernières lueurs du soir. Des râles de blessés à l'agonie montent du charnier, auxquels font écho des hennissements de chevaux boiteux, en sang, errant au champ d'honneur. Toute la journée les combats ont fait rage autour de Gravelotte et Rezonville, dans les bois des Ognons, de Vionville, de Saint-Arnould, et pour finir, au fond du ravin. Combats terribles, les plus meurtriers depuis Reichshoffen. Charges furieuses des lanciers prussiens. Chevauchée de la mort ! disent les survivants qui ont sabré, mitraillé les uhlans avec l'énergie du désespoir. Ivres de kirsch et de carnage, ivres d'en avoir réchappé, nos soldats crient victoire au soir de la bataille. Mais le maréchal Bazaine, soucieux de ménager ses arrières, hésite, laisse piétiner ses troupes. L'armée prussienne en profite pour prendre l'avantage. Elle coupe la retraite et continue sa progression autour de Metz. L'Empire s'enfonce un peu plus chaque jour. Fraîche et joyeuse, cette guerre est décidément triste et pourrie.

Hautefaye.

Dans l'église transformée en chapelle ardente, les restes calcinés, tordus, d'Alain Romuald de Monéys d'Ordières recouverts d'un drap blanc gisent sur la bière au pied de l'autel illuminé de toutes les bougies qu'on a pu trouver à la sacristie et à l'épicerie Mondout ; à genoux dans la nef, Anna, prostrée, égrène son chapelet. A côté d'elle, quelques femmes du bourg, en pleurs, prient pour le repos de l'âme de ce « bon monsieur Alain », pendant que dehors Le Bon Dieu, Bésille, Dubois, Les Antony, Chaulet, Desvars et quelques autres farouches défenseurs du martyr d'Hautefaye montent la garde en attendant les gendarmes de Nontron.

Nontron, Mareuil, 17 août.

Les bruits des fureurs cannibales d'hier a saisi la population, comme un nouveau tocsin, plus terrible encore que celui de la guerre, rallumant soudain une vieille épouvante qu'on croyait à jamais éteinte « sous la cendre des siècles barbares » : la jacquerie ! Ceux qui ont brûlé Alain de Monéys, dansé autour du bûcher, goûté sa graisse, ont dit qu'ils ne s'arrêteraient pas là, qu'ils feraient justice aux nobles et aux prêtres qui envoient de l'argent à l'ennemi, qu'ils brûleraient les châteaux, pilleraient les églises... La psychose des fourches levées et des hordes incendiaires en chapeaux de paille répond à la psychose des « curés espions », des « gentilshommes prussiens », de la traîtreuse République. A Bretanges, des parents, des alliés, des voisins des Monéys viennent monter la garde et prendre leur tour de guet. Dans les castels et les logis nobles de la vallée de la Nizonne, les propriétaires se mettent en état de siège. Leurs métayers, comme ceux de Bretanges et de Montchoisy, prennent instinctivement leur parti contre les « affamés » et les « vauriens ». Même s'ils reconnaissent parmi eux des cousins ou des collègues, ils se disent sans hésiter prêts à se faire tuer plutôt que de laisser toucher à leur maître, à sa famille ou à ses biens. A Nontron et dans les petites villes, les commerçants, les bourgeois effrayés des « abominations » et de la « sauvagerie » paysanne parlent de mater la révolte. Les autorités s'émeuvent. Le sous-préfet télégraphie au préfet, demande des renforts de police. La municipalité invite à la défense civique. La gendarmerie est sur le pied de guerre. Elle investit les villages, les hameaux, les maisons isolées, à Hautefaye et dans toutes les communes périphériques. On traîne à la prison des suspects pieds et poings liés. Le juge Machenaud et le procureur Pavié interrogent, un à un, tous les habitants du bourg, dont la plupart ne parlent que patois, ce qui ne facilite pas l'enquête. L'auberge Mondout est transformée en cabinet d'instruction. Le Bon Dieu traduit pour ces messieurs les interminables explications souvent contradictoires des uns et des autres. On rapporte toutes sortes de rumeurs invérifiables. Des disputes éclatent. Quelqu'un affirme que si Mathieu n'a rien fait pour défendre la victime c'est qu'il lui devait de l'argent. Et même une jolie somme ! que M. de Monéys lui aurait prêtée depuis longtemps pour acheter des outils. On assure qu'Alain serait venu chez lui dans la matinée d'hier pour lui demander de bien vouloir le rembourser avant son départ pour la guerre, et qu'il aurait été très mal accueilli par la femme du maréchal-ferrant.

— Vous avez le reçu ?

— Il est dans mon portefeuille.

— Bon attendez, je m'en vais voir si on peut vous rendre cette somme.

Et quelques minutes plus tard :

— Nous ne pouvons vous rendre que le tiers.

— Ecoutez, j'ai été très patient avec vous, maintenant c'est tout ou rien.

— Eh bien ce ne sera rien. Votre reçu, vous pouvez le brûler !

Et la mégère aurait fermé la porte au nez de Monsieur de Monéys.

— Je vous le dis, monsieur le juge, insiste le témoin qui ne veut pas dire son nom, c'est elle, la Mathieu qui a mis le feu aux poudres et monté le monde contre M. de Monéys. Une peste cette femme-là, qui mène son homme par le bout du nez. C'est pour ça que le maire n'a pas levé le petit doigt pour secourir le malheureux et qu'il a crié aux assassins : « Faites-en ce que vous voulez, ce n'est pas mon affaire. Mangez-le si ça vous dit ! »

Madame Antony, de Plambeau, quant à elle, raconte la conversation « effarante » qu'elle a eue hier soir avec son métayer Mazière.

— Il était comme fou en rentrant d'Hautefaye. « Oui, nous avons tué et cramé le Prussien, m'a-t-il dit fièrement. Je l'ai frappé et je ne m'en repens pas. Il ne voulait pas crier : " Vive l'Empereur ! " et jusqu'au dernier moment, il n'a pas voulu en démordre. Le 9, à la foire de Charras, il lisait un journal sur la place publique. Il disait : " L'Empereur est perdu, il n'a plus de cartouches ! " Si nous avions été en nombre ce jour-là, nous lui aurions fait son affaire, mais nous n'étions que quatre ou cinq. Aujourd'hui, nous étions plus de quatre-vingts... Les autres sont allés dans les bois pour mettre le feu à Bretanges. Nous en tuerons bien d'autres. Notre seul regret est de n'avoir pas brûlé celui qui nous a échappé... » Ah, monsieur le juge, se désole la bonne dame, je ne comprends pas ce qui a pu lui passer par la tête. Ce garçon travaille chez nous depuis des années. Nous n'avons jamais eu à nous plaindre de lui, il a toujours été dévoué, honnête, travailleur, bon père de famille. Il connaissait M. de Monéys qui était notre voisin, un de nos fidèles amis et le meilleur homme qu'on puisse rencontrer. Non, vraiment, je ne comprends pas. C'est affreux, c'est affreux. Et quand vous pensez que notre maire a laissé faire tout ça et qu'il a répété plusieurs fois : « Mangez-le si vous voulez », lui qui connaissait d'autant mieux M. de Monéys que son frère est maréchal à Beaussac et son cousin, boulanger : il monte toutes les semaines le pain à Bretanges. Je dis, monsieur le juge, que cet homme est aussi responsable de ce qui s'est passé que mon métayer qui a perdu la raison...

Interrogé à plusieurs reprises par le juge Machenaud, Mathieu se défend comme un beau diable, accuse ses ennemis de faire des complots contre lui.

— J'ai fait tout ce que je pouvais pour défendre M. de Monéys qui était un homme estimable. Mais ils étaient au moins huit cents à l'attaquer sans le connaître. Sans gendarmes, avec trois malheureux fusils de chasse comment aurait-on pu maintenir l'ordre sur la commune. Je me suis adressé à la population pour calmer les esprits, mais j'ai été bousculé. Ils étaient à cent contre un...

— Et ils voulaient tout casser chez nous, renchérit sa grosse Marie. Si on les avait laissé faire, ils auraient mis le feu à la maison et vidé notre cave...

— Tous ces gens étaient des étrangers à la commune et au département venus faire la comédie chez nous, mettre la guerre à Hautefaye. Des vagabonds, des malfaiteurs, des bohémiens. Je n'ai reconnu personne d'ici et du voisinage. Mais jusqu'au bout j'ai demandé qu'on laisse M. de Monéys tranquille. Je leur ai dit que c'était un honnête homme. Ceux qui vous racontent le contraire sont mes ennemis. Ils veulent me chasser de la mairie. On a vu ça aux dernières élections...

Les deux malheureux greffiers n'en finissent pas de noter les déclarations des uns et des autres. Le dossier promet d'être énorme. Heureusement que les gendarmes sont là pour donner un coup de main. Les procès-verbaux d'interrogatoire, les témoignages s'entassent dans la serviette du juge. Beaucoup de gens qui étaient à la foire disent qu'ils n'ont rien vu ou accusent un tel ou un tel, pour se disculper. Mais à force de recoupements on arrive déjà à identifier quelques-uns des principaux meneurs. Et on a saisi tout ce qui peut servir de pièce à conviction : la cravache d'Alain, une de ses guêtres, son chapelet, la balance à crochet de Piarrouty, les gourdins maculés de sang, des pierres tachées de graisse humaine et même une allumette à moitié brûlée trouvée à côté du bûcher.

Dans l'église de Hautefaye gardée par deux gendarmes, Gaston de Monéys, Albert de Saint-Martin, Philippe de Galard ont veillé à tour de rôle les restes d'Alain, auprès desquels sont venus se recueillir et pleurer une foule de parents, de voisins, d'amis et de paysans des alentours. Tôt ce matin Marie-Gabrielle est entrée, soutenue par son père et son frère, le visage perdu de douleur sous un immense voile noir. Il a fallu qu'on la retienne pour qu'elle n'aille pas se jeter sur le brancard, étreindre les lambeaux de son aimé. Avant de partir, elle a déposé sur le drap la chaîne d'or et la médaille de la vierge qu'elle portait au cou depuis le jour de son baptême, ainsi que le petit médaillon avec sa photographie et une mèche de ses cheveux, qu'elle voulait donner hier à Alain en échange du sien.

Alcide Dusolier est venu lui aussi à la première heure dans l'église d'Hautefaye pleurer le martyre de son tendre camarade. Jamais de son existence il n'avait ressenti aussi cruellement la perte d'un être cher. Jamais non plus il n'avait éprouvé un tel sentiment de révolte et d'injustice qu'en face de ce crime innommable de barbarie et de lâcheté commis par une populace ivre, affamée de sang, abrutie par dix-huit ans d'Empire. Pas à pas, au sortir de l'église, Alcide a parcouru en silence, sans regarder quiconque, les étapes du calvaire d'Alain encore marquées de son sang comme les stations d'un chemin de croix. Insoutenable épreuve à laquelle Saint-Just s'est soumis pour honorer la mémoire de Polyeucte, son frère. Par quelles affres a-t-il dû passer, le malheureux, quand il a compris qu'il était perdu, que les monstres iraient jusqu'au bout de leur délire, qu'ils l'achèveraient comme une bête puante. « Tu as crié : " Vive la République ! ", crie maintenant : " Vive l'Empereur !... " Et ils l'ont fait crier jusqu'à ce qu'il ait rendu tout son sang, lâché son dernier souffle. « Tu as crié : " Vive la République !... " » Ah, le beau forfait ! que les fils de la lumière ont tous sur le bout de la langue et que ne répéteront jamais assez ceux qui veulent laver le pays de la honte et de l'ignominie. Vive la République !... Alain l'a-t-il crié ? Sans doute que non. Ce n'était pas dans ses manières. Mais c'était dans sa conduite : meurtri par la défaite, il avait décidé malgré sa patte folle de partir, simple soldat, avec son cheval, à l'image de ses plus lointains ancêtres, modestes chevaliers d'Hautefort, pour aller défendre sa patrie, alors que personne n'aurait trouvé à redire qu'il restât auprès des siens à vaquer aux affaires du domaine et de sa commune... Lentement Alcide s'est approché du Lac Desséché gardé par quatre gendarmes chargés d'écarter les curieux et les chiens. Mais c'est à peine s'il a pu poser les yeux sur cet amas de cendres éparpillées, humides, envahies de mouches, chargées d'odeur âcre et de relents de vinasse... Là, au bord de ce foirail de campagne, entre quatre peupliers, dans ce décor humble et paisible, il s'est trouvé des êtres à visage humain pour chanter, boire et danser autour d'Alain jeté au feu comme une charogne ! Voilà donc à quoi ont conduit dix-huit ans de superstition bonapartiste, d'idôlatrie impériale. Voilà l'exploit sublime qu'a offert notre belle population rurale à celui qu'elle continue d'appeler l'Elu de la Providence, l'Infaillible, le Bienfaiteur des campagnes, l'Ami des paysans, le Père du peuple. Vive l'Empereur ! Vive la mort !... Le regard brouillé, le cœur brisé, Alcide est allé un peu à l'écart, au coin du champ de luzerne. Il s'est assis sur une pierre. La tête dans les mains, il s'est mis à pleurer.

Beaussac, 18 août.

Toujours sous le choc de l'instant où elle a entendu Pascal sangloter : « Ils ont tué ce pauvre Monsieur Alain », Madame de Monéys n'a pas retrouvé ses esprits. Elle est, jour et nuit, depuis avant-hier soir dans un état de prostration proche de la catatonie, entrecoupé de crises de convulsions qui lui font pousser des cris d'horreur et hurler le nom de son fils d'une voix effrayante qu'on entend résonner dans toute la maison et jusque dans les métairies bien qu'on ait fermé les contrevents de sa chambre. Le docteur Roby-Pavillon est déjà venu quatre fois. Il a prescrit de la belladone et du bromure, mais la mère d'Alain refuse d'avaler quoi que ce soit. En désespoir de cause, le médecin, maire de Nontron, a écrit à son beau-frère Louis Guilbert psychiatre, maire de Périgueux, pour lui demander conseil et le prier de venir si possible à Bretanges examiner sa malade. L'infatigable docteur s'est également penché sur le sort de ce pauvre Adhémar qui rejette, lui aussi, toute nourriture depuis deux jours, et s'obstine à rester piqué devant sa fenêtre, les bras ballants, le regard fixe, la bouche ouverte, la langue roulée entre les dents.

Jusqu'à l'heure des obsèques d'Alain, Amédée de Monéys est resté auprès de sa femme à lui tenir la main, à lui caresser le front, à lui parler doucement.

— Louise ma chérie, Louise ma bonne amie...

Et Angèle s'est occupée d'Adhémar en attendant l'arrivée de sa sœur et de son beau-frère de Gironde. Bien entendu, il n'a pas été question que Madame de Monéys assiste à l'enterrement de son fils qui a eu lieu à dix heures ce matin, dans la plus stricte intimité familiale et domestique, au petit cimetière de Beaussac. A neuf heures, Amédée de Monéys est venu à Hautefaye rejoindre Gaston, Albert et Philippe pour la levée du corps. A la sortie de l'église, la plupart des habitants du bourg s'étaient rassemblés pour voir passer le cortège : les Mondout, les Antony, les Delage, les Jarreton, les Mercier, les Villard, les Bonnithon... et aussi le Mathieu qui n'avait tout de même pas osé se ceindre de son écharpe tricolore. Presque toutes les femmes pleuraient, beaucoup d'hommes aussi. L'abbé Saint-Pasteur qui ouvrait le convoi s'est incliné devant la foule et l'a bénie. Entouré de son fils et de son gendre, Amédée de Monéys n'a regardé personne. Il a traversé Hautefaye sans détacher les yeux de ces quelques mots flottant dans la couronne de lis rouges accrochée à l'arrière du cercueil : « A Alain, notre enfant chéri, mort dans l'amour du Seigneur. »

Paris, 19-20 août.

Séance fiévreuse à la Chambre. Les nouveaux désastres de la guerre, l'hécatombe des soldats, le mensonge des autorités qui persistent à minimiser nos pertes, à travestir les défaites en victoires déchaînent la colère de l'opposition républicaine. Dramatique aux frontières de l'Est, la situation le devient aussi à l'intérieur. Des nouvelles alarmantes arrivent des profondeurs du pays. Entre deux pugilats oratoires, un groupe de députés interpelle le gouvernement en comité secret « sur les jacqueries qui ont éclaté dans divers départements et menacent d'éclater partout ».

Le lendemain, le ministre de l'Intérieur répond publiquement à cette interpellation en donnant lecture à la Chambre de la circulaire qu'il vient d'adresser à tous les préfets.

Un acte de sauvagerie a été accompli récemment à Nontron, et sera l'objet de la réprobation générale. Un citoyen a été brûlé vif au milieu d'une population qui n'a pas eu l'énergie de s'opposer à un crime aussi odieux. Le renouvellement de pareils faits couvrirait notre pays de honte aux yeux de l'Europe et du monde civilisé.

Sur d'autres points du territoire les accusations les plus fausses, les plus injustes, ont été portées contre des citoyens honorables. Dans les temps d'épreuve que nous traversons, l'union s'impose à tous, et les haines particulières doivent s'effacer plus que jamais devant la nécessité de repousser l'ennemi commun.

Attachez-vous donc à bien faire comprendre autour de vous ce que la patrie attend de tous ses défenseurs. Réprimez énergiquement toute attaque violente contre les propriétés et les personnes. Faites appel à tous les honnêtes gens, et encouragez-les à livrer aux tribunaux ceux que la passion égare, que la haine et la cupidité excitent.

Je compte sur votre vigilance et sur votre patriotisme pour flétrir et punir les tentatives dirigées contre la sûreté des personnes et la tranquillité de l'Etat.

Pour les boutefeux d'Hautefaye qui attendaient une récompense de leur Empereur et une paye du gouvernement, le coup est rude, la désillusion amère. Décidément Napoléon n'est plus ce qu'il était !

Nontron, 21 août.

Depuis quatre jours, les gendarmes à cheval ratissent la campagne aux environs d'Hautefaye. Témoins et prévenus défilent jour et nuit dans le bureau du juge Marchenaud. Cinquante personnes sont déjà en état d'arrestation. A la prison, où il n'y a habituellement guère plus d'une dizaine de détenus, c'est le branle-bas. Les cinq gardiens sont débordés. On entasse les paysans arrêtés à sept ou huit par cellule. Ils hurlent leur innocence. Les cris qu'ils poussent aux fenêtres s'entendent de tout le quartier, jusque dans le bureau du juge. Leurs parents, leurs amis, leurs voisins viennent manifester sur le boulevard entre le palais de justice et la prison. Le bruit court dans la ville que ces gens veulent profiter de la nuit pour attaquer la prison et délivrer les assassins. Des jeunes Nontronnais indignés par l'affaire, dont ils ont lu le premier récit complet dans le journal de ce matin, se constituent en garde civique et se mettent à la disposition du commandant de gendarmerie, bien déterminés à faire le coup de feu s'il le faut.

« *Une panique semble s'être emparée des gens de la campagne, s'inquiète* Le Nontronnais. *La plupart, et c'est peut-être malheureusement le plus grand nombre, soupçonnent les prêtres et les nobles de faire passer l'argent aux Prussiens. C'est cette idée absurde, à laquelle des meneurs ne sembleraient pas étrangers, qui expliquerait, sans l'excuser le crime d'Hautefaye et quelques tentatives faites contre des habitations de la campagne, tentatives qui ont été déjouées par l'attitude des populations et le dévouement de la gendarmerie, qui est obligée de se multiplier. Des mesures sont prises aujourd'hui pour parer à toutes les éventualités criminelles.* »

Paris, Bordeaux, 23 août.

On lit en première page du *Journal Officiel :*

« *Le crime commis dans l'arrondissement de Nontron, et qui a excité une légitime horreur, est l'objet d'une information judiciaire conduite avec vigueur et rapidité. Des instructions ont été données pour que les inculpés soient traduits devant les assises en session extraordinaire, aussitôt que le permettront les délais légaux.* »

A Bordeaux, la chambre des mises en accusation de la cour impériale, réunie d'urgence, délègue un de ses membres, M. Boreau-Lajanadie pour continuer l'information de l'affaire.

Nontron, 24 août.

Le magistrat délégué de Bordeaux débarque au palais de justice, flanqué de M. Lafargue commis-greffier et annonce au juge Machenaud qu'il prend la suite de l'instruction avec mission de « la mener rondement ». Décision de la cour ! qui a reçu des instructions du gouvernement. Un renfort de gendarmerie arrive de Libourne dans la soirée. Le jour même, une dépêche tombe à la sous-préfecture :

Par décret rendu sur la proposition du ministre de l'Intérieur, M. Mathieu (Bernard), maire de la commune d'Hautefaye, est révoqué de ses fonctions.

Périgueux, 26 août.

Atterré par la situation militaire qui se dégrade d'heure en heure, de dépêche en dépêche, le fringant « préfet à poigne » de la Dordogne qui sent s'effriter dans ses doigts le régime auquel il a voué sa carrière, est de surcroît singulièrement préoccupé de l'esprit public de son département réputé exemplaire. Le Périgord vient de donner, à Hautefaye, une preuve de ferveur bonapartiste pour le moins fulgurante dont le cher homme se serait bien passé. Rappelé à l'ordre par son ministre, alerté quotidiennement par ses sous-préfets qui redoutent des flambées de violence dans les campagnes, M. Boffinton adresse un appel « douloureux » à tous les maires.

On affirme que sur plusieurs points du département, quelques esprits égarés sèment autour d'eux des sentiments coupables. On cherche à troubler le repos public par des excitations contre certaines personnes que l'on veut accuser d'intentions favorables à l'ennemi. Je compte sur vous, monsieur le maire, pour arrêter ces tendances, si elles se produisaient dans votre commune.

Dites bien à vos administrés que l'autorité veille au salut du pays et qu'elle ferait sans hésitation justice des tentatives qui pourraient le compromettre : les coupables n'échapperaient pas à la rigueur des lois.

En présence de l'étranger, tous les corps doivent se fondre dans l'union la plus étroite, toutes les forces de la France doivent se réunir pour prouver qu'elle est toujours la grande nation inspirant du respect à tous par la virilité de ses résolutions et le calme de son vrai courage.

Aidez-moi, monsieur le maire, à faire disparaître les mauvaises pensées. Demandez à ceux qui vous entourent de vous donner leur concours pour réprimer avec vigueur les attaques contre les personnes et les propriétés et pour livrer aux tribunaux ceux qui, dans un moment de criminelle aberration, oublieraient les lois suprêmes de la civilisation et de l'humanité.

C'est la douleur dans l'âme que je fais appel à votre dévouement. Notre département a été le théâtre d'un crime horrible ! Il faut l'expier par une résistance énergique.

A Nontron, la population toujours sous le choc du drame du 16 août vit dans la hantise des fureurs paysannes. On lit dans *Le Nontronnais :*

De toutes parts, nos jeunes gens s'enrôlent sous les drapeaux. Ceux qui, même exempts de droit, appartenant aux familles les plus aisées et les plus haut placées, pourraient, sans qu'on pût le leur tenir à crime, rester chez eux, partent les premiers entraînant leurs voisins et amis. Ils tiennent, avec raison, à donner l'exemple. Nous espérons que cette conduite patriotique et générale mettra un frein aux calomnies basses et lâches de certains meneurs éhontés qui dans l'ombre vont propageant partout le bruit aussi odieux qu'ignoblement absurde que prêtres, riches et nobles font passer de l'argent aux Prussiens. Il serait à désirer que l'on pût enfin mettre la main, et faire un éclatant exemple, sur ces fauteurs de désordres, agents d'une ligue impie de malfaiteurs de bas étage, dont on vient de voir les tristes fruits dans l'abominable affaire d'Hautefaye.

L'anxiété grandit, amplifiée par les nouvelles d'exactions du même genre qui se produisent dans d'autres régions de France.

Est-ce que le pillage des campagnes viendrait s'ajouter aux calamités de la guerre dans les départements mêmes qui ne sont pas envahis ou menacés par l'ennemi ? poursuit le même journal.

Des bandes de paysans parcourent la Picardie, en semant l'alarme sur leur passage. Ils ont voulu piller, assure-t-on, le château de Suzanne, appartenant à M. le comte d'Estourmel, député de la Somme au corps législatif. Le château de Tillolay, appartenant à M. le comte d'Hinnisdal, n'a échappé au pillage que parce qu'en l'absence du châtelain, compris dans la garde mobile, l'intendant a placardé sur les murs une affiche ainsi conçue : respect à la propriété d'un soldat français.

Quand on demande aux paysans pourquoi ils veulent mettre les châteaux à sac : — Parce que les maîtres des châteaux, répondent-ils, font passer en cachette de l'argent aux Prussiens.

Cette inepte calomnie, il faut le dire, paraît être le résultat d'un mot d'ordre général, car ces mêmes faits désolants, fondés sur le même motif odieux et stupide, se sont produits dans le Midi et le Sud-Est de la France. Ce serait vraiment trop de malheurs à la fois que d'avoir à lutter en ce moment contre deux ennemis peu scrupuleux, qui s'entendent comme larrons en foire : la Prusse et la Jacquerie.

Propriétaires, soyez sur vos gardes !

Hautefaye, 27 août.

Ce matin, Bernard Mathieu n'est pas à la noce. Planté devant chez lui avec les conseillers municipaux de la commune qui n'ont jamais été si peu bavards, le vieux maréchal-ferrant n'attend rien de bon de l'heure qui vient. Hier soir, il a reçu un billet du sous-préfet le priant de se tenir prêt à le recevoir à neuf heures, revêtu des insignes de sa fonction et en présence de tous les membres du conseil municipal.

A neuf heures cinq, roulement d'équipage, battement de cavalerie à l'entrée du bourg, sur la route de Nontron... Depuis dix jours, on commence à être habitué à ces bruits. Mais aujourd'hui on dirait une armée qui s'avance. Quelques instants plus tard, l'étroite ruelle de chez Mathieu, en face l'église, est noire d'uniformes. Vingt gendarmes ont pris position de part et d'autre de la maison. Lèvres serrées, figure misérable, ventre noué de tricolore, chapeau à la main, le maire d'Hautefaye est figé en haut de ses trois marches, au bas desquelles se sont rangés les conseillers penauds. Un roulement de tambour raidit l'assistance. Le chien du maréchal-ferrant aboie. Une voix sententieuse s'élève.

— Napoléon par la grâce de Dieu et la volonté nationale, Empereur des Français ! A tous présents et à venir, salut ! Notre conseil des ministres entendu, avons décrété et décrétons ce qui suit :

« Article premier. Monsieur Mathieu Bernard est révoqué de ses fonctions de maire de la commune d'Hautefaye, arrondissement de Nontron, Dordogne.

« Article 2. Dans l'attente de la nomination d'un nouveau maire de ladite commune d'Hautefaye, Monsieur le préfet de la Dordogne désignera parmi les membres du conseil municipal, un titulaire chargé d'occuper provisoirement cette fonction.

« Article 3. Notre ministre de l'Intérieur fera exécuter le présent décret par qui de droit.

« Fait au Palais des Tuileries, le 24 août 1870. Pour l'Empereur et en vertu des pouvoirs qu'il nous a confiés. Eugénie. »

Une manche brodée d'or se lève. Le père Mathieu descend les trois marches, pesamment, s'avance vers l'homme au bicorne à plume d'autruche. Le comte de Labatut, sous-préfet de Nontron, sort son épée du fourreau, glisse la pointe sous l'écharpe du maire d'Hautefaye et tire un coup sec. La soie se déchire. Un chiffon tricolore tombe sur le sol étoilé de bouses de vache. Un gendarme se baisse, le ramasse et le remet au secrétaire de la sous-préfecture. Mathieu, hébété, remue les lèvres mais aucune parole distincte ne sort de sa gorge nouée. Le sous-préfet lui fait signe de rentrer chez lui. Le vieux maréchal-ferrant voûté, écrasé de honte s'arrête en bas des marches. Le comte de Labatut reprend la parole.

— Par arrêté du préfet de la Dordogne, en date du 26 août 1870, Monsieur Elie Mondout, conseiller municipal, assumera provisoirement les fonctions de maire d'Hautefaye avec le titre de premier adjoint. Les registres municipaux seront transportés à son domicile où se tiendront désormais les délibérations du conseil de la commune.

Pour Mathieu, c'est le coup de grâce. Un éclair de haine passe dans ses yeux. Mais la grosse Marie apparaît en haut des marches, tire son homme à la maison et referme la lourde porte de bois cloutée. Le sous-préfet s'avance vers Le Bon Dieu, lui serre la main, l'invite à transporter immédiatement chez lui les registres de la commune, l'urne électorale, le portrait de l'Empereur et donne ordre au capitaine de gendarmerie de faire rouvrir la porte de chez Mathieu.

Angoulême, 28 août.

Un coupé s'arrête devant la caserne à la nuit tombée. La portière s'ouvre. Un militaire descend, son paquetage à la main. En uniforme de cuirassier, l'homme au loup porte beau, mais le cœur n'y est pas. S'il s'est décidé à partir c'est finalement sous la pression de ses parents qui partagent l'affreuse douleur de leurs cousins de Bretanges, d'autant plus cruellement qu'ils ne peuvent s'empêcher de penser que peut-être Camille aurait pu faire quelque chose pour sauver Alain. Henri de Maillard accompagne son fils jusqu'au poste de sentinelle, l'embrasse et lui serre le bras.

— Ecris à ta mère, elle en a bien besoin. Et rapporte-nous la victoire.

Sedan, 1er septembre.

Hallali ! L'heure de vérité sonne sur la rive droite de la Meuse. Encerclée, pilonnée, décimée, notre vaillante armée est cette fois à la merci des Prussiens. Quelques heures de plus et c'est l'écrasement, la boucherie. Dans la rage du combat, Louis-Napoléon à bout de forces, la vessie en sang, fou de douleur, désespéré de n'avoir pu trouver la mort qu'il a cherchée toute la matinée en s'exposant au feu des mitrailleuses, capitule. Retranché dans la sous-préfecture dont les vitres volent en éclats, le pauvre homme trace d'une plume erratique sa reddition au kaiser.

« Monsieur mon frère, n'ayant pu mourir au milieu de mes troupes, il ne me reste plus qu'à remettre mon épée entre les mains de Votre Majesté. Je suis de Votre Majesté, le bon frère. Napoléon. »

2 septembre.

Haut-de-forme, jaquette, Légion d'honneur en écharpe, le regard terreux, le visage soufflé, le teint blême à faire peur malgré le maquillage, un vieillard tassé dans le fond d'une calèche bricole nerveusement entre ses doigts une cigarette toute mâchonnée. Galonné d'or, un piqueur à cheval, en bicorne, livrée verte à la française, pantalon rouge, ouvre la marche. Des officiers en tenue d'apparat et mine d'enterrement escortent la voiture. Des écuyers suivent en panaches. Le cortège avance au pas au milieu des décombres, sur le boulevard aux façades crevées, envahi d'une cohue de brancardiers, d'hommes estropiés, pansés à la sauvette, de soldats hirsutes, couverts de boue, hâves, vaincus de toutes les armes ! Et de civils sinistrés, de chevaux affamés, de chiens errants. Quelqu'un se précipite pour tirer par les pieds un cadavre déchiqueté étendu sur la chaussée... Ah, qu'ils sont loin les retours triomphants de Crimée, d'Italie où l'Empereur vainqueur traversait Paris pavoisé à la tête de son armée, acclamé par tout un peuple. Aujourd'hui la foule s'écarte et tourne le dos pour ne pas voir celui par qui la défaite est arrivée. Aux portes de la ville, une voix, une seule, crie : « Vive l'Empereur ! » Napoléon III esquisse un geste, échappe son mégot, cherche des yeux... Il ne saura jamais qui lui a adressé ce cri, le dernier qu'il entendra sur son passage, le dernier adieu de la France. Une heure plus tard, l'empereur des Français remet sa personne entre les mains de son « frère », le roi de Prusse, empereur d'Allemagne. Les conditions imposées par l'ennemi sont terribles : cent mille soldats français prisonniers des Prussiens. Tout le matériel militaire — armes, drapeaux, canons, chevaux, équipages, munitions... devient immédiatement propriété de l'armée allemande. Quant aux conditions de paix avancées, elles tiennent en une phrase : quatre milliards d'indemnité, la cession de l'Alsace et de la Lorraine à la Prusse.

Louis-Napoléon écrit à Eugénie : « Il m'est impossible de te dire ce que j'ai souffert et ce que je souffre. J'aurais préféré la mort à être témoin d'une capitulation si désastreuse. Cependant dans les circonstances présentes, c'était la seule manière d'éviter une boucherie de soixante mille personnes. Je suis au désespoir. »

Paris, 4 septembre.

Il aura fallu attendre presque trois jours pour que le gouvernement impérial se décide à annoncer la vérité aux Français. A une heure du matin, sous le plafond de verre de la Chambre d'où tombe une lueur verdâtre de lampes de gaz, le général Cousin-Montauban, duc de Palikao, ministre de la Guerre, monte à la tribune et, après une longue circonvolution tendant à justifier l'injustifiable, lâche dans le silence de mort :

— Messieurs, l'armée a capitulé, l'Empereur est prisonnier.

Une grosse mouche vole dans la verrière du palais Bourbon. A gauche dans l'hémicycle, un homme au superbe pelage argenté se dresse. D'une voix accordée au vibrement de l'Histoire, Jules Favre, député de Paris, demande la « déchéance » de l'Empereur, de sa dynastie, et la constitution d'une commission de gouvernement qui aura pour mission de « résister à outrance à l'invasion »...

A la sortie de la séance, vers deux heures du matin, une foule de Parisiens a déjà envahi les couloirs de l'Assemblée aux cris de : « Déchéance ! A bas l'Empire ! »

— Patience, répond Jules Favre. Justice sera faite, comptez sur vos représentants...

Réveillés en pleine nuit par la rumeur qui court les rues de la capitale, les gens se mettent aux balcons, s'habillent, descendent, drapeaux sous le bras. Sur les boulevards, le peuple martèle le pavé.

— Déchéance ! A bas l'Empire ! Vive la République ! Vive la France ! Allons z'enfants !...

Les sergents s'énervent, montrent l'épée, sortent les casse-tête, tirent... Mais la volonté du peuple est foudroyante et le moral des gaudillots, avachi. A midi, reprise de la séance au corps législatif. Tout Paris est dehors dans la lumière radieuse de ce beau dimanche de fin d'été. Direction la Concorde et la Chambre ! Ce n'est pas un mot d'ordre, c'est un instinct. Sur la place, sur le pont, la cohue des grands jours est de sortie entre les cordons de gardes nationaux, de gardes mobiles, de « lignards » qui changeraient bien leur uniforme contre une blouse de ramoneur. Sous la verrière où filtre maintenant le grand soleil, ces messieurs tournent autour du pot, cherchent des mots : « Conseil de gouvernement, défense nationale... Vu la vacance du pouvoir, vu les circonstances... » La foule s'impatiente, pousse, pousse vers la Chambre. Le sixième bataillon de la garde dégaine. L'acier brasille au-dessus des têtes. Mais la marée continue de monter. Rien ne l'arrêtera. Le barrage craque. La foule atteint les marches, enfonce les portes, inonde le hall, déferle dans les couloirs, mugit dans les escaliers, remplit les tribunes publiques. L'hémicycle est presque vide : une quinzaine de députés tout au plus.

— La représentation nationale a capitulé ! Pouvoir au peuple ! grasseye un homme en blouse et casquette.

— Messieurs les députés délibèrent dans les bureaux, répond un huissier.

Debout à son fauteuil, le président Schneider est vert. Assis au banc du gouvernement, Palikao se décompose. Un vieux député tout frisé, glabre, se lève et s'adresse à la foule avec une bonhommie provençale.

— Mes chers et bons amis, vous me connaissez, je suis le citoyen Crémieux, nous nous sommes engagés, nous, les députés de la gauche...

Mais le peuple n'est pas venu pour un prône. Une véhémente clameur fait trembler la verrière.

— La République ! Nous voulons la République ! Vive la République !

De grands drapeaux tricolores balayent l'air confiné du corps législatif. Léon Gambetta monte quatre à quatre les escaliers de la tribune.

— Citoyens, vous pouvez donner un grand spectacle, celui d'un peuple unissant l'ordre et la liberté.

Le peuple applaudit le tribun aux épaules de lutteur.

— Oui ! Oui ! Et la République ?

— Eh bien, si vous le voulez, je vous le demande, je vous en adjure : que dans chaque tribune, un groupe se charge d'assurer l'ordre. Puis, attendez en silence. La gauche s'est engagée vis-à-vis de la Chambre à faire respecter la liberté de ses délibérations.

— Oui ! Oui ! Vive Gambetta ! Vive la République !

Le brouhaha s'est un peu calmé. Des députés de retour de délibération entrent dans la salle. Le président Schneider, serré dans ses vernis, invite à son tour le public à suivre les « sages » conseils de « l'honorable » M. Gambetta. Mais « M. du Creusot », de sanglante mémoire, si petit qu'il se fasse n'a pas l'oreille des blouses. Bruits et mouvements divers accueillent son intervention. Un semblant de débat s'amorce dans la houle, balayé quelques minutes plus tard par une lame de fond qui envahit l'hémicycle par la porte arrière. Le peuple déferle au parterre aux cris de : « Déchéance maintenant ! République de suite !... » M. Schneider craque, lève la séance et quitte son perchoir sous les huées. Quant à son chassepot, le général Palikao, il est déjà en route pour les Tuileries où Eugénie, morte d'inquiétude, attend des nouvelles. De jeunes manifestants escaladent la tribune, prennent d'assaut le perchoir, montent sur le fauteuil du président Schneider, agitent sa sonnette.

— La séance continue !

Des gardes nationaux qui ont arraché l'aigle de leur shako, font leur entrée dans l'hémicycle.

— Vive la République ! On acclame les ralliés, on agite les drapeaux. Inquiets les députés de gauche invitent la foule au calme, lui demandent de dégager les tribunes. Mais la sarabande continue.

Gambetta prend son souffle et harangue les citoyens.

— Est-ce que vous n'avez plus confiance en vos représentants ?

— Si ! Si ! On va voir ! On va voir !...

— Eh bien, reculez quand je vous le demande et soyez sûrs que nous allons prononcer la déchéance !

— Et la République ! Et la République !

Le ténor se hisse à la tribune.

— Citoyens ! Citoyens !... Attendu que la patrie est en danger, attendu que tout le temps nécessaire a été donné à la représentation nationale pour prononcer la déchéance, attendu que nous sommes et que nous constituons le pouvoir régulier issu du suffrage universel libre, nous déclarons que Louis-Napoléon Bonaparte et sa dynastie ont à jamais cessé de régner sur la France !

La foule explose. Acclamations, cris, salves d'applaudissements secouent les colonnes du palais. Seules les cariatides et les deux statues monumentales, la Liberté et l'Ordre public, restent de marbre dans ce tohu-bohu. A la tribune, Jules prend le relais de Léon pour abjurer la foule d'éviter la guerre civile.

— Citoyens ! De grâce, pas de journée sanglante ! Guerre aux Prussiens seulement !

Beaucoup de voix acquiescent, mais beaucoup d'autres s'impatientent.

— Et la République ! Et la République !...

— Citoyens ! s'écrie Jules Favre, la République, ce n'est pas ici que nous devons la proclamer...

Gambetta enchaîne.

— Citoyens, allons la proclamer à l'Hôtel de Ville.

Un cortège immense traverse Paris, aux accents de la *Marseillaise* et du chant du départ, aux cris de : « Badinguet déchéance ! Vive la République ! » La foule en liesse grossit à chaque pas. Zouaves, ouvriers, bourgeois, boutiquiers fraternisent. Fleur au fusil, cocarde au gibus. Sur le chemin, on arrache les aigles, les N et les E des façades. On brûle dans la joie tout ce qui peut signifier Empire, Bonaparte, Napoléon, Eugénie, Loulou. Des manifestants enfoncent les grilles des Jardins des Tuileries...

A quatre heures moins le quart, dans un froufrou de moire, l'impératrice quitte le palais par une porte de derrière, monte dans un fiacre et va se réfugier chez son dentiste, le brave docteur Evans.

A quatre heures, les députés de gauche entrent à l'Hôtel de Ville. Libéré depuis un quart d'heure, porté en triomphe par ses partisans, Rochefort arrive de Sainte-Pélagie et prend la révolution en marche.

A quatre heures trente-cinq, Léon Gambetta s'avance vers la fenêtre. Le peuple est sur la place, dans les arbres, en haut des réverbères, sur les toits. Il chante, hurle, vibre. Un citoyen monté sur le campanile de l'Hôtel de Ville coiffe l'aigle du drapeau d'un bonnet phrygien. Un homme en blouse passe devant Gambetta avec un drapeau rouge en criant : « Vive la Commune de Paris ! » Gambetta le lui prend des mains et lui donne à la place un drapeau tricolore.

— Aujourd'hui citoyen, on crie : « Vive la République ! »

Quelques pas de plus, et l'enfant du bazar gênois de Cahors paraît au grand balcon, la main en avant comme s'il voulait caresser l'encolure d'un pur sang.

— Citoyens ! La République est proclamée ! Le gouvernement de la défense nationale est constitué !

Le cœur de Paris tressaille. On jette à pleines poignées par les fenêtres de l'Hôtel de Ville des myriades de paperolles qui essaiment sur la foule en fête. Ce sont les restes de bulletins OUI du plébiscite de mai trouvés dans les armoires. Gambetta, debout sur un nuage, annonce que le gouvernement est composé de onze députés de gauche de Paris « déjà investis du mandat populaire, et que la démocratie avait, pour ainsi dire, choisis d'avance : Emmanuel Arago, Adolphe Crémieux, Jules Favre, Jules Ferry, Léon Gambetta, Louis-Antoine Garnier-Pagès, Alexandre Glais-Bizoin, Eugène Pelletan, Ernest Picard, Henri Rochefort, Jules Simon. Le général Trochu, maintenu dans ses pouvoirs de gouverneur de Paris est nommé ministre de la Guerre en remplacement du général Palikao ». *Vox populi, vox dei!* La foule acclame un à un le nom de ses nouveaux ministres.

L'Empire si cher aux paysans d'Hautefaye s'en est allé comme un vol de papillons blancs dans le ciel de Paris. François-Frédéric Steenackers, nommé directeur du télégraphe, fait distribuer sur les pupitres la première dépêche de la IIIe République à MM. les préfets.

La déchéance a été proclamée au corps législatif. La République a été proclamée à l'Hôtel de Ville...

Expédition immédiate.

Périgueux.

A huit heures du soir, Louis Guilbert du balcon de la mairie annonce la nouvelle à la population et invite « tous les bons citoyens à s'unir pour consolider la jeune république et maintenir la tranquillité ».

Le conseil municipal délègue deux de ses membres « pour se rendre à la préfecture et maintenir l'ordre au cas où il serait troublé » et après délibération adresse une dépêche à Gambetta.

Le conseil municipal de Périgueux prie Monsieur le ministre de l'Intérieur de pourvoir immédiatement au remplacement du préfet actuel, et désigne au choix du gouvernement le docteur Guilbert, maire et premier inscrit au conseil municipal.

La réponse arrive le lendemain à sept heures.

Le gouvernement félicite la population de Périgueux et nomme préfet de la Dordogne M. Guilbert.

Le très cher frère des Amis Persévérants et l'Etoile de Vésone réunis s'installe dans les meubles de M. Boffinton et fait retirer tous les aigles du palais de la préfecture. Trois générations de républicains périgourdins viennent acclamer, sous les magnolias du jardin aux grilles grandes ouvertes, le préfet de la liberté.

Stuttgart, 6 septembre.

Grand mouvement populaire en Allemagne en faveur de l'annexion des territoires français occupés. Une résolution est affichée sur les murs de la ville :

« Le peuple allemand repousse toute tentative d'intervention des puissance neutres, lors de la conclusion de la paix. La conquête de l'Alsace et de la Lorraine est la seule garantie pour l'Allemagne contre les convoitises de la France. »

Les Prussiens assiègent Laon, prennent Reims, marchent vers Paris. L'Empire s'est envolé, les mitrailleuses arrivent.

Nontron, 7 septembre.

Porté par la vague, Alcide Dusolier, thuriféraire de Gambetta en Périgord, est nommé sous-préfet de sa ville natale. A l'orient de Nontron, on sable le champagne à la gloire du frère orateur et de tous les frères « Trois points » du gouvernement. Maintenant on peut crier : « Vive la République ! » à la lumière du jour et chanter « Amour sacré de la patrie » à genoux sur les marches de la mairie. Parmi les tout premiers dossiers qu'Alcide trouve sur son bureau : celui de l'affaire d'Hautefaye et de ses suites. Notables, bourgeois, villageois craignent une révolte des campagnes. Un groupe d'élus des cantons vient demander au jeune sous-préfet d'obtenir du gouvernement de la défense nationale la suppression pure et simple de la commune d'Hautefaye, indigne désormais de figurer sur la carte de France. Alcide qui se réveille la nuit, hanté par d'insoutenables visions du calvaire d'Alain, donne suite à cette requête.

Paris, 8 septembre.

Gambetta, ministre de l'Intérieur déclare « la patrie en danger » et recommande à tous les préfets une activité énergique.

Le général Trochu annonce aux Parisiens que l'ennemi marche sur la capitale. « Le gouvernement compte sur le patriotisme de tous. »

Jules Favre, ministre des Affaires étrangères, réaffirme la position du nouveau gouvernement face à la poursuite de l'invasion.

« Le roi de Prusse veut-il continuer une guerre impie ? Libre à lui d'assumer cette responsabilité devant le monde et devant l'histoire. Si c'est un défi, nous l'acceptons. Nous ne céderons ni un pouce de notre territoire ni une pierre de nos forteresses. »

Périgueux.

Louis Guilbert fait déposer chez l'imprimeur Charles Rastouil le texte de la proclamation qu'il a décidé de faire afficher sur toute l'étendue de son département, jusque dans les plus modestes hameaux.

Habitants de la Dordogne !

Un gouvernement aveugle a engagé la France dans une guerre funeste. A douze cent mille Allemands, deux cent mille Français ont été opposés : c'est dans l'effrayante proportion d'un contre six qu'ont lutté nos fils et nos frères !

Mal dirigés par certains chefs dont les plus brillantes campagnes s'étaient faites dans les antichambres, ils sont tombés en grand nombre au champ d'honneur, obscures victimes de l'incurie d'un gouvernement que l'histoire jugera avec sévérité. De revers en revers, dans cette lutte inégale, malgré le courage héroïque de nos soldats, nous en sommes arrivés à la déplorable capitulation de Sedan, par laquelle, sans même consulter ses généraux, Napoléon a livré à la Prusse plus de cent mille de nos soldats.

La France envahie, pillée par l'ennemi, semblait perdue. La déchéance de l'Empire fut solennellement proclamée : c'était justice ! Et le gouvernement de la défense nationale fut institué, composé de tous ceux qui, au nom de la raison et de l'humanité s'étaient, dès le principe, énergiquement prononcés contre une guerre qu'ils savaient impossible.

Paris, tête et cœur de la France, Paris qui, debout aujourd'hui dans un suprême effort, se dispose à venger nos malheurs, acclama avec enthousiasme la République, comme l'unique moyen de sauver la patrie.

Habitants des campagnes !

Pour vous prémunir contre les dangereuses excitations de ceux que l'aveuglement pourrait rattacher encore au régime déchu, il importe de vous dire en peu de mots ce qu'est la République. Elle n'est ni le désordre, ni l'anarchie, ni l'instabilité. Honte à ceux qui oseraient propager de semblables idées ! La République, c'est le gouvernement du pays par le pays, c'est la volonté de tous substituée aux caprices d'un seul, c'est la nation prenant en main les intérêts du peuple !

La République est l'union de toutes les intelligences et de tous les cœurs pour le bien et la prospérité de la patrie. Elle est l'avènement de toutes les libertés, sous l'éternelle sauvegarde du droit et de la justice. Pour le moment, elle est surtout la délivrance, la défense nationale. Nous étions perdus, nous allons être sauvés. Nous tombions, elle nous relève ! Ayons confiance, mais soyons prêts ! Oui, soyons prêts, tous, à concourir dans la mesure de nos forces, à repousser les Prussiens de notre territoire.

Armons-nous de toutes armes : nos fils luttent pour le salut public, mais nous, ce sont nos foyers et nos biens péniblement amassés que nous allons défendre, ce sont nos enfants et nos femmes que nous allons protéger !

Si l'ennemi se hasarde à venir jusqu'à nous, que chaque ville, que chaque village imite le glorieux exemple de Paris, de Strasbourg, de Phalsbourg, de Toul, de Verdun. Souvenons-nous de Laon, dont le brave commandant, plutôt que de se rendre, a fait sauter la citadelle, ensevelissant six cents Prussiens sous les décombres !

Nous ne combattons plus pour servir l'ambition d'un homme, nous luttons pour l'affranchissement de notre pays, foulé du pied par des hordes barbares. Le sang de nos enfants immolés crie vengeance! Sachons prouver au monde qui nous regarde que la France de 92 n'a pas dégénéré.

Unissons-nous dans une pensée commune. Oublions nos divisions. Soyons frères devant le péril! Et comme nos aïeux, nous sauverons la patrie au cri de : VIVE LA RÉPUBLIQUE *!*

Paris, 9 septembre.

Le gouvernement convoque les collèges électoraux pour le 16 octobre en vue de l'élection d'une Assemblée constituante. Le scrutin de liste est rétabli.

Bordeaux, 11 septembre.

Se fondant sur l'urgence exceptionnelle qu'il y a à soumettre le crime d'Hautefaye au verdict des jurés de la Dordogne, Monsieur Raoul Duval, président de la cour, ordonne qu'une session extraordinaire des assises s'ouvrira le 26 septembre à Périgueux, sous la présidence de M. le conseiller Brochon.

12 septembre.

Les Prussiens se rapprochent toujours de la capitale. Bombardée sans arrêt depuis plusieurs jours, la ville de Strasbourg est en partie détruite. La guerre prend l'allure d'une dévastation.

Nontron, 13-18 septembre.

Nouveaux bruits, nouvelles alarmes. Des paysans bonapartistes racontent à qui veut l'entendre que les prisonniers d'Hautefaye vont bénéficier du décret d'amnistie édicté par la République le 4 septembre.

Dusolier est indigné.

— Ah non alors! S'ils s'imaginent que la République va relâcher ces monstres qui ont martyrisé Alain.

Chaque fois que le nom de son ancien condisciple lui revient sur les lèvres, Alcide ne peut s'empêcher d'étouffer un sanglot. Même devant son secrétaire.

— Pierre voulez-vous prendre une dépêche pour la préfecture.

— Oui, Monsieur le sous-préfet.

— *Mon cher Louis, les assassins d'Hautefaye peuvent-ils prétendre bénéficier des mesures d'amnistie ? Ce serait une honte. Interrogez le ministère par dépêche. J'écris sur-le-champ mon point de vue à Gambetta. J'attends votre réponse. Fidèlement. Alcide.*

La réponse arrive le lendemain par dépêche confidentielle.

Préfet à M. le sous-préfet de Nontron.

Je vous transmets une dépêche du ministre de la Justice relative au crime d'Hautefaye. Les assassins qui brûlent un homme vif ne peuvent être compris dans l'amnistie, parce qu'ils ont voulu faire crier vive l'Empereur à cet infortuné. Rien assurément ne les empêche de ce moyen de défense, mais la justice prononcera. Faites une proclamation. Je télégraphie au ministre pour faire presser le jugement.

Le jour même, vingt et un paysans inculpés du meurtre d'Alain de Monéys embarqués menottes aux mains dans deux fourgons cellulaires quittent la prison de Nontron pour celle de Périgueux, encadrés d'une soixantaine de gendarmes à cheval et d'un peloton de gardes mobiles volontaires. La foule s'est massée sur le boulevard pour voir passer les assassins, des gens des basses rues sont montés sur les toits, des enfants à cheval sur des murs mitoyens se disputent pour mieux voir. Des invectives fusent.

— Honte aux crapules de Napoléon !

— A l'échafaud !

— Mort aux cannibales !

Un conseiller municipal se fâche.

— Allons ! Allons ! Un peu de dignité. Le silence et le mépris suffisent !

Un peu en retrait, des groupes de paysans silencieux, mâchoires serrées, étouffent leur émotion, avalent leur fureur : les hommes ligotés dans les fourgons sont des leurs, parents ou voisins, cultivateurs, artisans : des « braves gens » égarés un jour de frairie par les racontars, les calamités, le vin blanc...

— On a pris ceux-là, mais il y en a combien qu'on a laissé courir ! Combien qui n'ont pas hésité à dénoncer les nôtres pour se blanchir, alors qu'ils étaient les premiers à bourrer de Monéys. A la foire d'Hautefaye, ils étaient bien quatre ou cinq cents, tous d'accord pour brûler le Prussien. Ils n'en ont gardé que vingt et un, choisis au hasard. Ah, elle est fraîche leur justice !

Des femmes en sabots et mouchoir de tête cachent des deux mains leur visage tordu de sanglots. Elles jurent que leur fils ou leur homme n'est pas un assassin.

— Il s'est laissé entraîner ! On lui a monté le coup, et ceux qui sont venus de Charente mettre le feu chez nous iront témoigner contre lui...

— Et tout ce monde qui nous traite de cannibales sans avoir rien vu, se lamente une vieille femme de Lussas, qu'il vienne un peu chez nous voir la vie qu'on mène.

Le cortège passe sous les fenêtres de la sous-préfecture. Alcide Dusolier est à la vitre, silencieux, pensif. Il songe encore au supplice d'Alain. Il songe à la famille de son ami, terrassée par la douleur qu'un acte aussi ignoble ait pu être commis sur la personne de celui que tout le monde chérissait pour sa douceur exquise, sa bonté, son attention aux autres. Il songe à sa mère, folle de chagrin, qu'Alain avait si bien consolée d'avoir perdu son premier fils, Alexandre, emporté tout enfant par le croup. Il songe à ce pauvre Adhémar que son tendre aîné entourait d'une affection sans limite et qui le lui rendait de façon si bouleversante. Comment des cultivateurs, des artisans, des « braves gens » ont-ils pu en arriver à ce point d'égarement pour s'acharner sur un homme qui n'avait jamais inspiré que la bienveillance et dont on disait communément : C'est un saint. Un saint qui pour son malheur portait la particule ! Faudra-t-il à jamais désespérer de polir le cœur et l'esprit de ces campagnards que dix-huit ans d'Empire n'ont fait qu'enfoncer un peu plus bas dans le fanatisme et la barbarie. Reviennent à la mémoire du frère orateur les « paroles de lumière » qu'il prononçait, il y a quelques mois à la loge de Nontron pour inviter tous ses membres à réserver leurs plus ardentes sollicitudes à ceux qu'il appelait « nos frères des campagnes » : « Non l'âme paysanne n'est pas plus constitutionnellement mauvaise que la nôtre ! Elle est seulement viciée par deux fléaux que le progrès de notre siècle ne sont pas arrivés à vaincre : la misère et l'ignorance... »

Les redirait-il aujourd'hui, ces paroles ? Immobile, perdu dans sa tristesse, Alcide regarde s'éloigner le cortège des assassins d'Hautefaye derrière lequel court toute une population excitée. On frappe à la porte. Alcide sursaute.

— Entrez !

Le commis aux dépêches s'approche, un pli à la main.

— C'est une urgence, Monsieur le sous-préfet.

Alcide décachette et lit.

Mon cher Alcide, la République a besoin de toi en première ligne. Je compte bien que tu te présentes à l'élection de l'Assemblée constituante dans ton département. Je ferai le nécessaire auprès de Guilbert pour ton remplacement à la sous-préfecture. Bien à toi. Salut et fraternité. Léon Gambetta.

Sans lever les yeux, le sous-préfet rappelle le commis aux dépêches.

— Roland, veux-tu me prendre un télégramme.

D'une écriture rapide, Alcide griffonne.

Mon cher Léon, merci de ta confiance. Je fais le nécessaire pour ma candidature. Fidèlement à toi. Vive la République. Salut et fraternité.

— Tu envoies ça en urgence, je te prie.

— Bien, Monsieur le sous-préfet, j'y cours.

Tandis que la rumeur criarde du cortège des « assassins » s'éloigne du côté de la route de Périgueux, Alcide, les yeux posés sur la prose télégraphique de ce bon Léon, son frère et son phare, s'abandonne un moment à la caresse du destin. « La République a besoin de toi en première ligne »... Voilà qui met du baume au cœur de « Saint-Just ». L'heure sonne où l'auteur des *Mémoires et révélations d'un valet de chambre aux cheveux roux* va pouvoir enfin user de toute la force de ses convictions, de toute la vigueur de son verbe passée au crible des cénacles parisiens, pour donner corps à son ambition politique, acquérir la stature d'un représentant du peuple ardent, racé, dans le droit fil de 1793 et de 1848.

Reste dans l'immédiat à expédier les affaires courantes de la sous-préfecture. D'un geste énergique, Alcide trempe sa plume et rédige la proclamation qu'il a décidé de faire placarder sur les murs de Nontron.

« AFFAIRE D'HAUTEFAYE.

D'infâmes calomniateurs ont répandu, particulièrement dans le canton de Mareuil, que le gouvernement républicain avait l'intention de faire bénéficier les assassins d'Hautefaye de l'amnistie accordée par la République aux auteurs de crimes et délits politiques. Le meilleur moyen de répondre à ce mensonge et de rassurer les populations trompées par des misérables, c'est de porter à leur connaissance qu'une session extraordinaire d'assises spéciale à cette affaire se tiendra dans le département de la Dordogne. Elle s'ouvrira à Périgueux le lundi 26 septembre, sous la présidence de M. Brochon, conseiller à la cour d'appel de Bordeaux.

Les inculpés, au nombre de vingt et un, ont été transférés ce matin, de notre maison d'arrêt au chef-lieu du département, sous l'escorte de la gendarmerie.

Voici leurs noms par ordre alphabétique :

1. Beauvais, dit Roumaillac, scieur de long à Vieux-Mareuil ;
2. Besse, dit Duroulet, terrassier à Javerlhac ;
3. Brouillet, dit Déjeunat, propriétaire aux Grézilles, commune de Feuillade (Charente) ;
4. Brut, maçon à Fayemarteau, commune d'Hautefaye ;
5. Buisson, dit Lirou, à Feuillade (Charente) ;
6. Campot (Etienne), cultivateur à la Chabrie, commune de Mainzac (Charente) ;
7. Campot (Jean), cultivateur à la Chabrie, commune de Mainzac (Charente) ;

8. Chambort, maréchal-ferrant à Pouvrière, commune de Souffrignac (Charente) ;
9. Delage, dit Lajou, cultivateur à Doumeyrat, commune de Grassac (Charente) ;
10. Feytou (Girard), mineur à Fontroubade, commune de Lussas,
11. Frédéric (Jean), maçon à Beaussac ;
12. Lamongie (Léonard), cultivateur au Grand-Gilou, commune d'Hautefaye ;
13. Léchelle, dit Pinart, cultivateur à Fontroubade, commune de Lussas ;
14. Léonard (François), dit Piarrouty, chiffonnier à Nontronneau, commune de Lussas ;
15. Licoine (Roland), cultivateur à Feuillade (Charente) ;
16. Limay (André), dit Thibassou, commune de Mainzac (Charente) ;
17. Mazière, cultivateur à Plambeau, commune d'Hautefaye ;
18. Murguet, à la Forêt, commune de Souffrignac (Charente) ;
19. Sallat père, cultivateur au Grand-Gilou, commune d'Hautefaye ;
20. Sallat fils, cultivateur au Grand-Gilou, commune d'Hautefaye ;
21. Sarlat, dit Lamy, tailleur d'habits à Nontronneau, commune de Lussas.

Parmi les pièces à conviction figurent le fouet brisé de M. de Monéys, le crochet avec la pomme duquel on l'a frappé à la tête, des pierres ensanglantées, et notamment celle sur laquelle il a été brûlé, et qui conserve encore les traces de cette sanglante crémation. »

Nontron applaudit à la fermeté du nouveau régime. Dans les campagnes la colère couve. Le dimanche 18, à l'occasion de l'élection de la garde nationale, Alcide Dusolier harangue la foule du perron de l'hôtel de ville. Il s'adresse aux paysans venus nombreux sur la place de Nontron.

« Habitants des campagnes !

« Le gouvernement républicain, tant calomnié, le gouvernement républicain qu'on voulait vous faire détester, vous apporte aujourd'hui ses bienfaits et ses avantages. Comment pourrait-il en être autrement ! Vous devez tout à la République !

« C'est la République de 1792 qui vous a délivrés, c'est grâce à elle que vous avez pu devenir propriétaires.

« C'est la République en 1848 qui a fait de vous, méprisés la veille et sans droits politiques, des citoyens et des électeurs.

« Aidez-nous, aidez les habitants des villes à fonder la République de 1870 !

« Dans huit jours, les communes éliront leurs conseils. Choisissez des hommes au cœur solide, à l'âme bien trempée, prêts à se mettre résolument à votre tête, si l'ennemi osait s'avancer dans nos campagnes.

« Dans quinze jours, vous nommerez les représentants du peuple à l'Assemblée constituante. Choisissez des citoyens énergiques, des patriotes déterminés, de bons républicains, décidés à se faire tuer sur les bancs de la représentation nationale plutôt que de céder une parcelle de l'honneur ou du territoire de la France ! »

La foule électrisée par le bel organe de son jeune sous-préfet applaudit à tout rompre.

— Vive la République ! Vive la Patrie ! Vive Monsieur Dusolier !

Sur le chemin du retour, les paysans tordent le nez.

— Ils parlent bien, ces messieurs ! Mais ce n'est pas leur République qui va venir curer nos étables.

Paris, 19 septembre.

Les uhlans sont à Clamart. Le prince royal de Prusse s'installe à Versailles. Le kaiser et M. de Bismarck couchent dans les draps de la maison Rothschild au château de Ferrières, cette « petite folie » monumentale dans le goût de la Renaissance qu'Alphonse, le régent de la Banque de France, s'est fait construire il y a dix ans au cœur de la Brie. Le gouvernement de la défense nationale se coupe en deux : les guêtres partent pour Tours, les képis restent à Paris où l'on décide d'édifier autour de la capitale une deuxième enceinte de barricades « inexpugnables ». Henri Rochefort est nommé maître d'œuvre du projet. Le service des postes est interrompu avec la province. La défense s'organise un peu partout : en Bretagne, à Poitiers, à Lyon... Cauchemar national, les casques à pointe hantent le sommeil de la France entière.

Nontron, 20 septembre.

Alcide Dusolier annonce sa candidature à l'Assemblée constituante et démissionne de la sous-préfecture.

Hautefaye, 22 septembre.

Les bruits qui courent depuis quelque temps de la suppression de la commune d'Hautefaye, confirmés par les journaux ont jeté l'émoi dans la population. Depuis deux jours l'auberge du Bon Dieu ne désemplit pas de gens du bourg et des hameaux qui viennent protester qu'ils ne laisseront jamais détruire leur commune. Ce n'est pas parce que le Mathieu s'est conduit comme un couard et que deux ou trois couillons d'Hautefaye ont eu le malheur de se mêler aux « étrangers » qui ont assassiné M. de Monéys, qu'il faudrait en faire porter la responsabilité sur toute la population de la commune, c'est-à-dire sur chacun en particulier, même sur ceux qui ont manqué de se faire assommer en voulant porter secours à la victime.

— Comme si on n'avait pas eu assez d'avoir vu les horreurs qu'on est venu commettre chez nous, tonne Pierre Jarreton, il faudrait encore qu'on nous punisse d'être né à Hautefaye ! Si ces messieurs s'imaginent que c'est comme ça qu'ils vont nous faire aimer la République. Ils n'attendront pas longtemps avant de s'en repentir !

Elie Mondout qui, lui, se sent totalement solidaire de ses concitoyens, qu'il représente depuis le 24 août aux lieu et place de Bernard Mathieu, partage l'émotion générale. Il est décidé à tout faire pour empêcher le démembrement de sa commune. Bésille propose que la population d'Hautefaye tout entière, femmes et enfants compris, aille camper dans les jardins de la sous-préfecture jusqu'à temps qu'on reçoive du gouvernement l'assurance formelle qu'on ne touchera pas à la commune. Le Bon Dieu est sceptique.

— J'ai vu le nouveau sous-préfet. Il dit que ce sont les conseillers généraux de l'arrondissement encouragés par Dusolier qui ont fait pression sur le gouvernement. Il prétend qu'il est contre, mais qu'il est obligé de tenir compte de la volonté des élus et ci et ça... Non ce bonhomme ne paraît pas franc du bonnet. Il faut frapper plus haut.

— Allons à Paris trouver Gambetta ! clame Bésille. Et portons-lui une pétition signée de toute la population.

— Eh mon pauvre ! Paris est cerné. Les routes sont coupées. Ils l'annoncent dans le journal d'aujourd'hui. Et si tu crois que Gambetta aurait le temps de nous recevoir. Il a bien d'autres lièvres à courir que d'entendre les plaintes de notre malheureuse commune !

— Eh bé, on n'a qu'à lui écrire et faire signer la lettre par tous les habitants d'Hautefaye.

Le Bon Dieu réfléchit. En tant qu'élu de la commune et remplaçant du maire déchu, c'est à lui de prendre la plume. Mais il craint de ne pas savoir s'exprimer assez bien et de « laisser des fautes ».

— On va t'aider, lui propose Bésille. A plusieurs on y arrivera bien et ton beau-frère Antony qui fait des vers te relira pour l'orthographe.

Le Bon Dieu appelle la petite Noémie.

— Mimie, va-t'en à l'épicerie demander à ton père une boîte de plumes neuves...

Une heure plus tard, Elie Mondout descend lui-même en charrette à Javerlhac et remet sa lettre à la dame des postes en lui recommandant bien de veiller à ce qu'elle parte au plus vite.

— Oh ! pour partir, elle partira. Mais vous dire qu'elle arrivera c'est une autre affaire. Les Prussiens ne laissent plus entrer le courrier dans Paris ! Je vais vous l'adresser au receveur de Tours qui la fera passer à la délégation du gouvernement.

Le Bon Dieu a bien sûr gardé une copie de sa missive qu'il a affichée dans la salle d'auberge, pour que les gens de passage puissent la lire et la signer.

« Monsieur le Ministre,

« Une émotion bien naturelle a été produite dans la commune par une note du journal *Le Périgord* disant que les autorités de l'arrondissement de Nontron avaient demandé par une pétition le démembrement de la commune d'Hautefaye.

« Représentant cette malheureuse commune et encore sous le coup de cette émotion, je m'empresse de vous informer que la population d'Hautefaye proteste énergiquement contre ce projet de démembrement.

« Plusieurs choses ont contribué au crime horrible du 16 août. D'abord, MM. de Maillard et de Monéys, en prononçant des paroles imprudentes au lendemain de nos revers et de l'appel des gardes mobiles et des anciens militaires célibataires (les témoins ne manquent pas) ; ensuite le gouvernement impérial n'ayant pas organisé la garde nationale ; et les gendarmes n'ayant pu venir à cette foire.

« Je veux bien admettre que la commune ait des torts, mais ils ne sont pas aussi grands qu'on veut bien le faire entendre. Le plus grand nombre des habitants n'étant pas encore arrivé, que pouvaient faire ceux d'un bourg qui compte dix-sept maisons où on n'a pu trouver que quatre fusils, contre quatre à cinq cents furieux ? Plusieurs habitants ont essayé d'intervenir, mais ils ont été obligés de se retirer sous les coups et les menaces. Puis une partie de cette foule s'étant portée à la cure, plusieurs sont allés porter leur appui à M. le Curé.

« Ne doit-on pas aussi donner un peu de blâme aux messieurs et aux hommes d'ordre étrangers qui ont abandonné la malheureuse victime dès le début de cette déplorable scène ?

« Il faut surtout considérer que la foule se composait de gens étrangers à la commune, puisque trois ou quatre habitants de la commune seulement se trouvent compromis.

« Ayant confiance en votre équité, Monsieur le Ministre, j'ose espérer que le démembrement dont nous sommes menacés n'aura pas lieu.

« La commune n'est-elle pas assez humiliée ? Faut-il parce qu'elle est pauvre en personnages influents qu'elle soit sacrifiée ?

« Non, la République qui a été saluée à Hautefaye avec tant d'enthousiasme ne voudra pas nous causer cette suprême douleur.

« Recevez, Monsieur le Ministre, l'assurance du dévouement le plus absolu avec lequel j'ai l'honneur d'être votre très humble et très obéissant serviteur. Le conseiller municipal, faisant fonction de maire. Mondout. »

Haguenau.

La gazette officielle allemande publie son premier numéro. *Quand l'Alsace et la Lorraine seront annexées, elles adopteront la politique allemande. Complètement allemandes par la langue, les mœurs et les idées, elles seront en outre trop heureuses de se séparer de la France socialiste.*

Périgueux, 23 septembre.

Suite à un long tête-à-tête avec Alcide Dusolier, Louis Guilbert qui s'est laissé peu à peu gagner, malgré ses réticences premières, à l'idée de son « très cher frère » de rayer Hautefaye de la carte des communes, télégraphie au ministère de l'Intérieur :

Dès le lendemain de l'assassinat d'Hautefaye, l'arrondissement de Nontron indigné s'est prononcé pour la suppression de cette commune, qui serait répartie sur les communes voisines. Cette mesure serait très populaire. Prière au ministre de rendre immédiatement le décret. Il produirait un effet général excellent. On examinera ultérieurement de quelle façon pourrait être répartie la commune. En attendant, les habitants de l'ex-commune d'Hautefaye seraient administrés par le maire de Connezac.

Paris, 24 septembre.

Les conditions exigées par Bismarck pour la signature d'un armistice : reddition de Toul et Strasbourg, livraison du Mont-Valérien, sont inacceptables pour la France.

Paris, exaspéré s'ensevelirait plutôt sous ses ruines. A d'aussi insolentes prétentions, on ne répond que par la lutte à outrance.

Les négociations sont rompues. Le gouvernement organise la défense sur la Loire.

Après une héroïque résistance, Toul capitule. La garnison est prisonnière, comme à Sedan. Le bombardement de Strasbourg continue.

Rochechouart, 25 septembre.

Grand tremblement d'Histoire dans la petite sous-préfecture de la Haute-Vienne, aux confins du Nontronnais. Hier le maire de la ville reçoit une dépêche de son homologue de Saint-Junien, commune voisine : *Attention les Prussiens arrivent. Un des habitants de ma commune les a vus demander à quelqu'un la route de Rochechouart.*

Un témoin raconte l'événement pour *Le Nontronnais,* sous le titre : « Panique à Rochechouart ».

« La nouvelle éclata comme une bombe... L'effroi, l'épouvante sont au comble dans les cœurs. On court, on fuit, on ne sait où se sauver. Les plus courageux se préparent à la défense. Les uns font bouillir de l'eau à grandes marmites, les autres portent à pleins paniers de grosses pierres dans leurs greniers. On dévalise les magasins de poudre et de plomb. Les pompiers et la garde mobile, au nombre de trois cents, cherchent de tous côtés des munitions pour charger leurs bons fusils. La foule se lamente, crie, répète : Qu'allons-nous devenir ! On envoie un gendarme en éclaireur. Il aperçoit des cuirasses blanches et des chevaux blancs. Il revient en courant et annonce au peuple de Rochechouart dans l'angoisse, que la nouvelle est véritable : il a vu les uhlans et leurs chevaux. Un second gendarme confirme ce qu'a dit le premier.

« La population ne se contient plus. Elle est folle de terreur. L'alarme se répand dans les villages des environs. La garde nationale de la ville et de la banlieue s'arme de fusils, de faux, de fourches, de haches, de gourdins... Voila nos vaillants protecteurs, résolus à se défendre en braves jusqu'à la dernière goutte de leur sang plutôt que de livrer la ville au pillage des ennemis.

« Pendant que tout le monde est sur le qui-vive, attend le moment d'engager un combat acharné, une nouvelle rassurante arrive. O bonheur ! les rires éclatent dans les rangs et de tous côtés. Les esprits reviennent de leur émotion. Rochechouart respire. On détache les marmites d'eau bouillante des crémaillères. On rejette dans les rues les pierres et les rochers montés au grenier. Les défenseurs se retirent, l'arme sur l'épaule, riant de l'aventure et vont trinquer avec la population dans les auberges... Les chevaux blancs et les cuirasses blanches des uhlans que les gendarmes avaient aperçus n'étaient autre que du linge étalé sur des haies, qui flottait au vent, et qu'on avait pris, à distance, pour de dangereux et malfaisants lanciers allemands. Les prétendus Prussiens n'étaient autre chose qu'une forte bande de bohémiens avec leurs chevaux pie et leurs roulottes qui s'avançaient paisiblement vers Rochechouart. A quelques kilomètres de Saint-Junien, ils avaient demandé à des paysans la route de Rochechouart. Effrayés par la mauvaise mine de ces étrangers, les paysans en conclurent que c'étaient des Prussiens, et coururent, en grossissant l'affaire, la rapporter au maire de Saint-Junien qui télégraphia à Rochechouart et donna l'alarme. »

Périgueux, 26 septembre.

Les abords du palais de justice sont envahis. Tout le monde veut avoir vu les assassins d'Hautefaye dont le procès s'ouvre aujourd'hui en session extraordinaire des assises de la Dordogne. Une façon comme une autre de se distraire des malheurs de la guerre. Un détachement de gendarmerie traverse la rue d'Angoulême.

— Les voilà !

Le fourgon cellulaire se gare devant la porte étroite ouverte dans la façade arrière du palais par où entrent les détenus. Un à un, les vingt et un prisonniers descendent de voiture entre deux rangées de gendarmes et montent péniblement les marches très raides de la « souricière », sous les huées de la foule. Une vague d'émotion passe quand on voit parmi eux deux enfants : Lajou, quinze ans et le petit Thibassou, treize ans. Des mères de famille secouent la tête.

— Si c'est pas malheureux, des drôles de cet âge...

Du côté de la façade principale, on se bat pour entrer dans la salle d'audience. Depuis ce matin sept heures, il y a la queue sous les colonnes. Il faut dire que par les temps qui courent, les spectacles se font rares à Périgueux. Le théâtre municipal est fermé depuis le début de la guerre. Et pour une fois qu'on annonce un procès retentissant, il ne faut pas manquer ça. Des femmes en grande toilette, volière et plate-bande au chapeau, mousseline sur les épaules, remuant autour d'elles des vapeurs de chypre, côtoient des paysans ombrageux, en blouse, pantalon râpeux, sabots aux pieds, parapluie sous le bras, qui sentent l'étable, la frotte d'ail, et paraissent aussi dépaysés que s'ils s'étaient égarés au foyer des Bouffes-Parisiens. Les appariteurs en uniforme du palais filtrent les entrées.

— Messieurs les journalistes d'abord, les cartes ensuite... Messieurs dames s'il vous plaît ! Chacun à son tour.

Des crieurs de rue vendent des feuilles racontant « l'horrible crime d'Hautefaye ».

— M. de Monéys brûlé vif par des paysans bonapartistes ! Le récit complet de l'autodafé !

Mais aujourd'hui, le joli monde en sera pour ses frais de gilets et de taffetas. Suite à un pourvoi en cassation de l'arrêt de la chambre des mises en accusation, déposé par les prévenus, l'affaire est renvoyée à la session d'octobre.

28 septembre.

Après une résistance héroïque, Strasbourg capitule. Le gouvernement de la défense nationale décide la levée en masse de tous les jeunes gens jusqu'à l'âge de vingt-cinq ans. Une réquisition générale est décidée pour assurer l'armement et les vivres des soldats et des francs-tireurs.

Périgueux.

Encore des rumeurs, toujours des mirages venus du fond des campagnes. L'Empereur a capitulé à Sedan, pas dans l'imagination paysanne. Napoléon y est toujours fringant comme aux beaux jours de Montana. Le galop de son cheval résonne, à la nuit tombante, dans le conduit des cheminées, derrière les haies, aux portes des villages. Les sous-préfets du département s'inquiètent vivement des racontars qui traînent sur les marchés, aux tables d'auberge, chez les coiffeurs. Le bon docteur Guilbert se fâche et adresse une circulaire à tous les maires de la Dordogne.

Monsieur le maire,

Les renseignements qui me parviennent de certains points du département m'apprennent que des bruits regrettables sont mis en circulation : La République ne serait pas solidement assise, l'ex-Empereur serait sur le point de rentrer, son fils serait déjà à Paris, etc.

Ceux qui propagent ces fausses nouvelles sont de mauvais citoyens que leurs rancunes égarent. Le gouvernement de la défense nationale et de la République est accepté par tous les honnêtes gens, et, pour sauver le pays, il a besoin de ne rencontrer sur sa route ni hostilité systématique ni découragement ; ce n'est pas au moment où nous travaillons à grouper en un seul faisceau toutes les forces vives du pays que des attaques déloyales autant que pernicieuses dans leur résultat peuvent être tolérées.

Vous voudrez bien, monsieur le maire, si de fausses nouvelles ou des rumeurs malveillantes étaient mises en circulation dans votre commune, en rechercher les auteurs, et les signaler immédiatement à M. le procureur de la République de votre arrondissement, qui déférera les coupables aux tribunaux chargés d'appliquer la loi.

Nontron, 6 octobre.

1870, année des prodiges. Le docteur Roby-Pavillon adresse une communication au journal de sa bonne ville.

« Aux signes du temps qui ont déjà été remarqués sur plusieurs points de France, joignez-y le suivant que j'ai constaté *de visu,* il y a quelques jours, et dont je vous affirme l'authenticité.

« Chaque nuit, aux environs de Nontron et d'Augignac, il tombe une pluie de mannes. Les feuilles des châtaigniers en sont couvertes. Et parfois, la manne devient si épaisse que son poids lui fait quitter la feuille. Elle tombe alors sur le sol en fragments du volume d'une aveline. Que le phénomène augmente d'intensité, que les habitants se nourrissent de cette substance, qu'il en tombe pendant quarante ans et plus, nous pourrons dire que nous avons vu la manne des Hébreux, et qu'en 1870, Dieu nous a traités comme il traita les Juifs avant leur entrée dans la Terre Promise.

« Ce phénomène n'est point un fait surnaturel. S'il est vrai qu'il n'est point fréquent, il a néanmoins été observé assez souvent pour qu'on ait pu l'analyser et décrire la substance qui constitue cette " manne tombée du ciel ", qu'il ne faut pas confondre avec la manne en larmes dont on fait usage en médecine.

« La " manne tombée du ciel " est un champignon qui se développe très rapidement, dans des conditions particulières de température. Ce produit des régions équatoriales apparaît de nos jours dans nos campagnes du Périgord. C'est probablement l'espèce décrite sous le nom de " lichen esculentus ", encore qu'avec la sécheresse exceptionnelle de cette année, la variété que nous observons aujourd'hui me fasse plutôt songer à la famille des " Parmelia ". La feuille de châtaignier qu'il m'a été donné d'examiner était couverte d'une matière blanchâtre, graveleuse, cassante, d'une saveur sucrée. Cette matière n'était point adhérente à la feuille, elle s'en détachait facilement. Plusieurs enfants s'en sont fait un régal sans être incommodés. Cela malgré leurs parents qui croient à un prodige maléfique. Attristés par les malheurs de notre époque, ils appellent ce nouveau produit : " la peste tombée du ciel ". »

Dans le même journal, Alcide Dusolier publie sa profession de foi de candidat à la Constituante.

« Chers concitoyens,

« Il y a quelques jours à peine, je disais aux agriculteurs du Nontronnais groupés devant l'hôtel de ville : vous devez prochainement nommer vos députés. Choisissez de bons républicains, des patriotes solides, bien décidés à donner l'exemple des derniers sacrifices plutôt que d'abandonner une parcelle de l'honneur ou du territoire de la France.

« Si le suffrage universel me fait le redoutable honneur de me confier le mandat de représentant, on verra, le moment venu, que je suis homme à mettre mes actes d'accord avec mes paroles.

« Quoique jeune encore (j'ai trente-quatre ans), je suis un vieux républicain. Depuis que j'existe intellectuellement, j'ai travaillé sans cesse, soit à Paris, soit dans la Dordogne, à la propagation de l'idée républicaine. Je l'ai servie par ma parole, et je suis prêt à me dévouer corps et âme au triomphe de cette forme de gouvernement, la seule digne de nous, la seule en harmonie avec le suffrage universel, la seule logique, la seule possible aujourd'hui. Triste citoyen, quiconque ne le reconnaîtrait pas !

« Pas d'arrière-pensées monarchiques, je vous en supplie ! Choisir la réaction, élire les partisans d'une restauration impériale ou royale, ce serait appeler sur nous la guerre civile. Et nous avons vu à quels scandales navrants, à quels égarements criminels, ont conduit les folies démagogiques passées. Ecartons à jamais de nos pensées le retour des choses révolues !

« D'accord avec mon illustre ami Léon Gambetta et tous les républicains éclairés, je désire que le pouvoir exécutif émane directement du pouvoir législatif. Que de sang, que de honte, que de larmes évitées à notre France bien-aimée, si cette proposition faite en 1848 avait été adoptée !

« Je veux l'instruction gratuite et obligatoire et, comme corollaire, la multiplication des instituteurs : qu'il y ait une école, non seulement dans chaque bourg, mais dans chaque village, dans chaque hameau, si c'est possible, l'instruction des campagnes étant pour la République un intérêt et un devoir suprêmes.

« Je veux l'abolition graduelle des armées permanentes, au fur et à mesure de l'organisation et de l'éducation de la milice. Jamais la France n'aurait vu l'invasion, si la milice nationale avait existé !

« Je veux l'élection des maires par les conseils municipaux.

« Je veux l'abrogation de toutes les lois et règlements qui entravent le libre développement des associations ouvrières. Elles seules peuvent assurer à chaque travailleur le produit intégral de son travail et sauvegarder définitivement la paix sociale de ce pays.

« Enfin, je suis d'avis que l'Assemblée constituante mette à l'étude la grande question de la séparation des Eglises et de l'Etat : question infiniment délicate, qu'elle devra traiter avec l'impartialité la plus attentive.

« Si vous êtes des hommes de progrès et si vous êtes des hommes d'ordre, votez résolument pour les candidats républicains.

« En dehors de la République, vous n'avez que l'anarchie ; en dehors de la République, vous n'avez que la guerre civile, à une échéance plus ou moins éloignée, mais certaine.

« Unissons-nous tous, chers concitoyens, dans l'amour de la République qui a pour principe la liberté, l'égalité, la fraternité, et pour base la famille, le travail, la propriété, l'ordre public.

« Quant à moi, si vos suffrages m'envoient à la Constituante c'est à son établissement solide et définitif que je veux me consacrer.

« Tous pour la Patrie, tous pour la République ! Alcide Dusolier. »

Montmartre, 7 octobre.

Investi des pleins pouvoirs du gouvernement pour mener la résistance en province, organiser l'armée de la Loire et tenter de reprendre Paris, Gambetta désormais ministre de l'Intérieur et de la Guerre, monte couvert d'une toque et d'un grand manteau de fourrure dans la nacelle de l' « Armand Barbès » en partance pour Tours.

— Lâchez tout ! crie Nadar, le photographe, qui commande la manœuvre.

Et le gros ballon jaune s'élève doucement dans le ciel bleu-gris voilé de brume, devant quatre mille Parisiens émerveillés du beau courage de l'enfant du Bazar gênois.

Dans la capitale assiégée les vivres s'épuisent. La viande est rationnée : 100 grammes par personne. On mange du vieux cheval en salaison. Le poulet d'appartement se vend 25 francs. On commence à regarder les chiens et les chats d'un drôle d'air. Les élections à la Constituante, prévues pour le 16, sont ajournées.

Angoulême, 9 octobre.

Dans sa chambre meublée du Canton Saint-Paul, Martial Villard a ruminé sa lettre toute la nuit.

Comme tout le monde à Hautefaye, il est indigné du projet de suppression de sa commune dont on redoute de jour en jour qu'il vienne à exécution. Hier soir encore, quand il est passé à l'auberge, les gens ne parlaient que de ça et Le Bon Dieu qui n'a toujours pas reçu de réponse du gouvernement l'a pris à part pour lui redire son inquiétude.

— Si les gens apprennent un beau matin qu'Hautefaye n'existe plus, je te garantis qu'ils vont faire vilain. Ces messieurs de la République feront bien de ne pas se montrer par ici. Tu sais, Martial, que je n'ai jamais été le plus chaud bonapartiste d'Hautefaye. Je me suis assez chamaillé avec Mathieu pour ça, comme toi avec ton père. Mais je peux te dire que ce n'est pas aux hommes de l'Empereur que serait venue l'idée de tuer une commune ! Je l'ai bien dit à Dusolier. Je ne suis pas sûr qu'il m'ait entendu. C'est pourtant un homme estimable. Il est né à Nontron. Il connaît le monde d'ici. Mais il pense comme un Parisien. Il voit les choses de loin ! Toi qui as de l'instruction, tu devrais bien faire une lettre à Gambetta pour l'avertir qu'il va au devant d'une catastrophe. S'il supprime la commune, c'est la révolution et pas seulement à Hautefaye. Même de Maillard, le maire de Beaussac trouve que c'est une folie. Il sait que les gens d'Hautefaye ont défendu son fils et voulu sauver son neveu. Hier, il est passé à l'épicerie régler les comptes de ses métayers et il a dit qu'il tenait à rester client chez nous.

Il n'y a que ces messieurs de la préfecture pour croire que nous sommes des assassins. Il faut absolument que le gouvernement sache la vérité. Tu es le plus instruit de la commune, tu sauras mieux que moi expliquer la situation...

Assis à sa table, où sont soigneusement empilés ses manuels, ses livres et ses coupures de journaux, Martial Villard prend une grande feuille et de sa plus belle plume, recopie sa lettre à Gambetta.

« Monsieur le Ministre,

« Je suis natif d'Hautefaye. Vous savez sans doute le drame horrible qui fait sa honte. On vous a dit M. de Monéys déchiré, assommé, brûlé par une bande de forcenés. Il vous semblera qu'un bourg où de pareilles choses se passent ne saurait être qu'un repaire de brigands, de malfaiteurs incorrigibles, un foyer de révoltés. Pour en pouvoir juger, il vous faut remarquer que c'est le pays de France le plus paisible. Là on ignore jusqu'aux noms de factions et de partis, les procès sont rares, les vols inconnus. La justice qui n'y avait jamais fait de descente, soupçonnait à peine notre existence. Aujourd'hui même, parmi tant de coupables livrés à la cour d'assises, trois seulement sont d'ici : Brut âgé de seize ans est né dans la commune. Les deux autres, venus je ne sais d'où, habitent depuis peu deux villages où nous possédons, dans l'un cinq maisons, dans l'autre une seule, celle du coupable. Le reste appartient aux communes voisines.

« Cette malheureuse histoire qui a fait si grand bruit au pays est arrivée le 16 août dernier, jour d'une foire célèbre, commencée le 14. Chaque maison, chaque hangar transformé selon l'usage en auberge ou en café, était envahi. Et ce n'avait pas été long : Hautefaye compte quinze maisons et quarante-cinq personnes. Jusque-là nul désordre, nulle violence. Tout à coup, vers deux heures, une rumeur extraordinaire, terrible s'élève du champ de foire : sept à huit cents personnes, armées de bâtons et poussant des cris de mort, descendent comme un torrent l'unique rue du village qui est très rapide. Un homme, dit-on, a crié : Vive la Prusse ! On l'assassine. Bientôt l'épouvante est partout. On s'empresse pour sauver la victime : les femmes, les enfants retiennent les hommes avec violence. Quelques-uns s'échappent et luttent contre la foule. Il est trop tard déjà. Le maire, vieillard de soixante-douze ans, s'est retiré déchiré, meurtri. Une seconde victime, le prêtre va être immolé. On lutte en vain, on fait diversion : il est sauvé. Un autre prêtre, celui de Mainzac, n'échappe à une mort certaine que par nos efforts qui protègent sa fuite. Quant au malheureux de Monéys, un bûcher de paille a été improvisé et le crime se consomme devant nous impuissants ! Dire la suite de cette scène horrible est impossible. On cherche, on prend des coupables. Les gendarmes ne sont pas là. Le lendemain ils arrivent enfin. On arrête, on emmène, on emprisonne tous ceux qui pouvaient paraître coupables. Vingt et une personnes sont maintenant sur les bancs de la cour d'assises.

« D'abord confiants dans la justice, nous commencions à regarder comme d'honnêtes gens tous ceux qu'elle avait déclarés innocents. Mais il s'est trouvé des gens plus justes que la justice même, qui veulent maintenant supprimer la commune comme personne civile, et partager ses dépouilles entre les communes voisines. Sachez, Monsieur le Ministre, que ce n'est pas nous pauvres gens qui aurions jamais osé suspecter l'impartialité des juges. Aussi je laisse à penser notre stupeur ! Elle n'eût pas été plus grande si l'on eût demandé la suppression de l'un de ces malheureux villages de Lorraine pillés par l'ennemi. Car c'est tout la même chose ! A cette différence que nous ne pouvions prévoir d'une minute ce crime qui n'est pas le nôtre et dont nous sommes aujourd'hui souillés d'une tache ineffaçable.

« En voyant l'habileté de nos ennemis qui ont pu, je ne sais par quels moyens, faire prendre à M. le Préfet de Périgueux fait et cause contre nous, le doute s'est emparé de nos esprits. Nous avons examiné notre conduite et les circonstances du crime. Mais vous le dirai-je, Monsieur le Ministre ? nous avons vainement cherché quelles charges raisonnables, plausibles pourraient peser contre nous.

« Que nos accusateurs s'expliquent ! Est-ce comme auteurs, comme instigateurs du crime qu'on nous accuse ? L'autorité chargée de l'enquête s'est déjà prononcée : elle a trouvé après les recherches les plus actives, trois coupables, non dans le bourg qu'on veut ruiner, mais dans trois villages éloignés.

« Nous accuse-t-on d'avoir encouragé par notre attitude l'œuvre des assassins ?

« Qu'on se rappelle que, lorsque tout a commencé, chacun de nous était chez soi assiégé par des consommateurs des plus exigeants. Qu'on n'oublie pas surtout que nous avons pu sauver deux prêtres.

« Qu'on nous accuse si on l'ose ! Nous répondrons avec la liberté de gens qui ont fait leur devoir !

« Où est donc la loi qui punit la complicité morale de quarante-cinq habitants qui n'ont pu arracher une victime à sept ou huit cents forcenés ? Le temps n'est plus aux textes qui font de la vengeance un devoir, une morale publique. La maxime « Qui peut et n'empêche, pèche » n'est plus dans l'esprit de notre droit positif moderne. La responsabilité pénale est individuelle. Notre code le consacre à chaque page et ce n'est pas la loi exceptionnelle de vendémiaire an IV qui autorise, que je sache, une telle rigueur.

« Et qu'on ne vienne pas invoquer l'utilité sociale, à défaut de justice ! A ces hommes qui cherchent à soulever les passions, je dirais : les perturbateurs de l'ordre social, c'est vous qui, au mépris de la justice, cherchez à donner de force notre territoire en partage à des communes sur qui nous ferons peser l'éternel remords d'avoir fait violer notre bourg par dix-huit assassins et d'être cause de notre ruine. Personne ici ne s'y trompe. C'est la guerre civile qu'on nous prépare. C'est une de ces haines de commune à commune qui se transmettent de génération en génération comme un fatal héritage.

« Je m'explique le système de nos accusateurs. L'instruction n'est pas grande chez nous. Une lettre à écrire, c'est toute une affaire ! Ils ont pensé que nous ne saurions jamais les termes pour nous défendre et que notre silence serait notre condamnation. Mais l'indignation sait aussi se faire entendre. Entre nos accusateurs et nous, nous vous prenons pour juge, Monsieur le Ministre. La vérité se fera jour, malgré notre faiblesse. Vous empêcherez alors que, par un abus déplorable, le glaive de la justice ne devienne l'instrument de vengeances privées. C'est ce que nous attendons de vous. J'ose croire que cette attente ne sera point trompée.

« Daignez, Monsieur le Ministre, agréer l'assurance de mon profond dévouement à la grande Cause.

Un républicain.
Martial Villard, étudiant en droit. »

Tours.

Arrivé à bon port sur les bords de la Loire, Gambetta adresse à la France des départements une vibrante proclamation :

« La révolution avait trouvé Paris sans canons, sans armes. Maintenant, 400 000 gardes nationaux armés, 100 000 mobiles des départements, et 60 000 hommes de troupes régulières sont groupés autour du drapeau national. Les ateliers fondent des canons, les femmes fabriquent un million de cartouches par jour. La garde nationale a deux mitrailleuses par bataillon.

« On fabrique pour elle des canons de campagne pour des sorties contre les assiégeants. Les forts sont occupés par des marins pourvus d'une artillerie merveilleuse et servie par les premiers pointeurs du monde...

« La solidité et l'expérience de ces soldats improvisés grandissent quotidiennement. La capitale tient tête !

« Derrière l'enceinte existe une troisième enceinte formée de barricades derrière lesquelles les Parisiens ont retrouvé, pour défendre la République, le génie des combats des rues. Tout cela est exécuté avec calme, avec ordre, par le concours et l'enthousiasme de tous.

« Paris est inexpugnable. Il ne peut être ni pris ni surpris.

« Levons-nous donc en masse et mourons plutôt que de subir la honte d'un démembrement.

« A travers nos désastres, il nous reste encore le sentiment de l'unité française, de l'indivisibilité de la République. Paris cerné affirme plus glorieusement encore l'immortelle devise qui deviendra celle de toute la France. *Fluctuat nec mergitur !*

« Vive la nation ! Vive la République une et indivisible ! »

Périgueux, 18 octobre.

Appelée une seconde fois aux assises, l'affaire d'Hautefaye est de nouveau ajournée : on est toujours sans nouvelle du pourvoi des prévenus. Coupée de la province dans Paris assiégé, la cour de cassation ne peut plus transmettre ses arrêts. Encore moins un volumineux dossier.

Tours, 19 octobre.

Les Prussiens se rapprochent tous les jours du siège de la délégation du gouvernement, qui songe à se replier au sud. Châteaudun, ville ouverte, est occupée.

Javerlhac, 20 octobre.

Affabulations et malveillances continuent de bruire entre Nizonne et Bandiat. Des hâbleurs invétérés souhaitent ouvertement le retour de l'Empereur qui délivrera les prisonniers d'Hautefaye. Et les sempiternelles rumeurs renaissent. N'osant plus s'en prendre à la famille d'Alain, les voraces s'en prennent sournoisement à celle de son beau-frère. Rumeurs d'autant plus fantaisistes qu'Albert de Saint-Martin a gagné ses galons de colonel dans l'armée impériale, en Chine et en Italie ! Un habitant de Javerlhac, indigné, écrit au *Nontronnais*.

« Monsieur le Rédacteur,

« Une odieuse calomnie a été répandue contre une famille parfaitement honorable de notre pays. MM. Moreau de Saint-Martin ont été accusés d'avoir fait passer des sommes d'argent aux Prussiens. Mensonge absurde ! Des personnes malveillantes m'ont cité comme étant l'auteur de ce bruit aussi stupide que dénué de fondement. Je proteste énergiquement. Je déclare n'avoir jamais tenu un tel propos. Je déclare qu'un aussi injurieux soupçon n'est jamais entré dans mon esprit. Tout le monde ici connaît la famille Moreau de Saint-Martin. Elle mérite l'estime générale. J'affirme formellement qu'il est criminel de la supposer capable de faits ou d'intentions de ce genre.

« Veuillez, je vous prie, Monsieur le Rédacteur, donner à ma lettre la plus grande publicité possible, et agréer, etc. Bosselut. »

Nontron, 21 octobre.

Pour éveiller l'ardeur républicaine et patriotique des campagnes, la sous-préfecture fait placarder sur le mur des mairies du canton une proclamation rédigée par un jeune capitaine de la garde mobile, enfant du Nontronnais, qui invite les paysans à s'enrôler.

Citoyens !

Le roi de Prusse, enivré de ses victoires, a répondu à notre demande de paix par une insolente provocation. La France accepte le défi. Malheur à sa nation ! Malheur à lui ! Que le sang versé retombe sur sa tête.

Toutes les populations crient vengeance et demandent des armes. La Vendée est debout, terrible et menaçante, la Bretagne et la Normandie s'apprêtent pour la lutte, le Midi s'organise, la Touraine se lève. Périgourdins, ne soyons pas en retard, unissons-nous pour chasser l'ennemi, pour exterminer l'envahisseur.

Gens des campagnes, libérés par la République de 89, si vous ne voulez pas aujourd'hui devenir les serfs de la noblesse prussienne, sortez de votre apathie, réveillez-vous, car l'ennemi est à vos portes.

Napoléon, après avoir pendant vingt ans pillé la France et traqué les honnêtes gens, après avoir lâchement vendu notre armée et livré honteusement nos fils à Sedan, a dignement couronné son œuvre en inondant la France de hordes sauvages et barbares, de pillards sanguinaires qui portent partout la désolation et la ruine.

Aux armes donc ! Aux armes, gens des campagnes ! Groupez-vous résolument autour du gouvernement de la défense nationale, qu'il soit la tête et vous les bras. Tous les gouvernements vous ont trompés, dites-vous ! Celui-ci ne vous trompera pas, je vous le jure. Il ne veut qu'une chose : sauver la France, puis se démettre du pouvoir et fonder, avec nous tous, la République de tout le monde, juste, équitable, modérée, qui sauvegarde les droits de chaque citoyen, protège le faible comme le fort, le pauvre comme le riche, donne une paix glorieuse et durable, fait fleurir le commerce.

Gens des campagnes ! A l'exemple de notre préfet qui, à l'heure du péril, est venu bravement à son poste, soyons unis, serrons les rangs à l'approche du danger. Les Prussiens sont des lâches. Ils n'ont de courage que pour piller les maisons, ravager les campagnes, incendier les bourgs et les villages, tuer les vieillards et les enfants, violer les femmes et les filles. Ceux qui vous diront qu'on ne peut leur tenir tête, qu'ils sont trop nombreux, que la France est perdue, vous trompent, ce sont des vendus et des traîtres !

Si vibrant que soit cet appel au peuple, il ne trouve que peu d'écho dans les campagnes. Rares sont les paysans qui se donnent la peine de le lire. Pour la bonne raison que la plupart ne savent pas. Et ceux qui savent hochent la tête, murmurent sous leur moustache.

— Se faire trouer la peau pour Napoléon tant qu'on veut. Mais pour ce Gambetta, un Italien ! Autant rester chez soi à finir les labours. Après tout ce que la sécheresse nous a fait perdre cette année !

Tours, 23 octobre.

Faute de pouvoir se lancer dans la bataille pour les élections à la Constituante dont la date est indéfiniment repoussée, à cause du prolongement de l'état de siège à Paris, Alcide Dusolier entre au cabinet de Gambetta et devient un de ses trois plus proches collaborateurs, « le bras long du dictateur » disent ses amis du Nontronnais, « l'œil de verre du borgne », disent ses ennemis.

Beaussac, 24 octobre.

On apprend par une lettre arrivée à la mairie que Camille de Maillard est prisonnier des Prussiens. L'homme au loup s'est, dit-on, battu comme un lion.

27 octobre.

Nouveau Sedan ! Metz, citadelle réputée imprenable, capitule, après trois mois de siège. Le général Bazaine qui commandait la place est accusé de trahison. Gambetta le dénonce publiquement à la vindicte publique.

« Bazaine a trahi ! » Il s'est fait l'agent de l'homme de Sedan, le complice de l'envahisseur, et au mépris de l'honneur de l'armée, dont il avait la garde, il a livré, sans même essayer un suprême effort, cent vingt mille combattants, vingt mille blessés, ses fusils, ses canons, ses drapeaux, et la plus forte citadelle de la France, METZ VIERGE, jusqu'à lui, des souillures de l'étranger.

« Un tel crime est au-dessus même des châtiments de la justice. Et maintenant, Français, mesurez la profondeur de l'abîme où vous a précipités l'Empire. Vingt ans, la France a subi ce pouvoir corrupteur qui tarissait en elle toutes les sources de la grandeur et de la vie. »

Nontron, Tours, 28-30 octobre.

L'affaire de la suppression de la commune d'Hautefaye, toujours en suspens, revient sur le tapis. Les autorités de la fraîche République, Dusolier en tête, qui s'étaient précipitées d'envisager cette mesure sous le choc de la tragédie du 16 août, paraissent maintenant hésiter.

Le gouvernement a tellement d'autres soucis ! Chaque jour qui passe apporte son lot de drames, d'affaires à régler séance tenante, de décisions vitales à prendre. Absorbé jour et nuit par les impératifs de la défense nationale, la réorganisation de l'armée, l'affermissement du régime, Gambetta a eu bien d'autres « lièvres à courir », comme dit Elie Mondout que s'occuper de supprimer ce malheureux bourg du Nontronnais de la carte des communes. Du reste le « fin génois », ténor du barreau de Paris, n'est, depuis le début, guère favorable à cette mesure de circonstance, juridiquement discutable. Mais Alcide, qui vit désormais nuit et jour dans le vent du « dictateur » revient à la charge. Il plaide vigoureusement la suppression autant pour venger la mémoire de « Polyeucte » que pour enfoncer dans la cervelle désespérément bonapartiste des paysans du Nontronnais le clou de la République. Gambetta fait ressortir le dossier et prend connaissance de la lettre de Martial Villard qui vient justement de lui être transmise dans la valise du ministère arrivée avant-hier de Paris par ballon. Les propos vigoureux de ce jeune citoyen lui donnent à réfléchir.

— Tes paysans d'Hautefaye, mon cher Alcide, ne sont pas si arriérés que tu veux bien le dire. Cet étudiant en droit qui signe : un républicain, a l'étoffe d'un juriste et des arguments convaincants !

— Assurément, mais pour un républicain, il y a là-bas cent bonapartistes incurables ! Au moment des arrestations et au lendemain du 4 septembre, ils ont courbé l'échine et laissé passer l'orage. On pouvait penser qu'ils commençaient à comprendre à quel point l'homme de Sedan les avait trompés. Eh bien, je te prie de croire qu'ils n'ont pas été longs à retourner à leurs vomissements. Les rumeurs imbéciles, les accusations criminelles contre des châtelains paisibles et des républicains cloués au même pilori, ont recommencé à battre les campagnes comme aux beaux jours de Reichshoffen. Il faut l'entendre pour le croire. Et ce procès indéfiniment repoussé, tout comme les élections, n'arrange rien. Les gens d'Hautefaye se figurent qu'on va tout bonnement relâcher les vingt et un assassins, avec les excuses du gouvernement, et la bénédiction de Napoléon qui va revenir avant la Noël et les récompensera pour leur conduite héroïque. Je n'exagère pas, mon cher Léon, ces gens-là ne comprennent que le sabre. C'est malheureux à dire, mais dans l'état actuel de l'esprit public des campagnes, la légalité républicaine ne s'imposera que par une politique d'intransigeance et d'autorité, en attendant que l'instruction publique obligatoire et gratuite ait fait son œuvre civilisatrice.

Sensible à l'argumentation de son cher Alcide, le cher Léon ne se sent pourtant pas décidé à donner suite au projet de suppression de la commune d'Hautefaye. Avant de trancher définitivement, il veut avoir le sentiment de l'autorité locale. Il écrit à Guilbert dans ce sens.

Indécis, le préfet de la Dordogne demande l'avis du sous-préfet de Nontron qui lui répond aussitôt.

« J'ai sous les yeux un mémoire adressé, pour défendre la commune, au ministre de l'Intérieur. On y raconte les faits en amoindrissant leur gravité réelle. On fait ressortir qu'il serait injuste de frapper, par une mesure aussi générale et aussi violente, avec les quelques coupables, beaucoup d'innocents. Il n'est pas possible de contester le bien-fondé de cette objection.

« Certes, on ne saurait méconnaître que tous les membres d'une commune sont reliés entre eux par une solidarité certaine qui permet de dire que la commune a été, dans sa généralité, coupable de faiblesse, d'indifférence ou d'abstention ; en un mot, qu'elle aurait pu empêcher le crime.

« Au point de vue de la justice, la mesure de la suppression pourrait être légitimée, si, politiquement et exemplairement elle était jugée nécessaire.

« Je comprends parfaitement qu'au premier moment et sous la première impression on soit allé jusqu'à la demander, j'aurais compris qu'on la décrétât.

« Aujourd'hui, j'en suis à me demander s'il y aurait un avantage suffisant à cette suppression pour que je doive la conseiller.

« Cette mesure aurait pour conséquence forcée la répartition entre les communes limitrophes de ses démembrements. Je suis frappé de la difficulté matérielle qu'on rencontrerait à l'exécuter. Il en est une autre plus importante peut-être à mes yeux : je craindrais qu'on ne créât des éléments de discorde et de haine entre les habitants annexés et les enrichis de l'annexion. Je craindrais qu'on eût à se repentir, un jour ou l'autre, du mécontentement qu'éprouveraient à la fois les supprimés d'Hautefaye et leurs voisins, peu flattés de cet accroissement de fortune.

« Je trouverais préférable d'imposer à la commune l'érection d'une croix ou colonne expiatoire et de la punir, ainsi que les communes voisines, par la suppression des foires d'Hautefaye.

« En combinant, si on le croyait nécessaire, ces deux mesures ou en se contentant de la dernière, la commune d'Hautefaye serait assez fortement frappée dans ses intérêts et la peine serait assez publique pour être exemplaire.

« Agréez, Monsieur le Préfet, etc. »

Tout bien réfléchi, Gambetta classe définitivement le projet de suppression de la commune d'Hautefaye.

Bretanges, 31 octobre.

Six heures sonnent à la pendule de la chambre de Magdelaine-Louise de Monéys, plongée dans le mi-jour d'une chandelle. Marie, Angèle, Gaston et leur père, à genoux de part et d'autre du lit prononcent d'une voix hachée de sanglots les derniers versets de la prière des agonisants. Angèle tient le cierge béni, M. de Monéys tient la main déformée de sa femme, Gaston tient le livre.

— Donnez-lui, Seigneur, le repos éternel.

— Et qu'elle jouisse de l'éternelle lumière.

— De la porte de l'enfer...

— Seigneur délivrez cette âme.

— Qu'elle repose en paix.

Un peu à l'écart dans la pénombre, Marguerite et Françoise, les deux fidèles servantes de la maison, à genoux elles aussi, mêlent leur voix et leur chagrin à ceux de leurs maîtres. Celle qui fut l'épouse, la mère bien-aimée et la bonne âme de Bretanges est morte de désespoir au chant du coq, après deux mois et demi d'un cauchemar qui avait commencé dans l'après-midi du 16 août. Au bout du couloir, dans la chambre du fond, Adhémar recroquevillé sur son lit, tenant serrée une botte d'Alain, regarde la première lueur du jour paraître aux carreaux. Depuis le même 16 août, il n'accepte de manger, ne se décide à dormir que s'il a cette botte près de lui ou dans les bras et il refuse absolument qu'on ferme les contrevents. Il passe des journées entières, quelquefois des nuits, devant la croisée à guetter le retour de son frère. Dès qu'il entend dehors le bruit d'un cheval, d'une voiture ou de quelqu'un qui marche, il se précipite, tend le cou, écarquille tant qu'il peut ses yeux bridés et se fige dans une attitude de contemplation indéfinie et pathétique. De crainte qu'il ne lui arrive un accident à force de se pencher, on a fait exhausser la balustrade, et on cadenasse la croisée tous les soirs. Pour plus de précautions, on a d'ailleurs rajouté un lit dans la chambre. Pascal couche désormais toutes les nuits auprès de « Monsieur Adhémar ».

Paris.

Journée d'émeute sous la pluie. Trois nouvelles ont mis le feu aux poudres dans la population des faubourgs : la prise du Bourget par les Prussiens qui ont fait mille deux cents prisonniers, la capitulation de Metz et l'empressement de M. Thiers à conclure un armistice. Chauffés par les permanents de la révolution sociale : Gustave Flourens, Auguste Blanqui, Delescluze, Jules Vallès, Félix Pyat... des milliers de manifestants civils, militaires, francs-tireurs, envahissent l'Hôtel de Ville aux cris de : A bas l'armistice ! Thiers capitulard ! Vive la Commune de Paris ! La levée en masse ! Des fusils pour le peuple !... Flourens, en costume de major, botté, épée à la main, fait irruption dans la salle des séances, escorté d'une troupe de tirailleurs volontaires en armes. Incorrigible spadassin, il saute sur la table autour de laquelle siègent les ministres, déclare le gouvernement de la défense nationale déchu, annonce l'instauration de la Commune de Paris et la constitution d'un comité de salut public composé de MM. Flourens, Blanqui, Louis Blanc, Victor Hugo, Félix Pyat, Victor Schoelcher, etc.

La journée se termine dans la confusion et le théâtre. Mais les choses ont bien failli mal tourner. Les journaux de Paris blâment cette tentative de coup de main et demandent au gouvernement de maintenir énergiquement l'ordre dans Paris assiégé. Flourens est arrêté.

Le lendemain, le ministère consulte la population parisienne.

« Le gouvernement, considérant qu'il importe à sa dignité et au libre exercice de sa mission de défense de savoir s'il conserve la confiance de la population parisienne, décrète qu'un scrutin sera ouvert le jeudi 3 novembre, sur la question suivante : La population de Paris maintient-elle OUI ou NON les pouvoirs du gouvernement de la défense nationale ? »

Le 3, Paris vote la confiance par 557 976 OUI contre 62 638 NON. L'ordre règne derrière les fortifs.

Versailles, 4 novembre.

M. Thiers tente depuis plusieurs jours de négocier avec Bismarck les conditions d'un armistice de vingt-cinq jours permettant d'organiser les élections. Bismarck s'oppose au ravitaillement de Paris pendant cette période.

Nontron, 5 novembre.

Les journaux de la région accordent une large place à la douloureuse disparition de la mère d'Alain de Monéys. L'*Union Nontronnaise* écrit :

« Nous apprenons avec les plus vifs regrets la mort de madame la comtesse de Monéys, mère de la malheureuse victime de l'attentat inouï d'Hautefaye, encore forcément impuni. L'infortunée mère était tombée, depuis quelques jours, dans un état de prostration complète, il était presque impossible de lui faire prendre de la nourriture et elle ne sortait de sa torpeur que pour appeler de temps en temps son fils avec des cris déchirants.

« Dernière fille de l'honorable M. de Conan, dont la mémoire est bénie de tous, digne par son caractère et ses vertus de porter le nom qui disparaît avec elle du pays, Mme de Monéys était fort aimée. Son long et douloureux martyre, sa fin si triste, le deuil nouveau qui frappe celui auquel ses destinées s'étaient unies et qui, lui aussi, représente une famille justement vénérée, ont produit dans la contrée la plus douloureuse impression. Ah ! que la justice atteigne et frappe d'une manière exemplaire ceux qui ont causé de pareils malheurs par un épouvantable forfait. »

Immédiatement au-dessous de ces lignes, on lit :

« Ces jours derniers, une jeune fille de seize ans qui gardait ses moutons dans les bois non loin d'Hautefaye, a été victime d'un crime odieux de la part d'un individu qui l'a mutilée et laissée comme morte sur place. On ne connaît pas encore l'auteur de cet acte abominable. » Cette jeune bergère habite en réalité Lussas. Elle a été violée et battue sauvagement à coups de pierres au coin d'un bois isolé. Des paysans qui coupaient de la litière non loin de là disent avoir vu courir dans les parages un homme grand, vêtu de blanc, qui pourrait bien être un Charentais, ancien militaire ou déserteur, qu'on aperçoit de temps en temps sur les foires.

Dans ce même journal, le préfet de la Dordogne s'adresse aux habitants de son département à la suite de l'émeute du 31 octobre à Paris.

« Citoyens,

« Nous ne devons pas nous laisser émouvoir plus qu'il ne faut par les nouvelles qui nous arrivent de Paris. La capitale de la France avait été mise hors la loi par l'Empire, qui lui avait constamment refusé une municipalité issue du suffrage universel. Bonaparte avait dépouillé Paris du droit commun ! Aujourd'hui, au seul mot de paix et d'armistice, la grande cité héroïque tressaille, elle se lève et le gouvernement de la défense nationale demande aux Parisiens la consécration de ses pouvoirs, consécration d'autant plus utile que la tâche devient plus lourde par l'excès même des malheurs qui frappent la patrie. L'ordre et l'union sortiront, soyez-en sûrs, de ces convulsions généreuses par lesquelles un grand peuple affirme sa vitalité, et qui valent mieux que l'abaissement moral dans lequel nous étions tombés.

« Quant à la province, elle a unanimement, depuis l'infâme trahison de Bazaine, manifesté ses sentiments. Rangée autour du drapeau de la République, elle est prête à marcher à la victoire ou à la mort !

« En réponse aux dépêches du ministre de l'Intérieur, j'ai immédiatement adressé à Tours le télégramme suivant, que je crois être la pensée de tous : " Je suis convaincu que ce qui a le plus exaspéré les Parisiens, c'est l'idée d'armistice. Faites-leur savoir que la province n'en veut pas. "

Nonobstant ces hautes affirmations du docteur Guilbert, le fossé se creuse chaque jour davantage entre les citadins partisans de la guerre à outrance et l'immense majorité de la population provinciale et rurale, lassée de la guerre, favorable aux négociations avec l'ennemi. Curieusement les paysans qui, dans les derniers jours de l'Empire, dénonçaient avec la rage et la fantaisie que l'on sait, ceux qu'ils taxaient de collusion avec les Prussiens, dénoncent aujourd'hui ceux qui veulent coûte que coûte battre l'Allemagne et refusent tout compromis. La terre appelle de ses vœux l'armistice. Un nom, devenu synonyme de défaitisme pour les républicains bellicistes, cristallise maintenant le désir, l'espoir de la France des profondeurs, et conjure sa peur : M. Thiers. Les rapports entre l'apôtre de la guerre à outrance et le « commis voyageur » de la paix négociée, déjà fort tendus en septembre, sont à présent carrément orageux. M. Thiers a traité publiquement Gambetta de « fou furieux », ce qui a réjoui bien des chaumières, bien des salons louis-philippards aux persiennes mi-closes. Le fier Gênois quant à lui, n'en a cure. Il éperonne de ses coups de gueule les populations indécises, électrise de son lyrisme d'estrade l'armée de Loire et lui commande de marcher sur Orléans. Ah ! si nos fiers soldats pouvaient entrer en force dans Paris, libérer Belleville de la botte des uhlans, Montmartre des casques à pointe, comme la République serait belle ! Chaque nuit en s'endormant, le bon Léon caresse cet espoir comme on promène en rêve les hanches d'une danseuse étoile que l'on ne désespère pas tout à fait de mettre un soir dans son lit.

Poitiers, 10 novembre.

Une section de la cour de cassation, réunie au Palais de Justice, rejette le pourvoi formé par les prévenus de l'affaire d'Hautefaye le 5 septembre dernier et les renvoie devant la cour d'assises de la Dordogne sous l'accusation d'assassinat commis le 16 août 1870 sur la personne de M. de Monéys.

11 novembre.

L'été de la Saint-Martin n'aura pas lieu. Une vague de froid s'est abattue sur la France. L'hiver est arrivé cette année avec plus d'un mois d'avance. Il neige sur tout le pays depuis plusieurs jours. L'armée manque de couvertures, de vêtements, de guêtres, de chaussures. Le spectre de la famine hante Paris. Les Prussiens tirent sur « les chercheurs de pommes de terre ». On ne trouve plus un pigeon, plus un moineau, plus un corbeau à tuer et les lanceurs de bouchon n'accrochent plus que du bois mort depuis que la Seine est en crue.

D'interminables queues s'allongent devant des barraques où des tripiers ambulants débitent du chat et du chien. Mais l'approvisionnement s'épuise. Place de l'Hôtel de Ville, sous les fenêtres du gouvernement, se tient le grand marché aux rats. Les hommes ratiers, croqueurs de museaux qui d'habitude font frémir les enfants à la foire du Trône, les montreurs de bouledogues avaleurs de rats qui bonimentent aux expositions canines des Champs-Elysées, les cureurs d'égout, les employés des Eaux, les arpenteurs de caves, les videurs de greniers se sont reconvertis dans la boucherie spéciale. A les entendre, il n'y a pas plus fin que la chair de raton parisien. Un peu attendri, bien mariné, sauté aux bégonias, ça vaut largement le marcassin ou l'alouette ! Le malheur c'est qu'il en faut beaucoup pour nourrir une famille nombreuse et que le rat aussi devient rare, comme le salé de mule, ou le gigot de chien. Les prix montent tous les jours. Pour couronner le tout, les Prussiens annoncent qu'ils vont bombarder Paris.

Tours, 25 novembre.

Soucieux d'atténuer le caractère spectaculaire des exécutions capitales dont les effets lui paraissent plus choquants qu'édifiants, soucieux aussi d'alléger la machinerie suppliciaire d'Etat inutilement lourde et coûteuse, Adolphe Crémieux, ministre de la Justice raye d'un trait de plume les dix marches de l'échafaud et réduit au chômage, sans indemnité, tous les bourreaux, sauf un et cinq adjoints.

Considérant que même dans l'état actuel de la législation pénale et avec le système des exécutions publiques, le nombre des agents rétribués est excessif, et que le moment est venu d'ordonner une nouvelle réduction de leur personnel devenu inutile, tandis que l'inaction, depuis le dernier décret, de la plupart des titulaires de secours viagers, permet de réaliser cette amélioration avec une notable économie pour le trésor ;

Considérant que l'entretien, dans chaque ressort de cour d'appel, de bois de justice grève inutilement le budget, et qu'aucune loi ne légitime l'usage de les dresser sur une plate-forme élevée au-dessus du sol, de manière à transformer en un spectacle hideux l'expiation légale dont la publicité n'est pas même garantie, tandis qu'il y résulte les plus grands inconvénients pour le transport et l'érection du bois de justice ;

Décrète :

Art. 1 — A partir du 1er janvier 1871, les exécuteurs en chef et adjoints en exercice sur le territoire continental français seront relevés de leurs fonctions individuellement...

Art. 2 — Il ne sera maintenu qu'un exécuteur en chef et cinq exécuteurs en fonction. Leur résidence sera fixée dans la capitale, sauf ordre contraire émané du ministre de la Justice.

Art. 3 — Deux machines ou instruments, avec leurs accessoires de rechange, établies sur le modèle adopté en Algérie, seront construites et entretenues à Paris en état d'être immédiatement transportées partout où besoin sera.

Art. 4 — Toutes les fois qu'il y aura lieu de procéder, en dehors de Paris, à l'exécution d'un condamné, l'exécuteur en chef sera tenu de se transporter au lieu indiqué avec l'un de ses adjoints. S'il y a plus d'un condamné, il prendra au 4e bureau de la direction criminelle du ministère de la Justice l'autorisation d'emmener le nombre d'adjoints jugé nécessaire. Ils seront transportés, avec les instruments de justice, en chemin de fer par trains directs ou rapides. Chaque homme recevra une indemnité de huit francs par jour, frais de transports non compris.

9 décembre.

Face aux nouveaux dangers, le gouvernement décide d'évacuer Tours. Il se replie sur Bordeaux. Le personnel des ministères s'enfourne dans les trains avec armes, bagages et paperasses.

Périgueux, 13 décembre.

Le procès des meurtriers d'Alain de Monéys s'ouvre aujourd'hui au palais de justice. La foule est au rendez-vous, avide, bourdonnante, serrée sur les banquettes de la salle d'audience mal chauffée, échantillon complet de la société périgorde. Ce n'est pas tous les jours, dans la calme cité alanguie sur les bords de l'Isle, qu'on peut se mettre sous la dent une affaire digne d'entrer dans les annales de l'histoire judiciaire, une affaire qui a déjà remué tant de passions dans les chaumières et sous les lustres. Décidément, cette année 1870 n'aura pas été pingre en émotions fortes ! En attendant l'entrée des magistrats, on s'observe, on cancane, on tend le cou, on se montre du doigt avec un mélange d'appétit et d'horreur les pièces à conviction exposées au pied du bureau du président : le fouet de la victime, la balance à crochet dont la pomme, dit-on, s'est enfoncée dans le crâne du malheureux Alain de Monéys, les pierres maculées de sang et de graisse humaine...

On dévisage les avocats. Ils sont huit, assis au banc de la défense à fouiller dans leurs dossiers et à conférer à voix basse : MM. Millet-Lacombe, Vilotte, Raynaud, Debetz de Lacrousille, Gisclard, de Lestrade de Conti, Chastenet et Louis Mie, l'enfant terrible du barreau de Périgueux, républicain endiablé, pourfendeur de l'Empire, bête noire des « préfets à poigne », libelliste infatigable, orateur de balcon, meneur de cortèges, agitateur de réunions publiques, rumeur de consciences qui, depuis le 4 septembre, fait battre le pouls de la défense nationale dans les rues de Périgueux et les dîners en ville, personnifiant avec sa longue barbe de missionnaire et son œil allumé de viveur la révolution triomphante, la démocratie toujours sur la brèche. Comment va-t-il s'y prendre pour défendre ses cinq clients, bonapartistes enragés : les frères Campot, Pierre Besse dit Duroulet, Jean Beauvais dit Roumaillac et surtout ce Léonard dit Piarrouty, l'homme au crochet, le plus acharné, paraît-il. A coup sûr, Louis Mie va vouloir politiser l'affaire, plaider l'irresponsabilité de ses clients fanatisés par l'Empire...

La porte du prétoire s'ouvre.

— Messieurs, la cour !

Toute l'assistance se lève. Dans un flottement d'étoffe rouge et d'hermine, la magistrature s'avance. M. Brochon, président des assises, prend sa place au centre du bureau sous le crucifix, entre ses deux assesseurs : MM. Boyer et Boissarie, tandis que M. Jorant, premier avocat général du parquet de Bordeaux et Castéja, substitut à Périgueux, s'installent au siège du ministère public. L'assistance se rassied, toussote. Le président jette un coup d'œil rapide sur la salle et ouvre la séance d'une voix grave et sonore :

— Assassinat commis le 16 août dernier à Hautefaye, arrondissement de Nontron, sur la personne de M. Alain de Monéys d'Ordières. Faites entrer les prévenus !

Tous les regards se tournent vers la petite porte latérale qui s'entrebâille. Un à un, les vingt et un paysans à la file, escortés d'un véritable détachement de gendarmerie, entrent au prétoire dans un bruit de gros souliers heurtant les boiseries. Ces hommes au corps épais, gauches, faits pour le grand air, rompus à manier les bœufs, à retourner les charrues, à battre le fer, ont bien du mal à trouver une contenance dans l'espace étroit du caisson des accusés, devant tout ces gens, habillés comme pour une sortie de grand-messe, qui les mangent des yeux. Piarrouty affiche une mine bravache et secoue la tête, l'air de dire : « Eh bé ma parole, il s'en est déplacé des chrétiens pour nous voir ! » Les trois plus jeunes sont visiblement les plus mal à l'aise. Pierrette et Lajou piquent du nez dans leur culotte. Le petit Thibassou lève ses yeux d'oiseau blessé vers le ciel lourd de neige, qui s'assombrit derrière les grandes baies. Les frères Campot, Mazière, Chambort, ont l'air buté et furibard qu'on attend d'eux en pareille circonstance. Certains sont abattus, hagards. D'autres échangent des œillades et envoient des petits signes à leurs parents assis dans la salle. Le juge Boissarie recompte deux fois pour voir si tout le monde est bien là. Des chuchotis courent de bouches à oreilles dans le public.

Après l'appel des noms et les questions d'usage aux accusés, le président annonce qu'il va procéder au tirage au sort du jury de jugement. L'avocat général se lève, demande qu'en prévision de la longueur des débats, la cour s'adjoigne un assesseur supplémentaire et qu'on ajoute deux jurés de plus au nombre réglementaire. La cour fait droit à cette proposition, désigne M. Tornézy comme juge suppléant et tire au sort quatorze jurés parmi lesquels cinq négociants, cinq propriétaires, deux anciens notaires, un maire, un médecin, tous habitants de bourgs du département. Cinq d'entre eux sont récusés par la défense et trois par le ministère public... Ces formalités accomplies, le président invite le greffier à donner lecture de l'acte d'accusation. Un grand silence se fait dans la salle comble. La voix du narrateur s'élève, claire, aimablement gasconne, avec une pointe d'effet romanesque.

« Le 16 août dernier, jour de la foire d'Hautefaye, vers une heure, M. Alain de Monéys, adjoint au maire de Beaussac, venait d'arriver sur le champ de foire, où il causait d'élections avec le sieur Antony, lorsqu'il entendit un grand tumulte. Il s'approcha aussitôt de l'endroit d'où partait le bruit et en demanda la cause à un certain Brethenoux... »

On sent que M. le greffier de la cour a répété son texte, un texte rédigé avec talent par M. Fabre de la Bénodière, premier avocat général du parquet de Bordeaux, juriste éminent, familier des belles lettres dans la grande tradition de la magistrature de Guyenne.

La société périgorde palpite. On la croirait à une lecture d'inédit aux après-midi littéraires du Cercle philologique, avec en plus le frisson du vécu. Les seuls à ne prendre aucun plaisir à ce divertissement mondain sont les accusés et leurs parents ou amis présents dans la salle. Ils préféreraient, c'est sûr, voir s'écrouler le plafond du palais plutôt que d'entendre ce qu'ils entendent.

« Buisson et Mazière prirent M. de Monéys au collet. " Il faut le faire souffrir ! Il faut le faire mourir ! " criaient-ils.

« Les frères Cambot tenaient chacun d'une main M. de Monéys et l'assommaient de l'autre.

« Léonard, dit Piarrouty, se glissant sous les bâtons avec son crochet, lui en asséna de toute sa force un tel coup, qu'il sembla à un témoin que la boule avait pénétré dans le crâne.

Chambort se faisait remarquer à la tête des meurtriers. C'était un des plus acharnés... »

A mesure qu'on entend passer leur nom au fil du récit, on voit les accusés tête baissée, cou rentré, immobiles, se tasser sur le banc, n'ayant d'autre échappatoire sous le marteau pilon de la vérité que de s'enfoncer en eux-mêmes. Le texte de M. Fabre de la Bénodière ne fait grâce d'aucun détail. Puisant dans la masse des témoignages, des aveux recueillis à l'instruction et dans les rapports de gendarmerie, l'honorable magistrat a reconstitué la matérialité des faits avec un luxe de précisions que les crimes ordinaires accomplis généralement dans l'ombre, à l'abri des regards, dans un corps à corps singulier entre l'assassin et sa victime, ne donnent guère l'occasion de fournir.

« Le funèbre cortège traversa de nouveau la cour du maire et remonta le chemin qui conduit au champ de foire. On traînait, en le soutenant, le pauvre jeune homme dont la tête était comme " un globe de sang "... »

Le texte prend, par moments, une tonalité presque biblique. On croirait entendre, revu par Michelet ou Victor Hugo, le récit d'un Mystère de la Passion tel que l'aurait joué au Moyen Age toute la population d'un village mais, cette fois, réellement accompli, en plein XIXe siècle, par des paysans enragés. Parmi les noms qui reviennent au fil de l'énoncé, on entend, à intervalles réguliers, comme une ponctuation du supplice, celui de Bernard Mathieu, ex-maire d'Hautefaye. Ponce Pilate de village, qu'on s'étonne de ne pas voir au banc des accusés, et que quelques initiés se montrent du coin de l'œil : il est dans le public, tassé lui aussi sur son banc, la mine décomposée.

« Le maire était là à quelques pas, balbutiant et ne bougeant pas. Les bourreaux reprirent leur victime et la poussèrent sous le travail à ferrer où on voulait le pendre et le brûler.

« Et les coups, qui ne cessaient pas, résonnaient sur sa tête et ses jambes comme un fagot de bois. Le maire suivait toujours avec son écharpe... »

A chaque passage de son nom, Mathieu secoue légèrement la tête et remue les lèvres d'un air de protestation intérieure. Ah, s'il pouvait foutre le camp sans se faire remarquer!... Mais le récit du calvaire d'Alain se poursuit, interminable. Et comme dans tous les grands drames populaires, à côté des méchants, des affreux, des pleutres, il y a les bons, les braves qui ménagent des moments de répit, permettent de reprendre un peu son souffle dans cette descente au septième cercle de l'horreur.

« D'honorables citoyens, dont le courage contraste heureusement avec la faiblesse du maire, la lâcheté des uns et la férocité des autres, les sieurs Dubois, Georges Mathieu, Pascal Tamisier, réunis à quelques autres dont ils avaient imploré le secours, saisirent le malheureux qui petit, chétif, étourdi par les coups, avait peine à se soutenir.

« Dans ce triste asile, pressé contre le mur, mal protégé contre une inexprimable rage par quelques hommes de cœur qu'il est consolant de retrouver encore, et juste de nommer : Philippe Dubois, Pascal Tamisier, François Chaulet... »

On cherche dans l'assistance à identifier les traits de ces hommes de bien qu'on voudrait récompenser d'un regard tendre, approbateur. Mais le cycle infernal des brutalités, de l'épouvante, recommence.

« Pendant dix mortelles minutes, on se rua sur le malheureux jeune homme. Campot Jeune continuait à le frapper avec un morceau de bois, Murguet avec une fourche. Feytou lui lançait des coups de pied dans le bas-ventre en le traitant de charogne. Léchelle lui donnait des coups de pied dans les reins. Licoine ensanglantait son soulier en le frappant à la tête, Sallat fils... »

Ce sont maintenant des regards lourds de haine et de dégoût qui pèsent sur les vingt et un accusés amorphes, engloutis en eux-mêmes et comme gagnés par une invincible somnolence. Singulier face à face de la « société », crispée d'indignation, et du « crime » au regard absent.

« Limay, dit Thibassou, qui n'avait pas quatorze ans, trouvait un cruel plaisir à frapper avec une grosse baguette ce cadavre inerte et sanglant, et le jeune Brut, dit Pierrette, âgé de dix-huit ans, revenait en montrant avec triomphe son bâton ensanglanté... »

Au bout de trois quarts d'heure de ces descriptions aux détails insoutenables, le greffier de la cour qui, de sa carrière n'a jamais été mis à si rude épreuve et ne le sera vraisemblablement jamais plus, marque un temps d'arrêt, reprend son souffle et attaque le finale en haussant d'un ton sa voix qui s'était insensiblement assourdie.

« Enfin, on le jeta violemment sur les pierres qui forment le talus en pente d'une mare, alors presque à sec... »

Brusquement, du côté du banc des accusés, on entend un bruit. Une galoche a heurté la boiserie. L'assistance est aux aguets. Vont-ils à la fin réagir, manifester une émotion ? Non, ils sont là rangés côte à côte comme autant de momies. Les phrases de l'acte d'accusation où il n'est question que d'eux, de leurs paroles, de leurs actes, glissent sur leur peau parcheminée comme le sable du désert. Langue étrangère, rumeur indéchiffrable qui n'a sens et valeur que pour ces messieurs de la justice et la foule des curieux.

« Enfin Chambort chercha à se procurer des allumettes et, n'en ayant pas trouvé, donna un sou pour en acheter. Comme on n'avait pas pu réussir à allumer le feu avec des morceaux de papier jaune, placés sous le bois, il apporta à plusieurs reprises de la paille, qu'il éparpilla, et cria à des enfants qui étaient près de lui : " Allez mes enfants, il faut que ce soit les plus jeunes qui mettent le feu ! " Le maire était encore là avec son écharpe... »

Comme s'il ne voulait pas être de reste et, inconsciemment, faire corps avec les coupables, Mathieu, dans son coin, a pris lui aussi le parti de l'inertie et la consistance du parchemin. Quel mal lui a pris de venir se fourrer dans la gueule du loup, alors que rien ne l'y obligeait ? Il n'était convoqué que le 15, comme témoin. Ah, s'il avait pu supposer qu'il allait entendre ce qu'il entend, il serait resté chez lui. Mais un ami lui a dit : « Tu n'es pas inculpé. Ils ne diront rien contre toi. Et ton intérêt c'est d'y aller, ne serait-ce que pour protester contre ta révocation et pouvoir répondre aux accusations que pourraient porter contre toi les coupables. » Quel bougre de couillon ce Chaminade ! rumine-t-il. Il aurait mieux fait de se taire que de me pousser ici ! Encore un qui veut ma mort.

Le greffier de la cour toussote et enchaîne.

« C'est alors qu'on vit des hommes qui eurent la rage d'allumer leur cigarette à des tisons pris sur le corps de M. de Monéys que l'on se montrait du doigt en disant : " Voyez comme il grille bien. " Besse, voyant flamber la graisse qui coulait le long du corps, n'exprimait qu'un regret : c'est que toute cette graisse fût perdue !... »

Le mot graisse est de ceux qui provoquent un frémissement de dégoût dont on a peine, fût-ce dans un prétoire, à réprimer la manifestation. Même ces messieurs de la cour qui se sont efforcés, tout au long du récit des atrocités commises par les vingt et un phénomènes ici présents, d'afficher le visage stoïque de magistrature en exercice, à quelques branlements de toque près, n'ont pas pu s'empêcher d'accuser le mot graisse d'un léger plissement répulsif de la bouche ou de l'aile du nez. Quant à l'assistance, gendarmes compris, elle laisse échapper en direction des momies un « Ooh » profond, sourd comme un râle, assorti de grimaces d'horreur et de consternation. Le nez dans son texte, le greffier poursuit bravement le compte rendu détaillé du délire suppliciaire des « braves gens », devenu réalité le 16 août dernier, à cinquante-deux kilomètres d'ici, aux frontières de la Charente.

« Quand tout fut fini, il se trouva encore des hommes pour remuer le brasier et le cadavre avec leurs bâtons et se repaître du hideux spectacle de ce corps carbonisé qui ressemblait, dit-on, à un tronc d'arbre brûlé auquel tiendraient encore deux morceaux de branches rougis par les flammes... Puis la foule s'écoula indifférente et tranquille, disant que c'était bien fait, que quiconque le plaindrait méritait qu'il lui en arrivât autant. Le rapport du médecin qui a procédé à l'autopsie décrit ainsi l'état de ce qui restait du pauvre M. de Monéys : " Le cadavre presque entièrement carbonisé et couché sur le dos, la face un peu tournée vers le ciel à gauche, les membres inférieurs écartés, la main droite raidie au-dessus de la tête, comme pour implorer, la main gauche ramenée vers l'épaule correspondante et étalée comme pour demander grâce, les traits du visage exprimant la douleur, le tronc tordu et ramené en arrière : telle est l'attitude que les flammes ont en quelque sorte saisie sur place et conservée à la justice pour lui dire les dernières angoisses d'Alain de Monéys ! "

« Le soir, les auteurs de cet acte de cannibales allaient raconter hautement partout la part qu'ils y avaient prise. Nous avons fait griller à Hautefaye un fameux cochon, osaient dire quelques-uns. L'accusé Sarlat, lui, prétendait qu'ils avaient droit à une paye du gouvernement. " Il n'y a plus de loi, criait quelqu'un. On peut tuer un noble comme une mouche ou un poulet. " Quant à Chambort, il racontait froidement qu'il avait tout préparé pour faire brûler M. de Monéys, qu'il avait été chercher des allumettes et, qu'obligé de remplacer la paille qu'il avait prise à un limonadier, cela lui avait coûté treize sous ! Tel est le crime inouï dont la société vient demander justice au nom de la civilisation et de l'humanité, crime sans prétexte, sans excuse possible, dont certains au moins des auteurs paraissent avoir conçu à l'avance la pensée et qui, sans la promptitude et l'énergie de la répression, menaçait de ne pas rester isolé.

« Un exemple sévère apprendra à ceux qui seraient tentés d'imiter les auteurs de cet odieux assassinat que la France du XIXe siècle ne veut ni massacres ni jacqueries.

« En conséquence, sont accusés :

« 1° François Chambort dit Sillou, Jean Campot jeune, Pierre Buisson dit Arnaud dit Lirou, François Léonard dit Piarrouty et François Mazière dit Sillou, d'avoir, le seize août mil huit cent soixante-dix, à Hautefaye, ensemble et de concert, volontairement commis un homicide sur la personne du sieur Alain de Monéys, avec cette circonstance aggravante que ledit homicide a été commis avec préméditation.

« 2° Etienne Campot aîné, Antoine Léchelle dit Pinard, Thibaud Limay dit Thibassou, Pierre Delage, dit Lajou, Jean Frédéric, Léonard Lamongie, Jean Sallat père dit Moureau, Pierre Sarlat dit Lamy, Mathieu Murguet, Pierre Besse dit Duroulet, d'avoir le même jour, au même lieu, avec connaissance, aidé ou assisté les auteurs de l'action ci-avant spécifiée.

« 3° Jean Beauvais dit Roumaillac, d'avoir, le même jour, au même lieu, par des discours, des cris ou des menaces, proférés dans des lieux publics, provoqué les auteurs de l'action à la commettre et de s'en être ainsi rendu complice.

« Et sont prévenus :

« 4° Pierre Brut, dit Pierrette ; Jean Brouilhet, dit Déjeunat ; Girard Feytou ; Rolland Liquoine ; François Sallat, fils, dit Moureau, d'avoir, le seize août mil huit cent soixante-dix, à Hautefaye, volontairement porté des coups ou fait des blessures au sieur Alain de Monéys, et ce avec préméditation. »

A l'énoncé de leur nom, quelques-uns des accusés ont vaguement secoué la tête en signe de dénégation pour retomber bientôt dans leur léthargie. Profondément secouée, l'assistance murmure. Le président Brochon agite sa sonnette. Finis les états d'âme ! Place à la procédure. Dominant visiblement son émotion, Me Millet-Lacombe, défenseur de Chambort, Delage et Brut, prend la parole pour demander un déclinatoire dont il dépose les conclusions sur le bureau du président.

— Plaise à la cour :

Attendu que les événements du 16 août dernier, à Hautefaye, sont empreints, dans leurs causes et à toutes leurs phases diverses, d'un caractère essentiellement politique ;

Que, pour s'en convaincre, il suffit d'interroger le texte même de l'acte d'accusation ;

Que ce document ne relève, comme mobile des faits, qu'il qualifie de crime, aucun mobile privé tel que l'intérêt, la vengeance, la jalousie, la haine, etc.

Qu'il les qualifie de crimes sans prétexte...

Attendu que c'est aux cris mille fois répétés de « Vive Napoléon ! Vive la France ! » que l'infortuné de Monéys fut entraîné à la mairie et que ces mêmes cris ne cessèrent que lorsqu'il eut rendu le dernier soupir...

Attendu qu'une cinquantaine de personnes auraient envahi le presbytère et que là, des toasts auraient été portés à l'Empereur, à l'impératrice, et au prince impérial...

Attendu que tous les crimes et délits politiques, sans distinction, commis antérieurement, sont couverts par le décret d'amnistie du 4 septembre 1870 ;

Par ces motifs :

Dire et reconnaître que les crimes et délits relevés à la charge des prévenus ont un caractère politique et que ces derniers sont protégés par le décret ;

Dire, en conséquence, n'y avoir lieu à passer outre aux débats et ordonner la mise en liberté immédiate des accusés.

Les défenseurs des autres accusés s'associent « au nom de leurs clients et dans leur intérêt » à ces conclusions. Me Louis Mie, on l'attendait, regrette toutefois que, dans l'avant-dernier attendu, l'on n'ait pas dit l' « ex-Empereur » au lieu de l' « Empereur ».

L'avocat général prend à son tour la parole. S'il comprend les généreux efforts de la défense en faveur des accusés, il invite la cour à rejeter purement et simplement le déclinatoire.

— Qualifier de crime politique l'assassinat sans précédent d'Hautefaye et demander à ce titre qu'il soit amnistié, ne serait-ce pas donner à croire à ceux qui sont étrangers à nos habitudes judiciaires qu'il n'existe plus en France aucune morale ! Après avoir martyrisé et tué son semblable, il suffirait de ce prétexte : la politique, pour que le crime disparaisse. Allons donc ! Quelle justice digne de ce nom pourrait souscrire à un tel principe ? Il y a eu torture, il y a eu meurtre, il y a eu assassinat : le prétexte d'une politique quelle qu'elle soit, républicaine, impériale, royale, ne saurait innocenter les auteurs du forfait dont nous venons pendant plus d'une heure d'entendre les odieux exploits...

Après dix minutes de délibération, la cour se prononce :

« Considérant que dans le meurtre ou assassinat d'Hautefaye, tel qu'il est relevé par l'arrêt de renvoi et raconté dans l'acte d'accusation, il n'y a rien qui puisse revêtir le caractère politique ;

« Qu'il s'agit d'une malheureuse victime assaillie par une foule inhumaine, implacable, qui lui a fait subir une mort cruelle ;

« Rejette les conclusions de la défense, même celles qui tendent à un sursis, et ordonne la continuation des débats. »

A six heures, la séance est levée. La suite des débats est renvoyée à demain matin dix heures.

14 décembre.

Depuis hier soir, on ne parle à Périgueux que du procès d'Hautefaye, comme si l'acte d'accusation avait été lu du haut de la cathédrale

Saint-Front. Informé par ceux qui ont assisté à la première journée et par les journaux qui donnent ce matin le texte *in extenso* de M. Fabre de la Bénodière, tout le monde attend avec avidité la suite des débats et, dans l'immédiat, les dépositions des témoins qui vont durer plusieurs jours et dont on espère une belle moisson d' « horribles détails ». Dès huit heures, malgré le froid de loup qui fait claquer les tuiles et crever les gouttières, le palais de justice est pris d'assaut. Des gens se battent dans la queue. Les gendarmes persuadent la foule des derniers arrivés de bien vouloir circuler.

— Puisqu'on vous dit que c'est complet, soyez raisonnables, rentrez chez vous. MM. les juges ne veulent pas de tapage autour du palais...

A dix heures et demie, la cour entre en séance. Au programme : interrogatoire des accusés, audition des premiers témoins.

L'enceinte réservée et les sièges placés derrière la cour sont occupés par les jurés, des membres de divers barreaux, des magistrats, des fonctionnaires et des dames du monde. Le président fait distribuer aux jurés et aux avocats des plans d'Hautefaye avec le tracé du « chemin de croix » d'Alain de Monéys, pour suivre plus aisément les différentes étapes du crime qui seront évoquées au cours des débats. Vient ensuite l'appel des témoins : soixante dix-neuf à charge, quinze à décharge. La chronique sera servie. MM. les journalistes sont venus nombreux de Poitiers, de Bordeaux, de Toulouse... bravant le verglas et la neige. Personne de Paris assiégé, bien sûr, où on a du reste bien d'autres chats à fouetter sinon à rôtir. Coup de sonnette. Le président s'adresse aux vingt et un accusés, un peu remis de leur paralysie d'hier, et les invite à se lever.

— Vous voilà, les principaux accusés de l'abominable crime d'Hautefaye. Vous avez fait des aveux à peu près complets dans l'instruction; je vous exhorte à les compléter devant MM. les jurés. Vous appellerez ainsi sur vos têtes les pitiés qui s'attachent au repentir et à la vérité confessée. Ne cherchez pas à démentir les révélations des témoins. Laissez la vérité apparaître dans tout son jour. Votre crime est grand, mais Dieu, dans le ciel, tient compte du repentir, et les hommes, sur terre, de l'aveu.

Je laisserai les débats se dérouler dans leur immensité sans vous faire subir un long interrogatoire, et je me bornerai à vous adresser quelques questions pour mettre rapidement en évidence les faits culminants qui vous sont reprochés.

Vous Chambort, vous avez confessé votre crime. Dites-nous toute la vérité pour appeler la miséricorde d'en haut, et faire comprendre qu'il y a dans votre cœur autre chose que les sentiments d'une hyène. La justice criminelle n'en a pas besoin. Les révélations qu'elle a recueillies sont suffisantes, mais elles profiteront à votre défense. Vous reconnaissez que vous avez aidé à dresser le bûcher ?

— Oui. J'y ai jeté des branches de noyer et de la paille.

— Que vous avez achetée treize sous.

— Je ne l'ai payée que parce que le limonadier me l'a demandé.

— Pourquoi avez-vous condamné M. de Monéys à une mort aussi cruelle ? Quel était donc son crime ?

— Je ne m'explique pas ma conduite. J'étais égaré. La foule furieuse qui se précipitait sur M. de Monéys m'a excité, j'ai perdu la tête. Je crois que j'étais ivre.

Le président passe au suivant :

— Jean Campot, vous avez saisi les jambes de M. de Monéys, et l'avez traîné jusqu'au bûcher. Etiez-vous seul ?

— Nous étions deux, Mazière et moi. Nous l'avons traîné la tête sur les cailloux, sans chercher à l'écarteler. M. de Monéys devait être mort, à ce moment-là.

— C'est donc sur un cadavre que vous vous êtes acharnés. Que vous avait fait M. de Monéys ?

— Rien, ma foi. Mais la foule disait qu'il avait crié : Vive la Prusse ! A bas Napoléon !

— Vous êtes de ceux qui avaient voulu finir par un autodafé.

— Je ne comprends pas ce mot.

— Avez-vous piétiné le bûcher ?

— Je ne m'en souviens pas...

Buisson, lui, est moins bavard. Il répond non à tout. Le président n'insiste pas, mais lui demande ce qu'il reprochait à M. de Monéys.

— Je ne sais pas, bégaie le forgeron.

Le président poursuit.

— Léonard, vous avez frappé à plusieurs reprises M. de Monéys avec votre crochet de chiffonnier ?

— Je ne l'ai frappé qu'une seule fois et j'en ai un profond repentir. Si j'avais connu M. de Monéys, je ne l'aurais pas fait. Mais on disait de tout côté que c'était un Prussien...

— François Mazière, vous avez traîné le corps de M. de Monéys avec Jean Campot.

— Nous avons eu ce malheur.

— Ce malheur est un crime, pourquoi l'avez-vous commis ?

— Parce qu'on criait : Mort au Prussien !

— Vous avez dit : nous avons tué M. de Monéys pour sauver la France, l'Empereur nous sauvera bien.

— Je n'ai pas tenu ce propos.

L'avocat général s'agite sur sa chaise.

— Allez donc le chercher votre Empereur, maintenant !

On rit dans l'assistance. M. Jorant est content de son petit effet. Le président enchaîne.

— Etienne Campot, vous avez retiré M. de Monéys de l'étable, vous l'avez saisi d'une main et frappé de l'autre.

— Je l'ai tiré de l'écurie, mais je n'ai pas frappé ; c'est les gens qui le bourraient.

— Pourquoi vous êtes-vous livré à ces cruautés sur la personne de M. de Monéys ?

Campot se lance alors dans une longue explication confuse où se mêlent le patois et le français.

— On disait que c'était un Prussien, qu'il fallait le saigner. Je n'ai jamais point vu de Prussien, alors j'ai fendu la foule pour aller voir de plus près. J'ai attrapé M. de Monéys au collet pour l'examiner. On l'a tiré chez le maire qui n'a voulu rien en faire de peur qu'on casse sa vaisselle. Alors, je l'ai fourré sous le travail à ferrer où la foule l'a frappé. Mais moi, je ne l'ai pas bourré, je le jure !...

— Des témoins vous ont pourtant vu frapper.

— Ce sont mes ennemis.

Le défenseur de Campot, Me Mie, demande la parole.

— Je prie MM. les jurés de ne pas perdre de vue qu'un certain nombre de témoins cités à ce procès avaient été mis en état d'arrestation. Plus de trois cents personnes ont pris part au crime d'Hautefaye et il n'est pas douteux que certaines d'entre elles ont intérêt à déposer contre les accusés pour se disculper. A ce propos, je m'étonne de ne pas voir au banc des accusés le sieur Brethenoux qui est la première cause de tout. Ce personnage semble s'être évanoui de cette affaire dont il a été le détonateur...

Le président rappelle à Me Mie qu'il est un peu tôt pour commencer sa plaidoirie, et poursuit son interrogatoire.

— Antoine Léchelle, pourquoi avez-vous frappé le cadavre de M. de Monéys ?

— Parce qu'il a crié : A bas Napoléon ! Vive la République ! Vive la Prusse !

— M. de Monéys s'était pourtant engagé pour combattre les Prussiens.

— Personne ne nous l'a dit.

— Si, lui.

— Mathieu Murguet, vous avez donné un coup de fourche à la victime, alors qu'elle gisait étendue sur le sol. Vous avez eu cette lâcheté ?

— J'ai eu ce malheur...

D'accusé en accusé, jusqu'au vingt et unième, le président obtient à peu près les mêmes réponses à ses questions. On nie tel ou tel acte, telle ou telle parole, on chipote sur le nombre de coups, l'instrument utilisé, l'état de la victime au moment où on a frappé, mais pas un de ces hommes, pas un de ces garçons n'articule le moindre grief précis ou personnel contre Alain de Monéys.

— On disait : c'est un Prussien, les gens disaient qu'il avait crié : Vive la République ! A bas Napoléon ! La foule l'accusait...

Alors chacun individuellement s'est laissé griser par l'excitation collective. Chacun a cru et répété de bonne foi ce qu'il entendait dire. Mais aujourd'hui, tous reconnaissent que M. de Monéys était un brave homme, qu'ils se sont trompés sur son compte. Un brave homme torturé et brûlé par de braves gens ! Tel est bien le visage singulier qu'offre le crime d'Hautefaye. Aucun des accusés ici présents n'a d'antécédent judiciaire, sauf Pierre Besse, poursuivi il y a dix ans, en Charente, pour attentat à la pudeur.

Commencent ensuite les auditions des témoins qui vont permettre de reconstituer pied à pied, instant par instant, chaque station du calvaire d'Alain de Monéys. Une entreprise qui durera cinq jours à travers les méandres d'explications souvent confuses, quelquefois contradictoires qui, dans bien des cas, nécessitent le concours d'un interprète : de nombreux paysans cités ne parlent ou ne veulent parler qu'en patois, de peur de dire des bêtises en français ou de faire rigoler les gens de la salle. Plusieurs d'entre eux s'entendent reprocher par les accusés d'avoir pris part au supplice du « Prussien », ce qui dans certains cas est exact. Me Louis Mie ne manque pas d'intervenir pour souligner ce fait et rappeler à la cour que le nombre des accusés avait été arbitrairement réduit à vingt et un à cause des difficultés qu'aurait soulevées l'incarcération de tous les responsables du crime d'Hautefaye.

— La maison d'arrêt de Périgueux n'aurait pas suffi à les loger !

15 décembre.

Moment attendu dans le défilé des témoins : l'interrogatoire de Mathieu. Engoncé dans son gros costume, mal à l'aise, le vieux maréchal-ferrant bredouille des explications pour tenter de se disculper. L'assistance hostile murmure. L'ex-maire d'Hautefaye se trouble, perd le fil de ses dépositions, se contredit. Scène pitoyable. Le vieux a tout le monde contre lui : la cour, l'avocat général, les jurés, la défense, les accusés, le public. Il semble à cet instant que tout le poids de la responsabilité du drame d'Hautefaye pèse sur ses épaules voûtées. Du coup, les vingt et un se sont ragaillardis. Ils plaisantent entre eux, se font des signes. Mathieu anéanti n'a plus d'autre échappatoire que de se poser en victime.

— Quand j'ai entendu crier qu'on voulait brûler M. de Monéys, je me suis rendu au Lac Desséché. Je me suis adressé aux gens qui ramassaient du bois pour les appeler à la pitié. Mais ils ne voulaient pas m'écouter. Quelques-uns me disaient : « On vous reconnaît avec votre sangle. Si vous restez là, on va vous en faire autant ! »

Un juré s'adresse au témoin :

— Et vous n'avez reconnu personne dans cette foule ?

— Non ! Je n'ai pas reconnu ceux qui frappaient.

Les accusés rigolent, haussent les épaules... Le président enchaîne :

— Vous étiez, sans doute, dominé par quelque sentiment inavouable.

— Oh, je n'avais point peur !

L'avocat général interroge à son tour :

— Quand vous avez appris que la vie de M. de Monéys était menacée, qu'avez-vous fait pour le protéger ?

Embarrassé, Mathieu remue vaguement les lèvres mais ne trouve rien à répondre.

— Vous le connaissiez, M. de Monéys.

— Oui ! C'était un brave garçon.

— Pourquoi l'avez-vous fait entrer dans votre étable et pas chez vous ?

De nouveau, Mathieu reste sans voix. Le public murmure.

— Le drame a duré deux heures. La plupart des témoins disent qu'avec votre concours, M. de Monéys aurait pu être sauvé. Pourquoi ne l'avez-vous pas fait ?

Pas de réponse. Mathieu est paralysé. Les bruits d'hostilité redoublent dans la salle. L'avocat général se dresse, la main tendue vers le témoin.

— Malheureux que vous êtes ! Vous n'avez rien trouvé de mieux à faire que de ceindre votre écharpe et d'assister, impassible, au martyre d'un innocent ! Justice soit rendue au gouvernement déchu de vous avoir, au milieu de ses préoccupations, dès la première heure, révoqué par dépêche télégraphique. Nous voyons aujourd'hui dans l'acte d'accusation quelles ont été les conséquences de votre conduite pusillanime en ce 16 août de triste mémoire.

Mathieu hébété, fait mine de se retirer. Le président l'interpelle :

— Attendez, ce n'est pas fini. Le droit de la défense commence.

Me Mie interroge :

— Vous reconnaissez avoir assisté au commencement du drame et avoir revu M. de Monéys sur le bûcher. Qu'avez-vous fait entre-temps ?

— Je ne pouvais rien faire contre tant de monde. Je suis entré dans la maison d'un métayer.

— Lorsque de courageux citoyens ont proposé d'aller au secours de M. de Monéys, qu'avez-vous fait ?

— J'ai crié plusieurs fois : « Venez au secours de cet homme. »

— Nous avons ici cent témoins, citez-m'en un qui vous ait entendu.

— Ils ne veulent pas le dire !

— N'avez-vous pas agité votre écharpe devant le bûcher en criant avec d'autres : Vive l'Empereur !

— Non, ce n'est pas à ce moment-là. C'était devant l'étable.

A leur banc, les accusés font des gestes de protestation. Mathieu regagne pesamment sa place. Me Chastenet, le défenseur de Sallat et Murguet, s'indigne au passage :

— Vous êtes le type même de la défaillance intellectuelle et morale!

Maintes fois mis en cause par les nombreux témoins qui décrivent son attitude, répètent ses mots d'auteur : « Ôtez cet homme de là! Faites-en ce que vous voulez! Mangez-le si ça vous dit!... » Mathieu aura de multiples occasions de revenir s'expliquer. Des scènes de clocher éclatent au prétoire, souvent hargneuses, presque toujours burlesques, qui détendent l'atmosphère et tournent à la confusion de l'ex-maire d'Hautefaye.

Après la déposition de Mme Antony, la femme du patron de Mazière, qui relate consciencieusement ce qu'elle a vu et entendu, notamment le « Mangez-le », Mathieu proteste :

— Le mari de cette femme est mon ennemi.

Le président Brochon fait appeler M. Antony qui riposte vivement :

— Je ne suis pas votre ennemi. C'est vous qui avez fait des trahisons contre moi aux dernières élections parce que j'ai fait savoir comment vous vous y preniez au moment du plébiscite pour faire voter toute la commune à votre idée. J'en connais un qui aurait pu en dire long là-dessus. Heureusement pour vous, il est mort cet été.

Mathieu prend la mouche :

— Tais-toi Jeannot! C'est toi qui as fait des complots contre moi!

— Et contre l'Empereur! lance un avocat, provoquant l'hilarité générale.

Antony et Mathieu se jettent des regards noirs, s'envoient des coups de bouc à distance et se montrent le poing. Le président se fâche :

— Assez! Assez! Messieurs, vous viderez vos querelles demain.

On appelle un témoin suivant. Mais un peu plus tard, l'incident rebondit au cours de la déposition d'un certain Jean Maurel, vieillard de quatre-vingt-cinq ans, très dur d'oreille et qui parle d'une voix chevrotante :

— J'ai vu le maire d'Hautefaye au moment où M. de Monéys était devant l'auberge. Quelques-uns des plus acharnés lui disaient : « Nous voulons le tuer et le manger. » Le maire a répondu : « Faites ce que vous voudrez. »

Le président demande des précisions :

— Avez-vous rapporté ces mots à quelqu'un?

— Oui, à madame Antony.

— Madame Antony, approchez... Que vous a dit Maurel?

— Maurel m'a dit qu'il avait entendu de la bouche du maire : « Mangez-le si vous voulez. »

Maurel confirme et ajoute :

— Et Mathieu m'a dit hier devant le palais : « Si vous dites quelque chose de mal à propos, je vous ferai mettre en prison. »

La salle s'exclame. Mathieu demande la parole et s'avance, furieux :

— Je dois dire d'abord que madame Antony appartient à une famille noble !

— Qu'est-ce que cela vient faire ! s'écrie un juré.

— Quant à Maurel, poursuit Mathieu, il jouit d'une mauvaise réputation. Il a laissé sa femme et vit en concubinage.

Croyant se rallier les faveurs du jury et de la salle par ces hautes affirmations, le pauvre Mathieu ne fait qu'attirer les railleries générales. Il faut dire que l'idée de reprocher à ce Maurel, vieillard égrotant, qui paraît centenaire, de vivre en concubinage, a bien de quoi amuser la galerie, sans pour autant empêcher la cour, les jurés et l'assistance de se convaincre que le maire d'Hautefaye a bel et bien dit et redit aux assassins d'Alain de Monéys : « Mangez-le si vous voulez. » Et l'avocat général ne manque pas une occasion d'enfoncer le maréchal-ferrant. Il donne lecture d'un extrait de la confrontation qui a eu lieu entre le témoin et l'accusé Buisson devant le juge d'instruction :

— Buisson, après avoir avoué, ajoute en pleurant : C'est bien le maire qui est cause de tout. S'il avait su garder M. de Monéys chez lui ou dans l'étable, il aurait trouvé du monde pour lui prêter main-forte. Mais il a dit à la foule : « Faites-en ce que vous voudrez. »...

Entre ces « attractions », les témoins qui défilent à la barre ramènent l'attention de l'auditoire sur la participation respective des différents accusés au martyre. Interminable reconstitution de l'après-midi du 16 août où chacun raconte ce qu'il a vu et entendu, ce qu'il a fait, voulu faire, ou n'a pas fait pour secourir la victime.

Hautefaye, 16 décembre.

Quatre heures. Le soleil se couche. Dans l'unique pièce au sol de terre battue de sa pauvre masure, Zillou, le petit bossu sourd-muet, boit au goulot une bonne gorgée d'eau-de-vie, rebouche sa bouteille, tire un tison du feu, allume son falot, met son vieux chapeau rond et sort. Comme chaque soir à la chute du jour, il descend à l'église « tirer » l'angélus. D'un sabot vacillant sur le verglas, il traverse le bourg désert. Aujourd'hui encore Hautefaye est comme frappé d'hémiplégie. Si l'on ne voyait, ici ou là, fumer une cheminée, un tas de fumier, on pourrait se croire dans un village abandonné. Un chien aboie au passage du somnambule, rendant plus lugubre encore cette sensation de vide. Depuis trois jours, tout le monde ou presque est parti pour Périgueux assister au procès. Une véritable expédition ! Des familles entières citées comme témoins ont fait le voyage en charrette, enveloppées dans des édredons, emportant avec elles des provisions pour huit jours : du pain, des jambons, du boudin, de la morue, des châtaignes, des bonbonnes de vin et des sous pour la pension dans les auberges qu'il faudra payer de sa poche, ce qui n'a pas manqué d'indisposer les voyageurs :

— C'est bien joli d'aller rendre service à la justice, mais ces messieurs les juges auraient tout de même pu nous indemniser !

Ne sont restés au village que quelques vieillards, des mères d'enfants en bas âge et quatre ou cinq personnes pour s'occuper des bêtes, les leurs et celles de leurs voisins. De chez Mondout, ils sont partis à six : Le Bon Dieu, sa femme Judith, Anne leur fille aînée et Jeannot son mari, Pierre Laurenson, Jacques Campot les domestiques, et même la petite Noémie, citée elle aussi comme témoin ! Il avait été question que Marguerite, la mère d'Anna, y aille, mais elle n'a pas voulu laisser sa fille qu'elle trouve, depuis quelque temps, chagrine, traînasse, maladive. Elle qui faisait tant plaisir à voir cet été, s'amusait d'un rien, éclatait de santé ! Depuis des semaines, maintenant, elle est devenue comme une ombre, ne parle presque plus avec personne, ne blague plus, ne sourit plus, ne chante plus en travaillant. Si on lui demande ce qui ne va pas, elle répond que tout va bien et quand on insiste, elle supplie qu'on la laisse tranquille.

— Allez donc savoir ce qui passe dans la tête des jeunes, à présent ! se désolent quelquefois entre eux sa mère, sa tante et son oncle.

Pour l'heure Anna, dans la pénombre de la salle d'auberge, est en train de sortir les verres et les assiettes à calotte, tout en surveillant du coin de l'œil la soupe aux couennes qui mijote dans la cheminée. C'est vrai qu'elle a changé depuis la Saint-Jean, la nièce du Bon Dieu, et même bougrement ! Ses bonnes joues ont fondu, son teint, naguère si appétissant, a pris la couleur du papier mâché, virant au gris foncé sous les yeux. Son regard, qui faisait courir de beaux frissons dans la culotte des mâles, s'est éteint. Elle garnit la table avec des gestes d'une infinie lenteur, l'esprit décidément bien loin de sa besogne. Par instants, elle s'arrête au milieu d'un mouvement, comme saisie par une pensée terrible, reste un moment immobile, puis reprend le fil de ses occupations : les cuillères, le pain, le sel, l'ail, le pot de grillon... Mornes, les coups de l'angélus s'égrènent dans les ruelles vides. Le petit bossu sourd-muet envoie la Bonne Nouvelle à des ombres. Anna pose la louche, se signe de la croix, baisse la tête et se répète en elle-même, sans remuer les lèvres, les paroles que M. le curé lui a apprises en français : « L'Ange du Seigneur apporta l'annonce à Marie, et elle conçut par le Saint-Esprit. Je vous salue Marie, pleine de grâce... » Avant, elle se mettait à genoux et récitait ses trois prières par jour. Mais depuis quelque temps, elle se contente seulement d'y penser. Le Zillou sonne toujours les derniers coups à toute volée, pour finir sur une note d'allégresse. Mais il y a beau temps que l'angélus du soir n'annonce plus à Hautefaye des lendemains qui chantent. Chaque jour qui passe, le bourg s'enfonce un peu plus dans sa torpeur glacée. Anna s'est approchée du carreau. A travers la fenêtre de l'épicerie, elle aperçoit la silhouette de sa mère, occupée à servir des clients. La nièce du Bon Dieu craque une allumette, enflamme une chandelle, se dirige vers l'escalier, déchausse ses sabots au bas des marches, monte d'un pas de chat, entre dans la chambre, ouvre la fenêtre, ferme lentement les volets qui grincent et referme aussitôt la croisée. Brr ! Le froid est plus mauvais encore que l'an passé. Décidément, cette année, l' « aversier » n'aura épargné aucune misère au pauvre monde ! Anna a posé sa bougie sur la table. Son ombre immense se détache sur le mur blanchi à la chaux. Elle reste là un moment, immobile, au milieu de la pièce à regarder ce monstre noir. Lentement elle se baisse, attrape le pan de sa robe, le soulève, se découvre le corps jusqu'au bas des seins. Le contour arrondi de son ventre se découpe sur toute la hauteur du mur. Tout doucement, elle applique sa main froide contre sa peau tendue et cherche des doigts. Non, ce n'est pas une idée. Il y a aujourd'hui quatre mois exactement que le Ricou l'a prise dans la mangeoire des vaches. Quatre mois qu'elle n'a pas eu « ses espèces » et que son ventre grossit de semaine en semaine. Quatre mois qu'elle est sans aucune nouvelle de lui. Il est peut-être mort, ou prisonnier des Prussiens. Comment savoir ? Mais l'enfant du 16 août, lui, continue à pousser... Elle n'en a parlé à personne, pas même à Nani, sa cousine, à qui elle dit pourtant ses petits secrets. Deux fois déjà, elle a élargi ses jupes en cachette. Les gens vont bien finir par remarquer quelque chose. Elle que des garçons de Mainzac surnommaient Taille-de-Biche ! Elle ne pourra tout de même pas raconter qu'elle a été visitée par le Saint-Esprit, un soir à l'Angélus.

Triste Nanou ! Elle entend déjà dans sa tête toutes les saletés que les gens vont se dire à l'oreille en la voyant passer, comme il s'en est tant dit quand la Lili Bordas s'est trouvée enceinte et qu'elle a été obligée de quitter le pays pour aller se placer comme repasseuse à Angoulême. Plus le temps passe, plus les jours, les semaines qui viennent ressemblent pour elle à un trou noir qui s'agrandit et l'aspire comme ces bêtes tapies au fond des mares, qu'on appelle les Vieilles, qui attirent les enfants penchés sur l'eau, les saisissent entre leurs pinces, les étouffent dans la vase, leur sucent le sang et les décharnent jusqu'à l'os. Bientôt, il remuera dans son ventre, le petit du foirail, attrapé au moment où le « Prussien » rendait son dernier râle sous les branches du noyer en flammes. Il va bien falloir qu'elle se décide à faire quelque chose. Mais quoi ? Le dire à sa mère ? Non, elle ne supportera jamais les regards, les murmures dans le bourg, la honte à la maison... Alors partir, une nuit, sans rien dire, fuir très loin, dans une ville où personne ne la retrouvera... En aura-t-elle la force ? Depuis quelque temps, le Jeannot Maspinard vient la voir presque tous les jours de Fayemarteau. Il voudrait bien se marier avec elle, pardi ! Il le lui a bien fait comprendre. Elle est toujours contente de l'entendre parler les soirs avant d'aller au lit. C'est un bon garçon. Mais si elle lui dit qu'elle est grosse de quatre mois, pour sûr qu'il ne voudra jamais d'elle. A travers le plancher, Anna entend claquer la porte de l'auberge. Elle baisse sa jupe, attrape sa chandelle, sort en vitesse de la chambre. La voix de sa mère retentit en bas de l'escalier.

— Nanou ! Nanou ! Tu as laissé encore passer la soupe. Ah piti, piti ! Qu'est-ce qu'elle a dans sa tête de bourrique ?

Périgueux, 17 décembre.

Toute la journée d'hier, l'interrogatoire des témoins à charge s'est poursuivi. Une trentaine de dépositions, la plupart accablantes pour les principaux accusés : Chambort, Buisson, Mazière, Piarrouty, les frères Campot, Besse, Sarlat... A retenir, pour l'anecdote, en dehors des incidents désormais habituels à propos des agissements de Mathieu qui s'est fait au passage traiter de capon et de limace, le témoignage de Noémie Lavaud. Sabots aux pieds, fichu de laine sur la tête, la petite filleule d'Anna s'est avancée bravement sous le regard attendri du public devant tous ces beaux messieurs en robe rouge, jusqu'à la barre plus haute qu'elle. Le président Brochon s'est penché vers elle avec une mine de papa gâteau.

— Alors, dis-nous ce que tu as vu et entendu le jour où sont arrivés tous ces malheurs à Hautefaye.

La petite fille du Bon Dieu a réfléchi un moment et répondu en patois de sa voix fluette, lente, mais à peine intimidée :

— J'ai entendu le Buisson qui disait au Manem : tu vois ce bâton, il a servi à bourrer le monsieur, même le curé. Il servira pour toi si tu les défends...

— Et ce bâton, comment il était ?

— Il était gros et tout rouge de sang.

— C'est tout ce que tu as entendu ?

— Oui, et aussi des gens qui criaient après mon pépé. Ils avaient fait leurs besoins dans notre jardin...

— Bon merci, tu peux revenir t'asseoir.

Noémie, un peu perdue sous les regards de toute cette foule, ne savait plus de quel côté aller. Sa maman est venue la prendre par la main.

A retenir aussi de la journée d'hier, un petit débat linguistique sur le verbe patois francisé « chaucher ». Le président demande des éclaircissements au témoin Gauthier, de Mainzac.

— Quand vous dites que Campot a chauché le bûcher, voulez-vous dire qu'il l'a simplement tassé avec ses pieds ou qu'il a accompagné ce geste de mouvements inconvenants, lascifs ?

— Je veux dire qu'il a pressé le bois sous ses pieds en se secouant.

— Oui, comme le coq fait avec la poule, intervient le substitut de Périgueux qui connaît son patois.

— Si on veut, a conclu Gauthier.

Le premier témoin d'aujourd'hui, Marcellin Noël, commis tuilier à Nontron, est un garçon sensible. En arrivant à la barre, il se met à pleurer. Le président se fait rassurant :

— Allons mon ami, je comprends votre émotion. Cette triste affaire a de quoi nous affliger. Mais parlez-nous sans crainte. Vous êtes de ceux qui peuvent aider la justice à faire toute la lumière. Dites-nous ce que vous savez.

Le brave Marcellin s'éponge les yeux avec un grand mouchoir à carreaux et raconte :

— J'ai vu le Piarrouty frapper deux fois avec sa balance à crochet, moussûr de Monéys tenu par deux personnes. J'ai vu aussi Campot, le jeune, qui le bourrait avec un morceau de bois et le Thibassou qui piquait avec son petit bâton...

Le témoin suivant, Clément Gauthier, un grand gaillard, cultivateur à Javerlhac, raconte son incident avec Chambort :

— J'étais sur le foirail avec mes ânes, quand il est venu me prendre ma paille. Je lui ai couru après en le traitant de voleur. Il m'a dit : Ne t'en fais pas, l'Empereur te la rendra. Elle va servir à sauver la France, ta paille. Et un peu plus tard, il m'a fait porter une botte de foin qu'il a payée treize sous à quelqu'un. Je l'ai donnée à manger à mes bourricots qui crevaient de faim...

Le président écourte :

— Monsieur Gauthier, vous êtes décoré de la médaille de Crimée, pourquoi n'avez-vous pas volé au secours de M. de Monéys ?

— Et malheur ! C'est qu'ils étaient bien cinq cents. Dix fois le monde qu'il y a dans ce bâtiment. Ils m'auraient bourré et mangé moi aussi...

Barthélémy Fressingeas, patron tuilier à Nontron, relate sa conversation avec Sallat le lendemain du crime :

— Il m'a dit : Je n'ai pas hésité à remuer le feu avec mon parapluie parce qu'on nous assurait que ceux qui prendraient part à l'exécution de M. de Monéys recevraient une paye du gouvernement.

Jean Tournier, receveur-buraliste à Javerlhac, évoque la vantardise de Besse :

— Le soir, il m'a dit : « Ah ! on a bien travaillé à Hautefaye. On a tué un moussûr et on l'a fait frire. Et j'ai attisé le feu ! » La femme de Besse qui se trouvait là quand il m'a dit ça, l'a pris par la blouse et lui a dit : Mais tais-toi donc ! Tu n'es qu'un foutu coquin !

Besse interpellé, proteste :

— Ne l'écoutez pas ! C'est tout faux. Le Tournier m'en veut. C'est mon ennemi.

Me Millet-Lacombe s'adresse au témoin :

— Besse était-il ému quand il vous a raconté ces détails ?

— Au contraire, il en était fier.

Le président commente :

— Ce qui domine dans cette lamentable affaire, c'est que les accusés comme la majorité des témoins racontent sans la moindre émotion les choses les plus épouvantables !

C'est maintenant au tour d'une femme de venir à la barre : Elisabeth Lapeyre, veuve Bernard, de Saint-Pardoux-la-Rivière. Visage aimable, regard sensible, peut-être va-t-elle faire passer un peu d'émotion, un peu d'humanité dans cette accumulation d'horreurs et de cynisme. Le président lui en saurait gré. Mais la brave dame n'en prend pas le chemin :

— Tout ce qu'ont dit Tournier et Lafleur est juste. Je l'ai entendu moi aussi. Et devant le bûcher, Besse criait : Quel dommage de laisser perdre toute cette graisse ! Et des jeunes disaient qu'il fallait la recueillir sur du pain et pis encore.

Des soupirs montent de toute la salle. Le président demande alors à un greffier de bien vouloir placer sous les yeux des jurés la pièce à conviction qu'il montre du doigt : une grosse pierre plate encore toute imprégnée de la graisse de M. de Monéys. Les manifestations de dégoût indigné redoublent. Les visages de MM. les jurés se crispent. Brusquement Besse se lève, furieux :

— On m'en veut parce que je suis un misérable ! Je n'ai jamais dit des choses pareilles. C'est des mensonges. Tout le monde ici veut la mort d'un pauvre bougre !

Le président calme son monde.

— Allons, s'il vous plaît. Laissez les débats se poursuivre. La justice pour l'instant ne veut que la vérité. Faites entrer le témoin suivant.

C'est Cabasse, métayer à Ladosse, qui connaissait très bien Alain de Monéys.

— Quand je leur ai dit : ce que vous faites est une abomination, ils m'ont répondu : aujourd'hui, il n'y a plus de loi. On peut tuer un noble comme une mouche ou un cochon !

L'avocat général se tourne vers les accusés :

— Je pense que vous ne tarderez pas à vous apercevoir qu'il y a « encore » des lois en France, si d'aventure vous persistiez à en douter.

Le président Brochon appelle le docteur Roby-Pavillon pour communication de son rapport d'autopsie. L'avocat général répond pour lui :

— Le docteur Roby-Pavillon prie la cour de bien vouloir excuser son absence. Actuellement souffrant, il n'a pu entreprendre le voyage de Nontron et me charge de donner connaissance à la cour des conclusions de son rapport médical.

— Nous vous écoutons, monsieur l'avocat général.

M. Jorant commence par quelques précautions.

— Avant d'entreprendre la lecture de ce douloureux document, je prie MM. les jurés et la cour de bien vouloir m'excuser par avance si j'y éprouve quelques difficultés. Il est de ces choses qu'on ne peut pas lire, même lorsque le devoir de vos fonctions l'exige, sans se laisser submerger par les mouvements du cœur.

L'avocat général se râcle la gorge et commence sa lecture. On le sent profondément troublé. Par moments, sa voix tremble. Il hésite, s'arrête.

— Ah, messieurs, il faut vraiment faire appel à tout son courage pour pouvoir achever une pareille lecture !

Pour les accusés, c'est presque un repos. Cette lecture les touche infiniment moins que tous les « mensonges » de leurs ennemis qu'ils ont vu défiler à la barre. A se demander même s'ils écoutent ce compte rendu qui, à la lettre, leur paraît du réchauffé. L'avocat général arrive au bout de sa peine.

— De tous ces faits, on peut conclure :

1° Que M. de Monéys a été brûlé pendant qu'il était encore vivant ;

2° Que la mort est le résultat des brûlures et de l'asphyxie ;

3° Que les blessures constatées sur le cadavre ont été faites, pendant sa vie, avec des instruments piquants, tranchants et contondants ;

4° Qu'une de ces blessures, celle du crâne, a été faite par un individu placé derrière la victime, alors que celle-ci était encore debout ;

5° Que le corps de M. de Monéys a été traîné pendant sa vie ;

6° Que l'ensemble de ces blessures aurait inévitablement amené la mort.

La foule reste sans voix, comme frappée de terreur. Le président compatit :

— Merci, monsieur l'avocat général ! MM. les jurés apprécieront. La liste des témoins requis à la demande du ministère public étant désormais épuisée, nous allons procéder à l'audition des témoins assignés à la demande des accusés et de la défense.

« Les vingt et un » se réveillent. Enfin des amis qui vont venir parler pour eux et peut-être les tirer de ce bourbier où tout le monde les enfonce un peu plus chaque jour. Mais bien vite, leur bel espoir s'effrite. Les témoins à décharge n'interviennent que sur des détails mineurs, tentant d'alléger ici et là la culpabilité de tel ou tel. L'ensemble de leurs dépositions ne modifie pratiquement pas le tableau de l'affaire brossé au rouge sang par l'accusation. Tableau auquel l'avocat général et son substitut vont encore, en cette fin de journée, ajouter un dernier vernis en donnant lecture des interrogatoires des accusés contenus dans le dossier d'instruction : deux heures de dure patience pour parachever à l'intention principalement de MM. les jurés, le portrait des accusés, apprécier le degré de sincérité des aveux et des dénégations de chacun. Si la plupart d'entre eux ont reconnu avoir plus ou moins participé aux scènes meurtrières du 16 août, en minimisant leur contribution respective, quelquefois même en la réduisant à presque rien : un petit coup de parapluie, une bourrade en passant, quelques brins de paille dans le feu, ils n'ont pas craint en revanche de s'accuser mutuellement des pires abominations. Mazière nie tout en bloc. Jean Frédéric également, mais il raconte que Jean Campot et Mazière ont essayé d' « éjarrer » M. de Monéys. Chambort reconnaît avoir excité la foule contre la victime et rapporte les douceurs que le même Campot coulait à l'adresse d'Alain de Monéys, enfermé dans l'étable : « Ah bougre, tu voudrais sortir. Eh bé tu brûleras !... »

Besse, dit Duroulet, prétend quant à lui n'avoir assisté que de « très loin » aux péripéties de l'affaire et ajoute aussitôt sans sourciller : pendant que M. de Monéys brûlait, j'ai vu un paysan lui découvrir ses nudités et dire : voyez comme ça grille bien ! Ce paysan c'était lui.

L'effet de cette lecture à deux voix a été terrible pour les accusés. D'autant plus terrible qu'après s'être tous plus ou moins dénoncés les uns les autres, ils se trouvent maintenant dans la même galère. Chambort, les coudes appuyés sur les genoux, la tête entre les mains, semble absorbé par les plus sinistres pressentiments. Jacques Campot, son mouchoir à la main, la tête posée sur son bras gauche, allonge un regard immobile vers le ministère public. Buisson courbe la tête, ne laissant voir de sa figure qu'un nez proéminent, presque monstrueux. Piarrouty, livide, le tour des paupières noir, les yeux rivés sur le parquet d'un air hébété, ressemble à une tête de mort. Mazière, le blaireau, ratatiné sur lui-même, fait tout pour disparaître derrière ses co-accusés. On ne voit dépasser que son menton pointu. Roumaillac paraît dormir, les yeux ouverts. Thibassou regarde ses mains...

La séance est levée. Elle reprendra lundi matin à dix heures. Au programme : le réquisitoire de M. l'avocat général.

Paris, 18 décembre.

Recensement de toute la population de la capitale pour assurer une répartition équitable des dernières réserves de viande.

Périgueux, 19 décembre.

Après la dernière audition d'un témoin, qui donne lieu à un dernier incident avec l'ex-maire d'Hautefaye, le président se tourne vers M. Jorant :

— La parole est à M. l'avocat général. Je prie le public de garder le plus grand silence pendant le réquisitoire. Sans quoi, je me verrai dans l'obligation de faire évacuer la salle !

Un calme solennel s'installe. On entend ronronner le gros poêle à bois du prétoire. L'avocat général fait glisser ses feuillets entre ses doigts, les tapote sur le bureau et place le paquet bien en ordre devant lui.

— Messieurs de la cour, Messieurs les jurés, le 16 août 1870, entre midi et une heure, M. Alain de Monéys, adjoint au maire de Beaussac, causait, sur le champ de foire d'Hautefaye, avec le sieur Antony lorsque intervint le sieur Brethenoux...

De nouveau, le récit de la passion d'Alain tombe dans l'oreille insatiable du public qui, aujourd'hui encore, s'est battu pour entrer au prétoire. Récit qui reprend l'ensemble des faits énoncés dans l'acte d'accusation avec en moins la rigueur littéraire de M. Fabre de la Bénodière, mais en plus quantité de détails glanés au fil des dépositions et le vibrato personnel de M. Jorant qui cultive volontiers l'indignation et se laisse aller à quelques effets de scène de nature à frapper les imaginations. Les premiers moments de l'agression du 16 août évoqués, il brandit sous les yeux des jurés la cravache d'Alain.

— Messieurs, je vous demande pardon d'exprimer mes sentiments. Il faut que l'homme vous parle, quoiqu'il soit magistrat ; si j'avais été à la place d'Alain de Monéys, j'aurais pris ce petit marteau ! J'aurais cassé la tête à l'un des assaillants. Il ne l'a pas fait. C'était une nature trop exquise, une de celles que Dieu choisit pour servir de victime. Alain de Monéys jugeait les autres comme lui. Jeune, élevé dans les traditions d'honneur et de vertu qui se perpétuent dans sa famille, il n'avait fait que du bien, et devait se croire aimé. Il en avait le droit. Lui, le gentilhomme, il avait accepté le suffrage universel, ou plutôt le suffrage universel était allé le chercher : il était sorti à l'unanimité, premier conseiller municipal de la commune de Beaussac. Quand il vit la foule se précipiter sur lui, il dut croire à un instant de vertige. Savez-vous pourquoi il était à Hautefaye ? Il s'était rendu à la foire pour y trouver des travailleurs qui devaient rebâtir la maison de pauvres gens, qui avaient été récemment victimes d'un incendie. Après avoir vainement essayé de sauver leur maison des flammes, il voulait la reconstruire à ses frais. Et l'homme à qui il voulait confier cette entreprise n'était autre que le père de l'accusé Pierre Brut, maçon à Fayemarteau ! C'est dans ces sentiments qu'Alain de Monéys se trouvait quand on l'a frappé, et voilà pourquoi il n'a pas songé à se défendre. Le premier coup est un coup d'aiguillon qui l'atteint à la tête. Le sang coule ! Les foules sont quelquefois prises de sentiments que rien ne peut expliquer : la vue du sang déchaîne d'étranges passions. Le sang appelle le sang. Dès qu'elle a vu du sang, la foule, qui n'était qu'excitée, devient meurtrière. C'est une armée qui se lève en déclarant que M. de Monéys est un ennemi de la France !...

Son auditoire bien tenu en haleine, l'avocat général le conduit pas à pas sur le sentier des tortures : le cerisier, la porte du maire, le travail à ferrer, l'étable... soulignant, comme c'est son rôle, chaque halte d'un effet dramatique. L'attention du public est suspendue au moindre mouvement de ses phrases, tandis que les accusés, comme au premier jour du procès, se momifient. Mais voici qu'éclate au fond de la salle un énorme brouhaha. La foule amassée dans le corridor vient de faire irruption au prétoire archicomble. M. Jorant s'interrompt. Le président se lève. D'inquiétantes clameurs déchirent le calme solennel de la justice. La cour s'affole, la défense s'agite, l'assistance se retourne, les accusés ressuscitent, la gendarmerie s'active. Parmi les intrus se trouvent quantité de paysans furieux de n'avoir pu assister aux débats. Bon nombre d'entre eux, venus du Nontronnais pour suivre le procès, battent du sabot la salle des pas perdus depuis une semaine, sans avoir eu la possibilité d'entrer dans la salle d'audience, bourrée tous les jours de dames et de messieurs du beau monde qui leur sont passés sous le nez, leur carton à la main. Beaucoup de gens de Périgueux et des environs refoulés à chaque reprise des débats sont là, eux aussi, avides de voir les vingt et un monstres qui, du coup, rigolent. La cour, elle, ne rigole pas. Elle se fâche même tout rouge. Le président lève la séance et donne l'ordre aux gendarmes de faire immédiatement évacuer les trublions qui viennent injurier la justice. Le substitut Casteja descend de son siège, joue des coudes jusqu'à la porte et va dans la salle des pas perdus secouer l'officier de service.

— Demandez du renfort, Bon Dieu ! Ce n'est pas possible de laisser envahir le Palais comme ça. Interpellez ceux qui refusent de circuler ! Nous avons assez de mal à venir à bout de cette sinistre affaire. De grâce, n'y ajoutons pas le scandale ! Tous ces parasites feraient mieux d'aller défendre le pays aux armées de Loire !

Peu à peu le calme revient. Le président ordonne la reprise des débats et invite sévèrement le public à garder le plus grand silence.

— Monsieur l'avocat général, poursuivez, je vous prie.

M. Jorant retasse son paquet de feuilles.

— Je vous disais qu'Alain de Monéys avait accepté avec ardeur l'idée d'être fusillé. Il aurait voulu, sans crier, mourir pour la patrie, mourir de la mort des braves. Il le devait à ses ancêtres, dont l'un d'eux s'était illustré, il y a trois siècles, comme gouverneur du Périgord. La foule d'Hautefaye ne le voulut pas ! Elle pénètre dans l'étable à cochons et le frappe bassement pour assouvir sa rage. Lui qui avait pris son café sur un parquet ciré, lui le gentilhomme aux bonnes manières, il fallait qu'il eût la face labourée...

Immanquablement, « les vingt et un » retombent dans leur catatonie. Entre chaque description de supplice, l'avocat général les accable.

— Ah, messieurs ! Aux horreurs, il faut accumuler les horreurs. Et vraiment les paroles me manquent, parce que tout cela me révolte. Je ne sais plus que vous dire. J'arrive à l'écartèlement de M. de Monéys...

Une vive émotion transparaît sur le visage et dans la voix de M. Jorant, qui impressionne les jurés. Dans le public, des femmes en larmes ont sorti leur mouchoir. Arrivé au terme de sa douloureuse narration, l'avocat général exhorte le jury à refuser toute excuse, toute pitié à ces « bêtes féroces ».

— J'ai appris qu'hier, pendant la suspension d'audience, la femme de Licoine était venue lui annoncer que son enfant était mort dans la journée et que Licoine avait poussé un cri et s'était trouvé mal. On vous a dit que Piarrouty, le chiffonnier, pleurait en parlant de son fils qu'il croyait mort sous les balles des Prussiens. Mais les hyènes ont aussi des petits ! Est-ce une raison pour ne pas les détruire ? Messieurs les jurés, face aux intérêts des accusés, vous avez les intérêts de la société et ceux de la victime dont on vous a amplement décrit les affreuses souffrances physiques et morales. Vous ne pouvez pas absoudre les monstres qui s'en sont rendus coupables. A l'âge où je suis arrivé, je vous le dis hautement, je suis chrétien. Alain de Monéys était chrétien. Il n'a pas eu de prêtre à ses côtés pour le consoler à l'instant de sa mort et lui dire : Martyr, monte au ciel ! Et sa mère est devenue folle en apprenant que son enfant bien-aimé avait été brûlé vivant. Quelques semaines plus tard, elle expirait après des jours d'indescriptible souffrance pour elle et pour les siens. J'ai fini, messieurs, j'ai fini ! de vous raconter les détails de ces scènes horribles. Il ne me reste plus qu'à vous parler comme homme et à vous indiquer les questions auxquelles vous aurez à répondre et l'ordre dans lequel elles vous seront posées.

L'avocat général passe alors en revue les différentes catégories de culpabilité retenues par l'acte d'accusation en allant des plus légères aux plus lourdes : coups et blessures avec préméditation pour Brut, Brouilhet, Feytou, Licoine, Sallat fils ; complicité par excitation pour Beauvais. Complicité par action pour les suivants.

— Les complices se sont associés aux auteurs principaux. Ils sont horriblement coupables. Cependant, je ne demande pas seize têtes. Je n'en demande que cinq, sollicitant pour les autres l'atténuation de votre verdict.

L'avocat général examine ensuite le cas des deux enfants. M. Jorant estime que Delage, dit Lajou, doit être acquitté, ayant agi sans discernement.

— Quant à Limay, treize ans, il a frappé, il a allumé le bûcher. Il s'est fait couper les cheveux pour qu'on ne le reconnaisse pas. Il est intelligent. Il a besoin d'une sévère leçon pour arrêter le développement de ses instincts sanguinaires.

Vient enfin le cas des cinq accusés principaux : Chambort, Buisson, Mazière, Piarrouty, Jean Campot. Pour eux, pas de quartier !

— Les faits sont monstrueux, et quelles que soient les ressources de la défense, immenses partout, surtout au barreau de Périgueux, vous n'admettrez pas de circonstances atténuantes. Vous ne le pouvez pas ; vous ne le devez pas. Où les trouverait-on ! Dans l'inconscience de la mauvaise action ? Vous dira-t-on que les accusés se sont repentis ! Je suis indulgent, par nature, mais si les criminels d'Hautefaye obtenaient des circonstances atténuantes, tous les criminels devraient les obtenir. Ils ont témoigné d'une perversité morale inouïe. Il leur fallait un

« monsieur », on était surexcité contre les « messieurs », on en tenait un sous la main, on n'a pas voulu le laisser échapper.

L'avocat général rappelle la scène de l'écartèlement, les coups portés par Piarrouty avec son crochet qu'il est ensuite allé laver, le coup de pieu asséné par Buisson et les épouvantables blessures qu'il a produites sur la victime, le concours prêté par Campot jeune à Mazière. Il arrive à Chambort dont il retrace l'attitude, l'air de commandement, les propos, les menaces, et, par-dessus tout, l'intervention personnelle, si active, dans l'installation du bûcher, l'entretien du feu et la crémation de M. de Monéys. L'avocat général ne croit pas au repentir des accusés et invite les jurés à se montrer impitoyables.

— La préméditation est indubitable. On avait remarqué une certaine agitation dans le pays : ainsi le 15, on avait voulu attaquer le château du marquis de Lagarde, et si le 16 la gendarmerie n'était pas à Hautefaye, c'est qu'elle veillait sur ce château. Je le regrette, car si elle avait été là, le crime d'Hautefaye n'aurait pas été possible. J'ai vu des émeutes de près, et je ne sais rien de mieux que les gendarmes pour les apaiser. M. de Maillard n'a eu que le temps de se sauver, et il n'a pas fallu moins que huit de ses métayers pour rendre sa fuite possible. Si les gendarmes n'étaient pas arrivés pendant que le bûcher était encore fumant, on aurait mis le feu au château de Bretanges. A Hautefaye, la scène a commencé à une heure et fini à quatre heures. On a voulu successivement pendre, ferrer, brûler M. de Monéys. La foule a réfléchi. Elle est allée chercher du bois, de la paille, des allumettes : toutes ces circonstances établissent la préméditation.

Son argumentation juridique posée, M. Jorant, qui sent bien, comme tout le monde, à quel point l'affaire d'Hautefaye, même s'il lui a refusé le caractère politique, est liée aux secousses de l'Histoire qui ont ébranlé le pays depuis six mois, y va de son petit coup de buccin à la gloire de la justice planant au-dessus des tribulations du monde.

— Lorsque la cour de Bordeaux en a eu connaissance, elle a délégué immédiatement un de ses magistrats les plus éminents pour faire l'instruction de cette lamentable affaire, et ultérieurement un avocat général pour venir porter la parole devant le jury. Dans l'intervalle, les aigles impériales, habituées aux victoires sur tous les champs de bataille du monde, sont revenues blessées à mort. Le trône s'est écroulé. Le gouvernement de la défense nationale a pris les rênes de l'Etat, et, depuis cette époque, il n'a eu qu'un but, qu'une idée fixe : travailler au salut de la France. Messieurs, au milieu des effroyables malheurs qui fondent sur notre patrie, une pensée vient me consoler. Quand je vous vois tous ici, quand je songe que vous avez oublié les douleurs de notre pays, l'envahissement de notre territoire, les êtres chers à vos cœurs qui combattent pour repousser l'ennemi, et qui peut-être sont déjà tombés frappés à mort au champ d'honneur ; quand je songe que vous avez oublié tout cela pour ne plus avoir qu'une seule préoccupation, rendre la justice, eh bien ! je me sens plus que jamais pris d'admiration pour la France, et je dis qu'il n'y a qu'en France que l'on soit capable d'une telle abnégation. Oui messieurs, vous donnez bien la preuve que votre pays est toujours la première nation du monde ! Les royaumes passent, les empires s'écroulent, les révolutions se succèdent, seule la justice reste. Elle reste, parce que, comme l'a dit le plus grand de nos orateurs, elle est toujours la même, vivace, éternelle. Messieurs, un dernier mot. Avant de vous prononcer, si vous trouvez que ces hommes ne sont pas coupables, n'ayez aucune inquiétude, acquittez-les, votre verdict sera toujours respecté. Mais si vous croyez qu'ils ont commis un crime, condamnez-les. Condamnez-les sans hésitation, sans faiblesse. On a voulu essayer de vous représenter le drame d'Hautefaye comme un crime politique. Etrange erreur en vérité ! Qu'a donc à voir la politique avec l'assassinat ? Encore une fois, si vous croyez que ces hommes sont criminels, frappez-les, et vous prouverez que le gouvernement de la défense nationale pas plus que celui de l'Empire ne veut laisser le crime impuni. Messieurs, j'attends votre verdict.

Ecrasés sur leur banc, fondus dans une désespérance de plomb, les accusés semblent ne s'être pas même aperçus que l'avocat général avait cessé de parler. Seul le petit Lajou promène sur ce monde « maljauvent » qui l'entoure un regard mobile, délicieusement soulagé à l'idée que bientôt, dimanche peut-être, jour de Noël, il retrouvera l'odeur des vaches, le goût des grosses tartines de fromage blanc avec du sucre dessus, et qu'il pourra courir les chemins de chez lui en poussant ses cris de loup qui font aboyer les chiens et frissonner les filles. Le président annonce que la parole est à la défense. Il est une heure et demie. La séance est levée. Elle reprend à trois heures pour les premières plaidoiries. Me Louis Mie ouvre le feu.

— L'Empire se mourait. L'Empire qui était, comme vous le savez, la religion des campagnes, ou plutôt leur superstition. En tout cas, quelque chose d'immuable comme le mouvement des astres et le cycle des saisons... Depuis quelques jours, on entend raconter que cet Empire court à sa perte sur les frontières de Lorraine, que Napoléon l'invincible a essuyé la défaite. Voilà l'impensable pour nos paysans fanatisés par les suppôts du régime. Quoi ! Lui, le vainqueur de Sébastopol, de Magenta, battu par les Prussiens ! Autant dire que le ciel va nous tomber sur la tête. Alors, plutôt que d'accepter cette idée pourtant bien réelle, on préfère se laisser dire que Napoléon a été trahi et, avec lui, son armée et le pays tout entier, lui le seul à pouvoir nous sauver de l'affront étranger. Depuis toujours, l'Empire avait ses adversaires, ses maudits. C'étaient les nobles, même s'ils avaient fait acte d'allégeance au régime, même s'ils avaient épousé la marche de l'Histoire et les progrès de leur temps. C'étaient les prêtres, même s'ils faisaient chanter le *Te Deum* à l'Empereur le 15 août et réciter des prières pour la santé du souverain. C'étaient les républicains, même patriotes irréprochables. Tous ces renégats du régime, il fallait les empêcher de parler et les charger des malédictions du monde. C'est bien ce qu'essayèrent de faire les agents provocateurs du régime aujourd'hui déchu, qui couraient les foires et les cabarets, s'infiltraient dans les conversations, distillaient dans les cerveaux crédules, ignorants des réalités lointaines, des fausses nouvelles et des ferments de haine sociale. Ce sont eux qui, à Hautefaye, jetèrent sans se faire connaître, ces cris dans la foule : A bas l'Empereur ! Vive la Prusse ! Vive la République ! Ce sont eux qui firent planer le soupçon qu'il y avait dans les alentours des traîtres qui envoyaient de l'argent aux Prussiens. Ce sont eux qui les montrèrent du doigt. C'est l'un d'eux qui s'empressa d'accuser sous cape M. de Maillard d'abord, M. de Monéys ensuite, d'avoir crié : A bas Napoléon ! C'est l'un d'eux qui souffla en passant à l'oreille de la foule : aujourd'hui, tout est permis. Il n'y a plus de loi. On peut tuer les nobles et les curés comme des poulets ! Propos de sang qui se colportèrent aussitôt de bouche à oreille dans la fièvre générale d'une population frappée par les calamités d'une saison désastreuse, l'effondrement du commerce, l'inquiétude de la guerre. Et une fois la colère déchaînée, ceux qui l'avaient provoquée disparurent. Les gens de cette sorte ne se retrouvent jamais. Ainsi ce personnage tout en blanc au chapeau à larges bords, nommé Brethenoux, qu'on vit traverser le foirail aux premiers instants du drame comme l'ange exterminateur dont nous parle le livre de l'Exode et qui se volatilisa sans laisser de trace après avoir fait mine de défendre celui qu'il avait lui-même désigné comme victime à la foule. Provocation des uns, démission des autres. Et tout particulièrement de celui qui était censé incarner l'autorité et faire régner l'ordre sur sa commune. Je veux parler de ce Mathieu, ex-maire d'Hautefaye, si fier de son écharpe, ce Mathieu qu'on s'étonne de ne pas voir assis au banc des accusés et dont on ne stigmatisera jamais assez la conduite indigne dans cette affaire. « Ôtez cet homme-là, il gêne ! » osa-t-il dire d'Alain de Monéys en sang dont il nous dit aujourd'hui que c'était un brave garçon et qu'il le connaissait...

Ainsi, tout le système de défense de l'avocat de Campot, Piarrouty, Besse et Beauvais va consister à plaider l'égarement de ses clients qui ont cru de bonne foi ce que de mauvais génies leur soufflaient à l'oreille, et se sont laissés entraîner par le mouvement d'excitation générale.

Les sept autres défenseurs des accusés dont les plaidoiries se succèdent, trois jours durant, reprennent tous, à quelques nuances près, l'argumentation de leur confrère, mettant en valeur, certificats à l'appui, la parfaite honorabilité de leurs clients, paysans et artisans honnêtes, hommes de bonne réputation jusqu'au jour du crime.

— Républicains, nous sommes les paisibles de l'humanité ! s'était écrié Me Louis Mie en terminant sa plaidoirie. Monsieur l'avocat général nous a parlé d'un exemple à faire, faisons-le consolant, et à l'heure où tant d'enfants adorés sont couchés sanglants sur la terre par les canons qui hurlent les fureurs des rois, que votre verdict solennellement rendu, s'inspirant des pensées de la justice éternelle, vienne attester l'inviolabilité de la vie humaine.

— Sans partager toutes les opinions politiques de mon honorable confrère, déclare Me Millet-Lacombe, défenseur de Chambort, Delage et Brut, je suis d'accord avec lui pour penser que le mobile du crime que la société vous demande de juger, c'est la passion politique. Le culte du fétiche impérial florissait quand il s'est produit. Or, le paysan va droit devant lui. L'empire déchu lui a donné, je demande qu'on le reconnaisse, une prospérité inconnue jusqu'alors. Voilà qui ne pouvait que l'ancrer davantage dans son culte de la providence dynastique. Ajoutez à cela l'instinct patriotique du paysan. Les deux sentiments associés dans sa pensée ont été la cause première du funeste événement du 16 août...

— Quels mobiles ont agi dans l'esprit de ces hommes, interroge Me Gisclard, défenseur de Sarlat et Limay ? Les faux bruits, les malheurs du temps, le départ des enfants, l'interruption brusque du commerce local, la panique générale ont concouru à obscurcir le sens moral de cette contrée. On y voyait l'ennemi partout, M. de Monéys arrivant là par un malheureux hasard fut en quelque sorte la victime d'occasion dont la foule surexcitée avait besoin pour assouvir sa passion collective...

Lyon, le même jour.

Justice populaire à la Croix-Rousse. Agités par la nouvelle des combats et de la chute de Nuits-Saint-Georges, au cours desquels l'armée française « aurait » laissé massacrer des mobiles lyonnais, des patriotes exaltés du club Valentino entraînent des habitants du quartier dans un violent mouvement de rue contre les « traîtres ». On sonne le tocsin. Des groupes de femmes en fureur brandissent drapeaux rouges et drapeaux noirs, en avant du cortège. On décide de marcher sur l'hôtel de ville, de chasser le préfet Challemel-Lacour, de proclamer la Commune révolutionnaire de Lyon. Les manifestants sollicitent le renfort du 12e bataillon de la garde nationale que dirige le commandant Arnaud, un vaillant patriote lui aussi, républicain de longue date, frère maçon, ennemi juré des bonapartistes sous l'Empire. Une délégation du club Valentino va trouver le valeureux officier, lui demande de battre la générale et de marcher en tête avec son armée. Arnaud refuse. Cette manifestation lui paraît inutile et dangereuse.

— Elle ne peut que semer le trouble dans la ville et servir les intérêts de l'ennemi au moment où nous avons besoin du concours de tous pour organiser la défense.

Furieux, les délégués empoignent le commandant, le descendent dans la rue et ameutent la population contre lui.

— Mort au traître !

Arnaud proteste :

— Je suis patriote comme vous tous, républicain depuis toujours, partisan de la guerre à outrance. Ecoutez-moi ! Cette manifestation va se retourner contre nous et faire le jeu des Prussiens...

Mais la foule n'écoute que sa colère. Hommes, femmes, enfants hurlent à la mort du « traître », lèvent le poing, frappent. Arnaud réussit à sortir son revolver. La foule se rue, garrotte le bel officier. Des femmes lui crachent au visage. On le traîne dans le local du club Valentino, où se forme immédiatement un conseil de guerre composé de gens pris au hasard dans la populace. Simulacre d'interrogatoire, parodie de procès... Les juges délibèrent cinq minutes. Arnaud est condamné à mort. On le traîne dans la rue. Deloche, un hercule patriote le tient au collet. Les femmes en drapeaux rouge et noir, le conspuent. On arrive au clos Jouve, sur la place d'Armes. Quinze gaillards en chassepot font grincer leurs culasses. Arnaud demande à mourir en brave, les mains libres. Debout, la tête haute, face au peloton, il enlève sa tunique déchirée, découvre sa poitrine, jette son képi :

— Accomplissez votre mission, messieurs les patriotes. Vive la République ! Vive la République ! Vive la République !

Un gosier éructe :

— Feu !

A la troisième salve, Arnaud s'écroule, face contre terre.

Des voix s'élèvent :

— Achevez-le !

D'autres, saisis par le courage de ce soldat qui meurt en héros, crient :

— Grâce ! Grâce !

Un garçon de quinze ans traverse la place en courant et décharge à bout portant son chassepot dans la tête du commandant Arnaud qui éclate sur le pavé verglacé.

La population lyonnaise indignée demande le châtiment immédiat des misérables auteurs de cette exécution sommaire, et presse la garde nationale de ramener l'ordre. Gambetta, en tourné d'inspection militaire dans la région, flétrit « l'odieux attentat, commis par des lâches sur la personne d'un citoyen irréprochable, grand soldat, républicain ardent »... Les principaux responsables sont arrêtés. Le club Valentino est fermé. Toutes les réunions publiques sont interdites. La municipalité de Lyon adopte les trois enfants d'Antoine Arnaud et prépare des funérailles grandioses à ce fils du peuple qui a commencé dans la vie comme ouvrier ferrandier. On élèvera au cimetière un monument à sa mémoire.

Périgueux, 21 décembre.

Dernière journée du procès des meurtriers d'Alain de Monéys, ultime suspense. La huitième plaidoirie s'achève. Celle de Me Raynaud, défenseur de Brouilhet :

— Vous n'oublierez pas, messieurs, que si les accusés doivent à la société qui les accuse une réparation éclatante pour le crime et les simples fautes qu'ils auraient commis, la société n'est pas sans torts envers eux, pour les avoir laissés aux prises avec leur ignorance et leurs préjugés naturels, sans leur donner l'appui, que pourtant elle leur devait, d'une autorité locale intelligente et ferme qui sût faire son devoir en leur indiquant le leur.

Toute la salle attend maintenant la suite avec anxiété. Le dénouement est proche. On ne veut pas en perdre une miette. Des centaines d'yeux scrutent tour à tour la figure, grave, pénétrée, des douze jurés, sur qui pèse la redoutable mission de juger en leur âme et conscience, et celle des vingt et un accusés dont les traits fatigués expriment aujourd'hui le plus amer découragement. Chambort le meneur est effondré. Cou plié, tête dans les mains, il ne laisse plus voir son regard. Buisson sort de temps en temps son mouchoir et s'éponge furtivement les yeux... Le président prend longuement la parole pour résumer sept jours de débats et conclut :

— Votre jugement, messieurs, appartiendra à l'Histoire. Ce n'était pas assez que notre malheureuse patrie fût si éprouvée par les horreurs de l'invasion, il a fallu encore qu'au moment où nous nous félicitions des bienfaits de la civilisation, de l'extension des sentiments fraternels, surgissent des faits inouïs pour démentir nos illusions. Pourquoi, comment ce jeune homme que tous ici, nous aurions été flattés d'avoir pour fils, pour frère, pour ami ! Ce jeune homme qui ne pouvait être accusé, même par les esprits libéraux, de n'avoir pas marché avec son siècle, lui, libéral sincère, voulant et pratiquant le bien partout, comment a-t-il été, tout à coup, sans cause, la victime de la fureur et de la rage de cette foule ? Fureur et rage de plusieurs heures, exercées par des hommes qui ont voulu le tuer dans les tourments et ne le faire mourir qu'après s'être satisfaits. Ce sont de bien grands problèmes dans l'humanité ! Ces faits atroces, je le répète encore une fois, viennent donner un démenti à notre civilisation. Il en faut rougir pour nous et même pour cette belle France si malheureuse, en ce moment.

M. Brochon termine en donnant lecture des questions posées aux jurés. A une heure et quart, les douze hommes disparaissent dans la chambre des délibérations. Pour le public, c'est l'heure de la récréation. On bavarde, on commente, on parie sur le nombre des têtes qui vont tomber. Ces têtes que les accusés cachent maintenant entre leurs mains, escamotent dans leur veste. Ces heures d'attente sont odieuses pour eux. Bien plus pénibles que les débats : plus rien n'est là pour distraire l'attention de cette foule avide, qui les regarde fixement, épie leurs moindres gestes, se moque d'eux, leur adresse des grimaces de haine et de dégoût.

Cinq heures sept. Coup de sonnette. Un frisson court dans la salle. Les jurés rentrent en séance, reprennent leur place. La cour s'installe, le président demande que l'on fasse sortir les accusés. Le suspense n'en finit pas. En quittant leur banc, presque tous jettent en direction des jurés un regard implorant de pitié, comme s'il y avait une chance ultime de les fléchir. L'assistance murmure. Le président prend la parole pour demander expressément le plus profond silence.

— Je n'hésiterai pas à faire évacuer la salle à la moindre manifestation. A un moment aussi grave, la Justice attend de tous un respect exemplaire. Et maintenant, monsieur le président du jury, voulez-vous nous donner lecture de votre verdict.

Un petit homme rond, M. Jean-Baptiste Besse, négociant à Groléjac, se lève et lit d'une voix émue, avec une solennité villageoise, en roulant ses r comme on concasse des cailloux.

— Sur mon honneur et ma conscience, devant Dieu et devant les hommes, la déclaration du jury est :

OUI, à la majorité,

François Chambort, Jean Campot jeune, Pierre Arnaud, dit Buisson, François Léonard, dit Piarrouty, François Mazière, dit Sillou, sont coupables d'avoir volontairement commis un homicide, avec préméditation, sur la personne de M. A. de Monéys.

OUI, à la majorité,

Etienne Campot aîné, Antoine Léchelle, Thibaud Limay, Pierre Delage, Jean Frédéric, Léonard Lamongie, Jean Sallat, Pierre Sarlat, Mathieu Murguet, Pierre Besse, sont coupables d'avoir, le 16 août dernier, aidé ou assisté les auteurs du crime d'Hautefaye. Toutefois, à l'égard des enfants Limay et Delage, le jury déclare qu'étant âgés de moins de seize ans, ils ont agi sans discernement.

OUI, à la majorité,

Pierre Brut, Jean Brouilhet, Girard Feytou, Roland Liquoine, François Sallat, sont coupables d'avoir porté des coups ou fait des blessures à M. de Monéys, mais sans préméditation.

OUI, à la majorité, il y a des circonstances atténuantes en faveur de :

Jean Campot jeune, Etienne Campot aîné, Antoine Léchelle, Thibaud Limay, Pierre Delage, Jean Frédéric, Léonard Lamongie, Jean Sallat père, Pierre Sarlat, Mathieu Murguet, Pierre Besse, Jean Beauvais.

Attentif à la sommation du président, le public a écouté ce verdict dans le plus parfait silence, sans l'ombre d'une manifestation.

— Faites rentrer les accusés, ordonne M. Brochon.

De nouveau, la porte étroite s'ouvre. Le remue-ménage recommence, avec une lenteur désespérante. Chambort peut à peine marcher. Ses jambes se dérobent sous le poids de ses appréhensions. Un gendarme le tient par le bras jusqu'à sa place au bout du banc... Sur ordre du président, le greffier donne lecture du verdict aux accusés qui achèvent de se décomposer les uns après les autres. Seul le jeune Campot se redresse un peu en entendant qu'on lui a accordé le bénéfice des circonstances atténuantes : il gardera sa tête sur les épaules... La parole est à l'avocat général pour requérir l'application de la loi.

— Monsieur le président, messieurs les jurés, il est des réquisitions qu'on ne développe pas. Je demande l'application de la peine de mort contre : François Chambort, le maréchal de Pouvrière ; Pierre Buisson, dit Arnaud, dit Lirou ; François Léonard, dit Piarrouty, le chiffonnier ; François Mazière, dit Sillou. Je requiers aussi l'exécution capitale sur la place principale du village d'Hautefaye.

Un des accusés principaux, Campot jeune, a obtenu des circonstances atténuantes. Le jury a voulu faire grâce à ses vingt ans, et lui laisse la vie.

Je crois répondre à ses intentions en demandant contre Campot jeune une condamnation aux travaux forcés à perpétuité. Je vous engage à ouvrir les trésors de votre indulgence contre les neuf complices qui ont obtenu les circonstances atténuantes et leur appliquer le minimum de la peine, à l'exception pourtant de Campot aîné et de Besse.

Quant aux enfants Limay et Delage, qui ont agi sans discernement, vous devez les acquitter. Delage est réclamé par sa famille. J'estime que, vu les bons renseignements qui sont fournis sur sa conduite antérieure, vous devez le lui rendre. Limay paraît abandonné par ses parents : vous lui serez utile en le retenant pour le déposer dans une maison de correction jusqu'à vingt ans.

C'est alors au tour de la défense de présenter ses observations. Me Mie se lève et parle d'une voix pathétique :

— Au nom de ceux qui peuvent encore bénéficier de la clémence de la cour, j'implore la pitié, dont nous avons tant besoin dans ces temps de malheurs. Pour les autres, j'espère de toute mon âme dans un pourvoi de grâce devant le gouvernement de la République qui répugne à répandre le sang.

Sur ce dernier mot de la défense, la cour se retire pour délibérer. Encore une heure d'attente, mortelle. A six heures vingt-sept, elle rentre en séance, son arrêt à la main. Le président Brochon lit d'un ton grave :

— La cour ayant délibéré, condamne :

1° François Chambort, Pierre Buisson, dit Lirou ; Léonard, dit Piarrouty ; et François Mazière, dit Sillou, à la peine de mort et ordonne qu'ils seront exécutés sur la place publique d'Hautefaye ;

2° Campot jeune, aux travaux forcés à perpétuité ;

3° Campot aîné, à huit ans de travaux forcés ;

4° Pierre Besse, à six ans de travaux forcés ;

5º Léchelle, Jean Frédéric, Léonard Lamougie, Pierre Sarlat, Mathieu Murguet, Jean Beauvais, à cinq ans de travaux forcés ;

6º Jean Sallat père, âgé de plus de soixante ans, à cinq ans de réclusion ;

7º Pierre Brut, Jean Brouilhet, Girard Feytou, Roland Liquoine, François Sallat (fils), à un an de prison ;

8º Pierre Delage et Thibaud Limay sont acquittés. Delage est rendu à sa famille. Thibaud Limay, envoyé, jusqu'à vingt ans, dans une maison de correction.

Campot jeune, qui devait suivre le sort de son frère, a été épargné par suite d'une erreur du jury, paraît-il, qui a cru que les circonstances atténuantes étaient acquises à six voix, alors qu'il en faut au moins sept.

Le président se tourne vers le jury :

— Messieurs, je ne saurais terminer cette audience solennelle et douloureuse sans vous remercier de l'attention scrupuleuse que vous avez apportée aux débats et à la sagesse que vous avez mise dans l'accomplissement de votre tâche. Cette journée restera pour nous tous un souvenir pénible qui trouvera sa consolation dans le sentiment d'un grand devoir accompli. La société, messieurs, et la civilisation vous en seront reconnaissantes. Le débat s'achève, la cour va se retirer, je demande expressément à tous ceux qui sont ici de bien vouloir quitter la salle dans le calme le plus parfait. Seule une attitude digne et recueillie convient aux heures graves que nous venons de passer. La séance est levée.

Ces messieurs de la cour quittent leur siège et se dirigent vers la sortie. Dans un bruit de chaînes, les gendarmes se resserrent autour du banc des accusés. A ce moment, on entend une voix sifflante hurler dans le prétoire. Les yeux hors de la tête, le poing tendu, Piarrouty fulmine :

— Foutue justice ! Vous envoyez à l'abattoir ceux qui ont été assez couillons pour avouer !

Le vieux chiffonnier crache sur le parquet et se tourne vers le public :

— Et vous autres cochons ! Ça vous plaît de venir guetter des pauvres bougres promis à l'échafaud ! Cochons ! Cochons !

Des voix murmurent dans l'assistance :

— Assassin ! Cannibale !

Quatre gendarmes font asseoir Piarrouty qui continue à invectiver la terre entière. L'officier de service demande à la foule de sortir en silence. Mais personne ne semble pressé d'évacuer la salle. On veut se repaître jusqu'au bout du spectacle pitoyable des vingt paysans au désespoir. Le vieux chiffonnier est le seul à avoir eu un mouvement de révolte. Les autres pleurent, flageolent sur leurs jambes, secouent la tête, gémissent. Les gendarmes les enchaînent deux à deux. Ils se laissent faire comme des moutons, sans protestation aucune. Chambort et Sarlat n'arrivent pas à marcher. Il faut les porter.

Dehors, à l'arrière de la place du Palais, la foule massée dans l'ombre depuis des heures autour de la souricière attend en claquant des dents la sortie des assassins dont on vient d'apprendre les peines. La troupe et la gendarmerie ont peine à contenir toute cette population excitée que le froid polaire n'a pas découragée... Attachés deux par deux, les condamnés d'Hautefaye descendent pour la dernière fois les marches raides du Palais et montent dans le fourgon cellulaire. Seul Lajou est sorti par la grande porte entre son père et sa mère, la larme à l'œil, mais foutrement heureux de monter dans la charrette où l'attendaient ses frères et sœurs avec un bon casse-croûte... A sept heures moins dix, le fourgon cellulaire s'ébranle et s'engage dans la rue du Palais que des gendarmes nerveux font dégager sans ménagement. Tout Périgueux fait cortège au fourgon jusqu'à la porte de la prison.

— Mort aux assassins ! Pas de grâce pour les monstres !...

Ce soir, on saura de quoi parler autour des comptoirs. Les caboulots vont faire des affaires, pendant que des ombres, paysans vêtus de blouses, coiffés de grands chapeaux noirs, chaussés de sabots, regagneront, mâchoires serrées, cœur lourd, fureur aux yeux, par des chemins cahoteux, le fond des campagnes du Nontronnais.

22 décembre.

Les avocats des quatre condamnés à mort forment un pourvoi en cassation au nom de leurs clients contre l'arrêt de la cour d'assises.

Versailles, 26 décembre.

Les princes allemands fêtent Noël au château. Champagne, étrennes, tombola, valses lentes, putes de luxe... Rien ne manque aux réjouissances, pendant qu'à Paris des francs-tireurs meurent congelés sur les fortifs, au bruit du canon.

Rougnac, 25 décembre.

Bourrelé de remords et de honte, Bernard Mathieu, qui n'a pas supporté l'idée de retourner à Hautefaye, est venu mourir chez son fils, en Charente. On l'enterrera demain matin, sans rien dire à personne.

Paris, 30 décembre.

Coups de fusil dans l'œil... On tue Castor et Pollux, les deux éléphants du Jardin d'acclimatation. Roos, le boucher anglais du boulevard Haussmann, les a payés 27 000 francs la paire ! Il sait qu'il n'aura pas de mal à « faire la pirouette » avec ses pachydermes. Depuis des semaines, tous les fins gosiers de la capitale font la queue à sa porte pour acheter les « viandes rares » qu'il propose à sa clientèle choisie : de l'antilope, du chameau, du yak, du kangourou, de l'ours blanc, de la tortue, du casoar... Tout le Jardin des Plantes y est passé, ou presque. Ses fournisseurs ne lui proposent plus que des bêtes peu engageantes : hyènes, chacals, vautours, mandrilles, lycaons, crotales... En attendant, pour le réveillon, on s'arrachera de la trompe à 80 francs le kilo ! Edmond de Goncourt, veuf de son frère depuis six mois, se consolera de ce premier Nouvel An sans lui avec un bon morceau de boudin d'éléphant. « J'en dîne », note-t-il dans son carnet. Dans le populaire, on se contentera au mieux d'une brochette de ratons ou d'un petit gigot de chien aux lentilles.

Ribérac, 31 décembre.

Inquiets du regain du bonapartisme dans le monde paysan, sournoisement entretenu par les partisans de M. Thiers, les jeunes républicains purs et durs de la Dordogne, décidés à maintenir coûte que coûte la République du 4 septembre qu'ils sentent fragile, menacée, ont applaudi au verdict de la cour d'assises du 21 décembre. Ils attendent de la justice qu'elle exécute sans délai la sentence. Au sortir de la réunion du comité républicain de son arrondissement où l'on s'est une fois de plus désolé de voir indéfiniment retardées les élections à la Constituante qui doivent consacrer la légitimité républicaine, Albert Theulier, sous-préfet de Ribérac, écrit à son ami Dusolier.

« Je suis, mon cher Alcide, complètement de votre avis sur l'attitude résolument républicaine qu'il convient de prendre vis-à-vis de la réaction forcenée des campagnes. Il est bien fâcheux que l'on n'ait pas dissous les conseils généraux au lendemain du 4 septembre. Ces gens que nous avons vu ensemble si aplatis et tremblants à Périgueux ont relevé la tête depuis et vont se poser en martyrs du droit et de la légalité. Quant aux paysans, leur esprit est détestable. " Les républicains mettent leur argent dans leur poche ! Les dépêches officielles sont autant de mensonges "...

« Tels sont les textes habituels de leurs appréciations politiques. Les propos les plus incroyables se tiennent publiquement et MM. les procureurs de la République de l'Empire refusent naturellement de poursuivre, trouvant toujours que le fait n'est pas assez grave. *Quantum mutati !*

« Plus je réfléchis à notre situation, plus je demeure convaincu que le gouvernement doit s'appuyer résolument sur les villes armées qui, Dieu merci, ne sont pas disposées à se laisser de nouveau confisquer leur existence intellectuelle et morale par ces abominables campagnards. Contre ceux-là, en attendant qu'ils soient instruits (ce qui ne viendra pas de sitôt) il n'y a qu'un argument, la force brutale ; ils ne respectent qu'un homme, le gendarme et j'espère bien qu'on ne commettra pas la faute insigne de gracier les misérables assassins d'Hautefaye.

« Lorsque tant de braves gens périssent par milliers pour le salut de la France, il serait par trop ridicule de réserver sa sensiblerie pour quatre bêtes féroces de cette trempe. Laissons les pleurnicheries humanitaires pour des temps meilleurs. Fusiller les traîtres et guillotiner les assassins : voilà où six mois de guerre ont conduit un ancien adversaire de la peine de mort. »

Bordeaux, 1er janvier 1871.

Le ciel est gris sombre, la ville blanche, aphone. Depuis huit jours, il neige à gros flocons. Il y a longtemps qu'on n'avait pas vu ça dans le pays girondin. Mais cette année, il faut s'attendre à tout ! Bordeaux, capitale de la France depuis le 10 décembre, peut bien s'offrir un air de féerie, pour l'an neuf, en cet hiver de désolation et d'angoisse. Sur la chaussée des grandes artères, la neige n'est pourtant pas restée longtemps intacte, avec ce va-et-vient incessant des soldats en partance. Réguliers, appelés, mobiles, francs-tireurs, fantassins, cavaliers, piétinent jour et nuit dans l'attente des trains qui montent à la guerre, bondés d'hommes, de chevaux, de fusils, de cartouches, de couvertures, de biscuits, de pansements. Mais ce matin, le drap écarlate des uniformes est noyé dans la masse noire des paletots, des hauts-de-forme, des parapluies. De la rue Sainte-Catherine à la Garonne un flot humain s'épanche doucement dans une rumeur ouatée. A une heure précise, la haute fenêtre centrale du palais de la préfecture s'ouvre. La foule entassée, la goutte au nez, les pieds gourds, voit paraître au balcon la forte stature de celui dont toute la France du 4 septembre attend qu'il délivre le territoire de la botte des uhlans et des casques à pointes qui hérissent nos villes et nos campagnes jusqu'aux rives de la Loire, celui par qui, on l'espère, resplendira au printemps, dans un pays libre et serein, la République aux hanches fermes : Léon Gambetta !

Pendant deux longues minutes, plusieurs milliers de personnes se réchauffent à acclamer le « dictateur » qui enfle son torse énorme, jette le menton en avant, pousse sa voix enrouée le plus loin qu'il peut au fond de la place comble, assourdie par la neige.

— Qu'elle soit à jamais close, à jamais effacée de notre mémoire, cette terrible année 1870 qui, si elle nous a fait assister à la chute du plus imposteur, du plus corrupteur des pouvoirs, nous a livrés à l'insolente fortune de l'étranger !... Cette fortune contre laquelle nous nous débattons aujourd'hui, est l'œuvre même des intrigues de Bonaparte. A chacun sa responsabilité devant l'Histoire ! C'est dans cette ville, c'est ici même que l'homme de Décembre, l'homme de Sedan, l'homme qui a tenté de gangrener la France, prononça cette mémorable imposture : l'Empire c'est la paix !... Ce règne de vingt ans, c'est parce que nous l'avons subi qu'il nous faut aujourd'hui subir l'invasion étrangère jusque sous les murs de notre glorieuse capitale. C'est parce qu'on avait altéré, systématiquement dans ce pays, toutes les sources de la force et de la grandeur, c'est parce que nous avions perdu le ressort sans lequel rien ne peut durer ni triompher dans ce monde, ni devoir, ni vertu, qu'on a pu croire un moment que la France allait disparaître... C'est à ce moment que la République apparaissant pour la troisième fois dans notre Histoire, a assumé le devoir, l'honneur et le péril de sauver la France !

Le mot sacré est prononcé. La foule le saisit au vol sur les lèvres de l'homme du 4 septembre et se soulève. Poitrine phénoménale d'un monstre tapi dans la neige poussant son gémissement.

— Vive la République ! Vive la guerre à outrance ! Vive Gambetta !

Derrière l'orateur, une longue silhouette se reflète dans la vitre du salon de la préfecture. Alcide Dusolier immobile dans sa grande pelisse à col d'astrakan, le regard posé comme une caresse sur l'épaule de Gambetta que prolonge le drapé mouvant de la foule, se laisse saisir au corps par la vague des clameurs. Comment ne pas penser à cette autre fenêtre, celle de la chambre de Victor Noir, ouverte il y a un an sur le peuple de Paris décidé à marcher sur l'Empire. Comme on a eu raison, ce jour-là, de ne pas tomber dans le piège tendu par Canrobert ! Comme on a eu raison de suivre le conseil pathétique de Rochefort, prudent pour une fois. Sa revanche, le peuple l'a eue, non pas le 12 janvier, mais le 4 septembre. Et cette fois sans un coup de feu, sans une arrestation, sans une goutte de sang. Fût-il jamais révolution plus bénigne, plus pure ! En un jour, la France rentrant dans ses droits confisqués depuis vingt ans, la République succédant à l'Empire, avec le même calme qu'une bourgade nomme un nouveau maire ! Hélas, il a fallu cette guerre imbécile, déclarée avec une légèreté criminelle, pour en arriver là. Mais avec toute son énergie repuisée aux forces vives, la République sauvera la France de la honte et de l'humiliation. Elle libérera le territoire, imposera la victoire et s'imposera à tous ceux qui rejoignent aujourd'hui le parti de la démission et de la peur sous le masque à grimaces d'Adolphe Thiers

Peu à peu les clameurs s'apaisent. Gambetta, la main sur la balustrade, poursuit.

— C'était le 4 septembre ! L'ennemi avançait à grands pas sur Paris. Nos arsenaux étaient vides, notre armée à moitié prisonnière, nos ressources de tous côtés disséminées. Deux pouvoirs, l'un captif, l'autre fuyard, une Chambre que sa servilité passée rendait incapable de saisir le gouvernail... Oh ! ce jour-là, nul ne contestait la légitimité de la République. Ce ne fut que plus tard, lorsqu'il fut établi que cette République avait tenu sa promesse, sauvé l'honneur du pays, organisé la défense et maintenu l'ordre, que ses adversaires, dont elle assure aujourd'hui la quiétude et la sécurité, commencèrent à contester sa légitimité, à discuter ses origines... Eh bien, citoyens, laissez-moi vous le dire, la République liée comme elle l'est aujourd'hui au salut de la patrie, la République est hors de question, elle est immortelle !...

De nouveau, la transe patriotique ourle la foule, monte de la place, envahit le salon de la préfecture, électrise les collaborateurs et amis du « dictateur » au garde-à-vous, frigorifiés sous les lustres. D'ovation en ovation, Gambetta qui, une fois de plus, éprouve dans sa chair le vertige de sa popularité pousse sa voix aux limites de ses forces jusqu'au verset final qui déchaîne d'indescriptibles vivats.

Une heure après que l'orateur s'est retiré, la foule est encore là à chanter la Marseillaise, à scander : Gambetta ! Gambetta ! comme on bisse une étoile d'opéra.

A trois heures moins le quart, la fenêtre du salon de la préfecture s'ouvre pour la deuxième fois. Le héros reparaît. Le public se pâme. Gambetta lève le bras.

— Citoyens !... citoyens, s'il vous plaît, nous avons besoin de travailler et ce tumulte persistant nous trouble. Je vous remercie de votre accueil, si honorable pour moi, mais je vous prie de cesser vos chants et de vous retirer en bon ordre. Le recueillement convient seul à l'heure grave où nous sommes.

Mais la foule n'en finit pas de scander le nom du « dictateur », d'acclamer la République et la guerre à outrance.

Paris, 5 janvier.

Le bombardement de la capitale commence. Villejuif et le Point-du-Jour sont sous les obus.

7 janvier.

Une affiche rouge signée de cent quarante noms, adressée au « Peuple de Paris » est placardée un peu partout dans les rues. Véritable appel à la révolte.

« Le grand peuple de 89 qui détruit la Bastille et renverse les trônes, attendra-t-il, dans un désespoir inerte, que le froid et la famine aient glacé dans son cœur, dont l'ennemi compte les battements, sa dernière goutte de sang ? NON !

« La population de Paris ne voudra jamais accepter ces misères et cette honte. Elle sait qu'il en est temps encore, que des mesures décisives permettront aux travailleurs de vivre, à tous de combattre. Réquisitionnement général. Rationnement gratuit. Attaque en masse.

« La politique, la stratégie, l'administration du 4 septembre continuées de l'Empire, sont jugées.

« Place au Peuple ! Place à la Commune ! »

Mainzac, Nontronneau, 13 janvier.

Sur les conseils de Me Villotte, défenseur de Buisson, Elie Parcelier, beau-frère du condamné, sous-officier de la garde nationale, prend la plume pour écrire à « Son Excellence Monsieur Gambetta », ministre de l'Intérieur et de la Guerre, à Bordeaux.

« Monsieur le Ministre,

« Un beau-frère et une épouse en larmes, mère d'un enfant, se jettent à vos pieds pour implorer votre puissance toute miséricordieuse.

« Le tribunal de Périgueux, dans son audience du 21 décembre dernier, a condamné Buisson Arnaud mon beau-frère à la peine de mort. La cause de sa mort n'est autre chose que menées politiques. Car bien que M. de Monéys ait été tué, il n'y a eu aucun témoin qui lui ait vu porter un seul coup, il était parmi la foule, il avait entre les mains un bâton pointu qui avait un peu de sang, mais personne ne peut dire : Je l'ai vu frapper.

« Monsieur le Ministre, Dieu donne la vie quand les hommes l'ôtent, vous êtes comme Dieu, vous pouvez la donner aussi. Ne laissez pas mourir un malheureux innocent.

« Hélas ! est-il coupable ? Peut-être, mais il n'est pas scélérat ; il a une femme qui l'aime et qui se joint à moi pour implorer votre grandeur, un enfant très jeune qui a besoin de lui, ce n'est pas un monstre sans lien, sans affection.

« Rendez-lui la vie, Monsieur le Ministre, son enfant, son épouse à genoux près de moi prient Dieu, afin qu'il touche votre cœur et qu'il répande sur vous ses bénédictions célestes.

Croyez, Monsieur le Ministre, qu'il vivra en bon père de famille et en honnête homme, et vous aurez fait le bonheur de son enfant, de sa femme et de celui qui a l'honneur d'être, avec le plus profond respect, de Votre Excellence, Monsieur le Ministre, le très humble et très obéissant serviteur... »

Le même jour, la femme de Pierre Sarlat dit Lamy, le tailleur d'habits de Lussas condamné à cinq ans de travaux forcés vient trouver le maire de sa commune en le suppliant d'écrire en son nom au gouvernement de la défense nationale.

« La dame Léonarde Encelin, sans profession, épouse du sieur Pierre Sarlat, tailleur d'habits, l'un et l'autre domiciliés à Nontronneau commune de Lussas, a l'honneur de vous exposer que son mari a été condamné dans la dernière session de la cour d'assises de la Dordogne à cinq ans de travaux forcés pour avoir pris part à l'attentat commis à Hautefaye sur la personne de M. de Monéys.

« Pierre Sarlat est âgé de cinquante-huit ans, mais il est d'une faible santé et paraît beaucoup plus âgé qu'il ne l'est en réalité, il est père de trois enfants, dont l'aîné est à l'armée dans le sixième régiment de ligne, et les deux autres sont âgés l'un de douze ans et l'autre de treize ans.

« Il résulte de la procédure que Pierre Sarlat n'a pris qu'une part tout à fait indirecte à l'horrible drame d'Hautefaye. Il n'a ni frappé ni essayé de frapper. D'après son dire, Pierre Sarlat n'aurait été qu'un simple spectateur et il affirme qu'un seul témoin aurait prétendu qu'il aurait touché avec le bout de son parapluie le malheureux M. de Monéys, qui n'était déjà plus qu'un cadavre.

« Quoi qu'il en soit, l'exposante, agissant aux lieu et place de son mari en ce moment détenu, vient supplier le gouvernement de la défense nationale de prendre en considération l'âge de Pierre Sarlat, sa faible santé, le nombre de ses enfants, et de lui faire remise de tout ou partie de sa peine, ou du moins de la commuer en une peine plus douce, car il n'est pas douteux que les travaux forcés ou même une détention rigoureuse le conduiraient rapidement à la mort.

« L'exposante qui ne sait ni lire ni écrire a fait rédiger cette demande par Monsieur le Maire de sa commune pour qu'il veuille bien la transmettre au Gouvernement.

« Mairie de Lussas, le 13 janvier 1871.

« Grand du Rozan, maire. »

Périgueux, 17 janvier 1871.

Réunis dans le cabinet du défenseur de Chambort, Mes Millet-Lacombe, Villote et Debetz de Lacrousille, trois des quatre avocats des condamnés à mort d'Hautefaye, toujours sans nouvelle du pourvoi en cassation qu'ils ont formé au nom de leurs clients, vivement inquiets du sort que la loi leur réserve, ont décidé de mettre d'ores et déjà au point leur lettre de demande de grâce au garde des sceaux, regrettant toutefois que leur confrère Louis Mie, défenseur de Piarrouty, n'ait pas cru devoir s'associer à leur projet, plus soucieux, semble-t-il, d'affirmer ses partis pris politiques que de tout faire pour sauver la tête de son client, fût-il un abominable bonapartiste !

Persuadés après longue et commune réflexion que l'exécution des quatre condamnés, si elle devait avoir lieu, loin de produire l'effet dissuasif qu'on est en droit d'attendre d'un châtiment exemplaire, ne ferait qu'aviver les ressentiments et perpétuer les haines, convaincus en leur âme et conscience que la mise à mort de ces hommes serait un remède pire que le mal dont ils se sont rendus coupables, les trois avocats veulent à tout prix éviter que la justice ne vienne ajouter dans cette affaire, ô combien douloureuse, un supplément d'horreur qui se retournerait contre ses intentions.

Me Millet-Lacombe pose son porte-plume, évente sa feuille de papier et relit une dernière fois à ses confrères la lettre qu'ils vont signer conjointement.

« Monsieur le Ministre,

« Les avocats soussignés, membres du barreau de Périgueux, ont l'honneur de vous supplier de vouloir bien accorder une commutation de leur peine, à : Chambort, Piarrouty, Buisson, Mazière, tous les quatre condamnés à mort, par arrêt de la cour d'assises de la Dordogne du 21 décembre dernier.

« Les soussignés se dégagent de l'intérêt qu'inspire toujours le rôle de défenseur pour n'obéir qu'à un sentiment plus élevé de sévère justice.

« Il est permis de considérer que l'impression a dominé la conscience du jury : la sympathie qui s'attachait à la victime, l'horrible des détails, le poignant du drame, ont seuls pu dicter ce verdict de sang.

« Le crime d'Hautefaye, en effet, en dehors de sa matérialité même, n'est pas, à ce point, reprochable aux condamnés. Il est le crime de la foule, dans une heure d'ivresse, avec son ignorance, sa superstition, ses fanatismes, les excitations qui procèdent du bruit et du nombre. En un mot, avec toutes ses causes d'égarement.

« Les quatre malheureux sur la tête desquels s'est particulièrement appesantie la sévérité du juge, propriétaires, cultivateurs et artisans, d'un passé irréprochable, ne se connaissaient pas les uns les autres : ils ne connaissaient pas davantage l'infortuné de Monéys. L'accident, seul, les a groupés et en a fait des meurtriers.

« Si l'échafaud, ce qu'à Dieu ne plaise ! pouvait être encore de nos jours une nécessité cruelle, il conviendrait du moins de le réserver pour d'autres criminels.

« L'exécution des condamnés d'Hautefaye n'ajouterait rien si ce n'est une rigueur inutile, aux effets de l'arrêt. Le retentissement suffit, pour prévenir à tout jamais, dans le pays, le retour d'un pareil acte de souveraine folie.

« Les soussignés espèrent, Monsieur le Ministre, que vous inspirant de la pensée dont eux-mêmes sont pénétrés, vous userez, en faveur des condamnés, du pouvoir si vénérable que la société a placé dans vos mains.

« Les soussignés vous prient, Monsieur le Ministre, etc. »

— Pas d'objection ?

— Aucune, répondent Mes Villotte et Debetz de Lacrousille, et ils signent.

Attentif à mettre toutes les chances de son côté, Me Millet-Lacombe a inscrit très distinctement dans son paraphe les trois points maçonniques. Un signe de reconnaissance qui n'échappera pas au frère Crémieux, ministre de la Justice membre du Grand Orient, et permettra peut-être aux quatre condamnés, si Dieu le veut, de garder la tête sur les épaules.

Bordeaux, 20 janvier.

Purge républicaine de la Haute Justice. Sur proposition de Benjamin Crémieux, garde des sceaux, la délégation du gouvernement de la défense nationale destitue le premier président de la cour de cassation en tête et douze magistrats inamovibles dont les noms restent « associés aux odieuses persécutions du régime impérial, en particulier aux commissions politiques responsables des transportations de milliers de citoyens irréprochables » dans les bagnes de Cayenne et d'Algérie. M. Raoul-Duval, premier président de la cour d'appel de Bordeaux, intervenu en septembre pour accélérer les poursuites dans l'affaire d'Hautefaye, est, lui aussi, de la charrette.

Paris, 22 janvier.

Journée d'émeute. Un groupe d'insurgés force la prison de Mazas, délivre Gustave Flourens, marche sur l'Hôtel de ville, aux cris de : Vive la Commune ! La garde mobile riposte et refoule les assaillants. Vingt morts. Le gouvernement dénonce « le crime odieux commis contre la patrie et la République », interdit les clubs et les réunions publiques. supprime deux journaux « socialistes » : *Le Réveil* et *Le Combat*.

Pau, 26 janvier.

La cour de cassation réunie à la première chambre du Palais de Justice rejette le pourvoi en cassation des nommés Chambort, Piarrouty, Buisson et Mazière condamnés à mort par la cour d'assises de la Dordogne.

28 janvier.

Paris capitule ! Jules Favre signe avec Bismarck un armistice de vingt et un jours, le temps d'organiser sur tout le territoire les élections à l'Assemblée nationale qui discutera avec l'ennemi les conditions de la paix ou la poursuite de la guerre. Les électeurs sont convoqués pour le 8 février. La nouvelle Assemblée se réunira à Bordeaux le 15. Déçus par le « défaitisme » du gouvernement, les Parisiens profitent de la trêve pour se ruer à la campagne. Ils reviennent les bras chargés de sacs de pommes de terre, de haricots secs, de poulets, de jambons, de bidons de lait...

Bordeaux, 29-30 janvier.

Gambetta, mis devant le fait accompli, est furieux de la capitulation de Paris et de l'armistice qu'il qualifie dans une proclamation au peuple français de « coupable légèreté ».

« Non, il ne se trouvera pas un Français pour signer le pacte infâme. Serrons-nous tous autour de la République. Faisons preuve de sang-froid et de fermeté d'âme. N'ayons ni passion ni faiblesse. Jurons simplement, comme hommes libres, de défendre envers et contre tous le pays et la République. Aux armes ! Vive la France ! Vive la République ! »

C'est dans ce climat de fronde contre sa « tête parisienne » que la délégation gouvernementale de Bordeaux qui siège jour et nuit, expédie les affaires courantes. Parmi les dossiers en souffrance sur le bureau du ministère de la Justice en transit aux abords du Grand Théâtre, il en est un qui appelle une décision urgente : celui de l'exécution des condamnés d'Hautefaye.

Enveloppé dans son grand manteau noir à col de fourrure, assis les pieds sur le poêle tout à fait insuffisant, depuis qu'il gèle à moins dix, pour chauffer cette pièce trop vaste, Adolphe Crémieux dicte le courrier du jour à son secrétaire qui souffle dans ses mains entre chaque paragraphe.

Le garde des sceaux, ministre de la Justice,

Vu les pièces du dossier de l'affaire d'Hautefaye, vu les rapports du président des assises et du procureur général de Bordeaux sur la part prise à l'horrible assassinat de M. de Monéys par les MM. Chambort, Léonard, Mazière et Buisson, condamnés à la peine de mort par la cour d'assises de la Dordogne ;

Vu l'arrêt de la cour de cassation qui rejette le pourvoi des condamnés et déclare la condamnation régulière et conforme à la loi ;

Considérant qu'après cette condamnation le ministère public a pu s'assurer soit par la déclaration des jurés, soit par l'entremise du préfet et du maire de Périgueux, que le verdict avait été délibéré avec maturité et rendu à l'unanimité, et que l'opinion publique le ratifiait ;

Considérant qu'à son vif regret il n'a pu découvrir de circonstances atténuantes en faveur d'aucun des quatre accusés ;

Estime qu'il y a lieu de laisser à la justice son libre cours et rejette les demandes en grâce formulées au nom des condamnés.

Fait à Bordeaux, le 30 janvier 1871.

A. Crémieux.

Le secrétaire lève les yeux vers le ministre.

— Je vous relis, Excellence ?

— Non non, Anatole, ça ira. Tu adresses une copie au procureur général. J'y joindrai l'ordre d'exécution immédiate de la sentence, et une à chacun des avocats. Brr ! heureusement qu'on n'a pas tous les jours une lettre pareille à écrire.

— Ces quatre individus sont tout de même des cannibales, Excellence.

— Oh, peut-être pas plus que toi et moi au fond de nous-mêmes.

Le brave Anatole hoche la tête.

— Enfin...

— Ce sont des hommes qui ont femme et enfants. Et quand on croit à la perfectibilité de notre espèce ce n'est pas de gaieté de cœur qu'on envoie quatre personnes à l'échafaud. S'il n'avait tenu qu'à moi... Mais la majorité du conseil s'est déclarée pour la mort. C'est la loi de la démocratie, il faut s'incliner.

Périgueux, 4 février.

Depuis trois jours, le docteur Guilbert dort mal. Contrairement à la plupart de ses amis politiques qui ont applaudi des deux mains le gouvernement d'avoir eu le courage de refuser la grâce aux condamnés d'Hautefaye, le préfet de la Dordogne a reçu cette nouvelle avec tristesse et amertume. Depuis des semaines, il prêche l'apaisement, la réconciliation des villes et des campagnes, la solidarité nécessaire de tous pour la défense du pays. Depuis des semaines, il s'efforce de modérer le bellicisme à outrance de ses amis et de rassurer les autres sur les intentions de la République à laquelle il s'attache à donner un visage serein, généreux, pur de tout esprit de revanche. Et voilà que cette sinistre affaire d'Hautefaye qui a éclaboussé l'Empire moribond, menace aujourd'hui d'éclabousser la République, au moment où le gouvernement provisoire demande au suffrage universel de fonder sa légitimité. Comment imaginer que les populations rurales qui veulent « la paix à outrance » et pleurent le bon temps de la providence impériale ne ressentent l'exécution des condamnés d'Hautefaye autrement que comme une vengeance politique, une représaille de la République contre l'Empire. D'autant que la disparité des peines attribuées par le jury d'assises à chaque condamné n'a fait qu'aggraver le sentiment d'injustice et d'arbitraire qu'avait provoqué dans les campagnes du Nontronnais le « tri » des inculpés opéré par le juge d'instruction parmi le grand nombre des personnes réellement impliquées dans le meurtre collectif d'Alain de Monéys. Pourquoi moi et pas lui ? Pourquoi lui et pas eux ?...

Sitôt qu'il a eu connaissance de la décision du garde des sceaux, Louis Guilbert a écrit à Gambetta et à Crémieux pour les supplier de « réexaminer à la lumière des réalités politiques, sociales et humaines de la région à l'heure présente, une décision qui a toute chance de faire commettre à la République une faute aussi irréparable que celle commise le 16 août par les fanatiques de l'Empereur ». S'adressant à des frères, le frère Guilbert des Amis Persévérants et l'Etoile de Vésone réunis n'a pas hésité à mettre en avant l'idéal humanitaire et progressiste de la grande famille maçonnique, idéal au nom duquel, selon lui, on devrait s'interdire de répondre au sang par le sang. Hélas, en ce matin du 4 février, le bon docteur attend toujours la réponse à sa lettre. Il a bien reçu, comme presque tous les jours un pli de Dusolier, mais le « bras droit du dictateur » ne lui souffle pas mot de l'affaire. Du reste Guilbert s'est bien gardé de relancer sur ce sujet son cher Alcide, qu'il sait trop touché par le meurtre de son camarade pour pouvoir en l'occurrence compter sur son appui. Louis ose en tout cas espérer qu'Alcide, qui se présente le 8 à la députation devant les électeurs de la Dordogne pour le moins réticents à l'égard du parti républicain, aura eu la sagesse de ne pas pousser Gambetta à l'intransigeance vis-à-vis des condamnés d'Hautefaye. Mais à dire vrai, il n'en est pas si sûr.

Redoutant le pire, espérant encore l'impossible, Louis Guilbert adresse dépêche sur dépêche au garde des sceaux.

Préfet à Justice de Bordeaux. Ne pourrait-on surseoir à l'exécution d'Hautefaye ? N'y aura-t-il donc aucune grâce ?

Préfet à Justice de Bordeaux. Il est nécessaire de surseoir à l'exécution d'Hautefaye qui aurait en ce moment le caractère d'une exécution politique.

Préfet à Justice de Bordeaux. Il me paraît urgent de surseoir aux quatre exécutions d'Hautefaye. Elles produiraient le plus déplorable effet ou si on ne peut surseoir, il faut faire grâce, ces hommes manifestent les meilleurs sentiments depuis qu'ils sont condamnés. Réponse immédiate.

Le 5 au matin, la réponse de Bordeaux tombe sur le bureau du préfet de la Dordogne.

Le garde des sceaux est parti hier soir pour Paris. Vos deux dépêches ont été communiquées en son absence à M. Gambetta, lequel a répondu que le conseil a délibéré, et que l'exécution doit avoir lieu sans aucune grâce, et sans aucun sursis.

Le bon docteur hoche la tête.
— Foutue pour vingt ans ! la République au village.

Les Graulges, 5 février.

Quatre heures. Le soleil glacé s'enfonce dans les brumes du soir, couvrant de clarté rose la campagne engourdie sous la neige durcie. Seul bruit dans ce paysage inerte : le cri des enfants qui jubilent. Comme chaque jour après l'école depuis qu'il fait si froid, c'est le grand quart d'heure des glissades. Aujourd'hui dimanche, le quart d'heure a duré toute la journée ! La Nizonne saisie en pleine crue est comme un grand lac gelé planté d'arbres nus. On se tire, on se pousse, on s'élance. Et voouh ! Et niaoouh ! Et hiie !... Le choc des sabots et des galoches fait vibrer la glace. Mais on ne risque rien : le régent est venu la mesurer. Plus de dix centimètres au milieu ! Alors on saute, on se culbute, on s'attelle, on fait la locomotive et les wagons qu'on n'a jamais vus qu'en rêve. Tout d'un coup le Michou crie, appelle les autres.

— Hé ! Hé ! Epias ! (regardez !)

Il tend le bras vers la route.

— Lous Prussiens ! Lous Prussiens !

La locomotive s'arrête, les wagons se décrochent, le train déraille. Pantalons rouges, fusil à la bretelle, tambours en tête, une armée s'avance sur la route de Beaussac, suivie d'un fourgon débâché où sont plantés deux poteaux de bois sombres coiffés d'un drap noir mal ficelé.

Le Francis se tourne vers le Michou :

— Hé couillon ! Ce ne sont pas les Prussiens. C'est la guillotine qui va raccourcir ton oncle d'Hautefaye.

— Parle pour toi, pauvre con ! C'est ton père qu'elle va décoiffer. Il y était là-haut à faire cramer le Prussien. Pas mon oncle.

— Redis-le un peu, que je t'assomme.

— Redis-le, toi !

— Oui je le redis que ton oncle...

Fou de rage, le petit Michou plonge tête baissée sur l'estomac du gros Francis qui attrape sauvagement le drôle par les cheveux.

— Fais attention à ta tête, merdaillou ! Tant que le hachoir est au pays, il faut qu'il serve...

Le roulement des tambours, le craquement du verglas sous le pas des troupiers et des chevaux, les grincements du charroi font courrir dans la quiétude du soir des frissons de cauchemar. Précédés et suivis de dix cavaliers, de cinquante fantassins, les bois de justice guenillés de noir, dressés sur ciel rose, cahotés par les crevasses de la route, s'avancent vers Hautefaye. Parti hier matin de Bordeaux, le corso de la Veuve a traversé deux jours durant hameaux et villages, traçant derrière soi un remous de sourdes colères et de basses jouissances. L'Ame paysanne, chère au frère orateur de la loge de Nontron, n'est pas près d'oublier cette vision de la justice en marche sur le « pauvre monde ». Justice qui sent sa République. Une triste équipée pour les cent troupiers du 100e de ligne, tirés au sort à la caserne Xaintrailles pour faire le piquet de guillotine. Cent vingt-sept kilomètres sur des chemins à peine praticables, des paysans qui vous montrent le poing, vous conspuent au passage, des aubergistes qui vous refusent à boire et à manger, un cheval du fourgon qui se fracasse une patte sur la chaussée et qu'il faut abattre sur place... Et la misère a voulu que le Ricou soit du nombre. Lui qui était parti comme volontaire pour foutre la pile aux Prussiens, voilà qu'on l'envoie faire le croque-mort chez lui ! Il a bien dit au capitaine qu'il était natif d'Hautefaye et que ce n'était pas « jauvent » de revenir au pays pour une besogne pareille.

— Raison de plus, mon gaillard, lui a répondu son supérieur. C'est aux militaires de montrer l'exemple. Rompez !

Périgueux.

Au moment où les tambours, les pantalons rouges, les chevaux noirs, le fourgon arrivent au bourg d'Hautefaye, un autre convoi s'apprête à quitter Périgueux. Un omnibus en station dans la cour de la prison, gardé par six gendarmes à cheval frigorifiés, attend son chargement. Le départ est prévu pour huit heures.

A trois heures, ordre a été donné aux gardiens de service d'extraire les nommés Chambort, Piarrouty, Buisson et Mazière de leurs cellules et de les conduire au « carré », une grande pièce nue n'ayant pour tout mobilier qu'un banc, un escabeau, une grosse table de cuisine et le crucifié du Golgotha pendu au mur. Là, les quatre condamnés qui se réjouissaient déjà à l'idée qu'on allait leur annoncer la cassation de l'arrêt de mort des assises, ou au moins leur grâce, ont vu entrer sous la conduite de M. Laborde, directeur de la prison, flanqué du gardien chef et de quatre gardiens ordinaires, le procureur de la République Mallet qui s'est immédiatement adressé à eux d'une voix grave.

— Messieurs, je suis venu porter à votre connaissance l'arrêt relatif à votre pourvoi, rendu par la cour de cassation réunie à Pau, le 26 janvier dernier, dont M. le greffier va vous donner lecture.

D'une voix mécanique et chantante, M. Laurent-Julien a débité, un à un, dans cette pièce sonore comme une grosse caisse, les attendus et les considérants des magistrats de Pau. Piarrouty, Buisson et Mazière, qui ont déjà du mal à entendre le français de tous les jours, n'ont rien compris. Inquiets, perplexes, le chiffonnier, le forgeron et le métayer ont regardé le maréchal-ferrant qui, lui, avait la mine de quelqu'un qui n'a que trop compris.

— Eh bé ?

— Eh bé, on est bon pour le...

Il voulait dire : le coiffeur, mais un sanglot a étouffé la fin de sa phrase. Le procureur a mis les points sur les i.

— Messieurs, comme vous venez de l'entendre, votre pourvoi en cassation a été rejeté par les juges suprêmes et j'ai la pénible mission de vous faire savoir de la part de Son Excellence, monsieur le garde des sceaux, ministre de la Justice que votre demande de grâce n'ayant pu être prise en considération, l'arrêt de la cour d'assises de Périgeux du 21 décembre 1870 sera exécuté conformément à la loi et aux dispositions voulues par les jurés, demain matin au jour levant sur la place du bourg d'Hautefaye.

On a entendu un bruit d'escabeau qui tombe. Chambort venait de s'effondrer. Les gardiens se sont précipités pour le relever. Buisson et Mazière étaient en larmes, Piarrouty avait le visage tordu par une affreuse grimace. Secoué par le personnel, Chambort est revenu à lui. Le procureur s'est alors approché des quatre hommes.

— Mes amis, vous n'avez plus rien à attendre de la justice des hommes. Vous appartenez à celle de Dieu...

Le magistrat a pointé le doigt vers le crucifié.

— Vous pouvez, malgré votre forfait, le fléchir par votre repentir. Il a souffert le supplice des hommes. Fiez-vous à son infinie bonté, recueillez-vous en lui et recommandez-lui votre âme. Il vous donnera la force de vous conduire dignement jusqu'au dernier instant.

Son couplet débité, M. Mallet s'est incliné légèrement pour saluer l'assistance. Le greffier a bouclé sa serviette de chagrin noir et le directeur a reconduit les deux hommes à la porte. Dès lors, tout est allé très vite, mais avec une insupportable lenteur. Sur un signe de M. Laborde la porte s'est rouverte. Quatre gardiens sont entrés, les bras chargés de courroies à boucle, de cordes, de gilets et de quatre camisoles de force. L'un après l'autre, les condamnés ont demandé à aller aux cabinets et ils ont fait durer jusqu'à ce qu'on tape sur le battant.

M. Laborde leur a demandé s'ils voulaient manger quelque chose. Chambort a secoué la tête d'un air dégoûté. Mazière et Buisson ont réclamé un « bon chabrol », Piarrouty, un coup de fine.

— Et de la meilleure s'il vous plaît !

Douze gardiens, trois par prisonnier, se sont ensuite mis en devoir de harnacher les quatre paysans. Un véritable habit de torture, cette camisole de grosse toile râpeuse. Bouclée dans le dos de sept courroies de buffle, elle vous enferme les bras et les mains dans deux manches cousues armées au bout d'un anneau qu'on vous attache aux cuisses. Et avec ça un collier de chien et deux forts bracelets de cuir aux chevilles reliés par une ligotte. Mains prises, bras collés au corps, jambes entravées, plus moyen de faire un geste sinon s'asseoir, se lever. marcher à petits pas et s'allonger à plat ventre, sur la planche à bascule.

A cinq heures, froissement de soie. Mgr Dabert, évêque de Périgueux et Sarlat, est entré, flanqué de l'abbé Gouzot, curé de la cathédrale Saint-Front et du père Monnier, directeur du grand séminaire, tous les deux en surplis de dentelle. Grand, joufflu, violet jusqu'aux ailes du nez, les yeux rouges de compassion, le bon pasteur s'est approché des quatre brebis égarées.

— Mes frères, l'heure approche où vous allez paraître devant Dieu. C'est une terrible épreuve pour les pauvres pécheurs que nous sommes. Mais quelle que soit la gravité des fautes que nous ayons commises, fussent-elles les plus graves qu'on puisse imaginer, Dieu nous ouvre les bras. Quand la justice des hommes nous laisse sans recours, seul avec soi-même, accablé, misérable, Dieu nous dit : « Qui que tu sois, même le plus pauvre des pauvres, même le plus criminel des criminels, viens ! Ma porte t'est ouverte. Il ne tient qu'à toi d'être pardonné. Un mot, une pensée, même au dernier instant de ta vie et tu seras sauvé. » Ce mot, cette pensée, c'est toute la sincérité de notre repentir. Et comment mieux exprimer cette sincérité qu'en offrant notre vie à Dieu, comme Jésus souffrant et mourant sur la croix a offert la sienne pour sauver le monde. Pensez au voleur supplicié en même temps que le Christ et qui s'est tourné vers lui avant de mourir pour lui dire : « Seigneur, souvenez-vous de moi, lorsque vous serez arrivé dans votre royaume. » Et Jésus lui a répondu : « En vérité, je te le dis, tu seras aujourd'hui avec moi dans le paradis. » Cet homme qui avait vécu toute sa vie sans le secours de Dieu, a su à l'heure du châtiment terrestre entendre la voix qui l'a sauvé. En offrant à Dieu le sacrifice de sa vie, il a trouvé le chemin de l'espérance et la force de mourir en paix avec son âme. Vous aussi, du fond de votre désolation vous pouvez trouver la voie de l'espérance et la force de mourir en paix avec vous-même pourvu que vous sachiez ouvrir votre cœur à l'appel de Dieu qui attend de vous la plus humble et la plus sincère contrition. Monsieur l'abbé Gouzot et le père Monnier seront à vos côtés jusqu'au dernier instant. Ils vous apporteront tout le réconfort de l'Eglise et de la foi dont vous aurez besoin pour surmonter en chrétien l'épreuve qui vous attend. Ils vous aideront à mériter le pardon de Dieu et à vous présenter devant lui avec toute votre dignité d'homme, toute l'humilité et le courage d'un croyant. Au moment où il vous faut trouver en vous-même ce courage d'affronter noblement le châtiment des hommes je vous invite à tourner vos pensées vers celui qui fut votre malheureuse victime : Alain de Monéys, notre prochain, notre frère. Imaginez l'immensité de sa détresse lorsqu'il s'est vu condamné si injustement à mort par des hommes égarés qu'il n'a cessé jusqu'au plus fort de sa souffrance d'appeler : mes amis. Chrétien exemplaire, il n'a eu pour seul secours efficace tout au long de son supplice que la puissance de sa foi. Et je suis sûr, le connaissant, que son ultime pensée avant de mourir a été de dire : « Mon Dieu, pardonnez-leur leur crime et pardonnez-moi mes péchés. » Puisse cette conduite de l'homme sur le compte de qui vous vous êtes si cruellement mépris vous inspirer la conduite que Dieu dans son incommensurable bonté attend de vous. Je prierai toute cette nuit et demain pour appeler sur vous la grâce divine. Elle est sans commune mesure avec la grâce des hommes qui vous a été refusée. Ayez confiance, mes frères, Dieu n'abandonne pas les siens.

Empaquetés, sanglés, jugulés, privés de l'usage des bras et des mains, assis en rang d'oignons sur un banc, les quatre condamnés ont écouté ces paroles la tête baissée, le regard figé sur les souliers à boucles d'argent de Monseigneur. Au nom d'Alain de Monéys, Chambort, Buisson, puis Mazière ont éclaté en sanglots. Leurs larmes qu'ils essayaient vainement d'essuyer en se frottant aux emmanchures de leur camisole coulaient sur leur pantalon de gros drap, mouillaient le carrelage. Piarrouty ne pleurait pas, mais secouait la tête en poussant des soupirs. Emu, l'évêque de Périgueux s'est avancé vers eux pour les embrasser. L'un après l'autre, les quatre paysans ont senti contre leurs joues rugueuses et creusées le contact frais, moelleux du visage poupin de Monseigneur. Le prélat s'est ensuite tourné vers l'abbé Gouzot et le père Monnier pour les inviter à prendre à leur tour en charge l'âme meurtrie des condamnés. Les deux prêtres les ont longuement confessés dans deux petites cellules voisines. Chambort et Buisson d'abord. Piarrouty et Mazière qui avaient demandé à réfléchir, ensuite. Absous de leurs péchés, ces hommes, qui dans leur délire du 16 août parlaient de crucifier les curés d'Hautefaye et de Mainzac, ont entendu la messe dans la chapelle de la prison, secoués de pleurs et de gémissements. Le père Monnier leur a lu d'une voix lente et très distincte la prière des condamnés et l'abbé Gouzot s'est approché d'eux pour leur donner la communion.

— *Corpus Domini nostri Jesu Christi...*

Chambort tremblait tellement qu'il a fallu s'y reprendre à trois fois pour lui mettre le corps du Christ sur la langue...

Huit heures sonnent au campanile de la prison. La porte principale du « carré » s'ouvre. Petit, poivre et sel, œil gris acier, redingote impeccable, haut-de-forme moiré, cravate de soie blanche, chevreaux noirs à bouts vernis, chaîne d'or au gilet, Nicolas Roch, premier adjoint de l'exécuteur des hautes œuvres, descendu de Paris, via Bordeaux, à la place de M. Heidenreich « souffrant », vient, en compagnie de M. Laborde, prendre livraison de ces « Messieurs ». On dirait un marchand de biens qui va marier sa fille. Ces « Messieurs » quant à eux, sont prostrés. Après le coup de fouet de l'Eglise, c'est de nouveau l'accablement. Tout à l'heure, l'abbé Gouzot et le père Monnier ont demandé des bols de soupe bien chaude et les ont fait manger en leur mettant la cuillère dans la bouche comme à des enfants. Le gardien-chef, fils de paysans du Nontronnais, leur a offert une tournée d'eau-de-vie et leur a parlé en patois avec une gaieté fraternelle. Mais malgré toutes ces bienveillantes attentions de dernière heure, les condamnés se sont laissés sombrer dans une épaisse torpeur. Ce n'est qu'en voyant s'avancer le bourreau qu'ils se sont ressaisis. Comme si maintenant tout devenait plus net. M. Roch se découvre, incline aimablement la tête et leur parle d'une voix douce, si douce qu'elle en paraît céleste.

— Messieurs, nous avons un assez long chemin à faire ensemble. Nous allons pouvoir faire connaissance. C'est une occasion rare dans les missions pénibles qui me sont confiées. Aussi voudrais-je en profiter pour prendre ma part de la douleur qui est la vôtre et si possible l'alléger d'autant. J'ai lu le dossier de votre procès. Je sais que vous avez vécu en honnêtes gens jusqu'à cette terrible journée du 16 août qui a fait votre malheur. Je sais que vous avez chacun une famille qui vous aime et que vous laisserez inconsolable. Vous pouvez compter sur moi pour lui transmettre tout ce que vous voudrez bien me confier. Je n'oublie jamais ceux que la justice remet entre mes mains. Et même le voudrais-je que ma conscience ne me le permettrait pas...

Le bourreau tire sa grosse montre.

— Allez, messieurs, il est l'heure. La voiture nous attend et les routes sont mauvaises.

Beaussac, 6 février.

Nuit limpide, nuit glaciale. Tout se tait au fond des campagnes pétrifiées sous la neige bleutée de reflets lunaires. Même les loups semblent avoir déserté le canton. Col relevé, jambes croisées, M. Roch plonge sa main gantée de noir dans l'échancrure de sa redingote, sort sa grosse montre en or et se penche légèrement vers la vitre de la portière : quatre heures vingt-sept. Bon Dieu ! Huit heures pour faire cinquante kilomètres. Presque le temps qu'il faut pour aller de Paris à Bordeaux par le rapide. Après un petit quart d'heure de trot à la sortie de Périgueux, les chevaux ont dû rester au pas tout le long du trajet au risque de se rompre les pattes dans les ornières gelées. C'est tout juste s'il n'a pas fallu descendre pour pousser dans les côtes entre Brantôme et Mareuil. Foutue besogne que ces exécutions rurales en plein hiver ! A coup sûr, Heidenreich a flairé la corvée. Souffrant, tu parles ! Il s'est défilé. Surtout qu'il n'a pas avalé les réductions draconiennes de budget et de personnel décrétées par Crémieux. La République est en train de tuer le métier. C'est pourtant à elle qu'on doit les beaux jours de la guillotine. Tout en filant ses mornes réflexions, M. Roch jette de temps en temps un regard presque tendre sur ses quatre clients affaissés, remués par les cahots de la route, assis coude à coude avec les deux prêtres et deux gendarmes qui empestent l'ail et le vin rouge. C'est à peine si on peut bouger tellement on est à l'étroit dans cette carriole. Chapeaux rabattus sur les yeux, les quatre condamnés semblent par moments plongés dans une molle somnolence. Mais immanquablement le lamento reprend. Soupirs, gémissements, hoquets s'enchaînent, que le curé de Saint-Front et le directeur du séminaire s'efforcent tant bien que mal d'apaiser par d'interminables chuchotements. Sachant que la nuit allait être si longue, on aurait pu prévoir d'administrer quelque médecine à ces pauvres bougres pour les droguer, se dit M. Roch. Et puis c'eût été tellement plus simple de les exécuter au chef-lieu du département, puisque ces messieurs du gouvernement de la défense nationale veulent à tout prix de l'allègement et des économies.

Passé la côte de Puyloubard et le chemin de Malut, le convoi poursuit lentement sa route vers Hautefaye, sous l'escorte des six gendarmes montés dont les silhouettes de bronze se profilent sur la neige. Frise lugubre du châtiment qui s'avance dans la nuit transparente comme l'âme des innocents. Le verglas craque sous le fer des chevaux et le tranchant des roues. Là-haut, à main droite, sur la butte noyée dans le silence bleuâtre, on distingue la masse sombre du logis de Bretanges. Toute vie semble s'être retirée de ce décor lunaire. Pourtant derrière des volets clos, une bougie brûle à l'étage. L'abbé Gaston de Monéys à genoux au pied de son crucifix d'ivoire prie pour les condamnés d'Hautefaye, bourreaux et meurtriers de son frère, comme il a prié pour Alain l'été dernier et pour sa mère à l'automne. Il a définitivement abandonné l'idée de partir en mission pour l'Afrique ou la Chine. Pourquoi aller prêcher si loin quand il y a tant à faire près de chez soi pour propager l'amour du prochain et faire rayonner la foi. Il sera curé de campagne et si possible desservant de la paroisse d'Hautefaye... Malgré l'heure, Gaston n'est pas le seul au château à être éveillé. Derrière la vitre de sa fenêtre cadenassée, Adhémar encore amaigri, joues creusées, visage fripé, regarde au loin. Couvert de sa grosse chemise de lin, la botte d'Alain serrée dans ses bras, il attend, comme presque toutes les nuits, depuis le 16 août, le retour de son frère. Pascal ronfle pesamment dans la chambre. Il s'est déjà levé deux fois pour remettre au lit « Monsieur Adhémar » qui n'arrive décidément pas à trouver le sommeil, malgré les deux grands bols de valériane qu'il lui a fait prendre. Sur la route d'Hautefaye, soupirs et gémissements redoublent comme si l'œil d'Adhémar était dans l'omnibus et regardait les quatre condamnés, qui n'ont pas besoin de lever la tête pour savoir où ils sont. Depuis Mareuil, le trajet qu'ils connaissent pour l'avoir fait si souvent à pied ou en charrette du temps où ils étaient des hommes libres, défile dans leur tête, semé de souvenirs de moissons, de vendanges, de retours de frairies, mais si lourd aujourd'hui de remords et d'appréhension. Après Bretanges, voici Plambeau. Mazière éclate en sanglots. Là-haut à moins de deux cents mètres, il y a sa maison, sa femme, ses drôles, les voisins, ces messieurs Antony. Un chien aboie. Le Sillou le reconnaîtrait entre mille. C'est le sien, pardi ! Il l'a baptisé Loulou, comme le prince impérial. M. Roch avance la main sur la cuisse de Mazière.

— Allons mon ami, courage !

Le métayer lève ses yeux en larmes vers le bourreau.

— Il y a ma femme et mes gosses là-haut, Excellence. Si vous pouviez me permettre d'aller leur dire au revoir...

M. Roch ajuste son haut-de-forme. C'est bien la première fois de sa vie et ce sera sans doute la dernière qu'on lui donne de l'Excellence. Quand il dira ça à Heidenreich, l'exécuteur en chef n'en croira pas ses oreilles ! D'une voix presque suave, il répond à Mazière.

— Ce serait bien volontiers, croyez-moi, mais vous appartenez à la justice et la loi ne me le permet pas.

L'abbé Gouzot passe le bras sur l'épaule du désespéré de Plambeau.

— J'irai voir votre femme et vos enfants, mon fils et je leur transmettrai vos tendres intentions.

— Dites-leur que je suis un misérable et que je regrette ce que j'ai fait.

— Je leur dirai que vous vous êtes sincèrement repenti et qu'ils peuvent vous conserver toute leur affection. Comptez sur moi, mon fils. Vos pensées vous honorent. Vous êtes digne d'entrer dans la maison de Dieu.

Au tournant de la route, on aperçoit des lumières et un feu. Les gendarmes de Nontron en faction depuis trois heures attendent l'arrivée du convoi. Jamais de leur vie, ils n'ont eu si froid.

Hautefaye à l'aube.

Recroquevillée sous son gros édredon de plume, Anna n'a pas fermé l'œil. Comme tout le monde ici, elle a entendu toute la nuit à travers les volets le piétinement des souliers, le roulement des charrettes, le choc des madriers, le cognement des marteaux, le grincement des scies, les jurons des manœuvres, le hennissement des chevaux, le hurlement des chiens... Un vacarme du diable, comme personne n'en avait entendu dans ce bourg minuscule où rien, jamais, ne vient troubler le grand calme des nuits si ce n'est le cri familier de la chouette, le bruit du vent et de la pluie, le miaulement des chats en maraude... Hier, juste après midi, pendant qu'on était encore à table à boire le café, des messieurs du tribunal de Nontron et de Périgueux, tout habillés de noir, accompagnés de gendarmes, sont venus à l'auberge prévenir l'oncle Elie qu'on allait couper la tête des quatre condamnés à mort et que la guillotine était en chemin pour Hautefaye. Le Bon Dieu a eu un choc, lui qui croyait dur comme fer et qui disait à tous que le gouvernement allait les gracier, sans quoi ce serait la guerre au pays. Il est bien resté une minute sans dire un mot, comme si c'était sa mort qu'on venait lui annoncer. Pour bien montrer qu'ils disaient vrai, ces messieurs ont sorti un papier signé du gouvernement que l'aubergiste a lu et relu en retenant ses larmes.

Sans lui laisser le temps de réfléchir davantage, le procureur lui a demandé de prendre immédiatement toutes les dispositions nécessaires : faire enlever ce qui pourrait gêner le passage du convoi, dégager les abords du Lac Desséché où seront dressés les bois de justice, prévoir un local pour la toilette des condamnés, du bois de feu et de la nourriture pour le bivouac des soldats, des baquets d'eau chaude pour laver le matériel après usage ; faire confectionner quatre cercueils ; creuser une fosse au cimetière ; préparer de la soupe pour M. l'exécuteur des hautes œuvres et ses aides, de l'avoine pour les chevaux ; réquisitionner un tombereau pour le transport des restes...

— Je crois devoir vous dire, monsieur Mondout, que le garde des sceaux compte sur votre diligence. Tout doit se dérouler promptement, dans le calme, la dignité et sans le moindre incident. M. le capitaine de gendarmerie vous prêtera le concours de ses hommes pour vous permettre d'assurer le maintien de l'ordre au bourg et sur la commune...

Tristement, Elie Mondout a enfilé son gros gilet de laine, passé sa blouse de lin noir bordée de velours, mis son grand chapeau de feutre. Il est sorti d'un pas lourd, dans le froid. Il a traversé la place, s'est rendu chez François Mercier, le menuisier-charpentier, pour lui commander les cercueils :

— Il faut qu'ils soient prêts cette nuit.

Le François a levé les bras au ciel.

— Eh là, mon pauvre ! Je ne pourrai jamais t'en avoir fait quatre avant demain midi !

— Débrouille-toi comme tu peux. Il les faut avant le jour. C'est un ordre du procureur. Je vais envoyer chercher Dupin à Fayemarteau. Il viendra t'aider. A deux, vous y arriverez bien, sans doute ! Fais au plus simple et garnis le fond d'une bonne épaisseur de sciure.

Le Bon Dieu est ensuite allé faire le tour des maisons, pour prévenir le monde. Une jolie corvée ! Les gens ont reçu ça comme l'annonce d'une nouvelle calamité s'abattant sur Hautefaye. La plupart ont dit qu'ils refuseraient de donner à boire ou à manger aux cochons qui transportent la guillotine si par hasard ils osaient venir frapper chez eux et beaucoup n'ont pas voulu enlever leurs outils du chemin. Il a fallu que ce soient les gendarmes qui déplacent eux-mêmes les charrues, les herses, garent les charrettes, enlèvent les tas de fumier... A la nuit tombante, quand on a entendu le roulement des tambours sur la route de Mareuil, toutes les portes se sont fermées au verrou, et dans la pénombre du soir, on a vu des visages de familles entières se coller derrière les carreaux fardés de givre. Seule s'est ouverte la porte de l'auberge Mondout où MM. les procureurs de Nontron, Périgueux et Libourne attendaient avec impatience l'arrivée du convoi. Sans perdre une minute, ils sont allés avec Le Bon Dieu accueillir le lieutenant de Sermet commandant le détachement et MM. les exécuteurs de Toulouse, Agen, Limoges et Tours qui accompagnaient les bois de justice avec leur personnel de manutention. Tambours en tête, le cortège de la Veuve a remonté la rue en direction du Lac Desséché débarrassé des ordures qui s'y étaient subrepticement entassées depuis quelque temps. Cent soldats, une cinquantaine de gendarmes... Trois fois la population du bourg ! L'invasion prussienne n'aurait pas jeté plus d'effroi quc cette armée des hautes œuvres marchant sur Hautefaye.

Arrivés sur le lieu même du crime, ces messieurs en redingote se sont trouvés soudain en face d'une difficulté imprévue. Les exécuteurs et leurs ouvriers étaient formels : impossible de dresser les bois de justice dans un espace si réduit, sur un terrain aussi accidenté, à moins d'abattre trois arbres et de terrasser le sol aux abords de la mare !

Elie Mondout a proposé qu'on installe la machine dans le pré qui longe le cimetière à la sortie du bourg, mais MM. les procureurs ont soutenu que ce serait contraire à l'esprit du verdict de la cour : le châtiment doit se dérouler sur le lieu du forfait ou le plus près possible... Après presque une heure de va-et-vient, d'arpentage, de conciliabules avec les maîtres d'œuvre, ordre a été donné de dresser l'échafaud au coin de la halle et de l'auberge, le seul endroit du village où le terrain soit plat et offre un peu de dégagement pour ranger la troupe en carré autour de l'échafaud. Autant dire à la porte de chez Mondout.

Voyant le fourgon, les bourreaux, les ouvriers, les gendarmes redescendre droit sur la maison, Judith est entrée dans une colère noire :

— Les misérables ! Ils ne vont tout de même pas venir planter leur saloperie de mécanique sous nos yeux. Comme si on n'avait pas vu assez d'horreur cet été. Ils appellent ça la justice ! Eh bé c'est du propre. Ils pourraient aussi venir les couper en morceaux sur notre table et obliger les drôles à regarder ça. Je vous dis qu'ils veulent notre mort, c'est une honte, une honte !

Toutes les femmes de la maison étaient bien d'accord avec Judith.

— Ils n'ont qu'à aller se mettre devant chez Mathieu, ça le fera tourner dans sa tombe et ça ne portera tort à personne, renchérissait la mère d'Anna.

— Attends un peu, je m'en vais aller leur dire...

Au moment où Judith ouvrait la porte pour hurler sa rage aux oreilles des bourreaux, des gendarmes et des procureurs, Le Bon Dieu est entré. Jamais il n'avait vu sa femme dans un état pareil. Elle si calme d'habitude, si discrète, voilà qu'il la trouvait les yeux hors de la tête, les lèvres tremblantes, révoltée que l'on osât planter l'ignoble couteau devant une honnête maison où personne n'a jamais rien eu à se reprocher qui mérite châtiment. Le pauvre Elie était bouleversé. Depuis l'arrivée du convoi, il avait tout fait pour convaincre ces messieurs des hautes œuvres d'installer leur outil le plus loin possible des habitations, mais le procureur de Périgueux n'avait pas voulu démordre : pour respecter la décision des juges, le supplice devait se dérouler sur la place publique. Et la place publique à Hautefaye, si on veut absolument qu'il y en ait une, c'est le carré de douze mètres sur douze qui fait face à l'auberge, longe la halle, borde le jardin de chez Mousnier et s'ouvre sur la croisée des chemins de Ferdinas et de Nontron... De cœur avec les siens, Le Bon Dieu a pourtant dû se fâcher pour ramener le calme chez lui. Elu de la commune, il avait à maintenir l'ordre partout, à commencer dans sa famille. Il a demandé à Pierrot, le domestique, de fermer tous les contrevents, ordonné aux femmes et aux filles d'aller se mettre au lit avec leur chapelet et de ne pas sortir des chambres avant qu'il fasse grand jour. Bien lui en a pris d'ailleurs, car il n'aurait pas aimé qu'elles voient ce qu'il a vu cette nuit. Vers onze heures, pendant que les ouvriers montaient les bois, un des aides qui avait forcé sur le rhum s'est ouvert le crâne en glissant du plancher de l'échafaud. Ses collègues, sérieusement éméchés eux aussi, l'ont amené en titubant dans la salle d'auberge et étendu sur la table. Le temps que les gendarmes trouvent un véhicule pour le transporter à Angoulême, le blessé, déjà moribond, s'est vidé de presque tout son sang. Une horreur. Il y en avait partout dans la pièce. Il a fallu appeler quatre soldats pour tout nettoyer. Stupide accident qui n'a fait que retarder un peu plus la menuiserie, ajouter à la confusion et au tohu-bohu nocturne. En entendant le hurlement qu'a poussé l'aide-bourreau dans sa chute, beaucoup de gens du bourg, terrés dans les maisons voisines, ont cru que l'exécution commençait et on a vu ici et là des volets s'entrouvrir...

Vers cinq heures du matin, quand l'omnibus des condamnés est enfin arrivé à Hautefaye, les montants de la guillotine coiffés du linteau étaient dressés, mais on n'avait pas hissé le « mouton » et tous les accessoires n'étaient pas en place. Il restait encore beaucoup à faire pour que la machine soit en état de fonctionner. Excédé par la longueur du trajet, M. Roch comptait bien qu'au moins tout fût prêt à sa descente de voiture. Las, le cher homme n'était pas au bout de ses peines. Premier coup d'œil, première déception.

— Sapristi ! Vous appelez ça une place publique. C'est une basse cour ! Comment voulez-vous qu'une exécution digne de ce nom puisse se dérouler dans ce recoin, il y a tout juste la place pour trois soldats et un cochon. Depuis quarante-sept ans que je suis dans le métier, je n'ai jamais vu une chose pareille ! Il me faut de l'air, de l'espace autour de l'échafaud, Bon Dieu !

Nerveux, l'exécuteur a tiré sa grosse montre sous la lumière de la lanterne de l'omnibus.

— Cinq heures trente-huit ! Ce n'est même plus la peine de songer s'installer ailleurs. J'espère, monsieur le procureur, que le parquet de Bordeaux et la chancellerie comprendront que dans un tel site, les hautes œuvres ne peuvent pas s'accomplir avec tout l'éclat voulu.

— Soyez-en assuré. Ces messieurs savent qu'Hautefaye est un bourg infiniment modeste. Nous ne pouvons pas y inventer une place de la Roquette !

— Et la Roquette, ce n'est pas l'idéal ! Croyez-moi. Il faudra bien qu'on revienne un jour place de Grève.

Machinalement, l'exécuteur a encore regardé sa montre :

— Bon ! Pour l'instant, il faut faire avec ce qu'on a et il n'y a pas une minute à perdre.

Ordre est donné de descendre les condamnés et de les conduire à la maison Antony à quarante mètres de l'échafaud dans le local prévu pour les derniers apprêts : une chambre basse, nue, délabrée, meublée d'une table et de quatre mauvaises chaises. L'un après l'autre, les quatre hommes, cassés en deux, ankylosés dans leur camisole, soutenus par deux gendarmes, ont mis pied à terre ; c'est à peine s'ils pouvaient marcher. Piarrouty et Chambort ont tourné la tête et levé furtivement les yeux vers la guillotine dressée sous la fenêtre d'Anna dans la lueur tremblotante des torches. Buisson a glissé sur le verglas, manquant d'entraîner les deux gendarmes dans sa chute. Tête basse, Mazière n'a rien regardé, ni personne. L'abbé Lavergne, curé de Nontron, et le père Vannier, aumônier des prisons, sont venus se joindre aux deux autres prêtres pour que chaque condamné ait pour soi seul le secours d'un homme de Dieu.

Après avoir longuement pissé près d'un tas de fumier, l'exécuteur des hautes œuvres s'est dirigé de son pas de propriétaire vers l'échafaud dont il a minutieusement inspecté, lanterne en main, la mise en place, éprouvant d'une secousse l'assise des poteaux, vérifiant au fil à plomb la verticalité des bois, contrôlant d'un coup de maillet le serrage des écrous, la jointure des planches, effleurant du doigt le tranchant du couperet que le gel rendait collant au toucher... Rien à redire. Malgré les conditions de travail épouvantables, le froid de loup, l'accident mortel d'un ouvrier, la quantité d'alcool absorbée, ces messieurs de Limoges, Toulouse, Agen et leurs manœuvres ont fait du bon ouvrage.

M. Roch est ensuite passé prendre livraison des quatre cercueils chez Mercier, qu'il a payé en sortant deux louis d'or de son gousset. Le brave menuisier ne voulait pas les prendre, faisant valoir que c'était de la besogne vite faite et bon marché. Le bourreau a insisté. Mercier a fini par accepter. « Pour les indigents de la commune. » Près du cimetière brûlait un grand feu autour duquel se serraient les soldats du piquet d'échafaud. Une vingtaine d'entre eux s'étaient relayés pour creuser la fosse des suppliciés, dans l'angle du mur, à gauche en entrant. Un travail de chien qui leur a mâché les mains : le gel avait tellement durci le sol qu'il fallait piocher à la volée pour entamer la terre. Le Ricou s'y est esquinté à son tour en jurant tout ce qu'il savait contre la poisse qui s'était mis après lui pour en être rendu à faire le fossoyeur à quelques pas de la tombe de son oncle Gaston, mangé de surcroît par le désir de revoir sa Belle de l'été, mais terrorisé à l'idée de tomber sur Le Bon Dieu qui l'avait traité de crapule le 16 août et foutu dehors de l'auberge en lui ordonnant de ne jamais plus remettre les pieds chez lui. Justement, le voilà qui rapplique, l'Elie Mondout, avec le lieutenant, et le bourreau venu examiner au cimetière l'emplacement réservé à ses clients. Vivement, le Ricou est allé faire semblant de pisser à l'écart pendant que M. Roch jaugeait de son petit œil gris le trou des condamnés.

— Pour la largeur, ça ira. Mais il manque quatre-vingts bons centimètres en profondeur.

— Bien, je vais dire à mes hommes de continuer à creuser. Ce ne sera pas long. A ce niveau, la terre est moins dure qu'en surface.

Libérés de leur camisole, les quatre condamnés, affalés dans la salle d'attente, avaient retrouvé provisoirement l'usage de leurs mains. Mazière regardait les siennes avec une sorte d'hébétude naïve. Grosses mains rugueuses de bouvier habitué depuis l'enfance à en user sans ménagement pour tous les travaux de force de la terre, appendices cornés, durcis aux intempéries, ne craignant ni la morsure du gel, ni le feu, ni les ronces, ni le frottement rude et répété des manches de cognée, de fourche, de fléau... Depuis six mois qu'elles ne servaient plus, ces pauvres mains avaient blanchi dans l'ombre de la prison. Et plus jamais, maintenant, elles ne serviraient à porter des pierres, à lever des timons, à tirer les licols, à presser des trayons, à guider la verge des taureaux en saillie, à attraper des sacs gonflés d'avoine, à gauler des noix, à soupeser des grappes, à prendre la femme, à taquiner les drôles, à fermer le museau des chiens... Inutiles, ces mains recourbées, squameuses, qui bientôt pourriraient sous la terre, lui semblaient maintenant deux choses étrangères à son corps, vieux outils oubliés dans un coin. Se sentant mutilé de ce qui avait été toute sa vie, le Sillou ne cessait de verser des larmes, de soupirer malgré les sempiternelles paroles de réconfort que lui chuchotait à l'oreille l'abbé Gouzot avec une patience d'apôtre. Paroles dont le sens se perdait dans son cerveau opaque. Chambort et Buisson languissaient. Ces heures et ces heures d'attente insupportable depuis hier après-midi, ce voyage en camisole au fond de la nuit, dans un froid à hurler, cet enchaînement de misères pour venir à l'abattoir les avait vidés d'eux-mêmes, comme si on avait voulu leur faire vomir leur âme ou ce qu'il en restait avant de les couper en deux. Ils en étaient arrivés à ne plus souhaiter qu'une chose : qu'on la leur enlève, cette vie à laquelle ils n'avaient plus droit, et au plus vite. Seul le Piarrouty, sous sa peau dure et cireuse de roulier, continuait à résister. Seul, il a demandé à manger et à boire. On lui a porté du pain, du lard, du vin, et Le Bon Dieu lui a versé un grand verre de gnôle qu'il a bu en gratifiant l'aubergiste d'une grimace :

— C'est ça que tu sers à tes chalands.

— Eh pardi ! Même à mes amis.

— Eh bé, ils ne sont pas difficiles, chez toi. Même le vieux Mathieu qui était plus avare qu'un bedeau, en avait de la meilleure !

Eclairés par deux gendarmes porte-fanal, le procureur Mallet et le juge Machenaud sont entrés dans la salle basse dont l'aspect délabré, misérable, est apparu dans toute sa splendeur. Ces messieurs venaient recueillir les dernières déclarations des condamnés. Piarrouty a posé bruyamment son verre :

— Je n'ai rien à déclarer. Je ne dois rien à personne. Mon fils unique est mort au champ d'honneur comme remplaçant d'un capon. La France lui doit le souvenir.

Les trois autres, eux, donnaient le nom de quelques personnes à qui ils devaient ou voulaient donner quatre sous, un sac d'orge, une brasse de bois, une livre de clous, une paire de poulets... Mais surtout, ils tenaient à ce que ces messieurs fassent bien savoir à leur famille, à leurs voisins, à leurs connaissances, tout le repentir qu'ils éprouvaient d'avoir martyrisé un innocent. Chambort, le meneur, le tambour-major du sacrifice public, pleurait comme un enfant en détresse. Mazière balbutiait le nom de sa pauvre mère, qui « pour sûr allait mourrir de chagrin ». Buisson ne trouvait plus ses mots. Ces messieurs en avaient la larme à l'œil, et les gendarmes regardaient fixement les désespérés avec une commisération attendrissante. Soudain, les uniformes et les paletots se sont écartés pour laisser passer un enfant. Le petit Napoléon Nadaud s'avançait, l'air timide, tenant d'une main une cafetière et de l'autre quatre verres qu'il a posés sur la table, un devant chaque condamné. Le visage de Piarrouty s'est à l'instant irradié d'un extravagant sourire :

— Oh mon petit !... Comme tu es mignon de penser à quatre méchants coquins. Le Bon Dieu s'en souviendra. Sois toujours bien sage : ne nous imite pas. Si quelqu'un te dit de battre ton voisin, jette vite ton bâton dans les fourrés et passe ton chemin. Si nous avions été moins couillons, c'est ce que nous aurions fait...

Puis, levant les yeux vers ces messieurs de la justice et du culte :

— Les parents sont presque toujours la cause du malheur de leurs enfants. Ils ne les élèvent pas dans le respect de Dieu et de leurs voisins. Alors ils deviennent crânes et jaloux. Ça fait des misérables qui ne savent pas se conduire comme des hommes.

Tout le monde écoutait avec émotion et presque ravissement ces paroles étonnantes du vieux chiffonnier que l'apparition de l'enfant semblait avoir tout à coup frappé d'une grâce divine. Imperturbable, silencieux, un peu maladroit, le petit Napoléon remplissait les quatre verres de café bouillant, et bouilli avec une poignée d'orge grillée comme c'est l'habitude dans les campagnes. Puis il a sorti de sa poche quatre cuillères et quatre morceaux de sucre. Du coup, Chambort, Buisson et Mazière qui avaient jusqu'ici refusé toute boisson, guignaient ces quatre verres fumants avec envie. Elie Mondout leur a proposé d'y ajouter un coup d'eau-de-vie qu'ils ont accepté volontiers, même le Piarrouty qui, cette fois, ne trouvait rien à redire de la fine du Bon Dieu. Les yeux toujours brouillés de larmes, mais soudain traversés d'une étincelle, Mazière a rapproché son verre de celui du chiffonnier :

— Allez, à la tienne, Léonard.

— A la tienne, Sillou.

Dans un éclair de suprême malice, les quatre condamnés ont trinqué à leur santé mutuelle et vidé d'un trait ce nectar servi de la main d'un ange, sous le regard ébahi des prêtres qui croyaient voir enfin jaillir le rayon de l'espérance divine, preuve tangible de l'infinie mansuétude du Très-Haut. Bien fugace pourtant ce rayon ! Bien fragile, ce répit ! Un gros bruit se rapprochait de la porte. Il était sept heures à la montre-oignon du bourreau. Les aides arrivaient pour la toilette.

Quand Piarrouty a senti la main du « coiffeur » de Limoges lui attraper le col, il s'est retourné furieux :

— Eh là, bougre ! Tu ne vas pas me coupiller la chemise. Si le hachoir est assez affûté pour me trancher le cou, il traversera bien le chiffon, sans doute !

— Je regrette, monsieur, mais c'est la loi. J'ai ordre de tailler votre col.

Le Père Monnier s'est approché vivement du chiffonnier :

— Mon fils, mon fils, vous vous êtes montré sensible à la parole de Dieu. Acceptez humblement les servitudes de la justice humaine. Le Roi des cieux ne regarde pas votre vêtement, mais le fond de votre cœur.

— Eh bé au moins, dites à cet abruti de travailler proprement ! Et pour ce qui est de me raser, dites-lui, s'il ne voit pas clair, que je me suis rafraîchi ce matin. Ça lui fera de la besogne en moins.

Les trois autres, eux, se sont laissés échancrer la chemise et blanchir la nuque sans protestation aucune. Les aides ont ensuite sorti de deux sacs en toile des courroies de buffle armées de boucles... Après la toilette rituelle, le harnachement de rigueur. Tout condamné en partance pour la « lunette » doit avoir les poignets attachés derrière le dos, les bras ficelés à hauteur des biceps pour estomper les épaules, les chevilles entravées par trente centimètres de « ligote » et, pour prévenir tout écart, poignets et chevilles reliés par une courroie. Seul, encore une fois, le Piarrouty s'est rebiffé :

— Vous croyez qu'on n'est pas capables de monter au paradis, la tête haute, les mains libres. Il faut que vous nous ficeliez comme des poulets !

Vite, le baume de l'abbé Monnier :

— Mon fils, mon fils...

Sept heures et demie. Comme si de rien n'était, le Zillou suspendu aux cloches de Notre-Dame d'Hautefaye sonne l'angélus du matin, pendant que l'abbé Saint-Pasteur, revêtu des ornements noirs, prépare l'autel où il va dire la messe pour le repos de l'âme des suppliciés de même qu'il l'avait dite pour le repos de l'âme d'Alain de Monéys.

Sous son gros édredon, Anna se tourne et se retourne sans pouvoir arrêter le torrent des visions d'horreur qui lui martèlent le cerveau depuis hier soir, entretenu par tous ces bruits qui lui arrivent de derrière les volets dans le noir de sa chambre. Déjà que depuis des mois elle a tant de mal à trouver le sommeil, obsédée par ce maudit ventre qui grossit sous sa robe, incapable de se décider à fuir sa maison et son village. Du reste, où irait-elle avec le froid du diable qui paralyse tout, les épaisseurs de neige glacée qui bouchent les chemins ? Alors, jour après jour, la nièce du Bon Dieu n'a fait que s'enfoncer davantage dans cet état de torpeur muette qui désespère sa famille et contre lequel personne ici ne peut plus rien, si ce n'est peut-être la petite Noémie qui, du haut de ses neuf ans, chuchote de temps en temps avec sa marraine, la taquine, arrive même à la faire sourire et va certains soirs la câliner dans son lit pour l'aider à s'endormir, comme si ce mince filet d'enfance était la seule chose qui reliât encore Anna à la vie et aux autres. C'est elle la petite fouine, toujours à l'affût, qui est venue tout à l'heure se fourrer une minute sous l'édredon pour lui couler un secret à l'oreille : dans la foule des soldats venus se ranger autour de la guillotine, elle a vu le Ricou.

Au bruit du nom de son amant des beaux jours, Anna s'est retournée sur sa filleule et lui a serré sa main sur la bouche :

— Tais-toi, méchante !

La nièce du Bon Dieu a serré tellement fort que Noémie, qui avait cru lui faire plaisir en lui disant ça, a pris peur et s'est échappée en courant. Pour Anna, le coup était terrible. Elle avait beau se dire que peut-être la drôle s'était trompée ou avait voulu la chiner, un doute affreux la torturait qui était venu s'ajouter à tout le reste.

Depuis un moment, le tintamarre des outils a cessé sur la place. On n'entend plus que des piétinements sourds, des cliquettements métalliques, des commandements militaires. Alors que toute la nuit, Anna enfouie sous les plumes implorait Notre-Dame d'Hautefaye de la rendre sourde, la voilà maintenant dressée sur son lit, immobile, les yeux fixés à la raie de jour qui blanchit en haut des contrevents, épiant le moindre murmure venu du dehors, croyant percevoir, dans son délire, le timbre de voix du Ricou. Si au moins Noémie avait l'idée de revenir pointer son museau, Anna la forcerait à jurer que c'est bien lui qu'elle a vu, et elle l'enverrait lui glisser dans la poche sa médaille de baptême pliée dans le mouchoir de dentelle de sa première communion. Pour sûr qu'il comprendrait que c'est grave, pour sûr qu'il se déciderait à venir la retrouver quelque part. D'un mouvement brusque, Anna écarte son édredon et se lève. Mais un bruit fulgurant la cloue au parquet.

La main sur le bec-de-cane, Monsieur Roch vient de procéder à l'essai de la machine. Il est huit heures vingt et une à sa montre-oignon. Il fait presque grand jour. Plus une seconde à perdre. L'exécuteur jette un dernier coup d'œil sur son chantier et son monde. Collés les uns aux autres, les soldats sont alignés en carré autour de l'échafaud. Dix gendarmes à cheval font la haie. Ces messieurs du parquet et leur suite ont pris place à deux pas de la panière, ainsi que M. Deschamps, rédacteur en chef du *Nontronnais*. Des gens du bourg et des villages voisins, quelques femmes, deux ou trois enfants assistent de loin, noyés dans la masse des uniformes qui couvrent Hautefaye comme une armée d'occupation. Un souffle d'air glacé fait vibrer la ramure grêle des noyers. Les petits gars du 100ᵉ de ligne claquent des dents. Le lieutenant est blême. Le greffier de Périgueux a l'onglée. Le Bon Dieu mord sa moustache. Seuls M. Roch et son personnel paraissent réchauffés. Un silence pesant tombe du ciel gris. D'autant plus pesant qu'il fait suite au vacarme incessant de la nuit.

Huit heures vingt-cinq. Le bourreau ajuste son haut-de-forme. Des ordres claquent. La gendarmerie met sabre au clair. La troupe présente les armes. Un coq chante. Des chiens aboient. Le roulement des tambours saisit l'assistance. Piarrouty sort de l'ombre, tenu en laisse par le « coiffeur » de Limoges, serré par le Père Monnier.

— Courage, mon fils ! Dieu vous regarde.

Grincement imperceptible au premier étage de l'auberge. D'un geste lent, Anna entrouvre les contrevents de sa chambre. Brrr !... Le couteau de la guillotine est à hauteur de ses yeux, presque à la portée de sa main. Mais c'est plus fort qu'elle, il faut qu'elle regarde. Le chiffonnier proteste qu'il peut marcher seul. Anna promène ses pupilles sur la troupe. Piarrouty monte les marches, le front haut, avance d'un pas sur la plate-forme et s'arrête. Le Père Monnier l'embrasse, lui présente le crucifix à baiser. Le condamné lève le menton, l'air de dire : à quoi bon ? Deux aides en haut-de-forme, redingote froissée, pantalon bouchonné, regard fixe, l'attendent à la planche. Le « coiffeur » presse le mouvement. Les tambours grondent. Piarrouty bascule, tête la première. Une main lourde presse sur sa nuque. La lunette se ferme. M. Roch fait jouer le bec-de-cane. L'acier glisse. Clac ! Anna vient d'apercevoir le Ricou au garde-à-vous, entre les poteaux de la Veuve. Le corps du supplicié tombe en deux morceaux dans la sciure. Un aide remonte la lame gluante. Quelqu'un murmure : Au suivant ! Buisson entre en scène, soutenu par les « coiffeurs » d'Agen et de Toulouse, escorté du curé de Nontron. Tête renversée en arrière, le forgeron s'empêtre dans sa ligote. On le soulève sur la plate-forme, Anna détourne les yeux, pose son regard sur celui de Ricou qui fixe éperdument l'ouverture des contrevents. Si elle osait, elle ouvrirait en grand les volets et hurlerait le nom de celui dont elle est grosse et malade depuis six mois. Mais ce qu'elle voit la paralyse : une loque humaine poussée au hachoir. Un cri atroce perce le roulement des tambours. Pour la deuxième fois, le « mouton » se décroche, l'acier passe. Une tête roule sur une tête. Le sang gicle, fume sur les planches. Un tronc s'écrase sur un tronc. Le « coiffeur » de Limoges vide un bac de sciure. M. Roch s'égoutte les mains. L'abattage continue. Mazière est avancé, en larmes. Il bute sur les marches. L'abbé Gouzot agite son crucifix. Un fier-à-bras en jaquette hisse le couperet dégoulinant. Le condamné frissonne. A Hautefaye tout le monde connaît le Sillou. Combien de fois Anna lui a servi à boire ! Combien de fois Le Bon Dieu lui a vendu du tabac, Jean Lavaud, de la semence, des outils, du sel ! Combien de fois Mercier lui a bricolé ses charrettes, emmanché ses faux ! Qu'on le veuille ou non, c'est un peu chacun au bourg qu'on pousse dans la lunette. Mazière s'est cabré, mais son cou est pris. L'exécuteur rectifie la position. Le supplicié gigote, vagit, s'étrangle. Le « coiffeur » d'Agen le tire par les cheveux pour dégager la nuque. Anna tremble de tous ses membres. M. Roch abaisse le bec. Exit le métayer de Plambeau. Voilà Chambort, dit Chambard,le maréchal de Pouvrière, maître dans l'art du feu, dresseur de bûcher, mangeur de curé, goûteur de graisse noble. Pas fier, le gaillard à l'étal du bourreau ! Surtout quand le seul regard fraternel à emporter avec soi dans la panière est celui d'un prêtre. Le manœuvre en jaquette force sur la drisse. Le sang file sous le tranchant du couteau, goutte sur les hauts-de-forme. Des épaulettes s'agitent au coin du carré des soldats : le lieutenant de Sermet s'est trouvé mal. Deux de ses hommes et un gendarme l'emmènent à l'écart. Chambort embrasse en sanglotant le Père Monnier une fois, deux fois, trois fois... Le « coiffeur » lui met la main sur l'épaule. Façon de dire : Ça va comme ça ! Mais celui qui fut tortionnaire en chef d'Alain de Monéys veut baiser à genoux le crucifix que lui tend l'aumônier des prisons. Figure non prévue au programme. Les « coiffeurs » le relèvent à mi-flexion. Les dents du condamné heurtent à la diable le Christ de corne sur fond d'ébène. Et hop ! A la planche. Pour la quatrième fois l'acier trempé glisse dans les rainures. Personne n'entendra plus jamais la grande gueule du maréchal-ferrant de Pouvrière. Les panières débordent.

— Envoyez la sciure !

Les tambours se taisent. Des chiens aboient. Il est huit heures trente et une. Le rédacteur du *Nontronnais* note sur son carnet : « Le crime d'Hautefaye est expié » ! Un hurlement rauque, syncopé s'élève à l'angle de la place, du côté de l'église.

— Vouiv' l'Empou ! Vouiv' l'Empou.

Les yeux exhorbités, le Zillou éructe de sa voix infirme : Vive l'Empereur ! Cri monstrueux, sauvage comme un meuglement d'aurochs. L'âme errante du capitulé de Sedan, ci-devant bienfaiteur des campagnes, providence des métayers, se serait-elle embusquée dans le gosier caverneux du sonneur sourd-muet de Notre-Dame d'Hautefaye. Trois gendarmes saisissent le trouble-fête, lui ferment la bouche et le retirent de la circulation pendant que les « coiffeurs » chargent les panières égouttantes sur le tombereau. Dans la maison du Bon Dieu éclaboussée par les hautes œuvres, les cauchemars ne font que commencer. Judith et Marguerite sont prises de haut-le-cœur. Le sang tiède des suppliciés, répandu à profusion sur le sol gelé de la place, ruisselle en longs filets jusqu'au ras de la porte. Cette fois, Judith explose, et son homme n'est pas là pour la retenir. Elle hurle aux manœuvres de M. Roch de nettoyer « leurs cochonneries », et tout de suite ! Avant que ce soit durci par le gel... Ces messieurs se font tirer l'oreille. La femme du Bon Dieu s'énerve.

— Vous êtes payés pour salir, c'est à vous de laver. C'est une maison propre ici. Vous êtes priés de respecter les honnêtes gens.

Révulsée, malade, agitée de frissons, Marguerite s'est assise sur le banc, incapable de dire un mot. Dans son trouble elle croit entendre, au-dessus de sa tête, à travers le plancher de la chambre de sa fille, un vilain bruit. Bruit bien réel hélas ! Là-haut derrière les contrevents entrouverts, Anna prise d'un effroyable tremblement nerveux, claque des mâchoires, à ne plus pouvoir s'arrêter. A la troisième remontée du couteau, une goutte de sang est venue s'écraser et filer sur le carreau de sa fenêtre, la goutte qui a fait voler en éclats sa conscience, basculer son être dans le trou noir de l'hébétude, la réduisant à n'être plus que machine à frémir, à hoqueter à la mort. Ricou qui attendait un signe n'a rien vu venir. Il est allé vomir à deux pas de là, près de l'étable, où il avait, dans la fièvre du 16 août, ensemencé la nièce du Bon Dieu.

Puy-de-Fourche.

Un bruit cadencé de semelles cloutées passe dans la nuit boréale. Le piquet de guillotine regagne la caserne de Périgueux, sans son lieutenant que le spectacle de l'exécution a rendu si malade qu'il a dû aller se mettre au lit chez ses cousins de Mareuil. Fusil à la bretelle, les soldats marchent d'un grand pas à la lueur de la lune. De temps en temps, on se passe la chopine d'eau-de-vie, on avale une bonne lampée, histoire de tromper le froid et de chasser les images du couteau dégoulinant qui vous tombe dessus comme si on y était encore. Et on chante. On chante sur l'air de « J' vous prêt'rai mon manchon » :

C'est le fils à papa Gingembre
Qu'est un gaillard des plus adroits !...
Il vous fait ceci, et puis ceci, et puis cela
Dieu quell' bell' main il a
Ce p'tit gueux-là !
Dieu quell' bell' main il a...

Passée la croix du chemin de Bourdeilles, la troupe attaque la montée de Puy-de-Fourche. Le profil sombre de la colline couverte de buissons se découpe sur le ciel laiteux. Soudain le gros Robert, de Mussidan, pointe le doigt. Là-bas, en avant de la route, il a vu une lumière... On rigole sur les rangs.

— Bois encore un coup, farceur, tu en verras deux !

Ceux qui connaissent le canton savent qu'il n'y a aucune maison par ici et qu'à c't' heure, il faut être troupier ou avoir tué père et mère pour « truler » sur les routes. Mais le Robert insiste.

— C'est un falot, je vous dis. Et même qu'il remue.

— Ma parole, il a raison, opine un deuxième soldat, là-bas au ras du talus, ça brille...

— Té, passe un peu la chopine Léon, j'y verrai mieux, lance un troisième.

La troupe s'arrête, scrute l'horizon, se rince la gorge.

— Allez Ricou, bois un coup, ça te guérira !

Mais le Ricou qui, depuis ce matin, n'a pas desserré les dents si ce n'est pour vomir, détourne la tête. Le Robert s'avance vers lui. Et vlan ! un coup d'épaule.

— Tu la vois, la lumière qui papillonne là-bas. C'est le Piarrouty qui a remis sa tête sur ses épaules. Il était de par chez toi. Tu le connaissais, hé ? Il a deux mots à te dire. Qu'est-ce que tu attends pour le dégringoler. Allez rince un coup, ça aide.

Buté, Ricou ne répond pas. Les copains en rajoutent.

— Il y a aussi le Mazière avec lui. C'était ton voisin. Il est fort comme un Turc. Quand tu seras à la guerre, il ira prendre ta fiancée et il l'emmènera en Amérique. Tu pourras toujours lui télégraphier...

Perdu, épouvanté, dans un état second, Ricou prend son fusil en main, épaule, vise le falot. Le coup claque dans la nuit. Un frisson passe sur la colonne. Ricou veut réarmer. Ses camarades le ceinturent. Le brigadier qui marchait en avant accourt.

— Vous êtes fous ! Qui est-ce qui a tiré ?

Là-bas la lumière clignote toujours au bord de la colline. On dirait même qu'elle se rapproche en suivant la courbe de la route. Mais tout le monde se presse autour de Ricou, désarmé, tremblant, au bord de la crise de nerfs.

— Hé, écoutez ! crie le Léon, voilà une voiture.

Tout le monde se tait. Les yeux se tournent vers le haut de la route où l'on voit le falot s'avancer à grande allure. On entend distinctement le bruit d'un galop. La troupe s'écarte. On saute dans le pré voisin, on s'accroupit. Quelques instants plus tard, un cheval emballé, attelé à une carriole qui porte une lanterne passe en trombe. Juste le temps d'apercevoir, sur le siège, un corps affaissé, bras ballants, secoué par les cahots de la chaussée... Il s'appelait Jean Pannetier. Il était faïencier et rentrait tranquillement de la foire d'Agonac. La balle perdue de Ricou lui a fracassé la tête.

Aussitôt, le Robert attrape son chassepot, le pointe vers le ciel et tire. Un deuxième soldat l'imite, puis un troisième, un quatrième, un cinquième... et tous les soldats déchargent en l'air. Les dernières traces d'écho s'effacent. Le grand silence des nuits d'hiver retombe sur la campagne. Deux soldats prennent Ricou sous les bras et le piquet d'échafaud repart au pas cadencé sur la route de Périgueux en chantant la Marseillaise.

Hautefaye, 10 février.

Inconsolable douleur dans la maison du Bon Dieu. Cette nuit, Anna Mondout est morte. Depuis le 6 au matin, elle n'avait pas retrouvé sa tête, partie avec les quatre autres dans le panier à sciure. Pendant trois jours, la malheureuse a claqué des dents, tremblé de tout son corps comme si elle était restée nue dans la neige. De temps en temps, elle semblait se calmer un peu, mais sitôt que quelqu'un voulait l'approcher, la crise recommençait. Elle mouillait son lit, salissait ses draps. Impossible de la changer, il aurait fallu l'assommer pour l'empêcher de s'agiter, de hurler, de vomir, de répéter des propos incompréhensibles, des mots abominables, à vous faire dresser les cheveux sur la tête. Le docteur Roby-Pavillon qui est venu deux fois n'a rien pu faire pour elle. Il a fini par dire que si ça continuait il faudrait l'enfermer. Le cauchemar a duré jusqu'à quatre heures cette nuit, après quoi la nièce du Bon Dieu est entrée dans le coma pour mourir à la pointe du jour. Et maintenant c'est pour sa mère qu'on craint. La pauvre Marguerite, à son tour, n'arrête pas de trembler. C'est à peine si elle a pu faire la dernière toilette de sa fille. Pourtant, elle n'a voulu personne dans la chambre pour l'aider. Et quand Judith lui a proposé d'enlever le gros édredon qu'elle avait laissé sur le corps d'Anna, elle a répondu qu'elle ne voulait surtout pas qu'on y touche.

— C'est Nanou qui l'a brodé, elle partira avec.

Pour rien au monde, Marguerite ne voudrait qu'on voie ce qu'elle a découvert cette nuit en la changeant : Anna avait le gros ventre d'au moins six mois. On a assez de malheur comme ça, pour aller encore y ajouter la honte ! Même monsieur le curé n'en saura rien. Ce sont de ces choses qu'on emporte avec soi dans sa tombe.

Comme tous les jours, Léon le facteur a porté le journal. *L'Echo de la Dordogne* déplié sur la table de l'auberge donne en première page les résultats des élections à l'Assemblée constituante. Dans le département, comme presque partout dans la France rurale, les gens ont voté en masse pour la liste conservatrice de M. Thiers, qui a lui-même été élu dans vingt-six départements à la fois, dont la Dordogne. Une cuisante défaite pour ces messieurs de la République partisans de la guerre à outrance, amis de Gambetta. La liste sur laquelle figurait Alcide Dusolier n'a pas ramassé le quart des voix !

Brisé de chagrin autant que tous les siens, Le Bon Dieu n'a guère la tête à lire le journal. Pourtant, du fond de sa douleur, il n'a pas pu s'empêcher d'avoir un mouvement de satisfaction en posant l'œil sur ces résultats.

— Is ne l'an pas voula ! (Ils ne l'ont pas volé.)

Périgueux, 11 février.

Les neuf condamnés aux travaux forcés quittent Périgueux en wagon cellulaire. Destination : le bagne de Toulon. Jean Campot, condamné à perpétuité, y attendra le prochain départ pour la colonie pénitentiaire de Nouvelle-Calédonie. Les condamnés à la prison simple sont expédiés à la maison d'arrêt de Nontron où les détenus les accueillent avec d'aimables surnoms : Porte-fagot, Frotte-allumette, Attise-feu, Goûte-graisse...

Bordeaux, 13 février.

L'Assemblée constituante « à majorité rurale » sortie des urnes du 8 février se réunit pour la première fois dans la salle du Grand Théâtre. La tribune est dressée à la place du souffleur. Les députés sont au parterre et à l'orchestre, les journalistes dans les loges, le public au poulailler. Un jeune écrivain correspondant du journal *La Cloche* griffonne sur son carnet : « Imaginez une chapelle ardente : on entre là à deux heures, avec le soleil plein les yeux, et l'on tombe dans une salle éclairée par trois lustres. En bas, des banquettes rouges. Sur scène dont le rideau est levé, une tribune et une estrade tendues de draperies pourpres, au milieu d'un décor de salon. C'est là que la France va être exécutée. On cherche le bourreau dans un coin d'ombre... » Cet écrivain s'appelle Emile Zola, le bourreau... Attendons quelques jours.

18 février.

Le grand rideau rouge frémit. Un vieillard sort de la coulisse, court sur pattes, tête ronde dans les épaules, cheveux blancs à la houppe, myope, grimaçant, presque simiesque. Il monte à petits pas rapides les marches de la tribune. Le parterre et l'orchestre applaudissent à tout rompre l'homme qu'ils viennent d'élire chef du pouvoir exécutif de la République française, président du conseil des ministres : Adolphe Thiers, à la scène comme à la ville. L'extrême gauche, qui a refusé de prendre part au vote, boit du rhum et fulmine au foyer.

Hautefaye, 6 mars.

Il a fait tellement froid depuis un mois que l'immense tache de sang, prise dans le sol gelé de la place au coin de la halle et de la maison du Bon Dieu, a résisté aux pelles et aux pioches. On l'a recouverte de cendres et plantée d'une croix. Les hommes se découvrent en passant, les femmes se signent, comme cela s'est vu cet été, au lendemain du meurtre d'Alain, devant les cendres du bûcher.

Paris, 18 mars.

Un mois après le triomphe de M. Thiers sur la scène du Grand Théâtre de Bordeaux, un autre drame de sang éclate à trois jours du printemps, sur le pavé de Montmartre. Une longue suite meurtrière commence, sous le bonnet de la République : la Commune de Paris.

Périgueux, 13 avril.

Invité poliment par le nouveau gouvernement « à solliciter d'autres fonctions », Louis Guilbert accepte sans regret sa « démission » et cède son fauteuil de préfet à M. de Champagne, un homme de M. Thiers. Le bon docteur abandonne définitivement toute ambition politique pour se consacrer à temps plein à ses grands aliénés, sa vocation première. Le monde de la folie lui paraît, tout compte fait, moins décevant que celui de la « raison publique ».

Saint-Pardoux de Mareuil, 17 juillet.

A la question n° 5 : quel est l'esprit religieux de la paroisse ? d'un formulaire adressé par l'évêché de Périgueux à tous les curés du diocèse, le desservant de Saint-Pardoux répond : « Les calomnies dont les prêtres ont été l'objet à l'occasion des derniers événements ont produit sur l'esprit religieux une influence néfaste. Le paysan n'a plus confiance dans le prêtre. S'il ne le menace plus c'est parce qu'il sait que le gouvernement actuel lui est favorable. Il ne craint pas de dire hautement qu'il réserve sa vengeance pour plus tard. Le moral du pays est tellement perverti qu'il regarde les exécutés d'Hautefaye comme des martyrs. On ne soutiendrait pas le contraire impunément. »

Hautefaye, 31 décembre 1871.

A la lumière de la lampe à huile, Elie Mondout, seul dans la salle d'auberge, dresse sur une page blanche du registre municipal la table annuelle des décès de la commune. Cette année, une page n'y suffira pas. Trente-deux morts pour l'an 1871 ! Bigre. D'habitude, il n'y en a jamais plus de six ou sept. Et si on enlève François Bordas et Jean Révolte, les deux soldats tués à la guerre et les quatre guillotinés, il en reste encore vingt-six ! huit enfants de quinze jours à quatre ans, huit hommes et femmes de cinquante-huit à soixante-douze ans, mais surtout dix garçons et filles fauchés en pleine force : Jean Jarreton dix-neuf ans, Jean Laroussie vingt et un ans, la malheureuse Anna vingt ans, François Manem vingt et un ans, Pierre Nadaud vingt-huit ans, Anne Texier vingt et un ans ! Et tous les autres de trente, trente et un, trente-cinq ans... Faut-il que cette pauvre commune d'Hautefaye ait eu la peste après elle ! Il faut remonter au temps des grandes épidémies dont parlaient autrefois les vieux du pays pour trouver une pareille hécatombe.

Son registre mis à jour et signé d'une plume frileuse, Le Bon Dieu visse l'encrier, souffle la bougie et va s'asseoir un moment au coin de la cheminée pour se chauffer les mains aux braises du foyer. Il sait bien, lui, ce qui a fait mourir ces garçons et ces filles d'Hautefaye : ce sont toutes les horreurs qu'ils ont vues s'abattre sur le bourg. Et la honte qu'ils n'ont pas pu s'empêcher d'éprouver, même s'ils n'ont été pour rien dans tout ce qui s'est passé. Ces choses-là, ça vous tue plus sûrement que la rage et le choléra !

Plus encore que le crime commis dans la chaleur de l'été et l'émotion de la guerre, c'est bien cette « saloperie » de guillotine qui a planté la mort au cœur d'Hautefaye. C'est elle qui a tué Anna et les autres comme des mouches. C'est elle qui a jeté la malédiction sur la commune, alors que les principaux responsables du meurtre venaient d'ailleurs et n'auraient sans doute pas osé accomplir chez eux ce qu'ils ont accompli chez nous...

Dans le silence de l'auberge, la grande pendule gainée de chêne ciré sonne la dernière heure de l'année 1871. Les yeux fixés sur le tison, Elie compte mentalement jusqu'au douzième coup. Dans la maison, tout le monde est couché, comme dans chaque maison du bourg... C'était pourtant bien joli quand tous les voisins venaient s'embrasser au carillon de l'an neuf et qu'on sortait le vin bouché. Mais cette année encore, personne ne viendra trinquer sous le gui. Heureusement que les froids n'ont pas tué le grillon caché sous le landier. Son gri-gri tiendra un peu compagnie au Bon Dieu jusqu'aux beaux jours, les soirs où le sommeil ne vient pas.

Ile Nou (Nouvelle-Calédonie), 18 décembre 1913.

Au bout de quarante-trois années de bagne, Jean Campot est libéré à l'âge de soixante-trois ans. Le président Raymond Poincaré vient de lui accorder la remise du restant de sa peine. C'est la troisième mesure de clémence dont il bénéficie. En 1897, le président Félix Faure avait ramené sa « perpétuité » à vingt ans. En 1903, Emile Loubet lui avait consenti une remise de trois ans. Bénéficiant d'un régime modéré à cause de la « nature de son crime » et pour sa bonne conduite, Jean Campot avait obtenu le droit de se marier. Uni chrétiennement à une jeune Canaque qui lui a donné douze enfants, il mène une existence paisible. Bon père de famille, voisin serviable, c'est un homme estimé de tout son entourage. Baptisé « de Monéys » à son arrivée à la Colonie pénitentiaire, l'ancien bouvier de Teyjat a tenu à conserver ce surnom. A sa mort en 1916, il le transmet à son fils aîné, comme un titre de noblesse. Le nom de famille d'Alain devient le patronyme d'adoption des petits Campot de Nouvelle-Calédonie.

La Couronne (Charente), 19 novembre 1918.

Marie-Gabrielle de Vassoigne s'est éteinte ce matin à cinq heures à l'âge de soixante-quatorze ans. Madame Delage, l'institutrice du bourg, qui l'a veillée pendant son agonie, l'a entendue prononcer plusieurs fois avant de mourir le nom d'Alain. Marie-Gabrielle, malgré son charme et sa beauté remarquable, avait refusé tout projet de mariage. Elle a voulu rester, jusqu'à son dernier instant, la fiancée de celui dont elle a porté la photographie en médaillon autour du cou pendant quarante-huit ans.

Hautefaye, 1953.

Noémie Lavaud, dernier témoin du drame, petite-fille d'Elie Mondout, nièce d'Anna, meurt à l'âge de quatre-vingt-douze ans.

Hautefaye, 16 août 1970.

Cent ans jour pour jour après le supplice et l'assassinat d'Alain de Monéys, des descendants de sa famille et des descendants de ses meurtriers assistent côte à côte, dans l'église du bourg, à la messe du pardon, dite à l'initiative d'un habitant de la commune. Il aura donc fallu un siècle pour effacer un après-midi de folie collective et un petit matin d'effroi. Un siècle pour dissiper le nuage maléfique qui n'a que trop longtemps flotté sur ce petit bourg tranquille où chacun aspire à vivre en paix avec ses morts, avec soi-même et avec ses voisins.

Périgueux, 23 décembre 1975.

Reprenant, après cent cinq ans de sommeil, le projet cher au cœur d'Alain de Monéys, un arrêté préfectoral crée le Syndicat intercommunal d'aménagement hydraulique du bassin de la Nizonne. La première tranche de travaux, qui devait être mise en chantier en juillet 1870, lorsque la guerre éclata, est entreprise au printemps 1976. En 1981, la septième est achevée. Alain de Monéys avait dit et écrit : « L'aménagement de la Nizonne représente pour notre modeste région un enrichissement substantiel qui produira encore ses effets dans cent ans. »

Sa prévision reste d'actualité.

Je remercie toutes les personnes, nombreuses, qui m'ont aimablement prêté leur concours pour reconstituer les différents épisodes du drame d'Hautefaye. Et très particulièrement les collaboratrices du service des archives départementales de la Dordogne qui ont si bien facilité mes recherches et m'ont permis de cerner la vérité des faits autant qu'il était possible.

G. M.

CARTE
DE LA RÉGION
D'HAUTEFAYE

CHARENTE
Varaignes
Souffrignac
Pouvrière
La Chapelle-St-Robert
Mainzac
Ferdinas
FORET DE ROCHEBEAUCOURT
Belair
HAUTEFAYE
l'Age d'Ambelle
Le Repaire
Fayemarteau
le Lac Noir
Poutignac
La Garde
Plambeau
La Côte
BOIS DE
BEAUSSAC
Bretranges
Coulouniex
Les Graulges
Puyloubard
Beaussac
Combiers
Aucors
Ladosse
La Belle
La Nizonne
Puyrenier
St Sulpice-de-Mareuil
MAREUIL
Vieux-Mareuil

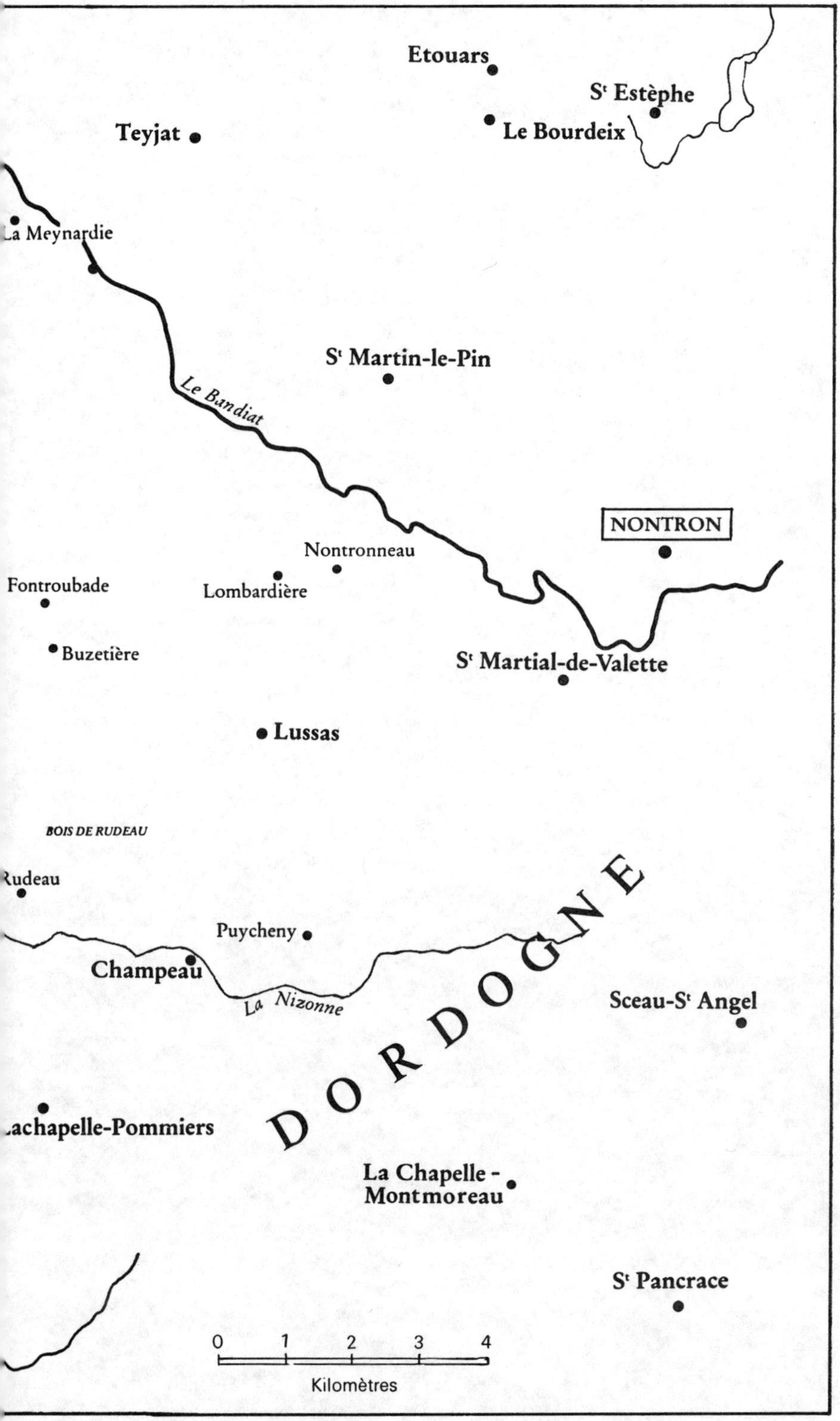
Etouars
St Estèphe
Teyjat
Le Bourdeix
La Meynardie
St Martin-le-Pin
Le Bandiat
NONTRON
Nontronneau
Fontroubade
Lombardière
Buzetière
St Martial-de-Valette
Lussas
BOIS DE RUDEAU
Rudeau
Puycheny
Champeau
La Nizonne
DORDOGNE
Sceau-St Angel
Lachapelle-Pommiers
La Chapelle - Montmoreau
St Pancrace
0 1 2 3 4
Kilomètres

Achevé d'imprimer le 4 octobre 1982
sur presse CAMERON
dans les ateliers de la S.E.P.C.
à Saint-Amand-Montrond (Cher)
pour le compte des éditions Robert Laffont

Dépôt légal : octobre 1982.
N° d'Édition : M.945. N° d'Impression : 1469.